여러분의 합격을 응원하는
해커스군무원의 특별 혜택

KB093594

FREE 군무원 경영학 **동영상강의**

해커스군무원(army.Hacker~~~~~~~~~~~~~
상단의 [무료특강 → 군무원 무료특강] 또는 [무료특강 → 교재 무료특강] 클릭하여 이용

 해커스군무원 온라인 단과강의 **20% 할인쿠폰**

BE6649EF7832YH3U

해커스군무원(army.Hackers.com) 접속 후 로그인 ▶ 상단의 [나의 강의실] 클릭 ▶
[쿠폰/포인트] 클릭 ▶ 위 쿠폰번호 입력 후 이용

* 쿠폰 이용 기한: 등록 후 7일간 사용 가능
* ID당 1회에 한해 등록 가능(단과강의에만 적용 가능)

 해커스 회독증강 콘텐츠 **5만원 할인쿠폰**

4D9898C8FD8AFKZD

해커스군무원(army.Hackers.com) 접속 후 로그인 ▶ 상단의 [나의 강의실] 클릭 ▶
[쿠폰/포인트] 클릭 ▶ 위 쿠폰번호 입력 후 이용

* 쿠폰 이용 기한: 등록 후 7일간 사용 가능
* ID당 1회에 한해 등록 가능(특별 할인상품 적용 불가)
* 월간 학습지 회독증강 행정학/행정법총론 개별상품은 할인쿠폰 할인대상에서 제외

합격예측 **모의고사 응시권 + 해설강의 수강권**

827F456C7B8DFAY3

해커스공무원(gosi.Hackers.com) 접속 후 로그인 ▶ 상단의 [나의 강의실] 클릭 ▶
좌측의 [쿠폰등록] 클릭 ▶ 위 쿠폰번호 입력 후 이용

* 쿠폰 이용 기한: 등록 후 1년 내 사용 가능
* ID당 1회에 한해 등록 가능

쿠폰 이용 관련 문의 **1588-4055**

단기 합격을 위한
해커스 커리큘럼

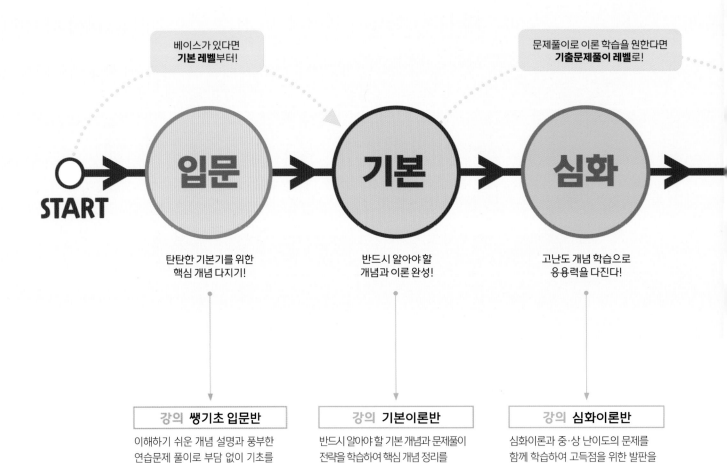

베이스가 있다면 **기본 레벨부터!**

문제풀이로 이론 학습을 원한다면 **기출문제풀이 레벨로!**

START

입문

기본

심화

탄탄한 기본기를 위한
핵심 개념 다지기!

반드시 알아야 할
개념과 이론 완성!

고난도 개념 학습으로
응용력을 다진다!

강의 쌩기초 입문반

이해하기 쉬운 개념 설명과 풍부한
연습문제 풀이로 부담 없이 기초를
다질 수 있는 강의

강의 기본이론반

반드시 알아야할 기본 개념과 문제풀이
전략을 학습하여 핵심 개념 정리를
완성하는 강의

강의 심화이론반

심화이론과 중·상 난이도의 문제를
함께 학습하여 고득점을 위한 발판을
마련하는 강의

* 커리큘럼은 과목별·선생님별로 상이할 수 있으며, 자세한 내용은 해커스군무원 사이트에서 확인하세요.

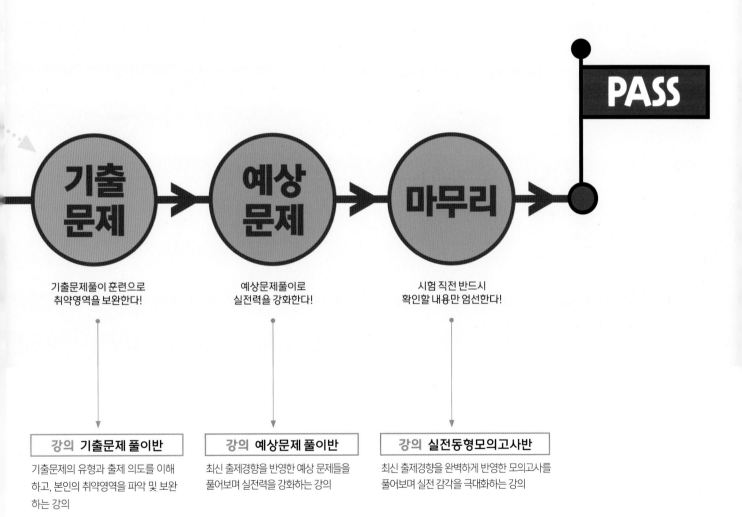

기출문제풀이 훈련으로
취약영역을 보완한다!

예상문제풀이로
실전력을 강화한다!

시험 직전 반드시
확인할 내용만 엄선한다!

강의 기출문제 풀이반

기출문제의 유형과 출제 의도를 이해
하고, 본인의 취약영역을 파악 및 보완
하는 강의

강의 예상문제 풀이반

최신 출제경향을 반영한 예상 문제들을
풀어보며 실전력을 강화하는 강의

강의 실전동형모의고사반

최신 출제경향을 완벽하게 반영한 모의고사를
풀어보며 실전 감각을 극대화하는 강의

강의 봉투모의고사반

시험 직전에 실제 시험과 동일한 형태의
모의고사를 풀어보며 실전력을 완성하는 강의

해커스군무원

권우주
경영학

기본서

해커스공무원

권우주

약력

권우주경영아카데미 대표

현 | 해커스군무원 경영학 강의
현 | 리쿠르트채용아웃소싱(입사/승진) 출제위원
현 | 대학취업특강, 공무원연수특강, 기업체특강 등
전 | 영남대학교, 경일대학교, 미래대학, 경동정보대, 대경대학
　　 등 경영학과 겸임교수
전 | 서울법학원, 합격의법학원, 한림법학원, 베리타스법학원,
　　 세종법학원, 이그잼고시학원, 남부고시학원, 윌비스고시
　　 학원, KG고시학원, 육서당고시학원, 제일고시학원, 한국
　　 고시학원 등 경영학 전임

저서

해커스군무원 권우주 경영학 기본서, 해커스패스
해커스군무원 권우주 경영학 기출문제집, 해커스패스
All in 권우주경영학, 에듀피디 5 · 6 · 7 · 8 · 9판
All in 권우주경영학 객관식 문제집, 에듀피디 4 · 5 · 6 · 7 · 8판
All in 권우주마케팅관리론, 에듀데스크
All in 권우주소비자행동론, 에듀데스크
All in 권우주인적자원관리론, 에듀데스크
All in 권우주경영조직론, 에듀데스크
All in 권우주경영학문제집, 에듀데스크 3판
All in 권우주사무관리론, 에듀데스크
EBS 인적자원관리 · 조직행동론, 지식과 미래
All in 권우주경영학, 박문각 3 · 4판
맥 권우주경영학 문제집, 법학사 1 · 2판
우주경영학, 서울고시각 1 · 2판

서문

공무원 공부, 어떻게 시작해야 할까?

『해커스군무원 권우주 경영학 기본서』는 군무원 군수직을 준비하는 수험생들을 위한 교재입니다. 경영학이란, 경험과학과 이론과학의 대표적인 과목으로 그 범위 또한 너무나 광범위한 학문이고, 어려운 학문입니다. 이러한 학문을 저자의 다년 간 대학에서의 강의 경험과 학원가에서의 강의 경험 등을 바탕으로 중요 핵심 이론들을 보다 쉽게 요약·정리하고, 실제 시험문제에 빈번히 출제되는 이론과 내용을 수록하여, 경영학의 기본적인 이론에서부터 전공이론의 핵심적 내용을 토대로 하여 요점만을 집필한 수험생 맞춤형 교재입니다.

본 서는 기존 시중의 경영학 교재와는 완전히 차별화하여, 경영학의 기본적인 경영현상의 올바른 이해와 필요한 지식 및 이론을 체계적으로 전달하고 습득하여 총체적인 경영학이론의 이해를 돕기 위해 총 8개의 PART로 구성하였습니다. 또한 각 PART별로 핵심 내용을 쉽게 이해할 수 있도록 표와 그림을 되도록 많이 삽입하여 시각적인 효과를 극대화함으로써 전공자는 물론 비전공자들도 쉽고 빠르게 경영학의 이해를 돕고 실제 시험에서 고득점을 획득할 수 있도록 하는 것에 초점을 맞추어 집필·출간하였습니다. 더불어 각 PART별로 기본적이고 핵심적인 내용과 관련한 실전문제를 수록하여 총체적으로 이론의 이해를 돕도록 하였습니다.

끝으로 본 서가 출판되기까지 항상 묵묵히 지원해준 가족과 해커스군무원 학원의 모든 관계자 여러분들에게 진심으로 감사의 마음을 전합니다.

저자의 바람과 같이 본 서가 군무원 경영학 전공시험을 준비하는 수험생 모두에게 도움이 되고 경영학 이해에 좋은 길잡이가 되어, 수험생 모두가 목표를 달성할 수 있기를 진심으로 기원합니다.

☞ 본 서에 관한 문의 및 수정·보완이 필요하다고 생각되시면 아래의 연락처로 언제나 연락을 주시기 바랍니다.
　여러분들의 고견을 기다리겠습니다.
　연락처 e-mail: wjkba@naver.com

2022.9.
저자 권우주

목차

PART 1

경영학개론

CHAPTER 01 경영학 개념

01 경영학 입문

1 경영학 특성

경영학(business administration)이란, 국민경제를 구성하는 개별경제 전반에 대해 전문적으로 연구하는 사회과학의 한 영역이다. 일반적으로 자본주의 경제를 바탕으로 하는 조직체인 기업은 사적인 영리(profit)를 목적으로 한 것으로, 경영학은 이와 같은 기업의 활동을 조직체의 활동으로 인정하고 그와 관련된 행동을 분석하는 특성을 갖는다.

그러나 영리를 목적으로 하지 않는 비영리 경제단체(공기업, 공공사업단체, 협동조합 등)들의 조직체의 활동으로 인정할 때는 경영학의 연구대상이 된다.

> **핵심체크**
> **1. 경영**
>   사회 전체의 편의와 복지를 위한 재화(goods)와 서비스(services)를 생산·분배·관리하는 제반활동을 의미한다.
> **2. 연구대상**
>   영리조직과 비영리조직을 포함한 모든 조직체이다.

즉, 경영학은 자본주의와 사회주의 체제와는 무관하게 모든 조직에 적용되며, 개별경제 중에서도 경영학은 영리조직과 비영리조직 모두를 연구대상으로 한다.

경영학은 급변하는 경제적·사회적·법률적 환경에 적응하며 경제활동을 하는 기업의 행동논리(의사결정)를 이해하고 설명하는 것이다.

궁극적으로 경영학은 조직체를 움직이게 하는 인간의 주체적인 행동을 연구하는 데 그 특징이 있다. 즉, 경영은 조직의 목표를 달성하기 위한 4가지 요소인 인적자원, 물적자원, 재무적 자원, 정보적 자원을 효율적으로 활용하는 과정이라고 할 수 있다.

경영학은 조직시스템의 구성과 활동 및 운영을 연구대상으로 하는 특성을 가지고 있다. 즉, 기업이라는 시스템(system)은 경제적 측면, 사회적 측면, 인간적 측면, 법률적 측면 등의 많은 제 문제를 포함하고 있다. 따라서 경영학은 경제학뿐만 아니라 사회학, 심리학, 법학, 문화인류학, 통계학 등의 인접학문을 원용하고 있다.

<표 1-1> 경영학 인접학문

경영학 (경영이론)	집단행동	사회학, 사회심리학
	대인행동	심리학
	관리 및 경영자 역할·분석	경영실무(경험)
	경영과학	수학·통계학
	사회 기술적·협동시스템	시스템이론
	응용시스템이론	상황이론
	합리적인 선택	계량의사결정론

2 경영학 성격

경영학(business administration)은 사회과학 중에서도 그 역사가 짧은 학문 중 하나로 기업의 양적인 확대, 질적인 복잡화 및 경영기술의 전문화·고도화를 배경으로 독일과 미국에서 생성되었다. 독일에서는 경영경제학으로 통일되어 불리고 있고, 미국에서는 경영학(Business Administration 또는 Management)으로 통용되고 있다.

특히 21세기 산업구조의 변화에 따른 제4차 산업혁명(AI, IoT, VR 등)으로 인해 기업의 발전 및 대규모화와 더불어 사회에의 영향력이 증대되면서 경영학은 비약적으로 성장하였다.

이러한 경영학의 대표적인 특성은 다음과 같다.

1. 이론과학

경영학은 이론을 추구하는 과학으로 경영의 경험적 사실을 기술·설명·예측하고자 하는 경영이론을 정립하는 것이다.[1]

즉, 존재하는 것으로서 경영현상을 있는 그대로 관찰하고 파악하며 이들 현상 간의 인과관계(cause-effect relationship)와 직종의 원리 및 원칙을 추구하는 이론과학의 특성을 가지고 있다.

2. 실천과학

기업은 특정 목적을 성취하기 위해 어떤 수단이나 방법을 선택하는 것이 가장 합리적(rationality)인가를 고려하여, 규범적(normative)인 선택을 하게 되는 가치규범적인 차원에서 경영의 실천원리를 추구해 나가는 학문이다.

즉, 경영이 경영자의 계획-조직-통제행위를 전제로 하며, 주체적인 판단하에 의사결정(decision making)이라는 실천행동이 뒤따른다는 점에서 실천과학성을 갖는다.

---

1) 안태호 외, 경영학원론, 삼영사, 1990, p.27.

3. 사회과학

경영학은 경영현상에 대한 학문이며, 경영현상은 조직 속에서의 직무를 중심으로 나타나는 모든 상호작용의 행동에 대한 현상을 말한다.

따라서 인간들 상호 간에 유발되는 이러한 현상은 곧 사회현상을 말하며, 경영학은 이러한 사회 현상을 대상으로 하여 그 현상 속에서 나타나는 인과관계를 규명하는 사회과학의 한 분야로서 특성을 가진다고 할 수 있다.

4. 과학론과 기술론

경영학의 학문적 성격이 이론과학과 실천과학의 양면적 특색을 가진다고 규정한다면 당연히 과학론과 기술론으로서의 이중적 성격을 지니는 것으로 보아야 한다.

즉, 경영학은 고유의 연구대상을 지니는 하나의 학문이기에 엄연히 과학임과 동시에 인간의 실천 행동에 의존하는 하나의 기술(art)이기도 하다.[2]

3 경영학 원리

경영학이란, '조직을 효율적으로 운영하는 데 필요한 조건 및 방법을 연구하는 것을 목적으로 하는 학문'으로, 경영학의 (지도 ; 기본)원리는 경영활동을 수행하는 데 있어 지향해야 할 기본적인 행동원리로써 경영 관련 의사결정을 주도하고 구축하는 것을 말한다. 이는 경영의 목표와 밀접한 관련을 가지며, 다음과 같이 크게 4가지로 구분할 수 있다.

1. 수익성

수익성(profitability)이란, 영리성이라고도 하며, 일반적으로 자본에 대한 이익의 관계(이익극대화)를 의미한다. 즉, 투하자본이나 매출액에 대한 이익의 비율을 의미하며, 기업이 시장에서 이윤을 획득할 수 있는 잠재적 능력과 영리를 목적으로 하는 개별경제주체에는 적용 가능하지만 비영리 경제주체에는 적용 불가능하다.

$$\therefore \text{수익성} = \frac{\text{이익}}{\text{자본}} = \frac{\text{수익} - \text{비용}}{\text{자본}} \qquad \text{매출액이익률} = \frac{\text{이익}}{\text{매출액}}$$

$$\text{총자본이익률} = \frac{\text{이익}}{\text{총자본}} \qquad\qquad \text{자기자본이익률} = \frac{\text{이익}}{\text{자기자본}}$$

---

2) 한희영, 신고경영학이론, 법문사, 1989, p.45.

2. 생산성

생산성(productivity)이란, 투입물에 대한 산출물의 비율(효율성)을 의미한다. 노동, 자본, 원자재, 산출물의 수량, 산출물의 시장가치, 산출물의 부가가치 등의 기준에 따라 다양한 개념으로 정의할 수 있다. 비영리 경제주체에도 적용 가능하지만 계량화가 가능한 활동이나 성과에만 적용된다(경제성의 원칙).

$$\therefore \text{생산성} = \frac{\text{산출량}}{\text{투입량}}$$

3. 경제성

경제성(principle of economy)이란, 합리성의 원칙이라고도 하며, 최소의 희생으로 최대의 효과를 얻고자 하는 경제원칙을 의미한다. 이를 기업경영에 적용하면, 자본이나 비용을 최소로 투입하여 그 성과인 매출액이나 이익을 최대한으로 늘릴 경우 경제성을 극대화한다고 할 수 있다. 따라서 경제성은 수익성보다 포괄적인 개념이다.

$$\therefore \text{경제성} = \frac{\text{성과}}{\text{투입}} = \frac{\text{수익}}{\text{비용}}$$

4. 조직균형

버나드(Barnard)가 주장한 내용으로, 조직이 존속하려면 외부적으로는 조직의 환경요소와의 균형, 내부적으로는 조직과 구성원들 간의 균형이 존재해야 한다. 이는 기업의 사회적 책임과도 연결된다.

☑ 핵심체크

1. 효율성(efficiency; 效率性)
능률성이라고도 하며, 경영자가 사용할 수 있는 제반 경영자원, 즉 인적자원, 물적자원, 자본력 등을 유효성 판단에 따라 합리적으로 사용함을 의미한다. 즉, 최소의 투입(자원)으로 최대로 산출(성과)하는 과정을 뜻한다.

2. 효과성(effectiveness; 效果性)
유효성이라고도 하며, 수행성과가 높게 나타나는 정도를 말한다. 즉, 목표와 결과에 관련된 개념이다. "올바른 선택 및 올바른 경로로 갔는가?"를 뜻한다.

효율성(수단)	효과성(성과)
인적 · 물적 · 재무적 · 정보적 자원	조직의 목표달성
최소의 투입(투입 초점) (작업의 과정이나 수단과 관련)	목표의 극대화(산출 초점) (최종 결과의 올바른 선택)
Doing things right(How 관점)	Doing the right thing(What 관점)

3. 경영관리

경영관리란, 효율성(최소비용의 최대효과 여부)과 효과성(조직 전체 목적의 효과적 달성 여부)을 위해 각 부문을 통합하여 일관성 있게 다루는 것이다.

TIP+ 기업 유지를 위한 경영 3요소

1. 3M = 사람(man) + 기술(machine) + 원료(material)
2. 5M = 3M + 자본(money) + 시장(market)

---

02 경영학 변천과정

경영학의 발달은 발생과 성립 그리고 각국의 사정에 따라 상당한 차이가 있다. 경영학의 기원을 거슬러 올라가면, 르네상스 시대 이후에 상업이 발달한 이탈리아에서 시작되었다고 할 수 있다. 그 시초는 이탈리아의 파치올리(Pacioli)의 복식부기에 관한 이론에서 시작된다.

그 후 17세기에 프랑스인 사바리(J. Savary; 1675)의 『완전한 상인』이라는 책이 출판되어 독일 경영학에 영향을 주어 상업화를 체계화하게 되었고, 주로 19세기 말에서 20세기 초에 걸쳐 학문적 기초가 형성되었다고 보는 것이 학자들의 지배적인 견해이다.

경영학에 관한 연구가 활발히 이루어진 나라는 미국과 독일인데, 이 두 나라는 사회적·문화적 배경 등의 차이로 인해 경영학에 관한 연구에 있어서도 서로 상이한 접근방법을 선택하고 있다. 참고로 우리나라 경영학은 미국 경영학의 영향을 받았다.

1 미국 경영학 발달

[그림 1-1] 미국 경영학 변천

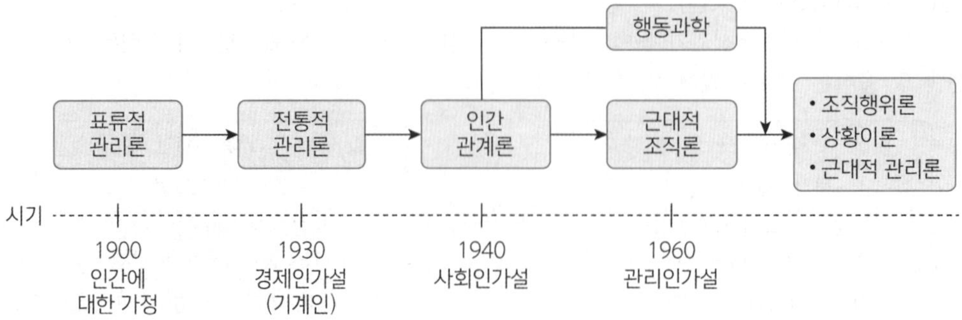

1. 표류적 관리론(drifting management)

경험적 관리론(Rule of thumb method)이라고도 하며, 과학적 관리 이전의 관리방법(경험에 의해 스스로 형성된 19세기 이전)이다. 또한, 경영(관리)자의 재능이나 경험에 의한 주관적인 관리방법 (육감이나 요령위주의 판단관리)이다. 이 시기에는 산업혁명과 남북전쟁(1865) 후 숙련노동자의 부족, 실업, 저임금, 조직적 태업 등으로 생산의 효율이 떨어졌다(주로 공장생산에 있어서의 효율성 향상에 중점).

2. 전통적 관리론(고전학파; 과학적 관리론; 경제인가설; 기계인)

(1) 테일러 시스템(F. Taylor system; 19세기 후반)

① 특징

ㄱ 과업관리(task management): 과학적으로 설정된 공정한 1일의 작업량(a fair day's work)을 과업으로 설정하고, 이것에 의거하여 작업을 진행시키는 방법(과업의 표준화)이다.

ㄴ 과학적 관리(scientific management): 노동자의 공정한 1일 작업량을 과학적으로 설정함으로써, 작업의 내용과 한계·작업 간의 관계 등을 명확하게 하고, 임률의 결정을 합리화하며, 나아가서는 계획적 관리를 실현하고자 하는 관리방법이다.

ㄷ 시간연구(time study)와 동작연구(motion study): 과업관리의 기초로 사용하여 능률 향상을 위한 불필요한 행동을 최소화하여 표준시간을 설정하고 그 시간에 해당되는 합리적인 작업관리(적정 과업)를 수행하는 방법이다.

ㄹ 차별적 성과급제(differential price rate system): 숙련노동자의 과업을 기준으로 고·저 2종의 차별적 임률을 정해 놓고, 표준화된 작업조건하에서 과업 완성여부에 따라 차별적으로 임금을 지급하는 방법이다.

ㅁ 고임금·저노무비(high wage and low labor cost)의 원칙: 노동자에게는 고임금을 지급하고 전체 노무비는 감소시킨다는 것이다.

ㅂ 직능식 조직(functional organization): 계획과 집행과정을 분리하고 작업자는 전문직장(專門職長)의 지도(직무를 전문적인 기능에 따라 결합하여 기능적 직장제도를 설계)를 받도록 하였다.

ㅅ 개별 작업의 효율성 향상(표준작업량)에 중점을 두었다.

② 문제점

ㄱ 과업설정과정에 시간연구자의 주관이 개입될 수 있다.

ㄴ 과업이 숙련노동자만이 가능한 최대량으로 결정될 수 있다.

ㄷ 시간연구의 결과를 과학적·객관적이라 하여 교섭의 대상에서 제외 또는 인간성(인간 행동에 대한 이해)이 결여되어 노사 간의 분쟁을 야기할 수 있다.

ㄹ 전체 작업의 합리화에는 적당하지 않다.

③ 계승자

　㉠ 간트(H. L. Gantt): 노무자뿐만 아니라 감독자에게까지 차별적 성과급제를 적용시킬 것을 주장하였고, 간트 도표(Gantt's chart; 관리층에서 노무자들의 작업을 관리)를 고안하였다.

> **TIP+** 간트 도표법
>
> 1919년 미국의 간트(Gantt)가 창안한 것으로, 작업진도표 또는 작업부하표라고도 한다. 작업계획과 실제의 작업량을 작업일정이나 시간으로 구분하여 평행선으로 표시하여 계획과 통제기능을 동시에 수행할 수 있도록 설계된 막대도표이다. 기계의 작업지연시간, 정비시간, 작업지연상태 등을 나타낸다.

　㉡ 에머슨(E. Emerson): 표준비용과 실제비용의 비율을 능률의 개념으로 도입하였다. 라인(line)과 스탭(staff)의 구별을 명확화하는 등 시간연구를 발전시키고 직계참모조직을 창안하였다.

　㉢ 길브레스(F. B. Gilbreth): 고속영화촬영기에 의한 미세동작연구로서, 작업(벽돌쌓기)을 분해하여 불필요한 동작을 제거하고 피곤함을 감소시키는 효율적인 동작을 연구함으로써 생산성을 2배 이상 향상시켰다.

(2) 포드 시스템(H. Ford system)

테일러 시스템(차별적 성과급제)에서 작업능률이 지속적으로 향상(인간의 작업능률 제한적)되는 것이 불가능하다는 것을 발견하고, 이를 보완하기 위한 방식(노동 강화에 의한 생산성 향상 → 생산방식의 개선에 의한 생산성 향상)이다.

① 특징

　㉠ 동시관리(synchronization management): 작업자와 기계의 속도를 종합적으로 동시화(synchronization)한다.

　㉡ 컨베이어 시스템(conveyer system): 이동조립방식(moving assembly system)에 의한 유동작업을 대규모로 도입하여 소형·단순구조의 자동차(T-type car)를 대량으로 생산하여 저가로 시장에 대량공급하였다.

　㉢ 생산의 표준화(standardization of production): 대량생산을 위해서는 표준화된 작업, 조직, 판매 등이 실현되어야 한다. 즉, 제품의 단순화(simplification; 생산용이성, 내구성 향상), 작업의 표준화(standardization; 단순노동에 의한 생산효율 증대), 기계·공구 및 작업공정의 전문화(specialization; 호환성, 수리 및 개선 가능성 향상) 등을 추구하였다.

　㉣ 포디즘(Fordism): 아이디어와 기회의 중시, 이윤동기 배척, 철저한 대중(大衆)봉사 및 서비스 정신 등을 중시하였다(이윤동기 → 봉사동기).

　㉤ 고임금·저가격(high wage and low price)의 원칙

　㉥ 기업 전체 작업의 효율성 향상에 중점을 두었다.

② 문제점
　　㉠ 이동조립방식은 작업이 강제로 진행되어 작업자의 인간성을 무시하게 된다.
　　㉡ 한 공정에서 문제가 생기면 공정 전체에 영향을 미친다.
　　㉢ 초기 고액의 설비투자로 인한 고정비의 증가로 환경변화의 신축성이 낮다.

<표 1-2> 테일러 시스템과 포드 시스템 비교

테일러 시스템	포드 시스템
과업관리	동시관리(동시작업)
생산현장 중심(개별 생산공장)	전체조직 중심(연속 생산공장)
개인별 능률 향상	기업 전체의 능률 향상
차별적 성과급제	일급제
이윤 추구	봉사목적(봉사동기)
고임금·저노무비	고임금·저가격
과업(작업)의 표준화	생산의 표준화(3S), 기계중심
과학적·실증적 원리(시간연구·동작연구)	제한된 관찰원리(동시관리)
인간 없는 조직	인간 없는 조직

(3) 페욜(H. Fayol) 관리과정론

페욜은 경영관리론의 아버지로서, 기업의 경영 관리활동(기능)으로, 기업의 종류·규모·복잡성 등과 관계없이 기업의 경영활동에 필수불가결한 직능을 다음 6가지로 구분(1916년 저서『산업관리와 일반관리』)하였다. 이 중에서 특히 마지막인 관리적 활동은 인적자원에 대한 관리로서 가장 중요하게 다루어야 한다고 주장하였다.

① **기술적 활동**: 생산, 제조, 가공
② **상업적 활동**: 구매, 판매, 교환
③ **재무적 활동**: 자본의 조달과 운용
④ **보전적 활동**: 기업의 재산과 인원의 보호
⑤ **회계적 활동**: 재고조사, 재무상태표, 원가계산 및 통계
⑥ **관리적 활동**: 기업의 인적자원에 대한 관리[계획, 조직, 지휘(명령), 조정, 통제]

이 기능들이 사업목적을 향해 통합해 가는 것을 경영기능이라고 했다.

계승자는 데이비드(R. C. Davis), 쿤츠(H. D. Koontz)와 오도넬(C. O'Donell) 등이다.

> ☑ **핵심체크**
> **페욜의 관리 5요소**
> 계획, 조직, 지휘(명령), 조정, 통제

페욜의 14개 관리원칙

1. 개인의 목표와 조직의 목표의 일치성
2. 권한과 책임의 일치(원칙)
3. 성과에 따른 보상의 공정성 유지
4. 조직구성원 간의 순서와 질서
5. 조직의 통합화와 조정
6. 단결과 의사소통의 원활화
7. 정의와 공평 그리고 평등의 지배
8. 직무의 분업화
9. 규정과 제도화
10. 명령의 통일
11. 행동의 일관성
12. 수직계층화
13. 주도와 자율의 원칙
14. 직무이동의 제한

경영관리 5요소

1. 계획(planning)

기업이 목표를 설정하고 이를 달성하기 위해 미래를 예측하고 행동방향을 설정하는 것을 말한다. 일반적인 절차는 예측(forecasting) → 목표의 설정(objectives) → 전략수립(strategy) → 세부절차마련(procedure) → 예산(budgeting) → 실행(implementation)의 순서이다.

① 전략: 기업의 기본적 목표를 정하는 장기적 · 거시적 의사결정이다.

② 운영계획: 생산, 재무, 마케팅, 인사계획 등을 결정하는 세부적 · 전술적 · 단기적인 계획이다.

2. 조직(organization)

계획한 활동을 효과적으로 수행하기 위해 인적자원, 물적자원 등을 적절히 획득 · 결합하고 할당(권한, 직무, 책임 등)하여 조직의 체계를 짜임새 있게 갖추는 활동을 말한다.

3. 지휘(commanding; directing)

조직의 활동을 유지 또는 확보하고 조직 구성원들로 하여금 조직의 목표달성에 공헌하도록 영향력을 미치는 것으로, 목적을 효과적으로 달성하기 위해 조직 구성원의 행동을 지휘 · 통솔하는 것(의사소통)을 말한다.

4. 조정(coordinating)

각 부서 간에 나타나는 이질성을 극복하는 활동(결합, 통일, 조화, 타협, 양보 등)을 의미하는 것으로 분업에 의한 전문화 때문에 필요하다.

5. 통제(controlling)

목표달성에 따른 과업기준과 설정에 따라 계획대로 진행되고 있는지 확인 · 감독하고 부(－)의 편차를 수정하는 활동을 말한다. 일반적인 절차는 책임표준의 설정 → 성과측정 → 목표(계획)와 비교 → 편차의 수정의 순서이며, 조정을 통제에 포함시키기도 한다.

① 사전통제: 가장 바람직한 통제시스템으로 미래지향적 통제이다. 핵심은 예방적인 관리활동이며 적시에 정확한 정보가 요구된다.

② 동시통제: 업무활동 진행 중에 실시되는 통제이다. 문제가 발생되어 비용이 크게 발생되기 전에 수정행동을 취해야 하는 것으로, 직접적인 감독이 요구되는 전형적인 예이다.

③ 사후통제: 가장 보편적인 통제유형, 결과뿐만 아니라 실시과정도 검토 · 피드백하는 것으로, 결과의 통제는 불가능하다.

(4) 베버(M. Weber)의 관료제

① 정의

관료제(bureaucracy)란, 피라미드형태의 전문적인 관료집단으로 가장 능률적·효율적인 조직형태이며, 근대사회의 요구에 의하여 발생한 복합조직(기업, 정부, 군대 등)에 가장 안정적·능률적·합리적으로 이용될 수 있는 조직인 동시에 필연적 조직이라고 주장하였다.

② 특징

기능적 전문화에 따른 분업, 권한의 명확한 계층제, 직무담당자와 의무를 규칙으로 규정, 인간 관리의 비인격화, 기술적 능력에 따른 고용 등을 특징으로 들 수 있다. 관료제의 궁극적인 가치기준은 능률향상이며, 특히 행정능률을 극대화할 수 있는 조직형태이다.

다음과 같은 8가지 차원에 따라 직위를 규정하고 직원을 배치하며, 규칙을 통하여 조직의 능률을 제고 또는 극대화하려는 것이다.

- ㉠ 규칙과 절차
- ㉡ 전문화와 과업의 노동의 분화
- ㉢ 권한계층(권한과 책임)
- ㉣ 기술전문인
- ㉤ 공(公)과 사(私)의 명확한 구분
- ㉥ 비인간성
- ㉦ 문서화된 의사소통과 기록
- ㉧ 직위와 소유 분리

③ 관료제의 순기능과 역기능 비교

<표 1-3> 관료제의 순기능과 역기능 비교

순기능	역기능
• 표준화된 행동과 능률 증대	• 조직목표 달성보다는 규칙·규정 중시
• 공정성·일관성·통일성 확보	• 권한의 축적(관료적 사고)
• 고용의 안정(정년보장)	• 의사결정의 지연
• 위계질서에 의한 용이한 책임수행	• 파벌주의(기관, 부서, 국, 과 등)
• 합리적 인사제도(성별, 사회계층별 등 차별이 없음)	• 변화에 대한 저항, 무사안일주의(좀비족 등장)

관료조직 원칙

1. 분업

업무는 자세하게 구분하여 분담되어야 한다.

2. 권한체계

조직 내의 명확한 위계질서에 의해 구성되어야 한다.

3. 규칙

구성원 간의 단합을 위해서 경영자는 철저한 규칙을 만들고 준수하여야 한다.

4. 전문경영자

조직은 전문경영자에 의해 관리되어야 한다.

5. 비개인성

규칙은 공·사의 구분에 따라 공평하게 적용되어야 한다.

6. 공개채용

모든 구성원은 자격을 기준으로 한 공개채용을 원칙으로 하여야 한다.

3. 인간관계론(신고전학파; 행위론적 접근; 사회인가설)

(1) 등장배경

이전의 과학적 관리론이 작업자 상호 간의 인간관계나 의사소통을 무시했다면, 인간관계론은 조직행동상의 인간의 정서적·감정적·심리적·비공식적 측면을 중요시하였다.

(2) 호손실험(Hawthorne experiments; 1924~1932)

① 메이요와 뢰슬리스버거(E. Mayo & F. J. Roethlisberger)에 의해 연구되었다.

② 미국 서부의 전기회사 호손공장(Western Electric Company)에서 4차에 걸쳐 과학적 관리법의 유효성을 실제로 검증하는 실험·연구가 진행되었다.

1차 실험	2차 실험	3차 실험	4차 실험
작업장의 조명실험	계전기실험	면접실험	관찰실험
(작업장의 밝기)	(노동시간, 휴식시간)	(작업환경, 불만조사)	(낮은 능률의 작업집단대상)

③ 결론

생산성의 향상에 영향을 미치는 것은 종업원의 사기, 부하에 대한 감독 방법, 인간관계 등의 사회적·심리적 요인이라는 점과, 감정의 논리가 지배하는 비공식조직의 중요성이 확인이었다. 그러나 실제 현실에서는 작업조건(조명도, 휴식시간 제공, 간식 제공, 시간단축 등)은 생산성에 큰 영향을 미치지 못하는 것으로 나타났다.

(3) 인간관계론 문제점

① 경영에서 지나치게 인간적 요소만을 강조하여 조직의 논리를 무시하였다.

② 사회인가설로는 인간을 충분히 설명할 수 없다.

③ 체계적 지식의 바탕이 미비하여 경영성과에 직접적으로 연결시키지 못하였다.

4. 근대적 조직론(근대학파)

(1) 등장배경

인간관계론은 테일러나 포드가 앞세웠던 과학적 관리론의 보완책으로 나타난 이론으로, 인간의 심리적·사회적인 측면만 너무 지나치게 중시(인간중시)한 나머지 공식조직보다는 비공식조직에 큰 관심을 두게 되었다.

인간관계론이 태동하기 시작하던 무렵에 나타난 관리이론이 버나드(C. I. Barnard)와 사이먼(H. A. Simon)의 근대적 조직론(조직론적 관리이론)이다. 이들은 경영의 주체로서 인간에 초점을 두되, 비공식조직과 함께 공식조직에도 커다란 관심을 두게 된 것이다.

전통(과학)적 관리론이 인간을 경시한 이론이며, 또 인간관계론은 공식조직의 문제를 경시한 이론인 데 비해 근대적 조직론은 이 양자를 통합(인간관계론에서 무시되었던 공식조직을 중요시하는 것에서부터 시작)한 것에 그 의의가 있다고 할 수 있다.

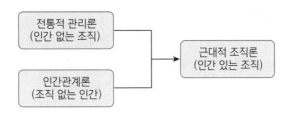

(2) 특징

① 인간의 인지적 측면을 조직론에 처음으로 도입하였다.

② 개인목표와 조직목표의 합치 또는 조화라는 조직행위론의 이념적 기초를 마련하였으며, 인간과 조직의 공존의 논리를 지향하였다.

(3) 버나드(C. I. Barnard)

근대조직론의 창시자(전통적 관리론과 인간관계론을 통합)로서 협동체계이론을 기초로 하여 조직이론을 구성하였으며, 조직의 경영이나 기술적 측면보다 사회 심리적 측면을 강조하였다.

버나드의 조직에 대한 정의는 다음과 같다.

① 협동시스템(협동체계론)

버나드는 저서 『The Functions of Executive(1938)』에서 조직을 2인 이상의 사람들의 힘과 활동을 의식적으로 조정하는 협동시스템으로 정의하고, 조직체(기업, 단체 등)는 개인이 그 능력의 한계를 극복하여 목적을 달성하기 위한 수단으로서 형성되는 인간의 협동적 노력의 결합체라고 주장(조직의 생성이유는 개인의 행위를 제한하는 한계를 극복하기 위한 것)하였다. 즉, 협동시스템의 중요성을 강조하였다.

② 조직의 공식적인 성립요건

㉠ 공통의 목적(common purpose)

㉡ 협동 또는 공헌의욕(willingness to cooperate)

㉢ 의사소통(communication)

③ 조직균형론

조직이 존속·발전하기 위해서는 대내적·대외적인 균형이 중요하며, 참여자들의 공헌과 만족(유인)이 균형을 유지해야 한다.

조직균형	대외적 균형 (조직과 환경의 균형 – 효과성)	조직의 환경적응	조직의 존속·발전
	대내적 균형 (조직과 개인의 균형 – 효율성)	유인 ≥ 공헌	

④ 권한수용설(權限受容說)

권한의 근본은 기본적으로 상급자의 지위에 달려있는 것이 아니라, 명령에 응하는 하급자의 자발적인 수용의사에 따라 좌우된다는 것이다. 즉, 관리자의 핵심의사결정에 있어 구성원들 간의 협의(협동)나 동의(同意) 등을 중시하였다.

> ✅ 핵심체크
>
> **권한수용도를 높이기 위한 방안**
>
> 1. 공식 조직도와 같이 의사소통경로(communication channel)를 보여줄 수 있는 권한 라인을 명확히 한다.
> 2. 객관적 권한(직권)을 갖기 위해서는 공식적 의사소통 경로를 활용한다.
> 3. 가능한 한 직접적이고 짧은 의사소통 경로를 갖는다.
> 4. 의사소통을 할 때는 원칙적으로 권한 단계의 전체 라인을 사용한다.
> 5. 핵심 의사소통라인(communication line)에 있는 경영자와 감독자가 그에 상응한 능력을 갖고 있어야 한다.
> 6. 조직의 기능이 수행되고 있는 동안 의사소통라인이 단절되면 안 된다.

⑤ 조직성과

효과성(유효성; effectiveness; 조직목표의 달성 정도)과 효율성(능률성; efficiency; 개인의 동기의 만족도)에 의해서 측정된다.

⑥ 인간의 활동

첫째, 한 사람의 개인으로서 인격을 반영하는 개성적인 측면과 둘째, 타인과의 관계에서 자기에게 할당된 직무를 수행하는 기능적인 측면이 있으며, 협동체계 내에서의 개인의 활동은 위의 두 가지가 동시에 병존하고 있다고 설명하였다.

(4) 사이먼(H. A. Simon) - 관리인가설

사이먼은 그의 저서 『Administrative Behavior(1945)』에서 다음 내용을 주장하였다.

① 버나드(Barnard)의 이론을 계승

사이먼은 버나드의 이론을 계승하여 통합적 조직이론을 개발하는 데 기여하였다.

② 관리과정 핵심은 의사결정과정

경영관리는 의사결정으로 인식하고 조직에 있어서의 의사결정에 관하여 체계적으로 연구하였다.

③ 제한된 합리성(bounded rationality)

조직은 제한된 합리성을 갖는 작업자와 경영자의 의사결정시스템으로 관리인가설을 주장하였다.

④ 자기통제를 강조(조직영향력이론)

구성원의 동의를 얻기 위하여 조직이 사용할 수 있는 영향력은 조직에서 부과하는 권위와 자기통제가 있고, 특히 자기통제를 강조하였다. 그는 자기통제를 발전시킬 수 있는 방안으로 조직에 대한 충성심, 일체감, 종업원에 대한 유효성 기준의 설득·훈련 등을 주장하였다.

⑤ 조직균형이론

유인과 공헌의 균형을 강조한다.

☑ 핵심체크

사이먼(Simon)이론

1. 버나드의 이론을 계승·발전하였고, 제한된 합리성(관리인), 주관적 인간관을 주장하였다.

2. 의사결정의 유형과 전제조건

① 의사결정의 유형
- 정형적 의사결정: 일상적, 반복적, 구조화, 프로그램화 예 관습, 절차
- 비정형적 의사결정: 1회적, 비반복적, 비구조화, 비프로그램화 예 판단, 직관

② 의사결정의 전제조건 - 사실, 가치
- 사실: 주관적인 평가를 개입하지 않고 경험적인 근거에 의해 증명할 수 있는 것이다.
- 가치: 경험적인 근거에 의해 증명할 수 없는 주관적인 평가이다.

제한된 합리성

1. 현실적으로 모든 대체 안을 알 수는 없다.
2. 모든 대체행동의 각각의 결과에 대한 완전한 지식을 가질 수 없다(정보의 비대칭).
3. 결과에 대한 지식이 완전하다고 하더라도 평가체계가 변화할 수 있고 평가에 있어서 정확성과 일관성을 유지할 수 없다. 이처럼 현실적인 의미에서 합리성은 '제한된 합리성(bounded rationality)'에 불과하며, 제한된 합리성밖에 달성할 수 없는 현실의 인간은 '관리인'이다.

(5) 앤소프(H. I. Ansoff)

외부환경에 적응하기 위한 의사결정의 종류를 전략적 의사결정, 관리적 의사결정, 업무적(운영적) 의사결정으로 분류하였다.

(6) 사이어트와 마치(R. M. Cyert & J. C. March)

『A behavioral Theory of the Firm』에서 기업의 행위이론으로 기업을 경영자와 종업원으로 구성되는 조직으로 보지 않고, 개인의 연합체(coalition of individuals)라고 규정하였으며, 조직도 개인과 같이 의사결정을 한다고 가정하여, 조직 의사결정과 행동을 고찰하였다.

5. 행동과학(behavioral science)이론

(1) 정의

① 행동과학이론이란 종합적·과학적 방법을 통해 인간의 행위를 규명하고자 하는 학문이다. 심리학, 사회학, 문화인류학 등 여러 학문분야에서 개별적으로 이루어졌던 인간의 행동에 관한 연구를 종합하여 경영헌상에 응용하려는 종합저 응용학문(심리학·사회학·인류학을 주축)이다.
② 인간관계론의 사상적 흐름을 발전(계승)시킨 것이다.

(2) 대표적인 2가지 이론

① 동기부여이론
매슬로우(A. Maslow)의 욕구단계론, 알더퍼(C. P. Alderfer)의 ERG이론, 허쯔버그(H. Herzberg)의 2요인이론, 맥그리거(D. McGregor)의 X·Y이론, 아지리스(C. Argyris)의 성숙·미성숙이론, 브룸(V. H. Vroom)의 기대이론 등이 있다.
② 리더십이론
브레이크와 머튼(R. Blake & J. Mouton), 리커트(R. Likert), 르윈(K. Lewin), 아지리스(C. Argyris) 등이 있다.

6. 시스템이론(system theory)

시스템이론이란, 생물학자들의 '생물 체내의 유기체들이 상호작용하여 균형을 유지하는가'에 대한 연구를 1960년대 기업 조직에 적용하면서 관심을 받게 되었다. 즉, 시스템이란 서로 영향을 주고받는 여러 부분단위들의 집합체라는 의미이다.

하나의 전체를 구성하는 부분단위들은 서로 유기적인 결합과 활동을 통하여 전체를 유지·발전시킨다는 것이다.

> **☑ 핵심체크**
>
> 시스템 속성 – 전체성, 목적성(목표지향성), 상호관련성(구조성), 개방성(환경과 상호작용) 등
>
> **1. 전체성(wholism)**
> 통합의 중요성 부분과 부분 간의 대립적 요소를 전체수준에서 통합·조정함으로써 조직의 유효성이 증대시키는 것이다.
>
> **2. 목적성(goals)**
> 조직과 그 하위 시스템은 목표지향적인 특징이 있으며, 이들 목표는 상호연관이 있다.
>
> **3. 상호관련성(interrelatedness)**
> 시스템과 환경의 상호작용뿐만 아니라 시스템 내 여러 부분 간의 상호작용과 상호의존성이 있어야 한다.
>
> **4. 개방성(openness)**
> 조직이 존속·성장하기 위해서는 조직의 외적 여건(환경)과 상호작용하면서 동태적인 균형을 유지하는 것이다.
>
> **5. 통제 메커니즘(control mechanism)**
> 시스템이 환경과 내부의 요구에 민감하게 반응하여 안정적인 균형을 유지하기 위해서 피드백(feedback)을 통한 자기통제 과정이 지속되어야 하는 것이다.

7. 상황이론(contingency theory)

상황이론이란, 모든 상황에 대하여 유일한 최적의 조직구조와 관리체계는 있을 수 없으며, 따라서 환경이나 조직의 규모 또는 기술이 달라짐에 따라 별도의 원리를 적용함으로써 보다 효율적인 경영관리나 의사결정을 위한 조직구조나 관리체제도 달라진다는 이론이다.

> **TIP+**
>
> 1. 피들러(F. Fiedler) – 리더십이론
> 2. 번즈와 스톨커(T. Burns & G. M. Stalker) – 환경과 조직구조
> 3. 로렌스와 로쉬(P. R. Lawrance & J. W. Lorsch) – 환경과 조직구조
> 4. 우드워드(J. Woodward) – 기술과 조직구조
> 5. 톰슨(J. D. Thompson) – 환경·기술에 따른 조직구조

상황이론 특징

1. 객관적 결과를 중시한다.
2. 조직의 환경적응을 중시한다.
3. 조직을 분석단위로 분석한다.
4. 계량적 분석이 불가하다.

8. Z이론

1981년 UCLA의 오우치(W. Ouchi)가 주장한 'Theory Z'란, 그의 저서에서 일본식 경영특성(J-타입)을 미국기업의 경영특성(A-타입)에 접목(benchmarking)시킨 것이다. 그는 신일본식 경영이론(글로벌경영; 수정된 이론; Z이론)을 적용하는 기업은 경쟁에서 살아남고 번영하며, 조직을 참여적이고 합의적인 의사결정 집단으로 만들어서 집단적인 의사결정(decision making)의 분위기를 조성하여야 한다고 강조하였다.

<표 1-4> 미국식 · 일본식 · Z이론 비교

미국식 경영(A-Type)	일본식 경영(J-Type)	Z이론(글로벌경영)
단기고용	종신고용	장기고용
개인적 의사결정	참여적 의사결정	참여적 의사결정
개인책임	집단책임	개인책임
능력에 따른 빠른 승진	느린 인사고과와 승진	느린 인사고과와 승진
공식적인 관리와 통제	비공식적인 관리와 통제	공식적인 관리와 통제
전문화된 경력관리	포괄적인 경력관리	포괄적인 경력관리
개인별 노사관계	통합적 노사관계	통합적 노사관계

9. 근대적 관리론

근대적 관리론이 미국 경영학의 주류를 형성하였다.

(1) 쿤츠(H. D. Koontz) - 경영학의 밀림(Management Theory Jungle)

근대적 관리론의 대표자로 경영학의 학파를 다음과 같이 분류하였다.

① 관리과정학파(the management process school; 보편주의학파)

ⓐ 경영관리기능을 계획 → 조직 → 지휘 → 조정 → 통제의 과정으로 보고, 각 과정을 분석하여 실천적으로 유용한 보편타당한 원칙을 도출하려는 학파이다.

ⓑ 시조는 페욜(F. Fayol)이며, 계승자는 쿤츠(H. D. Koontz), 오도넬(C. O'Donnell), 뉴맨(W. H. Newman) 등이다.

② 경험학파(the empirical school; 사례학파)

기업의 성공 또는 실패사례를 분석하여, 조건이 다른 각 기업에 특수한 관리원칙을 적용하려는 학파로서, 주로 사례연구를 사용한다. 대표학자는 데일(E. Dale)이다.

③ 인간행동학파(the human behavior school)

경영의 인간적 측면을 중시하여, 개인의 동기유발, 리더십 등 인간 상호 간의 관계를 연구하려는 학파이다. 시조는 인간관계론자이며, 계승은 행동과학자이다.

④ 사회시스템학파(the social system school)

조직을 하나의 사회시스템으로 보고, 사회과학적 연구에 중점을 두는 학파이다. 시조는 버나드(C. I. Barnard)이고, 계승자는 사이먼(H. A. Simon), 마치(J. C. March)이다.

⑤ 의사결정이론학파(the decision theory school)

경영관리의 핵심은 의사결정이라고 보고, 의사결정의 성격·과정·형태·기법 및 의사결정자의 특질을 연구하는 학파이다. 대표학자는 사이먼(H. A. Simon), 마치(J. C. March), 밀러(L. W. Miller), 스타르(M. K. Starr) 등이다.

⑥ 수리학파(the mathematical school)

경영현상을 수학적 모형이나 수식연산과정에서 파악하려는 학파이다. 대표학자는 슈와트(W. A. Shewart), 뉴우만(J. Von Neumann), 모르겐스턴(O. Morgenstern) 등이다.

(2) 드러커(P. F. Drucker; 1909 ~ 2005)

현대 경영학의 아버지인 드러커는 작가, 경영전문 상담가, 대학 교수였으며 주로 경영과 관련된 내용의 책을 저술하였다. 20세기 초에 태어나 21세기 초에 사망할 때까지 세계적인 주요 기업들을 관찰·분석하고 조언을 해주었으며, 기업들의 흥망성쇠 과정을 지켜보고 분석하여 저술한 수많은 책들로 대중들에게 경영학에 대한 많은 교훈들을 남겨주었다.

그는 조직의 방향을 제시하고, 리더십을 통하여 조직의 제자원을 어떻게 활용할 것인지를 결정·조언하였다.

① 드러커(P. F. Drucker)는 기업의 목적으로 혁신(innovation), 마케팅활동(고객의 창조와 만족), 사회적 책임(social responsibility)을 강조하였으며, 이윤동기의 관리원칙을 부정하였다.

<표 1-5> 기업의 사회적 책임의 분류[드러커(Drucker), 캐롤(Carroll), 프리드먼(Freedman)]

소극적(1차) 책임 (모든 기업)	경제적 책임	이윤추구, 기업유지·존속 등(가장 중요)
	법률적 책임	법규 준수, 구성원의 도덕성 준수 등
적극적(2차) 책임 (자의적 선택)	윤리적 책임	사회적 책임·지원, 봉사활동, 공공질서 준수 등
	자선적 책임	인류 전체의 공영(인류애), 문화지원(비중 증가), 사회적 환원 등

> **TIP+** **기업의 사회적 책임(CSR; Corporate Social Responsibility)**
>
> 기업의 이윤보다는 도덕적·윤리적인 책임은 물론 사회성·공공성·공익성을 먼저 고려하여 경영활동을 하는 것을 총칭한다. 소비자의 권리, 환경보호, 청년실업해소, 지역 및 국가발전에 기여하는 것이다.

② 목표에 의한 관리(MBO; Management By Objectives)를 계획 수립 시에 처음으로 사용하였다.

> **TIP+** **드러커(Drucker)의 주장**
>
> **1. 리더십(leadership)의 3가지 본질**
>   일(work), 책임감, 신뢰
>
> **2. 리더십의 궁극적인 과제**
>   인간의 에너지(energy)와 비전(vision)을 창출하는 것이다.
>
> **3. 사회적 책임**
>   법적·경제적·윤리적·자선(도덕)적 책임의 준수이다.

또한 신시대가 요구하는 경영자의 7가지 과제를 제시하면서 유능한 자질과 능력의 소유자라도 다음과 같은 과제를 반드시 해결할 수 있어야 최고경영자라고 할 수 있다고 하였다.

㉠ 경영목표설정과 목표관리를 할 줄 알아야 한다.

㉡ 기업 내의 환경에 따른 위험부담을 신속히 파악·해결할 줄 알아야 한다.

㉢ 전략적 의사결정을 수행할 능력과 목표에 대한 성공적인 확신과 비법을 지니고 있어야 한다.

㉣ 공통의 목표를 수행함에 있어 통합된 팀워크를 조직하고 활용할 줄 알아야 한다.

㉤ 정보전달 가능성의 신속화와 경영정보체계에 진입하는 경영기법 및 경영합리화 방법을 강구할 줄 알아야 한다.

㉥ 경영관리를 미시적(micro) 관리와 거시적(macro) 관리로 구분하여, 이를 수행하기 위해서 국제경제, 국내경제, 인류사회의 동향 등 국내·국외적 경제를 분석할 능력이 있어야 한다.

㉦ 현대기업이 요청하는 경영자는 인간컴퓨터가 되어야 한다.

☑핵심체크

균형 · 통합이론

1. 버나드(C. L. Barnard)의 이론

① 버나드는 경영자의 기능에서 조직을 협동체계로 파악하고, 대외적 · 전체적 · 동태적 관점에서 새롭게 접근하였으며, 비교적 균형잡힌 이론을 제시하고 있다.

② 조직은 협동시스템으로서 공헌의욕(willingness to contribution), 공통목적(common purposes), 의사소통(communication)이 잘 이루어져야 한다.

③ 결합된 협동노력에는 개인적 의사결정과 조직적 의사결정이 있으며, 이 두 가지가 균형(상호작용)을 잘 이루어야 한다.

2. 사이먼(H. A. Simon)의 이론

① 사이먼은 그의 저서『관리행동』에서 조직 내의 전문화, 커뮤니케이션, 의사결정에 역점을 두고 논의를 전개하였다.

② 조직은 경제학에서 가정하고 있는 객관적 또는 초합리적 의사결정을 할 수 없고, 현실적인 제약 하에서 제한된 의사결정[제한된 합리성(bounded rationality), 관리인(administrative man), 주관적]을 하게 된다.

3. 사이어트(Richard Cyert)와 마치(James March)의 이론

① 사이어트와 마치는『기업의 행동이론』에서 경제학과 조직이론의 관점에서 기업이 현실적으로 어떻게 행동하는가를 설명하였고, 기업행동이론은 기업을 '전적으로 합리적인 체계'로 가정하는 잘못에 대해 지적하였다. 또한 버나드와 사이먼 이론을 더욱 발전시켰다.

② 새로운 기업이론을 구축하기 위해서는 조직의 목표형성, 조직의 기대형성, 조직에 의한 수단선택과 관련되는 세 가지 하위이론이 필요하다고 하였으며, 이러한 하위이론을 바탕으로 기업행동에 영향을 미치는 변수를 검토한 결과 불확실성의 회피, 문제해결지향적 탐색, 조직학습 등 조직학습의 세 가지 관계개념을 제시하였다. 또한 조직의 의사결정이 실제로 어떤 과정을 거쳐서 이루어지는가를 컴퓨터 시뮬레이션을 통하여 분석하고 있다.

TIP+ 경영관리이론의 발전과정

고전적 관리	테일러의 과학적 관리, 포드의 컨베이어시스템, 페욜의 일반관리론, 베버의 관료제, 길브레스의 동작연구, 간트(간트 차트) 등
인간경영	메이오의 호손실험, 아지리스의 성숙 · 미성숙이론, 맥그리거의 X · Y이론, 매슬로우의 욕구단계설, 허쯔버그의 2-요인이론, 리커트의 관리시스템론, 브레이크와 머튼의 그리드이론 등
행동경영	아지리스의 성숙 · 미성숙이론, 리커트의 관리시스템론, 사이먼의 의사결정이론, 르윈의 집단역학이론 등
시스템경영	처치의 관리론
상황경영	로렌스, 페로우, 번스와 스토커이론
일본식 경영	오우치의 Z이론
신경영	BPR, 리스트럭쳐, 벤치마킹, 디베스티쳐, MBO, 시간중심이론 등

2 독일 경영학 발달

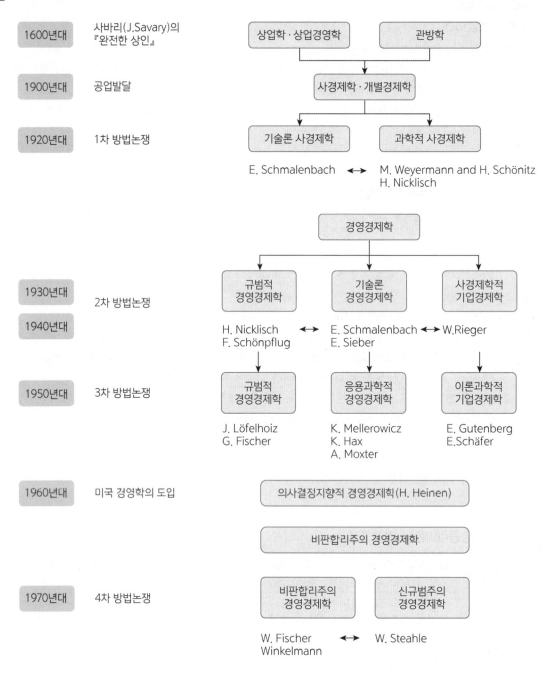

1600년대	사바리(J.Savary)의 『완전한 상인』
1900년대	공업발달
1920년대	1차 방법논쟁
1930년대	2차 방법논쟁
1940년대	
1950년대	3차 방법논쟁
1960년대	미국 경영학의 도입
1970년대	4차 방법논쟁

상업학 · 상업경영학   관방학

사경제학 · 개별경제학

기술론 사경제학   과학적 사경제학

E. Schmalenbach ◄► M. Weyermann and H. Schönitz
H. Nicklisch

경영경제학

규범적 경영경제학   기술론 경영경제학   사경제학적 기업경제학

H. Nicklisch   E. Schmalenbach ◄► W.Rieger
F. Schönpflug   E. Sieber

규범적 경영경제학   응용과학적 경영경제학   이론과학적 기업경제학

J. Löfelhoiz   K. Mellerowicz   E. Gutenberg
G. Fischer   K. Hax   E.Schäfer
                A. Moxter

의사결정지향적 경영경제획(H. Heinen)

비판합리주의 경영경제학

비판합리주의 경영경제학   신규범주의 경영경제학

W. Fischer   ◄►   W. Steahle
Winkelmann

3 미국과 독일의 경영학 비교

구분	미국 경영학	독일 경영학
역사	약 100년	약 300년
시작	공업경영에서 시작	상업경영에서 시작
발달과정	실천상 필요에 의하여 자연적 · 발생적으로 생성되고 발전	방법논쟁을 통한 체계화
주체	기사, 실무자	학자
성격	기술 중심(경영관리학)	이론 중심(경영경제학)
영역	기업의 운용(관리)에 중점	기업의 창설 · 운용 · 해체에 이르기까지의 전 과정 포함
체계	총론부문은 주로 경영관리에 국한하며, 각론은 기능별 체계	총론부문은 경영학사를 포함하여 내용이 다양하며, 각론은 기관별 체계
기타	실천경영학	회계이론, 생산경영학, 소비경영학, 유통경영학, 보험경영학 등

TIP+ **경영학 접근방법**

1. 쿤츠(koontz)의 분류

쿤츠는 1961년 『경영이론의 밀림』이라는 논문에서 6가지 접근방법을 제시하였으며, 이후 1980년에는 이를 대폭 수정하여 11가지의 접근방법으로 분류하였다. 이러한 혼란의 주요 원인이 용어 의미상의 혼란, 경영관리 관의 상이, 선험적 가설의 상이, 원리의 오해, 상호이해 노력의 결여 등에서 기인한다고 주장하였다.

쿤츠는 이러한 혼란을 밀림에 비유하고, 이를 극복하고자 통일된 경영이론을 주창하고 나섰다. 이에 대해 사이먼은 경영이론의 밀림이란 당치도 않은 표현이며, 오직 연구상의 분업과 연구의 다기화가 요구된다고 쿤츠의 주장을 비판하였다.

2. 세토의 분류

세토는 쿤츠의 접근방법이 가지고 있는 한계점을 보완하고, 기존 연구들을 통합하여 고전적 접근방법(능률과 조직 효율성), 행동적 접근방법(호손실험이 계기가 됨), 경영과학적 접근방법 등으로 분류하였다. 최근 이러한 3가지 외에 시스템적 접근법이 따로 분류되고 있으며, 시스템 개념을 이용하여 전체의 입장에서 상호관련성을 추구하여 주어진 문제의 해결을 추구하고 있다. 시스템의 속성으로는 전체성, 목적성, 구조성, 기능성 등을 주장하였다.

4 한국 경영학 발달

경영학이 우리나라에 처음으로 소개된 것은 일제강점기인 1935년으로, 보성전문학교(현 고려대학교)와 연희전문학교(현 연세대학교) 및 경성고등상업학교(현 서울대학교)에서 경영경제학이 각각 개설되면서부터이다. 당시 일본의 식민통치하에 놓여 있어 정치, 경제, 사회 등 모든 면이 일본의 지배하에 있었기 때문에 일본식 경영을 그대로 본받게 되었다.

기업경영의 중추적 역할을 담당할 유능한 인재를 양성하기 위하여 1955년 4월 우리나라 최초로 고려대학교 상과대학에 경영학과가 개설되었다.[3] 1956년 동국대학교, 1957년 중앙대학교, 1959년 연세대학교, 성균관대학교, 숭실대학교, 숙명여자대학교 등에 경영학과가 신설됨으로써 경영학과가 널리 보급되었다.

따라서 1960년대 이전의 한국 경영학은 독자적인 발전을 하지 못한 채, 주로 일본에서 교육을 받았거나 일본식 교육을 받은 학자들의 주도하에 독일의 경영경제학을 그대로 원용해 오다가, 1960년대 말경에 이르러 미국 경영학의 국내도입을 향한 최초의 시도가 있었으며, 이 시기가 한국 경영학의 생성시기라 할 수 있다.

특히 많은 학생들과 교수들이 주로 미국에서 유학을 하게 되면서 미국 경영학의 최신이론과 기법이 국내에 대량으로 유입되어 미국 경영학이 한국 경영학계를 주도하게 되었다. 많은 대학들이 독일식의 상과대학을 미국식의 경영대학으로 개편한 것도 그러한 결과에서 비롯된 것이다.

1980년대 중반 이후 해외에서 유학을 마치고 귀국한 신진학자들이 학계나 산업계로 대거 진출함으로써 한국 경영학은 괄목할 만한 발전을 보여주고 있으며, 경영학의 발달 또한 더욱 가속화되고 있다.

1960년대 말부터 1970년대는 우리나라가 고도성장을 이룩한 시기이다. 당시 실천학문이자 응용학문인 경영학은 학계와 더불어 산업계의 요구에 부응하여 더욱 널리 보급·확산되었다.

> **TIP+** 한국 경영학 특성
>
> 한국 경영학은 미국식 경영학을 근거(根據)하여 발전하였다.

---

3) 김원수, 경영학원론, 경문사, 1986, p.71~75.

CHAPTER 02 경영전략

01 경영정책

1 경영개념

일반적인 경영개념의 견해는 경제성(합리성)의 발휘를 목적으로 하는 기술적·생산적 단위로서 이해할 수 있다. 즉, 개별경제에 있어서의 생산적 측면의 문제로 파악하려는 것을 의미한다.

<표 2-1> 기업개념과 경영개념의 비교

속성	기업개념	경영개념
범위	좁음	넓음
단위	소유단위	생산단위
경제단위	개별	전체
관심영역	수익성(영리성) 추구	경제성(합리성) 추구
대상	외형적·대외적	내면적
이해측면	법률적·금융(재무)적 측면	물적·기술적·생산적 측면

TIP+

과거에는 기업과 경영을 구분하였으나 시대의 발전과 흐름에 따라 현대에서는 구별이 모호해지는 경향을 띤다(즉, 기업과 경영을 구별하지 않음).

☑ **핵심체크**

구텐베르크(Gutenberg)의 기업과 경영의 개념

1. **체제 무관련적 이론**

   자본주의체제나 사회주의체제와는 관계없이 인간사회의 경제적 활동에 공통적으로 적용되는 요소로서, 생산요소의 결합, 경제성원리, 재무적 균형 등이 해당한다.

2. **체제 관련적 이론**

   자본주의체제나 사회주의체제에 따라서 달라지며, 자본주의는 시장경제에 의한 경제계획의 자주성 원리, 영리경제(추구) 원칙, 사유재산의 원칙, 단독의사결정 원리에 의해 움직이고, 사회주의체제는 계획경제로 중앙경제계획과 계획수행의 원리, 공유재산의 원칙, 공동의사결정의 원리에 의해 움직인다는 것이다.

2 경영전략

현대는 날로 치열해지는 다른 기업들과의 경쟁 속에서 우위를 유지하고, 자신이 설정한 경영목표를 달성하기 위해 끊임없이 노력하며, 기업에 영향을 주는 내·외부의 환경요인들의 변화에 신속히 적응·대응하여야 한다. 기업의 이러한 활동(기업환경의 변화에 신속히 적응하고 이에 따라 경영자원의 효율적 활용·배분과 기업경영에 필요한 자질과 능력)들을 '경영전략'이라 한다.

경영전략은 조직을 형성하고 운영하는 것이며, 최적의 의사결정을 하는 과정으로 장기적인 안목으로 미래를 예측하여 지속적인 경쟁우위를 확보하여 전략적 리더십(leadership)을 발휘하는 것을 말한다.

1. 경영전략 특징

① 최고경영자의 입장에서 수립·결정되고, 기업 전체를 대상으로 하며, 실패했을 경우 기업 전체에 파급효과가 매우 크다.
② 경영전략적인 결정을 한 후, 그것을 구체적으로 실행하기 위해 하위결정을 해야 한다.
③ 전략적 의사결정은 상당한 자원의 재분배효과를 가져온다.

2. 경영전략 중요성

(1) 조직의 환경적응 능력의 촉진

경영전략은 변화하는 외부환경에 기업이 유연·탄력·신속하게 대처할 수 있도록 조직의 환경적응능력을 촉진하는 기능을 갖는다.

(2) 경영자원의 효율적 배분

경영전략은 기업 내부의 각 부문의 자원할당(배분)의 우선순위를 합리적·객관적으로 평가·분석하여 전사적 관점에서 경영자원을 효율적으로 배분하도록 한다.

(3) 다양한 경영활동의 통합기능

경영전략은 기업의 존재가치와 목표를 명확히 하고, 목표달성을 위한 장기적·거시적인 전략목표와 이를 위한 활동방향과 경로를 제시함으로써, 기업 내부의 다양한 경영활동들의 통합에 기여한다.

3. 경영전략 수립단계

경영전략은 상호 밀접한 관계에서 해당 조직영역과 경영방향을 설정하며, 조직체의 규모와 업종, 전반적인 조직구조 형태에 따라 기업전략, 사업부전략, 기능전략으로 구분한다.

앤드류(Andrews; 1980)는 경영전략의 수립을 어떠한 수준에서 설정·결정하는가에 따라서 다음 3가지로 구분하였다.

(1) 기업전략(corporate strategy)

전사적 전략(total strategy)이라고도 하며, 여러 사업영역을 포괄하며 기업전략성과의 측정기준은 기업의 생존과 성장 및 전체 이익에 큰 영향을 미친다.

즉, 최고경영층에 의한 그 기업이 경쟁하는 시장과 산업의 범위를 결정하는 가장 상위의 경영전략이다. 또한 기업전략은 다각화, 수직적 통합, 기업의 인수·합병(M&A), 해외사업진출 등과 같은 결정이나 사업 분야에 경영자원을 배분하고 신규 사업진출과 기존 사업부분에서의 철수나 탈퇴와 같은 결정을 하는 것이다.

✓ 핵심체크

기업(기본)전략 유형

1. **성장전략(growth strategy)** – 기업을 성장 또는 확장할 것인가?
2. **안정전략(stability strategy)** – 안정을 추구하며 현재의 수준을 유지할 것인가?
3. **축소전략(retrench strategy)** – 기업을 축소·내실화·환수할 것인가? (= 방어전략)
4. **다각화전략(diversification strategy)** – 기업을 새로운 제품과 영역으로 다양화할 것인가?

---

(2) 사업부전략(business strategy)

경쟁전략이라고도 하며, 기업전략의 하위전략으로, 시장에서 '어떻게 경쟁하는가?'와 같은 구체적인 방법을 결정하는 것으로서 기업전략에 종속된 하위전략이며 중간경영층에 의해 이루어지는 전략[원가전략(저원가·고원가), 차별화전략]이다.

즉, 기업이 경쟁기업보다 경쟁우위에 설 수 있는 전략이 필요한데, 이러한 경쟁우위(비교우위)를 확보하고 유지하는 전략을 말한다.

(3) 기능전략(functional strategy)

기업전략과 사업부전략에 종속된 하위전략으로서 생산, 마케팅, 재무, 인사, 회계, 연구개발(R&D) 등의 경영관리의 제 기능을 결정하는 전략으로, 효율성 극대화가 목적이다. 주로 하부경영층에 의해 이루어진다(마케팅전략, 재무전략, 생산전략, 인사전략 등).

[그림 2-1] 기업별 경영전략 수립단계

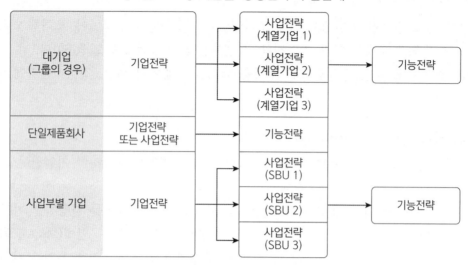

4. 경영전략 형성과정

전략 형성과정을 합리적·분석적 과정으로 파악하는 관점에서 의도적인 과정으로 수립된다고 할 수 있다. 전략은 조직에서 개발하고 형성하므로 그 과정에서 의사결정자의 이해관계나 조직문화 및 외부기관의 압력 등과 비합리적인 요소에 영향을 받기도 한다.

과거의 의사결정에 대한 경영자의 집착이나 환경 및 조직 내부에 대한 경영자의 인지적 왜곡에 의해서도 전략형성은 영향을 받는다.

전략은 숙고전략과 표출전략으로 구분할 수 있다.

<표 2-2> 전략 형성 유형

숙고전략	• 전략이 의도한 대로 실행이 되는 경우 • 합리적인 목표와 계획하에 수립된 전략 • 의도한 전략이 계획대로 행동이 이루어지고 실행되는 것(만약 전략이 실현되지 않으면 미실현전략이라고 함)
표출전략	• 사전에 계획이나 의도 없이 의사결정이나 행동에서 관찰되는 일관된 유형 • 여러 의사결정 과정에서 수정된 전략이나 우연히 나타난 우발적 전략
실현전략	• 실제 실행된 전략 • 숙고전략과 표출전략의 복합적 형태

5. 경영전략 고려요소

(1) 외부(external)환경

일반환경(general environment)이라고도 하며, '기업이 경쟁해야 할 상대가 누구인가?'와 같이 외부환경(통제 불가능; 정치, 경제, 법률, 사회·문화 등)을 고려한다.

(2) 내부(internal)환경

'기업 자신의 능력 및 조직의 분위기·문화 등은 어떠한가?'와 같이 내부환경과 관련된 것을 고려한다(통제 가능; 주주, 고객, 자원 등).

(3) 경영철학

기업의 방향을 제시하는 근본원리로서 기업관 또는 경영철학을 고려한다.

(4) 사회적 책임(social responsibilities)

현대사회 또는 현대기업의 활동에 가장 중요한 요소로서, 전략 수행 시 사회적 책임(기업과 이해자 집단, 사회 제도들 간의 상호의존성의 인식과 경제적·윤리적 가치의 관점에서 행동으로 옮기는 것)을 다하고 있는가를 고려하는 것을 말한다.

TIP+ **사회적 책임 중요성**

사회적 책임(SR; social responsibility)은 기업의 경영환경 변화에 대응, 윤리적 기업문화의 형성, 장기적 이익창출, 기업에 대한 신뢰 형성 등과 같은 기업의 성과 및 경쟁력에 큰 영향을 미친다.
기업은 사회적 책임의 지속적인 실천으로 경영성과 향상 및 기업이미지 제고를 통해 경쟁력을 창출할 수 있으며, 이러한 기업의 경쟁력은 산업 및 국가의 경쟁력으로 이어지기 때문이다.

✓핵심체크

사회적 책임에 대한 기업 대응전략

방해적 대응전략(obstructive strategy), 방어적 대응전략(defensive strategy), 수용(적응)적 대응전략 (accommodative strategy), 사전 행동적 대응전략(proactive strategy)이 있다. 이 중 방해적 대응전략은 사회적 책임 정도가 가장 낮고, 사전 행동적 대응전략은 사회적 책임 정도가 가장 높다.

> **TIP+** 기업윤리와 사회적 책임 개선방법
>
> **1. 윤리강령**
>   기업윤리와 사회적 책임에 관한 기업의 가치관을 기술한 문서로서, 복잡한 환경 속에서 기업윤리와 사회적 책임을 수행하기 위한 지침으로 사용된다.
>
> **2. 윤리적 조직구조**
>   기업이 기업윤리와 사회적 책임을 효과적으로 실천하기 위한 조직, 지위, 프로그램 등을 말한다.
>   예 윤리위원회, 윤리옴부즈만, 윤리교육 프로그램, 핫라인 등
>
> **3. 최고경영자의 솔선수범(매우 중요)**
>   '윗물이 맑아야 아랫물이 맑다'라는 속담과 같이 윗사람이 윤리적으로 모범을 보여야 한다.
>
> **4. 내부고발제도**
>   종업원이 상사나 동료의 불법적 · 비윤리적 행위나 불합리한 업무처리를 고발하는 제도이다.

[그림 2-2] 경영전략 수립과정

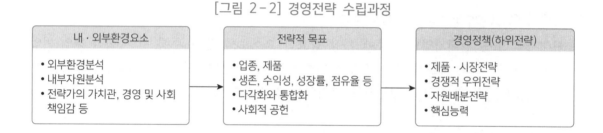

02 경영환경 분석

1 경영환경 분석(business environment analysis)

기업은 기업활동을 수행함에 있어서 기업을 둘러싸고 있는 여러 환경 속에서 필요한 자원을 지속적으로 획득하여야 한다. 이러한 환경 속에는 기업의 생명력(유지 · 존속)에 영향을 주고 그 미래를 성패를 좌우하는 변화가 끊임없이 일어나고 있다.

기업이 영속체로서 생명을 유지 · 존속 · 성장 · 발전하기 위해서는 외부환경(external environment)과 내부환경(internal environment)에 대한 고찰을 충실히 하여야 한다. 즉, 외부로부터 각종 원자재, 노동력 등을 공급받아 생산하고, 이렇게 생산된 제품을 다시 외부의 시장으로 판매해야 하는 것이다.

1. 경영환경 정의

경영환경의 정의로서 가장 많이 활용되고 있는 것은 처치맨(C. W. Churchman)의 정의이다. 처치맨은 '환경(environment; 環境)이란, 기업(조직)의 과업수행에 영향을 주지만 기업이 직접 통제할 수 없거나 거의 통제할 수 없는 기관이나 세력들의 집합'[4]이라고 하였다. 이러한 관점에서 기업(조직)은 외부환경과 상호작용을 하는 개방체계로 파악한다.

기업의 경영행동을 규제하는 외부요인들의 집합을 경영환경으로 보며, 기업은 그 기업을 둘러싸고 있는 기업환경과 상호작용하면서 유지·존속·발전한다.

TIP+

1. 경영환경은 시대의 변화에 따라서 점점 더 복잡·급변하고 확대되고 있다.
2. 급변하는 환경에 기업이 적응하기 위해서는 기업의 경영목적과 사회목적의 균형을 찾아야 하며, 이에 대한 전략적인 대응·적응이 요구된다. 그러나 이러한 적응방식은 기업의 행동범위나 행동양식의 차이에 따라 달라진다.

☑ 핵심체크

경영환경의 두 가지 차원(변화의 정도와 복잡성의 정도)

1. 변화의 정도
환경요소들이 안정적인지 아니면 동태적인지를 말하는 것이다. 즉, 환경이 과거의 패턴으로부터 예측 가능한지, 그렇지 않은지를 의미한다.

2. 복잡성의 정도
환경요소들이 단순한지, 또는 그렇지 않은지를 말하는 것이다. 즉, 상호작용하는 환경요소의 수와 관련있다.

---

2. 경영환경 유형

경영환경은 크게 내부환경(internal environment)과 외부환경(external environment)으로 구분한다. 특히 외부환경은 기업활동에 직접적인 영향을 미치는 과업환경(task environment)과 간접적인 영향을 미치는 일반환경(general environment)으로 구분한다.

<표 2-3> 경영환경 유형

경영환경	내부환경		조직 자체 분위기 예 기업구조, 기업문화, 기업내부자원 등
	외부환경	과업환경	특정 기업에 직접적인 영향 예 경쟁자, 공급자, 고객(소비자), 노조, 종업원, 정부, 투자자(주주) 등의 이해관계자 등
		일반환경	모든 기업에 간접적인 영향 예 사회·문화, 정치, 경제, 법률, 기술적 환경 등

---

4) C.W. Churchman, The Systems Approach(N.Y: Dell, 1968), p.36.

(1) 내부환경

내부환경(internal environment)이란, 기업이 통제 가능한 것으로, 외부환경의 분석을 통하여 조직활동의 영역(domain)이 결정되면 구체적인 경영활동을 수행하기 위해서는 세심한 고찰 및 분석을 해야 한다. 즉, 구체적인 수행활동에는 조직내부의 능력과 역량이 필요하며, 이러한 능력은 조직의 자원과도 연관이 된다.

예 기업구조, 기업의 자체분위기, 기업문화, 기업의 내부자원(인적자원, 물적자원, 재무적 자원, 정보적 자원 등) 등

(2) 외부환경

외부환경(external environment)이란, 기업이 통제 불가능한 것으로, 환경의 두 가지 차원(변화의 정도와 복잡성의 정도)을 가지고 환경의 불확실성을 분석하는 것을 말한다.

먼저 외부환경을 분석하기 위해서는 환경의 구성요소인 경제적·정치적·사회적·기술적인 측면에 대해 분석하여야 하고, 이것을 바탕으로 사업의 기회와 위협요인, 제약요인 등을 분석한다. 이러한 분석을 바탕으로 조직활동의 영역(domain)이 결정된다.

경영환경의 외부환경은 일반환경과 과업환경으로 구분한다.

① 일반환경(general environment)

일반환경(一般環境)이란, 거시적인 환경(macro environment), 간접환경, 2차 환경, 사회적 환경이라고도 하며, 사회 내의 모든 경영(기업)체에 유사 또는 동일하게 영향을 미치는 것으로, 그 범위가 넓고 경영활동에 간접적인 영향을 미치는 요인들이다.

일반환경의 분류는 학자에 따라 다양하지만 일반적으로 다음과 같이 구분·파악한다.

<표 2-4> 일반환경 구성요인

경제적 환경	• GNP 성장경향 • 실업률 및 인플레이션율 • 가처분 소득(DI)의 크기	• 통화공급 및 이자율 • 임금 및 가격의 통제 • 에너지 가동률과 비용
정치적 환경	• 공정거래와 관련된 규제 및 세법 • 고용에 관련된 규제 및 기업장려정책 • 정부의 안정성	• 국제무역에 따른 규제 • 환경보호와 관련된 국제규약
사회·문화적 환경	• 인구성장률과 출생률 및 평균수명 • 라이프스타일(life style)의 변화	• 소비자운동의 경향 • 인구의 연령분포 및 지역적 분포
기술적 환경	• 신상품개발 현황 • 기술개발노력 및 특허보호제도	• 정부차원 및 산업차원에서 R&D • 자동화를 통한 향상 정도

○ **경제적 환경**: 기업 또한 국민경제의 일부를 구성하는 단위이며, 국민경제의 제 요소들의 영향을 받는다. 경제적 환경은 노동시장, 금융시장, 재화 및 서비스시장 등과 관련이 있으며, 기업활동에 영향을 미치는 경제시스템 전반을 말하는 것이기 때문에 이에 해당하는 환경요인은 상당히 많다.

  예 산업구조, 재정정책, 국제 수지, 외환보유고, 대외경제협력, 무역협정, 가격통제, 금리, 물가상승율, 물가수준, 실업률, 생산가동율, 투자위험 등

○ **정치적 환경**: 기업은 한 사회 내에서 합법성(合法性)과 정당성(正當性)을 인정받아야 하며, 그 사회를 다스리기 위해 존재하는 여러 가지 법률이나 규칙 등을 반드시 따라야 한다.

  예 국제규약, 경제정책상의 조건, 제반법령, 외국의 정치변동 등

○ **사회·문화적 환경**: 문화적 환경은 기업이 활동하고 있는 사회의 가치, 역사 및 전통에 관련된 부분이다. 즉, 기업의 활동영역인 사회(社會)의 습관이나 문화(文化), 인구 통계적 특성, 사회구성원의 욕구와 가치관 등은 각 사회마다 다양하다. 이러한 특성을 잘 파악해야만 기업은 구성원들의 욕구를 충족시켜줄 수 있다.

  예 인구특성(성별, 소득, 소비구조 등)과 문화구조(1人가구, 편도족, 싱글슈머 등), 다문화, 노령인구의 증가, 직업의 전문화, 여성의 사회 참여 증가(여성 노동자 증가) 등

> **TIP+ 문화(Culture)**
>
> 일반적으로 어떤 사회가 가지고 있는 태도, 신념 및 가치를 뜻한다. 따라서 어떤 개인이나 조직의 행동은 그 문화적 배경과 관련하여 이해될 필요가 있다. 문화는 사실상 사회나 집단에 따라 저마다 다르므로 개인의 행동도 그들이 가지고 있는 문화가 어떠한지에 따라 달라진다.

○ **기술적 환경**: 오늘날 과학·산업의 발전으로 기술은 급속도로 변화하고 있으며, 신기술을 기업이 습득하고 체계화하지 못한다면 많은 외부업체와의 경쟁에서 우위를 점하지 못하게 된다. 따라서 기업은 기초연구기술, 응용연구기술, 실용화연구기술 등 각 분야에서 자신의 사업영역에 적합한 부분을 연구·개발하고 습득하려는 노력을 끊임없이 지속해야 한다.

  예 4차 산업, 멀티미디어 기술의 응용, 생명공학, 인공지능(AI), 섬유광학, 양자물리 분야 등

○ **법률적 환경**: 기업이 사업활동을 수행하는 국가의 헌법과 법률, 그리고 이들 국가에서의 법률 실무를 가리킨다.

  예 회사법, 반독점금지법, 조세법 및 해외투자법 등

○ **자원 환경**: 기업은 외부의 자원을 이용하여 내부에서 기업활동을 수행한다. 따라서 외부의 자원을 어떻게 내부화할 것인지, 그리고 그러한 자원을 어떻게 운용할 것인지 등이 중요하다.

  예 인적 자원(노동자원, 대학, 직업훈련원 등), 재무자원(주식시장, 금융기관 등), 물적 자원(부동산, 원자재, 부자재, 기계 등), 정보적 자원 등

ⓐ **자연적 환경**: 자연적 환경은 자연 그 자체와 천연자원을 포함하고 있으며, 기업에 따라서 관심을 두는 자연적 환경은 서로 다르다. 예를 들면, 정유회사는 석유 매장량과 직접적인 관련이 있고, 운송회사의 경우는 이용 가능한 항구의 유문이나 교통수단 등에 관심을 두며, 제조기업은 사업을 수행하는 국가의 관련 인허가제도 등에 직접적으로 관련이 있다.

　예 지구의 온난화, 이상기온(기후)현상, 미세먼지, 삼림의 훼손, 지진 및 홍수 등

◎ **국제(global)적 환경**: 외국에서 일어나고 있는 모든 환경의 변화를 말한다. 특히 우리 나라와 같이 자원의 해외 의존도가 높은 나라에서는 국제적 환경의 영향이 매우 크게 작용한다. 또한 현재 국가 간 경쟁이 치열해짐에 따라 자유무역을 위한 여러 가지 국제적 기구의 역할이 지역별로 강화되는 블록화 현상 등은 중요한 국제적 환경요소이다.

TIP+ **기업의 국제적 환경문제가 중요한 이유**

1. 우리기업이 진출하려는 나라마다 정치적 · 경제적 · 법률적 · 사회적 · 문화적 체제와 제도가 다르다.
2. 외국시장의 환경요인들은 국내보다 상이하며 경직적 · 일방적이고 예측이 불가하다.
3. 제반 문화적 환경요인은 불가피한 요인으로 작용한다.
4. 자국의 이익을 우선시하며 외국기업에 대한 강력한 통제와 규제가 많다.

---

② **과업환경(task environment)**

과업환경(課業環境)이란, 미시적인 환경, 직접환경, 1차 환경이라고도 하며, 특정한 경영 (기업)체가 목표설정 및 목표를 달성하기 위해 의사결정을 내리는 데 직접적으로 영향을 미치는 환경을 말하는 것으로, 각 기업의 경영활동, 상황 및 종류에 따라 다르게 나타난다. 과업환경에 대한 분류 역시 학자마다 견해가 매우 다양하다.

즉, 과업환경은 기업의 행동에 직접적인 영향을 미치며, 그 범위가 일반환경에 비해서 규모가 작고, 기업이 어느 정도 통제(control)할 수 있다는 점 등이 특징이다.

여기에는 공급업자, 유통업자, 고객, 종업원, 노조, 지역단체, 국세청, 정부 등이 있다.

㉠ **공급업자**: 기업이 경영활동을 수행하는 데 필요한 자원을 공급하는 활동주체로서 이들 공급업자의 자원공급능력과 안정성 및 가격 등은 기업의 비용(cost)과 가격안정성 등에 크게 영향을 미친다. 공급업자는 어떤 자원을 공급하느냐에 따라 나눈다.

　예 납품업자, 주주, 채권자, 노동자 등

㉡ **유통업자**: 유통업자는 제조 기업이 생산한 제품이나 서비스를 전담하여 소비자에게 유통 · 판매하는 환경주체로 구분한다.

　예 도매상, 소매상

ⓒ 고객: 고객(client)이란, 기업이 생산하는 제품과 서비스를 획득하고자 화폐를 지불하는 사람이다. 고객은 현재의 시장을 구성하며, 과업환경 중에서 가장 큰 영향을 미치는 요인이 고객이다.

오늘날 시장(market)의 현실이 대부분 수요보다 공급이 많은 구매자시장(buyer's market)이어서 의사결정이 고객지향적(고객위주)이지 않고서는 기업의 존재와 생존이 어려워지고 있다.

> **TIP+ 고객과 소비자**
>
> 1. 고객(client)은 현재의 시장을 구성하는 사람들이다.
> 2. 소비자(consumer)는 장래의 시장을 구성하게 되는 사람들까지 포괄하는 개념이다.

고객과 소비자를 총괄해서 보통 일반 소비자라고 넓게 해석하기도 하지만, 기업환경으로서의 직접적 환경은 고객이며, 소비자는 간접적 환경이며 일반적인 환경이다. 따라서 고객이나 소비자 모두가 기업환경으로 기업의 의사결정에 영향을 미치게 되지만, 그 핵심은 직접적 환경으로서의 고객이라 할 수 있다.

> **✅ 핵심체크**
>
> **경영전략 – 기업이 나아가야 할 목표를 설정하는 것(목적달성을 위한 수단)**
>
> 1. 환경분석(내·외부) → 자원의 효율적 활용 → 전략수립 → 실행 → 평가 → 통제(피드백)
> 2. 외부환경분석 → 내부환경분석 → 전략·전술구축
> 3. 전략계획(Plan) → 전략실행(Do) → 전략통제(See)
>
> ※ 기업들은 외적환경분석을 통해서는 시장 창출을, 내적환경분석을 통해서는 경영혁신을 실천할 수 있다.

3. 기타 경영환경(제약환경)

제약환경(constraint environment)이란, 기업이 기업목적을 달성하기 위해서 기업활동을 수행할 때 이에 대하여 제약적인 영향을 미치는 환경으로서 다음과 같이 3가지로 구분한다.

(1) 경쟁기업

경쟁기업이란, 특정의 기업이 제공하는 상품이나 서비스가 판매되는 시장에서 비슷한 상품이나 서비스를 판매하는 다른 기업을 말한다. 경쟁기업의 형태, 수 및 행위 등은 어느 특정 기업의 성과에 직접적인 영향을 미치게 된다. 따라서 기업은 기업활동을 수행할 때 경쟁기업이 어떠한 활동을 하고 있는가를 고려하여야만 한다.

(2) 정부

정부란, 거시환경요인 중에서 정치적·법률적 환경요인과 밀접한 관련을 맺고 있는 것으로서, 정부와 기업 간의 관계는 감독자의 관계일 수도 있고 후원자의 관계일 수도 있다. 정부가 기업에 미치는 영향은 한 나라의 경제발전과도 관련되어 있는데, 일반적으로 후진국이나 개발도상국에서는 정부가 기업경영에 지대한 영향을 미치지만, 선진경제 제도하에서 기업경영에 미치는 정부의 영향력은 작다.

(3) 공중

공중(public; 公衆)이란, 실제적 또는 잠재적으로 기업과 이해관계를 가지거나 혹은 영향을 미치는 기업 내·외부의 모든 환경집단을 말한다. 공중은 기업에 대한 여론형성 주체임과 동시에 직접적인 이미지와 태도 형성의 주체이다.

기업과 공중과의 사이에 형성되는 교섭관계를 공중관계(PR: public relations)라고 한다. 만약 기업과 공중 간에 바람직하지 못한 관계가 형성된다면 기업은 기업목적을 달성하기 어려워진다. 그러므로 기업은 양호한 공중관계가 형성되어 있는 경우에는 이의 지속을 도모하여야 하고, 양호하지 못한 공중관계가 형성되어 있는 경우에는 이를 개선하기 위한 PR활동을 하여야 한다.

TIP+ 산업환경(이해관계자 집단)

산업환경에는 경쟁회사, 소비자, 공급자, 종업원, 주주, 노동조합, 채권자, 투자자, 지역사회, 정부 등이 포함된다.

✓ **핵심체크**

기업 경영환경의 특성

1. 유동적이고 항상 변동한다(동태적).
2. 환경변화의 속도가 빠르며, 그 변화의 정도도 고도화되어 있다(혁신).
3. 복잡하고 다양하다.

2 경영환경 분석기법

경영전략적 환경 분석기법은 SWOT분석이 대표적이며, 외부환경 분석에는 포터(M. Porter)의 산업구조분석(틀)기법이 대표적이다.

1. SWOT분석

기업의 환경은 외부환경 분석기법으로 기업에 주어지는 기회(opportunity)와 위협(threat)의 요소를 구분하고, 내부환경 분석기법으로 기업의 강점(strength)과 약점(weakness)을 파악하여 주어진 분야에서 적용할 수 있다.

이러한 SWOT분석(strength, weakness, opportunity, threat)을 통해 주어진 환경을 적절히 분석함으로써 기업에 최대한 유리하게 만들거나 대처하여 최적의 전략을 수립할 수 있다.

즉, SWOT분석은 기업의 강점(Strength), 약점(Weakness), 기회(Opportunities), 위협(Threats)의 4가지 변수를 분석하는 것이다.

(1) 기업의 내부환경 분석(S, W)

자사 및 시장의 내부자원(요소)의 능력에 대한 강점과 약점을 분석하는 것이다.

예 재무, 생산, 마케팅, 인사 등

(2) 기업의 외부환경 분석(O, T)

기업의 외부요소의 기회와 위협을 분석하는 것이다.

예 인구 통계적 환경, 경제적 환경, 사회적 환경, 정치적 환경, 법률적 환경, 기술적 환경 등

☑ 핵심체크

SWOT분석의 3단계

1. 1단계
시장 환경 변화에 따른 외부환경 분석을 실시한다. 기업의 생존에 위협하는 강력요인, 성장가능성 기회요인 등을 분석한다.

2. 2단계
기업의 내부 핵심역량을 파악하여 상대 경쟁사와 비교하고, 모든 경쟁력을 측정한다.

3. 3단계
기업의 현재 위치를 파악하고 최종적인 마케팅전략 방향을 제시한다.

<표 2-5> SWOT분석

외부환경 내부환경	기회 (Opportunity)	위협 (Threat)

강점
(Strength)
	• SO전략, 성장, 인수합병, 다각화
	  (성장전략, 내부개발전략)
	• Maxi-Max전략
		• ST전략, 다양화전략
		  (위협을 최소화, 내부강점 이용)
		• Max-Min전략

약점
(Weakness)
	• WO전략, 약점극복, 턴어라운드전략
	  (외부기술도입, 조인트벤쳐, 합작투자)
	• Min-Max전략(기회를 살림)
		• WT전략, 방어적 전략, 철수, 제거
		  (회사축소, 청산, 구조조정 실시)
		• Min-Min전략

[그림 2-3] 내부환경과 외부환경 비교

TIP+

1. PEST분석의 변수

   정치(political), 경제(economic), 사회문화(social-cultural), 기술(technological)

2. **약한 연결고리 법칙(Law of minium)**

   전체에서 약한 부분(고리)부터 보완하는 것을 중시하는 것이다.

2. 기업의 외부환경 분석

(1) 포터(M. Porter)의 산업구조 분석

산업환경의 대표적인 분석기법으로, 5-Force Model이라고도 한다. 산업구조가 그 산업 내 기업들의 경쟁환경 및 방식을 결정하고 경쟁요인과 기업들의 행동이 기업 또는 산업의 수익률을 결정하고, 특정 기업의 과업환경(미시적 환경)을 분석(이해관계자를 분석)하는 것이다. 포터(Michael Porter; 1985)의 산업구조 분석(틀)은 다음 5가지 요인에 따라 산업 내의 협상력, 경쟁정도, 수익률이 결정된다고 한다.

[그림 2-4] 포터의 산업구조 분석

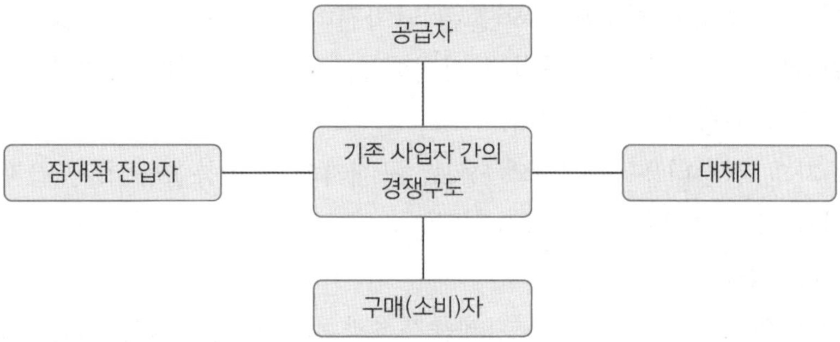

① 기존 사업자 간의 경쟁 정도

산업 내의 경쟁이라고도 하며, 해당 산업에 참여하고 있는 기업의 수가 적을수록, 즉 산업의 경쟁 정도가 낮을수록 그 산업의 전반적인 수익률은 상대적으로 높아지고, 경쟁 정도가 높을수록 산업의 수익률은 낮아진다. 즉, 기존 사업자와의 경쟁에서 높은 자본집약도는 높은 퇴거장벽이 되어, 이로 인해 치열한 가격경쟁이 일어나게 되고, 경기순환이 급격한 산업(주로 자본재나 기계설비 이용)일수록 불황기의 수익률이 급격히 악화되므로 치열한 가격경쟁이 일어나게 되며, 경기순환이 완만한 산업일수록 훨씬 덜 치열한 가격경쟁이 된다.

예 집중도, 제품차별화, 초과생산능력, 시장성장률, 산업의 경기변동, 퇴거장벽, 변동비와 고정비의 비율 등

② 대체재

대체재(代替財)의 가능성이 높으며, 가격이 낮고 성장성이 클수록 이윤폭이 제한되고, 경쟁기업들의 시장침투의 위험이 크므로 산업의 수익률은 낮아진다.

예 대체재의 존재 유무, 대체재의 상대가격, 대체재에 대한 구매자의 성향 등

③ 잠재적 진입자

진입장벽이 낮아서 새로운 기업의 진입이 용이하면, 그 산업 내에서 높은 가격을 받을 수 없기 때문에 수익률은 낮아지게 된다. 즉, 잠재적 진입자와의 경쟁은 매몰원가가 존재할 때 진입·퇴거가 곤란하고, 진입장벽이 부존재할 경우 가격이 경쟁적인 수준으로 낮아짐으로써 정상이윤만 획득할 수도 있다.

예 규모의 경제, 정부의 법적규제, 기존 기업의 보복적 행동, 절대비용우위, 제품차별화, 유통망에 대한 접근, 자본소요량 등

④ 구매자의 협상력

구매자집단의 협상력(교섭력)이 클수록 기업의 제품에 대한 소비자들의 지속적인 구매력이 낮아지기 때문에 산업의 수익률은 낮아진다. 즉, 구매자의 교섭력이 구매자의 가격에 대한 민감도가 높을수록 교섭력이 강화되고, 공급자에 대한 구매자들의 상대적 교섭능력이 높을수록 교섭력이 강화된다.

예 구매자의 전환비용, 구매자의 정보, 구매자의 후방통합능력, 공급자에 대한 구매자의 상대적 크기, 제품품질의 중요성 등

⑤ 공급자의 협상력

공급자집단의 협상능력이 클수록 제품가격과 품질에 영향력을 미침으로써 소비자들의 지속적인 구매력이 낮아지기 때문에 산업의 수익률은 낮아진다.

예 구매자의 힘의 결정요인과 동일

TIP+

1. 수평적 경쟁요인

기존 사업자 간의 경쟁 정도, 대체재, 잠재적 진입자 등이 있다.

2. 수직적 경쟁요인

구매자 협상력, 공급자 협상력 등이 있다.

3. 비판

경쟁요소를 너무 넓게 보았으며, 경쟁자들의 경쟁범위가 동일하다고 가정하였다(여러 상황을 고려하지 못하고 동태적이지 못함).

(2) 산업 내의 경쟁(기존 기업과의 경쟁; 산업구조 분석 2)

[그림 2-5] 포터의 산업구조 분석 2

① 산업의 집중도

산업의 집중도(concentration)란, 동일산업에 속하는 기업의 수와 그 개별기업의 규모를 의미하는 것으로, 산업의 집중도가 높을수록(기업의 수가 적을수록) 상대적으로 높은 산업 수익률을 창출할 수 있고 그 산업이 경쟁적일수록, 즉 많은 기업들이 경쟁에 참여할수록 산업의 수익률은 낮아진다.

② 경쟁기업의 동질성과 이질성(담합 용이성)

동일산업 내에서 기업들 간의 경쟁을 피하기 위해 담합을 할 수 있는 가능성은 단순히 참여하는 기업의 수뿐만 아니라 그 기업들의 전략이나 목적에 따라 다양하게 나타난다. 기업들의 전략·목적 등이 유사할 경우 명시적이거나 암묵적인 담합하기 용이하며, 담합이 쉬울수록(기업들이 동질적일수록) 높은 수익률을 창출할 수 있다.

③ 제품차별화

제품차별화가 높을수록(브랜드 선호도가 높을수록, 비일상재일수록) 높은 수익률을 창출할 수 있고, 차별화가 적은 산업, 즉 일상재에 가까운 산업일수록 수익률이 낮아지게 된다.

④ 비용구조

기업들이 어느 정도 가격경쟁을 하는가는 산업의 비용구조에 따라 다르며, 비용구조는 고정비용과 가변비용의 비중을 의미한다. 고정비용이 큰 산업(화학산업, 철강산업 등)에 있는 기업들도 가변비용을 상회하는 한 얼마든지 그 고정설비의 유휴도를 낮추기 위해 가격을 인하하려고 할 것이다.

⑤ 초과설비

산업의 수익률은 초과설비와 경기순환에 따라 민감하게 변하며, 특히 생산설비와 수요가 일치할수록 기업의 수익률이 높아진다고 한다. 불황기의 경우 자본집약도(거대한 생산설비 기업)가 높은 산업일수록 고정비용을 줄이기 위해 가격을 인하해야 할 필요성이 크다. 이러한 불황기의 유휴설비로 인한 가격인하는 산업의 수익률을 급격하게 악화시키며, 이로 인해 퇴거장벽(exit barrier)은 더 높아진다.

3 기업 내부환경 분석

1. 포터(Porter)의 가치사슬분석(Value Chain Analysis)

가치사슬분석(Value Chain Analysis)이란, 하버드(Harvard) 대학의 마이클 포터(Michael Porter) 교수에 의하면, 기업의 경쟁우위는 기업이 수행하는 주(본원적)활동과 기술개발 및 인적자원관리와 같은 보조(지원)활동을 통하여 발생한다고 한다. 바로 이 주활동과 보조활동(기업 내 인프라) 간의 상호작용을 체계적으로 고찰하여 기업의 경쟁우위를 파악할 수 있게 되는데, 이것이 가치사슬분석방법이다.

기업 가치를 창조하는 활동들이 사슬처럼 연결되어 있다고 가정하여, 내부활동 간에 상승효과가 있는지, 어디에서 일어나는지를 분석하는 방법을 말한다. 이 개념은 보다 많은 고객가치를 창출하기 위한 전략적 도구이다.

총 9가지의 전략적 활동이 포함되고, 이는 다시 5가지의 주(본원적)활동(직접적으로 고객에게 전달되는 부가가치 창출에 기여하는 활동)과 4가지의 보조(지원)활동(부가가치를 창출할 수 있도록 지원하는 활동)으로 분류되며 그림으로 간략히 나타내면 다음과 같다.

[그림 2-6] 포터의 가치사슬

보조활동 (지원활동)	하부조직활동: 기획, 재무, 법률, 경영정보시스템(MIS) 등				
	디자인, 기술·연구개발(R&D) 등				이윤
	인적자원관리(HRM)				
	획득활동(구매, 조달)				
주활동 (본원적 활동)	구매활동 (물류투입) In-bound	생산활동 (최종투입) Operate	물류활동 (물류산출) Out-bound	판매 및 마케팅활동 (구매유도)	서비스활동 A/S (제품가치증대)

가치사슬모형(value chain model)은 전반적인 생산활동을 주활동(본원적 활동)부문과 보조활동 (지원활동)부문으로 구분한다.

(1) 본원적 활동(Primary activities: Key activities)

본원적 활동이란, 기간(基幹: 근간)활동이라고도 하며, 직접적으로 고객에게 전달되는 부가가치 창출에 기여하는 활동을 말한다.

① **구매활동(Inbound Logistics; 원재료 입고, 내부물류)**

재료의 투입, 접수, 보관, 재고관리, 수송계획 등을 포함한 활동을 말한다.

② **생산활동(Operations; 생산·운영 및 처리)**

투입된 재료(부품)를 최종제품으로 변환시키는 모든 가치 창출활동(가공, 포장, 조립, 장비 유지, 검사 등)을 말한다.

③ 물류활동(Outbound Logistics; 출고·저장 및 분배, 외부물류)

최종제품을 고객에게 전달하는 데 필요한 활동(창고관리, 주문실행, 배송, 유통관리 등)을 말한다.

④ 판매 및 마케팅활동(Sales & Marketing)

구매자들이 제품을 구매하도록 유도하는 데 관련된 활동(채널 선택, 광고, 프로모션, 판매, 가격설정, 소매 관리 등)을 말한다.

⑤ 서비스활동(Service)

제품의 가치유지 및 강화활동(고객지원, 수리업무, 설치, 훈련, 예비부품관리, 업그레이드 등)을 말한다.

(2) 지원활동(Support activities)

지원활동이란 부가가치를 창출할 수 있도록 현장활동을 지원하는 활동을 의미하며, 획득활동 (투입요소의 획득 - 기계, 설비, 건물, 장비 등), 기술연구 및 개발활동, 인적자원관리활동, 하부구조활동(기획, 재무, MIS, 법률 등) 등이 해당된다.

2. 맥킨지(Mckinsey)의 가치사슬모형

맥킨지모형은 맥킨지컨설팅회사(Mckinsey Consulting Co.)가 기업시스템 분석을 목적으로 개발한 것으로 기술개발, 제품디자인, 생산, 마케팅, 유통, 서비스의 6개 분야로 구분하고 이들 활동분야의 비용을 중심으로 기업의 경쟁우위를 분석하는 것이다.

[그림 2-7] 맥킨지의 가치사슬모형

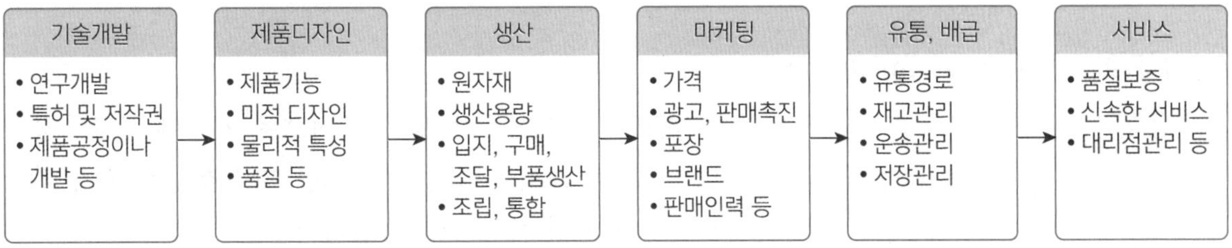

기술개발	제품디자인	생산	마케팅	유통, 배급	서비스
• 연구개발 • 특허 및 저작권 • 제품공정이나 개발 등	• 제품기능 • 미적 디자인 • 물리적 특성 • 품질 등	• 원자재 • 생산용량 • 입지, 구매, 조달, 부품생산 • 조립, 통합	• 가격 • 광고, 판매촉진 • 포장 • 브랜드 • 판매인력 등	• 유통경로 • 재고관리 • 운송관리 • 저장관리	• 품질보증 • 신속한 서비스 • 대리점관리 등

3. 기능별 분석

기능별 분석(functional analysis)이란, 기업의 기술과 자원을 전형적인 기능들로서 마케팅능력, 재무능력, R&D능력, 생산능력, 인적자원관리능력, 기술능력 등으로 나누어 자사의 강점과 약점을 분석하는 방법으로 전통적으로 널리 사용되었다.

4. 요소별 분석

조직구조, 조직문화, 조직의 내부 분위기, 조직자원 등의 요소별로 나누어 분석하는 방법을 말한다.

4 사업부전략 분석

1. 포터(Porter)의 본원적 경쟁(우위)전략

(1) 원가우위전략(Cost-leadership Strategy)

원가우위전략이란, 비용구조분석을 통하여 차별역량을 파악함으로써 저비용구조인 비용절감을 가져올 수 있는 것을 말한다. 비용절감기법으로는 TQM(전사적 품질경영; total quality management), 리스트럭처링(restructuring), BPR(business process reengineering) 등이 있다.

가격인하(주 경쟁 수단)	가격인하를 자제
• 가격탄력적인 수요	• 비탄력적인 수요
• 높은 고정비용	• 낮은 고정비용과 유연한 생산방식
• 비용우위	• 비용에서 열위
• 초과설비	• 설비부족
• 군소 경쟁자	• 지배적 사업자
• 신규 진입자	• 시장에서 오랜 경험을 가진 기업
• 단일품목기업	• 여러 시장에서 경쟁기업과 경쟁하는 경우 가격
• 비밀리에 행하는 거래	이 쉽게 노출됨

(2) 차별화 전략(Differentiation Strategy)

차별화 전략이란, 소비자 욕구를 만족시키기 위하여 경쟁사나 경쟁제품과 비교하여 독특한 제품·서비스 등을 공급 또는 독특한 전달방법을 개발·고안하는 것으로서, 고안 후에는 가격 할증형태로 보상받을 수 있다.

(3) 집중화 전략(Focus Strategy)

집중화 전략이란, 특정시장·특정소비자집단·특정제품 등을 집중적으로 시장에 진출·공략함으로써 목표(target)를 집중적으로 겨냥 또는 노력을 집중해서 모든 기업활동을 이에 맞추어 나가는 것으로서 세분시장(segment market)이 존재해야 가능하다.

03 기업

1 기업

1. 기업 개념

기업(enterprise; 企業)은 이익을 창출·획득할 목적으로 재화나 서비스를 생산·공급하는 경제 단위체이다. 그리고 기업의 창설은 경영자의 능력을 갖춘 개인이나 소집단이 기업 환경을 분석한 자료로부터 구체적인 기업의 설립기회 내지 사업기회를 포착하고 자본, 인력, 시설 등의 기업자원 등을 확보하여 사업목표를 설정한 다음 사업을 시작하는 것을 의미한다.

2. 기업 형태

기업 형태란, 경제적 행위주체로서 기업이 기업목적을 달성하기 위해 취하고 있는 기업의 종류나 양식으로, 자본주의 발달이라는 역사성을 기준으로 하여 발전되어 왔다. 즉, 자본주의 이전의 사업 형태인 가업(家業) 내지 작은 규모의 사업에서 출발하여 자본주의의 특유한 사업형태인 회사기업의 단계를 거쳐 자본주의 이후의 사업형태인 공기업(공공기관) 및 협동조합 등으로 발전되어 왔다. 기업 형태는 일반적으로 출자, 경영, 지배 관계에서 고찰되며 또한 법률이 이에 의거하여 기업의 형태를 규정하고 있다. 따라서 기업 형태는 법률적 형태와 경제적 형태에 따라 분류하나 이 분류는 학자들 주장이 다소 차이가 나므로 반드시 일치하지 않는다.

2 기업 유형

기업 유형은 일반적으로 기업의 업종, 규모, 입지, 시장 등의 상황을 고려하여 구별한다. 따라서 기업의 일반적인 유형은 다음 그림과 같다.

[그림 2-8] 기업 형태의 일반적인 분류

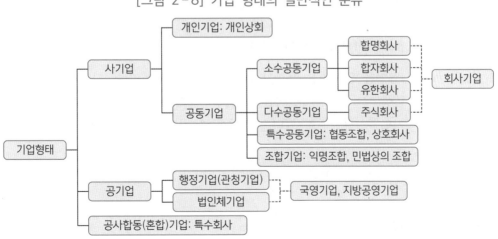

1. 개인기업(individual enterprise; 個人企業)

개인기업이란, 개인단독으로 출자하여 기업을 설립하고 이를 개인이 소유·지배하면서 경영활동 (소유 = 경영)을 하는 기업 형태로 단독기업이라고도 한다. 즉, 출자자와 경영자가 동일하고 기업의 위험에 대하여 절대 무한의 책임을 지는 기업 형태이다. 그러므로 소유와 경영, 위험부담 및 이익이 단독개인에게 귀속된다.

개인기업은 기업 형태 중 가장 간단하고 오래 전부터 존재하는 형태이다. 개인기업에 있어서는 원칙적으로 출자, 경영, 지배가 일치한다. 오늘날 원시적인 기업이나 특별한 숙련을 필요로 하는 업종이나 기계화 내지 대규모 경영이 불리한 소규모 경영에 많이 이용된다.

장점	• 기업의 설립과 폐쇄가 용이 • 신속성이 있는 의사결정 및 환경변화에 대한 신속한 적응과 조치가 가능 • 기업의 위험부담과 이윤획득을 혼자서 할 수 있기 때문에 기업가가 기업에 전력투구하게 됨 • 기업 내부의 기밀유지가 용이하고 개인이 이익을 독점할 수 있음
단점	• 자본조달에 한계가 있음 • 기업의 운명이 경영자인 기업가의 운명에 따라 좌우되어 영속성이 결여되기 쉬움 • 개인의 사업능력 및 기업 확장에 한계가 있고 유능한 인재확보가 어려움 • 개인기업의 세율이 법인에 비해 상대적으로 높아(법인을 우대하기 때문) 불리[5]

2. 합명회사(ordinary partnership; 合名會社)

합명회사란, 대표적인 인적회사로서, 두 사람 이상의 사원(출자자)이 공동출자하고, 이들이 회사 채권자에 대하여 직접·연대·무한의 책임을 지며, 정관에 규정이 없는 한 각 사원이 회사의 업무를 집행하고 회사를 대표하는 권한을 가진다. 즉, 무한책임사원만으로 성립하는 회사이므로 실질적으로 개인기업의 공동경영에 불과하다.

유래는 소키에타스(Societas; 합동기업의 형태)로서, 회사운영상의 의사결정이나 지분을 양도할 때는 사원의 동의가 필요하다. 역사적으로 보아 개인기업 다음가는 오래된 기업 형태이나 산업혁명 이후 주식회사가 발달함으로써 차차 그 중요성이 쇠퇴하였다.

3. 합자회사(limited partnership; 合資會社)

합자회사란, 업무(경영)집행을 담당하는 무한책임사원과 출자 및 출자에 따른 이익분배만 담당하는 유한책임사원으로 구성되는 회사이다. 이는 합명회사에 비해서 광범위하게 자본을 조달할 수 있다는 데 초점을 둔 기업 형태(합명회사 다음에 출현한 기업 형태)이다.

---

5) 조희영, 경영학원론, 민영사, 1990, p.98 ~ 99.

즉, 무한책임사원은 회사의 채권자에 대하여 직접, 연대, 무한의 책임을 지는 동시에 회사경영에 참여한다. 유한책임사원은 경영에 참여하지 않고 단순히 무한책임 사원의 행위를 감시하는 권리만 가진다. 그리고 합자회사(기업의 규모가 확대되면서 기업경영에 직접 종사하지 않으려는 사람으로부터 자본을 조달받을 필요성이 있기 때문에 발전)에서 각 사원의 수는 각각 1명 이상이면 된다.

유래는 중세 이탈리아의 코멘다(commenda)제도로 알려지고 있다. 산업혁명 후 그 자본조달 능력에 한계가 드러남에 따라 그 중요성이 쇠퇴하였다.

4. 유한회사(limited company; 有限會社)

유한회사란, 50인 이내의 유한책임사원만으로 구성되는 소규모 회사이다. 이는 합명회사와 주식회사의 장점을 결합한 회사(주식회사를 중소기업에 적합하도록 간소화한 것)로서, 사원은 직접, 적극적으로 참여하면서도 책임의 유한성이라는 이점을 갖고 있는 기업 형태이다.

유래는 19세기 말엽에 독일이 중소기업을 보호, 육성할 목적으로 중소업자들에게 유한책임제도를 적용시킨 데에서 기인되어 발전하였다.

출자자는 출자 1구좌마다 1개의 의결권을 갖고 있으며, 유한회사에 대한 자본의 양도는 사원총회를 거쳐서 결정된다.

특징	• 유한책임사원만으로 성립되는 조직체 • 법인성이 인정되고 있음 • 폐쇄적이어서 사원의 수는 적고 사원을 공모하지 않음 • 사원의 교체가 자유롭지 못함 • 기관의 구성이 극히 간단함 • 비공개적으로 공시주의가 완화 또는 공시의무가 없음

5. 주식회사(company limited by shares; 株式會社)

주식회사의 기원은 1602년에 설립된 네덜란드의 동인도회사로서 1612년에는 영국이 이 회사를 모방하여 동인도회사를 설립하였다.

주식회사는 소유와 경영이 분리(소유 ≠ 경영; 불일치)된 기업 형태로 현대 기업의 대표적인 형태로서, 여러 사람으로부터 자본을 모으는 데 가장 편리한 회사 형태이다.

주식회사는 법인이며, 소유권이 이전될지라도 계속해서 존재한다. 또한, 주식회사의 이름으로 재산을 소유할 수 있고, 재산을 팔 수 있으며, 법적인 소송 및 계약을 할 수도 있다.[6]

---

6) 김남현, 신경영학원론, 경문사, 1991, p.12.

(1) 주식회사의 4대 특징

자본의 증권화제도	• 주식회사의 자본금은 주식(stock)으로 균일하게 분할되어 증권화되어 있다. 이와 같이 적은 액면의 주식이 발행(현 상법상 1주당 100원 이상)되면 주식회사는 그만큼 광범위하게 많은 출자자로부터 자본을 모을 수 있다(최저자본금제도 삭제). • 주주(stockholder)는 주식회사의 출자자이며, 주식은 또한 주주권을 표시한다. 이 주식은 유가증권으로 매매양도가 자유롭다. • 주주는 자기가 회사의 출자자가 되려고 할 때는 주권을 매입하여 주주가 되고 그것을 언제라도 매각·양도할 수 있다. • 주주의 주식이 매매되더라도 회사측에서 보면 자본총액에는 아무런 변화가 없다.
유한책임제도	• 주식회사에서 주주의 책임은 출자액의 한도 내이며 회사의 채무를 주주가 직접 부담할 필요는 없다. • 이것을 주주의 유한책임이라 하며, 자본조달을 용이하게 하는 이유 중 하나이다.
주식양도의 용이성	• 주식회사에서는 주식의 양도가 자유롭기 때문에 자본의 공모가 용이하며 투자가의 편의를 도모할 수 있다. • 투자가의 필요에 따라 투자 액수를 다른 용도로 쉽게 전용할 수 있으므로 주식에 안심하고 투자할 수 있다. • 경영자측은 투자된 자금의 장기 이용이 가능하다.
자본과 경영의 분리제도	• 주식회사는 주식발행으로 일반대중으로부터 출자금을 조달하고 경영은 소수의 경영자가 담당하는 형태로 발전되어 소유와 경영이 점차 분리되고 있다. • 출자와 경영이 분리되어 사실상의 회사지배는 출자자를 대신하여 전문경영자가 관리하게 된다. 이러한 상황을 경영자 지배(management control)라고 한다.

(2) 주식회사의 3대 기관

주주총회	• 회사 내부에서 회사의 의사를 결정하는 필수적인 최고의사결정기관이다. • 주주총회의 권한은 상법 또는 정관에 정해진 사항에 한정되며, 결정 권한을 갖는 회의체형식의 의사결정기관이다. • 주주총회는 이사와 감사의 선임 및 해임권을 가지며, 정관도 변경할 수 있다.
이사회	• 이사는 주주총회(고유권한)에서 선임한다. • 이사는 3인 이상이며, 그 임기는 3년이다. • 이사회는 회사의 업무집행에 관한 의사를 결정하기 위하여 이사 전원으로 구성되는 주식회사의 상설기관이다.
감사	• 회사의 회계감사 및 업무감사를 임무로 하는 필요 상설기관이며, 주주총회에서 선임한다. • 임기는 취임 후 2년 내의 최종의 결산기에 관한 정기총회의 종결까지로 되어 있다. • 개정 상법은 감사의 임기를 2년으로 연장하였다. • 자본금 총액이 10억 미만이면 감사 선임이 불필요하다.

TIP+ 기타 기관	
고문	회사가 필요에 따라 설치하는 조언기관
사외이사 (외부중역, 사외중역)	• 사회적인 입장에서 광범한 시야의 경험 및 전문적 의견을 바탕으로 의사결정에 참여 • 회사의 기본방침의 설정에 기여 • 사장 내지 경영자의 독선적인 지배를 시정하는 직능을 수행

6. 익명조합(undisclosed association; 匿名組合)

익명조합이란, 합자회사와 마찬가지로 중세의 코멘다에서 유래되었으며, 직접 업무를 담당하고 무한책임을 지는 상인인 영업자와 유한책임의 익명출자인인 익명조합원으로 구성되는 조합으로 상법상의 조합이라고도 한다. 익명조합원은 이익분배에만 참여하고 실제의 경영에는 참가하지 않는다.

단점	• 출자자의 성명이 공표되지 않고 • 자본금액이 공표되지 않기 때문에 • 사회적 신용을 얻는 능력이 비교적 적음

7. 협동조합(cooperative; 協同組合)

협동조합이란, 조합원의 상호부조를 목적으로 경제적으로 약소한 지위에 있는 생산자나 소비자가 공동출자하여 조직하는 기업형태(의결권은 1인 1표)이다. 중소규모의 농업, 어업, 상업자 등은 대규모 기업에 비하여 불리한 입장이므로 이들이 다수 협력하여, 즉 경제적 지위향상을 위하여 공동으로 구매, 판매, 보관, 금융 등의 사업을 영위하는 조직이다. 협동조합은 상호부조, 상부상조, 자주, 평등, 공존공영의 정신 등으로 조합원의 공동이익을 목표로 하여 경영된다.

즉, 직접적인 목적은 영리가 아니라 조합원인 소규모 생산자나 소비자가 서로 협력하여 그들의 경제적 지위의 향상과 복지를 도모하자는 것이다.

특징	• 상호부조주의: 조합자체의 영리보다 조합원 상호부조를 목적으로 함 • 민주주의: 조합원의 가입·탈퇴가 가능하고 출자액에 관계없이 평등한 의결권을 가짐 • 이용주의: 조합원들의 편익과 이용을 목적으로 함

협동조합의 종류에는 생산자 협동조합, 소비조합, 신용조합 등이 있으며, 한국에서의 협동조합은 농업협동조합, 수산업협동조합, 중소기업협동조합, 축산업협동조합 등이 존재한다.

8. 공기업(公企業)

공기업(public enterprise)이란, 국가 또는 지방자치단체와 같은 공공단체에 의해 소유되는 기업을 말한다.

즉, 국가 또는 지방자치단체와 같은 공공단체가 수행하는 사업 중 기업적인 성격을 지닌 것이라고 정의할 수 있다.[7]

공기업이란, 국가 또는 지방자치단체(공공단체)가 전액 출자하고 경영상의 책임을 지며 공공 내지 행정목적을 위한 조직이다.

공기업은 최저의 국민경제 생활을 국가가 보호하는 동시에 균형이 있는 국민경제의 발전을 기하며 전체 국민의 공공복리를 증진시키기 위하여 국가가 적극적으로 간섭하며 운영하는 기업이다.

공기업이 설립되는 이유는 크게 경제정책상의 목적, 재정정책상의 목적, 공익사업상의 목적 및 기타 목적으로 구분할 수 있다.

경제정책상의 목적	기간산업을 육성 내지 발전시키거나, 간척사업과 같이 국토를 개발하며, 탄광개발, 수자원개발 등과 같은 사업을 부흥시키며, 주택사업, 양로원, 병원, 학교 등과 같이 공공의 이익을 증진시키기 위한 것
재정정책상의 목적	전매사업 등과 같이 세금 이외의 국가수입의 증가를 도모하기 위한 것이며, 공익사업상의 목적은 전기, 수도, 가스, 전화 등과 같이 공공의 이익을 도모하고 국가수입증진을 위한 것
기타 목적	조폐공사, 군수산업, 국정교과서 등과 같이 국가 또는 공공단체가 필요한 것을 스스로 생산하기 위한 것. 한편 공기업은 공채발행 등 자본조달이 유리하고, 또한 판매상으로 유리하며, 조세 공과금의 감면의 혜택을 볼 수 있음

또한, 공기업은 다음과 같은 장·단점을 가지고 있다.

장점	• 국가 또는 지자체가 출자함으로써 사기업에 비해 자금조달능력이 높고, 대외적으로 높은 신용도를 유지 • 원재료의 조달, 배급, 운송 등의 제품판매상 독점적 지위를 누리거나 사기업에 대해 우선권 인정 • 세금, 각종 공과금이 면제되거나 감면됨
단점	• 국가 및 공공단체의 법령 및 예산의 구속 때문에 경영관리의 제한 및 신속한 대응 조치가 어렵고 경영상의 자유재량권이 부족 • 총재나 사장이 바뀌면 경영방침이 변경되는 것과 같이 일반적 지휘관리가 곤란 • 빈번한 인사 교체와 같은 졸속 계획으로 인하여 구성원의 책임감이 결여 • 경영자들의 관료주의, 무사안일주의를 좇는 등 경영의욕이 결여 • 획일화 등으로 인하여 경영자의 경영지식이 부족

---

7) 유훈, 공기업론, 법문사, 1992, p.20 ~ 21.

9. 공사혼합기업(公私混合企業)

국가 또는 기타의 공공단체와 민간으로부터의 공동출자에 의한 기업 형태이다.

즉, 공공출자와 민간의 출자가 혼합되어 있는 이른바 반관반민 또는 관민협동의 기업형태를 말한다. 보통 주식회사의 법률형태와 특수한 형태를 택하는 것이 있고, 주주에는 일반(민간)주주와 정부주주가 있다.

<표 2-6> 공동기업 특징 비교

구분	합명회사	합자회사	유한회사	주식회사
기원	소키에타스 (Societas)	코멘다 (Commenda)	유한책임회사	동인도회사
사원 구성	무한책임사원	무한책임사원 + 유한책임사원	유한책임사원	유한책임사원
경영	출자자 전원	무한책임사원 (출자: 유한책임사원)	대표이사	전문경영자
성격	인원(소수), 인적회사	인원(소수)	• 형식적: 물적 • 실질적: 인적	물적회사(자본적)
사원 수	2명 이상	무한, 유한 각 1명 이상	2명 ~ 50명	다수(한계 없음)
출자방법	현금, 현물, 노무, 채권, 신용	• 무한: 현금, 현물, 노무 • 유한: 현금, 현물	1좌 5,000원 이상	최저액면가 100원 이상

3 중소기업과 대기업 비교

1. 중소기업(small business)

(1) 정의

시대와 나라에 따라서 개념에 큰 차이가 있다. 일반적으로 중소기업은 대기업에 대한 상대적인 개념으로 많이 사용되고 있다.

중소기업은 그 자체가 독립성을 가지고 운영되지만 그 사업영역에서 시장 지배력을 가지지는 못한다고 할 수 있다. 중소기업(small business)이 국가경제에서 차지하는 비중은 결코 무시할 수 없다.

일반적으로 제조업의 경우 20인 이하를 소기업으로, 21인 이상 300인 이하를 중기업으로 규정하고 있다.

(2) 범위

상시근로자 수, 자본금, 매출액의 규모가 「중소기업기본법 시행령」 별표의 범위기준에 적합한 기업으로서, 상시근로자 수가 1,000명 미만 및 증권거래법에 의한 주권상장법인 또는 협회등록법인으로 자산총액이 5천억 원 미만인 법인이나 소유 및 경영의 실질적인 독립성이 시행령 별표의 기준에 적합한 기업이 해당된다.

제조업으로서 상시근로자수 300인 미만 또는 자본금 80억 원 이하[업종분류는 통계청 고시 표준산업분류부호(D: 제조업)에 의함]의 기업이다.

(3) 특징

중소기업 특징을 간단히 요약하면 다음과 같다.
① 종업원의 수가 적고, 매출액 규모도 작다. 이는 중소기업의 가장 중요한 특성으로, 대기업과 구분되는 정확한 분류기준은 국가별·업종별로 다르다.
② 소규모자본이며 창업과 폐업이 용이하다.
③ 소유와 경영이 분리되어 있지 않다. 개인이나 소수 몇 사람이 출자를 하고 이들이 경영일선에서 직접 경영에 참가하고 있기 때문에 경영층은 소유경영자가 대부분이며 기업의 소유와 경영은 밀착되어 있다.
④ 단순한 조직구조와 의사결정 기준을 가진다.
⑤ 생산기술과 제품의 종류가 단순하다. 대기업에 속한 중소기업은 대개 대기업에 납품되는 단순부품을 생산하는데, 이에는 복잡한 생산기술이나 공정이 요구되지 않는다.
⑥ 국지적 시장을 갖는다.
⑦ 행정의 혜택보다 규제를 많이 받고 있다.

<표 2-7> 중소기업 장·단점 비교

장점	단점
• 경기변동에 탄력적이며 적응이 용이 • 소자본으로 사업에 착수 • 수요변동에 적응이 용이 • 개인 창의력의 발휘 • 단골고객 유지 • 지역특성에 맞는 제품이나 서비스를 생산할 수 있음	• 자본의 영세성 • 자본조달의 어려움 • 높은 도산률 • 독립성 유지가 곤란 • 새 과학적 기술에 대한 무력함 • 경쟁자들 간 과다경쟁

2. 대기업

(1) 정의

자본주의의 발달로 시장의 성장과 더불어 기업의 규모도 커지면서 기업의 집중화·집단화·다각화 현상이 나타나고 그 결과 자연스럽게 대기업이 출현하게 되었다. 모든 면에서 중소기업에 비해 우위를 가지고 있다고 할 수 있다.

(2) 장·단점

<표 2-8> 대기업 장·단점 비교

장점	단점
• 분업화·전문화로 생산능률 향상	• 분업으로 인한 작업의 단조로움으로 생산의욕 감소
• 대량생산으로 원가절감	
• 원재료의 대량구입, 대량운송으로 거래상의 이익	• 대규모화로 인한 관리 및 유지비의 증가
• 자본조달상의 이익	• 거대한 자본의 고정으로 유동성이 상실
• 우수한 인재확보 용이	• 시장변화의 탄력성이 적음

3. 중소기업과 대기업 관계

이상에서 살펴본 것과 같이 중소기업과 대기업의 장·단점을 근거로 실제 중소기업과 대기업 사이(계열화)의 관계를 설명하면 다음과 같다.

(1) 경쟁적 관계

동종의 제품으로 시장에서 경쟁적 관계에 있을 수 있으나 중화학 공업이나 규모가 큰 장치산업분야에서는 대부분 대기업이 이끌어 가고 있다. 그러나 많은 산업분야에서 대기업과 중소기업은 공존하면서 서로 경쟁적 관계를 유지한다. 독창적인 아이디어와 축적된 기술을 바탕으로 소비자에게 양질의 제품을 제공하는 중소기업은 대기업과 공존하는 시장에서 경쟁우위를 확보할 수 있을 것이다.

(2) 상호의존적 관계

항공산업, 자동차산업, 조선 등과 같은 종합적인 산업의 형태에서는 대기업과 중소기업은 서로 상호의존적인 관계에 있다. 따라서 부품, 원자재 등을 대기업에 공급함으로써 서로 협력하면서 상호이익을 추구한다.

(3) 상호보완적 관계

대기업과 중소기업은 서로 다른 시장에서 상호보완적인 제품을 생산·판매한다. 대규모 건설공사, 대형유통업 등은 대기업에서 수주 및 운영하고 반면에 소규모 건설공사나 유통업은 중소기업에서 운영함으로써 서로의 이익을 추구한다. 또한 특정 분야의 전문기술을 바탕으로 한 정밀기계는 특정 중소기업이 제작하고, 획일적이고 대량의 수요가 요구되는 제품은 대기업이 생산함으로써 상호보완적 관계를 유지한다.

(4) 기술이전 및 협력관계

기술의 전문화, 복잡화 및 다양화로 인하여 기술개발 비용이 대규모화되는 경향을 보이고 있는 반면, 개발기술의 상품화 및 시장개척의 성공 여부는 매우 불투명해지고 있다는 것이 일반적인 추세이다. 따라서 중소기업은 대기업과 공동연구개발 및 기술제휴를 통하여 중복투자를 피하는 것은 물론 R&D자원과 지식 및 정보의 공유를 통해 위험을 경감시키고 자원이용의 효율성을 높일 수 있도록 한다.

TIP+

전체기업 중 대기업은 약 2% 내외이며, 수출의 역할 기여도는 약 80%에 달한다.

---

4 기업집중(기업결합; Business Concentration)

1. 기업집중 개념

기업집중(Business Concentration)이란, 경영환경의 급변 및 고도로 발달된 생산기술과 경영기술로 인해 상호경쟁이 치열해짐에 따라 현대 기업들이 경쟁을 제한하거나 배제하고 시장의 지배를 강화하여 기업경쟁력을 유지하기 위해 몇 개의 기업을 모아 큰 경제단위로 결합시키는 것을 말한다.

즉, 독립된 2개 이상의 개별기업들이 인적·물적·자본적 결합 등을 통하여 동일한 관리하에 기업활동을 하도록 조직하는 행위이다.

이러한 집중화는 개별기업으로서는 경쟁력 확보 및 유지를 위해 필요하겠으나, 국민경제 전체 측면에서는 역기능적인 면도 있다.

> **TIP+ 기업 성장형태**
>
> **1. 내적 성장(internal growth)**
>   이익의 유보 및 신규자본조달을 통한 성장으로 자본의 집적에 의한 성장을 의미한다.
>
> **2. 외적 성장(external growth)**
>   다른 기업과의 결합을 통한 성장으로 자본의 집중에 의한 성장을 의미한다(기업집중).

2. 기업집중 목적

시장 통제	기업 상호 간의 경쟁제한이나 경쟁배제(주로 수평적 결합 ⇨ 카르텔)
시장 독점적 지배	매점매석 등을 통하여 시장의 가격이나 공급을 의도적으로 조작
경영 합리화	생산 공정의 합리화, 원자재를 대량 구매하고, 광고비 및 판매비를 절약하며, 표준화하고, 기술을 교류(주로 수직적 결합 ⇨ 산업형 콘체른, 콤비나트 등)
출자관계를 통한 기업지배력 강화	금융기관이 자기금융기관을 계열화하여 자금을 제공하고 있는 기업 상호 간의 경쟁을 조작 또는 억제하여 재무적 이익을 도모(주로 다각적 결합 ⇨ 금융콘체른)

3. 기업집중 형태

기업집중의 기본 형태는 결합된 기업 상호 간의 법률적·경제적 독립성의 유무(有無)와 자본적 결합 형태에 따라 구분하며, 기업집중의 형태는 일반적으로 크게 카르텔, 트러스트, 콘체른으로 나눌 수 있다.

(1) 카르텔(Kartell; 기업연합)

카르텔(Kartell)이란, 기업연합의 가장 대표적인 형태이며, 시장에서 동종 기업 간의 출혈적인 경쟁제한 및 경쟁배제를 목적으로 일종의 계약이나 협정(협약; 협의)에 의해 결합하는 것이다. 카르텔 참가 기업들은 법률적·경제적으로 독립성을 유지하면서 협정사항의 범위 내에서 결합한다. 그러므로 카르텔은 결속력이나 통제력이 약하며, 자본적·인적 관계가 없는 형태를 의미한다.

카르텔은 계약 내용에 따라 크게 판매 카르텔과 생산 카르텔로 구분되며, 각각은 다시 여러 종류로 분류된다.
판매 카르텔은 판매상의 경쟁을 제한하기 위하여 동종 또는 유사부품의 기업 상호 간에 협정을 맺는 것을 의미하며, 생산 카르텔은 가맹기업의 생산내용에 관하여 서로 협정한 것을 의미한다.

판매 카르텔	생산 카르텔
• 조건 카르텔: 가격 이외의 조건, 즉 운임부담방법, 대금지급기한, 할인방법 등 각 조건에 관하여 협정하는 것을 의미 • 가격 카르텔: 판매 가격의 최저(最低)선을 협정하는 것을 의미 • 지역 카르텔: 판로 카르텔이라고도 하는데 판매지역이나 판로 또는 고객을 가맹 기업에 할당하고 지정지역 또는 지정장소 이외에는 판매하지 않기로 협정하는 것을 의미 • 공동판매 카르텔: 특별한 공동판매기관을 신설하여 가맹기업의 모든 판매가 모두 이 기관을 통하여 이루어지고 각 기업의 직접판매는 금지되며, 신디케이트(syndicate)라고도 함	• 생산제한 카르텔: 가맹기업이 생산량을 제한하여 시장의 공급을 축소하여 제품 가격을 유지하려는 것을 의미하며, 특히 작업시간을 제한하는 카르텔을 조업단축 카르텔이라 함 • 특수화 카르텔: 생산의 합리화 또는 시장의 독점을 목적으로 가맹기업 상호 간에는 각종 제품 중에서 전문분야의 제품을 협정하고 서로 그 전문분야를 침해하지 않도록 하는 것을 의미 • 특허이용 카르텔: 제조상의 특허기술이나 비밀기술을 가지고 있는 몇몇 기업이 생산의 이익을 올리기 위하여 그것을 서로 이용하기로 협정하는 것을 의미 • 주문할당 카르텔: 가맹기업은 수요자로부터 직접 주문을 받지 않고 카르텔에서 주문을 받아 협정비율에 따라 가맹기업에 할당하는 것을 의미 • 이익분배 카르텔: 가맹기업의 수익은 일체 카르텔의 중앙금고에 수납한 후 협정률에 따라 배분하는 것을 의미

(2) 트러스트(Trust; 기업합동)

트러스트(Trust)란 카르텔보다 발전된 형태로서, 트러스트는 시장독점을 목적으로 둘 이상의 복수 기업이 법률적·경제적 독립성을 상실하고 하나의 자본에 결합되는 강력한 결합형태이다. 즉, 동종 또는 동일한 생산단계, 유통단계에 속하는 기업이 하나의 자본으로 결합되는 것이다. 트러스트는 시장에서 시너지효과를 통한 경영합리화를 추구하지만, 사적독점에 의한 중대한 사회문제를 야기할 수 있다는 것이 단점이다. 대표적인 사례가 기업 인수·합병(M&A)이다.

> **TIP+ 기업 인수·합병(M&A; merger and acquisition)**
>
> 최근에 전 세계를 대상으로 급격히 관심이 높아지고 있다. 피인수기업의 자산의 전부 또는 일부를 취득하거나 주주로부터 주식의 전부 또는 일부를 취득함으로써 경영권을 확보하고, 경영자원에 관한 지배권의 이전에 따른 거래라고 정의할 수 있다.

트러스트는 기존 기업들의 존속 여부에 따라 합병형(신설합병, 흡수합병)과 콘체른형(주식신탁형, 지주회사형) 트러스트로 나눈다.

신설합병 (consolidation)	결합하고자 하는 기업이 모두 해산하고 새로운 하나의 기업이 설립되는 형태
흡수합병 (merger)	결합하고자 하는 기업들 중에서 한 회사가 법률적으로 존속하여 다른 회사를 인수하고, 인수되는 기업은 소멸하는 형태
주식신탁형	동일 업종의 기업들이 지배 가능한 자사 주식을 수탁자에게 신탁하고 수탁자는 이를 바탕으로 각 기업들을 통일된 영업방침에 따라 지배하는 형태
지주회사형	지주회사를 설립하고 지주회사가 소속기업의 주식을 지배 가능한 수준까지 매수함으로써 지배권을 행사하는 형태(1890년 셔먼법에 의해 금지된 주식신탁형의 대체안으로 생겨남)

> **TIP+ 과점 인정**
>
> 1개 회사가 시장점유율 50% 이상이거나 2개 회사가 시장점유율 75% 이상인 경우 과점이 인정된다.

(3) 콘체른(Konzern; 기업제휴)

콘체른이란, 자본 및 금융지배를 목적으로 하여 고도의 기업집중 및 규모의 경제를 달성 · 도모하는 것이다. 즉, 여러 개의 기업이 법률적으로는 독립성을 유지하면서 자본의 소유 내지 금융관계를 통하여 결합(경제적 독립성 상실)된 형태이다.

① 대표적인 형태

산업형 콘체른	산업합리화를 목적으로 하여 관계기업을 수직적으로 결합하는 것
금융형 콘체른	금융업자가 장기대부나 주식보유 등의 방법을 통해 기업에 대한 지배관계를 형성하는 것

② 지배방법

ㄱ. 지주회사(holding company): 한 회사(母회사)가 다른 회사(子회사)의 지배에 필요한 지분율의 주식을 소유함으로써 다른 회사를 지배하는 형태이다. 지주회사는 다시 순수지주회사(pure holding company), 사업지주회사(operating holding company)로 구분한다.

순수지주회사	순수지주회사는 다른 기업(자회사)의 주식을 보유해 자회사를 지배하고 관리하는 것만을 업무로 하는 회사로, 경영권을 확보하는 것 외에는 추가적인 사업을 하지 않는 형태의 지주회사(주식 보유가 목적)
사업지주회사	사업지주회사는 지주회사의 역할을 하면서 스스로 별도의 사업도 하는 지주회사(주식 보유 + 사업 영위)

© **금융대부**: 특정 금융기관이나 유동성이 풍부한 기업이 특정 기업에 융자를 제공함으로써 해당기업을 지배하는 형태이다.

© 중역파견에 의한 인적 결합 등의 방법이 있다.

> **TIP+** 증권대위(substitution of securities)
>
> 자기회사의 주식이나 사채를 매출하여 조달한 자본으로 타 회사의 주식을 취득하는 것을 의미한다.
> 즉, 자사주식의 매출로 타 기업의 주식을 매수하므로 2종의 증권이 대체되는 형태를 취한다는 의미
> 이다. 지주회사는 증권대위를 통해서 타 회사를 지배한다.

<표 2-9> 기업집중 형태와 특징

구분 \ 형태	카르텔	트러스트	콘체른
명칭	기업연합	기업협동	기업집단
목적	부당경쟁배제, 시장통제	경영합리화, 실질적 시장독점	내부경영통제지배
독립성	법률적·경제적 독립성 유지	법률적·경제적 독립성 상실	법률적 독립성 유지, 경제적 독립성 상실
결합성	약함	강함	경제적으로 결합
존속성	협정기간 후 자동해체	완전 통일체	자본적 지배
결합방법	동종의 수평적 결합	수평·수직적 결합	수평·수직·자본적 결합
구속력	협정조건에 의함	완전 내부간섭지배	경영활동 구속·지휘

(4) 기타 형태

① 기업계열화(integration)

기업계열화란, 기업들이 생산, 판매, 자본 및 기술상의 여러 이유로 어떠한 특정 관계를 맺는 것을 의미한다.

일반적으로 기술혁신이나 판매경쟁의 격화에 대응하기 위하여 대기업이 기술과 판매 등의 면에서 중소기업의 육성·강화를 꾀하면서 하청공장이나 판매점으로서 이들을 자기산하에 결합하는 것(대기업과 중소기업 간의 관계)을 말한다.

대표적인 형태는 다음과 같다.

수직적 계열화 (vertical integration)	서로 다른 생산단계에 속하는 기업의 계열화
수평적 계열화 (horizontal integration)	동종기업 또는 동일한 생산단계에 속하는 기업의 계열화
분기적 계열화 (divergent integration)	자사와 같은 공정 또는 같은 원료에서 분기되는 이종 제품공정의 계열화(화학공업)

복합적 계열화 (convergent integration)	이종의 원료, 부품, 공정으로부터 동일한 제품계열이나 동일시장계열로 집약화하는 계열화
사행적 계열화 (diagonal integration)	부산물을 가공하는 기업의 계열화 또는 보조적 서비스를 행하는 기업의 계열화
집합적 계열화 (convergent integration)	원료, 부품, 공정이 다른 기업들을 계열화

> ☑핵심체크
>
> **1. 대기업이 중소기업을 계열화하는 이유**
> ① 인수, 합병에 요하는 자금 부족
> ② 자본고정화에 따르는 위험을 회피하기 위함
> ③ 비교적 싼 중소기업의 저임금을 이용하기 위함
> ④ 경기변동을 완화시킬 수 있는 안전판 역할을 위함
> ⑤ 전문화된 시설을 이용하기 위함
> ⑥ 시장을 확보하고 지배하기 위함 등
>
> **2. 계열화하는 중소기업의 장점**
> ① 시장의 안정을 기할 수 있고, 경영면에서의 혜택을 볼 수 있음
> ② 판로가 대기업에 독점되어 있는 경우 원료의 조달과 제품의 판매 등이 용이
> ③ 모기업으로부터 자금, 원료를 제공받을 수 있으며, 장기융자, 융자의 알선, 시설의 대여, 기술지도 등을 받을 수 있음
> ④ 하청기업의 제품의 질을 높이고 원가를 인하시켜 시장경쟁력을 높일 수 있음
> ⑤ 시설이 근대화되고 경영이 합리화되어 기업이윤을 높일 수 있음

② 복합기업(conglomerate; 다각적 합병)

복합기업이란, 상호 관련이 없는 다종다양한 기존의 이종기업을 매수 또는 합병하여 하나의 거대한 기업체를 이루는 형태이다. 즉, 이종(異種)기업 간의 합병으로서 새로운 형태의 다각적 결합에 의한 것이다. 시장적으로나 생산ㆍ기술적으로 전혀 관련이 없는 분야의 기업이 결합한 형태이다. 국가의 독점규제법(1950년)에 의해 발생하였다.

③ 기업집단(business group or group of enterprise)

기업집단이란, 주식의 상호보유, 중역 파견, 기술원조 등의 제 수단에 의해 참가기업 간에 계속적인 공동이익관계를 형성하는 기업집중형태이다.

> **TIP+ 콘체른과의 차이**
>
> 기업집단은 금융상ㆍ기술상ㆍ상업상의 관계에서 공동의 이익을 추구할 뿐이며, 통일적 지배회사가 존재하지는 않는다.

④ 콤비나트(Kombinat; industrial complex; 다각적 결합공장)

콤비나트란, 자원이나 자본 등을 유효하게 이용하기 위하여 기술적·지역적으로 결집된 결합 형태이다. 다각적 결합(종합)공장이란 뜻으로 기술적 관점에서 유기적으로 결합된 다수의 기업집단이다. 즉, 동일지역에 있는 여러 종류의 기업이 생산·기술적 관점에서 유기적으로 결합된 것을 의미한다. 예 울산석유화학단지, 각종 공업단지

콤비나트의 목적은 생산자원의 다각적이고 효율적인 이용, 원료 확보, 연료 절약, 운반 및 수송상의 비용 절약, 중간이윤 배제 등이며, 기업집중을 피하면서 대등관계에서의 결합이다.

⑤ 조인트벤처(joint venture)

조인트벤처란, 관련회사들이 공동출자하여 하나의 새로운 회사를 설립하게 되는 것을 말한다. 합작회사라고도 하며, 외국기술을 도입하거나 국경을 넘어 타국에 진출하려는 기업들이 자주 이용하는 기업형태이다.

⑥ 벤처비즈니스(venture Business; 모험기업)

벤처비즈니스란, 독자적인 신제품이나 신서비스를 개발하고, 고유의 시장범위를 확보하고 있는 혁신적인 중소기업을 말한다.

TIP+

1. 컨소시엄(consortium)

라틴어로 공동소유, 동반자 관계와 협력을 의미하는 것으로, 규모가 큰 사업이나 투자 등을 할 때 여러 업체 및 금융기관이 연합하여 참여하는 것이다. 즉, 정부나 공공기관이 추진하는 대규모 사업에 여러 개의 업체가 한 회사의 형태로 참여하는 경우가 해당된다.

2. 기술제휴(licensing)

특성 기업이 일정한 협약에 의하여 타 기업이 개발한 생산기술 및 특허기술을 기술료(royalty)를 지급하고 이용하거나 공동 개발하는 것이다.

3. 기업공개(going to public)

증권거래법에 의해 기업이 발행한 보통주가 널리 일반투자대중들에 의해 분산·소유되도록 하는 것을 말한다. 기업공개는 기업이 보통주를 증권시장을 통하여 일반투자자에게 균등한 조건으로 공모하거나, 이미 발행되어 대주주가 소유하고 있는 보통주를 불특정 다수인에게 매출함으로써 이루어진다. 자본시장육성에 관한 법률에서는 기업공개를 '주식을 신규로 상장하기 위하여 모집 또는 매출의 방법으로 주식을 새로이 발행하거나 이미 발행된 주식을 매도하는 것'으로 정의하고 있다.

04 경영자

1 경영자 개념

경영자(executive; manager; CEO)란, 기업을 관리하고 운영하는 자로서, 기업이 대규모화함에 따라 영향력이 증대되고 이에 경영자의 창의적 노력과 사회적 책임의 성실한 수행에 깊은 관심을 가지게 되었다.

즉, 경영자는 경영이라는 독자적인 관리직능을 담당하는 경영활동의 핵심적 주체 및 의사결정자라고 할 수 있다.

따라서 기업의 성장·발전은 물론 그 나라의 경제발전이 경영자의 능력과 활동에 의존한다는 것은 지나친 말이 아니다. 오늘날 기업의 경영자를 전문경영자라고 한다.

2 경영자 변천과정

유능한 경영자가 되려면, 개인적인 자질(지능, 책임능력, 리더십, 동태적·혁신적·창조적인 사고, 의사전달 능력 등)과 아울러 기업전반에 관한 목적과 문제(기업운영방침, 전사적 입장에서의 의사결정 능력 등) 등을 다룰 수 있을 정도로 이를 충분히 이해하고 있어야 한다.

유능한 경영자는 이에 대한 어떤 비전(vision)을 가지고 있어야 한다. 특히 최고경영자의 경우에는 이러한 능력이 더욱 필요하다.

시대와 환경의 변화에 따라 경영자의 형태도 다음 그림과 같이 변화하였다.

[그림 2-9] 경영자 변천과정

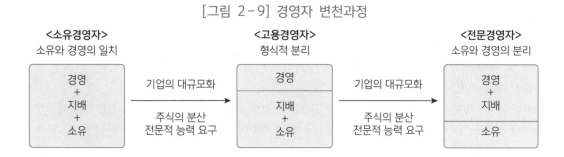

1. 소유경영자(owner manager)

출자(소유)와 기업의 경영(소유 = 경영)을 함께 수행하는 것으로서, 기업을 완전히 소유·지배하고 있는 기업가를 말한다. 소규모이거나 생산기술이나 방법 등이 단순할 때 가능하다.

2. 고용경영자(employed manager or salaried manager)

기업의 규모가 커지고 경영활동의 내용이 복잡해짐에 따라 소유경영자인 기업가만으로는 기업을 합리적으로 운영할 수 없게 되자, 고용경영자와 같은 외부의 사람을 고용하고 이들에게 경영 및 관리의 일부분을 위임하여 분담하도록 하는 것을 말한다.

3. 전문경영자(professional manager or expert manager)

경영활동의 복잡·다양화 및 기업이 대규모화됨으로써 이를 합리적으로 경영할 수 있는 과학적이고 전문지식과 능력을 갖춘 경영자가 필요하게 되는데, 이들이 전문경영자이다. 이들은 기존의 출자를 제외한 모든 기능을 담당·수행하며, 주로 단기 업적에 집중하는 경향이 있다.

✓ 핵심체크

경영자 유형

경영자는 조직상에서 서로 다른 직무를 수행하고 있기 때문에 수행하는 직무의 성격에 따라 다음과 같이 구분할 수 있다.

1. **전반경영자(전략경영자; general manager)**
   전반경영자는 기업 전체를 총체적인 차원에서 경영(전략적 의사결정)하는 사람으로, 기업의 궁극적인 책임자로서 기업의 목표를 설정하고 이를 달성하기 위한 전략을 담당하며, 결과 및 성과에 대한 책임과 전략실행에 대한 책임을 진다.

2. **수탁경영자(trusteeship manager)**
   현대의 기업에서 소유와 경영이 분리되면서 소유 집단인 주주들이 그들의 의사를 대변하고 이익을 보호하기 위하여 일정한 수의 이사진을 선임하여 이들로 구성된 이사회에 주주들의 권리를 수탁하여 기업의 기본 방침을 결정하며, 기업활동의 성과를 종합적으로 평가하는 기능을 담당한다.

3. **직능경영자(functional manager)**
   직능경영자란, 부문경영자라고도 하며, 특정업무의 담당자를 관리하는 사람으로 주로 재무, 생산, 마케팅, 인사 등 특정 활동에 종사하는 사람을 지휘 감독하며 책임을 지고 있는 경영자를 말한다.

4. **전략 스태프(staff)**
   전략경영자가 정확하게 의사결정을 하는 데 필요한 환경의 각종 동향이나 정보를 수집하고 분석하여 조직의 내부능력을 전반적인 관점에서 평가하며 가능한 한 전략대안을 도출하고 전략경영자에게 보고하는 핵심 참모로서의 역할을 한다(전략기획실 등).

5. **행정경영자(administrator)**
   행정경영자란, 이윤을 추구하는 기업보다는 정부나 공공단체 또는 비영리조직에서 경영활동을 수행하는 사람을 말한다. 따라서 이들은 조직의 목적달성을 통하여 사회적 공헌에 대한 책임감이 요구된다.

---

3 경영자 유형

1. 계층에 따른 경영자 유형

(1) 최고경영자(Top Management)

① 조직의 계층구조에서 최상위에 위치하며, 조직을 이끌고 그 결과에 책임을 지는 자(전략적 의사결정자, 수탁경영층, 전반경영층, 사업부문책임자)를 가리킨다.

② 기업 가치를 극대화하기 위해 기업경영전반에 걸쳐 전략적 계획과 세부 운영계획을 수립한다.

③ 조직의 전반적인 방향·운영에 관한 권한 및 실질적·최종적 의사결정권을 가지고 책임을 지며, 유사 시 최고경영자를 승계 관리한다.

(2) 중간경영자(중간관리자; Middle Management)

① 조직의 계층구조에서 중간에 위치하며, 최고경영자가 설정한 목표를 하위경영자가 수행할 수 있도록 구체화하고 이를 관리(최고경영층과 하위관리층의 중간에서 이들을 연결)하는 일을 하는 자(전술적 경영자, 전문성이 요구)이다.

② 주요 영업단위 또는 부서에 대해 책임을 진다(사업본부장, 지점장, 부장, 차장, 과장, 실장, 팀장 등과 같은 직함).

③ 미래를 단기적으로 전망하고, 하위경영자를 지휘, 감독하며, 동료집단 간에도 좋은 인간관계를 유지하며, 조직 내 원활한 의사소통을 조장하고 갈등발생 시 이를 신속히 조정하는 역할을 수행한다.

(3) 하위경영자(일선감독자; First-line manager; Low manager)

① 생산의 효율성을 높이기 위해 규칙과 절차를 적용하고, 부하직원에게 사기를 진작시키고, 기술적인 지원을 하는 업무를 수행한다.

② 생산현장의 노동자나 일반사무원을 지휘, 감독하여 제품과 서비스를 생산하는 데 책임(주로 구매, 재무, 생산, 인사, 마케팅활동 등을 관리하는 역할)을 진다.

③ 생산현장에서는 직장, 조장, 반장 등과 같은 감독자 직함을 가지고, 사무직에서는 계장, 대리, 사무장 등과 같은 직함을 가진다.

<표 2-10> 계층에 따른 경영자 특성

구분	최고경영층	중간경영층	하위경영층
의사결정	전략적	관리적	업무적
필요한 능력	개념적 능력 > 인간적 능력 > 전문적 능력	인간적 능력 = 개념적 능력 > 전문적 능력	전문적 능력 > 인간적 능력 > 개념적 능력
역할범위	수탁경영층, 전반경영층, 사업부문책임자	구매, 생산, 재무, 인사, 마케팅 등에 전문성 요구	정형적이고 단순함 (의사, 회계사, 노무사 등)

2. 계층별 경영자에게 요구되는 경영능력 - 카츠(R. L. Katz)

(1) 개념적 능력(기술; conceptual skill)

개념적 능력은 개념화 능력으로서, 현상을 보고 그 본질을 파악하고 의미를 부여하는 구조화하는 능력을 말한다. 즉, 기업의 모든 활동들을 조정하고 통합할 수 있는 정신적인 능력으로, 조직 내(세부적인 업무수행능력)와 조직 외(산업활동 및 산업특성 파악)에서의 통찰할 수 있는 능력을 말한다.

(2) 인간(관계)적 능력(기술; human skill)

대인관계능력으로서, 개인 또는 집단으로 타인과 같이 직무를 수행하고, 타인을 이해하고 동기부여(motivation)할 수 있는 능력을 말한다. 즉, 대인 간 신뢰, 원활한 인간관계 형성, 좋은 분위기 등을 통해 주어진 목표를 효율적으로 달성하도록 한다.

(3) 전문적 능력(기술; technical skill)

직능분야의 고유기술 능력으로서, 전문분야에서 과정, 절차, 방법 등에 대해 특수하게 숙달된 기술·전문지식을 활용하여 의사결정에 도움을 주는 정보, 전략실행에 효과적인 기법이나 피드백 등을 전달한다.

예 의사, 변호사, 공인회계사, 공인노무사 등

<표 2-11> 계층별로 요구되는 경영능력(기술) 유형(R. L. Katz)

유형	특징
개념적 기술 (관리적 능력)	• 최고경영층에게 요구 • 기업의 모든 이해관계와 활동을 조정, 통합할 수 있는 능력
인간적 기술	• 중간경영층에게 요구 • 개인이나 집단에서 다른 사람들과 함께 일하고, 이해하며, 동기를 부여할 수 있는 능력으로, 모든 단계에서 중요하지만 특히 중간경영층에게 기본적으로 요구되는 기술(능력)
전문적 기술 (기술적 능력)	• 하위경영층에게 요구 • 전문화된 분야에 고유한 도구, 절차, 기법 등을 사용할 수 있는 능력

TIP+ 전문경영자가 지녀야 할 자질과 속성

1. **지식(knowledge)**
경영관리의 원칙과 기법, 경영전반 및 기능분야, 기업환경, 사실, 기술, 정보, 문제 등에 대한 지식, 인식, 포착력 등이다.

2. **관찰력(observational ability)**
전사적인 입장으로 기업의 각 부문에서 수행되고 있는 업무들의 상호 관계를 예리하게 관찰할 수 있는 능력이다.
   • 예리한 감각(sharp sense)
   • 넓은 시야(broad outlook)
   • 깊은 통찰력(deep sense of observation)
   • 객관성(objectivity)과 개방적 심성(open-mindedness)

3. **의사결정 능력(decision-making ability)**
경영활동과 관련된 문제를 해결할 수 있는 종합적인 능력이다.
   • 치밀한 분석력
   • 개념적·논리적 추리 능력
   • 정확한 판단력
   • 직관적 판단력
   • 판단상의 용기

4. **결정적 행동을 취하는 능력(ability to take decisive action)**
당면한 경영의사결정 문제의 중요성을 정확하게 인지하고 의사결정의 핵심을 판단할 수 있는 능력이다.

5. **끈기 있는 추진력(determined drive)**
적극적으로 업무를 수행하고 완수하고자 하는 능력이다.

6. **자신에 대한 믿음과 자기주장력(self-reliance and self-assertion)**
의사결정 문제에 직면할 경우 확고한 의지를 가지고 관철시키려는 의욕이다.

7. **성실성, 정직성, 윤리, 도덕성, 사회적 민감성(social sensitivity)**
기업의 경영자로서 사회적 책임에 대한 인식과 실천하겠다는 마음가짐이다.

8. **강한 책임감(strong sense of responsibility)**

누구에게 책임을 회피하지 않고 자기 스스로 책임을 지는 마음이다.

9. **인간관계 능력(human relations ability)**

조직 내의 인간관계에 대한 중요성을 인식하고 이를 합리적으로 다룰 수 있는 능력이다.
- 성공하는 경영자: 강한 개성, 독립적이며 현실적인 목표, 논리와 지구력이 강함, 경쟁심, 기업에 대한 풍부한 지식, 혁신과 창의성 등
- 실패하는 경영자: 자기중심적 사고, 불분명한 목표, 금전적 이익을 중시함 등

4 경영자 역할

민쯔버그(H. Mintzberg; 1975)는 다양한 집단의 경영자들을 조사한 결과 그들의 공식적인 권한과 지위로부터 대인적(대인관계) 역할, 정보적(정보전달자) 역할, 의사결정적(의사결정자) 역할을 수 행한다는 사실을 규명하였다.

[그림 2 - 10] 경영자 역할

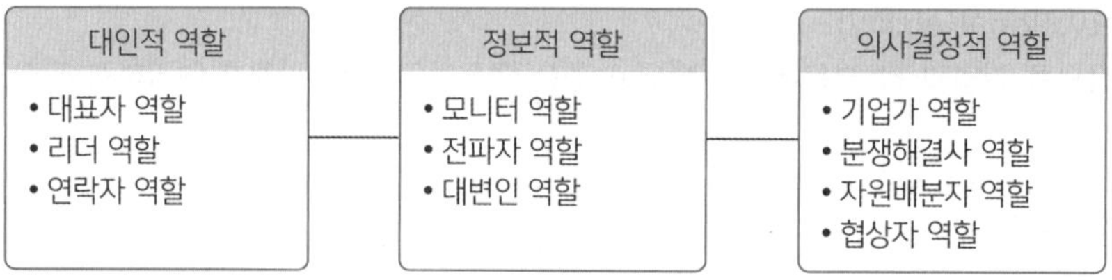

대인적 역할	정보적 역할	의사결정적 역할
• 대표자 역할 • 리더 역할 • 연락자 역할	• 모니터 역할 • 전파자 역할 • 대변인 역할	• 기업가 역할 • 분쟁해결사 역할 • 자원배분자 역할 • 협상자 역할

1. 대인적 역할(interpersonal role)

(1) 대표자 역할

기업의 대표로서 기업의 입장에서 수행되는 다양한 종류의 대외적인 계약을 체결하고, 회사 의 전사적 업무를 처리하기 위해 외부 인사를 접견하고 외부 행사에 참석하는 등 회사의 얼 굴이 되는 역할을 하는 것을 말한다.

(2) 리더(leader) 역할

종업원을 모집·선발하고 교육훈련을 실시하며, 종업원들이 직무에 최선을 다할 수 있도록 동기를 부여하고 솔선수범하며 책임을 지는 역할을 하는 것을 말한다.

(3) 연결자 역할

섭외자 또는 연락자라고도 하며, 기업 외부의 이해관계자집단들과 기업 내부를 연결하고 기 업 내 여러 조직과 집단 간에 각종 정보와 의사소통이 원활이 이루어지도록 전달·조정하는 역할을 하는 것을 말한다.

2. 정보적 역할(informational role)

(1) 모니터(monitor) 역할

정보수집자라고도 하며, 기업 외부에서 기업 경영에 필요한 제반 정보를 가능한 신속·정확하게 수집하는 역할을 하는 것을 말한다. 이를 위해 다양한 계층의 인사들과 접촉할 필요가 있으며 각종 정보매체를 수시로 검색해야 한다.

(2) 전파자(disseminator) 역할

정보보급자라고도 하며, 기업 외부에서 수집한 정보들을 기업 내부의 구성원들에게 신속·정확하게 전파하는 역할을 하는 것을 말한다.

(3) 대변인(spokesperson) 역할

기업 외부의 이해관계자집단들에게 기업의 실상을 알리고, 기업을 이해시키고 기업에 협조자가 되도록 하는 역할을 하는 것을 말한다.

3. 의사결정적 역할(decisional role)

(1) 기업가(entrepreneur) 역할

조직의 발전을 위하여 새로운 사업 분야를 개척하고 투자를 하는 역할을 하는 것을 말한다.

(2) 분쟁해결자(disturbance handler) 역할

동요처리자라고도 하며, 기업 내부의 부서 간의 갈등, 노사분규, 고객의 불평·불만 등의 애로사항과 분쟁에 적극적으로 대처하고 해결방안을 모색하는 역할을 하는 것을 말한다.

(3) 자원배분자(resource allocator) 역할

기업 내부의 인적자원, 물적자원 등을 얼마나 배분할 것인가를 결정하는 것으로, 자원배분이 적절히 이루어질 때 경영효율은 높아지고 경영성과도 극대화된다.

(4) 협상자(negotiator) 역할

기업을 대표해서 협상을 하는 것으로, 공급업자와의 계약 체결, 노동조합과의 협약 체결 등이다.

5 대표적인 의사결정 유형

1. 사이먼(H. A. Simon)

의사결정을 정형적 의사결정과 비정형적 의사결정의 두 가지 유형으로 구분하고 있다.

(1) 정형적 의사결정

정형적 의사결정이란, 반복적으로 발생하는 일상적이며 보편적인 문제나 상황, 즉 구조화되고 프로그램화된 문제에 관한 의사결정(예 관습, 절차 등)을 말한다. 대부분의 경우 의사결정을 위한 표준절차 및 규칙 등이 조직의 내규 또는 규정에 문서로 기록되어 있다.

(2) 비정형적 의사결정

비정형적 의사결정이란, 이례적이고 독특하며 예외적인, 즉 구조화되지 않은 문제나 희귀한 상황에 관한 의사결정(예 판단, 직관 등)이다. 그러므로 이 유형의 의사결정은 제반조건의 변화로 인하여 의사결정을 위한 절차를 표준화하기 어렵고, 프로그램화할 여지가 적으므로, 개인의 경험, 직관, 판단력, 창의력에 많은 영향을 받게 된다.
최근에는 비정형적인 상황에서도 의사결정자의 문제해결능력을 제고시키거나 문제해결자를 지원하는 자기 발견적 문제해결법을 컴퓨터 프로그램화한 방법을 활용하기도 한다.

2. 앤소프(H. I. Ansoff)

앤소프는 의사결정의 종류를 3가지로 분류하였고, 이들 각각의 의사결정의 주요 특성을 설명하면 다음과 같다.

(1) 전략적 의사결정

전략적 의사결정이란, 최고경영층에 의해 빈번히 이루어지며, 기업의 환경 변화에 기업을 적응시키는 문제와 관련된 의사결정이다. 즉, 기업의 내부문제보다는 주로 외부문제와 관련된 의사결정으로 기업이 어떤 업종에 종사하고 장래 어떠한 업종으로 진출할 것인가를 결정하는 등의 의사결정이다.

(2) 관리적 의사결정

관리적 의사결정이란, 주로 중간경영층에 의해 이루어지며, 기업의 내부문제에 관한 결정으로 전략적 의사결정을 구체화하기 위하여 최적의 실적을 낼 수 있도록 기업의 제 자원을 조직화하는 것과 관련된 의사결정이다.
예 책임·권한관계의 확립, 과업의 흐름, 유통경로, 자금, 설비, 원재료, 인원 등 경영 제 자원의 조달과 개발에 관한 결정 등

(3) 업무적 의사결정

업무적 의사결정이란, 주로 하부경영층에 의해 이루어지며 앞의 전략적 의사결정과 관리적 의사결정을 좀 더 구체화하기 위한 것으로, 기업의 제 자원의 변환과정에서 효율성을 극대화할 것을 목적으로 하는 의사결정이다.

예 생산, 마케팅, 인사, 재무활동 등

3. 구텐베르그(E. Gutenberg)

구텐베르그는 의사결정을 그 결정이 이루어지는 상황에 따라 확실성하에서의 의사결정, 위험하의 의사결정, 불확실성하에서의 의사결정으로 분류하였다.

(1) 확실성하에서의 의사결정(decision making under certainty)

결과를 미리 확실하게 예측할 수 있는 경우의 의사결정을 말한다.

(2) 위험하의 의사결정(decision making under risk)

실제 전개되는 결과가 미리 예상한 결과와 차이가 날 가능성이 있어 그 결정이 잘된 것인지, 잘못된 것인지는 시간이 경과해야 알 수 있는 경우의 의사결정을 말한다.

(3) 불확실성하에서의 의사결정(decision making under uncertainty)

미래의 발생 가능한 상황에 대하여 확률분포를 알 수 없는 무지한 상황에서의 의사결정을 말한다.

05 기업 안정화전략

기업의 각 사업부에 대한 평가를 하게 되면, 기업이 보유하고 있는 사업부의 포트폴리오가 적합한지의 여부를 분석·결정하게 된다. 즉, 경영성과를 극대화하기 위해 미래의 비전(vision)과 전망이 좋고 수익성이 높을 것으로 기대되는 새로운 사업영역으로 진입하거나 사양사업부문을 축소 내지는 철수를 결정하는 의사결정이 필요하다.

즉, 기업전략이란 기업이 어느 시장에서 어떻게 경쟁을 할 것인가를 결정하는 것이다. 이는 사업의 확장전략, 안정전략, 방어전략으로 나눌 수 있다.

확장전략	성장전략, 공격전략, 진입전략 등
안정전략	다각화, 수직적 통합, 아웃소싱, 인수합병(M&A) 등
방어전략	내실화전략, 투자환수전략, 수확전략, 청산전략, 축소전략 등

1. 안정화 전략

(1) 다각화 성장전략(Diversification growth strategics)

1960~70년대에 활기차게 진행되었으며, 한 기업이 다른 여러 산업에 참여하는 것을 말한다. 유망한 신규사업에 진출하여 사업영역을 확장하는 전략이다. 즉, 기업의 제품·시장영역을 확장하여 그 경영자원을 확충하고 발전시키려는 전략으로, 기업은 다각화로 더 많은 수익을 얻기 위해 범위의 경제, 시장지배력, 내부시장의 활용 등을 통해 새로운 가치 창출을 꾀한다. 앤소프(Ansoff)에 의하면, 신제품으로 신규시장에 진출하는 전략이다.

종류는 크게 관련다각화와 비관련다각화[콩글로머릿(conglomerate)]로 분류한다.

관련다각화	• 각 SBU가 연구개발, 제품용도, 유통경로, 생산기술, 관리능력 등을 공유 • 핵심역량 효율적 활용 • 어느 정도 경험과 기술을 이전
비관련다각화	• 각 SBU가 보편적인 경영관리 기술과 재무자원 이외에는 전혀 관련성이 없는 다각화 • 낮은 범위의 경제 실현

① 관련다각화

관련다각화란, 전략적 적합성이 있는 관련 사업들에 참여하는 것으로서 경험과 기술을 이전 또는 공유(관련 경험과 기술)하여 시너지효과(synergy effect)를 일으키는 것을 말한다.

장점	• 기업이 일체성을 유지 • 기술이전과 비용절감을 통한 경쟁우위를 확보(핵심역량 활용) • 높은 범위의 경제를 달성
단점	한 분야의 문제가 다른 분야로 연속적으로 영향(도미노효과)

② 비관련다각화

비관련다각화란, 전략적 적합성이나 유사성이 없는, 즉 서로 관련이 없는 사업들에 참여하는 것으로, 비관련사업들에 재무적 위험을 분산(portfolio)시키는 것이다.

장점	• 위험분산으로 인해 수익이 안정적으로 발생 • 기회가 많은 곳으로 재무적 자원을 집중시킬 수 있음
단점	• 각 사업들이 비관련이므로 관리 및 통제가 어려움 • 다양한 분야의 진출로 인해 현금흐름이나 유동성이 높음

다각화(Diversification)의 유형

1. 수평적 다각화

기술적으로 기존 제품라인과는 상관없이 현재의 고객에 요구할 수 있는 신제품을 추가하는 것(자기 분야와 동등한 수준의 분야)이다.

2. 집중적 다각화

기술적으로 기존 제품라인과 유사성을 가지고 마케팅 시너지 효과를 획득할 수 있는 신제품을 추가하는 것(관련된 사업 중에서 추가적인 성장기회를 모색)이다.

3. 복합적 다각화

기존의 기술이나 제품과는 상관없이 신제품을 추가하여 새로운 시장(신시장)을 개척하는 것(동종이나 이종으로 확장 운영)이다.

4. 수직적 통합전략

전방통합과 후방통합을 합한 것이다.

(2) 수직적 통합

수직적 통합(vertical integration)이란, 다각화의 한 종류라고 할 수 있으며, 수직적인 관계인 생산에서 유통의 단계(가치사슬상)에서 어떠한 부분까지 참여할 것인가의 참여 정도를 결정하는 것을 말한다. 수직적 통합에는 전방통합과 후방통합이 있다.

장점	• 여러 단계의 거래를 내부화 • 감세(減稅)효과 • 비용절감(생산비용, 시장비용) • 일관적인 품질관리 및 통제력 향상 • 가격의 안정성 확보가 가능
단점	• 사업부 간 갈등 발생 시 해결이 어려움 • 기업의 유연성 감소 • 비효율적인 생산비용이 발생 • 경쟁의식 감소 • 기술혁신이 늦어지는 문제점

(3) 아웃소싱(Outsourcing)

아웃소싱이란, 외주(外注)라고도 하며, 기업 자신의 핵심부문만을 내부화(내실화)하고 다른 비핵심부문은 외부시장을 통해 조달하려는 것을 말한다.

이는 수직적 통합의 반대의 개념으로, 기업은 아웃소싱을 통해 비용의 절감과 유연성을 확보할 수 있다.

아웃소싱의 주요 유형은 다음 표와 같다.

<표 2-12> 아웃소싱 유형

비용절감형 아웃소싱	비용절감을 위해 중요하지 않은 기능들을 아웃소싱하는 형태
분사형 아웃소싱	• 이익추구형(Profit-Center): 사내에서는 크게 중요하지 않으나 나름대로 전문성을 확보하고 있는 기능을 외부화하여 수익률을 향상시키려는 형태 • 스핀오프형(Spin-off): 자사 보유의 일정 기술, 역량 등을 분사화하여 비즈니스화하지만 핵심역량 자체는 아웃소싱하지 않는 형태
네트워크형 아웃소싱	• 핵심역량 이외의 모든 기능을 아웃소싱하여 이들 공급업체와 네트워크를 형성하여 시너지 효과를 극대화시키는 형태 • 복수의 주체가 각각 서로의 경영자원을 공유하고 상호 보완적으로 활용하는 형태
핵심역량 자체 아웃소싱	핵심역량 자체를 외부화시켜 경쟁에 노출시킴으로써 핵심 사업의 경쟁력을 더욱 높이려는 형태

✓ 핵심체크

아웃소싱의 문제점

1. 중요한 기능이나 프로세스를 아웃소싱한 경우 공급업체가 적극적으로 협력하지 않는다면 전략상 유연성을 상실할 위험도 있다.
2. 아웃소싱으로 인한 품질불량과 납기지연의 문제가 발생할 수도 있다.
3. 아웃소싱에 의존함으로써 핵심기술을 상실할 수도 있다.
4. 부문 또는 기능 간의 조정 통합 능력을 상실할 수도 있다. 모든 기능이 내부화되었을 때 여러 기능별 조직과 밀접한 협력관계가 일부 기능을 아웃소싱함으로써 상실될 수도 있다.
5. 아웃소싱이 기업문화 및 직업문화를 와해시켜 업무에 대한 의욕이나 열정이 감소될 수도 있다.
6. 서비스의 질이 떨어지는 업체와의 장기계약에 발이 묶이는 경우도 많다. 특히 정보서비스 분야에서 정보통신 기술의 급속한 발전에 따라 장기계약을 맺은 공급업체가 고도의 기술, 서비스의 공급을 제대로 하지 못할 경우가 발생한다.
7. 아웃소싱에 너무 의존함으로써 공급업체에 대한 통제를 상실할 수도 있다.
8. 사내 기밀 및 노하우가 공급업체로 누설될 염려가 있다.
9. 아웃소싱의 효과가 기대에 못 미칠 수도 있다.

(4) 인수합병(M&A)

기업이 시장지배력을 확보하거나, 국내 및 해외시장에서 새로운 시장에 신속히 진입하기 위한 수단이며, 규모의 경제(Economies of scale)와 범위의 경제(Economies of scope)를 동시에 실현·활용하기 위한 도구이기도 하다.

장점	시장에서 저평가된 자산을 구입하여 리스트럭쳐링(restructuring)을 통해 경영을 정상화하거나 그 기업의 가치를 높일 수 있음

TIP+ 모험기업과 모험자본

1. 모험기업(venture business)

모험기업이란, 신제품, 신기술 등의 아이디어 발명과 개발을 목적으로 하는 모험적인 중소기업을 말한다. 모험기업에는 spin-out형과 자유형의 두 가지 형태가 있다.

- spin-out형: 사내의 유능한 인재를 독립시키는 기업분할전략(spin-out)을 말하며 이는 일종의 다각화 전략도 된다. 이 형태에서는 모기업이 전액 내지는 일부를 출자하는 경우가 많고 개발된 아이디어의 판매는 모기업에 한정하는 것이 보통이다.
- 자유형: 소수의 전문가 그룹이 모험기업을 자영하는 형식으로 설립하는 경우로 전자, 통신, 기계, 컴퓨터, 특수기술 등의 분야에서 주로 창업된다.

2. 모험자본(venture capital)

모험자본이란, 연구소, 대학 또는 기업 등에서 나오는 신기술이나 좋은 아이디어를 기업화하기 위해 투입되는 자본을 뜻한다. 모험자본의 특성은 이 자본이 비교적 위험이 높으나 일단 성공하면 고도의 첨단기술을 확보할 수 있고 상당한 이익이 보장되기 때문에 신기술이나 아이디어를 가진 연구개발자의 입장뿐만 아니라 적은 돈으로 많은 수익을 얻으려는 투자가의 입장에서도 매력 있는 투자대상이 된다는 데에 있다. 모험자본의 투자대상은 주로 반도체, 컴퓨터, 로봇(robot), 신소재, 유전공학 등이다. 모험자본은 흥행 사업이나 부동산, 유전탐사 등 고전적인 사업에는 투자하지 않는 특징이 있다.

1 기업 국제화

1. 기업 국제화 개념

기업 국제화(internationalization)란, 기업활동이 국제적으로 확대된다는 것으로, 이는 여러 가지 의미를 내포하고 있다.

첫째, 기업활동의 지리적 범위가 한 국가로부터 세계 여러 나라로 확장된다는 것이다. 보통 기업은 국내시장으로부터 소수의 해외시장으로 진출한 후, 이를 발판으로 시장을 전 세계로 점차 확대해 간다.

둘째, 해외시장에서 수행되는 사업방식이 다양해지고 고도화된다는 것이다. 사업방식의 다양화는 수출, 직접투자, 계약방식 등의 해외사업 방식 중에서 어느 한 가지 사업방식만이 아니라 여러 가지 사업방식을 동시에 이용하여 해외시장을 공략하는 것을 말한다. 반면, 사업방식의 고도화는 해외시장에 개입하는 수준이 점차 높아진다는 것을 의미한다.

셋째, 해외시장에 공급되는 제품이 다양화되고 고급화된다는 것이다. 결과적으로 기업의 국제화 수준은 세계 여러 나라로 사업범위를 확대할수록, 해외에서 수행하는 사업방식이 다양하고 고도화될수록, 해외시장에 공급하는 제품의 종류가 다양하고 고급화될수록 높게 나타난다.

한편, 최근 들어서는 기업의 국제화와 함께 세계화(지구화; globalization)라는 용어가 자주 사용되고 있다. 일반적으로 기업의 세계화는 국제화가 한층 더 진행된 상태를 가리킨다. 그러나 기업의 세계화는 국제화의 다음 단계로서, 자동적으로 다가오는 발전단계가 아니며 그 성격 자체가 국제화와는 사뭇 다른 것이다.

> ☑ **핵심체크**
>
> **사업방식 고도화 패턴과정**
> 국내시장 판매 → 대리점을 통한 수출 → 현지판매법인의 설립을 통한 수출 → 해외시장에 직접 생산공장을 설치하여 현지에서 판매
>
> **세계화 단계로까지 발전한 기업 특성**
> 1. 기업의 국적이 특정 국가에 속한다는 인식이 없다.
> 2. 각국 시장을 서로 독립적인 개별 시장으로 보는 것이 아니라 전 세계시장을 하나의 통합된 단일시장으로 파악한다.
> 3. 전 세계적으로 최적의 입지에서 기업활동을 수행한다.
> 4. 생산요소의 조달과 가공, 마케팅과 서비스, 자본의 조달과 운영이 국경을 초월하여 이루어진다.

2. 기업 국제화 동기

(1) 기존시장 유지 및 신시장 개척

기업들은 시장의 잠재력이 큰 새로운 시장을 확보할 목적으로 국제화를 추진하는 경우가 있으며, 국내시장이 이미 포화상태에 이르렀거나 국내시장 규모만으로는 규모의 경제를 실현할 수 없을 때 해외시장을 개척하고자 하는 유인은 더 강하게 나타난다. 또한 기업들은 이미 수출을 하고 있는 국가의 무역규제로 인하여 기존에 확보하고 있는 시장을 상실할 위험이 있을 때 기존 시장을 유지하기 위해 해당 국가에서 직접 생산하여 판매하거나, 제3국에서 생산하여 우회수출하기도 한다.

(2) 원가절감

기업들은 생산요소의 가격이 상대적으로 저렴한 지역에 진출하여 생산함으로써 효율성을 제고하는 기회를 가질 수 있다. 1990년대 이후 국내 기업들이 국내의 임금수준이 급속하게 높아지자 임금이 상대적으로 낮은 동남아 지역에 대거 진출하기도 했다. 또한 해외 시장의 수요량을 감안한 기업의 생산량 확대는 규모의 경제와 원자재의 대량구매에 따른 원가절감을 가능하게 한다.

(3) 자원개발

기업들은 해외의 풍부하고 저렴한 자원을 개발하기 위해서 국제화를 추진할 수 있다. 특히 천연자원이 부족한 국가들에서 해외자원개발을 통해 원재료를 안정적으로 확보하려는 경향이 높게 나타난다.

(4) 첨단기술 및 지식습득

기업들은 고도의 첨단기술이나 선진 경영기법을 습득하기 위해 해외에서 직접 사업활동을 수행하거나 외국기업과의 제휴를 도모한다.

(5) 경쟁기업에 대한 견제

경쟁기업을 견제할 목적으로 국제화를 추진하는 기업도 있다. 외국기업이 국내시장에 진출하는 경우 이에 대한 보복으로 국내기업들이 외국기업들의 주요 시장에 진출하는 경우 이에 해당한다. 또한 국내에서 서로 경쟁하는 기업 중에서 어느 한 기업이 해외로 진출하는 경우 다른 기업들도 먼저 해외로 나간 기업을 따라 해외진출을 시도하는 경우가 있다. 이 경우 후발기업이 해외로 나간 주요 동기는 경쟁기업을 견제하기 위한 것이다.

(6) 제품수명 연장

국가별로 발전단계가 서로 다르기 때문에 여러 해외시장에 단계적으로 진출하여 제품의 수명을 연장하는 기회를 갖기도 한다.

이렇듯 국제화의 동기는 기업 자체의 내적 필요에 의해 이루어지며, 구체적으로 공격적(적극적) 동기와 방어적(소극적) 동기, 기타 동기로 구분한다.

공격적 동기는 기업이 보다 적극적으로 매출을 증대시키고 이익을 추구하여 사세를 확장하고자 해외로 진출하는 동기를 의미한다. 방어적 동기는 시장점유율을 유지하고 매출감소를 방지하며 이익률을 유지하기 위하여 해외로 진출하는 동기라 할 수 있다.

<표 2-13> 국제화 동기 비교

공격적(적극적) 동기	방어적(소극적) 동기
• 세계화전략(사세확장) • 국내시장의 성장의 한계극복 • 해외이전을 통한 경쟁우위 확보 • 선진기술의 습득 • 필요한 자원의 확보	• 관세장벽과 수입규제의 회피 • 물류비의 절약, 신속한 제품공급 • 자국의 과다한 세금규제 회피 • 저렴한 인건비, 비용절감

기타 동기에는 외국자본유치를 위한 상대방 정부의 각종 혜택이용, 라이센싱(licensing) 계약의 종료, 각종 권리(특허권, 상표권 등)의 확보, 수입국의 민족주의 대두 등이 있다.

> ☑ **핵심체크**
>
> **기업 국제화 촉진요인**
>
> 1. **무역장벽의 해소**
>   WTO체제하에서의 세계무역의 자유화, FTA, TPP, RCEP, Quad 등의 확대
> 2. **소비자들 욕구와 수요의 동질화**
>   교통·통신·매체 등의 발달, 교육과 생활수준의 향상 등
> 3. **자원민족주의와 자원의 고갈**
>   전 세계적인 자원고갈의 추세로 인해 자국의 자원을 보호하고자 하는 현상으로 전 세계에 흩어져 있는 자원을 확보하고자 하는 현상
> 4. **투자규모의 확대**
>   규모의 경제를 통한 대규모의 투자를 위해 해외시장에 진출
> 5. **국내시장의 한계**

> ☑ **핵심체크**
>
> 1. **off shoring**
>   기업(사업)이 국내에서 해외로의 이전(비용 절감 등의 이유로 기업이 해외로 나가는 현상)
> 2. **reshoring**
>   기업(사업)이 해외에서 국내로의 이전(비용 절감 등의 이유로 해외로 진출한 기업이 다시 본국으로 돌아오는 현상)

3. 기업 국제화 단계

기업의 국제화는 일반적으로 해외시장에 대한 점진적 학습과정(incremental learning process)으로 해석된다. 이는 기업의 국제화가 단기간에 혁신적으로 완성되는 것이 아니라 장기간의 시행착오를 거쳐서 점진적으로 고도화되는 형태를 보이고 있기 때문이다.

기업의 국제화 단계 구분은 일반적으로 해외시장에 대한 개입의 정도를 기준으로 하는 단계 구분이 보편적으로 이용되고 있다.

기업의 국제화의 단계는 다음과 같이 진행된다.

(1) 내수지향 단계

내수지향 단계란, 국제화가 시작되기 이전의 상태로서 대부분의 생산과 마케팅활동이 국내시장을 목표(localization)로 이루어진다. 국내시장이 해당 기업이나 업계 전체의 생산능력에 비해 충분히 크거나, 해외시장 개척에 대한 관심이 낮거나, 인적·물적 능력이 부족한 기업들이 주로 내수지향 단계에 머물러 있게 된다.

(2) 수출지향 단계

수출지향 단계란, 해외시장의 상대적인 중요성과 관심도가 증가함에 따라 국내생산과 함께 수출도 하게 되는 단계이다. 그러나 이 단계에서의 수출활동은 주로 국내무역업체나 외국판매자(buyer)에 의존한다. 따라서 해외시장에 대한 직접적인 마케팅활동은 거의 없거나 지극히 초보적인 수준에서 이루어진다.

(3) 현지시장지향 마케팅 단계

현지시장지향 마케팅 단계란, 수출지향 단계와 마찬가지로 해외시장에 대한 물품 공급은 주로 국내에서 생산된 제품을 수출하는 형태를 갖는다. 그러나 수출지향 단계와는 달리 현지시장지향 마케팅 단계에서는 수출기업이 현지의 마케팅활동에 적극적으로 개입한다. 이 단계에 진입하기 위해서는 우선 OEM(Original Equipment Manufacturing; 주문자상표부착)에서 벗어나 자사 브랜드를 개발하는 것이 중요하다. 현지시장에서 마케팅을 강화한다는 것은 자사상표를 부착하는 상품을 전제로 현지마케팅 법인 등을 설립하여 브랜드관리 및 유지, 촉진활동 등의 마케팅활동을 독자적으로 수행하는 것이다.

(4) 현지시장지향 생산 단계

현지시장지향 생산 단계란, 현지시장에서의 독자적인 마케팅활동뿐만 아니라 현지에 생산시설까지도 갖추는 단계이다. 현지생산시설은 제3국으로의 수출물량까지도 일부 생산할 수 있지만 주로 현지시장에 공급할 목적으로 생산이 이루어진다. 현지에 생산법인을 설립하는 것은 현지시장의 수요가 크거나, 수입에 대한 규제가 많을 경우 이를 우회하기 위해 이루어진다. 또한 현지에 생산시설을 설치·운영하는 경우에는 현지소비자의 반응을 보다 정확·민첩하게 제품생산에 반영할 수 있는 장점이 있으나, 현지 기업에 자원의 투입이 많아지기 때문에 위험은 증가한다.

(5) 세계시장지향 단계

세계시장지향 단계란, 국제화가 가장 많이 진전된 단계로서, 세계 여러 곳에 위치한 생산 공장과 시장 사이에 유기적인 연결관계가 형성된다. 특정 국가에 입지한 생산공장은 그 나라 시장에 대한 공급만을 위한 것이 아니라 제3국에 대한 수출물량까지도 생산한다. 이 단계에서의 기본목표는 전 세계적 관점에서 최적의 상태를 추구하는 것이다. 생산활동과 마케팅활동을 포함하는 모든 기업활동이 전 세계적 관점에서 계획·실행된다.

2 해외시장 진입

1. 해외시장 진입방식 유형

기업들은 다양한 방법을 이용하여 해외시장에 진입할 수 있다. 해외시장 진입방식은 크게 수출에 의한 진입방식, 계약에 의한 진입방식, 직접투자에 의한 진입방식으로 나누어진다.
해외시장 진입방식을 구체적으로 살펴보면 다음과 같다.

<표 2-14> 해외시장 진입방식

수출 (export)	계약방식 (contractual entry mode)	해외직접투자 (foreign direct investment)
• 직접수출 • 간접수출	• 라이센싱 • 프랜차이징 • 하청생산 • 경영관리계약 • 턴키계약 등	• 단독투자 • 합작투자 • 신설 • 인수합병(M&A)

(1) 수출에 의한 진입방식

수출은 해외시장으로 진입하는 가장 기본적인 방법으로, 해외시장에 처음으로 진출하고자 하는 기업은 대부분 수출방법을 우선으로 고려한다. 다른 진입방법에 비해 위험이 적고 해외시장에 대한 많은 경험을 필요로 하지 않기 때문이다.

수출은 수출업자가 거래처 접촉, 통관, 선적 등의 수출관련 업무를 직접 수행하느냐, 아니면 외부기관을 통해 수행하느냐에 따라 직접수출과 간접수출로 나누어 진다.

직접수출 (direct exporting)	• 제조업체가 자체의 수출관련 부서나 계열 무역회사를 통해 수출업무를 직접 수행하는 방식 • 추가적인 자금, 인력, 시간적 노력이 필요하며, 적극적인 시장정보 수집과 마케팅 노력이 필요 • 거래처가 다양하게 확대되므로 대형 중개인에 대한 의존도 감소 • 소비자에 대한 애프터서비스를 통해 제품의 판매촉진, 이미지 제고 및 경쟁력 강화 등을 적극적으로 모색 가능
간접수출 (indirect exporting)	• 국내 무역업체나 국내에 들어와 활동하고 있는 외국의 무역상을 통해 수출업무를 처리하는 방식 • 추가적인 인력이나 자본 투입이 별로 없어도 수출을 할 수 있고 세계적인 판매망을 가지고 있는 대형 중개인을 이용하여 해외시장에 손쉽게 접근 가능 • 해외시장 정보를 접할 수 있는 기회의 제한 • 중개인에 대한 의존도가 높기 때문에 이들이 불리한 거래조건을 강요하더라도 수용

(2) 계약방식에 의한 진입방식

계약 형태의 해외시장 진입은 무형의 자산(공업소유권, 상표, 특허 등)의 지적 소유권과 컴퓨터 소프트웨어 등의 기술적 노하우, 경영관리 및 마케팅을 포함한 경영 노하우 등의 경영자산을 하나의 상품으로 취급하여 해외시장에 진입하는 방식이다.

계약방식은 수출기회를 창출할 수도 있지만, 이는 본질적으로 기술이나 노하우의 판매를 주요 대상으로 하고 있으므로, 일반상품의 수출과는 근본적으로 다르다. 유형은 크게 5가지로 구분할 수 있다.

라이센싱 (licensing)	• 특정기업(licensor)이 보유하고 있는 특허, 상표 및 상호, 노하우 등을 외국에 있는 기업(licensee)으로 하여금 일정한 조건하 활용할 수 있도록 허가하는 대신에 대가(royalty)를 지급하기로 계약을 체결하는 것 • 핵심은 무형자산의 이전 • 수출에 비해 무역장벽에 대한 우회수단으로 활용 • 직접투자에 비해서는 위험발생 시 피해가능성이 적음 • 비교적 적은 비용으로 해외시장에 진출하므로 특히 소규모 제조업체에게 매력적 • 특정 기술이나 상표 등을 보유한 업체만 활용 • 라이센서는 현지에서의 직접적인 마케팅활동이나 생산활동에서 생길 수 있는 이익을 포기 • 라이센서의 기술을 습득한 라이센시업체는 현지시장뿐만 아니라 다른 나라의 시장에서 경쟁기업으로 등장할 수 있음 예 제조업(생산기술이나 특허권 등)

프랜차이징 (franchising)	• 넓은 의미에서 라이센싱의 한 형태 • 특정기업(본부; franchiser)이 갖고 있는 상표나 상호의 사용권을 다른 개인이나 기업(가맹점; franchisee)에게 허가하는 동시에 원료 및 관리시스템까지 일괄 제공 • 대가로 프랜차이저는 수수료(royalty), 혹은 다른 형태의 보상을 프랜차이지로부터 받음 • 본부(franchiser)가 직·간접적으로 가맹점(franchisee)의 경영에 참여하는 방식 (통제 용이) • 프랜차이지는 프랜차이저의 상호와 상표를 가지고 사업 활동을 전개하며, 프랜차이저가 마련한 정책과 절차를 따르는 것 예 서비스업(패스트푸드, 식음료 산업, 호텔, 자동차 렌트 등)
하청생산 (international subcontracting)	• 라이센싱과 직접투자의 중간 형태(OEM방식) • 국제기업이 진출대상국에 있는 기존의 제조업체로 하여금 일정한 계약 조건하에서 제품을 생산하도록 하고, 이를 현지국 시장이나 제3국 시장에 판매하는 형태 • 해외생산에 필요한 시설에 대한 투자가 없어도 직접투자와 유사한 수준에서 해외 판매활동에 대한 통제가 가능한 이점이 있음 • 제품의 생산보다 마케팅 측면에 강점을 갖고 있는 기업들이 사용(예 나이키)
경영관리계약 (management contract)	• 계약을 통해 해외기업의 일상적인 경영활동을 관리할 권한을 부여받고 전문경영서비스를 제공하는 것에 대해 일정한 대가를 수취하는 방식 • 해외기업의 경영에 직·간접적으로 참여함으로써 원료, 중간재 부품, 장비 등을 부수적으로 수출할 수 있는 기회 • 낮은 위험으로 해외시장에 진출 기회 • 자기 제품의 시장 위치를 확보할 수 없으므로 제조업체들에게 불리 • 합작투자, 플랜트수출 등 다른 방식과 결합하여 이용될 때 더욱 바람직한 효과를 기대
턴키계약 (turnkey contract)	• 시공자가 가동준비가 완료된 시점에서 발주자에게 공장이나 시설물을 인도하기로 약정하는 방식 • 플랜트수출이라고 하며, 실물자산의 이전을 수반 예 공장, 산업기계, 대형건설, 엔지니어링 회사 등

(3) 해외직접투자에 의한 진입방식

직접투자(direct investment)란, 현지시장 내의 제조 및 생산시설에 대한 지분참여와 함께 직접 경영활동을 담당하는 형태의 시장진입방법이다. 물론 해외직접투자가 제조나 생산공장에 국한하는 것은 아니며, 현지마케팅을 위한 현지판매법인도 직접투자의 범주에 속한다.

해외직접투자	• 자본, 제품 기술, 특허, 경영관리 능력 등의 다양한 경영자원이 동시에 이동 • 투자기업이 경영활동에 직접 참여하여 통제권을 행사 예 지분확보비율(단독투자와 합작투자), M&A, 신설
해외간접투자	이자, 배당금, 자본이득을 획득할 목적으로 외국의 증권에 투자하는 국제증권투자

① 단독투자

단독투자(sole venture)란, 투자기업이 100%의 지분을 가지고 전적으로 통제권을 행사하는 해외직접투자이다. 기업들은 경영 통제권을 확보하고 투자이익을 독점하기 위해 단독투자를 선호한다.

장점	• 다양한 경영정책을 자유자재로 취할 수 있는 기회 • 주주들 간의 현지 자회사 운영에 대한 이견에 의한 갈등 방지
단점	• 해외시장진입 방법들 중 일반적으로 가장 비용이 많이 발생 • 자회사 설립과 운영하는 데 따르는 위험을 단독으로 부담

② 합작투자

합작투자(joint venture)란, 둘 또는 그 이상의 투자 파트너들이 현지법인을 설립하여 영구적으로 그 기업의 소유와 경영에 참여하는 것을 말한다. 합작투자의 본질적 특성은 분담(sharing)이다. 자본이나 자산 등 투입자원의 분담뿐만 아니라 경영활동과 그에 따르는 위험 그리고 이익과 손실도 분담해야 함을 의미한다.

일반적으로 다수지분을 보유해야 경영권 통제가 가능한 것으로 생각할 수 있으나 반드시 그런 것은 아니다. 소수지분의 경우에도 핵심 기술의 보유나 별도의 경영관리 계약 등을 통해 직·간접적으로 경영권 행사가 가능할 수 있기 때문이다(50% 이상의 다수 지분, 50 : 50 동등 지분, 그리고 50% 미만의 소수 지분 합작으로 구분).

장점	• 투자지분을 다른 기업과 공유함으로써 과도한 투자비 부담 감소 • 적절한 투자 파트너의 선정을 통해 자신의 약점과 부족한 부분 보완(상호보완 관계의 기업들의 결합)
단점	• 공동소유와 경영에 따른 합작기업에 대한 경영통제권의 약화 • 투자 파트너들의 합작투자 목적이 서로 다를 수 있으므로 투자 파트너들 간에 이해관계의 대립이 자주 발생 • 투자 파트너 간의 갈등과 이해대립 시 언어와 문화적 차이로 인해 의사소통이 어려워 합작투자의 관계가 악화(계약파기)

③ 신설

신설(greenfield investment)이란, 현지국에 처음부터 기업을 새로 세우고 경영활동을 전개하는 방식의 해외직접투자를 말한다.

장점	기업의 설립과 후의 경영활동을 모두 계획에 따라 새롭게 진행
단점	시간적으로 오래 걸리고 자금 부담도 커질 수 있음

④ 인수 · 합병

인수 · 합병(M&A; merger & acquisitions)이란, 현지국내의 기존 기업의 경영권을 확보하는 형태의 해외직접투자이다.

장점	• 기존 제품과 시장을 확보하고 있는 현지기업을 인수하는 것이기 때문에 신속하게 시장에 진입 • 기존 기업이 가지고 있는 기술, 인력, 유통망, 거래관계, 마케팅 능력 등의 제반 자원을 활용
단점	• 대상기업의 선정과 평가가 매우 어려움 • 과도한 인수합병은 기업 전체의 재무상태에 악영향

> **✓ 핵심체크**
>
> **내부화이론(internalization theory) – 버클리, 카손, 러그만(Buckley & Casson & Rugman)**
> 다국적 기업이 시장의 불완전성에서 오는 비효율적인 거래비용을 최소화하기 위해 내부화(해외직접투자)를 시도하는 것으로, 여러 가지 외부시장 기능을 국제기업 시스템으로 내부화하는 것이다. 외부시장은 비용부담이 크고 비효율적이므로 내부화(거래비용을 줄이기 위해 내부거래)를 추진하는 것이다.

3 다국적 기업

다국적 기업에 대한 정의는 학자에 따라 다양하여 아직도 보편화된 정의는 없으므로, UN이 채택하고 있는 정의에 따르면, 다국적 기업(multinational enterprises)이란 2개국 또는 그 이상의 국가에 직접투자를 하고 있는 기업이다. 어떤 학자는 최소한 6개국 또는 그 이상의 국가에 직접투자를 하는 기업을 그 조건으로 하는 경우도 있다.

다국적 기업은 여러 나라에 생산 및 판매거점을 가지고 있는 거대기업이다. 다국적 기업은 단순히 자본투자뿐만 아니라 기업내부에 보유하고 있는 여러 가지 경영자원, 즉 원재료, 부품, 기술, 노하우, 경영기법 등을 국제적으로 이전하고 있어 전통적인 수출활동만을 수행하고 있는 수출기업과는 구별된다.

펄뮤터(H. V. Perlmutter)는 국제적인 경영활동에 대한 본사 최고경영층의 기본적인 태도로 기업의 가장 바람직한 국제화 단계 EPRG모형으로 4가지 형태로 구분 · 제시하였다.
본국지향형(Ethnocentric) → 현지지향형(Polycentric) → 지역지향형(Regiocentric) → 세계지향형(Geocentric)의 4가지 형태로 구분하였다.

<표 2-15> 해외진출 관리유형

구분	본국지향형	현지지향형	지역지향형	세계지향형
조직	본사에 속함	자율적 현지사업단위	각 지역별 최적시스템	전 세계적인 네트워크
지향성	본국	현지국가	지역	세계
인적자원관리	본사에서 파견	현지인 채용	지역에서 필요한 인력 채용	전 세계적인 인재 선발·배치
가치	수익성	현지국 수용	수익성과 현지국 수용	수익성과 현지국 수용
자원배분	본사에서 결정	현지 자급자족 자원배분	지역본부가 본사로부터 지침 시달	전 세계적인 자원배분
의사결정	본사	현지 중심	지역 중심	협의(본사와 지사)

1. 본국지향형(ethnocentric) 기업

본사의 최고경영층이 모든 중요한 전략적 의사결정을 한다. 해외에 위치한 자회사는 아무런 재량권이 없이 실행만을 담당하며, 본국의 시장수요를 충족할 것을 목적으로 국제활동을 수행한다.

2. 현지지향형(polycentric) 기업

일상적이고 통상적인 경영활동에 관한 관리적 의사결정은 자회사에게 자율적으로 맡기지만 재무, 인사, 기술개발 등의 중요한 문제는 본사가 의사결정권을 가진다. 주로 피투자국이 시장수요를 충족한 것을 목적으로 국제활동을 수행한다. 본사는 경영성과에 따라 자회사를 통제한다.

3. 지역지향형(regiocentric) 기업

피투자국뿐만 아니라 피투자국 주변의 국제 지역시장의 수요를 충족할 목적으로 국제 활동을 수행한다. 지역사업본부의 역할이 중요하고 권한도 점차 강화된다.
각 자회사는 지역사업본부의 의사결정과 통제에 따라 현지에서 경영활동을 수행한다. 해외사업에 지역본사제를 도입하여 각 지역본사가 해당 지역의 해외사업을 총괄지휘하고 있다.

4. 세계지향형(geocentric) 기업

이 단계에 속하는 기업은 상호의존관계를 가지고 있는 본사와 자회사들이 상호 유기적인 관계에서 재량권을 갖고 범세계적인 사업활동을 전개한다. 따라서 편협한 내셔널리즘을 탈피한 인사교류, 주요 의사결정에 대한 참여·의견교환 등이 범세계적인 규모로 이루어진다. 즉, 국가나 지역에 구애받지 않고 자회사의 소재지역과도 상관없이 글로벌시장(global market)을 목표로 글로벌관점에서 기업활동을 영위한다.

경영혁신 기법

현대 경영학에서 경영환경(經營環境)의 급변(急變)과 함께 경영관리 기능이 강조되면서 핵심초점에 따라 다양한 경영관리 기법들이 지속적으로 새롭게 소개되고 있는데, 본 단원에서는 대표적인 경영혁신(관리) 기법들에 대해 간략하게 살펴보도록 한다.

1. 목표관리(MBO; management by objective)[8]

목표관리란, 경영자뿐만 아니라 감독자와 종업원도 목표달성과정에 참여함으로써 협동적 관계를 형성하면서 목표를 보다 구체화하고, 적극적으로 목표의 실현을 추구하는 것을 말한다.
즉, 과거의 통제에 의한 관리와 달리 기업의 목표설정 과정에서 종업원을 참여시켜 종업원 스스로 자기가 실행할 목표를 설정하게 하고, 각자 자기통제를 통해 자발적으로 목표달성에 이바지하도록 하는 기법이다. 드러커(P. Drucker)와 오디언(G. S. Odidrne)에 의해서 체계화된 관리방법이다.

목표실현 중 단기간(일반적으로 기간의 확정; 1년 이내)의 수리적(양적·계량적) 목표가 가능하면 중간평가를 통하여 지속적인 피드백(feedback)이 필요하다. 즉, 상사(상급자)와 부하(하급자)의 관계가 아니라 상호협조적인 관계(수평적 관계) 형성을 의미한다. 목표관리(MBO)는 인사고과제도로 쓰일 수는 있지만, 목표관리 그 자체가 인사고과제도는 아니다.

목표관리(MBO)의 도입동기는 다음과 같다.
① 불황극복의 수단 – 기업의 효율적 목표달성을 위한 직무 및 업적 중심의 조직관리
② 경영자의 능력개발을 위한 동기부여 – 직무성과를 기초로 평가함으로써 능력개발신장
③ 일과 사람의 통합화 – 조직의 목표달성과 개인의 자아실현욕구 충족
④ 구체적인 도입동기 – 기업의 영속화, 이윤의 증대, 고객 만족, 종업원 만족, 기술의 발전 등

---

[8] P. F. Drucker, *The Principle of Management*(New York: Harper & Row), 1954 : G. S. Odiorne, Management by Objectives(New York: Pitman Publishing), 1965.

목표관리(MBO)의 장·단점은 다음과 같다.

장점	• 업무의 효율성 및 생산성 향상 • 능력개발을 촉진하고 직장에 활력을 불어 넣음 • 업적을 평가하기 쉽고 인사고과에 대한 신뢰감이 높아짐
단점	• 실제 목표설정이 어려울 수 있음 • 개인 목표의 강조로 조직의 목표가 무시될 수도 있음 • 단기목표 강조 경향 • 단기적 목표나 수리적 결과를 중시하여 목표의 변경이 신축적이지 못함 • 급변하는 환경에의 적응이 어려움 • 역량에 비해 쉬운 목표의 선정 가능성 • 평가와 관련한 서류업무의 증가

✅ 핵심체크

MBO

1. 개념

MBO란, 직무성과의 향상 및 개인의 능력 개발을 위한 목표(계획)를 설정하고 그 과정을 통제하며, 성취 결과를 평가하는 데 있어서 개인적·집단적·조직적 목표를 통합하도록 경영자와 직원이 참여하여 조직에 대하여 적극적인 공헌활동 또는 몰입을 유도(유발)하기 위한 경영관리철학이자 시스템이다.

2. 목표 수립 시 반드시 고려할 사항(SMART원칙)

① S(specific): 목표를 구체적이고 상세하게 작성할 것

② M(measurable): 측정 가능한 목표일 것(명확하고 수치화 가능)

③ A(aligned with organizational goals): 조직목표와의 일치성이 있을 것

④ R(realistic; result-oriented): 목표는 현실적이고 실현 가능한 것

⑤ T(time-limited): 시간이 제약된 것(시기별로 단계적 추진 가능)일 것 예 1년

3. 관련 학자

① MBO를 최초로 계획 수립 시 이용한 학자: 드러커(P. Drucker)

② MBO를 최초로 업적평가에 이용한 학자: 맥그리거(D. McGregor)

2. 전사적 자원관리(ERP; enterprise resource planning)

전사적 자원관리(ERP)란, 구매와 생산관리, 물류, 판매, 회계 등의 기업활동 전반에 걸친 업무를 통합하여 경영자원을 최적화하려는 활동을 말한다.

자재소요계획(MRP; material requirement planning)에서 시작하여 생산자원계획(MRPⅡ)으로의 발전을 거쳐 현재의 정보시스템으로 확장된 개념이다.

장점	• 자재의 수요량과 시기를 예측 • 모든 제조활동과 관리활동이 정확한 계획에 근거하여 움직이게 하는 것 • 자원의 불필요한 장비 제거, 생산활동을 효율적으로 운용
단점	시스템 구축과 실행에 있어 초기비용이 많이 소요

✅ 핵심체크

ERP 특징

1. 글로벌 환경에 대처 가능
다국적, 다통화, 다언어 지원 S/W패키지 이용이 가능하다.

2. 통합시스템
판매, 생산, 재고관리 등의 시스템들이 상호 연동하여, 정보시스템을 통해 경영에 필요한 조기경보체제의 구축이 가능하고, 사용자가 요청하는 작업을 즉시 수행할 수 있도록 해주는 시스템이다.

3. 통합된 데이터베이스 구축
업무와 자료의 표준화에 의한 시스템 통합, 정보의 일관성 유지 및 관리의 중복을 배제할 수 있다.

4. 리엔지니어링의 지원 가능
ERP설치 과정에서 기업 프로세스를 재설계하고, BPR을 추진하는 동안 기업환경의 변화로 인하여 도출된 프로세스에 적절히 운용될 수 있도록 유연성을 갖추고 있어 BPR과 병행하여 도입이 가능하게 한다.

5. 오픈시스템 지향
특정 하드웨어 및 소프트웨어 업체에 의존하지 않고, 다양한 하드웨어 업체의 컴퓨터와 소프트웨어를 조합하여 사용할 수 있어 정보시스템을 쉽게 확장할 수 있다.

※ ERP는 MRPⅡ를 기반으로 생산·조달 등 기업 전반의 업무프로세스를 통합하는 시스템이다.

3. 공급사슬관리(SCM; supply chain management)

공급사슬관리란, 공급망관리라고도 하며, 자재조달에서부터 제조·판매·고객까지의 물류와 정보의 흐름을 종합관리하고, 전체적인 관점에서 생산이나 공급을 최적화하는 것을 말한다. 즉, 수주에서부터 고객 납품에 이르기까지 조달·생산·유통 등의 공급의 흐름을 효율적으로 잘 관리하는 것이라 할 수 있다. SCM은 제조 – 물류 – 소매점에 이르는 유통망관리를 말하며, 채찍효과를 보완하거나 방지하기 위해 등장하였다.

TIP+ 채찍효과(Bullwhip Effect)

일반적으로 제품에 대한 최종 소비자의 수요는 그 변동폭이 크지 않으나, 공급망을 거슬러 올라갈수록 이 변동폭이 커지는 현상을 말한다. 즉, 공급망에 있어서 소비자 수요의 작은 변동이 제조업체에 전달될 때에는 확대되어 제조업체 입장에서는 수요의 변동이 매우 불확실하게 보이는 것이다.

이러한 정보의 왜곡현상으로 공급망 전체로는 재고가 많게 되고, 고객에 대한 서비스 수준도 떨어지며, 생산능력 계획의 오류, 유통(수송)상의 비효율, 생산계획의 오류 등과 같은 악영향이 발생하게 된다.

☑ 핵심체크

SCM

1. 개념

고객이 원하는 제품을 사용하고자 하는 시점에 필요한 수량만큼 공급함으로써 고객에게 가치를 제공하는 관리 기법으로, 제품 계획, 원재료 구매, 제조, 배달 등 공급망에 관련된 구성 요소를 유기적으로 통합하고 그 결과 생성된 가치를 고객에게 전달하는 것이다.

2. SCM 개선방법

주요 제품의 설계 개선, 공급사슬의 네트워크 구성과 입지 개선, 공급사슬의 수직적 통합, 아웃소싱 등이 있다.

SCM은 자신의 개별 기업 이외에도, 투입 요소를 직·간접적으로 제공하는 모든 상류(upper-stream) 조직의 네트워크와 제품을 최종 소비자에게 전달하고 사후 서비스를 제공하는 모든 하류(down-stream) 조직의 네트워크까지 효율적으로 관리하여야만 기업의 경쟁력이 확보될 수 있다. 그러므로 원재료의 수급에서 고객에게 제품을 전달하는 자원과 정보의 일련의 흐름 전체를 경쟁력 있는 업무의 흐름으로 관리하려는 관리 시스템으로 정의할 수 있다. 이는 단순히 데이터를 처리하는 전사적 자원관리(ERP)에 지능을 부여하는 것과 같다고 볼 수 있다. 이로 인해 기업 내부와 외부의 당사자들이 프로세스, 정보, 상품의 관계를 최적화하여 지속 가능한 경쟁우위를 달성할 수 있게 된다.

4. 리스트럭쳐링(Restructuring)

리스트럭쳐링이란, 사업부 단위로 불필요한 낭비요소를 제거하여, 미래의 주력사업을 선정하고 이 사업의 경쟁력 강화를 위해 어떠한 신규 사업으로 진입하고, 기존의 어떠한 사업부를 축소·철수·통폐합할 것인가를 결정하는 것이다. 이를 통해서 기업은 미래지향적이고 경쟁력 있는 사업구조를 가질 뿐만 아니라 기업의 제한된 자원을 올바르게 배분할 수 있게 된다.

따라서 국내·외의 경영환경변화인 경쟁자의 동향, 기술혁신, 고객의 욕구변화 등을 고려하여, 현재의 전략이나 기존 업종으로는 성장이 어렵다고 판단될 때 리스트럭쳐링을 수행해야 한다.

5. 리엔지니어링(Reengineering)

리엔지니어링이란, 기업 전체를 대상으로 하고, 흔히 BPR(Business process reengineering)이라 불리기도 하며, 어떤 제조부문이나 서비스부문의 프로세스·공정·절차 등을 컴퓨터나 정보통신 시스템을 이용하여 개혁(축소·재결합)함으로써 원가우위를 갖게 하거나 차별화를 제고시키는 것(전혀 새로운 각도에서 재설계)을 의미한다.

즉, 리엔지니어링은 기업 재창조를 뜻하며, 기존의 업무수행방식(분업의 원리)을 근본적으로 재설계하여 개선 이상의 혁신(혁명)적 효과를 달성하려는 신경영기법이다.

리엔지니어링의 특징은 무(無)의 개념에서 출발하여, 불필요한 정보와 비효과적인 업무과정을 제거하여 업무의 흐름을 단순화함으로써 기업의 장기적인 성장을 도모하고, 부서별 혁신이 아니라 기업 목표와 관련된 모든 업무과정을 프로세스 중심으로 재설계 및 혁신을 꾀하는 것이다.

장점은 모든 경영원칙을 타파하고 업무흐름의 혁신적 재구성을 통하여 보다 적은 인원과 적은 노력으로 효율성을 극대화하는 것이다.

6. 리오리엔테이션(Reorientation)

리오리엔테이션이란, 자유경제의 원리와 성과지향적인 경제원칙을 수용해서 관리목표를 재설정하는 기법을 말한다.

7. 매트릭스조직(Matrix organization)

매트릭스조직이란, 행렬조직 또는 복합구조조직이라고도 하며, 종축(列)과 횡축(行)의 두 지휘명령 계통(이원명령제)을 따르고, 이원적 관리에 의해 활동하는 조직을 말한다. 즉, 매트릭스조직은 기능식 조직에 프로젝트조직의 특성을 결합한 것이다.

매트릭스조직은 직능별(제조·판매·재무·노동 등)을 종축으로 하는 재래형에 제품별 횡축을 첨가하는 형태로 출발한다.

장점	• 환경의 다양화 및 환경의 변화에 신축적이고 유연하게 대응 • 인적자원을 효율적으로 활용
단점	이원적 관리에 의한 조직질서의 혼란(역할의 모호성)

8. 네트워크조직(Network organization)

네트워크조직이란, 경쟁기업, 공급업체, 고객들과 상호 긴밀하게 연결되어, 기업들이 마치 복잡한 거미줄을 치고 있는 것처럼 보이는 조직이다. 즉, 참여 기업들은 하나 혹은 일부 기능에 특화한다. 최저비용의 활용으로 최고 품질의 제품을 생산하는 매우 간소화된 조직구조이다.

네트워크조직은 상호의존적인 조직 사이의 신뢰를 바탕으로 독립성을 유지하는 조직형태로서, 정보의 공유를 통하여 가치를 창출한다. 기업 내 부서 간·개인 간의 정보 공유, 공급업체와의 정보 공유, 고객과의 정보 공유를 통하여 가치를 창출하는 데 적합한 조직 형태이다.

9. 가상조직(Virtual organization)

가상조직이란, 가상기업이라고도 하며, 21세기에 고객의 요구가 매우 다양해지고 기술도 점점 더 복잡해짐에 따라 기술개발에 필요한 비용을 특정한 기업이 단독으로 감당하기 힘든 상황에서 정보네트워크 기술의 발전을 이용한 새로운 기업 간 협력을 통해 이를 극복하려는 경쟁전략의 일환이다.

가상조직은 목표가 달성되거나 기업수행의 가치가 소멸되면 즉시 해체된다. 즉, 가상조직은 다양한 업종의 기업이 각 개별 업체가 보유하는 경쟁력 있는 기술과 자원을 통합하여 우수한 제품 및 서비스를 고객에게 신속하게 제공할 수 있도록 특정기간 동안 일시적으로 제휴하는 것이다.

가상조직을 자원준거 관점에서 볼 때 상호의존적인 기업들의 핵심역량을 모아 놓은 것(pooling)으로 볼 수 있다. 즉, 핵심역량의 연계를 통해 고객이 원하는 해법을 가장 효과적으로 또 가장 빠르게 달성할 수 있는 조직으로, 규모의 경제(economies of scale)와 범위의 경제(economies of scope) 외에 속도의 경제(economies of speed)도 달성할 수 있는 조직 형태이다.

자원준거이론(자원의존이론; 내부자원에 초점)

기업을 유형자원(tangible resource)과 무형자원의 독특한 집합체로 파악하고, 기업은 장기간 나름대로 독특한 자원과 능력을 결합하고 구축하는데, 이 자원과 능력의 차별적 역량에 근거하여 경쟁우위를 확보할 수 있다는 것이다. 특히 기존에 등한시했던 조직능력, 핵심역량, 기업문화, 경영자의 능력과 같은 무형적·암묵적 자산을 중요시한다. 내가 필요로 하는 것을 상대방이 가지고 있으면 나는 그에게 의존하게 되는데, 이때 내가 의존하는 만큼 상대방은 나에게 권력을 가진다. 즉, 자원통제를 통해 상대방에게 권력을 행사한다.

따라서 기업의 경쟁우위는 이러한 특성을 지닌 자원과 능력에 의해 지속될 수 있다는 것이다.

즉, 기업(조직)의 생존의 핵심은 자원을 획득하고 유지할 수 있는 능력에 달려 있다는 것으로, 조직이 당면한 환경적 불확실성을 극복하기 위해서는 적절한 의사결정을 통해 필요한 자원을 획득해야 한다는 이론(상황이론의 범주에 포함)이다.

10. 균형성과표(BSC; balanced score card)

균형성과표란, 조직의 비전(Vision)과 전략(Strategy)을 달성하기 위해 수행해야 할 핵심적인 사항을 측정 가능한 형태로 바꾼 성과지표의 집합이다. 성과지표를 도출함에 있어 전통적인 재무제표(재무적 관점)뿐 아니라 고객 관점, 비즈니스 프로세스 관점, 학습 및 성장 관점과 같은 비재무인 관점도 균형적으로 고려한다.

e-비즈니스 환경에서 중요시되고 있는 고객 중심 경영 및 장기적 성장가능성 등의 개념에 부합되는 것이라 할 수 있다.

경영자는 이러한 지표를 통해 전략 수행을 위한 핵심적인 영역을 조직원에게 명확히 전달할 수 있게 되고 이를 관리함으로써 조직의 전략수행 여부를 모니터링(monitering)할 수 있게 된다.

11. 지식창조 프로세스 모델(SECI Model; 지식순환모형)

노나카는 지식창조과정을 생각을 언어로, 언어를 형태로, 형태를 자신의 기능으로 설명하면서 '나선형 과정(spiral process)'이라고 하였다.

암묵지와 형식지라는 두 종류의 지식이 사회화(Socialization; 공동화; 암묵지 → 암묵지), 표출화(Externalization; 암묵지 → 형식지), 연결화(Combination; 종합화; 통합화; 형식지 → 형식지), 내면화(Internalization; 형식지 → 암묵지)의 네 가지 과정을 거쳐 지식이 창출된다는 이론을 제시하였다.

✅ 핵심체크

SECI모델

Socialization → Externalization(articulation) → Combination → Internalization

1. 암묵지에서 다른 암묵지로 변화 → 공동화 또는 이식화(체험, 새로운 정보획득, 사회화)
2. 암묵지가 형식지로 변화 → 표출화 또는 분절화(자신만의 이미지화; 도형, 문자, 그림 등)
3. 형식지가 또 다른 형식지로 변화 → 연결화(통합·조합화; 새로운 지식창출·공유)
4. 형식지가 암묵지로 변화 → 내면화(행동과 실천)

이러한 일련의 과정이 직선적이 아니라 복합상승작용이 나타나는 나선형과정으로 역동적(dynamic)으로 계속된다고 설명하고 있다.

암묵지와 형식지

1. **암묵지(Tacit knowledge)**

   체험은 하되 표출할 수 없는 것, 의식적으로 지각하지 못하는 정신작용이다. 즉, 학습과 체험을 통해 개인에게는 습득되어 있지만 외관상 드러나지 않는 지식으로, 주관적·추상적·비체계적·개인적인 특성을 가진다.

2. **형식지(Explicit knowledge)**

   어떻게 표현해서 전달(언어·문자·숫자로 표현)이 가능한 것으로, 쉽게 전파·공유할 수 있는 객관적인 지식을 말한다. 객관적·공식적·체계적·구체적인 특성을 가진다.

12. 벤치마킹(BM; benchmarking)

1982년 제록스사에서 처음 사용하였으며, 벤치마킹은 특정 분야에서 우수한 상대(기업)를 찾아 성과 차이를 확인하고 이를 극복하기 위해 그들의 뛰어난 운영 프로세스를 배우면서 끊임없이 자기혁신을 추구하는 기법이다. 즉, 우수한 상대방에게 배울 것은 배우자는 것이다. 벤치마킹을 통하여 초일류기업을 향한 도전적인 기업문화의 형성은 물론, 지속적인 학습효과를 기대할 수 있다.

벤치마킹은 창조적 모방이라고도 하며, 동종(同種)보다는 이종(異種)에서 활용하는 것이 효율적이다. 동종의 경우 자칫하면 표절이 되기 쉽기 때문이다.

즉, 어느 특정 분야에서 우수한 기업 및 상대를 선발하여 성과 차이를 확인하고, 이를 극복하기 위해 그들의 뛰어난 운영프로세스를 배우고 활용함으로써 자기혁신을 추구하는 기법이다.

벤치마킹의 장점으로는 자사의 현 수준과 극복해야 할 폭을 명확히 파악, 혁신에 대한 조직 내 공감대 형성, 상대의 우수한 운영프로세스를 활용하므로 적시에 효율적인 혁신 방향과 수단의 설정이 가능, 우수 기업들에 대한 정보가 회사 내에 축적되어 초일류를 향한 도전적인 기업문화의 형성과 지속적인 학습효과가 가능한 점 등이 있다.

TIP+ 벤치마킹

동종 또는 이종의 경영성공 사례를 학습·모방함으로써 자사의 경영성과를 개선하고자 하는 경영기법이다.

13. 핵심역량

핵심역량이란, 경쟁기업에 비하여 훨씬 우월한 능력, 즉 경쟁우위를 가져다주는 기업의 능력이다. 한 기업을 기본적으로 유지시켜주고 있는 핵심역량을 발견하여 이것을 전사적 차원에서 이용할 뿐만 아니라, 이 역량을 더욱 발전시키거나 혹은 기존의 핵심역량에 새로운 기술, 제품, 서비스 등을 연계시켜 새로운 성장분야로 다각화하는 것이다.

핵심역량은 고객에게 가치를 높이거나 그 가치가 전달되는 과정을 더 효율적으로 할 수 있는 특정한 방법의 능력을 나타내며, 또한 이러한 능력은 기업이 신규사업으로 진출할 수 있는 능력이 된다.

즉, 기업의 핵심(core)을 이루는 능력(competence)으로서, 다른 기업은 불가능한 이익을 고객에게 제공할 수 있는 기업 내부에 숨겨진 독자의 기술과 기능(skill)의 집합체이다. 구체적으로는 경쟁사보다 몇 단계 뛰어난 수준에서 고객에게 이익을 제공할 수 있는 힘, 조직성원의 힘을 결집하여 새로운 기술·기능을 만들어내는 힘, 그것을 다양한 상품에 응용·발전시키는 힘, 조직성원이 하나가 되어 환경변화에 재빠르게 대응하는 힘 등을 말한다.

TIP+

1. 핵심역량경영

1990년대부터 선진국에서 각광받고 있는 혁신적 경영 패러다임으로, 지금까지 기업을 이끌어온 핵심역량을 올바로 찾아내 이것을 전사적 차원에서 이용하고 기존 역량에 기술역량, 서비스 등을 추가해 기업을 새롭게 다각화하는 경영방식을 말한다. 핵심역량경영은 기업이 성공적인 미래를 보장받기 위해서는 자신의 한계를 뛰어넘는 미래의 위치를 결정한 뒤, 그 위치를 달성하기 위한 핵심적인 경쟁역량을 설정하고 이를 달성해 나가는 노력을 할 것을 주장한다. 즉, 자신의 핵심역량을 발굴해 나름대로 독특한 기업문화와 경쟁전략을 찾아 실행하는 것이다.

2. 경쟁우위

경쟁자에 대한 상내석 우위를 가리키는 말로서, 기업이 경쟁우위를 확보하기 위해서는 동일한 제품을 경쟁사보다 저렴한 가격으로 공급하거나, 고객이 더 큰 가격을 지불할 가치가 있는 제품, 즉 경쟁사와 차별화·독특화된 제품이나 서비스를 시장과 소비자에게 공급한다. 즉, 경쟁우위는 '고객에 대한 가치창출의 대가'인 것이다.

3. 경쟁우위 확보전략

신기술 도입, TQM 등에 의한 고객만족도 향상, 생산프로세스의 변화로 생산시간 단축 등 경쟁사와의 경쟁에서 유리한 위치를 갖도록 하는 것이다.

---

14. 전략적 제휴

전략적 제휴란, 기업 내부적으로 해결할 수 없는 약점을 보완하기 위한 것으로서, 단기간에 자신이 구축할 수 없는 기술과 능력을 상대방에게서 얻고 배운다는 의도적인 전략적 협력관계이다.

유형	기술제휴, 생산제휴, 판매제휴, 자본제휴 등
장점	위험 분산, 규모의 경제(경제성확보), 과다경쟁 방지, 기술 획득(기술 이전), 시너지효과 창출, 수직적 통합

전략적 제휴는 그 동안 특별한 관계를 갖고 있지 않던 기업들이 각자의 독립성을 유지하면서 특정 사안에 대해 손을 잡는 것이다. 기업과 기업이 서로 동맹관계를 맺음으로써 상호 목적을 달성하려고 하는 행동으로 경쟁요소도 존재한다.

15. 지식경영(Knowledge management)

지식경영이란, 기업이 계획을 진행시키기 위하여 의식적 · 포괄적으로 자사의 지식을 모으고, 조직화하고, 공유하고, 분석하는 비교적 새로운 개념의 용어이다. 즉, 기업을 포함해서 조직이 보유하고 있는 지식자산을 획득 · 도입 · 창출 · 전이하는 전 과정을 데이터베이스화하여 활용 가능한 형태로 만들며, 이를 토대로 기업 및 조직의 부가가치를 창출하고 경쟁력을 확보하는 경영절차, 즉 지식근로자가 지식을 생산해 내고 이를 토대로 지식소비자가 지식을 활용하여 부가가치를 창출하는 경영프로세스를 '지식경영'이라 한다.

따라서 지식경영의 목적은 기업이 지식을 창출 · 습득하고 공유하고 활용하는 과정을 효과적으로 운영하며 수익과 경쟁우위를 확보하는 데 있다.

TIP+

1. 지식경영(knowledge management)

- 기업의 내 · 외부 환경으로부터 지식을 체계적으로 축적하고 축적된 지식을 경영전략에 활용하는 것이다. 기업이 소유하고 있는 지적자산뿐만 아니라 구성원 개인의 지식과 노하우를 체계적으로 발굴하여 조직 내부의 보편적 지식으로 공유하고 구성원 모두가 활용함으로써 조직의 문제를 해결하고 기업 가치를 향상시키는 경영방식(기법)이다.
- 형식지와 암묵지

형식지	객관적, 이성적 · 기술적 지식, 다른 사람에게 전달하기 위해 문서화된 지식
암묵지	주관적, 경험에 의한 학습, 개인적, 부정확하고 전달하는 데 비용이 소요

  ※ 제3의 물결: 지식 · 정보화혁명

2. 지식경영 시스템

인터넷, 인트라넷, 엑스트라넷, 데이터베이스 등을 이용하여 지식경영을 촉진하는 시스템이다.

3. 지식경영 시스템 이용단계

① 지식창조(create)	노하우 개발 및 창조
② 지식획득(capture)	새로운 지식을 적절한 방법으로 표현
③ 지식정제(refine)	암묵지를 형식지로 표현, 행위로 이어질 수 있는 조건을 명확
④ 지식저장(store)	다른 사람들이 이용할 수 있도록 저장
⑤ 지식관리(manage)	주기적으로 지식 갱신
⑥ 지식전파(disseminate)	지식을 필요로 하는 사람이라면 누구나 사용 가능

4. 지식 정보화시대의 MIS

경영상 중요한 의사결정합리화를 도모하기 위해 단편적인 정보가 아닌, 종합적 · 활동적인 정보로서, 정보처리 기능이 향상되고 처리속도도 빠르다. 따라서 지식창출개념의 전사적 정보시스템을 확립해야 한다.

16. 지속가능경영(Sustainable management)

지속가능경영은 사회적 책임성(socially responsible), 경제적 수익성(economically viable), 환경적 건전성(environmentally sound)의 3가지 영역(triple bottom line)으로 구성된다. 즉, 기업은 사회적으로 책임을 다할 수 있도록 지속적으로 노력하고, 경제적으로 생존 가능하고 환경적으로 건전하도록 잘 조화시켜야 한다는 것이다.

즉, 공급사슬관리에서는 "현세대의 자원운영계획이 미래 세대의 자원활용 가능성을 제한하지 않아야 한다."라고 정의할 수 있다. 즉, 자연환경은 미래 세대의 것이라는 것이다.

17. ESG경영

지속 가능한 경영이 중요해지면서 향후에는 비재무적인 요소인 ESG 경영성과가 기업의 운명을 좌우하는 경영평가 지표로 대두되고 있다. ESG경영은 기업이 환경보호에 앞장서고(Environment), 사회적 책임에 의한 약자지원, 노동환경 개선 등 사회공헌 활동을 하며(Social), 법과 윤리를 철저히 준수하는 등 경영지표의 개선·실천(Governance)하는 경영철학이다.

이러한 ESG는 기업뿐 아니라 국가평가에도 도입되어 국제신용평가사인 무디스는 국가별 ESG 신용영향 점수를 평가하기 시작하였고, 국가 및 기업 경영, 자본시장 투자에 ESG가 필수 조건인 시대가 된 것이다.

> ### ☑핵심체크
>
> **CSR(Corporate Social Responsibility; 기업의 사회적 책임)**
>
> 기업이 경제적 책임이나 법적 책임 외에도 폭넓은 사회적 책임을 적극 수행해야 한다는 것이다. 기업 경영방침의 윤리적 적정, 제품 생산과정에서 환경파괴, 인권유린 등과 같은 비윤리적 행위의 여부, 국가와 지역사회에 내한 공헌 성도, 제품 결함에 대한 잘못의 인정과 보상 등을 내용으로 한다(사회에 기업이윤환원). CSR 라운드라 불리는 ISO 26000은 환경경영, 정도경영, 사회공헌을 기준으로 정하고 있다.
>
> **CSV(Creating Shared Value; 공유가치창출)**
>
> 기업이 수익 창출 이후에 사회공헌 활동을 하는 것이 아니라 기업 활동 자체가 사회적 가치를 창출하면서 동시에 경제적 수익을 추구할 수 있는 방향으로 이루어지는 행위를 말한다. 기업의 경쟁력과 주변 공동체의 번영이 상호 의존적이라는 인식에 기반을 두고, 기업의 비즈니스 기회와 지역사회의 필요(needs)가 만나는 곳에 사회적 가치를 창출해 경제적·사회적 이익을 모두 추구하는 것이다(사회적 가치창출과 수익을 동시에 추구). CSR에서 더욱 진화하여 CSV 기업과 지역사회가 상생하는 개념이다.

18. 속도경영(Speed management)

속도경영이란, 급변하는 경영환경에 대한 대응력을 신속히 극대화함으로써 고객이 만족하는 제품·서비스를 남보다 빠르게 제공하는 시스템이다. 속도경영은 제품의 기획·개발에서부터 시장 장악까지의 기간을 최소화하자는 것이다.

> ### ☑핵심체크
>
> **시간관리(Time based management; Turbo marketing)**
>
> 시간관리 또는 시간중심 경쟁의 배경은 경쟁사의 기술 모방 속도가 매우 빨라져 경쟁우위의 지속이 어려워짐에 따라 신속한 차별화의 필요성이다.
>
> 생산부문의 경우, 생산라인을 짧게 하고 레이아웃을 제품중심으로 설계하고, 공정계획을 현장에서 직접 수립하여야 한다.
>
> 오늘날의 혁신은 타임 베이스 경쟁 성격을 띠고 있다. 현대의 경영자들은 비용과 품질의 경쟁력에 시간요소를 추가하고 있다. 이들 기업들은 다양한 종류의 상품과 서비스를 더욱 저렴한 비용으로 더욱 신속하게 제공함으로써 경쟁기업을 물리치고 있다. 이러한 기업조직에서는 시간의 소비를 경영과 전략수행 결과를 판단하는 척도로 삼고 있다.[9]
>
> 영업과 유통의 경우에는 생산부문과 영업부문의 합병을 시도하고, 영업사원과 공정관리부문을 연결하는 컴퓨터시스템을 구축하여야 한다.
>
> R&D 부문에서는 신제품 개발 사이클을 단축하고 동시공학 시스템을 구축하여야 한다.
>
> 이러한 시간 단축형 관리의 특징으로는 조직계층이 단축적, 의사결정에 걸리는 시간이 매우 짧음, 고객과의 밀착, 정보시스템의 구축 등이 있다.

19. 전환경영(Transformation management)

전환경영이란, 사업구조조정이나 경영혁신 시에 대량의 감원보다는 동기부여(motivation)와 체질혁신을 통해 기업을 회생시키는 경영혁신 기법이다.

20. 윤리경영

윤리경영이란, 주로 수단의 선택에 관계되는 가치전제이며, 더욱이 이것은 하나의 문화나 사회에서 일반적으로 인정된 행동기준이기도 하다. 윤리경영에 반하는 기업행동은 기업의 각 이해집단이나 일반사회의 불신감·반발·저항·협력에서의 이탈 등을 일으키기 쉽다.

윤리경영으로서 중요한 것은
① 능률향상을 위한 노동 강화를 피할 것
② 인사에 있어서 정실을 배제하고 객관적 공정을 기할 것
③ 공(公)과 사(私)를 혼동하지 말 것
④ 인간성을 존중하고 개인의 존엄을 상하게 하지 말 것
⑤ 공해(公害) 등의 사회적 비용을 항상 고려할 것
⑥ 과대선전 등으로 소비자를 기만하지 말 것

---

9) George Stalk, Jr., *Competing Against Time*, The Free Press, 1990.

⑦ 품질의 부당표시, 강매(強賣) 등의 불공정 거래를 하지 말 것
⑧ 분식결산(粉飾決算)으로 이해관계자를 기만하지 말 것
⑨ 사회복지에의 공헌 등을 들 수 있다.

> **TIP+**
> 경영이념은 경영자의 가치관이나 태도를 반영하여 형성되는 궁극적인 경영목적을 가리킨다.

21. 감성경영(Emotional management)

직원들의 감성에 호소하거나 특별한 감성을 유도하는 경영 방식으로, 고객과 조직 구성원의 감성적 욕구를 충족시키는 데에 보다 역점을 두는 경영전략이다. 최근 웰빙(well being)의 확대와 명품족의 진화에 대처하는 경영의 키워드(key word)가 감성경영으로, 감성은 디지털의 차가움과 엄격성을 보완할 뿐 아니라 질 높은 삶의 가장 근본적인 요소이기 때문에, 정서적 마케팅에 도움이 된다.

22. 글로벌(Globalization)경영

글로벌경영이란, 사업 영역을 확장하고 전 세계에 분산되어 있는 자원들을 효율적으로 확보·활용하는 것으로, 다국적 기업이 대표적이다.
즉, 생산요소를 지역별 비교우위에 따라 전문화하고 이들 흐름을 최적화하여 기업의 성장을 도모하는 전략이다. 글로벌경영의 형태로는 전략적 제휴, 토착화(glocalization), 지역 간 정보네트워크 구축 등이 있다.

> **✓ 핵심체크**
>
> **Globalization**
> 다국적 기업경영이라고도 하며, 전 세계에 분산되어 있는 자원을 효율적으로 확보하고 활용하는 것으로서 자본, 기술, 설비 등의 생산요소를 지역별 비교우위에 따라 전문화하고 흐름을 최적화하여 기업의 성장을 도모하는 것을 말한다.
>
> **Glocalization**
> 전 세계의 소비자들의 욕구는 점차 동질화되어 가고 있으나, 글로벌경영에서 성공하기 위해서는 지역특성과 민족성에 따른 전문화된 제품과 서비스에 창출에 적응하여야 한다.
> 즉, 세계 주요 시장에서의 지역특성 및 문화적인 특성에 맞는 현지화 또는 토착화전략을 사용하는 것을 말하며, 카멜레온 기업경영이라고도 한다.

23. 고객만족경영(CSM; customer satisfaction management)

고객만족경영이란, 고객 중심적 사고를 바탕으로 모든 경영활동을 전개해 나가는 새로운 경영조류이다. 이는 시장점유율을 확대하거나 원가절감이라는 종전의 경영목표에서 벗어나, 고객만족을 궁극적 경영목표로 삼음으로써 시장변화에 흔들리지 않는 안정적 수익기반을 장기적·지속적으로 확보해 나가려는 경영방식이다. 최근 세계적인 우량기업들은 경영목표를 시장점유율에서 고객만족과 고객감동으로 바꾸고, 나아가 평생고객이라는 새로운 경영사고(management think) 및 마인드(mind)를 갖고 있다.

24. 문화경영(Culture management)

지식·예술·도덕 등과 같은 문화적 요소가 전략, 마케팅, 인사, 조직 등의 경영활동 전반에 최우선적으로 반영되는 경영을 의미한다. 유비쿼터스 지식사회가 성숙되고 개인의 감성을 중요시하는 신세대가 등장함에 따라 문화경영의 중요성이 보다 강조되고 있다. 문화경영을 실현하는 방안으로 감성경영, 디자인경영, 디지털경영 등이 있다.

25. 탄소제로(Carbon zero)

탄소중립이라고도 하며, 이산화탄소를 배출한 양만큼 이산화탄소를 흡수하는 대책을 세워 이산화탄소의 실질적인 배출량을 '0'으로 만든다는 개념이다.

즉, 기업이나 개인이 대기 중으로 발생시킨 이산화탄소의 양을 상쇄할 정도의 이산화탄소를 다시 흡수하는 대책을 수립함으로써 이산화탄소 총량을 중립(0)상태로 만든다는 뜻이다.

기업의 모든 경영·생산 활동 등에서 발생하는 이산화탄소(CO_2)를 최대한 줄이고 이산화탄소를 줄이는 것이 불가능한 부분에 대해서는 탄소배출권을 자발적으로 매입하여 궁극적으로 이산화탄소의 발생을 '0'으로 한다는 것이다.

> **☑ 핵심체크**
>
> **탄소배출권(Certified Emission Reduction)**
>
> 교토의정서에 의해 국가별로 할당되며, 온실가스 감축 의무가 있는 국가가 할당받은 배출량보다 적은 양을 배출할 경우 남는 탄소배출권을 다른 국가에 판매할 수 있는 제도·권리를 말한다.
> 교토의정서 지정 6대 온실가스인 이산화탄소, 메테인, 아산화질소, 과불화탄소, 수소불화탄소, 육불화황을 줄인 실적을 국제연합기후변화협약(UNFCCC)에 등록하면 감축한 양만큼 탄소배출권을 받게 된다.

26. 글로벌소싱(Global Sourcing)

글로벌소싱(Global Sourcing)이란, 국제적으로 부품을 조달하는 것으로서 기업의 구매활동 범위를 전 세계적 시야로 확대하여, 외부조달 비용의 절감을 시도하는 구매전략을 뜻한다. 또한, 국외에서 부품이나 완제품을 조달하는 형태를 말한다. 국외가 아닌 국내에서 조달 업무가 이루어진다면 국내조달 또는 내부조달에 속한다. 회사 내부에서 자체적으로 기술을 개발하고 부품을 생산하여 완제품을 제조하는 과정은 내부조달이며, 반대로 외부에서 조달하는 형태로는 국내조달과 국외조달이 있다.

> **✓ 핵심체크**
>
> **글로벌소싱**
>
> 글로벌소싱(Global Sourcing)은 아웃소싱(Outsourcing)과 오프 - 쇼어링(Off shoring)으로 구분 가능하다. 아웃소싱은 다양한 제품이나 기능을 제3의 업체로부터 조달하는 방식이고, 오프 - 쇼어링은 해외직접투자로 설립한 현지법인으로부터 조달하는 방식이다.

27. 거버넌스(Governance)

거버넌스는 사회문제를 해결하는 제반기제로 국가경영, 국정관리, 신국정관리, 협치 등 다양하게 정의된다. 일반적으로 공공의 재화나 용역의 생산과 전달에 관한 정부활동을 제약하거나 정부활동의 권능을 부여하는 법률, 행정규칙, 판결, 관행의 결합체로 규정된다. 정부에 의한 독점적 공급이나 관료제적인 것이 아니라 정부와 민간, 또는 시장비영리부문, 시민사회, 기업 간 등 다양한 세력과 조직의 참여와 상호작용에 의한 동태적 연계망이나 공동협력 강화 네트워크에 의하여 이루어지는 것이다.

28. 코아피티션(Co-opetition)

코피티션으로 불리기도 하지만, 정확한 용어는 코아피티션이다. 코아피티션이란, 기업은 경쟁(competition)이 전부가 아니라 파이를 만들어내는 데 있어서는 협력(cooperation)이고 그 시장을 분할하는 데 있어서는 경쟁이라는 넓은 안목으로 보아야 한다는 것이다. 즉, 경쟁과 협력의 통합(공존)의 중요성을 뜻한다.

29. 매각(Divestiture)

디베스티쳐란, 매각 또는 박탈이란 의미로, 일부 사업이나 자회사 매각을 통해 정리하는 것이다. 즉, 비효율적 부문을 매각하여, 불필요한 낭비요소를 제거함으로써 기업 체질을 개선(구조조정, 다운사이징, 감량기업전략)하는 것이다. 그 대표적인 예로는 분리신설(spin-off)과 사업일부매각 등이 있다.

30. 오픈 이노베이션(Open Innovation)

오픈 이노베이션이란, 기업에 필요한 기술과 아이디어를 외부에서 조달하는 한편 내부의 것을 외부(소비자, 외부 전문가 참여)와 공유하면서 새로운 제품이나 서비스를 만들어내는 것을 말한다. 오픈 이노베이션은 아웃소싱과 같이 한쪽 방향으로 역량이 이동하는 것이 아니라 이보다 한층 진보된 것으로, 아웃소싱보다 더 나아가 기술이나 아이디어가 기업 내·외의 경계를 수시로 넘나들며 기업의 혁신으로 이어지는 것을 말한다.

> **TIP+** NIH(Not Invented Here)
> 모든 것을 기업 혼자만의 기술과 능력으로 해결하려는 것이다.

31. 카니발리제이션(Cannibalization)

카니발리제이션이란, 자기잠식효과로서, 자사의 기업들의 제품 시장영역이 서로 겹쳐 둘이서 서로 시장을 잠식하는 것으로, 전체 시장을 확대하는 것이 아니라 스스로 깎아 먹는 자기잠식(自己蠶食)을 가리킨다.

32. 클라우드 소싱(Crowd sourcing)

클라우드 소싱이란, '대중(crowd)'과 '외부자원활용(sourcing)'의 합성어로서 제품개발이나 서비스 개선과정에서 회사나 조직 내부 인적자원에만 의존하지 않고, 네티즌이나 일반소비자 참여와 이들의 의견을 적극 수용·활용하는 것(예 가전제품, 이유식, 반찬 등의 제품개발 시 주부 참여)이다. 클라우드 소싱을 성공적으로 활용할 경우, 기업은 전반적인 비용을 절감하는 한편 제품이나 서비스 기획, R&D 등에 소요되는 시간도 단축할 수 있으며, 같은 문제들을 내부에서 자체 해결하거나 아웃소싱(outsourcing)을 주었을 때보다 클라우드 소싱을 통할 때 얻을 수 있는 솔루션의 폭도 크다고 할 수 있다.

또한, 대중들은 클라우드 소싱의 참여를 통해 기업으로부터 금전적인 보상을 얻는 경우도 있으며, 자기발전의 만족감도 얻게 된다.

33. 브라운필드 투자(Brown field investment)

이미 설립된 회사를 사들이거나 현지기업과 합작하는 방식을 '브라운필드 투자'라 한다.

> **✓ 핵심체크**
> **그린필드 투자(Green field investment)**
> 그린필드 투자는 국외 진출 기업이 직접 새롭게 생산라인을 구축하는 투자를 말한다. 현대차가 미국에 공장을 설립한 것 등이 그린필드 투자의 사례이다.

34. 제조물책임법(Product liability)

제조업자의 과실이나 무과실로 인하여 제조물에 결함이 발생하여 소비자가 피해를 입을 경우 배상하는 법규로서, 소비자가 제조물의 결함(3가지)만으로 피해를 보상받을 수 있는 제도이다.

결함 종류	설계결함, 제조결함, 경고결함
소비자 피해	• 결함과 소비자 피해와의 필연적 관계의 증명 • 정신적 피해, 육체적 피해, 금전적 피해
보상책임(의무)	• 제품의 제조, 유통, 판매과정에 관여한 자가 부담 • 법적(민사) 손해배상의 책임

35. 퍼플오션(Purple ocean)

레드와 블루를 혼합하여 얻을 수 있는 색이 퍼플(보라·자주)인데, 새로운 수요를 창출하고, 고수익을 올릴 수 있는 기회를 갖기 위해서는 블루오션(Blue ocean) 전략을 쓰는 것이 필요하지만 블루오션을 개척한다는 것이 결코 쉬운 일이 아니기 때문에 그 대안으로 퍼플오션 전략이라는 경영전략이 대두되었다.

즉, 블루오션을 찾는 데에 따르는 위험요소와 비용을 최소화하면서 차별화 또는 새로운 변화를 통하여 레드오션(Red ocean)에서 벗어나는 기업의 전략을 퍼플오션 전략이라 한다.

퍼플오션은 파생상품을 만들거나 새로운 서비스나 판매방식을 적용하거나 기업문화를 바꾸는 등의 발상의 전환을 통하여 만들어낼 수 있다.

> ### ✅ 핵심체크
>
> **레드오션(Red ocean)**
>
> 이미 잘 알려져 있어서 경쟁이 매우 치열하여 붉은(red) 피를 흘려야 하는 경쟁시장을 말한다. 기존 모든 산업을 의미하며, 레드오션 시장은 산업의 경계가 이미 정의되어 있고 경쟁자 수도 많기 때문에, 같은 목표와 같은 고객을 가지고 치열하게 경쟁하는 시장을 비유하는 표현이다.
>
> **블루오션(Blue ocean)**
>
> 레드오션의 반대 개념으로, 현재 존재하지 않거나 알려져 있지 않아 경쟁자가 없는 유망한 시장을 말한다. 블루오션에서는 시장 수요가 경쟁이 아닌 창조에 의해 얻어지며, 여기에는 높은 수익과 빠른 성장을 가능하게 하는 엄청난 기회가 존재한다. 또한 게임의 법칙이 아직 정해지지 않았기 때문에 경쟁은 무의미하다고 할 수 있는 시장으로 아직 시도된 적이 없는 광범위하고 깊은 잠재력을 지닌 시장을 비유하는 표현이다.

36. 동시공학(CE; concurrent engineering)

동시공학은 제조 및 지원을 포함하여 제품 및 관련 프로세스의 통합 및 동시설계를 위한 체계적인 접근방법이다. 이 접근방법은 제품 개발 초기부터 개발자들이 품질, 비용, 일정 및 사용자 요구를 포함하여 제품의 개념부터 생산, 폐기에 이르는 제품 수명주기의 모든 요소를 고려하여 제품을 설계하도록 한다. 즉, 하나의 제품이 만들어지기까지 순차적으로 거치는 여러 단계의 각 과정을 정보통신망과 전산시스템으로 묶어 동시화(同期化; 개발과정을 줄이기 위해 제품의 디자인에서 생산에 이르기까지 각 과정의 설계작업을 동시에 추진하는 기법)함으로써 개발기간과 비용을 감소하는 것이다.

기업이 신제품을 개발할 때 활용하는 것으로 제품에 관련된 모든 부문의 상호이해와 의사소통이 필수적이다.

따라서 신제품 개발에 앞서 목표 설정과 계획에 대한 교육이 중요하다.

> **TIP+ 역공학**
>
> 주어진 실물로부터 공학적 개념이나 형상모델을 추출해내는 과정을 역공학(reverse engineering)이라 한다. 전통적인 공학이 개념으로부터 실물을 만드는 과정이라 한다면, 역공학은 실물로부터 개념을 얻는 과정이라 할 수 있다. 특히 실물의 형상을 측정하고 측정데이터를 기반으로 형상 모델링과정을 거쳐 동일 형상의 디지털모델로 만드는 것을 형상 역공학(shape reverse engineering)이라 한다.

37. ISO 14000 시리즈

ISO 시리즈는 환경친화적(친환경적) 기업경영체제의 구축과 제품의 생산·제조를 위하여 국제적으로 인증할 수 있는 객관적 지침과 기법들의 개발에 관한 것이다. 모든 조직이 친환경적 경영체제 구축하고, 이를 객관적으로 평가할 수 있도록 규정하였다.

ISO 시리즈는 환경경영체제, 환경감사, 환경성과평가, 제품의 환경규칙, 환경 라벨링, 전 과정평가, 정의 및 용어의 7개 분야로 나누어져 있다. 조직상의 환경성 평가의 표준은 환경경영체제, 환경감사, 환경성과평가이며, 생산되는 제품과 생산 공정상의 환경성평가의 표준은 제품의 환경규칙, 환경 라벨링, 전 과정평가이다.

> **TIP+ ISO 26000**
>
> 국제표준화기구(ISO)에서 개발한 기업의 사회적 책임(CSR; Corporate Social Responsibility)의 세계적인 표준이다. ISO 26000은 조직이 지속 가능한 개발에 공헌할 수 있도록 지원하는 것을 목표로 한다. 또한 단순한 법을 준수하게 하는 것이 목표가 아니라, 법을 준수하는 것이 조직으로서의 기본적인 의무이며 사회적 책임의 핵심분야에 해당된다는 것을 인식할 수 있도록 하며, 사회적 책임에 대한 공동의 이해를 증진시키고 사회적 책임을 위한 다른 방법을 강구하거나 계획을 대체하는 것이 아니라 이를 보완하는 역할을 한다.

38. 그린마케팅[Green(eco) marketing]

자연환경에 영향을 미치지 않는 생태학적으로 보다 안전한 제품, 재활용 가능한 제품, 무공해제품 및 무공해 포장재, 고효율에너지의 활용 등 그린마케팅은 환경의 효율적 관리로 인간의 삶의 질을 향상시키는 데 초점을 둔 제반 마케팅활동을 지칭한다. 이는 현대사회에서의 중요한 기업윤리로 그 비중이 날로 증가되고 있다.

39. 유비쿼터스(Ubiquitous)

유비쿼터스란, 물이나 공기처럼 언제 어디에서나 열려 있다는 뜻으로, 현실을 컴퓨터에 끌어들여 사이버 세계를 구축하는 지금까지의 개념이 아닌, 컴퓨터가 냉장고 등 주변의 모든 전자기기에 들어가 네트워크를 통해 대화하고 정보를 주고받는 개념을 말한다.

'유비쿼터스'를 활용하면 냉장고가 음식물 유통기한을 알려주고 찬거리가 부족하면 슈퍼마켓에 알려 채워 주고, 자동차가 어디에서 고장이 났는지, 어디를 가는지를 알려 주는 텔레매틱스 기술, 그리고 시장에 형성되는 홈 네트워킹 등이 이 서비스 범주에 속한다.

즉, 시간과 장소에 구애받지 않고 언제 어디서나 정보통신망에 접속을 하여 다양한 정보통신버스를 활용할 수 있는 환경으로, 언제 어디서나 사용자와 소통(communication)을 할 수 있는 유비쿼터스 네트워킹 기술로 구현된다.

40. 전사적 위기관리(Enterprise-Wide Risk Management)

기업이나 조직에서도 일부 부문에서 위기상황이 발생하면 일부 해당부처 혹은 일부 담당실무자만 대응할 문제가 아니고 기업조직 전반적 또는 총체적(enterprise-wide)으로 대응해야 한다는 믿음에 기반을 두는 것이다. 결국 전사적 위기관리는 직·간접적으로 기업조직의 흥망성쇠에 영향을 끼칠 수 있는 위기상황을 전반적 또는 총체적으로 대응하고 극복해 더욱 향상된 기업조직 여건을 확보할 수 있는 시스템이라고 정의할 수 있다.

> **TIP+** 위기관리 경영전략
>
> '기업 활동에 영향을 주는 여러 위험요소를 어떻게 관리할 것인가?'로서 그 유형에는 자연재해, 산업재해(화재), 장비재해(고장), 정보손실, 기업이미지(루머), 파업 및 불매운동 등이 있고, 이에 대응하는 전략은 위험에 대한 정확한 평가와 관리, 비상계획수립, 교육과 훈련 등이 있다.

41. 기타

(1) 카이젠(Kaisen)

카이젠이란, '꾸준한 개선'이란 뜻으로 점진적 · 지속적으로 나쁜 상황을 고쳐 더 좋게 만든다는 것이다. 특히 제조업 부문에서 카이젠은 공장 작업자들이 중심이 되어 수행하는 소위 아래로부터(bottom-up) 시작되는 활동이다. 문제 해결 능력을 기르거나, 효율적으로 일하는 방법에 대해 전 구성원들이 끊임없이 자발적으로 생각하고 노력하는 것이다.

(2) 4차 산업혁명

4차 산업혁명이란, 정보통신기술 기반의 새로운 산업 시대를 대표하는 용어로서, 인공지능(AI)기술 및 사물인터넷(IoT), 빅데이터(Big data) 등 정보통신기술(ICT)과의 융합을 통해 생산성이 급격히 향상되고 제품과 서비스가 지능화되면서 경제 · 사회 전반에 혁신적인 변화가 나타나는 것을 의미한다.

4차 산업혁명은 컴퓨터 · 인터넷으로 대표되는 정보화 혁명(3차 산업혁명)의 연장선상에서 한 단계 더 진화한 혁명이다.

즉, 다양한 제품 · 서비스가 네트워크와 연결되는 초연결성과 사물이 지능화되는 초지능성이 특징이며, 인공지능기술과 정보통신기술이 3D 프린팅, 무인 운송수단, 로봇공학, 나노기술, 자율 주행차, 드론택시 등 여러 분야의 혁신적인 기술들과 융합함으로써 더 넓은 범위에 더 빠른 속도로 변화를 초래할 것으로 전망된다.

> **✅ 핵심체크**
>
> **빅데이터의 기본적 특성(4V)**
>
> Volume(거대한 양), Velocity(생성속도), Variety(다양한 형태), Value(가치)

(3) 100PPM운동

최소한 1백 만 개 중에서 1백 개 이내, 즉 1만 개 중 1개만의 불량률(0.0001% 이내)을 허용하겠다는 정부주도의 품질혁신운동(品質革新運動)이다.

(4) BtoB(B2B)

기업 간의 전자상거래를 의미한다. 기업과 기업이 인터넷을 통해 상품을 거래하는 것으로 시간과 비용을 절감할 수 있다.

> **TIP+**
>
> CtoC, BtoC, GtoB

01 테일러(F. W. Taylor)의 과학적 관리법에 대한 설명으로 옳지 않은 것은?

① 시간과 동작연구
② 기능적 직장제도
③ 집단 중심의 보상
④ 과업에 적합한 종업원 선발과 훈련 강조

해설 ⋯⋯⋯⋯⋯⋯⋯⋯⋯⋯⋯⋯⋯⋯⋯⋯⋯⋯⋯⋯⋯⋯⋯⋯⋯⋯⋯⋯⋯⋯⋯⋯⋯⋯⋯⋯⋯⋯ 답③

테일러시스템은 과업 표준화 중심의 개인 중심적 보상과 고임금 저노무비 지향이 특징이다.

02 생산의 표준화와 이동조립법(conveyor belt)을 도입하여 생산성을 높이고 경영을 합리화하고자 하는 관리 기법으로 옳은 것은?

① 테일러시스템
② 포드시스템
③ 간트차트의 통계적 품질관리
④ 길브레스의 방법연구

해설 ⋯⋯⋯⋯⋯⋯⋯⋯⋯⋯⋯⋯⋯⋯⋯⋯⋯⋯⋯⋯⋯⋯⋯⋯⋯⋯⋯⋯⋯⋯⋯⋯⋯⋯⋯⋯⋯⋯ 답②

포드시스템은 생산의 표준화와 이동조립법(conveyor belt)을 도입하여 대량생산을 통한 경영합리화를 추구하는 시스템이다.

03 경영활동의 지도원리 중 버나드(Barnard)의 주장과 가장 관계 깊은 것은?

① 생산성
② 수익성
③ 조직균형
④ 혁신성

해설 ⋯⋯⋯⋯⋯⋯⋯⋯⋯⋯⋯⋯⋯⋯⋯⋯⋯⋯⋯⋯⋯⋯⋯⋯⋯⋯⋯⋯⋯⋯⋯⋯⋯⋯⋯⋯⋯⋯ 답③

버나드(Barnard)는 조직이 유지 · 존속 · 발전하기 위한 것으로 공헌과 만족의 균형과 권한수용설을 주장하였다.

04 피터 드러커(P. Drucker)가 기업의 목적달성을 위하여 가장 중요시한 것은?

① 생산과 기술의 효율성 극대화
② 고객창조, 마케팅활동, 사회적 책임
③ 종업원에게 책임과 의무를 부과하여 지속적으로 성장하도록 대처
④ 저가격에 의한 고임금의 실현

해설   답②

피터 드러커(P. Drucker)는 이윤동기를 부정하면서 기업의 목적 달성을 위해서는 고객창조(만족), 마케팅활동, 사회적 책임을 중요시하였다.

05 행동주의 경영이론에 대한 설명으로 옳지 않은 것은?

① 호손(Hawthorne)실험의 주된 목적은 과학적 관리법의 유효성을 실제로 검증하는 것이다.
② 호손실험으로 비공식 집단의 중요성이 밝혀졌다.
③ 매슬로우(Maslow)의 욕구단계설은 인간의 5가지 욕구가 계층화되어 있다고 주장한다.
④ 아지리스(Argyris)는 미성숙단계의 특성으로 수동성, 단기적 안목, 다양한 행동양식 등을 제시한다.
⑤ 맥그리거(McGregor)는 이론에서 감시와 통제를 통해 종업원을 관리해야 한다고 주장한다.

해설   답④

아지리스(Argyris)의 성숙·미성숙이론에서 다양한 행동양식은 성숙단계의 특성에 해당한다.

06 효율성(efficiency)과 효과성(effectiveness)에 대한 설명으로 옳지 않은 것은?

① 효과성은 자원의 사용 정도를, 효율성은 조직의 목표달성 정도를 평가대상으로 한다.
② 효율성은 일을 올바르게 함(do things right)을, 효과성은 옳은 일을 함(do right things)을 의미한다.
③ 성공적 조직이라면 효율성과 효과성이 모두 높다.
④ 효율성은 최소한의 자원 투입으로 최대한의 산출을, 효과성은 목표의 최대한 달성을 지향한다.

해설   답①

조직의 목표달성 정도를 평가하거나 이와 관련있는 것은 효과성이며, 자원의 사용 정도로서 목표달성을 위한 수단은 효율성이다.

07 기업의 사회적 책임 중에서 제1의 책임에 해당하는 것은?

① 법적 책임
② 경제적 책임
③ 윤리적 책임
④ 자선적 책임

해설 답②

기업의 사회적 책임의 1차적 책임 중에서도 가장 중요하고 가장 근본적인 책임은 경제적 책임이다.

08 페욜의 관리과정론에 대한 설명으로 옳지 않은 것은?

① 페욜은 최초로 관리행동을 체계화하였다.
② 관리과정의 순서는 계획 → 조직 → 조정 → 지휘 → 통제이다.
③ 6가지 활동군으로 기술적, 상사적, 재무적, 보전적, 회계적, 관리적 활동으로 구분한다.
④ 관리일반원칙으로는 분업의 원칙, 규율유지의 원칙, 보수 적합화 원칙 등을 도출하였다.

해설 답②

페욜의 관리과정은 계획 → 조직 → 지휘(명령) → 조정 → 통제의 순서이다.

09 베버(M. Weber)의 이상적인 관료제의 특성으로 옳지 않은 것은?

① 과업전문화에 기초한 체계적인 노동의 분화
② 신속한 의사결정과 혁신적으로 잘 다듬어진 권한계층
③ 규제와 표준화된 운용절차의 일관된 시스템
④ 기술적 능력에 의한 승진을 토대로 평생의 경력관리

해설 답②

베버(M. Weber)의 관료제의 특성은 안정적이고 명확한 권한계층, 태도와 대인관계의 비개인성, 문서화(공식화)된 규칙(규정)과 의사결정, 공과 사의 명확한 구분, 분업과 전문화, 전문적 근거에 의한 공식적인 선발 등이다.

10 호손(Hawthorne)연구에 대한 설명으로 옳지 않은 것은?

① 인간이 조직에서 중요한 요소의 하나라는 사실을 강조하였으며, 매슬로우 등이 주도한 인간관계운동의 출현을 가져왔다.

② 개인과 집단의 사회적·심리적 요소가 조직성과에 영향을 미친다는 사실을 인식하였다.

③ 비공식조직이 조직성과에 영향을 미치는 것을 확인하였다.

④ 작업의 과학화·객관화·분업화에 대한 중요성을 강조하였다.

해설 ──────────────────────────────── 답④

호손연구는 인간의 중요성, 심리적, 비공식조직 등을 강조하였으며, 후에 행동과학연구에 영향을 미쳤다.

11 테일러시스템과 포드시스템을 비교한 것으로 옳은 것은?

① 테일러시스템은 생산의 표준화에 중점을 두었고, 포드시스템은 작업의 표준화에 중점을 두었다.

② 테일러시스템은 작업지도제를 채택하였고, 포드시스템은 이동조립법 방식(컨베이어시스템)에 의한 유동작업을 채택하였다.

③ 테일러시스템은 작업자의 인간성을 무시하였고, 포드시스템은 인간의 심리적·사회적 측면을 중시하였다.

④ 테일러시스템은 고임금·저가격의 원리를 주장하였고, 포드시스템은 고임금·저노무비의 원리를 주장하였다.

해설 ──────────────────────────────── 답②

테일러는 인간가치보다는 생산능률을 중시하였다. 테일러는 고임금·저노무비의 원리를, 포드는 고임금·저가격의 원리를 채택하였다. 또한 테일러는 과업(작업)의 표준화, 포드는 생산의 표준화에 중점을 두었다.

12 포터(M. Porter)의 가치사슬(value chain) 모델에서 주요 활동(primary activity)에 해당하는 것은?

① 인적자원관리　　　　　　　　　② 서비스
③ 기술개발　　　　　　　　　　　④ 기획 · 재무

> **해설**　　　　　　　　　　　　　　　　　　　　　　　　　　　　　　답 ②
>
> ①, ③, ④는 보조활동에 해당한다.

13 SWOT분석에 대한 설명으로 옳은 것은?

① 교섭력, 수익성, 성장성, 효과성을 분석하는 기법
② 사업포트폴리오 분석기법
③ 안정성 평가기법
④ 기업환경의 기회, 위협, 강점, 약점을 분석하는 기법

> **해설**　　　　　　　　　　　　　　　　　　　　　　　　　　　　　　답 ④
>
> SWOT분석은 기업환경의 기회(O), 위협(T), 강점(S), 약점(W)을 분석하는 기법이다.

14 포터(M. Porter)의 산업구조분석 모형에서 소비자 관점의 사용용도가 유사한 다른 제품을 고려하는 경쟁분석의 요소는?

① 산업 내 기존 경쟁업체간 경쟁
② 잠재적 경쟁자의 진입 가능성
③ 대체재의 위협
④ 공급자의 교섭력
⑤ 구매자의 교섭력

> **해설**　　　　　　　　　　　　　　　　　　　　　　　　　　　　　　답 ②
>
> 포터(M. Porter)의 산업구조분석 모형에서 소비자 관점의 사용용도가 유사한 다른 제품의 고려는 대체재(유사한 효용을 창출하는 제품이나 서비스)의 위협이다.

15 다음 중 '지주회사(Holding company)에 의한 주식 소유'와 같은 형태의 기업 집중은?

① 카르텔(cartel)

② 트러스트(trust)

③ 콘체른(konzern)

④ 콤비나트(kombinat)

⑤ 조인트벤처(joint venture)

> **해설** ───────────────────────────────── 답③
>
> 콘체른(konzern)은 자본 및 금융지배를 목적하는 것으로, 지주회사(Holding company)가 주식 소유(보유)
> 방법을 통해 다른 회사를 지배(순수/사업지주회사)하는 형태이다.

16 사이먼(H. Simon)의 제한된 합리성 모델(Bound rationality model)의 특성으로 옳은 것은?

① 만족해 선택

② 대안에 대한 완벽한 정보

③ 우선순위 불변

④ 경제적 인간 가정

⑤ 실행 과정과 결과에 대한 완벽한 지식

> **해설** ───────────────────────────────── 답①
>
> 제한된 합리성(Bound rationality)이란, 모든 대체 안을 알 수 없는 정보의 비대칭상태로서 정확성과 일관성을
> 유지할 수 없다는 것으로 최적안의 선택보다는 만족해를 선택하게 된다는 것이다.

17 라이센싱(Licensing)과 프랜차이징(Franchising)에 대한 설명으로 옳지 않은 것은?

① 진출 예정국에 수출이나 해외직접투자에 대한 무역장벽이 존재하는 경우 라이센싱은 무역장벽을 극복하는 방법이다.

② 프랜차이징은 음식점, 커피숍 등 서비스업종에서 많이 사용되는 방법이다.

③ 라이센싱은 브랜드와 기술 등 무형자산과 함께 품질관리, 경영방식, 기업체 조직 및 운영, 마케팅 지원 등과 같은 경영관리 노하우까지 포함하기 때문에 철저한 통제가 가능하다.

④ 라이센싱과 프랜차이징은 잠재적인 경쟁자를 만들 위험이 있다.

> **해설** .... 답③
>
> 라이센싱은 일정한 조건하에서 활용을 허가하는 대신 로열티를 지급받는 것으로, 무형자산의 이전으로 인해 철저한 통제는 불가능하다.

18 기업의 형태에 대한 설명으로 옳지 않은 것은?

① 합명회사는 출자액 한도 내에서 유한책임을 지는 사원만으로 구성된다.

② 합자회사는 연대무한책임을 지는 무한책임사원과 출자액 한도 내에서 유한책임을 지는 유한책임사원으로 구성된다.

③ 협동조합은 농민, 중소기업인, 소비자들이 자신들의 경제적 권익을 보호하기 위하여 공동으로 출자하여 조직한다.

④ 주식회사는 주주와 분리된 법적인 지위를 갖는다.

> **해설** .... 답①
>
> 합명회사는 2인 이상의 공동출자하여 무한책임을 지는 무한책임사원만으로 구성된다.

19 경영자에 대한 내용으로 옳지 않은 것은?

① 소유경영자는 단기이익을 추구한다.

② 소유경영자는 위험을 부담하고 상대적 높은 수익을 추구한다.

③ 전문경영자는 소유자와 독립하여 기업을 경영하는 자로 기업 경영상의 결정에 대한 판단의 자유를 가진다.

④ 전문경영자는 이해집단으로부터 권한을 위임받아 기업의 존속과 성장을 위해 최고 의사를 결정하여 하부에 지시하는 기능을 가진 자이다.

> **해설** ·· 답 ①
>
> 소유경영자는 단기이익뿐만 아니라 장기이익도 추구한다.

20 참가기업의 독립성과 결합 정도에 따른 기업집중 형태에 대한 설명으로 옳지 않은 것은?

① 카르텔은 과당경쟁을 제한하면서 시장을 지배하기 목적으로 각 기업이 경제적 독립성을 유지하면서 법률적으로 통합한 형태이다.

② 트러스트는 시장독점을 위해 각 기업이 법률적·경제적 독립성을 포기하고 새로운 기업으로 결합한 형태이다.

③ 콩글로머릿은 기업규모 확대를 위해 다른 업종이나 기업 간 주식매입을 통해 결합한 형태이다.

④ 콘체른은 각 기업이 법률적 독립성을 유지하면서 주식소유 및 자금대여와 같은 금융적 방법에 의해 결합한 형태이다.

> **해설** ·· 답 ①
>
> 카르텔은 경제적·법률적 독립성을 유지하면서 시장통제 및 경쟁배제가 목적이다.

21 다음 중 기업의 사회적 책임에 대한 설명으로 옳지 않은 것은?

① 기업의 사회적 책임에 관한 국제표준은 ISO 26000이다.

② ESG 경영과 사회적 책임은 상호연관성이 높은 개념이다.

③ ISO 26000은 강제집행사항은 아니지만 국제사회의 판단기준이 된다.

④ 사회적 책임 분야는 CSV(Creating Shared Value)에서 CSR(Corporate Social Responsibility)의 순서로 발전되었다.

⑤ CSV는 기업경쟁력을 강화하는 정책이며, 지역사회의 경제적·사회적 조건을 동시에 향상시키는 개념이다.

> **해설** .... **답④**
>
> 사회적 책임 분야는 CSR(Corporate Social Responsibility)에서 CSV(Creating Shared Value)로 발전되었다.

22 공급사슬관리(SCM)가 중요해지는 이유로 옳은 것은?

① 경영환경의 불확실성 증가

② 기업의 경쟁강도 약화 및 물류비용의 감소

③ 채찍효과로 인한 예측의 불확실성 감소

④ 리드타임의 영향력 감소

> **해설** .... **답①**
>
> 현대의 경영환경은 치열한 경쟁 속에서 모든 부분에서 불확실성의 증가, 물류비 증가, 관련환경의 급변 등이 특징이고, SCM은 제조-판매-물류 등의 자원이나 정보흐름을 종합적·효율적·협력적으로 관리하는 컴퓨터통합시스템이다.

23 다음 <보기>에서 지속가능경영을 구성하는 세 가지 요소를 고른 것은?

<보기>

ㄱ. 대내적 공정성   ㄴ. 대외적 공헌성   ㄷ. 경제적 수익성
ㄹ. 환경적 건전성   ㅁ. 사회적 책임성

① ㄱ, ㄴ, ㄹ   ② ㄱ, ㄴ, ㅁ
③ ㄱ, ㄷ, ㄹ   ④ ㄷ, ㄹ, ㅁ

| 해설 | 답 ④

지속가능경영의 3가지 영역(축)은 ㄷ, ㄹ, ㅁ이다.

24 해외직접투자의 유형인 그린필드 투자와 브라운필드 투자에 대한 설명으로 옳은 것은?

① 그린필드 투자 – 새로운 기업의 설립
    브라운필드 투자 – 기존에 존재하는 현지 기업의 합병·인수
② 그린필드 투자 – 서비스업에 대한 투자
    브라운필드 투자 – 제조업에 대한 투자
③ 그린필드 투자 – IT, 정보, 콘텐츠, 문화 등의 지식산업에 대한 투자
    브라운필드 투자 – 기존 굴뚝산업에 대한 투자
④ 그린필드 투자 – 정부·공공기관 주도의 투자
    브라운필드 투자 – 순수 민간주도의 직접 투자

| 해설 | 답 ①

그린필드 투자는 현지에 새로운 기업이나 공장을 직접 설립·구축하여 운영하는 것이고, 브라운필드 투자는 현지에 있는 기존의 기업이나 공장을 인수·합병하여 운영하는 방식의 투자기법이다.

25 노나카(Nonaka)는 지식을 존재하고 있는 형태에 따라 암묵지와 형식지로 구분하였는데, 이러한 암묵지와 형식지에 대한 설명으로 옳지 않은 것은?

① 암묵지는 경험을 통해 몸에 밴 지식이므로 전수하기가 쉽다.
② 형식지는 언어나 기호로 표현될 수 있는 객관적이고 이성적인 지식을 말한다.
③ 암묵지에서 형식지로의 전환을 표출화라고 한다.
④ 형식지에서 암묵지로의 전환을 내면화라고 한다.

해설 ─── 답 ①

암묵지는 표현·전수할 수 없는 것으로, 자신의 직접적인 체험에 의해 자신의 몸속으로 지식과 정보를 습득하는 것을 말한다.

PART 2

마케팅

01 마케팅 개념

1 마케팅 개념

마케팅(marketing)이란, "제품(goods), 서비스(service), 아이디어(idea)를 창출하여 가격을 결정하고 이에 관한 정보를 제공하고 이들을 배포하여 개인 및 조직 전체의 목표를 만족시키는 교환을 성립하게 하는 일련의 인간 활동이다."라고 정의할 수 있다.

> **✓ 핵심체크**
>
> **마케팅 개념(AMA, 1985)**
>
> "개인 및 조직의 목표를 만족시키는 교환을 실현시키기 위해 재화, 서비스 및 아이디어의 개념구성 및 개발, 가격설정, 촉진 및 유통을 계획·실시·통제하는 과정이다."라고 정의하였다(대상: 제품, 서비스, 아이디어 외의 교환가치가 있는 모든 것).
>
> **마케팅 개념(Kotler & Keller, 2007)**
>
> 표적시장을 선택하고 우월한 고객 가치의 창조, 전달, 알림을 통해 고객을 획득·유지·확대하는 기술과 과학을 말한다(고객 관계나 고객 가치를 강조).

마케팅 활동이란, 사람이나 조직·단체가 의도하는 목표를 달성할 수 있도록 그 사람이나 단체와 대상 사이에서의 '사회적인 과정'을 발생시키고, 유지·확대시킬 수 있는 촉진제 역할을 하는 기능을 의미한다.

마케팅 대상	제품, 서비스, 아이디어 외의 교환가치가 있는 모든 것
마케팅 영역	소비자의 행동, 판매자의 행동, 마케팅기관의 행동 및 이 3가지 행동의 교환관계와 관련된 것

마케팅 활동의 핵심인 '교환'이란, 둘 이상의 당사자들 간에 가치 있는 것을 자발적으로 서로 제공하는 과정이다. 교환의 유형에는 상적 교환(소유권의 이전), 물적 교환(제품이나 서비스의 실제적 이동), 정보적 교환 등이 있다.

마케팅(marketing)이란, 크게 2가지의 의미를 가지고 있다.
① 고객만족을 창출하기 위한 기업 활동인 마케팅 활동 내지 기능의 의미
② 이러한 기업 활동을 연구하는 학문으로서 '마케팅학' 내지 '마케팅과학'의 의미

마케팅(marketing)은 시장(market)에서 시장(market)을 대상으로 이루어지는 기업 활동의 연속적인 진행과정인 것이다.

TIP+

1. **시장이란?**
   상품이나 서비스를 사고 파는 사람들이 모이는 곳으로, 상품이나 서비스를 구매하려는 의도를 가진 사람들(buyer's)과 판매하려는 의도를 가진 사람들(seller's)이 모여서 각자의 목적을 달성하기 위하여 교환(exchange)이라는 수단을 통해 거래가 이루어지는 곳이다.

2. **교환(exchange)이란?**
   - 기업: 서비스, 정보 등을 소비자에게 제공하는 것을 의미한다.
   - 소비자: 시간, 노력, 돈, 정보 등을 기업에게 제공하는 것을 의미한다.

3. **마케팅 활동의 궁극적인 목표**
   소비자위주, 소비자지향의 소비자욕구 만족에 있다(고객만족).

마케팅 환경이 내·외적으로 복잡·다양·동태·혁신적으로 변화하고 있으며, 기업은 자사의 고객을 창조하고 유지하기 위해 끊임없이 노력을 하여야 한다.

이에 많은 기업들이 고객만족, 고객가치창조, 고객감동, 고객제일주의 등을 기업의 사명으로 내세우고 있어서 '고객은 왕이다', '고객은 신이다', '한번 고객은 영원한 고객이다' 등 구호를 보면 알 수 있듯이, 오늘날 기업경영의 기본이념은 '고객 없이는 사업도 없다'는 사고 및 신념을 바탕으로 하고 있다.

2 마케팅 관리

1. 마케팅믹스(Marketing Mix)

마케팅의 4P's인 Product(제품), Price(가격), Place(유통), Promotion(촉진)을 어떻게 적절히 조합(combination)할 것인가를 결정하는 것으로 이는 '통제 가능 변수'이다.

즉, 고객의 필요와 욕구를 만족시키는 제품·서비스·아이디어를 창출하고, 고객이 지불할 가격을 결정하고, 구매자와 판매자 간의 의사소통(communication)의 수단을 설정하고, 소비자가 구매할 경로를 결정하는 것을 의미한다.

✓ 핵심체크

4P's

1. **Product** – 제품 차별화
2. **Price** – 가격 결정
3. **Place** – 유통경로(channel) 결정
4. **Promotion** – 촉진수단 결정

✓ 핵심체크

레빗(Levitt)의 주장 <4P's → 4C's>

4P's라는 개념은 고객보다는 기업의 입장이 더 커서 고객의 입장으로 마케팅을 보아야 한다는 의미로서, "성장산업은 없고, 단지 소비자의 욕구만 있을 뿐이며, 그것이 변한다."라고 주장하였다.

1. **Product → Consumer**
   제품이라기보다는 소비자가 원하는 것이어야 한다.

2. **Price → Cost**
   가격은 고객의 입장에서 비용이다.

3. **Place → Convenience**
   구매장소의 개념이기보다는 구매고객의 편의성을 중시한다.

4. **Promotion → Communication**
   촉진보다는 상호의사소통이 가능하여야 한다.

---

2. 환경변수

일반적으로 기업이 통제·조정할 수 없고 단기적으로 변화가 없는 사회·문화, 정치·경제, 법률, 기술 등으로 이는 '통제 불가능 변수'이다.

02 마케팅 개념의 변화

1 마케팅 개념의 구분

마케팅 개념은 크게 전통적 마케팅 개념(old marketing concept)과 현대적 마케팅 개념(new marketing concept)으로 구분할 수 있다.

<표 1-1> 전통적 마케팅과 현대적 마케팅의 특징 비교

전통적 마케팅	현대적 마케팅
판매(생산·기업)자 중심	구매(소비)자 중심(만족)
기업 이윤극대화 추구	사회복지지향
공장 → 자사제품 → 판매 및 촉진 → 판매증대를 통한 이윤창출	시장 → 고객욕구 → 통합적 마케팅 → 고객만족을 통한 이윤창출
매출중심 전략(생산·판매 개념 지향)	수익중심의 전사적 통합활동(마케팅 개념 지향)
단기적, 거래마케팅	장기적, 관계마케팅

2 마케팅 개념의 변천

마케팅 개념은 시대와 상황에 따라 끊임없이 변화 또는 발전되어 왔으며 그 단계를 구체적으로 살펴보면 다음과 같이 5가지 단계로 구분한다.

1. 생산지향 개념(저가격·저비용)

생산지향적인 개념이란, 수요가 공급을 초과하는 시장으로서 기업이 생산량의 증가에만 관심을 기울이는 것을 말한다. 이때는 생산만 하면 쉽게 판매할 수 있다. 즉, 제품의 원가를 절감하여 대량생산이 가능하도록 하는 생산성 향상 문제와, 대량생산한 제품을 소비자에게 효율적으로 제공하도록 하는 물류시스템 구축에 집중하는 마케팅 원칙이다.

2. 제품지향 개념(품질개선)

제품지향적인 개념이란, 치열한 경쟁상황에 대처하고 우위를 확보하기 위해 경쟁기업과 차별화된 제품, 좋은 제품을 생산하여 소비자를 유인하고자 하는 것을 말한다. 이때 기업의 초점은 생산성보다는 제품 자체의 특성, 디자인, 성능, 품질 등에 있다. 즉, 소비자들이 양질의 좋은 제품을 선호한다는 가정을 전제로, 소비자가 무엇을 원하는가보다는 뛰어난 제품을 만드는 데 집중하는 마케팅 원칙이다.

3. 판매지향 개념(구매유도, 판매조직의 형성)

판매지향적인 개념이란, 제품차별화로 시장에서 우위를 차지할 수 없을 만큼 경쟁이 치열해질 때, 기업은 소비자에게 자사제품의 존재를 알리기 위해 판매 및 촉진활동에 관심을 갖고 집중적으로 다양한 광고매체를 이용하게 되는 것이다. 이때는 공급이 수요를 초과하는 시장이다.

4. 마케팅(고객)지향 개념(세분시장, 목표시장)

마케팅지향적인 개념이란, 고객욕구 및 고객만족에 초점을 두는 것이다. 기업이 임의로 제품이나 서비스를 생산하는 것이 아니라, 목표시장에서 특정고객의 욕구를 파악하여 충족시켜 줄 수 있는 제품을 생산하는 것이다. 이때 이익의 창출은 고객지향적 · 전사적 노력과 고객만족을 통해 얻을 수 있다. 고객의 요구를 집중으로 이해하기 위해 고객의 입장에서 마케팅 활동을 해야 한다는 마케팅 원칙이다.

5. 사회복지지향 개념(사회적 책임, 윤리적 측면 중시)

기업의 이익은 사회와 복지에 상충되는 경우가 있을 수 있다. 그러므로 기업은 마케팅 활동을 수행함에 있어 사회에 미친 부정적 결과에 대해 책임을 져야 한다. 그것이 바로 고객만족, 기업만족, 사회복지를 모두 달성하는 진보된 마케팅 개념이다. 오늘날 기업의 사회적 책임이 강조되는 것과 같다. 즉, 기업이 자원의 보존, 환경의 보존, 생태계보호 등의 그린마케팅에 중점을 둘 때 궁극적으로는 사회 전체의 삶의 질(quality of life)을 향상시키는 데 공헌하는 것이다.

TIP+ 마케팅의 변화

1. **마케팅 1.0** - 제품 중심(제품의 속성 중시)
2. **마케팅 2.0** - 정보기술 발달, 인터넷 빌달
3. **마케팅 3.0** - 가치의 시대(정신적 · 심리적 요인 중시)

✓ 핵심체크

전사적 마케팅(TM; Total Marketing)

기업의 모든 구성원이 고객만족을 목표로 마케팅의 개념을 실천하는 마케팅 원칙으로, 마케팅을 소비자 중심으로 기업의 모든 활동을 전사적으로 통합 · 조정 · 수행하는 것을 말한다.

마케팅 근시안(marketing myopia)

마케팅 근시안이란, 기업이 사업영역을 제품에 대한 물리적인 측면만을 고려한 나머지 소비자의 욕구나 기호, 시장 환경의 변화, 기술진보속도 등에 대한 예측(환경예측, 수요예측)을 제대로 하지 못하거나 적응하지 못하는 것으로서, 소비자가 제품으로부터 바라는 효용이나 서비스의 가치를 등한시하는 것을 말한다.

1. 1960년대

마케팅은 제품이나 서비스를 착안, 판매촉진, 교환, 유통을 통해 경제적인 제품이나 서비스를 요구하는 수요의 구조에 부응하고 이들의 수요를 확대시켜가고 만족시켜가는 사회적인 과정이다.

2. 1985년대

마케팅은 개인과 조직의 목적을 충족시켜주는 교환을 창조하기 위하여 아이디어, 재화, 그리고 서비스의 개발, 가격결정, 판매촉진, 유통을 계획하고 수행하는 과정이다.

3. 2000년대

1985년 + 마케팅믹스[4P's; Product(제품), Price(가격), Place(유통경로), Promotion(촉진)] + 소비자행동 및 욕구 등 + 지속적인 교환관계 + 디지털 경제에서의 지식이나 기술의 과정이다.

3 마케팅 개념의 고도화

1. 사회적 마케팅(Social marketing)

사회적 마케팅은 사회적 책임 마케팅이라고도 하며, 기업이 사회문제와 관련하여 마케팅 활동을 수행하는 것으로 사회의 발달과 더불어 생겨난 환경문제나 실업자문제를 기업의 문제로 인식하고 이를 개선하는 방향으로 기업의 마케팅 활동을 해나가는 것이다.

예 일자리 제공, 기금운용, 금연캠페인, 환경보전 및 보호 등

2. 개별고객 욕구의 충족

(1) 세분화마케팅(Segmentation-ship marketing)

고객의 특성에 따라 시장을 세분화하여 각 시장의 특성에 맞는 마케팅 활동을 전개하는 것이다. 세분화를 다양하게 할수록 비용이 많이 들지만, 세분화를 적게 하면 비용은 절감할 수 있어도 고객만족도가 함께 낮아진다는 점을 고려해야 한다.

(2) 맞춤마케팅(1:1마케팅)

개별 고객의 욕구에 맞는 제품과 서비스를 만들어 판매하는 방식이다.

3. 관계마케팅(Relationship marketing)

관계마케팅이란, 고객과의 구매가 일어나고 그 관계가 끝나버리는 것이 아니라, 구매고객을 영원한 고객으로 유지되게 하는 장기적인 관계를 가지고 관리해나가는 것이다. 고객과의 장기적인 관계의 유지에 있어서는 데이터베이스(DB)의 구축이 필요하다. 이는 고객의 정보를 활용하여 마케팅활동을 하는 것으로 데이터베이스 마케팅이라고도 한다.

거래마케팅과는 상대적인 개념으로 다음 표와 같다.

<표 1-2> 거래마케팅과 관계마케팅의 비교(마케팅초점의 변화)

구분	거래마케팅	관계마케팅
기간	단기간, 전통적 개념	장기간, 현대적 개념
마케팅 기능	마케팅믹스	상호작용 마케팅
고객만족의 평가	시장점유율	고객관리
고객정보시스템	특별 목적이 고객만족조사	실시간 고객과의 피드백 시스템
고객서비스	고객 무시	고객 중시
고객관리	소극적·한정적	적극적·포괄적
초점	교환객체인 상품, 판매 (소비자는 기계적인 구입자)	교환주체인 제품효익, 파트너 (소비자는 사회적 활동의 결과로 인식)

☑ 핵심체크
마케팅 기능

구분	기능	특징
미시적 마케팅	고압적 마케팅	• 기업의 입장에서 소비자가 원하는 제품을 가정하여 생산 가능한 제품을 생산하는 것 [후행(後行)적 마케팅, 선형(liner; 線型)적 마케팅] • 제품생산이 이루어진 후, 특정 제품이 생산된다는 전제하에 수행(가격, 판매촉진, 경로 등)
	저압적 마케팅	• 소비자의 욕구를 파악하여 그에 맞는 제품을 생산·판매하는 것[선행(先行)적 마케팅, 순환(循環)적 마케팅] • 제품생산이 이루어지기 전에 수행(마케팅 조사활동, 마케팅 계획활동 등)
거시적 마케팅	교환기능	가장 본원적인 기능 예 구매, 판매
	물적 유통기능	시간이나 장소의 효용을 창조 예 재고, 보관, 수송, 하역
	조성기능	교환과 물류기능이 합리적이고 원활하게 수행되도록 보조하는 것 예 표준화, 위험부담, 시장정보기능, 금융기능 등

푸시 마케팅(Push marketing)

지금까지의 마케팅은 표준화와 규격화에 의해서 대량으로 생산된 상품을 고압적 마케팅으로 소비자에게 강매하는 것이 그 기본 방식이었다. 이러한 고압적 마케팅을 일명 푸시 마케팅(Push marketing)이라 한다. 즉, 소비자의 욕구는 무시한 채, 기업의 내부적인 관점에서 생산 가능한 제품을 생산하여 소비자가 원하지 않는다 해도 강압적·고압적으로 구매하도록 하는 마케팅 활동을 말한다(일방적·적극적 광고, 인적판매 중심).

풀 마케팅(Pull marketing)

풀 마케팅(pull marketing)은 저압적 마케팅이라고도 한다. 이는 푸시 마케팅과 상반된 개념으로, 순환적 마케팅, 선행적 마케팅 활동으로 소비자 지향적인 마케팅 활동을 중심으로 이루어진다(소비자광고, 판촉 중심).

TIP+ 대중 마케팅과 표적 마케팅의 비교

구분	대중(mass) 마케팅	표적(target) 마케팅
기본 가정	• 소비자의 욕구는 동질적 • 소비자는 싼 물건을 구매함	• 소비자의 욕구는 이질적 • 소비자는 자신과 맞는 물건을 구매함
경쟁우위	저가격	차별화된 상품 및 가격
경쟁수단	대량생산에 의한 원가우위	차별화된 혜택이 있는 포지션
주요 마케팅	유통, 영업, 촉진, 가격	혜택, 편익, 커뮤니케이션, 시장조사, 시장세분화, 표적시장 선정, 포지셔닝
기대결과	이익 극대화와 자금 확보	단골고객 확보와 장기이익 극대화

TIP+

1. **고객관계관리(CRM; Customer Relationship Management)**

   고객의 생애가치를 극대화하기 위해 관계형성 및 신규고객 확보에서 시작하여 고객충성도 제고와 유지, 구매활성화와 고객확장에 있다(마케팅 관점 – 포괄적).

   즉, 데이터베이스 마케팅을 활용하고 기업 전체의 활동이 고객 중심의 기업 관리로서, 개별 고객들에 관한 상세한 정보를 수집·관리하고 고객 충성도를 극대화하기 위한 고객과의 관계를 구축하는 것을 의미하며, e-business시대의 경영전략이다(CRM을 원활하게 수행하기 위해서는 인터넷, 콜센터, 영업사원, ERP시스템을 활용함).

2. **데이터마이닝(data mining)**

   대규모로 저장된 데이터 내에서 체계적이고 자동적으로 통계적 규칙이나 패턴을 찾아 분석해서 다양하게 활용하는 기술을 말한다.

4. 공생마케팅(Symbiotic marketing)

공생마케팅이란, 기업의 마케팅활동에 있어서 서로의 필요에 따라 기업 간의 협력이나 전략적으로 제휴를 하는 것이다. 서로 도움이 될 기업끼리 마케팅자산을 공동으로 활용·공유하여 이윤을 극대화하는 것이다.

즉, 같은 유통경로 수준에 있는 기업들이 자본, 생산, 마케팅 기능 등을 결합하여 각 기업의 경쟁 우위를 공유하려는 추세가 있는데 이를 수평적 마케팅시스템(horizontal marketing system)이라고 하며, 수평적 마케팅시스템에 의한 마케팅을 공생마케팅(symbiotic marketing)이라고 한다. 즉, 기업은 자사의 장점과 타사의 장점을 결합하여 시너지 효과를 얻음으로써 불필요한 경쟁과 비효율적인 자원의 사용을 피하려는 것이다.

5. 서비스마케팅(Service marketing)

현대 사회는 제품보다는 서비스가 더 높은 비율을 차지하고 있다. 이렇듯 서비스경제가 출현함에 따라 서비스기업들도 마케팅관리의 인식과 중요성이 증가하고 있다.

⊘ 핵심체크

서비스마케팅의 특징

무형성, 소멸성, 이질성, 동시성, 적시성, 비구조성, 비표준성 등

서비스제품

서비스(service)란, 한 당사자가 다른 당사자에게 제공할 수 있는 행위 또는 수행과정으로서 무형재이고, 소유권의 이전이 발생하지 않는다. 그리고 100% 순수한 서비스제품이란 존재하지 않으며, 보통 유형재와 결합해서 나타난다.

서비스의 특징

무형성, 생산과 소비의 동시성(비분리성), 이질성, 소멸성(적시성; 비저장성), 비표준화, 비구조화, 비프로그램화 등의 특징을 갖고 있다.

서비스 질(quality of service) 측정(평가) 5요소

SERVQUAL의 PZB모형: 5차원(Parasuraman, Zeithaml & Berry(1988)

유형성(tangibles)	물리적 시설, 장비, 인원, 의사소통들의 외관 또는 모양이나 장치 등의 물적인 요소들의 외형이나 도구를 의미함
신뢰성(reliability)	믿음과 정확한 임무수행을 고려·행함으로서 고객이 받는 서비스에 대해 신뢰감을 가질 수 있게 하는 것을 의미함(약속시간 서비스 준수, 직원의 성심성의, 실수가 없는 완벽함 등)
대응성(responsiveness; 응답성; 반응성)	고객의 필요나 요구·불평 등이 있을 때 즉각·신속하게 도움·해결을 해줄 때 서비스의 품질을 높게 인식하는 것을 의미함(서비스 제공시간의 약속과 자세, 고객에 요청에 응하는 태도 등)
확신성(assurance)	공손함, 거래의 안전성으로 서비스 제공자들의 친절하고 예의바르게 응대하는 능력을 의미함(문의에 대답 가능한 직원)
공감성(empathy)	접근용이성, 의사소통, 고객에 대한 이해·관심·친절을 의미함(고객에 대한 관심, 시간대 조절, 이해 등)

6. 인터넷마케팅(Internet marketing)

인터넷이라는 매체를 활용한 사이버공간(cyber space)에서 이루어지는 마케팅 활동을 의미한다. 이제는 인터넷 기반의 마케팅 전략수립과 전개는 필수조건이 되었다.

인터넷마케팅의 장점은 비용절감, 시간절약, 새로운 시장의 기회, 소비자 참여를 높일 수 있다는 것, 수확체증의 법칙이 지배한다는 것 등이다(첨단기술 업종 적용).

인터넷마케팅의 기업입장과 소비자입장에서의 특징은 다음 표와 같다.

<표 1-3> 인터넷마케팅의 특징

기업 입장	소비자 입장
• 사업의 규모와 무관하게 활용	• 언제, 어디서나 편리하게 제품주문
• 제한 없이 광고매체 공간으로 활용	• 제품정보를 쉽게 탐색
• 고객의 욕구와 정보를 신속·정확히 파악	• 자신이 원하는 제품을 자유롭게 선택

7. 내부마케팅(Internal marketing)

내부마케팅이란, 조직 내 모든 구성원들이 스스로에게 적합한 마케팅마인드를 갖도록 하는 것을 말한다. 특히 마케팅과 관련된 구성원들 간의 갈등을 조정할 수 있도록 고객중심마인드를 갖는 것이 중요하다. 즉, 고객에게 양질의 제품이나 서비스를 제공한다는 고객우선의 인식이 있도록 하는 것이다.

마케팅의 주요 유형

1. 메가 마케팅(Mega Marketing)

마케팅 담당자는 통제 불가능하다고 생각되는 환경요소들도 경우에 따라서 자사에 유리하도록 영향을 미칠 수가 있다. 예를 들면, 기존의 4P's요소에 정치(politics)와 여론(public opinion)이라는 2P's의 환경요소를 자사에 유리하도록 변화시키는 것을 말한다. 즉, 이와 같이 마케팅 담당자들이 마케팅믹스 변수들을 적극적으로 활용하는 것을 메가 마케팅이라고 한다.

2. 코즈 마케팅(Cause Marketing)

기업이 이익추구를 위해 사회적인 이슈(issue)를 활용하는 마케팅 기법이다. 유사한 광고로는 성과를 얻기 어렵기 때문에 소비자의 호감을 얻기 위해 환경문제, 질병퇴치, 사회문제, 기부금납부 등을 통해 기업의 선(善)한 노력을 상기시켜서 호의적인 반응을 유도하는 것이다.

3. 커뮤니티 마케팅(Community Marketing)

동호회 마케팅이라고도 하며, 공통의 관심사로 형성된 동호회를 표적으로 행하는 마케팅 기법이다.

4. 바이럴 마케팅(Viral Marketing)

바이러스(Virus) 마케팅이라고도 하며, 온라인상에서 블로그, 카페, 게시판 등을 이용하여 바이러스처럼 급속히 퍼져나간다는 것이다. 기업을 홍보하여 기업의 신뢰도 및 인지도를 상승시키고 구매 욕구를 자극시켜서 고객을 유치하려는 마케팅 기법이다.

5. 버즈 마케팅(Buzz Marketing)

특정 제품·서비스를 사용자들의 입소문을 통해 홍보하는 마케팅 기법으로, 기업에 의해서 일방적으로 전달되는 광고나 홍보 등과 달리 고객 상호 간에 양방향으로 전파되는 특징을 가지고 있으며, 소비자로 하여금 긍정적인 입소문을 발생시켜 효과를 극대화할 수 있다.

6. 프로슈머 마케팅[Prosumer(= Producer + Consumer) Marketing]

프로슈머란, 앨빈 토플러 등의 미래학자들이 예견한 상품 개발 주체에 관한 개념으로, 기업의 생산자(producer)와 소비자(consumer)를 합성한 말이다. 기업들이 신제품을 개발할 때 일반적으로 기획·생산하여 소비자 욕구를 파악하는 단계에서 고객의 만족을 강조하고 있다. 프로슈머 마케팅 개념은 이 단계를 뛰어넘어 소비자가 직접 상품의 개발을 요구하며 아이디어를 제안하고 기업이 이를 수용해 신제품을 개발하는 것으로 고객 만족을 최대화시키는 전략이다. 국내에서도 컴퓨터, 가구, 의류회사 등에서 공모작품을 적극적으로 수용하고 있다.

7. 플래그십 마케팅(Flagship Marketing)

플래그십 마케팅이란 시장에서 성공을 거둔 특정 상품 브랜드를 중심으로 마케팅 활동을 집중하는 것이다. 이를 통해 다른 관련 상품에도 대표브랜드의 긍정적 이미지를 전파, 매출을 극대화하는 전략이다. 토털 브랜드 전략과는 상반된 개념이다. 토털 브랜드는 강력한 기업 인지도를 바탕으로 통합된 이미지를 앞세워 제품 매출을 확대하는 것인 반면, 플래그십 마케팅은 주로 초일류 이미지를 가진 회사와 정면 대결을 피하기 위해 구사하는 전략이다.

8. 임페리얼 마케팅(Imperial Marketing)

가격 파괴와 정반대의 개념으로 높은 가격과 좋은 품질로써 소비자를 공략하는 판매 기법이다. 이 전략은 최근 주류업계에서 고급소주 개발 등에 활용되었으며 다른 업종으로 빠르게 확산되고 있다.

9. 구전 마케팅(Word of Mouth Marketing)

구전 마케팅은 소비자 또는 그 관련인의 입에서 입으로 전달되는 제품, 서비스, 기업 이미지 등에 대한 말에 의한 마케팅을 말한다. 사람들이 알게 모르게 이야기하는 입을 광고의 매체로 삼는 것이다. 구전 마케팅의 기본 원칙은 전체 10%에 달하는 특정인의 공략이며, 90%의 다수소비자는 10%의 특정인에 의해 영향을 받게 되므로 기업들은 10%의 특정인의 전달자를 공략한다. 특정인에게 무료 샘플을 보내거나 기업들이 무료 체험, 시공, 시음과 같이 소비자로 하여금 상품을 실제 써보고 품질, 성능을 파악해보게 하는 체험형 판촉도 구전 마케팅 효과를 노린 것이다.

10. 네트워크 마케팅(Networking Marketing)

네트워크 마케팅이란, 기존의 중간 유통단계를 배제하여 유통 마진을 줄이고 관리비, 광고비, 샘플비 등 제 비용을 없애 회사는 싼 값으로 소비자에게 직접 제품을 공급하고 회사 수익의 일부분을 소비자에게 환원하는 시스템이다. 네트워크 마케팅은 프로세일즈맨이 아니라 보통사람이 하는 사업으로 대부분의 판매는 끊임없이 소비자를 찾아 판매를 하여야 하고 매월 새로 실적을 쌓아야 한다. 피라미드와 근본적으로 다른 점은 회원을 아무리 많이 가입시켜도 소용없고 그 회원들이 그 제품을 애용해야 한다는 것이다.

11. 프리 마케팅(Free Marketing)

서비스와 제품을 공짜로 제공하는 마케팅 방법을 말한다. 이전에는 유료 정보를 공짜로 열람하는 대신 화면에 광고를 노출시키거나 인터넷 무료 접속 서비스를 사용하는 대신 개인의 신상정보를 공개하는 등 소극적 프리 마케팅이 주를 이루어왔으나, 최근에는 특정 통신 서비스를 몇 년간 사용하겠다고 약속하면 PC를 무료로 제공하는 형태로도 발전하였다. 국내 이동 통신업체가 특정 시간대에 무료 통화를 제공하는 것도 프리 마케팅의 일종이다.

12. 디지털 마케팅(Digital Marketing)

기존 마케팅 활동에서 장해 요인으로 작용했던 시간·공간의 장벽이 허물어지고 기업과 고객이 상호 연결되어 가치를 만들어 가는 통합형 네트워크 마케팅을 말한다. 구체적으로 디지털 쿠폰, 팩스, 셀룰러폰, 인터넷, e-메일 등 디지털 기술을 응용한 제품이 이용되는 모든 상업적 활동이 이에 속한다. 반면 인터넷 마케팅은 인터넷을 기반으로 하는 상업적 활동을 가리키는 것으로 디지털 마케팅보다 협의의 의미로 사용된다.

13. 릴레이션십 마케팅(Relationship Marketing)

고객의 기호가 다양해지고 신상품의 개발은 경쟁 기업의 즉각적인 유사 상품 개발로 이어져 이익이 오래 가지 못하며, 광고를 통한 판촉활동 또한 막대한 비용이 이익과 직결되지 않기 때문에 전통적인 마케팅 수단인 4P(제품, 판촉, 가격, 유통)만으로는 충분한 힘을 발휘하기가 어렵게 되었다. 이러한 전통적인 마케팅 수단의 한계를 극복하고 변화하는 시장 환경의 위협을 판매신장, 이익증진의 기회로 바꾸고자 하는 것이 릴레이션십 마케팅이다. 릴레이션십 마케팅은 사회 전체의 효익과 복지를 증진시킨다는 기본 테두리 안에서 자사의 판매 신장과 이익 증진에 도움이 된다면 무엇이든 협조자로 만든다는 것이 기본 입장이다.

14. 귀족 마케팅(Noblesse Marketing)

VIP 고객을 대상으로 차별화된 서비스를 제공하는 것을 말한다. e-귀족 마케팅이라고도 한다. 온라인 상에서의 귀족 마케팅은 철저한 신분 확인을 통해 선발한 특정 계층의 회원을 대상으로 고급 와인, 패션, 자동차 등 상류계층을 위한 정보와 귀족 커뮤니티, 사이버 별장 등의 인터넷 멤버십 서비스와 오프라인의 사교 공간 등을 제공한다. 귀족 마케팅은 의류업체들이 같은 상표라도 블랙라벨이라고 하여 디자인과 소재를 고급화하여 고가에 판매했던 것에서 비롯되었다. 일부에서는 신분 상승의 욕구를 자극하고 계층 간의 차별화를 조장하고 있다고 비판하기도 하지만 그럼에도 불구하고 젊은 층을 대상으로 한 명품 전문 쇼핑몰이 성황리에 운영되고 있다.

15. 기상 마케팅

기상 변화에 대한 정보를 활용해 사업계획을 조정하는 마케팅 전략을 말한다. 기상 마케팅은 정보 기술을 활용한 서비스 마케팅으로 미리 예측된 기상변화 정보를 제공받아 이를 사업계획에 반영하는 것이다. 기상 정보 서비스 업체들은 국가 기상청으로부터 위성사진, 기상 데이터 등 자료를 건네받고 가공·분석한 뒤 필요로 하는 업체들에 제공한다. 각 업체들은 기상 정보를 이용해 손실에 미리 대비하거나 재고량·판매량 조절 등 여러 가지 경영 계획을 결정한다. 기상 정보 서비스 업체들이 속속 등장하여 다양한 기상 정보를 제공하고 있다.

16. 누드 마케팅(Nude Marketing)

제품의 속을 볼 수 있도록 투명하게 디자인함으로써 소비자들의 신뢰와 호기심을 높이는 판매전략을 말한다. 누드 제품은 포화 상태인 가전제품 시장에서 기존의 틀을 깨는 파격적인 디자인으로 제품에 대한 소비자들의 구매 욕구를 높이고 있다. 국내뿐만 아니라 일본 등 외국에서도 누드 마케팅이 확산되고 있는데, 청소년층을 대상으로 한 휴대용 전화기, 컴퓨터 제품 등에서 그 예를 찾아볼 수 있다.

17. 다이렉트 마케팅

직접 마케팅이라고도 하며, 전화나 팩스, 우편물 등을 통해 고객에게 직접 제품구입을 권유하거나 각종 불만처리를 하는 것이다.

18. 터보(turbo) 마케팅

제품개발, 유통, 생산, 금융, 마케팅 등의 각종 활동과 흐름을 컴퓨터 의사소통(communication)과 자동화(automation)에 의해 적시관리시스템으로 전개하여 필요한 시간(time base)을 크게 단축하는 마케팅을 말한다.

19. 퍼미션(permission) 마케팅

고객에게 동의를 받은 마케팅 행위로서, 보다 확실한 고객관계마케팅이다. 고객에게 맞춤정보를 제공함으로써 높은 신뢰도를 형성한다.

20. opt-in 마케팅, opt-out 마케팅

opt-in 마케팅은 수신동의를 받고 보내는 메일, opt-out 마케팅은 수신동의를 받지 않고 보내는 메일이다.

03 마케팅 전략

기업은 수익성 있는 사업에는 많은 자본을 투입하고, 반대의 경우에는 투자를 줄이거나 철수함으로써 포트폴리오를 강화할 수 있다. 이때 마케팅 관리자가 제일 먼저 해야 할 일은 기업을 구성하고 있는 주요 사업인 전략사업단위를 분석·선별하는 것이다.

전략사업단위란, 개별적인 사명과 목표를 가진 기업의 구성단위로서 기업의 다른 사업단위와는 달리 독립적으로 계획되는 사업단위를 말한다.

✅핵심체크

전략적 사업단위(SBU; strategic business unit)

사업부(제품별·지역별·고객별)라고도 하며, 사업부전략의 수립과 실행의 기본단위이다. 특정사업에 대한 전략적 의사결정이 일관성 있게 수립·실행되는 사업단위로서, 독자적·분권적으로 명확한 전략을 가지고 있으며 해당 사업단위의 성과에 책임 및 통제를 하는 경영자가 있는 하나의 조직단위를 말한다.

제품포트폴리오관리(PPM; Product Portfolio Management)

전략적인 강점과 약점을 분석하기 위한 요인으로 성장률과 점유율이라는 변수(요소)를 이용하여 분석·분류하여 적절한 자원배분을 위한 대응전략을 수립하기 위해 개발되었다.

기업의 자원과 능력에는 한계가 있다. 따라서 기업이 보유하고 있는 여러 개의 전략사업단위(SBU; strategic business unit)에 대해 가장 적절한 포트폴리오를 구성하고, 적절한 자원배분을 위해 사업포트폴리오(portfolio analysis)를 평가한다.

그 중 가장 잘 알려진 사업포트폴리오분석방법으로 미국의 경영자문회사인 보스턴 컨설팅그룹 (BCG; Boston Consulting Group; 1960)에 의해 개발된 BCG매트릭스(Matrix)모형을 들 수 있다.

1 BCG 매트릭스(성장 – 점유분석; growth-share analysis)

BCG 매트릭스(Matrix)는 모든 전략사업단위를 시장성장률(Market Growth Rate; 연간성장률)과 상대적 시장점유율(relative market share rate)의 2가지 변수에 따라 현금흐름을 중심으로 사업부들을 평가하고 전략을 제시하는 방법이다.

[그림 1 – 1] BCG 매트릭스

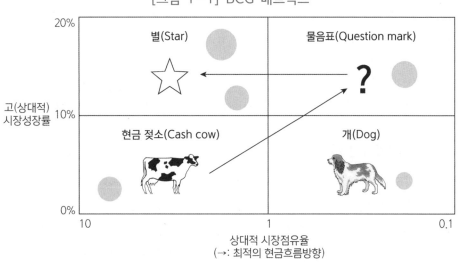

출처: B. Helys, "Strategy and the Business Portfolio," Long Range Planning, February 1977, p.12.

1. 물음표(?)사업부(개발사업부; 문제아사업부)

물음표사업부란, 문제아(problem child)라고도 하며, 시장성장률은 높으나 상대적 시장점유율이 낮은 사업단위로서, 여기에 속하는 제품들은 제품수명주기(PLC; product life cycle)상에서 도입기에 속한다. 처음으로 시작되는 사업부이기 때문에 기존의 기업이나 여러 경쟁사에 대항하기 위해서는 많은 자금이 필요하다.

이미 시장선도자가 있고 고성장시장에 진출하려한다는 관점에서 대개의 사업단위들은 물음표에서 출발한다. 마케팅 관리자는 '물음표(?)'사업단위를 '별(star)'로 키울 것인가 아니면 철수해야 할 것인가를 신중히 결정해야 한다. 이때는 유망한 소수의 사업부에 집중적으로 투자하는 것이 바람직하다. 마케팅전략은 확대(build)전략이 적합하다.

2. 별(star)사업부(성장사업부)

별사업부란, 시장성장률도 높고 상대적 시장점유율도 높은 사업단위로서, 여기에 속하는 제품들은 제품수명주기상에서 성장기에 속한다. 여러 경쟁업체들로부터 경쟁우위를 확보하거나 사업부의 급성장을 위한 시설확증 등에 자금이 필요하기 때문(선도 기업)에 많은 투자가 있어야 한다. 언젠가는 시장성장률이 낮아져서 현금젖소가 된다(별사업부에서 수익이 창출된다는 보장은 없음). 물음표 사업이 성공하면 별(star)사업이 된다. 또한 별(star)사업이 이익이 되면 미래의 젖소가 된다. 마케팅전략은 유지(hold)전략과 확대(build)전략이 적합하다.

3. 현금젖소(cash cow)사업부(수익주종사업부)

현금젖소사업부란, 시장성장률은 낮지만 상대적 시장점유율은 높은 사업단위로서 여기에 속하는 제품들은 제품수명주기상에서 성숙기에 속한다. 현금젖소에 포함된 제품들은 시장선도자로서 기반을 갖춘 것(경쟁상황을 견디어 낸 선도 기업)으로 규모의 경제와 높은 수익을 창출(특별한 대규모 시설투자가 불필요)하며, 이 이익들은 투자가 필요한 물음표(?)사업부에 지원하거나 다른 사업단위의 부채상환을 지원하는 데 활용된다.

시장성장율이 10% 미만으로 하락할 경우, 별은 그 사업 단위가 최대의 상대적 시장점유율을 유지하는 한 현금젖소가 된다. 마케팅전략은 유지(hold)전략과 수확(harvest)전략이 적합하다.

4. 개(dog)사업부(사양사업부)

개사업부란, 시장성장률도 낮으면서 상대적 시장점유율도 낮은 전략사업단위로서 여기에 속하는 제품들은 제품수명주기상에서 쇠퇴기에 속한다. 즉, 많은 자금소요를 필요로 하지도 않고, 사업활동에서 얻는 이익도 거의 없는 사업이므로, 마케팅관리자는 이 사업을 계속 유지할 것인가 아니면 철수 또는 폐기할 것인가를 결정해야 한다. 마케팅전략은 철수(divest)전략이 적합하다.

✅ 핵심체크

1. BCG의 특징

① 가장 이상적인 현금 흐름 방향: cash cow → ? → star

② 가장 이상적인 사업부의 이동 방향: ? → star → cash cow → dog

2. 원 = 사업단위

3. 원의 크기 = 해당 사업단위의 매출액

4. 원의 위치 = 두 변수 간의 값

✅ 핵심체크

전략 유형

1. 확대(build)전략

해당 사업부의 시장점유율 확대를 목표로 설정한다.

2. 유지(hold)전략

시장점유율을 보호·유지하기 위해 계속적으로 긍정적인 현금흐름을 창출하는 전략을 실시한다.

3. 수확(harvest)전략

장기적보다는 현재 해당사업부의 단기적인 현금흐름을 증가시키는 전략을 실시한다.

4. 철수(divest)전략

현금흐름을 방해하거나 경쟁력이 없거나 이윤창출이 없기 때문에 시장에서 철수한다.

2 GE/Mckinsey 매트릭스(시장매력도 – 기업강점 분석)

GE(General Electric)사와 Mckinsey사에 의해 개발된 모형(BCG Matrix를 보완)으로 크게 2가지 변수인 시장 매력도(Market Atractiveness Index)와 기업 강점(Business Strength Index)을 이용하여 크게 3가지 범주로 구분한 후, 구체적으로 총 9가지의 사업부전략(SBU)을 평가한 것이다. GE 매트릭스(Matrix)는 시장 매력도 및 기업 강점에 관련된 하부요인에 가중치를 주는 모형으로 투자수익률(ROI; Return of Investment)에 중심으로 평가하는 모형이다.

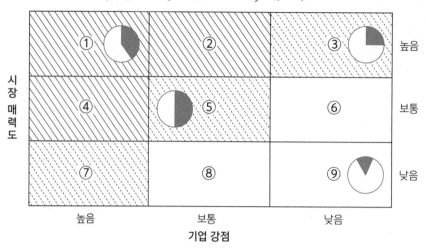

[그림 1-2] GE/Mckinsey 매트릭스

1. 시장 매력도(Market Attractiveness)

   시장의 규모, 연간성장률, 과거수익률, 경쟁정도, 기술수준, 에너지소요량 등

2. 기업 강점(Business Unit Strength)

   시장점유율, 제품품질, 생산능력, 생산원가, 연구개발능력 등

※ 각 사업단위는 가중평균점수를 기준으로 9개로 구분할 수 있다. 시장 매력도나 기업 강점의 가중치 합계는 1.0이다.

1. 청신호 사업부(Green Unit)

① 최대한 성장투자와 경쟁력 유지, ② 취약점을 보완한 성장투자, ④ 선택적 성장투자, 유망시장에 집중투자·육성해야 할 사업단위(grow)이다. 즉, 여기에 속하는 사업단위는 시장 매력도와 경쟁력을 갖춘 것으로 볼 수 있다.

2. 황신호 사업부(Yellow Unit)

③ 선택적 성장투자(약점 보완과 강점 활용), ⑤ 선택적 수익관리(유지), ⑦ 단기수익위주의 유지 또는 방어를 결정해야 하는 사업단위(hold)이다.

3. 적신호 사업부(Red Unit)

⑥ 제한적 확장, ⑧ 투자를 최소화하는 수익성 경영, ⑨ 점차적으로 매각, 철수 또는 전환이 필요한 사업단위(harvest)이다.

3 기업성장전략(제품 – 시장 매트릭스)

마케팅 관리자는 기업전략을 개발시킴으로써 기업의 장기적 생존에 대한 계획을 수립하게 된다. 미래의 핵심 사업을 발견하고 이 사업을 충족시킬 제품을 개발하여 끊임없이 성장기회를 추구해야 한다. 즉, 성장전략을 수립해야 한다.

성장전략이란, 제품시장의 영역을 확장해 나가는 전략을 의미하며, 기업의 성장전략에는 제품과 시장에 따라 시장침투전략, 시장개발전략, 제품개발전략, 다각화전략 등 4가지의 영역으로 구분한다. 앤소프(Ansoff)의 제품 – 시장 매트릭스(2×2)는 다음 표와 같다.

<표 1 – 4> 제품 – 시장 매트릭스

시장＼제품	기존제품	신제품
기존시장	시장침투전략 (안정적, 저가격, 단기적)	제품개발전략 (제품개선, 기능추가)
신시장	시장개발전략 (잠재고객발견, 신유통경로 개척)	다각화전략

1. 시장침투전략(market penetration strategy)

기업의 성장을 유지하기 위해 가장 먼저 고려되어야 할 사안은 어떠한 형태로든 제품을 변경시키지 않고 현재의 시장과 기존고객에게 더 많이 판매를 유도하도록 하는 전략(변화를 최소화)을 말한다. 이 전략은 기존제품시장에서의 성장을 유지하거나 기존고객들의 제품사용률을 증가시키는 것이다.

예 제품가격 인하, 광고 증대, 유통망(점포수의 확대, 좋은 진열위치의 확보) 확대 등

2. 시장개발전략(market development strategy)

성장을 추구하기 위한 두 번째 방법으로, 새로운 시장에 기존제품을 도입시킴으로써 매출액을 증대시키기 위한 전략을 말한다. 이 전략은 제품의 변경없이 시장을 확장함으로써 제품시장의 영역을 확장하는 전략이다. 이 전략은 잠재소비자를 발견하거나 새로운 유통경로를 개척하는 방법 등이 있다.

예 지리적 시장 확장과 새로운 세분시장으로의 확장(인구통계학적 신시장) 등

3. 제품개발전략(product development strategy)

기존의 시장에서 새로운 특성이 부가된 신제품을 개발하거나 수정 또는 개선된 제품을 공급함으로써 성장기회를 확대하는 전략이다.

예 제품에 새로운 특징을 추가하거나 개선, 제품계열의 확장, 차세대제품의 개발 등

4. 다각화전략(diversification strategy)

다각화는 기업이 현재의 시장과는 다른 시장에 진입하는 것을 말한다. 제품개발(확장)이나 시장개발도 새로운 제품시장을 포함한다는 점에서 다각화의 의미를 가지고 있으나, 다각화는 제품과 시장을 동시에 확장하여 진출한다는 점에서 차이가 있다.

예 신제품을 신시장에 진출전략

4 통합 성장전략

기업은 통합적·종합적인 성장전략방법을 통하여 매출액과 이익을 증대시킬 수 있다.
통합 성장전략 방법은 수직적 통합(vertical integration; 전방통합, 후방통합)과 수평적 통합(horizontal integration)으로 구분할 수 있다.
수직적 통합의 이익은 공동생산, 공동구매, 공동통제 등 여러 영역에서 경제성 혹은 원가절감의 형태로 나타난다.

1. 수직적 통합

(1) 전방통합(forward integration)

제조업자가 자기회사보다 뒤의 기업인 유통업자와 통합하는 경우이다. 즉, 가치사슬상의 하위활동의 사업 분야로 진출하는 것이다.

(2) 후방통합(backward integration)

제조업자가 자기회사보다 앞의 기업인 원재료공급자와 통합하는 경우이다. 즉, 가치사슬상의 상위활동의 사업 분야로 진출하는 것이다.

2. 수평적 통합

제조업자가 자기회사와 동일한 수준(단계)의 경쟁관계에 있는 제조업자와 통합하는 경우이다.
예 소매업자와 소매업자, 도매업자와 도매업자 등

04 수요예측

오늘날 시장환경이 급변(急變)함에 따라 제품에 대한 수요예측 및 분석이 기업들에게 있어 필요불가결한 일(work)이 되었다.

마케팅 계획은 기업이 제공하는 상품과 서비스에 대한 미래의 수요 예측치를 토대로 수립되며, 마케팅 관리자의 예측이 실질적이고 타당성이 있을 경우 마케팅 계획은 성공할 가능성이 높아진다.

예측(Forecasting)이란, 미래에 기대할 수 있는 것을 결정하는 것이다. 마케팅 관리자는 크게 두 가지의 예측범주에 의존하고 있다.

① 마케팅 관리자는 시장잠재량, 즉 선택한 목표시장에서 기대할 수 있는 전체 수요량에 관심을 두고 있다.

② 예측된 시장잠재량 가운데 자사의 시장점유율에 대한 추정치, 즉 판매예상량을 예측하게 된다.

과대예측	재고를 초래하여 재고비용을 발생
과소예측	상품의 부족현상이 발생함으로써 기업은 판매기회를 상실

1 수요예측 개념

수요예측(demand Forecasting)을 정확하게 하기 위한 필요조건은 수요가 안정적이어야 한다는 것이다. 즉, 제품의 시장수요에 추세나 증감이 적어야 하고 경쟁제품의 자사제품에 대한 영향이 없어야 하며 시장환경 변화가 없어야 한다.

그러나 수요가 안정적인 시장은 현실에서는 존재하지 않을 뿐만 아니라 수요예측은 효율적인 마케팅 전략을 수립하는 전제조건이 된다는 점에서 그 중요성을 찾을 수 있다.

일반적으로 그 누구도 미래를 완벽하게 예측할 수 없다. 그러므로 미래수요의 예측은 정확할 수가 없다.

따라서 전체 시장의 현재수요를 파악하기 위한 가장 효율적인 방법은 마케팅조사 전문서비스 기업이나 동종 산업계나 협회에서 발행한 자료를 활용할 수도 있다.

2 수요예측 방법

정성적 방법	주관적 판단·의견에 근거(비계량적·질적)
정량적 방법	객관(역사)적 자료를 근거, 통계적 분석(계량적·양적)

1. 정성적(qualitative) 수요예측기법(비계량적; 질적)

정성적 수요예측기법이란, 여러 사람들의 의견에 입각한 것으로 개인의 주관이나 판단에 근거하며, 주로 자료가 거의 없거나 소수일 때 사용되며 중·장기 수요예측에 적합한 방법이다.

(1) 최고경영층 의견종합법

예측을 가장 쉽게 하는 방법은 전문가들에게 수요예측을 의뢰하는 방법이다. 그 한 가지 방법은 자사의 최고경영층들의 의견을 종합하는 것으로서, 이러한 최고경영층의 의견종합법(jury of executive opinion)은 재무, 마케팅, 생산부문을 포함하여 여러 상이한 분야에서 종사하는 사람들로부터 나온 통찰력을 합성하는 것이다. 이 경우 마케팅 관리자는 최고경영층의 다양한 예측치를 평균하여 하나의 예측치를 얻게 된다.

(2) 판매원 의견통합법

판매원들은 고객과 가장 밀착된 조직의 구성원이므로 이들의 의견을 합성함으로써 예측이 가능해진다. 자사에 소속된 판매원들로 하여금 각 담당지역의 판매예측을 산출하게 한 다음 이를 모두 합하여 회사 전체의 판매예측 금액을 산출하는 방법으로서, 다품종 소량생산을 하는 기업보다 소수의 대규모 구매자를 대상으로 하는 제품에 적당하다. 이 예측법을 통해 나타날 수 있는 문제점은 판매원들이 실제보다 과대 또는 과소예측하려는 경향이 있다는 점이고 반면에 현실감 있는 자료를 얻을 수 있고 신속하다는 장점이 있다. 단, 이 방법은 판매원들의 편견이 개입되지 않아야 한다는 전제하에 가능하다.

(3) 구매자 의도조사법

구매자에게 구매의도를 직접적으로 질문하여 측정하는 방법으로, 산업재, 내구소비재, 신제품 등의 경우에 활용되나 실제 판매량보다 과대예측되는 단점이 있다. 표적시장의 표본 소비자들을 대상으로 구매의도를 조사함으로써 예측치를 조사하는 것이다. 이 방법은 응답자들의 응답과 실제 구매유형이 일치한다는 것을 가정하고 있으나, 실제는 차이가 나는 경우가 많다.

(4) 전문가 의견통합법(Delphi법)

전문가들의 판매에 대한 의견을 우편을 통해 물어 통합하는 방법으로, 여기서 전문가란, 중간상, 유통업자, 공급업자, 마케팅 상담역, 업계협회 등이 포함된다. 방법상으로 집단토의법, 개별측정 통합법, 델파이방법 등이 활용된다. 마케팅 관리자는 전문가들로부터 업계의 성장을 예측하게 할 수도 있고, 동종업계의 협회나 경제관련 간행물로부터도 이러한 정보를 얻을 수 있다.

(5) 시장실험법

신제품의 경우에는 시장실험법을 사용한다. 몇 개의 실험시장에 제품을 제시하고, 수요를 예측하는 것인데, 이것은 비용이 많이 들고 신제품 또는 새로운 유통경로에 대한 예측에 사용되며 예측기간이 길다는 단점이 있으나, 실제 고객의 행동을 측정하여 미래수요를 예측할 수있다는 장점도 있다.

2. 정량적 수요예측기법(계량적; 양적)

(1) 이동평균법

제품의 판매량을 기준으로 일정 기간별로 산출한 평균 추세를 통해 미래수요를 예측하는 방법으로, 과거 판매량자료 중 특정기간의 자료만 사용하며, 이때 이동 평균의 계산에 활용된 과거자료는 동일한 가중치를 부여한다.

(2) 지수예측(평활)법

시계열분석의 한 형태가 추세분석(trend analysis)이다. 그러나 대부분의 경우 추세의 패턴이 일정하거나 정확하지 않으므로, 추세분석의 한계점을 극복하기 위해 지수예측법(exponential smoothing)이 등장하였다. 지수예측법은 매 연도의 자료에 가중치를 부과하는 데 있어서 최근의 자료에 보다 높은 가중치를 적용하는 시계열분석의 한 형태이다. 주어진 제품의 모든 판매량 자료를 이용하며, 기간에 따라 가중치를 두어 평균을 계산하고 이의 추세를 통해 미래수요를 예측하는 방법이다.

(3) 시계열분석(time-series analysis)

시계열분석은 미래의 결과를 예측하기 위해 과거자료를 사용하는 기법이다. 즉, 수요란 시간이 경과함에 따라 어떤 유형을 지닌다는 것을 가정하고 있다. 과거의 추세가 미래에도 계속된다면 그것은 믿을 수 있는 예측치가 되는 것이다.

추세변동	경제에 의한 장기적인 변동
순환변동	주기적인 변동(인플레이션 등)
계절적 변동	주기적인 변동
불규칙변동	시간에 관계없이 변동(원인이나 구조 파악이 어려움)

(4) 계량경제 모형

예측하고자 하는 시장수요와 이에 영향을 미칠 것으로 판단되는 경제변수들 간의 상호 관계를 수식화하여 회귀(regression)하는 방법이다.

(5) 성장곡선 모형

시간에 대한 신제품의 누적 수요량의 궤적이 성장곡선과 유사한 완만한 S자형 곡선을 보인다는 경험적 사실에 근거하고 있다.

<표 1-5> 예측기법의 유형과 장·단점

구분	기법	장점	단점
정성적 예측기법	최고경영층 의견종합법	• 신속하고 간단함 • 상이한 부서의 경영자들의 의견 반영 가능 • 신제품·혁신제품에 유용	• 자료를 제품, 지역 등으로 나누어야 함 • 최고경영자들의 시간이 소비됨 • 전문지식을 가진 사람들의 가중을 부여할 수 없음
	판매원 의견통합법	• 수치를 제공함으로써 판매원의 동기부여를 함 • 판매원들이 고객, 제품, 경쟁자를 인식함	판매원들이 개인적 이해관계를 가지고 있으므로 편견된 예측을 할 수 있음
	구매자 의도조사법	• 구매자들에게 직접 획득한 예측치를 근거로 함 • 세밀한 정보를 제공함 • 신제품에 사용 • 충성도가 높은 잠재고객이 있을 경우	• 구매의도와 실제구매의 차이가 발생 • 비용과 시간이 많이 소모됨 • 실제 판매치보다 과대예측
	델파이법 (Delphi)	• 예측자들이 집단의 압력에 영향을 받지 않음 • 장기예측에 적합 • 과거자료가 없을 때 유용	비용과 시간이 많이 소모됨
	시장실험법	• 구매의도보다는 실제구매에 근거를 두기 때문에 현실적 정보 제공 • 마케팅 계획의 효과 평가 가능 • 신제품·혁신제품에 유용	• 비용과 시간이 많이 소모됨 • 자사의 계획이 경쟁자에게 주의를 환기시킬 수 있음
정량적 예측기법	추세분석법	• 수요와 환경요인이 안정적일 때 유용함 • 신속하고 저렴한 비용	• 미래가 과거의 연속선에 있다고 가정 • 마케팅 계획이나 환경의 변화를 고려하지 않음 • 신제품·혁신제품에 유용하지 않음
	지수예측 (평활)법	• 추세분석과 동일한 장점 • 최신의 자료를 강조함	• 추세분석과 동일한 단점 • 최신의 자료에 비중을 높게 두기 때문에 엄격하지 않음

3 수요상황에 따른 마케팅 전략

수요관리(demand management) 활동이 마케팅 활동이므로 기업은 고객의 수요특성에 따라 적절한 마케팅 대응전략을 수립하고 실행해야 한다. 마케팅 활동과 관리는 단순히 수요를 창출하고 유지하는 것이 아니라 기업의 목표에 따라 제품에 대한 수요의 수준, 시간(timing), 성격 등을 규제하는 것이다.

가장 대표적인 8가지의 수요상황에 따른 마케팅 전략 및 관리방법(마케팅의 기본과제)의 유형은 다음 표와 같다.

<표 1-6> 수요상황에 따른 마케팅 전략

수요상황	마케팅 전략	마케팅 관리	수요특성
부정적 수요 (negative demand)	전환적 마케팅 (conversional marketing)	수요를 전환	• 특정상품, 서비스를 싫어하거나 기피하는 현상 • 신념과 태도를 전환시키는 것이 필요
무관심 수요 (no demand)	자극적(창조적) 마케팅 (stimulational marketing)	수요를 창출	• 흥미가 없거나 무관심한 현상 • 욕구와 관심의 유발이 필요(공급 > 수요)
잠재적 수요 (latent demand)	개발적 마케팅 (developmental marketing)	수요를 개발	• 현재 상품이나 서비스에 만족하지 못하는 현상 • 잠재된 욕구와 수요를 발견·충족시키는 것이 필요
하락 수요 (falling demand)	재(리)성장마케팅 (remarketing)	수요를 재생	• 전반적인 시장수요가 감소하는 현상 • 원인을 발견 수요의 재생이 필요
불규칙 수요 (irregular demand)	동시화 마케팅 (synchro marketing)	수요를 동시화	• 계절, 요일, 시간대별 수요의 불규칙한 현상 • 패턴을 변경시켜 안정적 수요의 창출이 필요
충분 수요 (full demand)	유지마케팅 (maintenance marketing)	수요를 유지	• 수요가 일정수준에 도달한 상태 • 현재수준을 유지하는 전략이 필요 • 가장 이상적 상황
불건전 수요 (unwholesome demand)	대항(소멸/카운터)적 마케팅 (counter marketing)	수요를 없앰	담배, 마약과 같은 불건전한 수요를 포기하도록 하는 전략이 필요
초과 수요 (overfull demand)	억제(디)마케팅 (demarketing)	수요를 감소	능력 이상의 수요가 발생할 경우에 수요를 일시적·영구적으로 줄이는 것(공급 < 수요)

CHAPTER 02 마케팅 환경과 정보

01 마케팅 환경

마케팅 관리자(marketing manager)들은 급속히 변화하는 환경들에 신속·유연하고 탄력성 있게 적응해야 한다. 특히 마케팅과 관련된 사회적 환경과 소비자 소비의 행태(pattern)와 관련된 환경도 끊임없이 급변하기 때문이다.

따라서 마케팅 관리자는 다양한 정보와 자신의 경험을 결합하여 미래의 불확실성을 감소시켜야 하며, 환경의 급속한 변화와 불확실성이 높은 환경하에서 4P's[제품(products), 가격(price), 유통(place), 촉진(promotion)]를 신축적이고 탄력적으로 결합하고 결정해야 한다.

[그림 2-1] 마케팅 활동에 영향을 주는 환경요인들

1 내적환경요인

기업의 내적환경요인이란, 최고경영자나 마케터에 의해 통제 가능한 요소를 말한다.
예 보유자원 분석, 조직구조의 분석 등

1. 보유자원 분석

보유자원 분석이란, 기업이 전략 수행에 동원할 수 있는 자금과 자금 이외의 설비, 자연자원, 노하우 등을 분석하는 것이다.
예 기업이 신제품을 출시할 때 기존 설비와 유통구조를 쉽게 활용할 수 있으면 기업은 초기투자 비용을 절감할 수 있다. 즉, 기업이 보유한 자원의 분석을 통해 효율적인 마케팅 활동을 결정·수행하는 것이다.

2. 조직구조 분석

조직구조 분석이란, 기업의 관리자와 종업원이 공유하는 가치관인 기업문화 분석과 기업 내 기능부서(마케팅과 다른 기능부서 사이; 조직관리 등) 사이의 관계분석을 말한다.

(1) 기업문화

조직구성원이 공유하는 가치, 규범, 관행 등으로 구성되며, 마케팅과 관련된 의사결정과 활동은 기업문화에 따라 영향을 받는다.

예 조직의 분위기가 전통중시형인지, 고객중시형인지에 따라 다르다.

(2) 기능부서 관계

기능부서 관계는 조직관리라고도 하며, 이러한 조직구조에 따라 전략수행에 영향을 미친다.

예 생산부서와 마케팅부서의 경우 생산부서의 힘(power)이 강해서 마케팅부서에서 요구하는 고객만족에 필요한 제품의 변형을 요구했을 때 생산부서가 거부를 하면 전략 수행이 어렵게 된다. 즉, 기업의 부서 간의 상호조화와 조정은 마케팅 관리자의 중요한 업무이며, 마케팅 활동의 시너지효과(synergy effect)를 얻는 데에도 매우 중요하다.

2 외적환경요인

기업의 외적환경요인이란, 최고경영자나 마케터에 의해 통제가 불가능한 요소들을 말한다.

예 소비자, 경쟁자, 공급업자, 마케팅 중개기관, 인구 통계학적인 환경, 사회·문화적 환경요인, 정치적 요인, 경제적 요인, 기술적 요인, 법률적 요인 등

1. 소비자

기업이 표적시장을 선정하거나 표적고객을 선정할 수는 있지만, 관련된 특성을 통제할 수는 없다. 즉, 소비자의 특성에 적절한 마케팅 전략을 수행하여야 한다. 한 개인이 상품구매에 영향을 받는 것은 제품과 서비스의 특성뿐만 아니라 기업의 문화, 가족, 친지, 종교, 관습 등이 있다.

2. 경쟁자

경쟁환경(競爭環境)은 기업의 마케팅 활동에 영향을 주며, 표적시장에 성공적으로 접근하기 위해서 기업은 필수적으로 수행해야 한다. 기업의 당면 경쟁구조는 크게 독점, 과점, 독점적 경쟁, 순수경쟁의 4가지로 구분할 수 있다.

3. 공급업자

제품 서비스 등의 생산에 필요한 자원을 공급하는 개인이나 기업이다.

4. 마케팅 중개기관

기업이 최종 소비자에게 재화를 유통·판매·촉진하는 데 도움을 주는 기업으로 재판매업자(중간상), 물적 유통회사(운송·저장·창고회사 등), 마케팅서비스 대행사(마케팅조사기관, 광고대행사, 매체, 마케팅자문회사 등), 금융기관(자금제공의 은행, 보험회사, 증권회사 등) 등이 있다.

5. 인구 통계학적인 환경

마케팅 관리자의 주된 관심사로서 이 환경이 사람에 관한 것이고, 사람이 시장을 구성하기 때문이다. 특히 가족구성의 형태, 주거형태, 계층의 구매력 등에 따라 기업은 업종과 상품을 선택하게 된다.

⊘ 핵심체크

마케팅의 경향
1. 다양한 고객욕구, 개성화(세분화, 의사소통, 정보활용, 빅데이터 등)
2. Globalization(세계화, 무국경화, 지구촌)
3. 소비자지향(고객가치극대화, 고객만족, 고객관계구축 등)

---

③ 마케팅 환경요인 유형

환경탐색은 상품과 서비스의 수요를 나타내는 시장에 영향을 미칠 수 있는 기업 내·외부환경변화, 즉 내부환경요인, 외부환경요인(과업환경요인 및 거시적 환경요인)을 구성하는 여러 요소들에 대한 정보를 체계적·지속적으로 수집·분석·평가하는 작업이다.

마케팅 관리자들이 탐색해야 할 마케팅 환경요소들은 다차원적인 요소들로 구성되어 있으나, 주로 관심을 가져야 하는 관련성이 높은 요인들은 기업의 규모, 시장, 사업범위와 성격 그리고 고객의 특성 등으로 이들에 따라 전략이 달라질 수 있기 때문이다.

마케팅 관리자로서는 이들 요소들을 찾아서 현황과 미래변화 추세가 마케팅 성과에 미칠 영향을 평가해야 하는 것이다. 또한 각 환경요소들은 별개로 존재하는 것이 아니라, 상호관련 내지는 의존되어 있다는 사실을 인식하고 관련된 환경요소들을 종합적이고 전사적인 관점에서 분석·파악하는 것이 중요하다.

마케팅 환경의 구성요소들 간에는 상호관련성이 높을수록 환경의 분석과 파악은 복잡해지며, 환경변화의 원인이나 영향을 제대로 알아내고 예측하기가 어려워지게 된다.

마케팅 관리자들이 탐색해야 할 다차원적인 마케팅 환경요소들은 다음 표와 같다.

<표 2-1> 마케팅 환경요인과 구성요소

구분	환경요인		구성요소
내적 환경	생산활동		생산능력, 재고수준, 생산공정, 생산일정
	R&D활동		신제품의 연구개발능력
	구매활동		원재료, 부품, 상품의 구매
	인사활동		판매인력 확보, 동기유발시스템
	재무·회계활동		재무자원의 지원, 회계정보의 제공과 회계절차의 지원
	마케팅활동		마케팅자원의 확보, 타부서와의 협력
외적 환경	과업 환경	고객	고객 수, 충성도, 구매금액, 신규고객의 창출가능성
		공급업자	공급업자의 능력과 공급안정성
		유통업자	유통업자의 유형, 수, 규모, 서비스의 질, 유통비용의 관계
		대중	대중의 신뢰도나 평판, 기대
		주주	주주와의 관계
		정부	규제와 지원(기술, 정보 등)
		경쟁자	경쟁의 성격, 경쟁자의 수, 전략
	일반 환경	사회·문화적 환경	인구 통계적 추세, 문화와 가치관, 생활방식, 소비자의식
		정치·법률적 환경	정부 및 지방자치단체의 공공정책, 마케팅관련 법규
		경제적 환경	경제성장률, 산업구조, 물가상승률, 소득수준, 실업률, 실업구조, 국제수지, 기초자원의 공급능력, 지가, 이자율, 사업경기주기 등
		기술·자연적 환경	기술적 변화, 자연환경의 오염
		경쟁적 환경	경쟁의 유형, 경쟁력의 구성요소별 영향과 변화

[그림 2-2] 마케팅 환경요인들의 상호관련성

02 마케팅 정보

1 마케팅 정보

현대의 기업들은 치열한 경쟁상황에서 인적자원(man), 기계(machine), 자재(material), 자금(money) 외에 중요한 성공의 조건이 정보(information)이다.

효율적이고 전략적인 마케팅 전략수립과 실행을 위해 마케팅 의사결정에 필요한 정보는 마케팅 정보(marketing information)나 마케팅 조사(marketing research)에 따라 효율적으로 제공될 수 있다.

마케터는 소비자와 관련된 정보뿐만 아니라 마케팅 의사결정에 영향을 미칠 수 있는 일상적인 정보를 포함한 모든 정보를 수집하고 관리해야 한다.

마케팅 정보는 기업의 내·외부에 흩어져 있는 2차 자료를 수집하여 의사결정에 유용한 정보로 가공하여 의사결정자에게 제공되어야 한다.

> ✓ **핵심체크**
>
> **마케팅 정보**
>
> 1. 마케팅의 기회와 문제점을 파악하고,
> 2. 마케팅 활동을 창출·개선·평가하고,
> 3. 마케팅 성과를 추적(감시)하고 마케팅에 관한 이해를 향상시키기 위한 정보이다.
> ※ **정보(information)**: 자료(data)를 유용한 형태로 가공하여 정리한 결과

날로 치열해지는 경쟁사회 또는 정보화사회에서는 경쟁사보다 양질의 정보를 먼저 확보해야만 시장경쟁에서 우위를 확보할 수 있다.

따라서 많은 기업들은 의사결정자의 정보를 파악하고 획득하여 이를 충족하고 활용하기 위해 마케팅정보를 수집하여 최적의 마케팅 정보시스템(marketing information system)을 설계하고 구축을 하고 있는 추세이다.

2 마케팅 정보시스템 유형

마케팅 정보시스템(marketing information system)이란, 마케팅 의사결정자에게 필요한 정보를 수집하고 분석하여 필요할 때 이를 제공하는 시스템을 말한다. 마케팅 정보시스템(marketing information system)은 다음 그림과 같이 크게 5가지 유형으로 구분할 수 있다.

[그림 2-3] 마케팅 정보시스템 유형

1. 내부 정보시스템(Internal information system)

내부 정보시스템이란, 마케팅 의사결정을 하는 데 가장 기본적인 정보로서, 한 기업의 내부정보는 여러 부서들로부터 수집·제공된 정보들로 구성된다.

내부 정보의 목적은 매출성과, 시장점유율성과, 광고, 가격반응, 촉진활동에 대한 마케팅 성과에 대한 효과 등을 파악하여 최적의 마케팅 의사결정이 할 수 있도록 정보를 제공하는 것이다.

예 상품별·지역별 재고수준, 기간별 매출, 지역별 점포의 수, 판매가격 등

2. 고객 정보시스템(Customer information system)

고객 정보시스템이란, 고객과 관련된 자료(개별고객의 특성, 욕구 등)로서, 이들 자료의 축적은 차별화된 마케팅을 제공하여 데이터베이스 마케팅(DB MKTG; database marketing) 도입을 가능하게 하며, 최근에는 이러한 정보를 더욱 세분화하여 대량의 자료를 수집한다.

예 인구 통계학적인 특성, 라이프 스타일(life style), 추구하는 편익, 구매행동 등

3. 마케팅 조사시스템(Marketing research system)

마케팅 조사시스템이란, 마케팅 문제의 직접적인 해결을 위해 관련된 1차 자료를 수집하는 것으로, 기업 내부에서 직접 실행하거나 기업 외부에서 전문기관에 의뢰·위탁하여 실행된다.

바람직한 마케팅 조사는 의사결정에 유용한 정보를 체계적이고 객관적으로 수집하고 합리적인 정보만 제공하여 문제해결에 직접적으로 도움이 되도록 해야 한다.

4. 마케팅 인텔리전스시스템(Marketing intelligence system)

마케팅 인텔리전스시스템이란, 마케팅 첩보시스템이라고도 하며, 기업이 둘러싼 마케팅 환경에서 발생하는 일상적인 정보를 수집하기 위해 기업이 사용하는 절차와 정보원들의 집합을 말한다. 즉, 기업의 경영의사결정에 영향을 미치거나 미칠 가능성이 있는 기업 주변(외부)의 모든 정보를 수집하는 것이다.

의사결정자는 내부정보나 경험, 2차 자료 등의 정보는 제한적이기 때문에 더 정확한 의사결정을 지원할 수 있는 여러 가지 정보경로를 공식화·체계화한 것이 이 시스템이다.

5. 마케팅 의사결정 지원시스템(Marketing decision support system)

마케팅 의사결정 지원시스템이란, 수집된 정보를 해석하고 마케팅 의사결정의 결과를 예측하는 것으로, 마케팅 관련자료, 지원 소프트웨어(soft-ware) 및 하드웨어(hard-ware), 분석도구 등을 통합한 것이다.

마케팅 의사결정 지원시스템은 내부 정보시스템, 고객 정보시스템, 마케팅 조사시스템, 마케팅 인텔리전스 시스템들이 기술적 정보로서 마케팅 의사결정 결과 예측에 도움이 되지 않을 때 이를 해결하기 위한 시스템이다.

3 마케팅 정보 가치 4요소

적합성	• 제공되는 정보가 얼마나 적절한가? • 의사결정과의 연관성을 의미
정확성(무결성)	• 제공되는 정보가 오류의 최소화 또는 결점이 없는 것 • 증거성: 정확성을 확인할 수 있는 정도
적시성	• 제공되는 정보가 필요한 시점에 제공되는 정도 • 시간적 가치를 의미
형태성	의사결정 요구자의 필요한 정보와 부합하는 정도

03　마케팅 조사

1 마케팅 조사

마케팅 조사(marketing research)란, 기업이 당면한 특정 마케팅과 관련된 의사결정에 필요한 정보(information)를 제공하기 위한 자료(data)를 수집·분석·평가하는 것을 말한다. 즉, 고객, 소비자, 일반대중 등과 관련된 정보를 통하여 마케팅 의사결정자(marketer)와 연결시키는 기능을 한다.

1987년 미국마케팅협회(AMA)의 마케팅 조사에 대한 정의를 살펴보면 다음과 같다.

> **TIP+**　AMA의 마케팅 조사 정의
>
> 마케팅 조사는 소비자와 고객, 그리고 일반대중들의 정보를 통하여 마케팅 관리자에게 연결시키는 기능을 말한다.
> ※ 마케팅 조사는 관련이 있는 사실들을 찾아내고, 분석하며, 가능한 조치나 문제해결방법을 제시함으로써 효율적인 마케팅 의사결정을 돕는 역할을 한다.

마케팅 조사는 변화하는 시대와 상황에 따라 적시에 적절한 해결방안을 제시하여 의사결정 (decision making)에 관련된 불확실성을 최대한 감소시켜 합리적인 의사결정을 돕는 역할을 한다. 마케팅 관리자들은 불충분한 정보를 가지고 의사결정을 해야 할 경우도 있다. 이런 경우 마케팅 조사는 이를 분석하고 가능한 행동을 제시함으로써 의사결정자에게 도움을 준다.

마케팅 관리자의 중요한 역할은 의사결정이며, 이 의사결정은 문제해결뿐만 아니라 미래에 발생할 문제들을 예측하고 방지하는 것을 포함한다.

마케팅 문제해결은 마케팅 조사를 통해 소비자들의 자사제품에 대한 신념과 태도의 변화를 분석함으로써 가능하다.

마케팅 문제해결방안의 답이 하나인 경우는 없으며 따라서 정답도 있을 수 없다.

2 마케팅 조사과정

마케팅 조사(marketing research)과정은 일반적으로 다음 4단계로 나눌 수 있다.

[그림 2-4] 마케팅 조사과정

1. 문제 정의

마케팅 조사의 첫 단계로서, 문제를 정확히 인식하는 것이 가장 중요하다. 정확한 문제의 정의(인식, 제기)의 실패는 마케팅 조사의 오류 중에 핵심 원인이 된다. 또한 정확한 문제의 인식은 시간과 비용의 낭비를 사전에 방지할 수 있다.

문제란, 조직의 목표를 달성하는 데 방해가 되는 장애라고 할 수 있는데, 문제를 정확히 정의해야지만 문제를 해결하는 데 필수적인 자료를 파악하고 수집할 수 있다.

2. 조사 및 설계

마케팅 조사자는 문제의 정의가 끝난 후, 그 문제를 해결하기 위해 필요한 정보를 얻어야 한다. 조사(research) 및 설계(design)는 조사연구를 지휘하는 총체적 계획을 의미한다.

마케팅 조사는 그 결과가 신뢰성과 타당성이 있어야 한다.

조사 및 설계는 문제에 관해 구성된 가설을 검증하기 위한 포괄적인 계획을 의미하며, 문제에 관하여 어떠한 조사를 행할 것인가를 결정하는 것이다.

구체적 정보를 얻기 위한 대표적인 방법은 탐색적 조사, 기술적 조사, 인과관계조사, 실험조사 등을 수행하는 것이다.

(1) 탐색적 조사(Exploratory research)

탐색적 조사란, 기업 내부 또는 외부의 여러 원천에서 자료를 입수하여 문제를 검토하고 분석하는 것이다. 즉, 문제를 찾아내고 정의하는 것을 목적으로 하는 조사로서, 좀 더 정교한 조사를 위한 전 단계(개념을 명확화) 또는 적절한 가설을 수립(변수개발)하기 위하여 사용한다. 탐색적 조사는 마케팅 관리자가 문제에 대해 더 많은 정보를 필요로 하거나 비공식적으로 문제를 조사할 때 그리고 현재의 정보를 재검토할 때 사용된다.

장점	• 한정된 자료로서 마케팅 조사문제에 접근 가능 • 정해진 계획이나 규정 · 규칙이 없음 • 자유롭게 여러 가지 방법을 동원 · 수행하는 유연성 있는 방법
유형	문헌조사(literature research), 사례조사(case study), 관찰조사(Observational research), 전문가 의견조사(key information survey), 개인 면접법(Interview), 목표집단 면접법 등

(2) 기술적 조사(Descriptive research)

기술적 조사란, 엄격하게 실시 · 수행하는 것으로, 마케팅 관련 주체나 특별 또는 특정한 현상을 조사할 때 이용되며, 대부분의 마케팅 조사는 기술적 조사를 사용한다.

기술조사는 소비자의 반응(생각, 느낌, 행동 등)과 마케팅변수와의 관련성을 기술하는 조사로서 종단조사, 횡단조사로 나눌 수 있다.

종단조사 (longitudinal analysis)	• 동태적 조사 • 시점을 달리하여 같은 현상을 일정시간(기간) 반복적으로 관찰 · 측정 예 패널조사(panel research) - 특정 조사대상자를 선정해 놓고 반복적으로 시행(여론의 변화나 형태를 측정)
횡단조사 (cross sectional analysis)	• 정태적 조사 • 관심이 있는 집단에서 추출한 표본을 특정시점에 측정 • 한 번만 측정(일정 시점의 한 단면) • 가장 널리 사용되는 방법 예 설문지조사(survey research)

(3) 인과관계조사(Causal study)

인과관계조사(causal study)란, 실험적 조사라고도 하며, 다른 변인들 원인과 결과 간의 관계를 조사하는 방법이다. 조사는 순수한 독립변수(independent variable; 실험변수)가 종속변수(dependent variable; 결과변수)에 영향을 미치는가를 밝혀야 하기 때문에 외생변수(extraneous variable)의 영향력을 통제하지 않으면 독립변수와 종속변수간의 관계를 정확히 파악할 수가 없다. 대표적인 것이 회귀분석법이다.

탐색조사나 기술조사가 할 수 없는 통제를 할 수 있기 때문에 인과관계를 밝힐 수가 있다.

> **TIP+**
>
> 조사문제를 명확히 정의하기 위해 탐색적 조사를 실시한 후, 기술적 조사나 인과관계조사를 수행한다.

(4) 실험조사(experimental research)

실험조사란, 엄격하게 상황을 통제한 상태하에서 독립변수(원인변수)를 의도적으로 조작함으로써 나타나는 종속변수(결과변수)의 변화를 관찰하는 방법을 말한다.

실험조사의 기본조건은 다음과 같다.

① 독립변수의 조작

인위적으로 독립변수의 종류 및 변화의 강도를 조절하여 실험대상에 가함으로써 독립변수의 변화가 종속변수에 미치는 영향을 관찰하는 것이다.

② 무작위 할당

실험대상자들을 실험집단과 통제집단에 무작위로 배분하는 것이다. 무작위방법을 쓰는 이유는 인위적인 의도가 없는 상태에서 집단 간 할당을 해야 동질적 배분의 가능성이 극대화될 수 있기 때문이다.

③ 종속변수의 비교

실험개입이 끝난 후에 실험집단과 통제집단에서 각기 종속변수를 측정하여 두 집단 간의 차이를 비교할 수 있어야 한다.

④ 외생변수 통제

독립변수 이외에 종속변수에 영향을 미치는 외생변수를 통제하여야 독립변수의 순수효과를 검증할 수 있다. 즉, 실험에 의한 종속변수의 변화가 독립변수에 의한 변화인가를 규명할 수 있어야 한다는 의미이다.

(5) 조사방법별 조사 유형[10]

구분	정량조사	정성조사	관찰조사
특징	다수의 응답자를 대상으로 질문을 하고 응답받은 내용을 집계하여 숫자로 표현	소수의 응답자를 대상으로 장시간 질문하여 도출한 내용을 문자(text)로 표현	응답자에게 직접 물어보지 않고 그들의 행동을 간접적으로 관찰한 내용을 집계하여 숫자로 표현
대표 유형	전화조사, 1:1(개별) 다수면접, 우편조사, 온라인조사	소수심층면접법 (In-depth Interview)	직접관찰법 (Direct Observation)
장점	조사결과의 대표성 및 객관성 확보	현상에 대한 심층적인 원인·이유 파악 가능	언어로 표현되지 않는 무의식적 행동 파악 가능
단점	현상에 대한 구체적이고 심층적인 원인·이유 파악 불가	조사결과의 대표성 및 객관성 결여	행동의 원인·이유 파악 불가
실무 활용	사회·여론조사, 선거조사, 마케팅 조사에서 널리 활용	질문항목 개발, 정량조사로 파악할 수 없는 경우, 시장현황 혹은 정량조사 전·후에 보완조사로서 널리 활용	유통점, 매장 등에서의 소비자행동 파악을 위해 제한적으로 활용

3. 자료 수집

자료 수집 단계는 문제를 해결하기 위해 필요한 자료를 수집하는 단계이다. 마케팅 조사는 2차 자료나 1차 자료, 그리고 두 가지 모두의 자료를 사용한다. 일반적으로 2차 자료부터 조사기 시작된다. 2차 자료는 1차 자료에 비해 빠르고 저렴한 비용으로 쉽게 얻을 수 있는 것이 가장 큰 장점이다.

TIP+ **자료 수집**

어떤 조사를 실시하고자 할 때는 먼저 2차 자료를 수집해야 한다. 적합한 2차 자료가 있으면 그것으로 조사는 종결된다. 실제 조사를 하는 경우 2차 자료를 찾기는 쉽지 않다. 만약 2차 자료가 없을 때에는 직접 자료를 수집하여야 한다. 이때 수집된 자료를 1차 자료라고 한다.

---

10) Marketing Research, AAKER/KUMAR/DAY, Seventh Edition, Wiley, p.184~p.209

(1) 자료 종류

① **2차 자료(secondary data)**

다른 목적을 위해 이미 수집 또는 보관되어 있는 기존자료를 말한다. 조사자는 2차 자료를 사용할 때는 조사목적에 적합한지, 정확한 자료인지, 시기적으로 적절한 자료인지 등을 평가해야 한다.

② **1차 자료(primary data)**

조사자가 직접 현재의 특수(특별)한 목적을 만족시키기 위해 수집한 자료로서, 자료의 수집에 시간과 비용이 많이 투입된다.

일반적으로 1차 자료는 관찰법(Observational research), 설문조사(Survey research), 면접법(Interview), 실험법(experimental) 등을 통하여 수집된다.

㉠ **관찰법(Observational research)**: 관찰법이란, 조사 대상을 관찰하여 자료를 얻는 방법으로, 사람들이 제공할 수 없거나 제공하기를 꺼려하는 정보를 얻는 데 적합한 방법이다.

관찰을 통해 정보를 수집할 때 조사자가 가장 유의해야 할 점은 피관찰자가 눈치를 채지 못하도록 자연스럽게 관찰해야 한다는 점이다. 사람은 자기가 관찰을 당하고 있다는 것을 알게 되면 평상시와 다르게 행동하는 경우가 많기 때문이다.

장점	단기 · 단순 · 반복 · 육체적인 환경에 대한 관찰(측정)
단점	• 느낌, 태도, 동기 등 심리적 환경 관찰 불가능 • 소비자들의 장기적인 행동 관찰 불가능 • 측정 시 작업에 방해 초래

㉡ **설문조사(Survey research)**: 설문조사란, 조사 대상자와 의사소통을 하면서 자료를 얻는 방법이다. 의사소통은 설문지를 통해 이루어진다.

설문조사는 응답자의 인구 통계적 특징, 태도나 의견, 의도, 행동의 동기 등 광범위한 정보를 수집할 수 있으며, 많은 정보를 짧은 시간에 저렴하게 수집할 수 있는 장점이 있다.

예 설문지, 우편질문, 전화질문, 대인면담 등

선택형 질문	양자택일형, 선다형, 리커트척도(의미차별화척도, 중요성척도, 구매의도척도), 서열척도 등
개방형 질문	완전 비체계형, 단어연상형, 문장완성형, 그림완성형 등

㉢ **면접법(Interview)**: 면접법이란, 대면(對面)하여 응답자들에 직접 질문하는 것이다. 그 외에 전화나 인터넷을 통해 응답을 요청하는 것도 포함한다. 이때 질문은 구조화 또는 표준화인 절차를 따라야 한다.

(2) 자료수집 방법

① 응답자와 접촉(시행)방법

응답자와 접촉하여 정보를 얻을 수 있는 방법으로는 우편조사법, 전화면접법, 대인면접법을 통해 가능하다. 각각의 특징은 다음 표와 같다.

<표 2-2> 접촉방법의 장·단점 비교

특성	우편조사법	전화면접법	대인면접법
비용	적음	보통	많음
질문의 융통성	낮음	보통	높음
조사자의 편견	없음	보통	많음
수집의 속도	느림	빠름	보통
응답률	낮음	보통	높음
응답자의 익명성	높음	보통	낮음
질문의 양	적음	보통	많음
지리적 배부	넓음	넓음	좁음

② 표본추출계획법

이 방법은 전체 소비자집단(모집단)을 대상으로 자료를 수집하기보다는 모집단의 일부만을 표본(sampling)으로 선정하여 조사를 하고, 그 결과를 가지고 전체집단의 특성을 이해하는 것을 말한다. 표본추출계획법에는 확률 표본추출법과 비확률 표본추출법이 있다.

TIP+ 표본조사와 전수조사

1. **표본조사**
   모집단에서 일부(sample)를 대상으로 조사한다(표본은 모집단의 대표성을 가져야 함).

2. **전수조사**
   조사대상 모두를 조사한다(시간·비용이 많이 듦).

㉠ **확률 표본추출법**: 확률 표본추출법이란, 조사대상이 표본으로 추출될 확률을 미리 알수 있는 표본추출방법으로, 추출된 표본이 모집단을 얼마나 잘 대표하는지를 알 수 있으므로 분석결과를 일반화할 수 있다.

이는 통계적 방법을 통해 객관적으로 표본을 추출하며, 대표적으로 단순무작위추출(simple random sampling), 층화표본추출(stratified sampling), 군집표본추출 등이 있다.

단순무작위추출	각 표본들이 선택될 확률이 동일한 상태에서 무작위로 추출
층화표본추출	통제변수에 의해 소그룹으로 구분하여 소그룹별로 단순무작위추출
군집표본추출	동질적인 소그룹으로 구분하여 특정 소그룹을 추출하고, 선택된 소그룹의 상당 부분을 다시 추출

ⓛ 비확률 표본추출법: 비확률 표본추출법이란, 조사대상이 표본으로 추출될 확률을 모르는 상태에서 표본으로 선정되는 것으로, 추출된 표본이 모집단을 얼마나 잘 대표하는지를 알지 못하므로 분석결과에 대한 일반화에는 한계가 있다.

이 방법은 통계학적 방법을 쓰지 않고 조사목적에 맞을 것이라는 판단에 의해서 수행되며, 편의표본추출(convenience sampling), 판단표본추출(judgment sampling), 할당표본추출(quota sampling) 등의 방법이 있다. 이 중 가장 널리 사용되는 것은 할당표본추출법이다.

편의표본추출	• 조사자의 편의대로 표본을 선정하여 모집단을 대표하지 못할 수 있음 • 절차가 간단하고, 표본추출비용이 거의 발생하지 않음
판단표본추출	조사목적에 가장 적합하다고 판단되는 특정집단을 표본으로 선정
할당표본추출	모집단의 특성을 기준으로 이에 비례하여 표본을 추출

☑ **핵심체크**

할당표본추출법

표본 중 어떤 특징을 가지는 비율이 모집단이 그 특징을 가지고 있는 비율과 비슷하게 되게끔 할당하여 표본을 추출하는 방법이다. 이것은 통계적인 방법은 아니다. 가령 인터넷 사이트의 회원이 10대가 10,000명이고 20대가 40,000명인 경우 전체 100명의 표본을 추출한다면 모집단의 비율에 맞추어 10대에서 20명, 20대에서 80명을 임의로 선발하면 된다.

4. 자료분석과 보고서 작성

마케팅 조사과정의 마지막 단계로서, 수집된 자료를 분석하고, 그 결과를 최고경영자에게 보고한다. 수집된 자료는 편집, 코딩(coding; 관찰된 내용에 일정한 번호를 붙이는 과정) 및 컴퓨터에 입력하여 여러 가지 통제적 기법을 통하여 분석된다. 그 중에서 대표적인 통계적 기법을 간략히 살펴보면 다음과 같다.

(1) 회귀분석(regression analysis)

회귀분석이란, 둘 이상의 독립변수가 하나의 종속변수에 미치는 영향의 정도와 방향을 파악하기 위한 기법이다.

예 제품의 가격과 광고비용이 매출에 미치는 영향

(2) 상관관계분석(correlation analysis)

상관관계분석이란, 특정 두 변수 간의 연관의 정도를 측정하기 위한 기법이다.

예 광고비지출과 매출액변화, 광고의 횟수와 시장점유율 등

(3) 분산분석(analysis of variance)

분산분석이란, 집단 간에 특정 변수의 평균값이 서로 차이가 있는지를 검증하는 기법이다.
예 연령별로 선호하는 제품이나 가격대의 차이

(4) 요인분석(factor analysis)

요인분석이란, 조사에 사용된 여러 가지 변수들을 유사한 변수들끼리 또는 관련성이 있는 변수들끼리 한 요인으로 묶어서 요인의 수를 축소시키는 기법이다.

(5) 군집분석(cluster analysis)

군집분석이란, 유사한 특성을 갖는 조사대상자들을 서로 묶는 기법이다.
예 특정 제품에 대해 맛을 중시하는 집단, 가격을 중시하는 집단, 분위기를 중시하는 집단 등

자료 분석을 통해 의미 있는 해석이 이루어진다. 이때 동일한 자료도 분석자에 따라 다르게 해석될 수 있으므로 결과의 해석에는 주의를 기울여야 한다. 보고서를 작성할 때는 최고경영자의 의사결정에 도움이 될 수 있도록 실질적인 결과를 제시하여야 한다.
보고서에는 자료의 분석에 근거하여 마케팅 문제에 대한 대안이 제시되어야 한다.

그 다음 단계는 분석한 결과를 마케팅관리자의 의사결정에 도움이 되도록 문장과 도표로 정리한다. 아무리 결과가 좋아도 이용자가 이해하지 못하면 소용이 없으므로 정보이용자의 이해정도와 지식정도를 고려하여 보고서를 작성해야 한다.

마케팅 문제에는 정답이 없기 때문에 대안들을 놓고 경영자들은 의사결정을 해야 한다.
마케팅 조사의 결과는 사내에 축적되어야 한다. 이러한 결과들이 데이터베이스에 축적되고, 지속적으로 누적·수정됨으로써 마케팅 의사결정에 도움을 주어야 한다.

☑ 핵심체크

마케팅 조사 척도(scale) 유형

1. **명목척도(nominal scale)**
   측정 대상의 특성을 분류하여 숫자로 단순 구분 또는 식별하여 확인할 목적으로만 숫자를 부여한 것이다(분류).
   예 성별, 점포형태 등

2. **서열척도(ordinal scale)**
   측정 대상자 간의 순서(순위)를 정확히 파악하는 것이다(분류·순위). **예** 시장점유순서, 선호도 등

3. **등간척도(interval scale)**
   측정 대상에 순위를 부여하면서 순위 사이의 간격이 일정한 것으로 측정 대상의 속성의 양적 차이를 나타낸 것이다(분류·순위·등간격). **예** 기온, 태도, 의견 등

4. **비율척도(ratio scale)**
   등간척도의 특성에 추가로 비율계산이 가능하며 실질적인 값을 갖는 것으로, 정보 수준이나 통계적 방법의 수준이 가장 높다(분류·순위·등간격·절대영점). **예** 길이, 무게, 나이, 소득, 매출액, 시장점유율, 비용 등

3 마케팅 조사방법

마케팅 조사에 있어서 계획은 다양한 마케팅 조사방법이 있다. 이들 조사방법을 이해하고 이들의 장점과 단점을 토대로 적합한 조사방법을 선택하는 것이 중요하다.

<표 2-3> 마케팅 조사방법의 특성

구분	정의	장점	단점
관찰법	행동의 체계적 기술	• 진행 중인 다양한 행동의 기록 가능(1차자료 수집에 많이 활용) • 자연스런 행동의 관찰	• 관찰자의 주의 깊은 훈련이 필요 • 관찰자가 행동을 방해할 수 있으며, 사건을 조작할 수 있음
사례연구 (case)	개인, 단일가족, 조직에 대한 심층적 기술	개인의 복잡성과 독특성에 초점	• 일반성의 결여 • 자료가 조사자의 관심사와 견해를 반영할 수 있음
설문지조사 (survey)	많은 사람들을 대상으로 의견, 태도, 행위 등을 질문하는 방법	많은 대상으로부터 자료 수집 가능	• 질문방법이 응답에 영향을 미칠 수 있음 • 설문응답이 행동과 직접적으로 관련이 없을 수 있음
실험법	조건의 조작을 통한 인과관계 분석	• 원인에 대한 기술 가능 • 특정변수의 통제·분리 가능	실험적 결과를 다른 상황에 적용 불가능할 수 있음

01　마케팅 전략

1 마케팅 전략(marketing strategy)

기업이 지속적으로 성장하는 데 있어 달성해야 할 마케팅 목표·환경 등을 파악하고, 기업의 경쟁력의 개발하여 한정된 자원으로 최대의 고객가치 실현 방침을 수립하는 것을 의미한다.

이 과정에서 특정 분석도구와 분석적용을 통해 전략이 수립된다. 현 상태에서 가장 이상적인 목표를 향해 현재의 상황과 환경을 분석하여 최적의 행위를 선택하는 과정이라 정의할 수 있다.

2 마케팅 전략 수립

마케팅 전략의 수립단계는 다음과 같다.

> 사업 정의 → 상황 분석 → 마케팅 전략(술) 수립 → 마케팅믹스 설계

1. 사업(business) 정의

목표고객(또는 목표시장)이 누구인가, 충족되어야 할 고객의 편익은 무엇인가, 고객편익 제공의 수단으로 그 핵심기술은 무엇인가 등을 정의하는 것이다. 즉, 사업의 정의는 기업이 목표로 하는 고객들이 추구하는 편익을 중심으로 정의해야 한다.

> **TIP+**　사명
>
> 기업의 존재 의의와 목적, 기업이 우선시하는 가치, 전략수립의 기초, 기업의 의사결정, 기업 구성원 행동의 지침과 평가기준, 기업의 자원 활용과 배분, 사명문 등

2. 상황 분석

기업의 내·외부환경을 분석하는 것으로, 환경은 크게 3가지로 구분할 수 있다.

(1) 내부환경

내부환경이란, 기업 내부의 문화, 자체 분위기, 각 부서의 역할이나 직무(보유자원분석, 조직구조 분석) 등을 말한다.

(2) 외부환경

외부환경이란, 거의 모든 기업에게 직접적·간접적 또는 동시에 영향을 미치는 환경요인(사회·문화, 정치·경제, 기술, 법률 등)을 말한다.

(3) 산업환경

산업환경이란, 기존 사업 경쟁자, 잠재적인 시장진입기업, 공급업자, 구매자, 대체품의 위협이나 갈등이며, 해당 산업이 속해있는 산업 군에 한정하여 영향을 미치는 요인들을 말한다.

3. 마케팅 전략 수립

STP전략으로 사업단위별 구체적 마케팅 계획을 수립한다. 사업부 수준의 전략은 사업을 정의하고 마케팅 환경을 분석하여 기업 내부의 마케팅 능력과 결합하여 마케팅 전략을 도출한다.

STP전략 수립의 단계는 다음과 같다.

(1) 시장세분화(Segmentation)

고객의 욕구와 성향, 인구 통계적 특징 등에 따른 분할하는 것으로 시장을 일정기준에 따라 나누는 것을 말한다.

(2) 표적시장(Target market) 선정

세분화된 고객층을 표적으로 정하는 것으로, 세분화된 시장 중에서 마케팅 활동을 전개하기 위해 선정된 매력적인 시장을 말한다.

(3) 포지셔닝(Positioning)

제품의 위치를 선정하는 것으로, 표적시장의 마음 속에 차별적인 위치를 확보함으로써 제품의 이미지를 설계하는 것을 말한다.

TIP+ 마케팅 전략 수립단계(S-T-P-M)

1 시장세분화(Market Segmentation) 개념

시장세분화(market segmentation)란, 세분시장 또는 시장분할이라고도 하며, 마케팅 환경은 모든 소비자의 욕구가 상이하므로, 한 제품으로는 모든 소비자의 욕구를 충족시킬 수 없다는 전제하에서 시작한다. 즉, 한 가지 제품만으로는 모든 소비자들의 다양한 욕구를 충족시킬 수는 없겠지만, 욕구가 비슷하거나 동일한 특정한 일부 소비자집단의 욕구는 충족시킬 수 있을 것이다.

오늘날에는 소비자들의 소득수준, 교육수준 등 생활전반에 걸친 질적 향상으로 소비자들의 구매욕구가 다양해지고 제품의 수명주기(PLC; product life cycle)가 점점 짧아짐에 따라 개별기업들은 자사제품이나 서비스를 경쟁사와 차별화하려고 노력하게 되며 차별적 마케팅(differentiated marketing) 활동을 전개하게 되었고, 이를 위해서는 시장세분화가 필요·충분조건이 되었다.

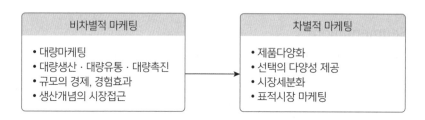

기업이 이러한 특정집단의 욕구에 부응함으로써 기업목표(이익)를 달성할 수 있다면 세분시장은 존재하고 있는 것으로 간주할 수 있으며, 기업은 욕구가 동질적인 이러한 집단, 즉 세분시장을 파악하고 이들 집단을 대상으로 마케팅믹스(marketing mix)를 계획하고 실행할 수 있을 것이다.

세분시장은 마케팅 전략수립을 위해서 시장을 선택(select)하고 시장의 크기, 성장잠재력, 소비자 행동의 이해 등을 기준으로 분석해나가는 것으로, 그 결과로 나타난 세분시장은 동질적이거나 유사한 성향의 소비자로 구성된 시장을 말한다.

⊘ 핵심체크

효과적인 시장세분화

세분시장 내에서는 동질(同質)성을 극대화하고, 세분시장 간에는 이질(異質)성을 극대화하는 것이 효과적이다.

---

2 시장세분화 장점과 단점

기업에서 시장을 동질적인 하나의 집단으로 본다면 단일 제품, 단일 광고, 단일 가격, 단일 유통 전략 등을 구사하면 되므로 비용 측면에서 매우 효율적이게 된다. 그러나 소비자들의 각각 상이한 욕구를 만족시킬 수 없어 소비자 만족에는 한계가 있다.

세분시장은 모든 기업에 동일하게 적용되는 것이 아니다. 따라서 이 전략을 수행하기 전에 마케팅 관리자는 다음과 같은 시장세분화의 장점과 단점을 고려해야 한다.

장점	• 세분시장을 통하여 독특한 개성에 적합한 마케팅믹스를 고안하여 고객만족을 달성할 수 있음 • 시장을 세분화함으로써 표적시장을 명확히 설정할 수 있음 • 세분시장을 통하여 소비자들의 반응을 알 수 있어 마케팅 자원을 효율적으로 배분할 수 있음
단점	• 잘못된 시장 세분화는 모든 잠재적 고객을 대상으로 한 전략보다 매출액이 훨씬 줄어들 수도 있음 • 잘못된 시장세분화는 비용을 증가시킬 수 있음 • 시장세분화가 불필요한 시장을 세분화하였을 경우 비용과 시간의 낭비를 초래

> **☑ 핵심체크**
>
> **시장세분화 전략**
>
> 욕구(wants)가 상이한 소비자들을 유사한 그룹(group)으로 묶음으로써 시장의 이질성을 감소시키고, 1:1 마케팅으로 고객 만족을 이룬다. 이러한 시장세분화에 수반되는 비용은 정보·통신·기술의 발달, 인터넷 기술의 발달, 데이터베이스 기술의 발달(빅데이터)로 가능해졌다.

3 시장세분화 기준변수

시장세분화(market segmentation)란, 전체 시장을 일정한 기준을 이용하여 소비자의 욕구(구매동기, 기호, 태도 등)가 유사한 몇 개의 세분시장으로 나누는 과정이라고 정의하였다.

세분시장 기준변수를 무엇으로 결정할 것인가에 대한 명확한 기준은 없으며, 마케팅 관리자의 전문성과 경험이 요구되며, 이전에 실시한 마케팅 조사, 소비자의 구매성향, 마케팅 관리자의 경험이나 판단, 직관 등에 의하여 몇 가지 초기 세분화를 위한 기준변수가 결정된다.

> **☑ 핵심체크**
>
> **사전 시장세분화와 사후 시장세분화**
>
> 1. 사전 시장세분화는 시장조사를 실시하기 전에 세분화 기준을 마련하는 것이다.
> 2. 사후 시장세분화는 시장조사를 실시하고 난 후에 세분화 기준을 마련하는 것이다.

시장세분화 기준으로 활용되는 변수들은 다음 표와 같이 매우 다양하다. 이 중 일반적으로 가장 많이 사용되고 있는 시장세분화의 기준(고려)변수로는 크게 고객특성변수와 고객행동변수로 구분할 수 있다.

<표 3-1> 시장세분화 기준변수(고려요소)

구분		세분화 기준	세분화 범주의 예
고객 특성 변수	지리적 세분화	지역	서울·경기, 영남, 호남, 충청, 강원, 제주
		도시, 시골	대도시, 소도시, 농촌, 어촌
		기후	남부, 북부
	인구 통계학 변수	나이	유아, 소년, 청소년, 청년, 중년, 노년, 10대, 20대, 30대, 40대, … 등
		성별	남, 여
		가족 수	2명 이내, 3명 이내, 4명 이내, 5명 이상, …
		결혼 여부	기혼, 미혼
		소득	100만 원 이하, 101~200만 원, 201~300만 원, 301만 원 이상, …
		직업	전문직, 사무직, 기술직, 학생, 주부, 농업, 어업 등
		학력	중졸 이하, 고졸, 대졸, 대학원 졸업
		종교	불교, 기독교, 천주교, 기타
	사회 (심리) 변수	사회계층	상, 중상, 중, 중하, 하
		라이프스타일	전통지향적, 쾌락주의형, 세련형 등
		개성	순종형, 야심형, 이기형 등
고객 행동 변수	행동적 변수	태도	긍정적, 중립적, 부정적
		추구편익	편리성, 절약형, 위신형, 과시형 등
		구매준비	인지 전, 인지, 정보획득, 관심, 욕구, 구매의도 등
		충성도	높음, 보통, 낮음(소비자가 특정상표를 일관되게 선호하는 것)
		사용량	80 : 20법칙, 무사용, 소량사용, 다량사용
		사용상황	가정에서, 직장에서, 야외에서
		이용도	비이용자, 과거이용자, 잠재이용자, 현재이용자
산업재 세분화		기업규모	대기업, 중기업, 소기업
		구매량	소량구매, 대량구매
		사용량	대량사용, 소량사용
		기업유형	도매상, 소매상, 표준산업분류 기준상의 여러 유형
		입지	지역적 위치, 판매지역
		구매형태	신규구매, 반복구매, 재구매

TIP+ 기타 세분화 기준

1. 편익에 의한 세분화

편익에 의한 세분화(benefit segmentation)란, 제품을 사용하거나 소비할 때 소비자가 얻게 되는 편익을 기준으로 세분시장을 구분하는 방법이다. 마케팅 사례로는 치약시장을 예로 많이 이용한다. 이러한 정보는 치약회사가 광고문안, 광고매체, 포장, 신제품 등과 관련한 계획을 결정하는 데 근거를 제시하게 해 준다.

<편익에 의한 시장 세분화의 예 – 치약시장>

명칭 특성	감각추구형 시장	사교형 시장	소심형 시장	경제 지향형 시장
추구하는 편익	맛과 제품의 외형	하얀 치아	충치예방	저가격
인구통계학적	어린이	10대, 젊은 층	대가족	성인 남자
행동적	향기나는 치약 사용	흡연	다량사용	다량사용
선호 상표	콜게이트	맥클린, 울트라브라이트	크레스트	세일상표
라이프스타일	쾌락적	활동적	보수적	가치지향적

2. 심리형태에 의한 세분화

심리적 형태에 의한 세분화(Psychographics segmentation)란, 소비자의 개인적 특성 가운데 심리적 형태에 따라 시장을 세분화하는 방법이다. 이 방법은 사후 시장세분화 형태를 따르고 있으며, 일반적으로 소비자의 활동(activity), 관심(interest), 의견(opinion)에 대한, 즉 AIO분석은 소비자조사를 바탕으로 소비자시장을 집단화하여 구분한다.

<AIO분석>

활동(activity)	관심(interests)	의견(opinions)
일, 취미, 사회활동, 휴가, 오락, 쇼핑, 스포츠, 클럽활동, 지역사회활동 등	가족, 가정, 직업, 지역사회, 여가활동, 유행, 음식, 대중매체, 성취, 업적 등	스스로의 의견, 사회적 문제, 정치, 사업, 경제, 교육, 제품, 미래, 문화 등

4 시장세분화 적격(필수)조건

시장세분화의 주된 목적은 세분시장별로 상이한 마케팅 전략을 수립하여 이를 효과적으로 실행함으로써 기업의 마케팅 목표를 효율적으로 달성하고 고객만족을 극대화하려는 데 있다. 따라서 시장세분화 전략이 효율적으로 실행되기 위해서는 최소한 다음의 4가지 조건이 충족되어야 한다.

측정가능성 (Measurability)	마케팅 관리자가 각 세분시장의 규모(size), 인구, 소비자들의 구매력 등 세분시장의 특성을 측정할 수 있어야 한다는 것
유지가능성(유효성) (Sustain‑ability)	세분시장이 충분한 규모이거나 이익을 낼 수 있는 정도의 크기(일정 규모화)가 되어야 한다는 것. 다시 말하면, 세분시장 내에는 특정 마케팅 프로그램을 지속적으로 실행할 가치가 있을 만큼의 가능한 한 동질적인 수요자들이 존재(내부적으로 동질적이고 외부적으로 이질적)해야 한다는 것

접근가능성 (Accessibility)	기업의 입장에서의 접근의 용이성으로, 적절한 마케팅 노력으로 세분시장 내에 소비 자들이 효과적으로 접근 가능하여야 하고, 제품이나 서비스를 제공할 수 있는 적절 한 수단이 있어야 한다는 것. 현재 유통경로의 수단이나 광고가 접근하지 못하면 세 분시장은 마케팅의 의미가 없음
실행가능성(실질성) (Actionability)	각 세분시장에서 고객들에게 매력이 있고, 이들의 욕구에 충분히 부응할 수 있는 효 율적인 마케팅 프로그램을 계획하고 실행할 수 있는 능력이 있어야 한다는 것

03 표적시장

1 표적시장(Market Targeting) 개념

표적시장은 목표시장이라고도 하며, 세분화된 시장 중에서 가장 효율적이고 목표달성 가능한 시장을 선택(선정)하는 것을 말한다. 즉, 마케팅 관리자는 각각의 세분시장을 평가한 후, 진입할 가치가 있는 시장 및 범위를 결정하는 것을 말한다. 이는 마케팅 관리자가 세분시장의 평가를 통하여 하나 이상의 가치 있는 세분시장을 발견할 수 있기 때문이다. 이때 어느 세분시장에, 얼마나 많은 세분시장을 선택할 것인가를 결정해야 한다. 즉, 세분시장이 확인되고 나면, 이제 표적시장(목표시장; Targeting)을 선택하는 것이다.

2 표적시장 유형

마케팅 관리자는 비차별적 마케팅(Undifferentiated Marketing), 차별적 마케팅(Differentiated Marketing), 집중적 마케팅(Focus; Concentrated Marketing) 중에서 한 가지를 선택할 수 있다.

1. 비차별적 마케팅 전략

비차별적 마케팅 전략이란, 기업이 세분시장 간의 차이를 무시하고 한 가지 제품을 가지고 전체시장에서 영업활동을 하는 것을 말한다. 이것은 소비자 욕구의 공통점에 초점을 맞추고 있으며, 기업은 대량유통과 대중광고에 의존한다.

특성	• 원가 면에서 규모의 경제 가능 • 하나의 제품과 하나의 마케팅 프로그램으로 전체시장 공략 • 표준화, 대량생산 등 마케팅 비용의 최소화 추구 • 제품수명주기에서 도입기에 해당

2. 차별적 마케팅 전략

차별적 마케팅 전략이란, 기업이 여러 세분시장을 표적으로 하고, 각각의 세분시장에 대해 서로 다른 제품을 제공하는 것을 말한다. 이 전략은 비차별적 마케팅 전략을 채택할 때보다 훨씬 더 많은 매출액을 창출하게 된다.

그 이유는 여러 상표를 가지고 영업활동을 하기 때문에 하나의 상표로 영업활동을 하는 비차별적 마케팅 전략보다 높은 시장점유율을 확보할 수 있기 때문이다.

특성	• 다양한 욕구의 소비자들을 근거로 시장 세분화 • 차별화 등으로 판매량을 증대 • 다수의 마케팅 프로그램(소비자의 소득, 연령, 개성 등에 따른 제품을 생산·판매 등) • 많은 비용 필요(사업운영비의 증가: 기술생산비, 연구개발비, 광고비 등)

3. 집중적 마케팅 전략

집중적 마케팅 전략이란, 단일 시장 집중화 전략으로, 기업의 자원이 제약을 받을 때 대규모시장에서의 낮은 시장점유율보다는 한두 개의 세분시장에서 높은 시장점유율을 추구하려는 것을 말한다. 이 전략을 채택하는 기업은 세분시장의 욕구에 대해 정확히 인식해야 하며, 생산·유통·광고 등이 전문화되어 있기 때문에 높은 경제성을 누릴 수 있다. 그러나 위험도 내포(여러 대기업이 같은 세분시장에 진입할 경우)하고 있다.

[그림 3-1] 표적시장의 유형

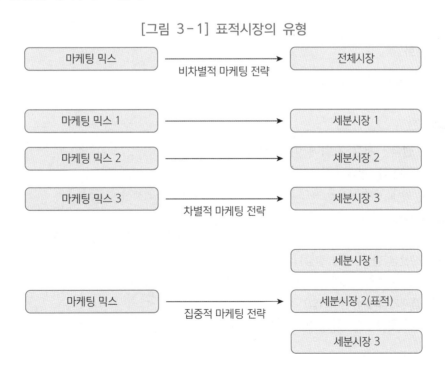

3 진입할 세분시장과 범위 결정(시장 도달 전략)

1. 전체시장 도달 전략

(1) 단일제품

동질적 선호 또는 완전히 분산된 이질적 선호의 시장, 대량생산·유통에 의한 경제성을 추구하고, 제품의 표준화로 원가우위 전략(최저가격)이 가능하고 도입기에서 주로 선택한다.

(2) 다수제품

성장후기나 성숙기에 수행하며, 매출액의 증가·비용의 증가가 발생한다.

2. 부분시장 도달 전략

(1) 단일시장 집중화

기업의 능력 제한, 교두보로 이용, 집중화된 마케팅, 전문화

(2) 시장 전문화

단일시장(특정 고객 집단)·다양한 제품, 소비자 집단에 의한 위험이 높다.

(3) 제품 전문화

다양한 시장·단일제품, 기술개발에 의한 위험이 높다.

(4) 선택적 전문화

낮은 시너지 효과, 위험분산의 효과가 있다.

☑ 핵심체크

경쟁적 마케팅 전략 – 시장 지위에 따른 전략

1. **시장 선도자(유지전략·방어전략)**
   총 시장 수요 확대, 시장점유율 확대, 현재 시장점유율 유지 ⇨ 전체시장 도달
2. **시장 도전자(점유율 확대, M&A)**
   시장점유율 증대가 중요시장 선도자 공격, 동일규모 기업 공격, 소규모·현지기업 공격 ⇨ 부분시장 도달
3. **시장 추종자(생산성 향상, 원가 절감)**
   완전 추종·차별적 추종·선택적 추종, 시장 도전자의 주공격 대상 ⇨ 부분시장 도달
4. **시장 적소자(틈새기업에서 선두기업)**
   전문화를 통한 안정성·수익성 유지, 세분시장의 표적화 ⇨ 단일시장 집중화, 시장·고객 마케팅믹스(전문화 전략)

---

04 포지셔닝

1 포지셔닝 개념

포지셔닝(Product positioning)이란, 특정제품을 경쟁기업의 제품과 동등한 속성을 기준으로 비교해 소비자들이 그 제품을 어떻게 인식하고 있느냐 하는 것을 의미한다.

즉, 경쟁기업들과 효과적으로 경쟁하기 위하여 소비자들의 의식에 제품의 정확한 위치를 심어주는 과정을 의미한다. 다시 말하면, 특정 제품이 경쟁사 및 경쟁 제품에 비하여 소비자의 마음 속(인식, 인지, 각인, 기억)에 차지하는 상대적인 위치를 의미한다.

시장 세분화와 제품차별화의 두 개념이 잘 조화되어 제품 이미지를 창조해냄으로써 시장에서의 위치를 확고히 하는 것이라고 할 수 있다.

> **☑ 핵심체크**
>
> **제품 포지셔닝(Product positioning)**
> 소비자의 마음(의식) 속에 자사의 제품을 경쟁사 제품과 어떻게 차별적으로 인식(기억; 지각)시킬 것인가에 대한 집중적인 노력(전략)에 의해 제품이 경쟁제품에 비해 소비자들의 마음 속에 차지하고 있는 상대적 위치를 말한다.
>
> **포지셔닝(Positioning)**
> 목표시장에서 고객의 욕구를 파악하여 경쟁사 및 경쟁 제품에 대하여 차별적 특징을 갖도록 제품개념을 정하고, 소비자들의 지각 속에 적절히 위치시키려는 노력이다.

1. 포지셔닝 유형

(1) 속성에 의한 포지셔닝

제품의 속성을 기준으로 포지셔닝하는 방법으로 가장 널리 사용되고 있다. 제품의 가격, 장점, 스타일, 성능 등을 이용해 경쟁사보다 자사의 제품에 대한 속성을 부각시키는 것을 말한다.

예 해외에서 현대차는 저가격과 실용성을 강조하며, 볼보는 안정성 측면을 강조하고, BMW는 성능이 우수하다는 것을 강조하고, 벤츠는 고품격과 성공의 상징으로 강력하게 소비자들에게 포지셔닝하고 있다.

(2) 이미지 포지셔닝

제품의 추상적인 편익을 강조하여 포지셔닝하는 경우이다.

예 맥심 커피는 "가슴이 따뜻한 사람과 만나고 싶다.", "커피의 명작. 맥심" 등의 광고 카피를 이용하여 정서적·사색적 및 고급 이미지를 형성하려고 오랜 기간 노력하여 소비자들에게 포지셔닝하고 있다.

(3) 사용상황이나 목적에 의한 포지셔닝

제품이 사용될 수 있는 상황이나 목적을 묘사하여 포지셔닝할 수 있다.

> 예) 아멕스카드는 카드가 사용되는 장소, 분실할 수 있는 상황을 통하여 신뢰성을 강조하고 있으며, 중소기업인 무궁화유지는 이사하는 상황에 가루세탁비누가 널리 사용된다는 것을 강조하여 소비자들에게 강하게 포지셔닝하고 있다.

(4) 제품사용자에 의한 포지셔닝

제품의 사용자나 사용 계층을 이용하여 포지셔닝할 수 있다. 특정 사용자(사용계층)에게 적합하다는 것을 부각시키는 것으로 기능성 제품을 강조한다.

> 예) 코카콜라는 젊은이들이 사용하는 모습을 오랫동안 광고에 사용해 왔으며, 버드와이저는 젊은 남성 및 노동자계층이 주로 사용하는 맥주로 포지셔닝하고 있다.

(5) 경쟁제품에 의한 포지셔닝

소비자의 지각 속에 위치하고 있는 경쟁제품과 명시적 혹은 묵시적으로 비교하게 하여 경쟁제품에 비해 자사 제품의 혜택이나 편익을 강조하여 포지셔닝하는 방법이다.

> 예) 7-up이라는 사이다는 un-cola라는 단어를 사용하여 콜라의 대체품으로서의 위치를 강조한 바 있다. 칠성사이다도 비슷한 전략을 사용하여 콜라와 달리 깨끗하고, 따라서 몸에 이로운 음료라는 것을 강조하고 있다.
>
> HITE는 '맥주의 90%는 물, 심층수의 깨끗한 물, 어느 맥주를 드시겠습니까?'라는 카피로 경쟁 맥주와 간접적으로 비교하여 성공적으로 포지셔닝하였다.

(6) 브랜드(brand) 포지셔닝

잠재고객의 특별한 상황에서 특정 브랜드를 떠올리고 머릿속의 최적 위치에 존재시키는 것이다.

> 예) 나이키는 혁신적이고 과학적인 제품디자인, 최고의 운동선수가 사용하는 스포츠과학적인 브랜드로 포지셔닝하였다.

2. 포지셔닝 전략 수립

포지셔닝(Positioning) 전략을 수립하기 위해서는 소비자 분석이 선행되어야 하고, 경쟁제품 분석을 통한 경쟁제품의 포지셔닝 분석을 한 후, 자사제품의 포지셔닝을 실시한다. 그 후 자사와 경쟁사의 포지셔닝 비교분석을 통해 인지도(positioning map; 위치도)를 작성한다.

[그림 3-2] 포지셔닝 전략 수행과정

3. 인지도(Positioning Map)

인지도란, 위치도 또는 지각도라고도 하며, 주요 속성을 기준으로 소비자들이 제품들에 대하여 인지하는 상대적인 위치를 도표화한 것이다. 즉, 소비자의 마음속에 있는 자사제품과 경쟁제품들의 위치를 2차원 또는 3차원의 도면으로 작성한 것이다.

경영자는 이러한 도표를 보고 어느 지점이 가장 자사제품에 적합한지 결정해야 한다. 그러려면 위치에 들어맞는 제품을 기술적·경제적으로 만들 수 있어야 하고 또 그러한 제품을 찾는 소비자의 수가 많다는 확신이 있어야 한다.

다른 방안은 현재의 경쟁제품에 가깝게 위치를 정하는 것이다. 이 방안을 택하려면, 경쟁제품보다 우수한 제품을 만들 수 있고, 그 시장의 크기가 두 회사를 감당할 수 있을 만큼 커야 하며, 경쟁사보다 자원이 많거나 또는 회사가 가지고 있는 강점을 활용할 수 있는 위치여서, 기존 경쟁제품에서 시장을 뺏어 올 수 있다는 확신이 있어야 한다.

기업이 자사제품의 성공적인 포지셔닝을 위하여 선택할 수 있는 전략은 여러 가지가 있다. 어떤 전략이 가장 효과적인가를 판단하기 위해서는 우선 경쟁기업의 경쟁제품의 포지션 분석을 먼저 실행하여, 자사제품과 경쟁제품이 현재 소비자들에게 어떻게 지각되고 또 평가되고 있는지를 파악하여야 한다. 이때 제품인지도(Positioning map)를 작성하여 판단하게 된다.

[그림 3-3] 제품위치(지각)도: 자동차(가격, 안정성)

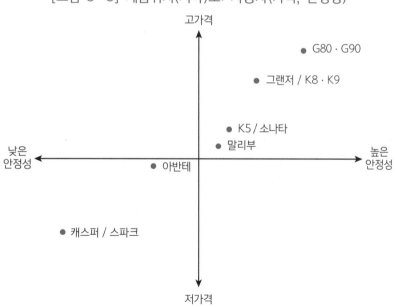

다음 표에서 실제로 시행되고 있는 포지셔닝 전략에서 보듯이 제품이나 서비스의 속성, 품질, 경쟁상의 위치 등에 따라 매우 다양하다.

<표 3-2> 제품 포지셔닝의 예

강조점	포지셔닝의 예
속성	파로돈탁스는 잇몸질환을 치료하는 치약입니다.
가격 및 품질	귀뚜라미 보일러는 집 수명만큼 오래가고 세 번 타는 보일러입니다.
경쟁자	Avis는 렌트카 업계 2위의 기업입니다. 그러나 더욱 열심히 노력하고 있습니다.
용도	존슨즈 베이비오일은 건조하고 거친 부위에 좋고 부드러운 피부를 유지합니다.
사용자	컨디션(여명808)은 접대가 많은 세일즈맨의 드링크입니다.

일반적인 포지셔닝 맵 유형은 다음과 같다.

(1) 제품 위주 포지셔닝 맵

사용한 제품의 물리적인 특성을 부각시키는 것으로, 소비자를 대상으로 포지셔닝 맵을 작성하는 것이 아니라 객관적인 제품의 물리적인 속성을 사용하여 포지셔닝을 작성하는 방법이다.

(2) 소비자 지각을 통한 포지셔닝 맵

소비자가 각각의 제품에 대해 지각하고 있는 차원을 선별하여 도면으로 작성하는 방법이다.

2 재포지셔닝(Repositioning)

자사의 포지셔닝(Positioning) 전략이 실행된 이후에도 소비자의 욕구와 경쟁을 포함한 여러 가지 환경은 시간의 흐름에 따라 지속적으로 변화하므로, 마케팅 관리자는 계속적인 조사를 통해 자사 제품의 포지셔닝을 확인해야 한다.

초기에 적절한 포지셔닝이 되었더라도 여러 환경의 변화로 인하여 포지셔닝의 위치가 바뀔 수 있다. 그러므로 이러한 현상이 발생되면 마케팅 관리자는 포지셔닝 전략의 절차를 반복 시행하여 자사제품의 목표 포지션을 다시 설정하고 적절한 위치로 이동시키는 지속적인 재포지셔닝 (Repositioning)이 필요하다.

재포지셔닝(Repositioning)이란, 포지션이 잘못되었다고 판단된 경우 제품의 변경에 의하거나 제품의 변경이나 변화 없이 광고나 다른 마케팅 변수의 변경에 의해 포지셔닝 위치를 변경하는 것과 기존 제품의 판매 감소, 불경기 또는 제품수명주기(PLC)상에서 성숙기에 시장에 신제품을 출시할 때 실시하면 효과적이다.

마케팅믹스 전략

마케팅믹스(marketing mix)란, 기업의 목표를 달성하기 위해 통제 가능한 마케팅 변수를 적합하게 배합하는 것을 말한다. 마케팅믹스의 구성요소로는 제품(product), 가격(price), 유통(place), 촉진(promotion) 등이 있으며, 이들을 4P's라 한다.

TIP+ 마케팅 3대 전략

1. 제품차별화, 서비스차별화
2. 시장세분화, 집중화전략
3. 원가우위전략

[그림 4 - 1] 마케팅믹스와 환경의 관계

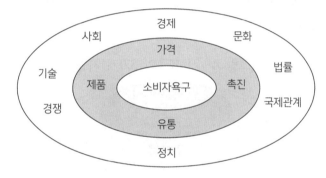

01 제품 전략

1 제품 개념

제품(product)이란, 소비자의 욕구를 충족시켜주는 유형재(goods), 서비스(services), 아이디어(idea)를 모두 포함한다. 소비자들이 제품을 구매할 때 눈에 보이는 유형재(goods)뿐만 아니라 눈에 보이지 않는 무형재(services, idea)의 기능적 측면, 심리적 이익, 편익 등의 속성들까지도 구매를 하는 것이기 때문이다.

소비자의 제품구매욕구 또는 구매결정은 기능적 욕구, 감각적 욕구, 상징적 욕구의 3가지로 구분한다.

① 기능적 욕구(functional needs)

기능적 욕구란, 제품의 사용에서 제품의 본원적인 기능(혜택)을 구매한다. 특정 제품을 구매하여 기능적인 욕구를 충족시키는 제품을 기능적 제품이라고 한다.

예 자동차: 편리함

② 감각적 욕구(sensory needs)

감각적 욕구란, 제품의 사용과정에서 즐거움이나 행복감을 느끼거나 경험하는 것으로, 이러한 제품을 감각적 제품이라고 한다.

예 향기나는 화장지나 공책 등

③ 상징적 욕구(symbolic needs)

상징적 욕구란, 제품의 구매를 통해 자신이 특정 집단의 소속감을 표현하거나 위상을 강화하고 자신의 정체성을 갖는 것으로, 이러한 제품을 상징적 제품이라고 한다.

예 할리데이비슨, 스포츠카, 허머, 명품 옷, 명품 가방 등

코틀러(P. Kotler, 1997)는 이런 의미에서 제품을 3가지 차원인 핵심제품, 유형제품, 확장제품의 집합으로 보아야 한다고 하였다.

[그림 4-2] 제품의 3가지 차원

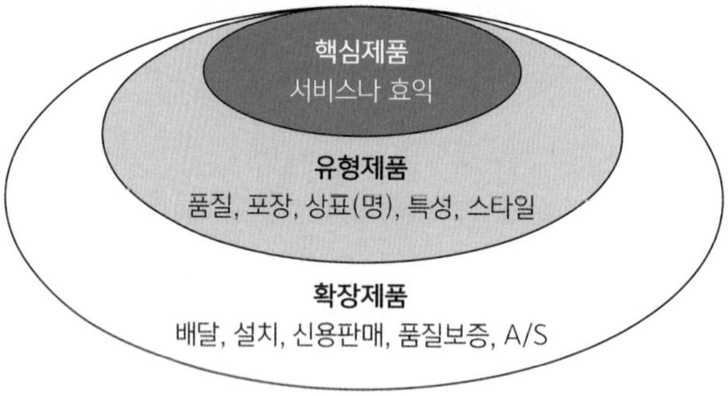

핵심제품
서비스나 효익

유형제품
품질, 포장, 상표(명), 특성, 스타일

확장제품
배달, 설치, 신용판매, 품질보증, A/S

1. 핵심제품(Core Product)

핵심제품이란, 소비자들이 제품구매에 있어 실제로 무엇을 원하는가에 관한 개념이다. 소비자들이 제품구매에서 얻으려고 하는 가장 본질적인 제품 자체의 서비스나 효익(편익; benefit)으로 무형의 성질을 갖는다. 이는 제품이 기능을 충실히 수행할 때 발생하며 그 결과 기능적인 욕구가 만족된다.

예 오토바이: 속도감, 출·퇴근의 편리함

2. 유형제품(Tangible Product)

유형제품이란, 실체제품이라고도 하며, 핵심제품을 실제의 형태로 개발시킨 제품이다. 소비자가 추구하는 편익의 구체적이고 종합적인 물리적 속성(유형화)을 말한다.

유형제품은 품질, 포장, 상표, 제품의 특성, 스타일 등의 속성(차별화된 제품)을 포함한다. 이는 소비자의 감각적 욕구와 상징적 욕구를 충족시켜준다.

예 향수, 세탁기, 컴퓨터, TV 등

3. 확장제품(Augmented Product)

확장제품이란, 증폭제품이라고도 하며, 유형제품에 경쟁자와 구별되는 추가적인 서비스와 효익을 결합한 제품이다. 유형제품에서 부가적인 속성을 추가한 것이다. 확장제품의 특성이 제품의 경쟁력 및 시장에서의 성공에 중요한 요인으로 작용되기도 한다.

예 신속배달 및 설치, 품질보증, A/S, 신속한 수리 등

TIP+ 자동차 또는 오토바이를 구매한 경우

1. **핵심제품** - 제품 자체의 무형의 편익(출·퇴근 시 편리함, 사회적인 인정, 속도감·안락함을 즐기기 위함 등)
2. **유형제품** - 제품의 물리적인 형태(외형스타일, 엔진, 핸들, 타이어 등)
3. **확장제품** - 부가서비스(정비 및 수리, 기타 서비스망 등)

---

2 제품 분류

제품은 누가, 어떻게 사용 및 소비하는가(용도)에 따라 소비재(consumer product)와 산업재(industrial product)로 구분할 수 있다.

[그림 4-3] 제품 분류

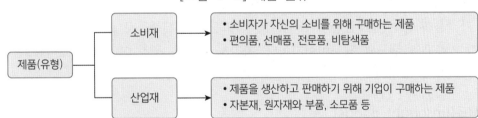

1. 소비재 유형

소비재는 구매습관에 따라 다음과 같이 4가지로 구분된다. 제품에 따라 구매형태 또는 구매습관이 각각 다르므로 다른 마케팅 전략이 요구되며, 소비재의 경우 광고비 지출이 많다.

(1) 편의품(convenience goods)

편의품(convenience goods)은 최소한의 시간과 구매노력을 투입하여 구매하는 제품으로, 저관여 제품이며 고객충성도가 낮다. 즉, 구매빈도가 높고 저가격인 제품이 해당된다. 일반적으로 생활에 필수품이기 때문에 습관적이거나 충동적으로 구매하는 제품으로 불특정 소비자층을 대상으로 한다.
예 치약, 과자, 신문, 세제, 화장지, 과자류 등

(2) 선매품(shopping goods)

선매품(shopping goods)은 일반적으로 관여도가 높고, 소비자가 여러 점포를 돌아다니면서 상표들 간에 가격, 품질, 스타일, 적합성 등을 비교한 후 구매결정을 하는 제품이다. 소비자가 제품에 대해 지식을 갖고 있기 때문에 구매결정을 하는 데에 많은 정보가 필요로 하는 제품으로, 차별성 있는 광고(특정 소비자층뿐만 아니라 불특정 다수의 소비자층을 대상)를 해야 하는 제품이다.
선매품은 소수의 선별된 유통점에서 취급되며, 편의품보다는 고가격이고 특히 점포의 이미지가 구매에 중요한 역할을 한다.
예 패션의류, 가구, 자동차, 가전제품 등

(3) 전문품(specialty goods)

전문품(specialty goods)은 제품의 독특한 특성이나 상표인식 때문에 소비자들이 구매에 있어서 상당한 노력을 기울이는 제품을 말한다.
관여도가 매우 높고 구매자의 사회적 지위와 연관이 되며, 소비자들은 제품 구매에 기꺼이 높은 가격을 지불하는 제품들이다. 즉, 고가·고관여의 제품들로 고객충성도가 높으며, 구매 결정의 기준은 브랜드와 제품이미지이다. 따라서 기업은 특정 고객층을 표적으로 한다.
예 고급오디오, 고가시계, 귀금속류, 전문디자이너 의류 등

(4) 비탐색품(unsought goods)

비탐색품(unsought goods)은 소비자가 원하지 않거나 인지도가 낮고 제품에 대한 지식이 없어서 찾지 않는 제품이다. 소비자들은 이 제품에 대해 전혀 정보탐색을 하지 않는다. 이 경우 적극적인 광고를 통해 제품을 인식시키거나 인적판매에 의존해야 한다.
예 각종 보험, 백과사전 등

2. 산업재 유형

산업재의 특성은 제품의 판매가 파생된 수요의 결과로 나타난다. 산업재의 수요는 소비재의 수요로부터 기인된다. 산업재는 자본재(설비, 기자재 등), 원자재와 부품(원료, 가공재, 부품), 소모품으로 크게 나누어진다.

(1) 자본재(capital items)

설비는 고정자산의 성격이고 비싸며 일반적으로 건물, 공장 등이다. 즉, 기업의 생산활동에 도움을 주거나 기반이 된다. 기자재(도구)는 생산과정을 돕는 제품이다.

(2) 원자재와 부품(materials and parts)

원자재는 제품 제작에 필요한 모든 자연생산물을 말한다. 가공재는 원료를 가공·처리하여 제조된 제품으로 타 제품의 부분으로 사용되는데, 타 제품의 생산에 투입될 경우 원형을 잃게 되는 제품이다. 부품은 생산과정을 거쳐 제조되지만, 그 자체로는 사용가치가 없는 것으로 최종제품의 부분이다. 가공재와 부품은 산업용품 사용자에게 직접 판매가 이루어진다.

(3) 소모품(supplies)

소모품은 업무(사무)용 소모품과 수선·유지용 소모품으로 구분하며, 제품의 완성에는 필요하나 최종 제품의 일부가 되지 않는 제품이다.

3. 기타 제품

(1) 디지털 제품

인터넷 제품이라고도 하며 디지털 형태로 제작되고 저장·배달·소비되는 제품으로 정보의 특징을 가지는 것(소프트웨어, 전자신문, MP3파일 등)이다. 디지털 제품은 정보의 특징을 그대로 가지고 있는 제품으로 제품(물건)은 판매되면 소유권이 이전되지만, 정보는 판매되어도 소유권을 유지하고 있다.

(2) 인터넷거래에 적합한 제품

① 종류가 매우 많고 제품의 구매 시 제품의 정보가 매주 중요한 것
　예 도서, 여행, 증권 등
② 제품표준화가 잘 된 것 혹은 성숙기에 접어들어 인지도가 높고 회사 간 품질의 차이가 거의 없는 경우
　예 가전제품 등
③ 수요자와 공급자 간의 연결이 필요한 것
　예 항공티켓, 공연티켓 등

(3) 인터넷거래의 특징

장점은 인터넷을 통해 많은 정보를 수용하여 여러 상표들의 가격비교를 한 번에 할 수 있고 다른 사용자의 사용 후기를 참고할 수 있다. 그러나 제품을 직접 시용할 수 없다는 단점이 있다.

그러나 최근에는 소비자에게 일정기간 사용 후 구매를 결정할 수 있는 제품(체험마케팅)이 증가하고 있는 추세이다.

③ 제품수명주기(PLC)

제품수명주기(PLC; Product life cycle)란, 일반적으로 제품이 시장에 처음 출시되면 영원히 존재하는 것이 아니라, 사람과 같이 일정기간 수명(life)이 존재하는 것을 말한다.

제품수명주기(PLC)는 제품이 시장에 출시되어 사라질 때까지의 시간의 흐름(추이)과정으로 매출액과 수익률, 고객유형, 경쟁자, 마케팅 활동 등을 나타낸다.

제품수명주기(PLC)는 제품이 시장에 처음으로 출시되는 도입기(intro), 매출이 급격히 증가되는 성장기(growth), 성장률이 서서히 둔화되는 성숙기(maturity), 매출이 급격히 감소하는 쇠퇴기(decline)의 4단계로 구분된다. 단, PLC는 재구매가 이뤄지지 않고, 내구재라는 가정이 있다. 이 가정에 충실할 때 다음 그림과 같이 S자 형태를 띤다.

[그림 4-4] 제품수명주기 단계

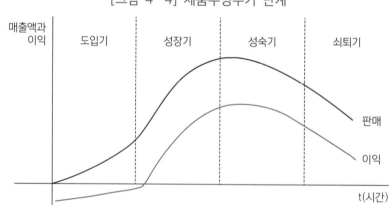

1. 도입기(Introduction stage)

제품이 처음으로 시장에 출시되는 시기로서, 판매량이 완만히 상승하는 단계이다. 이때는 제품의 인지도 낮으므로 제품의 존재를 알리는 인식광고(기본수요의 자극과 시험구매를 유도) 및 유통경로의 확충에 많은 투자(높은 판촉비용, 유통개척비용)가 필요하다. 주요 고객층은 혁신자층이다.

특성	• 이익은 발생하지 않음 • 수요가 적고 생산량도 적음 • 제품의 원가도 높음 • 기본적인 형태(기능)의 제품 생산

2. 성장기(Growth stage)

성장기는 제품이 초기시장에서 소비자에게 많이 알려져 수요(판매)가 급속히 증가하고, 유통망도 어느 정도 확보가 된 상태로서, 혁신자층과 조기수용자층의 호의적인 구전효과가 중요한 역할을 하며, 주요 고객층은 조기수요자층과 조기다수자층이다. 성장기에는 경쟁제품과의 제품차별화전략(기능, 디자인 개선)을 실시해야 하고, 시장세분화 실시 및 적극적인 구매유도광고를 실시해야 한다.

특성	• 모방제품이나 경쟁제품의 시장 진입 • 전체 시장의 규모가 급격히 늘어남 • 선도 기업은 시장점유율은 감소하지만 총매출액은 증가 • 최다이익 실현(이익이 급격히 증가)

3. 성숙기(Maturity stage)

성숙기는 경쟁이 가장 치열하면서도, 시장성장률이 정체되고 수요의 신장이 둔화되며 매출액이 서서히 감소하는 시기이다. 기존 고객유지가 중요하며 신제품의 개발 및 다양화(신상표), 시장개발과 마케팅믹스 전략의 수정이 요구된다. 주요 고객층은 일부 조기다수자와 후기다수층이다.

특성	• 생산능력은 포화상태 • 경쟁이 가장 치열(이익이 서서히 감소) • 판매를 자극 • 가격 할인, 쿠폰 제공, 광고비의 증가

4. 쇠퇴기(Decline stage)

쇠퇴기는 소비자의 욕구나 기호의 변화, 신기술의 출현, 사회적 가치의 변화, 대체품의 등장 등으로 시장수요가 급격히 감소하는 단계로서 이익이 급격히 감소하는 시기이다. 이때 기업은 유지나 철수전략을 결정해야 한다. 주요 고객층은 최종수용자층이다.

4 제품수명주기의 일반적 형태

일반적인 제품수명주기(PLC)는 1회 구매와 내구재라는 가정이 있으므로, 현실적으로 적합하지 않고, 실재 현실적으로는 여러 가지의 제품수명주기(PLC)의 형태가 존재한다. 이에 가장 대표적인 형태의 제품수명주기(PLC)는 다음과 같다.

[그림 4-5] 제품수명주기(PLC)의 형태

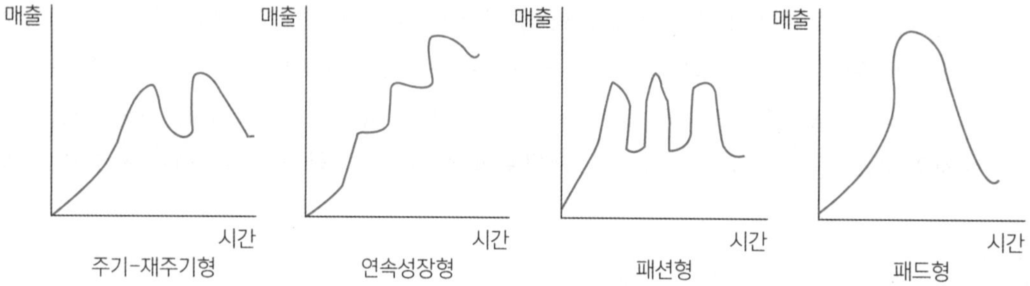

1. 주기 - 재주기형

재활성화형이라고도 하며, 이것은 도입, 성장, 성숙, 쇠퇴기에 접어들었다가 다양한 촉진활동(새로운 판매조직)의 강화 또는 재포지셔닝(Repositioning) 등에 의해 다시 한 번 성장기(매출 증가)에 접어드는 것(재상승)으로 많은 제품들이 기업의 마케팅활동에 의해 이러한 형태를 갖는다.

2. 연속성장형

새로운 제품의 특성, 용도, 사용자를 발견하거나 개발하여 PLC 곡선상에서 이어지는 것이다.
[예] 나일론 등

3. 패션(fashion)형

일정주기를 타고 성장과 쇠퇴를 반복하는 형태가 주기적으로 나타난다.
[예] 남성들의 바지, 넥타이, 여성들의 치마 등

4. 패드(fad)형

변덕형이라고도 하며, 도입기가 없이 바로 성장기에 접어들었다가 성숙기가 거의 없이 쇠퇴기로 접어드는 형태(일시적 유행)이다.
[예] 전자제품, 게임류, 음악 등

✅ 핵심체크

제품수명주기 영향요인

1. 시장요인
소비자의 기호 변화, 인구구성, 소득, 생활양식 등이 시장요인에 해당한다.

2. 기술요인
새로운 기술 개발은 기존 제품의 수명을 단축시킨다. 새로운 기술과 소재에 의한 제품의 개량이나 대체품의 개발 등의 요인이 기술요인에 해당한다.

3. 경쟁 요인
특히 경쟁 기업의 마케팅 활동과 새로운 제품의 개발, 차별적인 우위성을 추구하기 위한 제품의 개발, 시장 점유율(market share) 확대를 겨냥한 저가격 정책 등은 제품수명주기(PLC)의 단축화 요인으로 작용한다.

제품수명주기 최근동향
1. 소비자 욕구가 급변하고 경쟁이 심하여 수명주기가 짧아지는 경향이 있다.
2. PLC가 짧아짐에 따라 신제품 개발에 막대한 연구·개발(R&D) 비용을 투입하고 빠른 시일 내에 대량생산하여 판매하지 않으면 투자비용의 회수가 어렵다.
3. 기업의 인수·합병(M&A), 전략적 제휴를 통해 거대화 및 글로벌화되고 있다.

5 제품계열과 제품믹스

오늘날 기업들은 한 가지 제품만 시장에 출시하는 것을 찾아보기 어렵다. 대부분의 기업은 여러 종류의 제품들을 출시하기 때문에 제품계열(Product line)과 제품믹스(Product mix)란 용어가 자주 쓰인다.

1. 제품계열

제품계열(Product line)이란, 기업이 생산하는 제품 중에서 동일한 소비자에게 판매되거나 동일한 유통경로를 이용하는 아주 비슷한 용도의 제품들의 집단으로 서로 밀접하게 관련된 제품들의 집합을 말한다.

즉, 제품의 물리적 특성, 용도, 구매집단, 가격범위, 유통경로 등이 유사한 제품들로, 마케팅의 기술적인 이유로 일련의 제품들을 그룹으로 묶은 것을 말한다.

2. 제품믹스

제품믹스(Product mix)란, 기업이 생산하는 모든 제품의 수로 구성된다. 제품구색이라고도 한다.
즉, 제품계열과 제품품목들의 집합을 의미한다.
제품믹스는 넓이(폭; Width), 깊이(Depth), 길이(Length)를 가지고 있다.

① 넓이(Width) – 기업이 생산하는 총 제품계열의 수
② 깊이(Depth) – 제품계열 내에 있는 각 제품의 다양한 품목의 수
③ 길이(Length) – 제품믹스 내에 있는 모든 제품의 수

<표 4-1> 제품믹스의 예

제품믹스의 넓이		
제품계열 1	제품계열 2	제품계열 3
품목 1 품목 2	품목 1 품목 2 품목 3	품목 1 품목 2 품목 3
2	3	3

∴ 제품믹스의 넓이 = 3, 길이 = 8, 깊이 = 계열1 – 2, 계열2 – 3, 계열3 – 3

⊘ 핵심체크

제품믹스(Product mix)의 활용

1. 넓이의 확대 → 제품의 다양화(넓이의 축소 → 제품의 단순화)
2. 깊이의 확대 → 제품의 차별화

길이확장전략

1. **장점**

   소비자의 다양한 욕구 충족과 기업 이윤 추구
2. **단점**

   관리비용 증가, 소매상의 공간 확보 어려움, 선택의 폭이 커지면 소비자 혼란, 생산의 효율성 감소, 품목 공헌
   이익 감소, 자기잠식현상 등

---

3. 제품믹스 전략유형

제품믹스(product mix) 전략은 3가지 요소(넓이, 깊이, 길이)를 상황에 따라 조정·수정·개발하여
변화하는 소비자의 욕구와 기호 및 경쟁 상황에 적절하게 대처하는 전략이다.

(1) 제품계열 넓이(폭)결정

① 확대전략

   기존의 제품계열에 새로운 제품계열을 추가하는 것이다.

② 축소전략

   특정 제품계열의 매출부진, 시장축소, 경쟁치열 등에 따라 계열을 철수한다.

(2) 제품계열 깊이결정

① 상향전략

특정 계열의 현재 품목보다 고가격·고품질 제품을 추가 연장하는 것이다.

② 하향전략

특정 계열의 현재 품목보다 저가격·저품질 제품을 추가 연장하는 것이다.

(3) 제품계열 길이결정

① 확대전략

- ㉠ **상향확대전략**: 저품질·저가격제품에서 고품질·고가격 제품으로 확대하는 것이다.
- ㉡ **하향확대전략**: 고품질·고가격제품에서 저품질·저가격 제품으로 확대하는 것이다.
- ㉢ **양면확대전략**: 중품질·중가격제품에서 고품질·고가격 제품과 저품질·저가격 제품 모두를 생산하는 것이다.

② 축소전략

장기적 측면에서 이익에 기여하지 않는 품목은 과감히 제거하는 것이다.

6 상표전략

상표(Brand)란, 판매자의 제품과 서비스를 확인하고 경쟁자의 제품과 구별하기 위해 사용되는 이름, 말, 상징, 표시, 도형, 디자인 그리고 결합을 총칭하는 용어이다.

소비자는 상표를 통하여 판매자 또는 생산자를 확인할 수 있으며, 기업은 상표명을 등록하는 경우 법적인 보호 등을 받을 수 있다.

1. 상표 중요성

상표의 중요성(마케팅효과)은 크게 고객입장과 기업입장으로 구분하여 정리할 수 있다.

고객	• 고객에게 다른 제품과의 식별 가능 • 제품구매 시 사고비용(think cost) 감소 • 특정 상표에 충성도를 가진 고객은 상표로 인하여 쉽게 그 상표를 구매할 수 있음 • 상표는 구매의 효율성을 높임 • 제조업자가 제품의 품질보증, 가치보증 제공
기업	• 강력한 상표는 진입장벽의 역할(경쟁사의 시장진입을 억제) • 경쟁 상표보다 높은 가격을 책정 및 유통경로상에서 유리한 위치(power) 선점 • 기존 상표를 이용하여 신제품을 용이하게 시장 진입 • 기업 이미지의 향상과 안정적 매출 확보가 가능

1. **상표명(brand name)**

   단어나 숫자와 같이 말로 표현할 수 있는 상표의 일부분이다. 즉, 상표의 이름을 구체적으로 가리키는 것이다. 그러므로 상표명의 결정은 소비자들이 기억하기 쉽고, 경쟁사의 상표명과 확실하게 구별되어야 하며, 제품의 편익을 암시할 수 있으면 더 좋다. 그리고 법의 보호를 받을 수 있어야 한다는 것이 중요하다.

   예 삼성, 현대, 맥도날드, 구글, 애플 등

2. **상표마크(brand mark)**

   상표의 일부분으로 말로 표현할 수는 없지만 상징, 디자인, 독특한 문자를 말한다. 즉, 상표의 심벌 도형을 가리키는 것이다.

   예 맥도날드의 쌍무지개, 푸른색 바탕의 삼성, 붉은색 바탕의 LG, 아우디자동차의 4개의 원, 애플의 사과 등

2. 상표전략 유형

(1) 개별상표(Individual brand)

상표명의 선정 시 각 품목마다 독자적인 상표를 부착하는 방법이다. 각 표적에 맞는 새로운 판촉활동이 필요하다.

즉, 생산된 제품에 모두 상이한 상표를 사용하는 경우로서, 같은 제품군 내에서도 개별상표를 사용하는 경우가 있는데 이를 복수상표전략이라고 한다.

예 LG: 슈퍼타이, 하모니, 한스푼 / 이랜드: 언더우드, 헌트 등

장점	• 위험분산 가능, 세분시장 이용 가능 • 소매상의 진열 공간을 확보하는 수단 • 다양한 고객층을 흡수
딘짐	자사제품끼리 시장잠식(Cannibalization)

(2) 공동상표(Family brand)

한 기업에서 생산되는 모든 제품에 한 가지의 상표를 부착하는 방법(몇 가지 관련된 제품에 대해 동일 브랜드를 사용, 다양한 제품에 통일적으로 사용)이다.

예 제네시스, 오뚜기, 벤츠, 크라이슬러, BMW, SONY 등

장점	• 후속제품에 대한 후광효과 • 신제품 출시 시 기존 제품의 이미지가 전이되어 쉽게 인지도를 높일 수 있음 • 마케팅 비용, 광고나 판촉의 비용을 절감
단점	• 관계없는 제품에 동일한 상표를 사용할 경우 혼란을 초래 • 신뢰성을 상실할 가능성 • 한 제품의 실패가 다른 제품에까지 나쁜 영향을 미칠 가능성

(3) 제조업자상표(NB; National brand)

제조업자가 자사제품에 대하여 상표를 개발·결정하는 것이다. 이 제조업자 상표는 제조업자가 상표명을 소유하고 마케팅 활동을 하는 경우이다. 우리나라의 경우 제조업자상표가 대부분을 차지하고 있다.

예 삼성, 마이크로소프트, LG, 오뚜기, 신라면 등

(4) 중간상상표(PB; Private brand)

유통업자상표라고도 하며, 최근에 많이 사용되는 것으로서 유통업자가 자체적으로 제품을 기획하고 제조(혹은 위탁)하여 상표를 결정하는 것이다. 마케팅의 주도권이 유통업자에게로 이전된다. 즉, 소매상의 파워가 커질수록 널리 사용된다.

미국의 경우 중간상상표가 차지하는 비율이 매우 높다. 중간상상표는 도소매업자가 하청을 주어 생산 판매하는 제품에 도소매업자의 상표를 부착하는 경우를 의미한다.

예 Kim's Club의 People, E-Mart의 E-Plus 등

(5) SPA(Special store retailer Private label Apparel)

자기상표부착유통방식으로 다품종소량생산을 하는 업체의 방식이며 '페스트패션'이 대표적이다. 즉, 1 ~ 2주 단위로 제품을 기획 – 생산 – 판매(저가)하는 방식이다.

예 H&M, 망고, 자라, 유니클로 등

(6) 무상표(GB; Generic brand or No brand)

상표가 없고 포장 자체가 아주 평범하며 저가의 판매제품에 적용된다.

1976년 프랑스에서 제일 먼저 출시되었으며, 포장비와 광고비를 절약함으로써 가격인하가 가능했다. 이것은 먼저 상표를 붙일 것인가를 결정해야 하는데, 상표를 붙이지 않는 전략은 무상표전략이라고 한다. 무상표제품(generic brand)은 상표를 붙이지 않고 제품의 내용만을 표시한 제품이다.

(7) 복합상표(Co-brand)

두 개 이상의 기업들이 연합하여 공동으로 사용하기 위하여 개발된 상표를 말한다. 각 기업에서 생산은 독립적으로 하지만 판매는 공동으로 하는 형태이다.

(8) 라이센싱(licensing)

자사의 고유상표 자산을 확보하기 위해서 오랜 시간과 비용이 필요하므로 유명상호나 이름 등 다른 상표를 사용료를 지불하고 이용하는 것을 말한다.

3. 상표자산관리

상표자산(brand equity)이란, 브랜드 파워(brand power)라고도 하며, 어떤 제품이나 서비스가 상표로 인해 발생한 마케팅효과로 인해 고객 관점에서는 상표 선호도(애호도) 증가, 기업 관점에서는 매출액과 이익 및 점유율의 증가로 이어진다. 상표자산은 상표인지도와 상표연상에서 발생한다.

(1) 상표인지도관리

상표인지도(brand awareness)란, 소비자가 한 제품범주의 특정 상표를 재인(recognition)하거나 회상(recall)할 수 있는 능력을 의미한다.

① 상표재인(brand recognition)

소비자에게 한 제품범주 내의 여러 상표명을 제시하고 각 상표명을 과거에 들어보거나 본 적이 있는지를 조사·측정하는 것이다.

② 상표회상(brand recall)

소비자가 한 제품범주 내에서 생각나는 상표를 열거할 수 있도록 함으로써 확인하며, 소비자의 기억 속에 저장되어 있는 특정 상표를 인출할 수 있는 능력을 말한다. 기억하고 있는 상표 중 가장 먼저 떠오른 상표가 가장 인지도가 높다고 할 수 있다.

(2) 상표연상

상표연상(brand association)이란, 특정 상표와 관련하여 기억으로 떠오르는 모든 것을 의미한다.

제품속성·범주 관련	• 신용카드: 비자카드 • 콜라: 코카콜라 • 면도기: 질레트
기업 관련	• 삼성: 가전제품, 스마트폰, 가전제품, 반도체 • SK: 이동통신, 주유소 • 롯데: 빙과류, 과자류

TIP+

1. 상표자산 원천

• 상표를 소비자들이 인지하고 있어야 한다.

• 상표 이미지가 떠올라야 한다.

2. 상표 구성요소(파워 브랜드 조건)

브랜드 네임(brand name), 로고와 심벌(Logo & Symbol), 슬로건(Slogan), 캐릭터(Characters), 징글(Jingles), 색상(color) 등이 있다.

4. 상표전략(Brand Strategy)

(1) 라인확장(line extension)전략

계열확장이라고도 하며, 기존의 상표명을 기존의 제품 범주(카테고리; category) 내의 다른 제품(새로운 색상, 기능, 성능이나 새로운 맛을 추가 등)에 적용하는 것이다.

예 제네시스 시리즈, 그랜저 시리즈, 소나타 시리즈, 코카콜라 라이트 등

(2) 상표확장(brand extension)전략

범주확장이라고도 하며, 기존의 상표명을 새로운 제품 범주(카테고리; category)에 적용(전혀 다른 제품군에 적용)하는 것이다.

예 삼성전자: 휴대폰 → Ultra HD TV → 에어컨, 풀무원: 두부 → 건강제품·생라면, 썬키스트: 주스 → 사탕

(3) 메가브랜드(mega brand)

시장에서 경쟁력이 약한 브랜드를 철수시키고, 각 제품 카테고리에서 점유율이 1위 또는 2위를 차지할 수 있는 브랜드에 집중적으로 마케팅 비용과 전략을 실시하는 것이다.

7 신제품개발

기업이 유지·성장하기 위해서는 소비자들의 요구에 부합하는 신제품개발(new product development)이 필수적이다. 즉, 현대의 경쟁적 환경 하에서 기업은 신제품개발에 힘을 쏟아야 하며 기업이 계속해서 성공하기 위해서는 무엇보다도 경쟁력 있는 신제품의 개발이 필요하다.

신제품(new product)에는 혁신제품(새롭고 다른 방법으로 생산된 제품으로, 높은 위험과 많은 시간과 돈의 투자를 필요), 수정제품(기존제품에 기능이나 디자인 등의 변화를 주는 것) 그리고 모방제품(기존 시장에 출시된 제품과 같거나 유사한 것으로, 자본의 한정과 개발능력이 부족할 경우)으로 분류한다.

1. 신제품 개념

(1) 혁신제품

소비자와 기업에게 모두 새로운 신제품을 혁신제품이라고 한다. 좁은 의미에서 신제품은 혁신제품을 의미한다.

(2) 모방제품

소비자에게는 이미 알려진 제품이지만, 기업에게는 처음 생산하는 제품을 모방제품이라고 한다.

(3) 확장제품

제품의 수정, 제품의 추가, 제품의 재포지셔닝(repositioning)을 통하여 제품을 확장하는 경우를 말한다. 이는 기업에게는 새로운 것이 아니지만, 소비자에게는 새로운 것으로 받아들이는 경우이다.

2. 신제품 개발과정

신제품 개발과정은 일반적으로 신제품의 전략수립 → 아이디어 창출 → 아이디어 평가(선별) → 제품 개념 개발 및 시험 → 사업성 분석 → 시험마케팅 → 상품화(상업화)의 단계를 거친다.

[그림 4-6] 신제품 개발과정

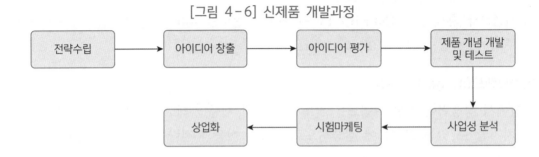

(1) 신제품 마케팅 전략수립

출시 제품의 시장을 정의하고 신제품 개발 목표, 표적시장선정, 포지셔닝의 계획 수립(지각도, 혜택구조분석, 문제조사분석)

TIP+

1. 지각도
　 신제품 기회를 확인하기 위한 지각도

2. 혜택구조분석
　 소비자에게 주는 혜택의 정도에 따른 분석방법

3. 문제조사분석
　 소비자의 문제 조사 → 기존제품의 해결능력 분석 → 해결능력 여부에 따른 신제품개발 여부 포착

---

(2) 아이디어 창출

종업원제안, 표적집단면접, 중간상, 부품공급업자 등을 통한 아이디어 수집단계이다.
브레인스토밍(brainstorming), 시네틱스(synectics; 잠재력을 발휘하도록 하기 위해 결부법을 활용 무관한 것을 유관한 것으로, 유관한 것을 무관한 것으로 결부시키는 것으로 상상력 + 창의력을 요구), 형태분석(morphological analysis; 배열, 구조, 성분을 분석)을 실시한다.

(3) 아이디어 평가

경영자의 판단이나 소비자의 평가에 따라 우수한 아이디어를 선별한다.

(4) 제품 개념(product concept) 개발 및 테스트(test)

제품 개념의 아이디어를 소비자가 사용하는 용어로 전환시킨다.

> **TIP+ 콘셉트(concept)**
>
> 제품포지셔닝, 목표시장의 욕구에 근거한 제품의 주요 혜택으로 개발된 콘셉트들은 문장이나 사진 형태로 소비자나 목표시장에 제시한 후 이에 대한 소비자의 반응테스트를 한다.

(5) 사업성 분석(Business analysis)

테스트에 성공한 신제품 개발 후 예상되는 예상매출, 예상비용, 예상이익 등을 고려하고 측정한 후 기업목표 달성 여부를 분석한다.

(6) 시험마케팅(Test marketing)

개발된 제품을 전반적 마케팅 전략을 가상 및 실제 시장상황 등에서 테스트하여 소비자 반응과 매출가능성을 조사한다. 이 단계에서는 표적시장 내 소비자들의 구매 여부, 광고 메시지와 고객지각과의 일치 여부, 재구매의도 충족 여부 등을 조사한다.

또한 시험기간 중 정보유출 우려가 있는 경우, 제품에 대한 확신이 있다면 시험마케팅은 생략하고 바로 시장에 출시하기도 한다.

> **TIP+ 테스트 유형**
>
> 1. **표준 시장 테스트(standard market tests – 전통적 방법)**
>   목표시장을 대표할 수 있는 시장 선택 → 신제품에 대한 마케팅 전략 실행 → 결과를 통해 신제품에 대한 판매액 및 이익을 예측 → 신제품의 문제점 파악 → 마케팅 프로그램 수정
> 2. **통제 시장 테스트(controlled market tests – 미니시장테스트)**
>   • 몇몇 시장의 통제된 상점 선정 → 제품 유통 → 상점 내 촉진활동 실시 → 판매액 추적
>   • 패널소비자를 대상으로 소비자의 구매정보 파악 → 중앙컴퓨터로 보냄 → 소비자의 다양한 특성에 따라 반응과 재구매 정보에 활용
> 3. **모의 시장 테스트(simulated market tests)**
>   소비자에게 소액 현금 제공 → 신제품 및 타제품에 대한 광고 제시 → 실제 또는 실험상점에서 제품 구입에 대한 행동 파악 → 자사 또는 경쟁제품 구입 소비자 수 파악 → 사용 및 광고효과 파악 → 소비자가 신제품 선택 여부에 대한 원인 파악 → 며칠 후에 다시 소비자의 태도, 만족도, 재구매 의도 등 조사를 실시한다.

(7) 상업(상품)화

시험마케팅을 거친 아이디어가 실제로 시장에 출시되는 단계이다. 일반적으로 실제 시장에 출시되는 비율은 낮고 신제품 개발과정 중 비용이 가장 많이 소요되어 신중하게 추진한다.

3. 신제품 수용과정

신제품이 시장에 출시되면 소비자들은 수용과정을 거치게 된다. 신제품 수용과정이란, 신제품에 대한 소비자들의 구매결정과정으로, 신제품에 노출되면서 구매를 할 때까지 여러 단계의 심리적 과정을 의미한다.

마케팅 관리자들은 일반적으로 소비자들의 수용과정을 다음과 같이 5단계를 거친다고 인식·주장한다.

[그림 4-7] 신제품의 수용과정

(1) 인지

신제품의 정보(유용성)를 전달하는 것으로, 제품의 존재는 알지만, 제품에 대한 정보가 부족한 단계이다.

(2) 흥미(관심)

소비자에게 흥미 유발을 위한 혜택을 전달하는 것으로 소비자가 제품정보를 탐색하는 단계이다.

(3) 시용(사용구매)

시제품 사용기회 및 경험제공으로 첫 구매가 소량으로 이루어진다.

(4) 평가

기존 제품보다 우위적 특성을 강조하고, 만족도에 따른 제품에 대한 태도를 형성한다.

(5) 수용(채택)

사용경험으로 특정 제품을 정기적으로 수용결정을 하는 단계이다. 소비자의 만족한 평가에 의해 행해진다.

4. 신제품 수용시기(확산과정)

신제품 수용시기는 소비자들의 개인적인 차이와 특성에 따라 크게 다르며, 어떤 소비자는 신제품을 빨리 수용하는 반면, 어떤 소비자는 나중에 신제품을 수용한다.

일반적으로 소비자(수용자)들이 제품을 수용하는 시기가 각각 다르기 때문에 신제품이 시장에서 확산되는 모습은 S자형을 띤다.

> **TIP+ 신제품 확산**
>
> 신제품이 표적시장의 소비자에게 퍼져 나가는 과정을 말한다.

로저스(E. Rogers)는 저서 『혁신의 확산』에서 이른바 '기술 수용 주기' 이론을 주창했다. 그의 이론에 따르면 혁신적인 신상품이 세상에 나오면 5개의 수용자 집단을 차례로 만나게 된다는 것이다.

[그림 4-8] 신제품의 수용시기

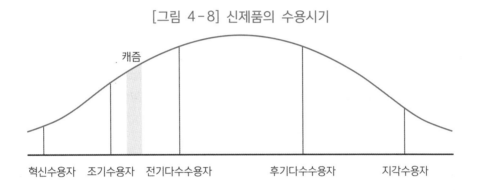

(1) 혁신수용자(innovator)

신제품을 가장 빨리 받아들이는 계층으로 주로 젊은 고소득층이다. 호기심이나 자신감이 많고 어느 정도의 위험은 감수하고 새로운 아이디어를 적극적으로 수용한다. 다른 집단에 비해 교육수준이 높고 전문직종에 종사하며 부유한 계층이다(2.5% 내외).

(2) 조기수용자(early adopter)

선각 수용자라고 하며, 수용자 영역에서 의견 선도자(opinion leader)이며, 소속집단에서는 존경의 대상이 된다. 신제품을 조기에 수용하기는 하지만 더 신중하게 수용한다(13.5% 내외).

(3) 전기다수수용자(early majority)

이들은 조기다수자라고도 하며, 다소 신중한 편이다. 대부분의 사람들은 조기수용자의 의견을 물어보고 신제품을 구매하는 실용주의자들로 기술에 무관심하다. 대부분의 일반인이 이에 해당한다(34% 내외).

(4) 후기다수수용자(late majority)

이들은 다소 의심이 많은 사람들로서, 다른 사람들이 신제품을 사용한 것을 본 후에 구매를 결정하는 보수주의자들이다(34%).

(5) 지각수용자(laggard)

최종수용자라고도 한다. 이들은 대체로 과거의 전통을 중시하며, 신제품에 대한 의심도 많은 사람들이다. 일반적으로 보수적, 노인층, 경제력이나 교육수준이 낮은 계층이다(16% 내외).

마케팅관리자는 혁신수용자보다는 조기수용자들이 어떤 특징을 갖고 있는지를 파악하는 것이 중요하다. 이들은 다른 수용자(조기다수수용자, 후기다수수용자, 최종수용자)에게 많은 영향을 미치기 때문이다. 이들은 다른 사람에게 제품의 사용경험을 이야기함으로써 영향을 미치게 된다. 이것을 구전효과(Word of Mouth effect)라고 한다.

TIP+ **로저스(E. Rogers; 1957)의 기술수용주기이론**

호기심에 가장 먼저 신상품을 구입하는 혁신수용자, 남들보다 앞서서 킬러 애플리케이션을 경험해보고자 하는 조기수용자, 기술이 완성되고 가격이 충분히 하락할 때를 기다렸다가 구매에 뛰어드는 조기다수자, 검증된 제품의 사용자 집단에 뒤늦게나마 합류하는 후기다수자, 그리고 마지막으로 끝까지 혁신에 저항하는 최종수용자가 바로 그들이다.

TIP+

1. 케즘마케팅(chasm marketing)

케즘(chasm)이란, 지층사이의 단층(단절)을 의미하는 것으로서, 마케팅에서는 혁신수용자나 조기수용자가 대부분인 초기시장에서 조기 다수 수용자가 고객이 되는 주류시장과의 사이 단계를 케즘이라고 한다. 조기수용자와 조기다수수용자 사이에 존재한다. 일반적으로 신제품이 케즘을 통과해서 주류시장을 넘어갈 때 성공했다고 할 수 있으나 현실에서의 성공은 3~5%에 불과하다.

2. 킬러 애플리케이션(killer application)

킬러 애플리케이션(killer application)이란, 원래 의도했던 사용목적을 훨씬 뛰어넘어 사회를 변화시킬 정도로 막대한 영향력을 미친 혁신적인 제품이나 발명품을 통틀어 말하는 것으로 줄여서 '킬러 앱'이라고도 한다.

3. 네트워크효과(Network effect; 다른 사람의 소비에 영향을 받는 것)

- 스놉효과: 백로효과라고도 하며, 다른 사람의 소비를 보고 자신은 구매하지 않는 것이다.
- 벤드웨건효과: 편승효과라고도 하며, 다른 사람의 소비를 보고 자신도 구매를 하는 것이다.
- 베블렌효과: 가격이 상승할수록 수요가 증가하는 현상(수요법칙의 예외)이다.

4. 기타 효과

- 디드로(diderot)효과: 새로운 물건을 가지면 그것과 어울리는 다른 제품을 원하는 것으로, 하나의 제품을 구입하면 그것과 연관된 다른 제품을 연속적으로 구매하는 것이다.
- 사일로(silo)효과: 조직 내의 장벽, 부서 이기주의, 타 부서와 협력이 없는 것이다(고립),

- 폭포효과: 오피니언 리더층을 공략하는 마케팅 기법으로, 목표 소비자의 정상인 오피니언 리더층에 마케팅전략을 집중하면 그 효과가 하류층에까지 자연스럽고 빠르게 전체로 퍼져나가는 현상을 말한다(마치 산꼭대기에 물을 쏟아부었을 때 그 물이 빠르게 산 아래로 흘러내려 가는 것에 비유).
- 분수(Trickle-up)효과: 저소득층의 소득 증가가 소비(경제 활성화)로 이어지는 현상을 말한다. 저소득층에 대한 투자가 전체 경제에 긍정적인 영향을 미치는 것이다(아래에서 위로 뿜어지는 분수의 특성에 비유).
- 낙수효과: 고소득층과 부유(상류)층의 소득이 증가해야 소비(경제가 활성화)로 이어져 궁극적으로 저소득층에 혜택이 돌아가는 현상을 말한다.

✅ 핵심체크

신제품 실패요인

1. 기업이 시장의 규모를 과대평가했을 경우
2. 부서 간 불충분한 의사소통
3. 기존 제품과 차별화나 독특함이 부족할 경우
4. 잘못된 마케팅전략 및 커뮤니케이션(제품대비 가격이 너무 비싸거나 광고가 미흡하거나 시장에서의 부정확한 포지셔닝의 경우)
5. 소비자의 욕구와 기호 파악 및 충족의 실패
6. 출시 시기가 잘못되었을 경우

신제품 수용(확산)속도

1. 기존의 사용습관에 부합할수록 수용 속도는 빠르다.
2. 기존 제품대비 상대적 이점이 크고, 시험사용이 가능한 경우 수용 속도는 빠르다.
※ 품질은 원가와 상충하며, 신뢰성은 유연성과 상충함

---

8 포장전략

1. 포장 개념

포장(package)이란, 천이나 종이로 물건을 싸거나 꾸리는 것으로, 포장은 상품의 질을 높이는 동시에 고객에게 또 다른 만족감을 주는 역할을 수행한다.

예전에는 단순히 상품을 보호하고 안정성에 초점을 두었다면, 최근에는 점포의 이미지를 만들어 주고 상품을 더욱 돋보이게 하는 역할까지도 한다.

특히 수많은 경쟁상품 속에서 자사의 제품을 차별화할 수 있는 마지막 수단이라고 할 수 있다.

2. 포장 목적

(1) 제품 보호(product protection)

포장은 기본적인 기능으로서 오염이나 손상으로부터 제품을 보호한다.

(2) 편의성(convenience)

소비자에게 운반 및 취급상의 편리성을 더해준다. 특정 제품에 대한 내용물, 사용 방법 등 소비자에게 정보를 제공한다.

(3) 기업이나 상표의 이미지 촉진(promotion)

포장은 촉진기능이 있어 제품을 소비자에게 소구해 주며, 경쟁제품과 차별화시켜준다.

(4) 환경 보호(ecology)

3. 포장 종류

(1) 1차 포장

제품을 직접 포장하는 것이다.

(2) 2차 포장

제품 취급상의 안전성과 편리성을 위해 포장하는 것이다.

TIP+

1. **개별포장**
   물품의 상품가치를 높이거나 물품보호를 위하여 낱개 포장한나.
2. **내부포장**
   포장된 목상자 내부의 습기, 빛, 열, 충격 등을 방지하기 위한 포장이다.
3. **외부포장**
   내부포장화물을 수송하기 위한 외부포장으로서 용기에 넣는 것이다.

---

1 가격 개념

마케팅믹스(marketing mix)의 요소 중 가격(price)은 경쟁에 가장 민감하게 반응하는 특성이 있으며, 소비자의 반응도 신속하고 즉각적으로 나타난다.

제품의 편익, 기업의 전략, 시장의 특성 등을 고려하여 가격수준을 정하며, 일반적으로 한 번 인하한 가격은 다시 올리기는 매우 힘들다는 문제가 있다.

가격 책정의 경우 가장 먼저 고려되어야 할 것은 편익의 수준이다. 편익은 제품의 품질, 상품 인지도, 구매의 편리성 등 종합적인 관점에서 파악하지만, 기업이 현재에 처한 사항이나 기업의 전략, 그리고 시장의 특성에 따라 편익과 가격이 상이한 관계로 나타날 수도 있다.

편익에 비해 높은 가격을 책정하는 경우	독점, 신제품, 고급브랜드 제품 등
편익에 비해 낮은 가격을 책정하는 경우	• 생존차원(치열한 경쟁에서 살아남기 위함) • 원가우위의 경쟁력(장기전략의 일환)

TIP+ 가격 포지셔닝 3C 분석

1. **고객(Customer)**
   고객이 느끼는 편익은 가격보다 높거나 최소한 같아야 하며, 고객의 편익이 가격 상한선이 된다.

2. **원가(Cost)**
   기업의 수익의 원천인 가격은 원가보다는 충분히 상회하여야 하므로 원가는 가격결정 시 하한선이 된다.

3. **경쟁자(Competitors)**
   고객의 편익과 원가의 가격 범위 내에서 경쟁자 제품의 가격을 고려하여 자사 제품의 가격을 포지셔닝한다.

---

2 가격결정 유형

기업이 가격결정을 할 때는 기업의 목표, 제품의 원가, 경쟁사의 가격, 대체품의 가격 등을 고려해야 한다. 여기서 제품원가는 가격의 하한선이 된다.

원가에는 고정비(fixed cost)와 변동비(variable cost)가 있다.

고정비	매출액과 관련이 없는 비용 예 임금, 이자, 임대료 등
변동비	매출액과 직접 관련된 비용 예 원재료, 포장 등

1. 원가가산가격

원가가산가격(cost-plus pricing)이란, 가격결정 시 가장 흔히 사용하는 형태이다. 제품에 표준이익(mark-up)을 추가하는 방법이다. 가장 간단하게 계산할 수 있으나 비용을 정확하게 파악하기가 힘들다. 이 원가에 일정액의 이윤을 붙여 가격을 책정하는 비교적 단순한 방법이다.

원가가산방법은 제조원가(고정비, 변동비, 한계비용, 총비용 등)에 일정액의 이윤을 붙여 책정되었는데, 수요가 한정되어 있고 경쟁자가 없으므로 기업의 입장에서는 굳이 원가를 절감시킬 필요가 없다. 방법은 수요와 경쟁상태가 안정되어 있는 제품영역(주로 생필품)에 아주 적합하다.

> **예 원가가산법을 이용한 가격결정**
>
> 어떤 기업에서 제조업자가 20%의 표준이익을 붙이고자 한다면, 단위당 얼마에 팔면 되는가?
> (투자자본 = 1,000,000원, 단위당변동비 = 10원, 고정비 = 300,000원, 예상판매량 = 50,000개)
>
> **단위당비용** = 변동비 + 고정비 / 예상판매량 = 10 + 300,000 / 50,000 = 16원
>
> 여기에 제조업자가 20%의 표준이익을 붙이면,
> **원가가산가격** = 단위당비용 / (1 - 표준이익) = 16 / (1 - 0.2) = 20원
>
> ∴ 제품가격은 20원이 된다.

2. 목표이익률가격

목표이익률가격(target profit pricing)이란, 기업이 투자에 대한 목표이익률을 달성할 수 있도록 가격을 책정하는 방법이다. 이것은 예상판매량이 변화하는 경우에 주의해야 한다. 즉, 기업의 판매량이 예상판매량에 미치지 못할 경우 목표이익을 달성할 수 없다.

> **예 목표이익률법을 이용한 가격결정**
>
> 투자수익률(ROI)을 20%로 한다면, 단위당 얼마에 팔면 되는가?
>
> **목표이익가격** = 단위당비용 + (ROI × 투자자본) / 판매량 = 16 + (0.2 × 1,000,000) / 50,000
>   = 16 + 4 = 20원
>
> ∴ 제품가격은 20원이 된다.

3. 손익분기점에 따른 가격

손익분기점(BEP; break-even point)가격이란, 손익분기점 이상에서 가격을 결정하는 것으로, 주어진 가격하에 총수익과 총비용이 같아지는 점보다 높으면 기업은 이익을 얻고, 낮으면 손실을 볼 것이다.

$$\text{손익분기점(판매량)} = \frac{\text{총고정비}}{\text{가격} - \text{단위당변동비}}$$

$$\text{손익분기점(매출액)} = \frac{\text{총고정비}}{1 - \dfrac{\text{단위당변동비}}{\text{가격}}}$$

4. 경쟁자 가격에 따른 가격

경쟁자 가격에 맞추어 자사 제품의 가격을 책정하는 방법으로, 경쟁사의 가격과 동일하게 하거나 높게 또는 낮게 책정할 수 있다. 일반적으로 모방가격결정(시장대응가격결정)이나 입찰가격결정이 해당된다.

이 방법은 제품차별화의 필요성을 별로 느끼지 않는 철강이나 제지 등과 같은 제품에서 주로 채택되는 가격설정방법이다.

5. 저가격

품질에 비해서 낮은 가격을 책정하는 것으로서, 후발 진입기업들이 일반적으로 품질에 비해 낮은 가격으로 시장에 진입한다.

6. 지각가치에 따른 가격(소비자중심가격결정방법)

구매자들이 제품에 대해 평가하는 지각가치를 기준으로 자사의 제품가격을 결정하는 방법이다. 즉, 제품의 원가가 아니라 소비자의 지각가치로 가격결정을 한다는 것이다.

📖 단수가격결정(38,000원, 98,000원 등), 준거가격(심리적으로 적정하다고 생각하는 가격수준), 관습가격, 명성가격 등

7. 경험곡선을 이용한 가격

경험곡선효과란, 생산량의 증가에 따라 경험의 축적으로 단위당 생산비용이 감소하는 것을 말한다. 즉, 생산량의 증대에 따라 고정비가 분산되는 규모의 경제효과와 능률의 향상에 따른 학습곡선효과를 통해서 달성된다.

즉, 기업이 가격인하를 통해 판매량을 증대시킴으로써 대량생산에 따른 비용절감의 효과를 통한 가격결정방법이다.

3 가격결정 전략

1. 신제품

(1) 상층흡수가격전략(초기고가격; skimming pricing)

선고가·후저가, 생산비의 조기 회수, 낮은 가격탄력성(경쟁자가 없거나 거의 없을 때)일 때 적합하다. 즉, 새로운 제품을 처음으로 시장에 내놓을 때 높은 진출가격을 책정하고 수요층의 확대와 함께 순차적으로 가격을 내려가는 전략이다. 경쟁기업이 낮은 가격의 대체품으로 대응하기 전에 조기이윤을 획득할 목적으로 활용하며, 제품 조기수용자가 충분할 경우에 적합하다. PLC의 도입기에 적합한 가격전략이다.

(2) (시장)침투가격전략(penetration pricing)

선저가·후고가, 시장점유율 확보, 높은 가격탄력성일 때 시행하며, PLC의 성장기에 적합한 가격전략이다.

2. 촉진가격

촉진가격전략이란, 기업이 판매량을 증대시키기 위해 일시적으로 정가 이하 또는 원가 이하로 파는 경우로서, 상품의 판매촉진을 위해 실시하는 가격전략이다.

예 유인가격, 특별행사가격, 가격인하, 계절할인, 손실가격, 현금환불 등

(1) 유인가격

기업의 매출을 증대시키기 위해 일시적으로 제품을 원가 이하(저가)로 판매하는 경우를 말한다. 백화점 및 할인점에서 몇 가지 품목을 손실 유도품(loss leader)으로 선정하고 이 품목을 원가 이하로 판매하면서 고객을 유인한 후 일반제품들의 매출을 증대시키는 전략으로 인지도가 높은 제품일수록 효과가 높다.

(2) 특별행사가격

특별행사기간에 맞추어 가격을 인하하는 방법이다. 백화점의 바겐세일이 그 대표적인 예이다.

(3) 현금환불

특정기간 내 제품을 구매하도록 하기 위해, 구매자가 지불한 가격 중 일부를 일정 기간이 지난 후 되돌려 주는 방법이다.

(4) 저리융자

가격을 인하하지 않고 판매를 촉진시키는 방법으로, 자동차의 무이자할부나 장기할부 구매, 아파트 분양 시 융자금 저리대출 등이 있다.

(5) 보증 및 서비스 계약

제품의 보증 또는 서비스를 무료로 제공한다는 것을 고객에게 알려 주어 판매량을 증대시키는 방법이다. 자동차의 보증기간을 연장하거나 부품의 무료교환 서비스가 그 예이다.

(6) 심리적 할인

특정 제품에 의도적으로 높은 가격을 책정했다가 일정 기간이 지난 후 대폭 할인된 가격으로 판매하여 심리적으로 싸게 구매했다는 안도감을 주는 방법이다.

3. 관습가격

전통가격이라고도 하며, 모든 경쟁자들이 관습가격을 사용한다. 기업이 자발적으로 가격을 책정하는 것이 아니라 소비자들이 관습적(사회관행)으로 그러하다고 인정하는 가격을 말한다.

4. 가격차별화 전략

차별적 가격결정이란, 동일한 제품에 대해 다른 가격을 책정하여 판매량을 증대시키는 방법이다. 즉, 차별가격전략이란, 전체적인 수익성 증대를 목표로 동일한 상품에 대하여 시기 · 시간 · 지역 · 대상에 따라 가격을 차별화하여 책정하는 전략을 말한다.

(1) 고객집단별 가격차별

동일한 제품에 고객집단별로 다른 가격을 책정하는 것으로, 극장에서 군인 · 경찰이나 학생에게 할인해 주는 것을 말한다.

(2) 제품형태별 가격차별

제품의 형태별로 다른 가격을 책정하는 것으로서 이 경우 제품의 원가에 비례해서 가격을 책정하는 것이 아니다. 포장의 크기, 단위에 따라 가격이 다르다.

(3) 이미지 차이에 따른 가격차별

동일한 제품을 이미지의 차이에 따라 다른 가격을 책정하는 것이다.

(4) 위치에 따른 가격차별

위치에 따라 다른 가격을 책정하는 것으로서, 기차의 경우 특실, 일반실로 구분하여 가격이 다르다.

(5) 시간에 따른 가격차별

계절, 요일, 시간에 따라 다른 가격을 책정하는 것으로서, 극장의 조조할인, 비행기의 주중할인 등이 있다.

5. 가격계열화(Price lining)

제품의 품질차이나 디자인의 차이에 따라 가격대를 다르게 설정하고 그 가격대에서 개별 제품에 대한 구체적인 가격을 결정하는 방법이다.

예 남성 정장의 가격대를 고가·중가·저가로 구분하고 저가는 5~10만 원, 중가는 20~40만 원, 고가는 50~100만 원 범위에서 가격을 결정하는 것

TIP+ 가격차별화

동일한 상품의 가격을 지리적·시간적 요건에 따라 가격을 각각 다르게 결정하는 것을 말한다.

예 지리적 차별화 – 자동차와 같은 수출품의 경우 국외 시장에서의 판매 가격 차이, 시간적인 차별화 – 영화관의 조조할인 요금 등

---

6. 경쟁기초가격

경쟁사의 가격책정에 맞추어 자기회사의 가격을 책정하는 것으로 수요나 원가 요인보다는 경쟁자 가격책정을 더욱 중요 요인으로 고려한다.

이들 업종의 경우에는 업계 전반의 가격 수준에 따르는가의 여부가 판매에 직접적인 영향을 미치므로 불이익을 감수하고라도 경쟁 가격을 따라가는 경향이 있다.

7. 마케팅지향 가격정책

마케팅지향 가격정책은 원가 가격결정, 경쟁대응 가격결정, 수요기준 가격결정방식 외에 마케팅전략적 가격결정방식을 의미한다.

(1) 신제품 가격결정

상대적 고가격전략, 상대적 저가격전략을 실시한다.

(2) 제품라인 가격결정

특정 제품계열 내 제품들 간에 가격단계를 설정한다.

(3) 선택제품 가격결정

주력제품과 함께 판매하는 선택제품에 대한 가격결정 방법이다.

(4) 묶음 가격결정

몇 개의 제품을 묶어서 인하된 가격으로 판매하는 방법이다.

① 순수묶음(pure bundling) 가격

소비자가 반드시 묶음으로만 제품 또는 서비스를 구입할 수 있는 것이다(개별 제품가격보다 낮게 구입 가능).

② 혼합묶음(mixed bundling) 가격

제품이나 서비스를 별도로 하나씩 구입할 수도 있고 묶어서 구입할 수도 있는 것이다(개별 제품구입 가격 합보다 높을 수도 있고 낮을 수도 있음).

(5) 심리적 가격결정

단수가격결정법으로, 가격에 일부러 단수를 붙여 저가격인 착각을 일으키게 하는 방법이다.

예 5,000원 → 4,990원, 100,000원 → 98,000원

(6) 사양제품 가격결정

기본 제품에 다양한 옵션과 악세사리를 추가적으로 판매하는 방법이다.

(7) 할인가격 정책과 공제

정찰가격에 대한 할인 또는 공제를 하여 주는 것이다.

예 현금할인, 수량할인 등

8. 기업의 가격정책

현재의 가격결정정책의 방향이 기업의 가격정책과 일치하는지를 살펴야 한다. 만약 기업이 전체 품목에 있어 고품격을 유지하고자 높은 가격정책을 취하고 있는 경우, 특정품목의 매출이 부진하다고 가격을 인하해서는 안 된다. 이것은 전체 품목의 이미지에 부정적인 영향을 미칠 수도 있기 때문이다.

9. 가격전략별 상황

상대적 고가전략	대등가격전략	상대적 저가전략
높지 않은 수요의 탄력성	비탄력적 수요	탄력적 수요
높은 진입 장벽	확고한 원가우위가 없을 경우	원가우위의 확보
규모의 경제효과 미미	규모의 경제효과가 전혀 없을 경우	많은 경쟁자
고품질로 새로운 소비자층 유인	가격목표가 대등한 경쟁력 확보	본원적인 수요 자극

☑ 핵심체크

소비자의 가격민감도

대체재에 대한 지각효과, 차별화효과, 비교가능성 효과, 가격·품질 연상효과, 상황요인 효과 등에 따라 증감한다.

가격민감도 감소상황

1. 구매비용 일부를 다른 사람이나 판매처에서 부담할 경우
2. 이전에 구매한 자산(제품)과 결합사용이 가능한 것일 경우
3. 제품의 차별화(독특함)로 대체품이 없을 경우

가격결정에 영향을 미치는 요인

마케팅 목표, 마케팅믹스 목표, 경쟁상황, 기업전략, 수요형태, 원가구조, 정부규제, 소비자반응 등이 있다.

✅ 핵심체크

소비자 심리적 반응과 소비자 행동에 착안한 가격

1. 명성가격

품질과 브랜드 이름, 높은 품격을 호소하는 가격설정법이다. 대표적인 것은 브랜드 상품이다.

2. 단수가격

대표적인 심리적 가격결정법으로 980원, 1,980원과 같이 일부러 단수를 매기는 방법으로 소비자가 가격표를 보는 순간에 싸다는 인상을 받게 하는 효과를 노리는 것이다.

3. 단계가격

소비자가 예산을 기준으로 구매하는 경우에 대응하는 방법으로 추석이나 설날에 1만 원, 2만 원, 3만 원 하는 식으로 선물세트가 가격단계별로 진열되어 있는 것이 해당된다.

4. 포획제품가격(captive product price)

하드(hard)한 요소는 싸게 팔고, 소프트(soft)한 요소는 비싸게 판매하는 것이다.

5. 유보가격

구매자가 어떤 상품에 대해 지불할 용의가 있는 최고 가격을 말한다.

6. 최저수용가격

구매자들이 품질을 의심하지 않고 구매할 수 있는 최저 가격을 말한다.

7. 스마트가격(smart price)

다양한 가격대를 설정하여 소비자로 하여금 제품이나 서비스의 가치를 파악하여 스스로 지불하고 싶은 만큼의 가격을 선택하여 구매를 유도하는 것으로, 기업입장에서는 현명한 가격인상방법의 하나이다.
예 뮤지컬의 R석, S석, 박물관 무료입장 후 콘텐츠 선택적 유료 등

8. 준거가격

구매자가 가격이 비싼지, 싼지를 판단하는 데 기준으로 삼는 가격을 말한다. 일반적으로 유보가격과 수용가격 사이에 존재한다.

9. 긍지가격

고가로 제품을 판매함으로써 구매자가 상품에 대한 긍지를 갖도록 가격을 설정하는 방법이다.

10. 마크업(Mark up)가격

소비자가 가격에 민감하지 않은 상품에 적용되며, 원가를 제외한 이윤을 말한다.
※ 마크다운(Mark Down)가격: 변질·파손·경쟁의 심화 등으로 당초 설정한 가격을 유지할 수 없어서 가격을 인하한 가격이다.

03 유통경로 전략

1 유통경로 개념

1. 유통경로 개념

유통경로(Place; Marketing Channel; Channel of Distribution)란, 제품이 생산자로부터 최종소비자에게 이전되는 과정에 참여하는 개인 및 기업을 말한다. 유통경로에 대한 의사결정은 중요한 의사결정 중의 하나이며, 기업이 선택한 유통경로는 직접적으로 모든 마케팅 의사결정에 영향을 미친다.

대부분의 생산자들은 그들의 제품을 시장에 전달하기 위해 중간상을 이용하며, 중간상들은 유통경로를 구성한다.

2. 유통경로 필요성

일반적으로 중간상은 필요악이라는 이미지를 갖고 있다. 다수의 사람들이 중간상들이 제품의 가격을 올리는 주요인으로 인식하고 있다. 그러나 유통경로 상에 중간상이 존재하며, 총 거래 수의 최소 원칙이나 비용의 감소, 분업(취합과 배분)의 역할 등에 의해 유통을 원활하게 하고 효율적으로 달성할 수 있다.

그러므로 유통은 자사뿐만 아니라 중간상의 관리에도 초점을 맞춰야 한다.

[그림 4-9] 중간상의 효율성

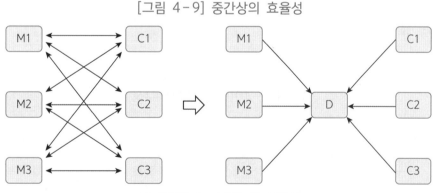

<M: 생산자, C: 소비자, D: 중간상>

유통경로상에서 중간상이 제공하는 효용은 다음과 같다.

(1) 시간효용(Time utility)

소비자가 원하는 시점에 구매가 가능하게 하는데, 이는 중간상의 저장기능과 관련이 있다.

(2) 장소효용(Place utility)

소비자가 원하는 장소에서 구매가 가능하게 하는데, 이는 중산상의 수송기능과 관련이 있다.

(3) 형태(구색)효용

다양한 제품을 구비하여 소비자로 하여금 한 장소에서 여러 가지 제품 형태(포장, 크기, 이미지 등)의 구매를 가능하게 한다.

(4) 소유효용(Possession utility)

소유권(제품, 서비스 등을 이용할 수 있는 권한)이 이전되게 하는 형태(배달, 서비스, 사후서비스 등)이다.

> ✓ **핵심체크**
>
> **중간상이 존재하는 근본적 이유**
> 생산자와 소비자 간의 시간, 장소, 형태의 불일치 때문이다.

---

② 유통경로 유형

1. 유통기구

[그림 4-10] 유통기관의 구성

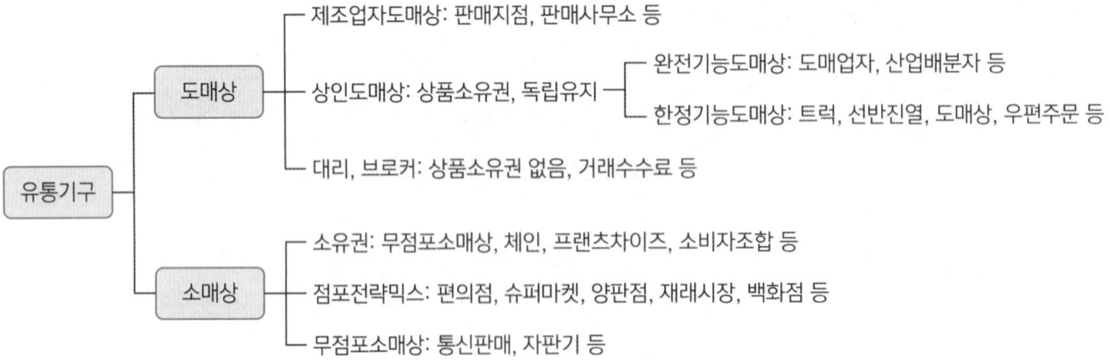

```
                    ┌ 제조업자도매상: 판매지점, 판매사무소 등
                    │                              ┌ 완전기능도매상: 도매업자, 산업배분자 등
          ┌ 도매상 ┼ 상인도매상: 상품소유권, 독립유지 ┤
          │         │                              └ 한정기능도매상: 트럭, 선반진열, 도매상, 우편주문 등
          │         └ 대리, 브로커: 상품소유권 없음, 거래수수료 등
유통기구 ┤
          │         ┌ 소유권: 무점포소매상, 체인, 프랜츠차이즈, 소비자조합 등
          └ 소매상 ┼ 점포전략믹스: 편의점, 슈퍼마켓, 양판점, 재래시장, 백화점 등
                    └ 무점포소매상: 통신판매, 자판기 등
```

(1) 소매상 유형

① 편의점(CVS; convenience store)

소규모 매장으로 24시간 영업(최근에는 단축 영업)을 하고, 재고회전이 빠르며, 한정된 제품계열을 취급한다. 예 세븐일레븐(1989), CU, GS25 등

② 슈퍼마켓(supermarket)

규모가 크고, 원가는 낮고, 마진이 낮으며, 많은 물량과 셀프서비스를 한다.

③ 카테고리 킬러(Category killer)

전문할인점(special discount store)이라고도 하며, 특정 품목만을 전문적으로 판매하는 곳으로 취급하는 제품계열은 한정되어 있으나, 해당 제품계열 내에서는 매우 다양한 제품을 취급하며, 취급하는 제품계열의 폭에 따라 세분화가 가능하다. 예 사무용품전문점, 아기용품전문점, 전자제품전문점(전자랜드, 올랜드 등)

④ 백화점(department store)

규모가 크고, 일괄구매를 할 수 있도록 직영으로 운영되는 대규모 소매점포로서 다양한 서비스를 제공하고, 고가품이나 사치품을 취급한다.

⑤ 할인점(discount store)

일반 상점보다는 할인된 가격으로 판매하며, 박리다매의 원칙을 따른다. 저렴한 가격, 소규모이며 셀프서비스, 유명상표판매, 건물임대료가 싼 지역에 위치하며, 기능적인 내부시설이 있다. 예 E마트, 홈플러스, 롯데마트 등

⑥ 하이퍼마켓(hypermarket)

하이퍼마켓은 슈퍼마켓, 할인점, 창고소매업의 원리를 결합한 형태로서, 유럽에서 주로 발달한 식품과 비식품을 저렴하게 판매하며 최소한의 점원으로 대량묶음 판매를 하는 곳을 말한다. 예 까르푸, 월마트, K마트, 타깃 등

⑦ 대중양판점(GMS; general merchandising store)

의류 및 생활용품을 다품종·대량 판매하는 대형양판 소매점으로 점포의 형태 및 상품구성은 백화점과 유사하지만 가격 면에서 저렴하고 백화점과 할인점의 중간형태의 싼 가격에 물건을 파는 초대형 소매점이다. 예 Sears

⑧ 기타

회원제 도매클럽, 연금매장, 슈퍼스토어(super store), 상설할인매장 등이 있고, 무점포 소매상으로는 자동판매기, 통신판매, 방문판매, 다단계 마케팅(multi-level marketing; MLM), 다이렉트 마케팅(direct marketing) 등이 있다.

> **TIP+** 드러그 스토어(drug store)
> 일반적으로 약품, 식품, 생활용품 등을 취급하는 잡화점을 가리킨다.

(2) 도매상

도매상은 재판매 또는 사업을 목적으로 구입하는 자에게 제품이나 서비스를 판매하는 개인이나 조직체를 말한다. 도매상은 판매와 촉진, 구매와 구색, 대량구매와 소량판매, 보관, 운송, 금융 위험부담, 정보제공 등의 기능을 한다. 예 상인도매상, 브로커, 대리인 등

3 유통경로 조직

1. 소비재 유통경로

소비재의 유통경로는 직접유통경로와 간접유통경로 구분할 수 있다.

직접경로(direct channel)란, 제조업자가 직접적으로 최종소비자에게 판매하는 것으로, 직접판매와 직접마케팅으로 구분된다.

간접경로(indirect channel)란, 생산자와 소비자 사이에 중간상이 개입되어 있는 경우를 말한다.

> **✅ 핵심체크**
>
> **직접유통경로를 선택하는 경우**
> 1. 제품의 기술적 복잡성이 높을 경우
> 2. 경쟁의 차별화를 시도할 경우
> 3. 제품의 부패가능성이 높을 경우
> 4. 소비자의 지리적 분산도가 낮을 경우

2. 산업재 유통경로

산업재의 유통경로는 주로 직접경로를 활용한다. 제조업자는 판매력이나 직접유통기법(인적판매, 우편주문, 카탈로그 등)을 통해 사용자에게 직접 판매한다.

즉, 소비재와는 달리 산업재는 소수의 대량구매자들로 이루어지기 때문에 중간상의 필요성이 작다.

3. 복수유통경로

많은 기업들은 같은 제품에 대하여 두 개 이상의 유통경로를 사용하는데, 이를 복수유통경로(multiple distribution channel)라 한다. 우리나라의 경우 가전제품의 제조업체별 유통경로가 복수유통경로를 택하고 있다. 보통 유통구조는 직거래점(예 대리점, 특약점, 전시판매장, 전문점, 백화점 등)과 비직거래점(예 상가, 연금매장 등) 등으로 나누어진다.

4 유통경로 범위(coverage)전략

제품의 특성과 제품판매에 필요한 유통환경 및 잠재구매자의 욕구 및 기대수준의 차이로 인하여 기업이 필요로 하는 유통의 범위는 매우 다양하다.

일반적으로 기업이 추구하는 유통범위전략의 형태로는 유통경로의 집중도에 따라 개방적 유통경로, 선택적 유통경로, 전속적 유통경로 등이 있다.

1. 개방적 유통경로(Intensive distribution)

집약(집중)적 유통경로라고도 하며, 편의품(생필품)의 경우 제조업자가 가능한 한 많은 도매상과 소매상을 통하여 자사제품을 노출시키려는 것이다.

장점	• 충동구매의 증가 • 소비자 인지도의 증가 • 편의성의 증가
단점	• 낮은 마진 • 재고 및 재주문 관리의 어려움 • 중산상의 통제의 어려움

2. 선택적 유통경로(Selective distribution)

선매품(shopping goods)의 경우 제조업자가 가장 유망한 유통기관들만 지역별로 제한하거나 자격을 갖춘 소수의 중간상들에게 판매를 허용하는 유통경로이다. 이 경우 서비스의 수준과 유통기관의 명성도 등을 고려하여 선택한다.

예 가정용품, 가정용 가구, 고급 의류 등

3. 전속적 유통경로(Exclusive distribution)

전문품(specialty goods)의 경우 제조업자가 매우 제한된 극소수의 유통경로를 이용하는 경우로서, 유통기관(중간상)은 특정 유통영역 내에서 해당 제조업자로부터 전속적(독점적) 유통권한(높은 마진)을 부여받고, 특정 회사의 제품만 판매하며 강한 통제가 가능하다.

예 유명 의류, 유명 지갑, 자동차 판매 등

TIP+

1. **중간상의 수**
   개방적 유통경로 > 선택적 유통경로 > 전속적 유통경로
2. **이익의 크기**
   개방적 유통경로 < 선택적 유통경로 < 전속적 유통경로

---

5 유통경로 계열화

유통경로의 계열화란, 전통적인 유통경로 상에서 발생하는 문제점(상호작용 없는 독립적인 형태, 무관심, 이해상충, 자신의 이익만 우선)을 해소하고 유통경로의 효율성을 향상시키기 위한 것이다. 유통경로 계열화에는 수직적 마케팅 시스템, 수평적 마케팅 시스템이 있다.

1. 수직적 마케팅 시스템(VMS; Vertical marketing system)

VMS는 생산에서 소비에 이르기까지 전 유통과정을 체계적으로 통합하고 조정하여 하나의 통합된 유통체제를 구축하고 유지하는 것으로, 경제성과 전문성을 고려하여 네트워크 형태의 유통경로조직을 말한다.
즉, 중앙 통제적 조직 구조를 가지고 유통경로가 전문적으로 관리되고 규모의 경제를 실현할 수 있으며, 경로구성원 간의 조정을 제대로 할 수 있는 시스템이다.

VMS는 회사형 수직적 마케팅 시스템, 관리형 수직적 마케팅 시스템, 계약형 수직적 마케팅 시스템, 동맹형 수직적 마케팅 시스템의 4가지 유형이 있다.

(1) 회사(corporste)형 VMS

기업형 VMS라고도 하며, 경로를 구성하는 한 구성원이 다른 구성원을 법적으로 소유·관리하여 하나의 회사형태로 유통시스템을 수직적으로 통합하는 방법이다.

전방통합	제조기업이 유통업을 통합·관리하는 형태
후방통합	유통업자가 제조업을 통합·관리하는 형태

(2) 관리(administered)형 VMS

관리형 VMS는 구성원들의 활동에 대해 통제의 정도가 가장 낮은 것으로, 경로구성원 중에서 주도적인 기업이 유통경로를 조정·관리함(법적 소유나 계약이 없음)으로써 생산 및 유통과정이 비공식적으로 협력·통합되는 방법이다.

(3) 계약(contractual)형 VMS

경로구성원들이 경제적·법률적으로 독립성을 유지하면서 계약에 의해 공식적인 유통경로를 통해 수직적 통합을 하고 상호 간에 경제적 이득을 추구하기 위해 조직된 유통시스템이다.
예 소매상협동조합, 프랜차이즈 시스템 등

1. **프랜차이즈 시스템(Franchise system)**

   프랜차이즈 조직이란, 미국에서 가장 발달된 수직적 유통경로 시스템의 한 형태로서, 중앙본부나 모회사(franchisor)가 지역의 가맹점(franchisee)에게 특정 지역에서 일정 기간 독점적으로 영업할 수 있는 특권과 각종 지원을 해주고 그 대가로 로열티(royalty)를 받는 시스템이다.

2. **프랜차이즈 Edge 법칙 적용**
   - 소비자의 감성 자극(emotional consumption)
   - 특별한 맛(delicious)
   - 아낌없이 퍼주는 관용(generosity)
   - 이벤트(event)

(4) 동맹형 VMS

둘 이상의 다른 경로구성원이 대등한 관계에서 상호 의존성을 인식하고 긴밀한 관계를 자발적으로 형성하여 통합한 시스템이다. 여기에는 동반자관계와 전략적 동맹관계가 있다.

2. 수평적 마케팅 시스템(HMS; Horizontal marketing system)

공생적 마케팅(symbiotic marketing)이란, 심바이오틱 마케팅이라고도 하며, 동일한 경로관계에 있는 두 개 이상의 기업들이 대등한 입장에서 공생·공영할 목적으로 자원과 프로그램을 결합하여 일종의 연맹체를 구성하는 형태이다.

수평적 마케팅 시스템은 한 회사만으로는 자본, 생산, 마케팅 등을 감당하기 곤란한 경우와 위험을 분산하거나 회피할 목적 그리고 기업 간 시너지효과를 기대할 때 발생한다. 즉, 공동브랜드 개발이나 공동의 상설 전시장 및 판매장 운영, 공동 판매촉진 등이 있다.

경쟁우위를 공유하여 시너지효과의 증대와 불필요한 과잉경쟁과 비효율적인 자원의 사용을 피하려는 장점도 있다. 일반적으로 소기의 목적을 달성한 후에는 분리되는 경우가 많다.

☑ 핵심체크

푸시전략(Push strategy)

추진적 전략으로, 유통경로를 통해 자사의 제품을 밀어내는 것으로서, 유통경로상의 중간상들에게 전반적인 마케팅믹스를 판매하기 위해 일방적인 광고로 구매를 유도하며 주로 인적판매(salesman 활용)의 방식을 집중적으로 활용한다.

풀전략(Pull strategy)

청구적 전략으로, 소비자로 하여금 중간상에게 자사의 제품이나 서비스를 요청하도록 하는 방식이다. 소비자에게 주도권과 혜택을 줌으로써 구매를 유도하는 전략이다.

이것은 대량광고를 실시하거나 최종소비자 또는 이용자에 대하여 쿠폰 혹은 제품견본을 제공하거나 소비자를 광고에 직접 출연시키는 등 고도의 공격적인 촉진활동(매스컴이나 점두활동)이 행해지게 된다.

6 유통경로 갈등

유통경로의 갈등이란, 유통경로는 여러 구성원들이 모인 시스템이므로 구성원 간 상이한 목표로 갈등이 발생할 수 있다. 이 경우 구성원 간에 이해상충으로 인해 자신의 영향력을 행사할 경우 경로 전체의 성과를 감소시킬 수 있다. 이때는 발생한 갈등을 되도록 빨리 발견하여 서로에게 이익이 되도록 문제를 조정·해결하여 협력을 극대화하는 것이 바람직하다.

유통경로 갈등 유형은 다음과 같다.
① **수평적 갈등** – 동일 수준 구성원 간(도매상과 도매상, 소매상과 소매상) 갈등이다.
② **수직적 갈등** – 서로 다른 수준의 갈등(제조업자와 소매상, 소매상과 도매상)이다.
③ **중립적 갈등** – 갈등이 경로 성과에 영향을 미치지 않는 경우이다.
④ **순기능적 갈등** – 갈등을 해결하여 경로 성과에 향상을 가져오는 경우로, 선의의 경쟁, 조직의 변화, 신속한 문제해결을 할 수 있다.
⑤ **역기능적 갈등** – 경로성과에 부정적 영향을 가져오는 경우로, 관계의 악화, 성과감소, 자원낭비, 불안정성, 불신감, 응집력파괴 등이 나타난다.

7 물적유통(Physical Distribution)

상적유통을 위한 유통경로의 관리만큼 물적유통(물류)의 기능 또한 기업의 마케팅 활동에 있어 중요한 관리영역으로 인식되고 있다. 우리나라의 경우 다른 선진국에 비해 물류비가 매우 높으며, 국가경제와 기업경영에 압박요인으로 작용하고 있다. 물류문제는 앞으로 더욱더 심각해질 것으로 예상되며, 물류효율화를 위한 물류혁신이 조속히 이루어져야만 국가경쟁력 및 기업의 마케팅 경쟁력이 유지·발전될 수 있을 것이다.
물류비의 증가원인은 거시적 원인과 미시적 원인으로 구분할 수 있다.

거시적 원인	• 도로정체(자동차급증) • 항만기반시설의 부족(화물적체)
미시적 원인	고객욕구의 다양화(다품종소량·다빈도 수송체계)

[그림 4-11] 물류개념의 변화

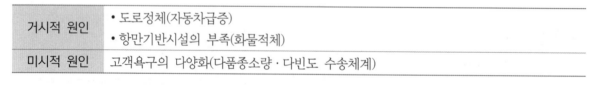

04 촉진전략

1 촉진전략

촉진전략(Promotion strategy)이란, 기업이 자사제품이나 서비스에 대한 존재나 정보를 소비자에게 제대로 전달해야 하는 것이다. 이를 통해 고객욕구 및 고객만족을 실현하고 기업은 마케팅 목표를 달성할 수 있으므로 중요한 수단(마케팅 활동)이다.

촉진관리에는 여러 가지 유형의 촉진수단을 활용하는데, 주요 촉진수단 유형으로는 광고, 판매촉진, 인적판매, 홍보, 직접마케팅 등의 유형이 있다.

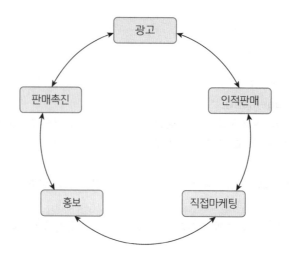

촉진믹스(Promotion mix)란, 특정 기간 동안 기업이 기울이는 여러 가지 촉진적인 노력의 결합을 의미하며, 자사제품이나 서비스 그리고 표적고객에 가장 적합하다고 여겨지는 촉진유형을 선택하여 적절히 결합하고 활용할 때 기대하는 마케팅성과를 얻게 되는 것이기 때문이다.

1. 촉진믹스(Promotion mix)

대다수의 기업들은 2가지 이상의 촉진유형을 사용하지만, 기업에 따라서는 오로지 한 가지 촉진유형에만 의존하는 경우도 있다.
촉진믹스를 사용할 때는 다음과 같은 것을 고려한다.
① 전체 마케팅믹스에서 촉진활동의 역할
② 제품의 특성
③ 시장의 특성 등의 요인을 고려해야 한다.

또한 시장상황, 경쟁정도, 제품수명주기상의 단계, 그리고 새로운 전략의 수용 등에 따른 변화를 반영하기 위하여 촉진믹스는 시간이 흐름에 따라 지속적으로 변화를 주어야만 한다.

2. 촉진수단 유형

(1) 광고(Advertising)

특정 광고주가 잡지나 라디오, 신문, TV와 같은 비인적 매체를 통해 돈을 지불하고 제품이나 서비스, 아이디어를 제시하고 촉진하는 형태를 말한다. 즉, 광고주가 비용을 대고 사람이 아닌 매체를 통하여 자신의 제품을 널리 알리는 커뮤니케이션의 수단이다.

장점	단점
• 메시지 반복 가능 • 다양한 표현이 가능 • 비용대비 다수에 전달 가능 • 장기적 투자(인지도 및 기업 이미지 제고)	• 비용이 많이 소요됨 • 광고효과 측정이 어려움 • 일방적인 의사전달로 설득력이 약함

☑ 핵심체크

모바일(Mobile) 광고 특징

1. 시간과 공간을 뛰어넘어 소비자에게 도달하기 쉽다.
2. 개인 정보를 통한 맞춤형 광고의 기능을 한다.
3. 모바일 웹, 앱, 게임, 브랜드 애플리게이션, 모바일 마이크로 사이트 등이 이에 해당한다.
4. 사용자의 몰입도가 높고 행동 지향적이다.

모바일(Mobile) 광고 진화

1. **1세대**
   텍스트(text) 광고
2. **2세대**
   모바일 웹(mobile web) 광고, 동영상 및 TV 광고, 인앱(in-app) 광고
3. **3세대**
   QR코드 광고, AR 광고, SNS 광고 등

디지털(Digital) 광고

1. 온라인 광고, 인터넷 광고 및 검색 엔진 광고와 혼용하여 사용된다.
2. 소비자와 양방향으로 소통할 수 있다.

광고

1. **개념**
   광고주가 표적 집단에게 제품 및 서비스에 관한 정보를 제공하거나 구매자를 설득하기 위하여 대가를 지불(유료)하고 대중매체를 이용하는 것을 말한다. 현대사회에서의 광고는 마케팅 활동에 있어서 차별화, 시장확대, 포지셔닝의 수단으로서 매우 중요한 요인이다.
2. **일면적 광고와 양면적 광고**
   ① 일면적 광고: 제품의 긍정적인 측면만을 강조한다.
   ② 양면적 광고: 제품의 긍정적인 측면 + 부정적인 측면을 동시에 강조한다.

(2) 판매촉진(Sales promotion)

소비자들의 구매를 자극하기 위해 인적판매, 광고, 홍보 이외의 단기적 마케팅 활동을 말한다. 즉, 짧은 시간에 제품에 대한 수요를 촉발시키기 위해 실시되는 광고, 홍보, 인적판매 이외의 모든 촉진활동을 의미한다.

㈜ 쿠폰 제공, 상품권 제공, 할인권 제공, 상품전시회, 무료샘플 제공, 박람회, 추첨행사 등

장점	단점
• 단기간 수익(매출) 창출 • 새로운 고객 유치 • 상표충성도의 형성	• 모방이 쉬움 • 효과가 오래가지 못함 • 비용이 많이 소요됨

(3) 인적판매(Personal selling)

판매를 달성시킬 목적으로 한 명 또는 그 이상의 구매자들과 직접 만나 대화를 통해 상호교류로 자사제품을 구매하도록 권유하는 촉진형태를 말한다. 즉, 사람(판매원)이 고객과 만나 제품을 사도록 권유하는 마케팅 활동이다.

장점	단점
• 소비자욕구를 직접적으로 파악 가능(즉각 반응 가능) • 판매자와 소비자와의 인간관계 형성 • 소비자의 메시지의 주의와 반응이 높음	• 판매자의 선발과 교육에 많은 시간과 비용이 소요 • 판매조직의 변화가 어려움

(4) 홍보(PR; Publicity relation)

TV나 라디오와 같은 비인적 매체에 참여함으로써 기업의 제품이나 서비스를 중요한 뉴스로 다루게 하여 수요를 자극하는 형태이다. 즉, 사람이 아닌 매체를 통하여 제품이나 기업자체를 뉴스나 논설의 형식으로 다루게 함으로써 널리 알리는 방식이다.

㈜ 제품홍보, 로비활동, 언론관계

특징	• 비용을 지불하지 않음(무료) • 신뢰성이 높음 • PR은 광고나 판매촉진과 같이 활용하면 매우 경제적 · 효과적임

☑ **핵심체크**

PR(Public relation)과 홍보(Publicity)의 차이(PR은 홍보보다 포괄적인 개념)

1. PR
적은 비용이면서 신뢰성은 높은 것으로, 홍보활동 이외에도 기업의 대언론관계, 기업에 대한 이해도를 높이기 위해 사내·외적 커뮤니케이션 등의 합법적인 설득활동이나 경영층에게 사회적 이슈나 기업 이미지에 관하여 조언을 하는 일을 의미한다(PR부서).

2. 홍보
비용을 들이지 않고 기업이나 제품을 매체의 기사나 뉴스로 소비자들에게 알리는 것이다.

PR 특성

1. 기업관점에서의 촉진전략은 PR을 효과적으로 하기 위해 교육기관 활용, 자선단체 지원, 각종 스포츠행사 지원, 기업시설 대여, 간행물 발간 등의 활동을 한다.

2. 내부 PR과 외부 PR
① 내부 PR: 경영자와 종업원 간의 의사소통을 통해 생산능률을 향상시킨다.
② 외부 PR: 홍보와 광고를 통해 마케팅촉진활동을 전개한다.

오늘날 PR 특성

1. 회사의 이미지를 위해 전략적으로 활동(IR)한다.
2. 정당이나 시민단체의 여론을 조성한다.
3. 사내임직원의 사기진작과 업무협조에 활용한다.
4. 브랜드나 이미지를 확고하게 하기 위해 사용된다.
5. 언론매체에 기업에 관련된 기사가 실리도록 활동한다.

(5) 직접마케팅(DM; Direct marketing)

직접마케팅(direct marketing)이란, 어떤 장소에서도 측정 가능한 반응이나 거래에 영향을 미칠 수 있도록 중간상이 개입되지 않고, 한 개 이상의 광고매체를 사용하는 마케팅의 쌍방향 시스템을 말한다.

최근에 촉진수단으로 급격히 성장하고 있으며, 특별한 고객 및 잠재고객으로부터 직접 반응을 요청하거나, 직접 의사소통을 하기 위해 사용된다.

예 홈쇼핑, 우편, 전화, 팩스, e메일, 인터넷쇼핑몰 등

특징	• 전달하려는 메시지를 개인화하는 것(맞춤화) • 소비자들과 장기적인 관계 형성 • 잠재고객들을 대상으로 표적화를 통한 적절한 시기에 접촉 • 광고의 효과를 정확하게 측정

<표 4-2> 촉진수단 장·단점

촉진수단	범위	비용	장점	단점
광고	대중	보통	• 동시에 많은 소비자에게 도달 • 1인당 노출비용이 적음 • 상표이미지 창출에 유리 • 매체 선정이나 수가 다양함	• 노출시간이 매우 짧음 • 소비자의 기억에서 쉽게 잊혀짐 • 비잠재적 고객에게도 노출
판매 촉진	대중	고가	• 구매수요자극을 위한 단기적 가격 인하에는 적합 • 선택할 수 있는 수단이 다양 • 다른 수단과 병행 용이	• 비용이 많이 소요 • 단기적인 영향력만 발휘함 • 경쟁기업의 모방이 용이함
인적 판매	개별	고가	• 설득력이 가장 높음 • 판매원은 직접적인 구매행동에 영향을 미침 • 쌍방커뮤니케이션이 가능 • 1:1 직접대면을 통한 표적화가 가능	• 1인당 접촉비용이 비쌈 • 판매원 교육과 동기부여가 어렵고 시간과 비용이 많이 소요
홍보 (PR)	대중	무료	• 무료광고의 성격 • 소비자들의 높은 신뢰도	• 항상 이용이 가능하지 않음 • 장기적인 촉진이 불가능 • 내용의 반복이 제한적
직접 마케팅	대중	보통	• 소비자들과 장기적 관계 유지 • 적절한 때 잠재고객에게 접근 • 정확한 효과 측정이 가능 • 쌍방커뮤니케이션이 가능 • 중간상 개입이 없음	잠재고객 선정이 어려움

TIP+

1. 광고 유형
  • Teaser Ad: 소비자의 호기심을 유발시키는 광고이다.
  • Sizzle Ad: 소리를 활용하는 광고이다.
  • Kitsch Ad: 이미지, 상징, 기호 등을 활용하는 광고이다.

2. 손실회피(혐오) 성향(Loss aversion)
  소비자는 불확실한 이익보다는 확실한 손해를 더 크게 체감한다는 것으로, 얻은 것보다 잃는 것이 더 크게 느껴진다는 것이다.
  예 수박 반쪽 6,000원과 한 통이 10,000원일 때 일반적으로 한 통을 구매하는 현상

구분	광고	인적판매	판매촉진	홍보(PR)
특성	공중제시성, 침투성, 증폭표현성	인적대면, 교화양성, 즉각적 반응, 낭비최소화	강력한 주의력, 제품비하, 충동구매 유발	진실성, 무방비, 각색의 가능
촉진믹스 설정전략	편의품, 저관여	전문품, 고관여	–	–
	동질적 시장, 넓은 범위	이질적 시장, 좁은 범위	–	–
	소비재	산업재	–	–
	도입기 · 성장기 상대적 증가	성숙기 상대적 증가	성숙기 · 성장기 중요	도입기에 유용
	풀 전략	푸시 전략	–	–
소비자 의사결정 과정	초기	후기	후기	초기

2 마케팅 커뮤니케이션(Marketing communication)

마케팅 커뮤니케이션(Marketing communications) 또는 촉진(Promotion)이란, 이러한 전달과정, 즉 소비자와의 커뮤니케이션(communication)과 관련된 것을 말한다.

마케팅 커뮤니케이션 과정은 다음 그림과 같다.

[그림 4 - 12] 마케팅 커뮤니케이션 과정

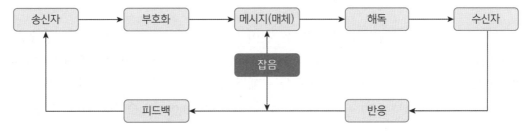

① **송신자(saucer)**: 다른 개인이나 집단에게 메시지를 보내는 당사자(광고를 하는 기업)
② **부호화(encoding)**: 전달하고자 하는 메시지를 문자, 그림, 말 기호 등으로 상징화하는 과정(광고제작)
③ **메시지(message)**: 송신자가 전달하고자 하는 내용을 조합 · 광고를 하는 것(매체를 통한 전달)
④ **해독(decoding)**: 송신자가 부호화하여 전달한 의미를 수신자가 해석하는 과정
⑤ **수신자(receiver)**: 메시지를 전달받은 당사자(광고에 노출되는 사람)

⑥ 반응: 메시지에 노출된 후의 수신자의 행동(호의적, 구매결정)

⑦ 피드백(feedback): 수신자의 메시지에 대해 송신자가 보이는 반응

⑧ 잡음(noise): 의사전달과정에서 의도되지 않은 현상이나 왜곡이 일어나는 것(송신자의 의도와는 다른 메시지를 획득)

> **TIP+** 촉진전략 예산결정 방법
>
> 목표 및 과업기준법(가장 논리적), 매출액 비례법, 경쟁자기준법, 가용예산활용법

---

3 통합마케팅 커뮤니케이션(IMC)

1. 통합마케팅 커뮤니케이션(IMC; Integrated Marketing Communication) 개념

세계적인 경제 불황이나 경제 몰락의 위기에 직면한 현대 기업 환경은 커뮤니케이션의 필요성은 여전히 존재함에도 불구하고 광고비가 많이 삭감되고 있다. 이러한 위기 속에서도 다양한 커뮤니케이션 방법을 활용한 기업들은 여러 마케팅목표를 달성할 수 있었다.

통합마케팅 커뮤니케이션(IMC; Integrated Marketing Communication)은 바로 이러한 전략과 관리를 의미한다.

종전의 촉진믹스 요인인 광고, 홍보, SP(sales promotion), 판매활동 등을 개별적·부분적으로 보았던 것을 관련된 마케팅믹스 요인까지 확대해 전체적으로 보려는 방법일 뿐 아니라 소비자의 정보처리 시각으로 보고자 하는 커뮤니케이션의 새로운 시도이다. 즉, 마케팅 커뮤니케이션을 접하는 소비자들은 그와 관련된 모든 것(제품, 포장, 디자인, 색상, 커뮤니케이션 요소 등)을 하나로 받아들인다는 사실에 주목해야 한다.

따라서 광고주가 고객에게 일방적으로 보내는 것이 아니라 고객으로부터 행동반응을 얻고자 커뮤니케이션을 의미한다. 즉, 종래의 광고가 일차적으로 커뮤니케이션 효과로 만족한 데 대하여 IMC는 매출효과나 시장점유율 신장 효과 등을 구체적으로 성취하려는 데 초점을 맞추고 그 수단으로서 마케팅믹스(marketing mix) 및 촉진 커뮤니케이션(promotion) 수단을 배합하려는 접근 방법이라고 하겠다.

2. IMC의 등장배경

통합적 마케팅 커뮤니케이션(IMC)은 광고, DM, 판매촉진, PR 등의 다양한 커뮤니케이션 수단들의 전략적인 역할을 비교·검토하고, 명료성과 정확성 측면에서 최대의 커뮤니케이션 효과를 거둘 수 있도록 이들을 통합하는 것이다.

이러한 IMC의 필요성은 다음과 같이 요약할 수 있다.
① 광고 이외의 촉진활동이 중요해지고 있고
② 매체시장의 세분화가 증대되고
③ 소비자층의 세분화가 더욱 심해지고 있고
④ 시장에서의 소매업자 역할의 중요성이 커지고 있고
⑤ 데이터베이스 마케팅이 더욱 힘이 세지고 있기 때문이다.

최근 소비자들의 생활양식이 다양해짐에 따라 효과적인 의사전달을 위해 다양한 커뮤니케이션 수단이 요구되고 있다. 기업은 목표 시장을 여러 가지의 커뮤니케이션 수단을 통해 접하게 된다. 과거에 이러한 수단들이 개별적으로 관리가 되었는데 이로 인해 중복 혹은 상반된 커뮤니케이션을 초래했다.
IMC적 접근은 보다 효율적이면서도 일관된 메시지 전달을 보장하기 위해 기업은 여러 수단을 조정해야 한다.

4 디지털(Digital) 마케팅 커뮤니케이션

마케팅 커뮤니케이션과 디지털 기술을 활용하여 고객의 필요(needs)와 욕구(wants)를 충족시키기 위해 맞춤화된 제품이나 서비스를 개발하고, 적절한 시간, 가격, 장소를 통해서 고객과 상호작용하여 소통하고 촉진(promotion)하는 것이다. 기업과 소비자, 그리고 소비자와 소비자가 기업의 제품이나 서비스에 대하여 디지털 기술과 디지털 미디어를 활용(디지털 광고, 디지털 PR, 디지털 판매촉진, 디지털 인적판매, 디지털 다이렉트 마케팅 등)하여 상호작용하고 소통하는 일련의 촉진(promotion)과 의사소통(communication) 활동을 의미한다.

5 4대 광고매체

4대 광고매체별 장·단점은 다음 표와 같다.

<표 4-4> 광고매체 유형별 장·단점

구분	장점	단점
신문	• 신축성과 적시성 • 지역도달범위가 넓음 • 광범위한 수용성과 이용성 • 높은 신뢰성	• 매체수명이 짧음 • 조급하게 읽음 • 지난 호의 독자 수가 적음
텔레비전	• 시청각과 동작의 결합 • 감각적 소구 가능 • 도달범위가 넓음 • 주의력이 강함	• 청중의 선택성이 낮음 • 효과가 단속적이고 매체수명이 짧음 • 비용이 많이 소모됨
라디오	• 대량이용과 지리적 신축성 • 방송내용에 따른 청취자의 선별성 • 매체비용이 저렴	• 청각적 제시뿐이므로 주의 효과 낮음 • 노출이 단속적 • 요금구조의 비표준화
잡지	• 지리적·인구통계학적 선별성이 높음 • 재현이 가능하고 주의력이 높음 • 지난 호의 독서가 가능	• 광고게재 대기시간이 긺 • 낭비적인 배포수가 많음 • 게재위치의 보장이 없음
옥외광고	• 반복노출도가 높고 신축적임 • 경합성이 상대적으로 낮음 • 비용이 저렴	• 창의성이 제한되고 청중선별이 불가능 • 사회적 비난대상이 됨
직접우편	• 청중의 선택성이 높음 • 경합성이 없고 신축적임 • 개별화가 가능	• 읽혀진다는 보장이 희박하고 버릴 가능성이 높음 • 고비용

제품수명주기(PLC)와 마케팅 믹스 전략의 특징

구분	도입기	성장기	성숙기	쇠퇴기
매출액	낮음	급성장	최대 매출	낮음
이익	적자	증가	높음	감소
주요 고객	혁신층	조기수용층	중간다수층	후발수용층
마케팅 목적	제품의 인지, 시용·샘플	시장점유율 극대화	이익 극대화, 시장점유율 방어	비용 절감, 투자 회수
중점 활동	품질관리	촉진관리, 선택적 수요 자극	가격관리, 상표의 경쟁우위 확보	제품 철수
경쟁자 수	거의 없음	증가	점차 감소	감소
제품	기본제품 제공, 품질관리 중요	제품차별화·확대, 서비스·보증 제공,	신제품 개발, 품목과 상표의 다양화	취약제품 폐기
가격	원가가산가격, 상층흡수가격	시장침투가격	경쟁대응가격	가격 인하
유통	선택적 유통, 좁은 유통커버리지	집중적 유통, 유통커버리지 확대	집중적 경로 강화, 유통커버리지 최대	선택적 유통, 유통경로 폐쇄
광고	제품인지 형성	대중시장의 인식, 관심 형성	상표차이 강조, 효익 강조	최소화, 충성도 높은 고객의 유지
판촉	강력한 판촉 전개	판촉의 감소	상표전환 유도	최저 감소
시장 세분화	무차별	세분화 시작	세분화 극대화	역세분화

TIP+ 메시지 소구(appeal)방법

1. **이성적 소구(rational appeals)**
   소비자가 얻고자하는 편익을 제공하는 내용, 즉 소비자가 관심을 갖고 있는 내용을 전달하는 것이다.
   예 제품의 품질, 경제성, 가치 등

2. **정서적 소구(emotional appeals)**
   구매를 유도하거나 억제할 수 있는 긍정적이거나 부정적인 감정들을 유발하는 내용을 전달하는 것이다.
   예 흡연, 과음, 공포감, 죄책감, 부끄러움 등

3. **도덕적 소구(moral appeals)**
   소비자들이 어떻게 하는 것이 옳은지를 생각하게 하는 내용을 전달하는 것이다.
   예 환경보호, 사회적 약자보호 등

TIP+

1. 절대역

자극의 존재를 알아차리는 최소한의 에너지 강도를 절대역이라 하며 절대 식역(識閾)이라고도 한다. 절대역이란, 개인이 감각을 경험할 수 있는 가장 낮은 수준이고, 자극에 대한 탐지를 측정하는 개념이다. 어떤 제품을 소비자가 인지하려면 노출되는 자극(예 광고, 마케팅 활동 등)이 최소한의 절대역을 지니고 있어야 한다. 사람의 감각은 자극의 에너지 강도와 비례하는 관계(베버의 법칙)에 있으므로 일정한 자극 에너지가 절대역에 도달하지 못하면 자극의 탐지가 이루어지지 않는다.

절대적 식역은 개인마다 다르며, 변화가 없는 일정한 자극 조건에서 절대역은 증가한다. 처음에 인상적이었던 광고도 자주 보다 보면 눈에 들어오지 않는 것(감각이 점점 둔해진다)은 지각에서의 순응과 관련이 있다.

순응이란, 어떤 감각에 익숙해지는 것을 말한다. 즉, 자극의 어떤 수준에 적응하는 것이다. 감각 순응은 많은 광고인이 관심을 갖는 문제로 마케터들은 소비자가 광고를 본다는 것을 확신하기 위해 감각 투입을 증가시키려고 노력한다.

2. 베버의 법칙

19세기의 정신물리학자 에르네스트 베버(Ernest Weber)는 지각에 필요한 변화의 양이 원래 자극의 크기에 비례한다고 주장했다. 즉, 원래 자극이 강할수록 변화량도 커야 그 차이를 지각할 수 있다는 것이다.

예 소비자의 구매에 영향을 주려면 1만 원 짜리 양말의 경우 적어도 2,000원의 가격 할인이 필요하다. 그러나 10만 원 짜리 스웨터를 2,000원 할인하는 것은 별 소용이 없다. 이때는 10만 원의 20%인 2만 원을 할인해야 소비자가 가격 차이를 의미 있게 지각한다.

3. 차이역[최소가지차이(JND)]

차이역은 두 자극 간의 차이를 감지할 수 있는 최소한의 에너지 강도의 차이, 즉 최소가지차이(JND; just noticeable difference)를 말한다. 차이역 또한 개인마다 다르다.

예 어떤 사람은 물체의 50g과 100g의 차이를 감지하지만 어떤 사람은 50g과 150g 정도가 되어야 차이를 감지할 수 있다.

만일 제품 A의 가격을 1,000원에서 1,100원으로 올리면 소비자들은 그 차이를 얼마나 크다고 지각할까? 또는 1,200원으로 올리면 어떠할까? 또한 과자의 용량을 150g에서 140g, 130g, 120g 등으로 줄이면 소비자들은 그 차이를 감지할 수 있는가? 이러한 문제에 단서를 제공하는 것이다.

즉, 인상이나 증가는 조금씩 시행하고 인하나 하락은 급격히 시행함으로서 인식차를 이용하는 것이다.

CHAPTER 05 소비자행동

01 소비자행동

소비자행동(consumer behavior)이란, 소비자가 제품의 구매 및 사용과 관련하여 수행하는 의사결정 및 그 실행행동을 연구하는 것으로, 소비자의 물리적 행동과 구매의사결정 과정(buying decision making process)에서 발생하는 모든 내·외적행동을 포함한다.

소비자행동론은 소비자가 자신의 욕구를 충족시킬 것으로 기대되는 제품이나 서비스를 탐색, 구매, 사용, 평가, 처분하는 과정과 소비자가 소비와 관련된 항목들에 대한 돈, 시간, 노력 등의 자원을 어떻게 사용하기로 결정하는가를 다루는 이론이다. 이를 바탕으로 고객중심적인 마케팅관리가 가능해진다.

> **☑ 핵심체크**
> **고객중심적 마케팅관리(consumer orientation marketing management)**
> 소비자(고객)욕구를 발견·이해하고 이를 통해 소비자를 만족시키기 위한 마케팅믹스(marketing mix)를 개발하는 목적이 있다. 성공적인 마케팅을 위해 소비자욕구 및 구매행위 등에 대한 이해는 필수적이기 때문이다.

[그림 5-1] 소비자 구매의사결정 과정과 소비자 정보처리 과정

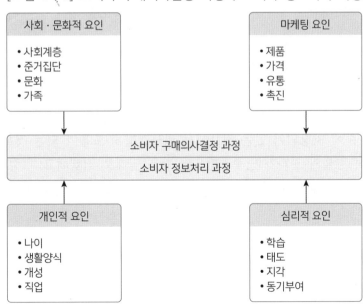

■1 소비자 구매의사결정 과정

소비자행동은 분리된 행동이 아닌 과정으로 보아야 한다. 소비자행동은 구매의사결정 과정에서 분석될 수 있으며, 소비자는 구매에 관한 의사결정을 할 때 아래와 같은 단계를 거치게 된다. 이 소비자 구매의사결정 과정은 5단계로 나누어진다.

[그림 5-2] 소비자 구매의사결정 과정

문제인식 → 정보탐색 → 대안평가 → 구매결정 → 구매 후 평가

1. 문제인식

문제인식(Problem Recognition)이란, 소비자가 구매의 필요성을 인식하는 단계로, 어떤 현재의 상태와 이상(바람직한 상태) 간의 괴리를 지각할 때 발생한다. 이것은 갑자기 발생하는 것이 아니라 주로 점차적으로 일어난다. 즉, 현재의 상태가 바람직한 상태가 아닌 경우 문제가 인식(제기·정의)된다.

기업은 마케팅 활동을 통해 소비자들로 하여금 문제가 있다는 것을 알려 문제를 인식하도록 하는 경우도 있고, 어떤 경우에는 인위적으로 현재의 상태와 바람직한 상태 사이에 간격을 만들 수도 있다.

2. 정보탐색

정보탐색(Information Seeking)이란, 소비자는 대안으로 활용할 수 있는 제품이 있는지 없는지를 잘 모르므로, 욕구를 충족(문제해결)시킬 수 있는 제품이나 서비스를 찾는 것을 말한다.

일반적으로 정보의 양과 형태는 아주 다양하기 때문에 소비자가 정보를 탐색하는 데에 많은 시간과 노력이 소요되므로 대체로 소수의 대안들에 대해서만 정보를 탐색하게 된다.

소비자의 정보탐색 활동은 내적 탐색(internal search)과 외적 탐색(external search)으로 분류할 수 있다.

(1) 내적 탐색

소비자의 기억 속에 저장되어 있는 정보에서 의사결정에 도움이 되는 것을 끄집어내는 과정을 말한다. 내적 탐색의 결과가 만족스러우면 다음 단계로 진행되고, 그렇지 않으면 외적 탐색을 하게 된다. 내적 탐색을 하여 머릿속에 떠오르는 상표들을 환기 상표군(evoked set)이라고 한다.

(2) 외적 탐색

소비자의 기억 이외의 원천으로부터 정보를 탐색하는 활동을 말한다. 외적 탐색은 가족, 친구, 이웃 등 개인적인 원천을 통해 이루어지거나, 광고, 진열, 포장, 판매원 등 기업이 제공하는 정보를 이용하거나, 제품에 관한 정보를 제공해주는 공적 기관을 통해 이루어진다.

☑ 핵심체크

1. 환기 상표군(evoked set)
내적 탐색으로 머릿속에 떠오르는 상표들이다.

2. 고려 상표군(consideration set)
① 고려의 대상이 포함된 상표들이다.
② 고려 상표군에 속한 상표들을 놓고 대안의 평가와 선택이 이루어진다(외적 탐색 + 환기 상표군 = 고려 상표군).

[그림 5-3] 정보탐색 과정

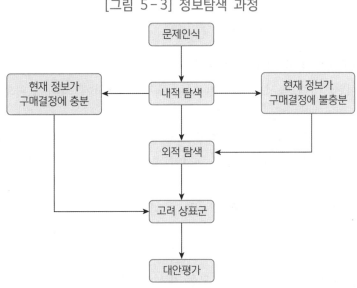

3. 대안평가

소비자들이 정보를 수집하고 나면 대안평가(Evaluation of Alternatives)가 시작된다. 경우에 따라서 정보를 수집하는 도중이나 정보를 수집한 후에 소비자는 그동안 정보탐색을 통하여 알게된 내용을 근거로 구매대상이 되는 여러 가지 제품대안들을 평가하게 된다. 즉, 소비자가 정한 몇 가지의 속성을 기준으로 평가하는 방식으로, 보완적 방법과 비보완적 방법 그리고 사전 편집식으로 구분한다. 이 과정에서 소비자의 자각과 가치는 대안평가에 영향을 미친다.

대안평가의 방법에는 보완적 방법과 비보완적 방법이 있다.

(1) 보완적 방법(compensatory rule)

보완적 방법이란, 평가기준에 따라 평가가 좋은 것과 나쁜 것이 있는데, 어떤 속성의 약점이 다른 속성의 강점에 의해 보완되면서 전반적인 평가를 하는 방식이다.

<표 5-1> 보완적 평가의 해석

속성	가중치	평가결과		
		모델1	모델2	모델3
가격	10	9	5	4
사용기능	5	5	5	5
디자인	3	4	7	8
평가결과		127	96	89

∴ 모델1 선택
평가방식 - 모델1: $10 \times 9 + 5 \times 5 + 3 \times 4 = 127$
모델2: $10 \times 5 + 5 \times 5 + 3 \times 7 = 96$
모델3: $10 \times 4 + 5 \times 5 + 3 \times 8 = 89$

(2) 비보완적 방법(non-compensatory rule)

비보완적 방법이란, 어떤 속성의 약점이 다른 속성의 강점에 의해 보완되지 않는 방식이다.

① 사전 편집식

가장 중요한 속성(우선적 고려)을 기준으로 하나의 상표가 가장 좋은 점수를 받으면 그 상표를 선택하고, 만약 1순위 속성이 동점인 경우 2순위 속성의 점수로 판단하는 방식이다.

② 순차적 제거식

가장 중요한 속성의 최저 수준을 성해놓고 이 수준을 만족시키지 못하는 상표를 제거해 나가는 방식이다.

③ 결합식

상표 수용을 위한 최소 수용기준을 모든 속성에 대해 마련하고 각 상표별로 모든 속성의 수준이 최소 수용기준을 만족시키는가에 따라 평가하는 방식이다.

④ 분리식

특히 중요한 한 두가지 속성에서 최소 기준을 정해놓고 그 기준을 만족시키는 대안을 모두 선택하는 방식이다.

☑ 핵심체크

1. 보완적 상표선택
고관여 제품, 교육 수준이 높을수록

2. 비보완적 상표선택
빠르고 쉬운 의사결정, 저관여 제품, 상표 대안의 수가 많을 때

---

4. 구매결정 및 구매

최종적인 구매결정(Purchase Decision)은 여러 대안 중에서 가장 높은 가중치가 부여된 제품을 선택하려는 임시적 결론에 도달한다. 즉, 여러 대안을 평가한 후 최선의 상표를 선택하게 되는 것이다.

소비자가 구매하려는 제품을 결정한 후 여타의 요인이 개재하지 않는다면 실제 구매로 이어지며, 이는 제품의 유형, 브랜드, 모델, 점포선택, 지불방법 등을 포함한다.

> **TIP+** 구매결정한 상표가 실제 구매로 이어지지 않는 경우
>
> 1. 막상 구입하러 상점에 가니 품절되어 다른 상표를 구매하는 경우
> 2. 다른 상표가 세일하여 구매하는 경우
> 3. 다른 사람의 영향으로 선호하는 상표를 구입하지 않고 다른 상표를 구매하는 경우
> 4. 예상하지 못한 요인(상황적 요인)이 발생하는 경우
> 5. 사회적 영향 – '타인의 눈에 쉽게 드러나는 제품의 경우 타인이 어떻게 볼 것인가?'에 대한 영향을 받아 구매하는 경우 예 승용차, 가방, 의복 등

5. 구매 후 평가

소비자는 제품구매 후 그 제품에 대한 평가(post-purchase evaluation)를 하게 된다. 만약 소비자의 기대와 제품성과가 일치하거나 제품성과가 기대보다 크다면 소비자는 만족하게 되어 향후 재구매를 하거나 그 가능성이 커진다. 즉, 긍정적인 태도가 강화된다. 반대로 소비자의 기대가 제품성과보다 크다면 불만족이 발생하여 부정적인 태도가 강화된다. 만족과 불만족은 제품성과에 달려있는 것이 아니라 기대와 성과에 달려있다.

만족과 불만족은 기억에 저장되어 다음 구매와 타인의 구매결정에 긍정적이거나 부정적인 영향을 미치게 된다. 소비자는 구매 후 많은 경우 자신의 의사결정이 과연 잘한 것인가하는 불안감 내지 의구심을 느끼게 된다.

> **⊘ 핵심체크**
>
> 구매 후 평가(만족이나 불만족)
>
> 1. 기대 ≤ 성과 → 만족
> 2. 기대 > 성과 → 불만족(구매 후 부조화)

> **⊘ 핵심체크**
>
> 구매전환율(conversion rate)
>
> 웹 사이트 방문자가 제품구매, 회원 등록, 뉴스레터 가입, 소프트웨어 다운로드 등 웹 사이트가 의도하는 행동을 취하는 비율을 말한다.

1. 구매전환율 = $\dfrac{\text{전환 수(구매횟수)}}{\text{클릭 수}} \times 100$

2. 이메일의 전환율 = $\dfrac{\text{다운로드한 사람의 수}}{\text{이메일 발송 통 수}} \times 100$

3. 클릭율 = $\dfrac{\text{클릭 수}}{\text{노출 수}} \times 100$

[그림 5-4] 소비자 구매행동의 핵심 특성

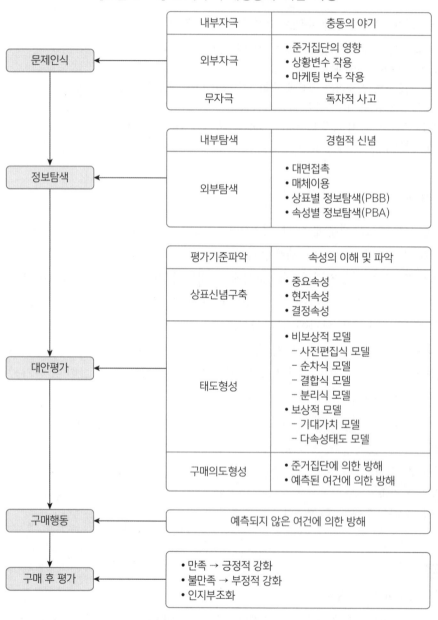

내부자극	충동의 야기
외부자극	• 준거집단의 영향 • 상황변수 작용 • 마케팅 변수 작용
무자극	독자적 사고

내부탐색	경험적 신념
외부탐색	• 대면접촉 • 매체이용 • 상표별 정보탐색(PBB) • 속성별 정보탐색(PBA)

평가기준파악	속성의 이해 및 파악
상표신념구축	• 중요속성 • 현저속성 • 결정속성
태도형성	• 비보상적 모델 - 사진편집식 모델 - 순차식 모델 - 결합식 모델 - 분리식 모델 • 보상적 모델 - 기대가치 모델 - 다속성태도 모델
구매의도형성	• 준거집단에 의한 방해 • 예측된 여건에 의한 방해

문제인식 → 정보탐색 → 대안평가 → 구매행동 → 구매 후 평가

구매행동 ← 예측되지 않은 여건에 의한 방해

구매 후 평가 ← • 만족 → 긍정적 강화
• 불만족 → 부정적 강화
• 인지부조화

2 소비자행동에 영향을 미치는 요인

소비자행동 측면에서 볼 때 소비자행동에는 많은 요인들이 영향을 미치고 있으며, 이들의 영향력은 직·간접적으로 구매과정에 영향을 미치고, 소비자의 구매와 구매의사결정과도 밀접한 관련이 있다. 소비자행동에 영향을 미치는 요인은 크게 집단의 영향, 개인적 특성의 영향, 제품 특성의 영향, 상황적 요인과 심리적 요인으로 구분할 수 있다. 구체적인 유형을 살펴보면 다음과 같다.

1. 집단

(1) 문화(Culture)

문화는 소비자행동의 근본이므로 마케팅관리자는 문화적 환경변화를 항상 고려해야 한다. 즉, 생활의 모든 면모는 한 개인이 속해 있는 사회를 배경으로 수행되기 때문에 한 개인의 욕구, 욕망, 행동에 가장 기본적인 영향을 미치는 요인이다.

문화는 일상생활에 영향을 미칠 뿐만 아니라 소비자행동의 일부분을 결정하게 된다. 일반적으로 문화적 가치는 가정, 종교조직, 교육기관을 통해 전해지는데, 오늘날 사회에서 교육기관의 역할이 증대되고 있다.

TIP+

1. 문화(Culture)
사회가 지니고 있는 가치관, 태도, 살아가는 방식 등을 의미한다. 사람의 행위는 학습(learning)에서 비롯되며, 옳고 그름의 행동, 어떻게 행동해야 하는가 등을 배우는 데 결정적이고 중요한 역할을 한다.

2. 하위 문화(Sub culture)
비교적 비슷하게 사고하고 행동하여 접촉이 타 집단에 비하여 빈번한 집단으로, 지리적 위치, 종교, 인종, 연령 등에 따라 분류할 수 있다.

---

(2) 사회계층(Social Class)

사회계층이란, 비슷한 수준의 사회적 지위와 경제력을 가진 사람들의 집합을 의미한다. 사회계층은 부, 기술, 힘을 토대로 구축되며, 이를 구분하는 데 가장 중요하게 사용되는 지표는 직업이다.

사회계층에 따라 다양한 태도와 가치를 지니게 되며 이는 개인소비자의 행동에 영향을 미친다. 그러므로 같은 계층 내에서는 태도, 가치관, 사고방식, 행동 등에서 많은 공통점을 갖는다. 이러한 공통점은 소비형태에도 비슷한 패턴으로 영향을 미친다.

예 의복, 자동차, 취미, 가구, 생활형태 등의 전반적인 측면

(3) 준거집단(Reference Group)

준거집단이란, 한 개인이 태도와 의견을 형성할 때 참조하게 되는 집단을 말한다. 소비자(구매자)는 자신의 구매결정과 관련하여 한 개인에게 문의할 수도 있는데, 그 개인을 참고인(reference individual)이라 한다.

1차 준거집단	가족, 가까운 친구 등
2차 준거집단	친목집단, 전문가집단 등

사람들은 다양한 주제나 결정사항에 따라 다수의 준거집단 혹은 다수의 사람을 가지고 있다. 즉, 개인의 태도나 행동에 직접 또는 간접적으로 영향을 미치는 모든 집단으로 사람들은 자신이 속하거나 속하고 싶어 하는 준거집단의 행동규범, 생활양식들을 따르려는 경향이 있다. 이러한 현상은 비교적 재화가 고가이거나 남의 눈에 잘 띄는 것일수록 선택 시 더 많이 나타난다.

따라서 기업은 고객들의 준거집단의 특성을 잘 파악해야 한다. 준거집단에는 의견 선도자(Opinion leader)라 불리는 사람이 있는데, 이들의 행위는 집단 내 다른 사람에게 많은 영향을 미친다.

(4) 인터넷 커뮤니티(Internet community)

최근에는 정보통신의 발달로 인해 인터넷을 통한 커뮤니티가 보편화됨에 따라 회원들의 모집이 쉬워졌다. 인터넷이 효율적인 의사소통(Communication)의 통로가 되고 있다.

특성	• 공통 관심사에 대한 의견교환이 원활 • 가상공간의 익명성(의견제시에 대한 부담감 감소) • 가입과 탈퇴가 용이

2. 개인적 특성

(1) 개성(Personality)

개성이란, 자신의 환경에 대하여 상대적으로 일관성이 있고 지속적인 반응을 초래하게 하는 자신의 독특한 심리적 특성이다. 즉, 어떤 사람의 행위를 다른 사람의 행위와 구별하도록 하는 심리적 특성이다.

예 자기과시형, 우월형, 자율형, 순종형, 사교형, 방어형, 적응형 등으로 구분함

(2) 자아개념(Self concept)

자아개념이란, 자신 스스로가 자기를 어떻게 보는가를 말한다. 사람들은 자아를 유지하고 발전시키려는 속성을 지니고 있다. 즉, 소비자는 상품의 이미지도 자아이미지와 일치시키고자 한다는 것이다.

(3) 라이프 스타일(Life Style)

라이프 스타일이란, 한 개인이 세상을 살아가는 생활양식(방식)을 말하며, 자신의 활동, 관심, 의견 등으로 표현되고, 자신의 환경과 상호작용하는 전체적인 인간을 설명한다. 동일한 문화권, 사회계층, 직업을 가진 사람들이라도 서로 상이한 라이프 스타일을 지니는 경우가 있다. 라이프 스타일은 세상에 대하여 어떠한 태도(attitude)를 가지는가, 어떤 것에 관심(interest)을 가지는가, 또한 자신과 주위 세계에 대하여 어떻게 생각하고 있는가, 즉 의견(opinion)의 총체로 나타난다. 라이프 스타일의 측정은 AIO분석을 사용한다.

> **☑핵심체크**
> ### AIO(Activity, Interest, Opinion)분석
> 라이프 스타일은 활동(Activity), 관심(Interest), 의견(Opinion)을 기준으로 분류하여 분석한다. 즉 나이, 성별, 소득, 직업 등 동일한 인구 · 통계적 집단 내에 속한 사람들도 서로 상이한 정신 · 심리적 특성을 가지고 있을 수 있다는 정신 · 심리적 특성을 기초로 시장을 나누는 것이다. 기업은 시장을 소비자의 라이프 스타일에 따라 세분화한다.

(4) 연령과 가족생활주기

사람(소비자)이 일생동안 구입하는 제품과 서비스는 연령에 따라 변화하게 된다. 어린 시절부터 노인에 이르기까지의 음식, 가구, 의류, 취미생활 등은 연령에 따라 큰 차이가 난다. 또한 미혼 시절부터 시작하여 결혼생활, 자녀의 성장과 교육 등 가족생활주기에 따라 구매행동에도 많은 변화가 있게 된다.

(5) 직업

소비자의 구매유형은 직업에 의해서도 영향을 받게 된다. 일반적으로 근로자는 의식주에 필요한 제품을 구매하고, 회사 경영자의 경우 고가의 옷, 가구, 비행기여행, 골프회원권 등을 구매할 것이다.

> **☑핵심체크**
> ### 인구통계적 특성
> 나이, 성별, 소득 등 개인적 특성을 의미한다. 특히, 나이와 관련하여 가족생활주기에 따라 소비패턴이 달라진다.

(6) 경제적 상황

소비자의 경제적 상황은 제품선택에 큰 영향을 미치게 된다. 일반적으로 경제적 상태에는 소득수준, 소득의 안정성, 저축과 자산, 차입능력, 지출과 저축에 대한 소비자의 태도 등도 포함된다. 따라서 경기전망에 따라 제품의 디자인이나 가격을 재조정할 필요가 있다.

3. 제품 특성

(1) 포괄적 의사결정(고관여)

포괄적 의사결정(Extensive decision-making)이란, 제품의 가격이 비싸고 복잡하거나 대안적 제품이 많을 때 발생한다. 이 경우 소비자는 많은 시간과 노력을 투입하여 정보를 수집하고 의사결정에도 많은 시간을 소요하여 신중하게 최종선택을 할 것이다.
⯀예 자동차 구매, 고가의 전문품 등

(2) 제한적 의사결정(중간)

제한적 의사결정(Limited decision-making)이란, 포괄적 의사결정보다는 상대적으로 필요한 정보나 시간이 적게 요구된다.
⯀예 청바지 구매, 선매품 등

(3) 일상적 의사결정(저관여)

일상적 의사결정(Routinized decision-making)이란, 소비자가 과거에 수많은 구매결정을 내렸고, 수용 가능한 대안을 알고 있을 때 발생한다. 소비자는 습관적 · 충동적 · 자동적으로 제품을 구매하게 된다.
⯀예 생활 필수품, 기호품, 편의품 등

4. 상황적 요인

상황적 요인이란, 소비자의 개인적 특성과 자극에 따라 일어나는 영향력과는 달리, 특정 시점과 특정 장소에서 발생하여 어떤 대상에 대해 일시적으로 높은 관심을 보여 구매행위에 영향을 미칠 수 있는 요소를 말한다.
⯀예 여행계획 시 여행상품에 관심

5. 심리적 요인

(1) 태도(attitude)

어떤 대상에 대한 호의적 또는 비호의적인 감정을 태도라고 한다. 태도는 선천적으로 타고 나는 것이 아니라 처한 환경에 영향을 받고 후천적으로 학습된 것으로서 한 번 형성되면 오래 지속되는 경향이 있다. 상표에 대한 태도는 선택으로 이어지는 경우가 많다.

(2) 학습(learning)

학습이란, 소비자가 직접 경험이나 외부정보에 의하여 어떤 대상에 대한 지식, 태도, 혹은 행동을 형성하거나 변경하는 것을 의미한다. 선택을 할 때 그 제품과 관련된 과거의 경험이나 평가 당시 제공되는 외부 정보를 기초로 하여 제시된 대안에 대하여 신념을 형성하거나 기존의 신념을 변화시켜 태도를 형성하게 된다.
이러한 학습과정은 사고과정(mental process)에서 이루어지므로 인지적 학습이라고 한다.

(3) 동기부여(motivation)

동기부여란, 어떤 목표를 달성하기 위하여 개인의 에너지가 동원된 상태를 말한다. 이러한 상태는 긴장(Tension)으로 인해 발생하며, 긴장은 해소되지 않은 욕구가 있기 때문에 생기는 것이다. 소비자는 욕구를 충족시킴으로써 긴장을 줄이려고 한다.

(4) 인터넷 소비자 행동

인터넷 마케팅이 발전하면서 인터넷상에서 소비자의 행동이 관심을 끌고 있다. 인터넷상에서 소비자는 오프라인(off-line)상에서와 다른 특징을 보인다.

인터넷상에서의 가상현실을 실제 현실로 인지하는 가상체험을 하기도 하고, 인터넷상에 퍼져 있는 단편적 정보를 모아서 어떠한 아이디어를 구성하기도 한다.

> **☑핵심체크**
> **소비자의 구매행동에 직접적인 영향을 주는 요인**
> 구매자 특성(가장 중요함), 제품 특성, 판매자 특성, 상황 특성 등이 있다.

6. 조직체 구매행동

조직체 구매자는 사업, 정부기관, 기타 기관 및 단체를 위하여 구매에 관여하는 사람을 말한다. 사업을 위해 구매하는 사람들 중에는 다른 제품과 서비스의 생산에 있어 필요한 제품과 서비스를 구매하는 산업체 구매자뿐만 아니라 재판매를 목적으로 제품과 서비스를 구매하는 재판매업자도 있다.

정부기관은 사회에 대한 책임을 수행하기 위해 구매하고, 교회나 학교와 같은 공공기관은 그들 조직의 사명을 원활하게 수행하기 위해 구매를 한다.

> **☑핵심체크**
> **교체비용**
> 구매자가 기존에 사용하던 제품을 다른 회사의 제품으로 바꿀 때, 그 과정에서 부담하게 되는 비용을 말한다. 즉, 교체비용이 클수록 새로운 기업은 진입장벽이 높아진다.

3 관여도

관여도(Involvement)란, 특정 상황에서 소비자 행동에 영향을 미치는 자극에 의해 유발된 특정 대상에 대한 개인적 중요성, 관심도, 동기부여 수준, 지각 및 흥미의 정도를 나타낸다. 중요성과 관심도, 동기부여, 흥미 수준 등이 높으면 고관여(high Involvement)라고 하고, 그렇지 않은 경우는 저관여(low Involvement)라고 한다. 이는 제품이나 소비자에 따라 상이하게 나타난다.

주관적 관여도	주관적 자아의 표현
상대적 관여도	동일제품도 사람에 따라 상이
상황적 관여도	동일제품도 상황에 따라 상이

> **TIP+** **관여도의 수단 - 목적 사슬**
>
> 제품에 대해 소비자가 가지고 있는 지식의 구조를 3단계(속성-결과-가치)로 파악하기도 한다. 이것은 하나의 제품속성이 긍정적, 부정적 결과를 모두 일으킬 수도 있다.
> 1. 수단 - 목적 사슬은 다양한 형태를 띤다.
> 2. 하나의 제품 속성 내 상충되는 수단 - 목적사슬을 갖기도 하는데, 이들은 서로 상충될 수도 있다.
>   예 고가의 시계: 사회적 지위 vs 비경제적

1. 관여도 특성

소비자의 제품에 대한 관여도의 크기는 절대적인 것이 아니라 상대적인 개념으로서 개인마다 다르고, 제품마다 다르며, 상황 등에 따라서도 다르다.

<표 5-2> 관여도에 따른 소비자행동

구분	고관여 관점	저관여 관점
정보탐색	적극적 탐색	소극적, 제한적 탐색
의사결정	복잡한 의사결정(구매행동), 능동(인지)적 학습	제한된 의사결정(구매행동), 수동적 학습
매체	능동적 매체 (인터넷, 전화, 전문잡지, DM)	수동적 매체 (TV, 라디오)
인지적 반응	자신과 대립되는 정보에 저항	대립되는 정보 수용, 제한적으로 반박
정보처리 과정	처리 과정 준수, 처리 속도 느림	일부 과정 생략
태도변화	상표전환 어려움, 변하면 태도 지속	상표전환 빈번, 일시적
상황	상표 충성도	관성, 습관적, 상표 친숙도
반복	메시지 내용 중요, 비반복	반복이 중요
인지부조화	많은 노력, 부조화 감소행동	적은 노력

2. 관여도에 따른 소비자행동의 반응순서

<표 5-3> 관여도에 따른 소비자행동 유형

고관여 (High Involvement)	인지(정보탐색, 능동적 학습) → 평가(상표대안평가) → 행동(태도를 근거로 구매)
저관여 (Low Involvement)	인지(반복노출, 수동적 학습) → 행동(상표 친숙도를 근거로 구매) → 평가(구매 후 평가결과로 형성)

TIP+ **정교화가능성모델**

소비자가 설득과정(광고노출)에서 어떤 커뮤니케이션의 요소가 더 중요한 역할을 담당하는지를 분석하는 기법이다.

1. 중심경로

고관여, 메시지의 핵심 논점에 대한 사고의 결과로 설득이나 태도의 변화가 발생하는 것으로 장기간 지속되며 변화가 거의 없다.

2. 주변경로

저관여, 메시지의 핵심 논점과 상관없이 설득이나 태도 변화가 발생하는 것으로, 일시적이고 추후에 변화가 쉽게 이루어진다.

---

02 소비자 정보처리 과정

마케팅자극은 궁극적으로는 정보인데, 소비자가 정보에 노출되어 주의를 기울이고 내용을 지각(이해)하고, 긍정 혹은 부정적 태도가 형성되는 일련의 과정(노출 → 주의 → 지각 → 태도 → 기억)을 정보처리 과정이라고 한다.

[그림 5-5] 소비자 정보처리 과정

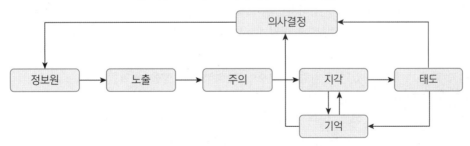

1. 노출(exposure)

노출이란, 자극에 노출되는 것이 처음 단계로 개인이 자극에 물리적으로 접근하여 감각기관이 활성화될 준비상태를 말한다.

노출에는 우연적 노출과 의도적 노출이 있다.

<표 5-4> 노출의 유형

의도적 노출	소비자가 자신의 문제를 해결하기 위해 의도적으로 마케팅 자극에 노출·정보를 탐색하는 것으로, 개인의 의사결정을 위해 정보를 찾는 경우로 드물게 나타남
우연적 노출	소비자 자신은 원하지 않는 상태에서 정보에 노출되는 경우(대부분의 노출)

2. 주의(attention)

주의란, 마케팅자극에 주목하는 과정을 말한다. 소비자는 필요로 하는 자극을 선택적으로 받아들여야 하는데 이 과정이 주의라고 할 수 있다. 즉, 특정 자극에 대한 정보처리 능력의 집중이라고 할 수 있다.

3. 지각(perception)

지각이란, 소비자가 외부 자극의 요소를 조직화하고 나름대로 의미를 부여하여 하나의 전체적인 형상을 그리는 것을 말한다. 즉, 소비자들이 동일한 자극에 노출되더라도 각각 다른 지각을 한다는 것(지각의 선택성 또는 주관성)이다.

지각의 선택성은 다음 4가지로 구분할 수 있다.

선택적 주의 (selective attention)	• 선택적 주의는 주의 자극 중 극히 일부에만 주의를 기울이는 현상을 의미함 • 매일 많은 양의 자극에 노출이 되고 있지만, 지각 및 주의 능력의 한계 때문에 소비자는 자극 중 극히 일부에만 주의를 기울임 • 자극의 정도가 클 때나 현재 가지고 있는 욕구와 관련이 있을 때 주의를 기울임 • 광고가 소비자의 주의를 끌지 못한다면 아무리 잘 만든 제품이라도 소용이 없기 때문에 어떻게 하면 소비자의 주의를 끌 것인가가 큰 과제임
선택적 왜곡 (selective distortion)	• 선택적 왜곡은 일단 주의를 기울여 받아들인 정보를 자기들이 미리 가지고 있던 선입견에 맞추어 해석하는 경향을 의미함 • 특정 제품에 대해 좋은 선입견을 가지고 있다면 제품의 좋은 정보만 받아들이고, 나쁜 정보는 될 수 있는 한 수긍하지 않으려는 경향이 있음
선택적 보유 (selective retention)	• 선택적 보유는 소비자들이 자신의 행동이나 태도를 뒷받침해주는 정보만 기억하는 경향을 의미함 • 그렇지 않은 정보는 무의식적으로 거부해버리기 때문

| 선택적 노출
(selective exposure) | 소비자들은 자신이 필요로 하고 관심이 있는 정보에만 자신을 노출시키려는 경향이 있음 |

> **☑핵심체크**
>
> **지각된 위험(perceived risk)**
>
> **1. 개념**
>
> 지각된 위험이란, 소비자가 의사결정의 결과에 대해 확실하게 예측하지 못할 때나 소비자가 구매목적을 달성하기 위하여 지각하는 주관적이고 심리적인 위험이다(구매 이전 시점).
>
> 지각된 위험은 소비자 자신의 구매목적의 불확실성, 구매목적의 허용 수준과의 일치여부, 구매경로의 만족여부 등에 의해 발생한다.
>
> **2. 지각된 위험의 대표적인 유형**
>
> ① 경제적 위험: 제품구매에 수반될 수 있는 금전적 손실에 대한 우려
>
> ② 기능(성능)적 위험: 제품이 제 기능을 수행하지 못할 경우에 대한 우려
>
> ③ 신체적 위험: 안전하지 못한 제품을 구매하여 인체에 해를 줄 가능성에 대한 우려
>
> ④ 심리적 위험: 구매한 제품이 자신의 이미지나 가치관과 맞지 않을 가능성에 대한 우려
>
> ⑤ 사회적 위험: 구매한 제품이 자신의 준거집단에 의하여 인정되지 못할 가능성에 대한 우려
>
> ⑥ 시간적 위험: 제품에 하자가 있을 때 수선이나 대체에 소요될 시간적 손해에 대한 우려

4. 태도(attitude)

소비자는 노출된 자극의 내용을 지각하면 제품에 대해 긍정적(호의적)이거나 부정적(비호의적) 또는 중립적인 태도를 갖게 된다. 이러한 반응에 의해 형성된 태도는 소비자의사결정에 영향을 미치게 된다.

특정 제품이나 상표에 대한 소비자 평가를 요약한 것이 태도이므로, 소비자의 구매행동을 예측할 때 중요한 자료로 활용된다.

5. 기억(memory)

소비자는 정보처리 과정에서 형성되고 변화된 신념, 가치관, 태도 등을 기억(memory) 속에 저장했다가 이 정보를 활용한다. 유입된 정보는 주로 단기기억에 저장된다. 단기기억은 처리능력의 한계로 일정 시간(단시간)이나 일정량의 정보만을 처리한다.

기억은 크게 단기기억과 장기기억으로 구분된다.

단기기억은 감각등록기로부터 들어온 자극이나 정보가 처리되는 가상의 공간이며, 장기기억은 정보가 저장되는 가상의 공간이다. 정보의 처리는 단기기억에서 이루어지고 그 결과는 장기기억에 저장된다. 즉, 단기기억에서 처리된 정보는 장기기억으로 들어가 영구적으로 저장된다.

단기기억	• 짧은 활성화 • 유지와 시연을 통해 끊임없이 재생하지 않으면 잊어버림 • 한정된 기억용량(7±2)
장기기억	• 정보를 무제한적 · 영구적으로 저장 • 필요시 마다 단기기억으로 인출 • 정보 간 네트워크조직으로 연결(node)

TIP+

다른 사람의 전화번호나 이름을 들으면, 몇 번의 반복과 연습을 거쳐 기억하게 되는데 이 경우 반복 · 연습을 행하는 장소가 단기기억이고, 처리된 것을 저장하는 곳이 장기기억이다.

장기기억 속에 저장된 정보는 필요할 때 단기기억 속에 인출되어 지각에 영향을 미치고, 나아가 의사결정에 영향을 주게 된다.

⊘ 핵심체크

소비자 구매행동 모델

1. AIDMA 모델(R. Hall; 1920)

전통적인 소비자 구매행동 이론으로 소비자의 행동방식은 다음 순서로 이루어진다.

> Attention(주의) – Interest(관심) – Desire(욕구) – Memory(기억) – Action(구매)

2. AISAS 모델(Dentsu; 2005)

일본 광고대행사(Dentsu)가 새롭게 검색(Search)과 공유(Share)를 추가한 이론이다. 소비자와 미디어가 만날 수 있는 채널이 다양해지면서 소비자 구매 전에 검색을 하고, 구매 후에는 타인과 정보를 공유하는 경우가 증가하고 있기 때문이다.

> Attention(주의) – Interest(관심) – Search(검색) – Action(구매) – Share(공유)

즉, 수동적이었던 소비자는 시간과 장소의 제약을 받지 않는 검색(Search)와 공유(Share) 덕분에 능동적인 소비자로 변화하였고, 이에 따라 마케팅소비자 패러다임이 변화하고 있다.

01 소비자는 가격에 대응하는 최고의 품질을 가진 제품을 선호한다고 가정하여, 제품의 품질개선에 주력하여야 한다고 주장하는 마케팅관리 개념으로 옳은 것은?

① 생산 개념 　　　　　　　　　　　② 제품 개념
③ 판매 개념 　　　　　　　　　　　④ 마케팅 개념

해설 ── 답②

제품의 품질을 중요시하고 경쟁사와 차별화된 제품의 생산을 중시한 마케팅관리 개념은 제품(지향) 개념이다.

02 BCG 성장-점유율 매트릭스에서 미래의 성장가능성은 낮으나 현재의 상대적 시장점유율이 높아서 기업의 현금흐름 창출에 기여하는 사업부로 옳은 것은?

① 스타(star) 　　　　　　　　　　② 현금젖소(cash cow)
③ 물음표(question mark) 　　　　　④ 개(dog)

해설 ── 답②

BCG 성장-점유율 매트릭스에서 미래의 성장가능성은 낮으나 현재의 상대적 시장점유율이 높아서 기업의 현금흐름 창출에 기여하는 사업부는 수익주종사업부인 현금젖소(cash cow)이다.

03 낮과 밤의 수요가 다른 경우처럼 불규칙한 수요상황에서 제품이나 서비스의 공급 능력에 맞게 수요의 발생시기를 조정 또는 변경하는 마케팅으로 옳은 것은?

① 디마케팅 　　　　　　　　　　　② 재마케팅
③ 대항적 마케팅 　　　　　　　　　④ 동시화 마케팅

해설 ── 답④

불규칙한 수요상황에는 동시화 마케팅 전략이 적합하다.

04 마케팅 활동과 관련된 푸시(push) 및 풀(pull)전략에 대한 설명으로 옳지 않은 것은?

① 푸시전략은 생산자가 유통경로를 통하여 소비자에게 제품을 밀어넣는 방식이다.
② 풀전략은 생산자가 소비자를 대상으로 마케팅활동을 펼쳐 이들이 제품을 구매하도록 유도하는 방식이다.
③ A기업이 소비자들을 대상으로 광고를 하여 소비자들이 점포에서 A기업 제품을 주문하도록 유인한다면 이는 푸시전략에 해당된다.
④ 푸시전략에서는 생산자가 중간상을 대상으로 판매촉진과 인적판매 수단을 많이 활용한다.

해설 .... 답③

풀전략이다. 풀전략이 효과적으로 작용하게 되면 소비자들은 중간상에 가서 자발적으로 제품을 구매하게 된다.

05 고객들로 하여금 인터넷을 통해 자발적으로 친구나 주변 사람들에게 제품을 홍보하도록 함으로써 제품홍보가 더 많은 네티즌 사이에 저절로 퍼져나가도록 하는 마케팅으로 옳은 것은?

① 다이렉트 마케팅   ② 심바이오틱 마케팅
③ 바이럴 마케팅   ④ 데이터베이스 마케팅

해설 .... 답③

바이럴 마케팅은 인터넷(온라인)상으로 블로그, 게시판, 카페 등을 통해 기업을 홍보하고 신뢰도와 인지도를 높여 제품정보가 바이러스처럼 급격히 퍼져나가는 것을 말한다.

06 다음 중 가격 결정의 주요 목표로 옳지 않은 것은?

① 시장침투
② 수익의 안정
③ 제품의 판매촉진
④ 경쟁에 대한 대응 및 예방
⑤ 신제품 개발역량 촉진

해설 .... 답⑤

가격 결정의 주요 목표 및 전략과 신제품 개발역량과는 무관하다.

07 기존 브랜드명을 새로운 제품범주의 신제품에 사용하는 것으로 옳은 것은?

① 공동브랜딩(co-branding)
② 복수브랜딩(multi-branding)
③ 신규 브랜딩(new branding)
④ 라인확장(line extension)
⑤ 브랜드확장(brand extension)

해설   답 ⑤

브랜드확장(brand extension)은 범주확장이라고도 하며, 기존 브랜드명을 새로운 제품범주의 신제품에 사용하는 것이다.

08 수직적 통합(Vertical Integration) 방식이 다른 것은?

① 정유업체의 유정개발사업 진출
② 영화상영관업체의 영화제작사업 진출
③ 자동차업체의 차량공유사업 진출
④ 컴퓨터업체의 반도체사업 진출

해설   답 ③

자동차업체의 차량공유사업 진출은 전방통합의 형태이다.
① 정유업체의 유정개발사업 진출, ② 영화상영관업체의 영화제작사업 진출, ④ 컴퓨터업체의 반도체사업 진출은 후방통합의 형태이다.

09 관계마케팅의 등장 이유로 옳지 않은 것은?

① SNS 등 정보통신기술의 발전과 다양화
② 고객욕구의 다양화
③ 시장규제 강화에 따른 경쟁자의 감소
④ 표적고객들에게 차별화된 메시지 전달의 필요
⑤ 판매자에서 소비자중심으로 전환

해설   답 ③

관계마케팅이란, 고객데이터로부터 개별 고객의 가치, 욕구, 행동패턴 등을 예측하고 고객관리전략을 수립하여 소비자와 기업 간의 관계를 유지하는 것으로 고객의 다양한 욕구, 치열한 경쟁, 급변하는 마케팅환경 등에서 나타난 마케팅기법이다.

10 서비스마케팅에 대한 설명으로 가장 옳지 않은 것은?

① 서비스는 생산과 동시에 소비된다.
② 서비스 공급이 수요보다 많을 때 재고로 비축할 수 없다.
③ 서비스는 무형적 특성을 가지므로 물리적 요소가 결합될 수 없다.
④ 서비스 제공자에 따라 서비스의 품질이 달라지기 때문에 표준화하기 어렵다.

> **해설** ⋯⋯⋯⋯⋯⋯⋯⋯⋯⋯⋯⋯⋯⋯⋯⋯⋯⋯⋯⋯⋯⋯⋯⋯⋯⋯⋯⋯⋯⋯⋯⋯⋯⋯⋯⋯⋯⋯⋯ 답 ③
>
> 서비스는 100%가 존재하지 않으며, 제품(유형; goods)과 결합하여 패키지 형태로 소비자에게 제공된다.

11 마케팅 전략에 대한 설명으로 옳지 않은 것은?

① 기존 제품으로 새로운 시장에 진출하는 경우는 시장개발전략에 해당된다.
② 의류업체가 의류뿐만 아니라 액세서리, 가방, 신발 등을 판매하는 경우는 제품개발전략에 해당된다.
③ 호텔이 여행사를 운영하는 경우는 관련다각화전략에 해당한다.
④ 아기비누를 피부가 민감한 성인에게 파는 경우는 시장침투전략에 해당한다.

> **해설** ⋯⋯⋯⋯⋯⋯⋯⋯⋯⋯⋯⋯⋯⋯⋯⋯⋯⋯⋯⋯⋯⋯⋯⋯⋯⋯⋯⋯⋯⋯⋯⋯⋯⋯⋯⋯⋯⋯⋯ 답 ④
>
> 시장개발전략에 해당한다.

12 제품의 기본가격을 조정하여 세분시장별로 가격을 달리하는 가격결정으로 옳지 않은 것은?

① 고객집단 가격결정
② 묶음가격 가격결정
③ 제품형태 가격결정
④ 입지 가격결정
⑤ 시간 가격결정

> **해설** ⋯⋯⋯⋯⋯⋯⋯⋯⋯⋯⋯⋯⋯⋯⋯⋯⋯⋯⋯⋯⋯⋯⋯⋯⋯⋯⋯⋯⋯⋯⋯⋯⋯⋯⋯⋯⋯⋯⋯ 답 ②
>
> 묶음가격 가격결정은 세분시장별로 가격을 달리하는 것이 아니라, 몇 개의 제품을 묶어서 인하된 가격을 책정하는 가격결정 전략이다.

13 다음 <보기>에서 설명하는 BCG 매트릭스의 사업단위로 옳은 것은?

> <보기>
> - 낮은 시장점유율과 낮은 시장성장률을 나타낸다.
> - 현금을 창출하지만 이익이 아주 적거나 손실이 발생한다.
> - 시장전망이 밝지 않아 가능한한 빨리 철수하는 것이 바람직하다.

① star   ② question mark
③ cash cow   ④ dog

해설 .... 답 ④

<보기>는 개(dog)사업부에 대한 설명이다.

14 탐색적 방법에 해당하지 않는 조사방법은?

① 인과관계조사   ② 심층면접법
③ 문헌조사   ④ 전문가의견조사

해설 .... 답 ①

인과관계조사는 다른 변인들과의 원인과 결과 간의 관계를 조사하는 방법으로, 탐색조사에서 하지 못하는 통제를 할 수 있다.

15 서비스 품질평가에 사용되는 SERVQUAL 모형의 서비스 차원으로 옳지 않은 것은?

① 유형성(tangibles)
② 신뢰성(reliability)
③ 반응성(responsiveness)
④ 공감성(empathy)
⑤ 소멸성(perishability)

해설 .... 답 ⑤

소멸성(perishability)은 서비스의 특성에는 해당되나, 서비스품질의 평가모형(SERVQUAL 모형)의 요소에는 해당되지 않는다.

16 미시적 환경에 속하는 마케팅환경요소로만 묶인 것은?

① 공급업자, 고객, 경쟁자, 기술적 요소
② 공급업자, 고객, 경쟁자, 법률
③ 공급업자, 고객, 경쟁자, 대중
④ 고객, 중간상, 경제적 요소

해설 답③

기술적 요소, 법률적 요소, 경제적 요소는 거시적 환경에 해당된다.

17 마케팅조사를 할 때 X라는 상표를 소비하는 전체 모집단에 대하여 구매량을 중심으로 빈번히 구매하는 사람(heavy users)과 가끔 구매하는 사람(light users)으로 분류하고, 각각의 집단에서 무작위로 일정한 수의 표본을 추출하였다. 이 표본추출방식으로 옳은 것은?

① 할당 표본추출
② 체계적 표본추출
③ 층화 표본추출
④ 주관적 표본추출

해설 답③

층화 표본추출은 모집단을 통제변수에 따라 소집단으로 구분하고, 그 소집단들 중에서 무작위로 추출하는 방식이다.

18 세분시장을 결정할 때 고려하여야 할 요인으로 옳지 않은 것은?

① 수익 및 성장의 잠재력
② 세분시장 내 욕구의 동질성 정도와 세분시장 간 욕구의 상이성 정도
③ 세분시장에 대한 접근가능성의 정도와 비용
④ 세분시장의 인지부조화

해설 답④

세분시장의 인지부조화는 고려대상과 무관하다.

19 SPT전략에 대한 설명으로 옳지 않은 것은?

① 인구 통계학적 세분화는 나이, 성별, 가족규모, 소득, 직업, 교육수준 등을 바탕으로 시장을 나누는 것이다.

② 행동적 세분화는 추구하는 편익, 사용량 등을 바탕으로 시장을 나누는 것이다.

③ 사회심리적 세분화는 제품사용경험, 제품에 대한 태도, 충성도, 종교 등을 바탕으로 시장을 나누는 것이다.

④ 시장표적화는 세분화된 시장의 좋은 점을 분석한 후 진입할 세분시장을 선택하는 것이다.

해설 ⋯⋯⋯⋯⋯⋯⋯⋯⋯⋯⋯⋯⋯⋯⋯⋯⋯⋯⋯⋯⋯⋯⋯⋯⋯⋯⋯⋯⋯⋯⋯⋯⋯⋯ 답③

종교는 인구통계학적 변수에 해당되고 사용경험이나 태도, 충성도는 행동적 변수에 해당된다.

20 신제품 수용과 확산 시 다음 <보기>의 특성을 나타내는 집단은?

<보기>
• 소속된 집단에서 존경을 받는다.
• 주로 사회에서 의견 선도자 내지 여론 주도자의 역할을 한다.
• 전체 소비자 집단의 약 13.5%를 차지한다.

① 혁신층

② 조기 수용층

③ 조기 다수층

④ 후기 다수층

해설 ⋯⋯⋯⋯⋯⋯⋯⋯⋯⋯⋯⋯⋯⋯⋯⋯⋯⋯⋯⋯⋯⋯⋯⋯⋯⋯⋯⋯⋯⋯⋯⋯⋯⋯ 답②

<보기>는 조기 수용층에 대한 설명이다.

21 신제품 가격결정방법 중 초기고가전략(skimming pricing strategy)을 채택하기 어려운 경우는?

① 수요의 가격탄력성이 높은 경우
② 생산 및 마케팅 비용이 높은 경우
③ 경쟁자의 시장진입이 어려운 경우
④ 제품의 혁신성이 큰 경우

해설 ───────────────────────────── 답 ①

신제품은 수요의 가격탄력성이 낮은 경우에 초기고가전략이 적합하다.

22 슈퍼마켓과 할인점 등의 장점을 결합한 대형화된 소매업체로, 주로 유럽을 중심으로 발전한 유형으로 옳은 것은?

① 회원제도매클럽
② 하이퍼마켓
③ 전문할인점
④ 양판점

해설 ───────────────────────────── 답 ②

하이퍼마켓에 대한 설명이다. 하이퍼마켓은 식품과 비식품을 저렴하게 판매하며 최소한의 점원으로 대량묶음판매를 하는 곳이다.

23 다음 <보기>에 해당되는 제품수명주기의 단계로 옳은 것은?

> <보기>
> • 품질관리가 중시된다.
> • 제품의 기본수요를 자극한다.
> • 가격설정은 시장대응목적으로 한다.

① 도입기
② 성장기
③ 성숙기
④ 쇠퇴기

해설 ───────────────────────────── 답 ①

<보기>는 PLC의 도입기의 특성이다.

24 기업의 수직적 통합(vertical integration)에 대한 설명으로 옳지 않은 것은?

① 후방통합은 부품과 원료 등의 투입요소에 대한 소유와 통제를 갖는다.

② 전방통합을 통하여 판매 및 분배경로를 통합함으로써 안정적인 판로를 확보할 수 있다.

③ 기업의 효율적인 생산규모와 전체적인 생산능력의 균형을 관리·유지하기가 쉽다.

④ 통합된 기업 중 어느 한 기업의 비효율성이 나타나는 경우 기업 전체의 비효율성으로 확대될 가능성이 높다.

해설 ──────────────────────────────────── 답③

기업의 생산규모와 생산능력은 수직적 통합에 의하지 않고도 관리·유지가 가능하다.

25 원가중심적 가격결정방법으로 옳은 것은?

① 경쟁입찰 가격결정방법

② 부가가치 가격결정방법

③ 시장가치 가격결정방법

④ 목표이익 가격결정방법

⑤ 항시저가 가격결정방법

해설 ──────────────────────────────────── 답④

목표이익 가격결정방법은 투자(원가 등)에 대한 목표이익률을 달성할 수 있도록 가격을 결정(책정)하는 방법이다.

PART 3

인적자원관리

01 인적자원관리 개념

1 인적자원관리 개념

인적자원관리(HRM; 인사관리)란, 기업의 목적을 달성하기 위하여 필요한 인력을 확보(조달·선발·발굴)·유지(배치 및 교육·훈련)·개발(잠재된 능력을 최대한 발휘할 수 있도록)함과 동시에, 인적자원(HR; human resource)을 경영에 효율적으로 이용(업무성과향상·유지)하기 위한 일련의 체계적인 과학적 활동을 의미한다.

따라서 기업은 개인목표와 조직목표를 달성하기 위하여 장기적인 인적자원관리(HRM)를 계획(planning), 조직화(organizing), 지도(leading), 통제(controling)하는 총체적인 관리행동(개인목표와 조직목표의 균형과 조화를 유지)을 해야 한다.

기업의 욕구	우수한 인재의 확보 및 유지 등
구성원의 욕구	안정적인 환경·처우 및 교육훈련, 합리적인 보상 등

<표 1-1> 인적자원관리 활동

확보	모집, 선발, 시험, 면접 등
유지	임금관리, 복리후생관리, 의사소통, 기안제도, 안전, 위생 등
개발	교육·훈련, 승진, 배치, 전직 등
동기부여	보상에 따른 행동촉진 등

2 인적자원관리 목표 및 중요성

1. 인적자원관리 목표

기업의 인적자원관리(HRM)의 목표는 크게 경제적 목표(경제원칙에 입각한 목표)와 사회적 목표(구성원 개인의 욕구와 기대 관련 목표) 2가지로 구분된다.

경제적 목표	• 최적의 비용으로 최대의 효과(노동의 산출) • 인사배치의 효율성 극대화 → 적재적소(適材適所)의 배치 • 인건비의 최소화 → 꼭 필요한 직위와 직책만 유지, 자동화 확대 • 필요한 인재 등용 → 적시에 신규 직원 선발의 최적화 • 잠재력 개발 → 구성원의 창의력과 발휘할 수 있는 환경 조성
사회적 목표	• 구성원 개인의 복지(행복) 중시 • 근로시간 단축 • 임금 인상 및 근로조건·환경 개선 • 의사결정의 자율성과 고용의 안정 및 보장 • 경영참가 및 호의적인 직장 분위기 • 조직과 개인의 상호조화 및 상생 달성

2. 인적자원관리 중요성

현대사회는 지식정보화시대, 스마트(smart)시대, 4차 산업혁명시대로서 인적자원관리의 중요성이 한 층 높아지고 있다. 인적자원관리의 중요성을 4가지로 요약하면 다음과 같다.

사회분위기	• 삶의 인식의 변화와 더불어 행복과 복지를 지향 • 노동 관련법의 정확성과 엄격성 증가
지식정보화시대	• 인적자원의 창의력과 능력 및 역량에 의존하는 비중 증가 • 인적자원의 확보와 개발·유지를 담당하는 인적자원 필요
4차 산업혁명시대	• 획기적인 기술의 진보 및 발전 • 새로운 기술에 적응할 수 있는 능력 있는 인적자원 필요
경제성(효율성)	• 인력의 채용과 배치에 대한 인건비 상승 • 합리적인 인적자원관리의 중요성 증가

TIP+ 인사관리와 노사관계관리 비교

1. 인사관리[Human(personnel) management]

인사관리란, 조직이 필요로 하는 인력을 조달하고 유지·개발·활용하는 활동을 계획하고 조직하며 통제하는 관리활동의 체계라고 할 수 있다. 즉, 인사관리에서는 계획, 조직, 통제의 관리활동의 체계가 강조된다.

현대적 의미에서 인사관리의 정의는 조직의 구성원들이 자발적으로 조직의 목적달성에 적극적으로 기여하게 함으로써 조직의 발전과 함께 개인의 안정과 발전도 아울러 달성하게 하는, 즉 조직에서의 사람을 다루는 철학과 그것을 실현하는 제도 및 기술의 체계라고 할 수 있다.

2. 노사관계관리(labor relations management)

자본가 계급과 노동자 계급의 대립에 관한 사회·경제적인 문제를 대상으로 하는 것이 아닌 기업경영을 매개로 하여 성립되는 노사 간의 관계, 즉 경영노사관계를 다루는 것이다.

넓은 의미에서 노사관계는 그것이 성립하는 수준에 따라 일정한 산업수준에 있어서의 노동조합 대 기업단체의 관계 또는 국민적 수준에 있어서의 일반적인 노동운동 내지는 노동문제라는 말로 포괄되는 노사관계로 구별될 수 있다.

좁은 의미로는 하나의 작업장을 단위로 하여 일선감독자와 작업자 간의 관계로 볼 수도 있다. 그러나 경영학에 있어서는 일반적으로 위에서 말한 경영노사관계를 뜻한다.

오늘날 노사관계를 표현하는 원어로는 industrial relations, labor relations, employer-employee relations, personnel management 등 여러 가지가 사용되고 있고, 각 용어 사용의 구별도 이루어지고 있다.

3. 인사관리와 노사관계관리 차이점

인사관리는 기업경영에 있어서 개별적인 종업원을 대상으로 하여 노동력의 효율적인 관리를 하는 것이지만, 노사관계관리는 노동자인 종업원과 사용자인 기업주 또는 경영자와의 관계를 내용으로 하므로 실제로는 노동조합과 기업 그리고 이에 영향을 미치는 정부와 관련된 문제를 대상으로 하며, 노사협조 내지는 산업평화를 목적으로 하게 된다.

즉, 인사관리는 종업원을 개별적으로 다루는 관리기법을 의미하고, 노사관계관리는 단체협약과 같이 대체로 노동조합과의 관계를 대상으로 하는 관리기법을 말한다.

또한 manpower management나 labor management라는 용어는 넓은 의미의 노사관계를 뜻한다.

이 용어는 경영 내의 고용관계문제를 총괄적으로 포함하는 한편, 사회적인 광범위한 누동력수급관계 등은 일단 제외한다는 면에서 적절한 용어이지만, 일반화된 용어는 아니다.

02 인적자원관리 특징

1 인적자원관리 구분

인적자원관리는 전통적·현대적 인적자원관리로 구분할 수 있다. 각각을 요약하면 다음과 같다.

<표 1-2> 인적자원관리 특징 비교

전통적 인적자원관리	현대적 인적자원관리
조직목표 중시, X이론	조직목표와 개인목표 조화, Y이론
능률 중심(생산성 중시)	경력 중심, 경력 개발
일방적, 단기적	쌍방적, 장기적
소극적, 타율적	적극적, 자율적, 구체적
노조 부정	노조와 상호작용
동양사상, 집단주의 경향	서양사상, 개인주의 경향
비합리적	합리적, 가치적
제도적, 획일적	목적적, 운영적
객관적 기준, 안정성(연공주의)	객관성 부족, 불안정(능력주의)

TIP+

1. 인적자원관리 3대 원리
- 능률화: 능률 향상(사무자동화, 정보화, 공정자동화, 노사협력 등)
- 인간화: 인간성 회복(갈등해소, 자발적 참여, 협동과 조화, 동기부여 등)
- 민주화: 노사화합과 이해(노사공동체 정신과 원리 등)

2. 인적자원관리 속성
책임성, 윤리성, 투명성, 공정성, 합리성 등

2 인적자원관리제도

인적자원관리제도에는 대표적으로 연공서열제도(연공주의)와 직무중심제도(능력주의)가 있다.

<표 1-3> 인적자원관리 종류

항목	연공서열제도(연공주의)	직무중심제도(능력주의)
평가요소	경력, 학력, 연령, 근무연수	업적과 성과에 근거
평가기준	사람(구성원) 중심	직무(업무수행능력) 중심
성격	제도적, 정의적, 비합리적	목적적, 가치적, 합리적
특징	가족주의, 집단주의, 동양적, 유교사상, 운명공동체, 종신고용제 등	개인주의, 서양적, 기독교사상, 이익공동체, 단기고용제 등
직종	일반 직종	전문 직종
장·단점	• 집단주의 중심의 연공질서 형성 • 객관적 기준, 적용의 용이 • 승진, 임금관리의 안정성	• 개인 중심의 경쟁질서 형성 • 객관성의 확보와 적용이 어려움 • 승진, 임금관리의 불안정성

> **TIP+** 오우엔(R. Owen)
>
> 인사관리의 아버지라 불린다. 근로자의 인간적 대우와 작업환경의 개선을 위하여 수십 년에 걸쳐 헌신적인 노력을 하였다. 인간은 환경의 산물로서 인간의 행동은 그에 대한 대우에 따라 조성된다고 주장하면서 근로자의 작업환경과 대우개선에 힘썼다.

3 인적자원관리 접근관점

1. 맥그리거 이론[11] – 행동과학

맥그리거(Douglas McGregor)는 현대조직의 조직경영과 인적자원관리의 여러 방법 및 관점을 종합·정리하여 기본적인 인간의 본성(nature of human being)에 대해 두 가지[X이론(theory X)과 Y이론(theory Y)]로 분류하여 제시하였다.

인간의 본성에 대해 부정적인 관점인 X이론과, 긍정적인 관점인 Y이론이다.

맥그리거 자신은 Y이론의 가정이 X이론의 가정보다 타당하다고 믿었으며, 의사결정, 책임, 그리고 도전적인 직무에 종업원들을 참여시키는 것은 직무 동기를 극대화시킬 수 있다고 주장하였다.

---

11) Douglas McGregor, The Human Side of Enterprise(New York;: McGraw-Hill Book Co.), 1960. pp.33~50.

X이론	• 전통적 이론(비관적 · 정태적 · 경직적 · 외재적 통제) • 인간은 근본적으로 일을 싫어하고 일을 피하려 함 • 야망이 없고, 책임을 회피하며, 자기이기적인 욕구충족만 추구함 • 종업원들은 공식적인 지시를 받기를 좋아함 • 적극적인 개입과 통제 · 보상에 대한 위협과 벌칙을 중심으로 경영함
Y이론	• 근대적 이론(낙관적 · 동태적 · 유동적 · 자기지시적 통제) • 인간은 일을 즐기고 놀이나 휴식과 동일하게 생각하며, 책임을 수용함 • 환경에 따라 의욕과 자질을 개발할 수 있는 잠재능력을 소유함 • 모든 사람들이 합리적 의사결정 능력을 소유함 • 인간은 자기통제와 자기지향 및 자아실현의 욕구, 잠재능력 개발을 중심으로 개인의 목적과 조직체의 목적이 통합됨

2. 시스템접근(System approach)

시스템접근에 입각한 인적자원관리는 인적자원관리를 하나의 시스템으로 인식하는 것에서 출발한다.

시스템이란, 뚜렷한 목적을 가지며 구성인자가 서로 유기적(有機的)으로 연결[하위시스템(sub-system)을 구성하여 전체적으로 연결]되어 있고, 동시에 각 구성인자가 상호작용(相互作用)을 하는 하나의 실체적 결합체라는 속성을 가지고 있다.

시스템 속성은 다음과 같다.

전체성	• 상위 시스템(main system)은 하위 시스템(sub system)의 결합으로 이루어짐 • 상위 시스템 또한 다른 상위 시스템의 하위 시스템으로서의 역할을 함 • 시스템의 유기적 결합은 단순한 합의 개념이 아니라 승(乘)의 개념[시너지 효과(synergy effect)]임
목적성	• 시스템의 목표는 부여된 자원을 최대한 활용하여 가치(value)를 창조(목표 지향적 행동)하는 것임 • 요구조건 내지 제약조건하에서 어떤 목적을 달성하고자 함
구조성	• 시스템의 구성인자는 서로 유기적으로 연결된 구조임 • 시스템의 구조는 상 · 하위를 나타내는 수직적 측면과 동위를 나타내는 수평적 측면의 유기적인 관계임 • 시스템 자체의 내부 환경과 상호연관성뿐만 아니라 외부 환경과의 상호연관성도 포함됨
기능성	• 각 구성인자 간의 상호작용 • 폐쇄시스템이 아닌 개방시스템으로서의 시스템은 항상 외부 환경과 끊임없이 상호작용함 • 시스템 구조 속의 전환과정

1. **시스템이론**
   ① 제2차 세계대전 이후 1950년대에 급속히 확산
   ② 독립된 기능들이 유기적으로 결합(상호작용)
   ③ 투입(input; 노동, 자본, 정보, 전략 등) → 진행(process) → 산출(output; 제품, 성과 등) → 피드백
   ④ 개방시스템과 폐쇄시스템
      • 개방시스템: 환경과 조화를 이루면서 서로 상호작용(영향을 주거나 받기도 함)
      • 폐쇄시스템: 오로지 조직체 관리에만 집중

2. **시스템이론 분석**
   3가지 속성(전체성, 목적성, 구조성)이 시스템이 돌아가는 데 있어 정태적이라면, 시스템의 기능적 측면은 외부환경이나 조건은 동태적이라고 할 수 있다.

---

03 인사감사 · 인사담당자

1 인사감사

1. 인사감사 개념

인사감사(personnel auditing)란, 일정 기간 수행된 인사관리활동을 일정 시점에서 계획과 성과를 종합적으로 평가하고 검토함으로써 기업경영의 건전성을 확보하고 유지하려는 감사활동(강점과 문제점을 발견·평가하고 필요힐 때에 개선방안을 제시)을 말한다. 즉, 인사감사는 인사관리과정에서 인사통제의 중요한 수단(정책에 반영)으로서의 평가기준이다.

> **TIP+**
>
> 1. **인사고과(personnel evaluation; 人事考課)**
>   개인의 수준에서 그 능력과 업적을 조직의 요구에 비추어 평가하는 것(종업원의 상대적 가치)이다.
> 2. **인사감사(personnel auditing)**
>   인사관리 활동이 의도하는 목적에 비추어 적합한지를 평가하는 것이다.

2. 인사감사 목적

인사감사의 목적은 인사정책이 갖기 쉬운 획일성, 몰개성, 효과측정의 곤란함 등에서 오는 비효율성을 탈피하고 발전적인 인사정책 수립을 위한 기초자료를 파악하는 데 있다.

3. 인사감사 유형

(1) ABC감사 특징

① A감사(내용 측면의 감사; Administration Survey)

A감사란, 내용감사로서, 인사관리의 시책과 제도 등 관리내용에 대하여 계획적으로 실태를 조사하여 그 적부를 평가함으로써 만족, 개폐(고치거나 폐지), 계속, 개선 등을 확정하는 것이다. 개개의 평가항목에 따라 감사를 실시하여 각각의 시책에 평점을 부여하여 도표 및 그래프를 작성한다.

② B감사(예산 측면의 감사; Budget Analysis)

B감사란, 예산감사로서, 인적자원관리비를 원가분석하여 시책, 시설의 중요성 정도와 소요경비를 분석한 후 예산할당의 적부를 검토하고, 다음 예산의 합리적 재분배를 목적으로 한다. 즉, 인사정책의 효율성을 평가하여 경제적 효율성 유무를 평가한다.

③ C감사(효과 측면의 감사; Contribution Survey)

C감사란, 효과분석으로서, 인적자원관리 효과의 실태를 측정·검토하여 새로운 인사정책의 수립을 목적으로 한다.

<표 1-4> ABC감사

구분	특성
A(administration)감사	내용감사, 경영적 측면에서의 감사
B(budget)감사	예산감사, 경제적 측면에서의 감사
C(contribution)감사	효과감사, 효과적 측면에서의 감사

(2) ABC감사 운용과정

① ABC감사는 상호일체적 관계이다.

② A감사에서 적합성이 판정되어 개선점이 명확해지고, B감사의 예산적 뒷받침에 의해 적부가 판단되며, C감사가 거듭되고 개선 후의 인사효과가 재검토된다.

③ 이 세 방식은 C → A → B → C의 과정적 운용이 된다. A감사를 위해서는 C감사가 선행되어야 한다.

4. 감사 유형 및 한계점

(1) 감사 유형

감사 유형과 특성은 다음과 같다.

<표 1-5> 감사 유형

주체	내부감사	장점	정보수집과 감사대상 실태파악이 용이함
		단점	독립성이 떨어져서 관행이나 전통에 의해 객관적인 평가가 어려움
	외부감사 (외부전문가)	장점	객관적이고 합리적인 평가가 가능함
		단점	내부감사보다는 불리하고, 기업 내 정보수집에 시간·비용이 많이 소요됨
	합동감사	기업 내부의 인사스태프 + 기업 외부의 전문가	
대상	전사감사	• 인사관리 조직의 적부를 평가함 • 본사 및 각 사업소 인사부문의 성격·구성을 비교 검토하여 양자의 기능적인 지휘·명령관계 및 커뮤니케이션의 실태 등을 다룸	
	본사감사	인사정책 및 시행, 노사관계, 시책의 종합조정 등에 중점을 둠	
	사업소감사	고용, 배치, 훈련, 위생, 복리후생 등 기술적 측면에 중점을 둠	

(2) 감사 한계점

① 경영 전반에 걸쳐 인사시책의 실시가 복잡하고 그 효과의 측정이 쉽지 않다.
② 비용이 효과와 비교되므로 여기서 고충이 나온다.
③ 인사담당자의 불안과 공과에 대한 비판이 존재한다.
④ 직장(職長)의 저항을 일으킨다.

2 인사담당자 역할

인사(인적자원관리)담당자는 조직 구성원들의 업무의 효율성을 극대화할 수 있도록 역할을 해야한다.

현대적 인적자원관리는 기업의 내부고객인 종업원을 위해 경력개발, 경력관리, 코칭, 교육훈련 등의 도구들을 동원하여 기업 내부시장의 경쟁력을 향상시키고 기업이 긍정적인 이미지를 심어줌으로써 양질의 노동력을 확보하고 외부노동시장에서도 우위를 점하도록 역할을 해야 한다.

울리히(D. Uirich; 1997)는 인적자원관리 담당자의 역할로 행정전문가(administrative expert) 역할, 종업원옹호자(employee champion) 역할, 전략적 파트너(strategic partner) 역할, 변화담당자(change agent) 역할의 4가지를 주장하였다.

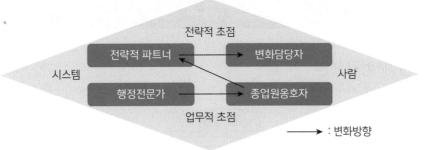

1. 행정전문가(administrative expert) 역할

인적자원관리에 필요한 시스템과 제도, 절차를 설계하고 운영하는 기능이나 업무를 수행한다.

2. 종업원옹호자(employee champion) 역할

종업원챔피언 또는 종업원대변인이라고도 하며, 종업원의 욕구를 이해하고 개인적인 문제를 해결하여 사기를 진작시키며 직무에 적극적인 태도 및 몰입을 갖도록 하는 인간관계활동을 수행한다.

3. 전략적 파트너(strategic partner) 역할

기업의 경영전략 형성에 적극적으로 참여하고 전략수행 과정에서 인적자원관리를 경영전략과 연계하는 활동을 수행한다.

4. 변화담당자(change agent) 역할

기업의 변화와 혁신을 촉진하고 구성원들의 변화와 조직개발 능력을 배양하는 역할을 수행한다. 즉, 바람직한 변화와 새로운 조직문화를 개발하는 것을 포함한다.

1 인적자원관리 환경요인

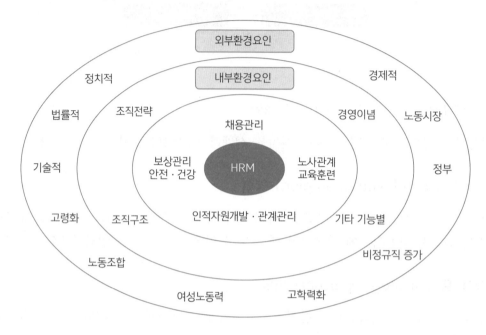

2 인적자원관리 패러다임 변화

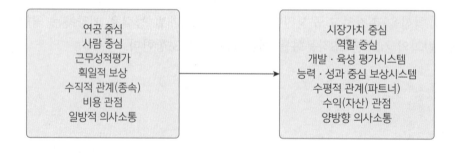

3 현대적 인적자원관리

1. 기업의 사회적 책임 인적자원관리

(1) 경제적 책임(economic responsibility)

기업은 국민경제를 구성하는 기본 경제적 단위로서, 사회에 필요한 재화와 용역을 생산하고 판매하여 이익을 추구하는 책임을 말한다.

(2) 법적 책임(legal responsibility)

기업은 사회가 요구하는 법적 테두리 내에서 기업 활동을 수행해야 하는 책임을 말한다.

(3) 윤리적 책임(ethical responsibility)

법적인 규율이나 규정을 떠나 사회 구성원으로서 도덕과 사회적 통념에 따른 행동과 활동을 수행해야 하는 책임을 말한다.

(4) 자선적 책임(philanthropic responsibility)

자발(자의)적 책임이라고도 하며, 기업은 마땅히 수행해야 할 의무는 없지만 사회의 전반적인 기대에 부응하여 박애주의적인 봉사활동을 수행해야 하는 책임을 말한다.

2. ISO 26000

ISO 26000은 국제표준화기구(ISO)가 제시한 사회의 지속 가능한 발전을 위해서 모든 조직에 적용되어야 하는 사회적 책임에 대한 국제표준이다.

사회적 책임의 개념은 투명하고 윤리적인 행동에 준한 조직의 의사결정 및 활동이 사회와 환경에 미치는 영향에 대한 책임으로 규정하고 있다. 여기에는 건강, 복지, 사회발전에 기여, 이해관계자의 기대 고려, 적용 가능한 법 준수, 국제행동규범과 일관성 유지, 조직 전반의 통합, 사회적 이슈와의 관계생활화 등을 포함하고 있다.

<표 1-6> ISO 26000의 사회적 책임 핵심 주제

특성	내용
조직의 지배구조	의사결정의 투명성, 이해관계자의 참여, 소외계층의 참여보장 등
인권	기본적인 인권존중, 아동노동력 착취금지, 표현의 자유보장 등
노동 관행	ILO 기준 준수, 직장 내 안전과 보건관리, 안정적인 고용관계 유지
환경	환경오염물질 감축, 탄소배출 감축, 지속 가능한 자원의 활용 등
공정운영 관행	내부고발자 보호, 공정한 경쟁 보장, 부정부패 감사, 재산권 보호 등
소비자의 이슈	공정한 마케팅, 객관적 정보 제공, 위조·표절 금지, 소비자보건 및 안전관리, 가격구성정보 공개, 소비자 프라이버시 보장 등
지역사회 참여와 개발	고용 창출, 조세의무 준수, 지역공동체에 참여, 책임있는 투자 등

1. **구조적 인사관리론**

   구조(structure) 차원은 실체로서의 인사관리시스템 측면으로, 성과 도출과 공정 보상을 위한 기본 골격으로서 직무, 보수 신분 및 평가를 어떻게 설정하고 관리하느냐를 규명하는 것이다.

2. **신분관리**

   신분관리는 조직 구성원의 자기 성장과 발전의 대상인 동시에 기업의 기술 축적과 조직 혁신의 대상이 되기 때문에, 오늘날 노사공존공영 모색의 중심영역으로 부각되고 있다. 신분관리에는 인력 확보에서부터 방출까지의 전 과정이 포함되며, 경력 – 승진 – 교육훈련 관리를 주로 검토할 수 있다.

3. **평가관리**

   평가관리는 구성원의 성과를 합당하게 평가함으로써 보수상 · 신분상의 공정보상을 기할 수 있을 뿐만 아니라, 기업의 성과도출과 경쟁력을 강화시킬 수 있기 때문에 평가관리는 구조적 인사관리 시스템의 하부구조가 된다. 이를 크게 개인평가와 집단평가 두 부분으로 나눌 수 있다.

4 전략적 인적자원관리

전략적 인적자원관리(S-HRM; Strategy Human Resource Management)란, 종업원의 잠재 능력이나 활동의 효율성을 극대화하기 위한 인적자원관리 활동으로, 조직이 보유하고 있는 역량, 지식, 기술, 능력 등의 여러 가지 인적자원의 역량을 투입하여 성과에 긍정적인 행동을 유도하는 것이다. 즉, 인적자원관리가 전략경영과 잘 연계되고 조화를 이루어 조직의 전략 목표를 효율적으로 달성할 수 있는 과정을 의미한다.

전략적 인적자원관리는 1980년대 이후 발전되었으며, 그 과정은 다음과 같다.

05 인력확보전략

기업(조직)의 인적자원은 조직 내의 잠재인력을 개발하여 충원하거나 외부로부터 인력을 추가로 채용하여 공급할 수 있다.
기업(조직)의 인력확보(충원)는 모집(recruitment), 선발(selection), 배치(placement)의 3가지 기능을 포함한다.

[그림 1 - 1] 인적자원확보 과정

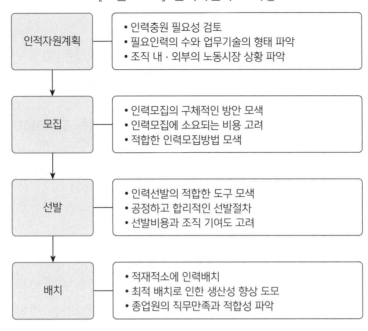

TIP+ 인적자원 수요예측방법

1. 계량적 방법

정량(양)적 방법, 추세분석, 회귀분석, 시계열분석, 생산성비율분석, 작업연구기법, 노동과학기법 등이 있다.

2. 비계량적 방법

정성(질)적 방법, 명목집단법, 델파이법, 시나리오기법, 브레인스토밍기법, 자격요건분석, 상향적 접근법 등이 있다.

---

1 모집

1. 모집 개념

모집(recruitment)이란, 기업이 인력수요계획에 따라 필요로 하는 인력수요를 충족시키기 위한 것이다. 조직의 목적달성에 기여할 수 있는 인력의 원천을 개발하고, 인력으로 하여금 조직에서 일할 수 있는 기회를 제공하며, 해당 직무를 담당할 수 있는 자격과 능력을 갖춘 인적자원을 확보할 수 있도록 하는 것이다.

모집이나 채용은 고용관리의 출발점이며, 이는 기업의 결원 보충뿐만 아니라 기업에 새로운 에너지를 공급하여 조직체의 건전함 유지 및 발전에 기여하게 된다. 따라서 모집은 장기적인 관점에서 조직의 전반적인 이미지 형성과 홍보활동과도 연계하여 종합적으로 계획·추진되어야 한다.

2. 모집 유형(원천; 방법)

(1) 내부모집(internal search; 내부원천)

일반적으로 조직체는 외부의 인력원천을 활용하기 이전에 내부의 인력자원을 활용하려고 노력한다. 일반적으로 인력수요는 가능한 한 내부인력으로 충원(승진, 전보, 재배치 등)하는 것이 바람직한 것으로 인식되고 있다.

그러나 현대에는 공식적인 경로(공고 또는 게시)를 통해 원서를 접수하고, 공식적인 선발과정을 거쳐서 능력위주로 내부인력을 활용하는 경우도 많다.

또한 퇴직, 이직, 사고 등의 자연적인 인력변동은 물론 조직의 확장, 신기술 도입 등의 조직변화와 더불어 인력규모와 구성도 항상 변한다.

(2) 외부모집(external search; 외부원천)

경제발전 및 산업의 고도화는 기술 및 관리 인력의 비중이 커지게 되어, 거시적 관점에서 외부로부터의 인력공급이 중요해지고 있다. 특히 신기술의 개발속도에 따른 경영인력의 공급은 더욱 심각하다. 그러므로 외부시장의 인력동향을 분석하고 파악하는 것이 모집활동의 중요한 부분을 차지한다.

예 공개모집, 현장모집, 광고, 고용센터(알선소개소), 채용박람회, 학교, 단체 등

<표 1-7> 내·외부모집 비교

구분	장점	단점
내부모집	• 승진기회로 동기 유발 • 채용비용 절약 • 승진자의 사기 앙양 • 능력개발 강화 • 하급직 신규채용 수요 발생	• 모집단위의 제한 • 누락자의 실망 • 승진을 위한 과다경쟁 • 인력개발비용 증가 • 부정적 분위기 • 조직 폐쇄성 증가
외부모집	• 인력개발비용 절감 • 새로운 정보 • 자격을 갖춘자 채용 • 교육훈련비용 감소 • 새로운 조직 분위기 • 인재 선택의 폭 증가	• 내부인력 사기 저하 • 조직적응기간 소요 • 부적격자 채용의 위험성 • 채용비용 과다 • 경력자 채용 시 높은 임금 지급 • 이직 증가

위의 표와 같이 장·단점을 고려하여 내부와 외부의 인력모집원천을 적절히 결합·활용함으로써 인력의 확보와 조직의 발전을 동시에 기대할 수 있다.

☑ 핵심체크

인력 풀(Pool)제

상시 채용제가 보다 발전한 형태로, 상시 채용 시 접수된 입사지원서를 자료화(데이터베이스화)하여 입사기회를 계속 부여하는 것이다. 이것은 기업은 효율적인 인력수급이 가능하며, 지원자는 입사기회가 확대된다는 것이다.

피터의 원칙(Peter's Principle)

로렌스 피터(Laurence J. Peter)가 제시한 것으로, 조직이 내부인력원천에 너무 의존하게 되면 조직구성원들은 무능력 한계까지 승진하게 되어 결국 조직은 무능한 사람들로 구성되고 경직·침체되어 버린다는 원리[12]를 말한다.

웹기반 모집(web-based Recruiting)

웹기반 모집은 기업의 기회비용을 획기적으로 감소, 전 세계적인 DB 활용 가능, 실시간모집 가능, 복수모집 및 복수응모 가능, 모집전문회사의 솔루션 제공 등의 특징이 있다.

2 선발

선발(selection)이란, 선발하려는 직위와 관련된 자격을 갖춘 지원자들의 숫자를 줄여서 기업이 원하는 인적자원을 선택하여 최적격 후보자를 뽑는 것이다. 모집을 통해서 지원서가 접수되면 선발과정이 시작된다.

선발과정은 지원서 접수와 지원서류의 전형, 선발시험과 채점, 면접, 신체검사 등을 통해 이루어진다.

선발(selection)은 주어진 조직체 상황하에서 지원자 중 가장 적합한 자격을 갖추었다고 판단되는 사람을 선택하는 과정이다. 그러므로 선발의 궁극적인 목적은 실무부서에 필요한 인적자원을 실제로 확보하는 것이다.

기업이 우수한 인재를 효율적으로 선발하기 위해서는 인사선발의 예측치(predictors)와 준거치(criterion)의 개념을 적용할 필요성이 있다.

예측치	선발도구의 점수(선발 시 고득점자가 근무능력이 있다고 판단) 예 NCS평가 등
준거치	성과기준의 근거(직무수행 성공) 예 인사고과 점수, 생산성, 기여도 등

---

12) L. J. Peter and R. Hall, *The Peter Principle*(New York:: Bantom Books, Inc., 1979).

1. 선발도구

선발도구에는 시험(인지능력검사, 지능검사, 정직성검사, 적성검사, 성취도검사, 성격 및 흥미도 검사 등)과 면접(정형적 면접, 비지시적 면접, 스트레스면접, 패널면접, 집단면접 등)이 있다.

선발도구를 통한 선발관리의 목표는 정확성이며, 이를 위해 신뢰성과 타당성 있는 선발도구를 이용하여 정보를 수집하고, 수집된 정보를 종합하여 의사결정을 내리는 것이다. 선발도구의 평가에는 신뢰성 및 타당성, 효율성 등의 평가가 있다.

<표 1-8> 면접방법

정형적 면접 (구조적·지시적 면접)	직무명세서를 기초로 미리 질문내용을 정해 놓고 이에 따라 면접자가 차례로 질문을 해나가는 방법
비정형적 면접 (비구조적·비지시적 면접)	• 피면접자에게 최대한의 의사표현의 자유를 주고 그 가운데에서 면접자가 정보를 얻는 방법 • 면접자의 질문에 피면접자가 거리낌 없이 자기를 표현하는 방법 • 면접자의 고도의 질문기술 및 경청의 태도가 필요함
스트레스면접 (압박면접)	면접자는 피면접자를 무시할 정도로 공격(압박)적인 질문을 하여 스트레스를 줌으로써 그 상황하에서 피면접자의 안정성과 감정, 상황대응 능력조절에 대한 인내도를 관찰하는 방법
패널면접 (위원회면접)	• 다수의 면접자가 한 명의 피면접자를 평가하는 방법 • 면접 후 면접자들의 의견 교환을 통해 피면접자에 대한 광범위한 조사와 평가를 함
집단면접	• 면접자들을 집단으로 분류하여 각 집단별로 특정 문제에 대해 자유토론을 하게 하고 토론과정에서 개별적으로 적격 여부를 심사하는 방법 • 동시에 다수의 피면접자를 평가할 수 있으며, 시간절약과 우열비교를 통해서 리더십이 있는 인재를 발굴할 수 있음 • 맥락효과가 발생할 수 있음
블라인드면접 (blind interview)	• 능력이나 성과가 중심의 면접방법 • 학력, 연령 등의 개인적 특성들은 무시하고 능력을 중심으로 선발하기 위한 방법

2. 선발도구의 신뢰성(reliability)과 타당성(validity)

(1) 신뢰성(reliability)

① 신뢰성 개념

신뢰성이란, 어떤 시험을 동일한 환경에서 동일한 사람이 몇 번 다시 보았을 때, 그 결과가 서로 일치하는 정도로서, 시험결과의 일관성(consistency)을 말한다. 이것은 선발제도가 하나의 능력측정수단으로서 정확한 측정가능성을 가졌는지 여부를 말한다.

② 신뢰성 측정방법

시험의 신뢰성(reliability)을 측정하기 위해 다음과 같은 3가지 방법이 이용되고 있다.

시험-재시험방법 (test-retest method)	같은 사람(집단)에게 같은 내용의 시험을 다른 시기에 두 번 실시하여, 성적을 비교하여 두 측정치가 일치하는지의 정도를 검증하는 방법
대체형식방법 (alternate form method)	• 한 사람에게 한 종류의 항목으로 테스트한 다음, 유사한 항목(문제)으로 된 다른 형태로 테스트하여 두 형태 간의 상관관계를 살펴보는 방법 • 두 항목은 난이도, 평균성적, 점수의 분산, 내용의 범위 등이 동등해야 하며 상관관계가 높을수록 그 시험이 측정대상을 더 일관성 있게 측정한 것임
양분법 (split halves method)	• 시험내용이나 문제를 반으로 나누고 각각 검사하여 양자의 결과를 비교하는 방법 • 나누는 방법에는 홀수항목과 짝수항목 또는 전반과 후반이 있음

(2) 타당성(validity)

① 타당성 개념

타당성이란, 시험이 측정하고자 하는 내용 또는 대상을 정확히 검정하는 정도로서, 대상을 올바르게 측정하고 그 결과가 측정하고자 하는 목적에 부합(성과를 반영하는 정도)되는지를 나타내는 지표를 말한다. 즉, 시험에서 우수한 성적을 얻은 사람의 근무성적이 예상한 대로 우수할 때 그 시험은 타당성이 인정된다.

타당성은 시험의 목적에만 관계되는 것이 아니라 그 기업의 특수한 상황에 따라서도 달라진다. 즉, 어떤 한 기업이 그 기업의 상황에 맞게 개발해 낸 시험이 다른 기업에도 그대로 적용되는 것은 어려운 일이다.

② 타당성 평가

선발도구의 타당성을 평가하는 방법에는 기준(준거)관련 타당성과 기술적 타당성이 있다.

ㄱ 기준관련 타당성(criterion related validity): 준거관련 타당성이라고도 하며, 선발도구의 측정치(입사성적)와 지원자의 근무성적 간의 관계를 측정하여 타당성을 검증하는 것으로, 근무성적을 적용하는 시점에 따라 동시타당성(concurrent validity; 현재타당성)과 예측타당성(predictive validity)이 있다.

ⓒ 기술적 타당성(descriptive validity): 선발도구가 측정하는 항목과 내용 자체를 검증하는 것(항목과 선발도구를 기술하는 과정이 적정한지의 여부)으로, 내용타당성(content validity)과 구성타당성(construct validity)이 있다.

기준관련 타당성	동시타당성	• 현직 구성원의 시험성적과 직무업적을 비교하여 타당성을 평가함 • 준거치와 예측치의 적용시점이 동일함
	예측타당성	선발시험에 통과한 사람의 성적과 입사 후의 직무업적과 비교하여 타당성을 평가함
기술적 타당성	내용타당성	• 테스트 내용이 직무의 상황을 잘 나타내면 내용타당성이 높다고 표현함 • 지원자는 동일한 내용이나 테스트를 받아야 객관적임 • 전문가의 주관적인 견해가 중요함
	구성타당성	테스트방법이나 내용이 얼마나 이론적 속성에 부합하며 논리적인지, 특질이 직무수행과 관련성이 높은지를 측정함

(3) 효용성(Utility)

효용성이란, 유용성이라고도 하며 선발의 정확성을 높임으로써 효과성을 높일 수 있는지를 나타내는 지표를 말한다. 선발의 효용성이 높으면 선발의 평가도구 성적이 미래의 직무성과를 예측하는 능력이 크므로, 선발비용도 절감되고 우수한 인재를 선발할 가능성도 높아진다.

$$\text{선발의 효용성} = \frac{\text{직무성과치}}{\text{선발총비용}}$$

3 배치

1. 배치 개념

배치(placement)란, 신입교육 후 종업원을 특정한 직무에 배치하는 것으로, 기구개편이나 인원정리 또는 구조조정 이후 필요에 따라 실시되는 배치전환 등이 있다.
인사선발을 통해 조직에 진입한 인력을 직무요건에 적합하게 배치하고 조직 전체 차원에서 적성과 직무요건에 적합한 인력을 유지·확보하는 것이다.

> **TIP+ 이동(transfer)**
> 기존 종업원들을 필요에 따라 현재의 직무에서 다른 직무로 바꾸어 재배치하는 것이다.

2. 배치 원칙

균형주의	조직 전체에 평등한 적재적소를 고려하는 배치(전체와 개인의 조화 고려)
실력주의	능력을 발휘할 수 있도록 하고 올바른 평가 후 배치
인재육성주의	경력개발계획, 인적자원의 성장·육성하는 배치
적재적소주의	특정인의 능력과 성격을 기초로 적합한 직위에 배치하여 최고의 능력을 발휘하게 하고, 유연성과 적응성을 고려한 적정배치

06 개발 · 유지관리

인적자원은 조직체에서 가장 중요한 자원이다. 조직의 장기적인 성패는 인적자원의 능력수준과 효과적인 활용에 좌우된다. 그러므로 조직은 인적자원의 잠재능력을 최대로 개발하고 이것이 조직목표달성에 기여하도록 지속적으로 개발관리와 유지에 노력해야 한다.

1 교육훈련

1. 교육훈련 개념

교육훈련(training & development)이란, 조직구성원들이 직무수행에 필요한 지식과 기술, 능력을 배양하여 조직의 목표를 달성하게 하는 과정이다. 오늘날 기업은 구성원들의 교육훈련에 많은 비용을 투자하고 교육의 기회를 확대하고 있다.
교육훈련의 궁극적 목표는 조직구성원의 능력개발을 통한 조직의 능률 또는 성과 향상과, 기업의 목적과 개인의 목적의 일치라 할 수 있다.

교육훈련	1차적 목표	기업의 유지·발전, 기업의 목적과 개인의 목적의 일치
	2차적 목표	생산능률 향상, 인재육성, 인간완성, 생활 향상 등

2. 교육훈련방법

교육훈련은 사내·사외, 계층별·전문기능별, 집단·개인 등의 여러 형태로 실시한다. 교육훈련의 방법도 강의, 토의, 사례연구 등 여러 가지 방법이 사용된다. 가장 일반적인 교육훈련의 방법은 담당자에 의한 분류와 대상자에 의한 분류로서 다음 표와 같다.

<table>
<tr><td rowspan="2" align="center">교육훈련</td><td align="center">담당자에 의한 분류</td><td>• 직장 내 교육훈련
• 직장 외 교육훈련</td></tr>
<tr><td align="center">대상자에 의한 분류</td><td>• 경영자 교육훈련
• 종업원 교육훈련
• 신입사원 교육훈련</td></tr>
</table>

<표 1-9> 교육훈련방법

교육훈련방법에서 특히 가장 기본적인 것은 담당자에 의한 분류 중 직장(기업) 내 교육훈련과 직장(기업) 외 교육훈련이다.

(1) 직장 내 교육훈련(OJT; On the job training)

직무를 수행하는 과정에서 직속상사가 부하직원에게 직접적인 지도 및 교육훈련을 시키는 것으로, 라인담당자 중심으로 비체계적으로 이루어진다.

(2) 직장 외 교육훈련(Off-JT; Off the job training)

실무 또는 작업을 떠나서 교육훈련을 담당하는 전문가 또는 전문 스태프(Staff)에 의해 집단적으로 교육훈련을 실시하는 것을 말한다.

예 산학 협동 기관으로서 대학, 연수원교육, 시뮬레이션교육, 강의실교육, 동영상강의(영상, 비디오) 등

<표 1-10> OJT와 Off-JT의 비교 및 장·단점

구분	OJT	Off-JT
비교	• 부서차원, 상사 중심, 부하의 참여 • 실무 중심	• 조직차원, 상사의 협조, 본인의 참여 • 교육부서 중심
장점	• 현실적·실제적, 협동정신 강화 • 경제적, 개인능력에 따른 교육 • 실시가 용이하고 비용이 적게 듦	• 계획적인 훈련 가능 • 전문가가 지도 • 다수 종업원의 통일적 교육 가능 • 훈련에 전념할 수 있음(훈련성과 높음)
단점	• 다수 종업원의 동시교육 불가능 • 통일된 내용의 훈련 불가능 • 원재료의 낭비 초래	• 작업시간 감소 • 경제적 부담이 큼 • 훈련결과를 현장에 바로 활용하기 곤란

(3) 경영자 교육훈련

① 직장 내 교육훈련

직무순환, 수평이동 회의식 방법(중견이사회), 행동학습모델 등이 있다.

② 직장 외 교육훈련

경영게임, 사례연구, 행위모델링, 인바스킷(in-basket)훈련, 전문가협회참가, 최고경영자 프로그램 등이 있다.

③ 기타

역할연기법(role playing method), 코칭(coaching), 회의식 방법, 인턴십(internship), 시청각학습, 프로그램식 학습, 강의(lecture) 등이 있다.

④ 기업 내 감독자 훈련(TWI; Training Within Industry)

일선감독자 훈련방식, 산업 내 훈련, 중간감독자 훈련이라고도 한다. 엄격히 말하면 이것은 교육대상이 아니라 교육을 통해서 어떤 직책을 수행할 수 있도록 하는 것을 의미한다.

(4) 종업원훈련

① 기능훈련

직업훈련학교, 도제훈련, 실습장훈련, 프로그램훈련 등의 교육을 실시한다.

② 노동교육

임금문제, 노사관련법규, 근로조건, 단체협약 등의 교육을 실시한다.

(5) 신입사원교육훈련

입직훈련(orientation), 멘토시스템, 강의법 등이 있다.

3. 기타

(1) e-learning(전자학습)

e-learning이란, 전통적인 교육의 장과 비교할 때 학습공간과 학습경험이 보다 확대되고, 학습자의 주도성이 강화될 수 있는 교육이다. 정보통신기술의 발전에 따른 활용으로 현대 사회에서 급속도로 활용되고 있다. 즉, 인터넷과 같은 디지털 매체를 기반으로 기존의 공간(교실 중심)에서의 교육이 사이버(Cyber)라는 공간을 적극 활용함으로써 언제(anytime), 어디서나 (anywhere), 누구나(anyone) 원하는 학습을 자기 주도적으로 할 수 있는 수준별 맞춤형 학습 체제라고 할 수 있다.

<표 1-11> 전자학습 장·단점

구분	e-learning(전자학습)
장점	• 다수의 종업원 동시교육 가능 • 학습자 스스로 학습 진도 결정 • 교육내용의 표준화·일관성 가능 • 교육내용에 대한 업데이트 항상 가능
단점	• 학습을 가능하게 하기 위한 초기 투자비용의 과다 • 학습자의 학습효과 측정 곤란 • 교육 내용의 주제의 한계성(다양성의 제한)

(2) Action learning(액션러닝)

액션러닝(AL)이란, 교육훈련의 제3의 물결이라고 하며, 학습자들을 팀으로 구성하여 조직 내에 실존하는 중대하고 난해한 문제를 과제(개인과제 또는 팀과제)로 선택하여 러닝코치(의사결정권이 없는 조직 내·외부의 전문가)와 함께 과제의 내용 측면과 과제수행의 과정을 학습하는 것이다.

이것의 목적은 팀워크를 발휘하여 과제수행을 통한 성과창출뿐만 아니라 현황과 이슈를 간접경험하게 하여 실제 문제해결에 직접적인 역량을 발휘하는 구성원(팀원) 모두의 역량을 향상시키는 데 있다.

액션러닝(AL)은 스스로 자신을 분석하고 점검하여 자신의 가치, 신념과 태도를 인식하게 만드는 교육훈련으로, 가장 중시하는 것은 현장경험(on the job experience)이다. 즉, 학습은 경험을 통해 발생하며 경험을 통한 개인과 집단의 학습이라는 것이 핵심이다.

> **TIP+ 교육훈련방법**
>
> **1. 청년중역제도**
> 기업 내의 문제점을 조사·연구하여 상위 경영진에게 건의하는 상설자문기관으로, 복수경영제도이다.
>
> **2. 대역법**
> 공석자리의 대비로 직속상급자의 담당업무를 미리 맡겨 훈련시키는 방법이다.
>
> **3. 코칭법**
> 관리자가 하급자에게 직무경험 등과 관련한 지도, 조언, 코치를 하는 방법이다.
>
> **4. 멘토링**
> 숙련자가 비숙련자에게 자신의 여러 가지 경영기법을 오랜 기간에 걸쳐 전수해 주는 기법으로, 비공식적으로 진행된다.

2 경력개발

1. 경력

경력(career)이란, 한 개인이 일생을 두고 특정 직무나 직종과 관련된 지식과 전문성, 경험과 활동에서 지각된 태도와 행위로서 삶의 과정이다.

2. 경력개발

경력개발(CD; career development)이란, 조직 내에서 개인이 단계적으로 다양한 과업을 거치면서 진보하고 성장하는 과정을 의미한다.

경력개발	개인 측면	한 개인이 일생에 걸쳐 일과 관련하여 얻게 되는 경험을 통해 직무관련 태도, 능력, 성과를 향상시켜 나가는 과정
	기업 측면	한 개인이 입사에서부터 퇴직까지의 경력경로를 개인과 조직이 함께 계획하고 관리하여 목표(개인목표 + 조직목표)를 달성하는 과정

경력개발은 경력계획과 경력관리로 구분할 수 있다.

경력계획	• 개인이 자신의 기술과 능력을 평가하여 경력발전 계획을 세우는 것 • 경력목표를 설정하고, 경력목표를 달성하기 위해 경력경로를 구체적으로 선택하는 과정을 설정하며, 경력성과를 실행하는 과정을 의미함
경력관리	• 한 개인의 입사에서부터 퇴사까지의 과정 • 기업 측면에서 개인의 경력계획을 촉진·실현시키는 조치를 취함

☑ 핵심체크

경력개발(CD)

개인이 세운 경력계획을 달성하기 위해 개인이나 조직이 능력개발에 참여하는 것으로, 개인 욕구와 조직 욕구를 통합하여 장기적·체계적으로 개발해 나가는 활동이다. 즉, 경력성공을 위한 일련의 개인의 야심이나 희망에 대한 노력이다. 자신이 선호하는 방향으로 생애계획을 수립하여 직업을 선택하고, 조직을 선택하는 것이다.

경력경로(CP)

경력경로(CP; career path)는 개인이 설정한 경력목표에 도달할 수 있는 길 또는 개인이 경험했거나 경험해야 할 직위의 연속을 말한다. 즉, 여러 종류의 직무를 수행함으로써 경력을 쌓는 것(직무의 배열)을 의미한다.

경력개발프로그램(CDP)

경력개발프로그램(CDP; Career development program)은 구성원 개인에 대하여 조직의 인재수요와 본인의 희망을 조화시켜서 장기적인 경력계획을 세우고, 이와 관련된 직무확대와 교육훈련을 수행하는 전사적인 프로그램이다. 조직차원에서 경력경로와 경력요건 등을 설정해 주고, 개인차원에서는 자신의 성찰을 통해 가장 적합한 경로를 선택하여 자신의 경력목표달성을 위해 끊임없이 능력개발을 할 수 있도록 유도하는 프로그램이다.

TIP+ 경력관리 3요소

1. **경력목표**
   개인이 경력상 도달하고 싶은 미래의 직위 또는 최고의 성공목표를 의미한다.

2. **경력계획**
   경력목표를 설정하고, 달성을 위해 구체적인 경력경로를 선택하고 실행하는 것을 의미한다.

3. **경력개발**
   개인적인 경력계획을 달성하기 위해 개인 또는 조직이 실제적으로 참여하는 활동으로, 직접 경험으로서 직무순환과 간접 경험으로서 교육훈련이 있다.

3 이직

1. 이직(Separation) 개념

이직이란, 고용관계(사용자와 노동자)가 단절되는 것으로, 노동자(종업원)가 소속된 조직으로부터 이탈하는 것을 말한다. 넓은 의미로는 조직의 외부에서 내부로의 유입도 포함하며, 좁은 의미로는 개인이 조직을 떠나는 것을 의미한다.

2. 이직 유형

자발적 이직	전직	다른 회사로의 이동
	사직	개인적 사유(질병, 이민, 결혼 등)로 이동
비자발적 이직	정리해고	고용조정에 의한 해고(인력감축, 구조조정 등)
	징계해고	개인의 귀책사유에 의한 해고
	명예퇴직	자발적으로 퇴직희망에 의한 이직
	정년퇴직	규정에 의한 고용계약의 종료
	기타	사망, 불구 등

TIP+ 해고의 유형

1. **일반해고**
   근로자에게 근로계약상 업무를 수행할 수 없는 일산상의 사유가 생겨 해고하는 것이다.

2. **징계해고**
   징계처분으로, 정당한 이유를 바탕으로 사용자가 근로관계를 소멸시키는 것이다.

3. **경영상 해고**
   기업의 경영상 긴급한 사정에 의해 근로자를 해고하는 것이다.

---

3. 이직 영향

긍정적인 영향	• 적정수준의 이직은 원활한 인력대체의 기회가 됨 • 새로운 기술도입 가능 • 활기찬 조직 분위기 조성 • 능력이 부족한 고임금자의 이직은 인건비 절감 효과가 있음 • 인력배치의 유연성 제고, 경쟁력 제고
부정적인 영향	• 과도한 이직은 고용정책에 차질이 생길 수 있음 • 생산계획이나 경영상의 안정성 저해 • 생산성 감소(전직준비 및 근로의욕상실 등) • 신규 인력의 감독 및 교육훈련비 증가

	• 신규 인력의 높은 사고율과 불량률
	• 위로금이나 퇴직금의 지급증가로 인한 비용 증가
	• 기업 이미지 하락

> **TIP+** **퇴직자지원제도(Out-placement system)**
>
> 퇴직자지원제도란, 기업이 고용조정에 따라 정리해고된 퇴직자나 조기퇴직자들이 심리적 불안이나 스트레스를 극복하고 퇴직의 상황에 적응할 수 있도록 창업이나 다른 직장 또는 제2의 인생을 준비할 수 있게 지원해주는 제도이다. 이는 사업주의 지원하에 퇴직하는 근로자가 신속히 재취업할 수 있도록 다양한 서비스(진로상담, 구직정보제공, 직장알선, 창업관련 상담 및 교육, 재취업교육 등)를 제공하는 프로그램이다.

4 승진

1. 승진 개념

승진(promotion)이란, 이동의 한 형태로서, 하위의 직급이나 계층에서 상위의 직급이나 계층으로 승(昇)하는 것을 말한다. 책임과 권한의 확대와 임금의 상승, 지위의 상승, 더 중요한 직책이나 지위, 승급 등을 포함한다.

2. 승진관리 중요성

기업에 있어서 종업원의 주요 2대 관심사는 임금과 승진이라 할 수 있다. 특히 근래에 있어서 종업원들의 사회가치관이 변함에 따라 임금보다는 승진에 관심을 가지는 경향이 두드러지게 나타나고 있다.

그러나 최근에는 경제불황 등으로 인하여 승진정체현상이 기업마다 문제화 되고 있어 이에 관하여 보다 더 많은 관심이 요구된다.

승진	• 기업에서 신분상의 자기발현 • 기업에 대한 소속감 증가 • 조직으로부터 인정을 받기 위한 중요한 수단 • 승진을 통하여 종업원의 사기앙양 및 동기부여 • 조직의 유효성 달성

3. 승진관리 4원칙

(1) 능력주의 원칙

능력주의는 기업의 급변하는 환경에 능동적으로 대처하기 위해 가장 중요한 원칙이라 할 수 있다. 능력주의는 현재적인 능력뿐만 아니라 잠재적 능력까지도 포함하는 것으로서, 기업에서의 인재육성 측면도 고려하여야 한다.

(2) 기회부여 원칙

능력있는 자에게 공평하게 승진의 기회가 부여되어야 한다. 이러한 승진관리가 이루어질 때 종업원의 사기앙양과 더불어 동기부여 작용을 하게 되며 종업원이 자기개발의 노력도 하게 된다.

(3) 업적주의 원칙

종업원이 기업에 대한 장기간에 걸친 실적과 공로가 있는 경우 자격제도에 이를 반영하는 방법으로 이 원칙을 이용한다. 이는 단기간에 능력주의를 도입하는 것에 비해 장기근속자의 저항을 완화할 수 있고, 사기저하를 방지할 수 있기 때문에 승진관리에 있어서 중요한 원칙이다.

(4) 적재적소 원칙

조직의 유효성을 제고하고 종업원의 능력을 최대한 발휘하도록 종업원에 대해 적재적소의 승진관리가 필요하게 된다.

4. 승진제도 유형

(1) 연공승진제도

종업원의 연령·근속연수·학력·경력 등 개인적인 연공과 신분에 따라 자동적으로 승진시키는 제도이다. 이러한 연공승진은 상사의 리더십이 중시되는 경우나 각 부서 간의 원활한 조정이 중시되는 기업에 적합한 승진유형이라 할 수 있다.

(2) 대용승진제도

직무수행의 변화 없이 보수나 지위만 승진(형식적 승진)하는 것이다. 이것은 조직에서 인사체증이나 종업원의 사기저하를 방지하기 위해 형식적 측면만으로 승진하는 형식이다. 승진대상에 비해 직위가 부족한 경우, 즉 승진 대상자가 누적되어 있을 때, 사기저하를 방지하기 위해 직무내용상 변화는 없이 직위의 명칭이나 호칭만 형식적으로 승진시키는 것을 말한다.

(3) 조직변화(OC; organizational change)승진제도

경영조직을 변화시켜, 승진기회를 마련하는 동태적 승진제도를 말한다. 즉, 새로운 직위나 직무를 만들어서 승진하는 제도이다. 이와 같은 조직변화승진도 조직에서 인사적체의 해소를 위하여 이용되는 경우가 많다.

(4) 역직승진제도

가장 일반적인 승진형태로서, 조직구조의 편성과 조직운영의 원리에 따라 결정되는 것이다. 조직에서는 부장, 과장, 계장과 같은 역직이 발생하게 되며 이에 따른 승진이 역직승진이다. 그러나 역직의 세분에는 일정한 한계가 있으며, 역직을 계속하여 세분화시키면 조직의 효율성은 저하된다.

(5) 자격승진제도

직무주의와 연공주의를 절충시킨 것으로, 승진에 일정한 자격을 설정해놓고 그 자격을 취득한 자를 승진시키는 것이다. 이러한 자격승진에는 신분자격승진과 직능자격승진이 있다.

① 신분자격승진(연공주의에 입각)

종업원의 경력·학력·근속연수 등과 같은 개인에게 속하는 형식적 요소에 따라 자격을 인정하고, 상위의 자격으로 승진시키는 것을 말한다. 즉, 직무에 관계없는 속인적 요소에 의한 승진이다.

② 직능자격승진

연공주의와 능력주의의 절충형의 한 형태로서, 직무수행에 있어서 현재적 및 잠재적 능력의 성질과 정도에 따라 상위의 자격으로 선 승진시키고 이후에 직위의 승진을 실시하는 것을 말한다. 즉, 직무에 관련된 자격요소에 의한 승진이다.

5. 효율적인 승진관리를 위한 전제조건

이상에서 살펴본 바와 같이 승진은 종업원들의 사회가치관이 변화됨에 따라 종업원과 기업의 주요 관심사가 되고 있으며 이러한 승진관리에 있어서 효율적인 관리가 필요하다.

조건	• 경력관리제도의 확립(공정성, 객관성, 윤리성 등) • 합리적인 직무분석과 평가 및 인사고과제도의 확립 • 지속적인 인적자원관리방안의 모색

TIP+

1. **일반승진** – 순위에 의한 적격자
2. **특별승진** – 포상, 공적
3. **공개경쟁승진** – 시험

01 인적자원관리 과정

현대적 인적자원관리(HRM)는 조직 구성원들이 자발적으로 조직의 목적달성에 적극적으로 기여하게 함으로써 조직 발전과 더불어 개인의 발전·안정도 함께 달성하도록 하는 제도, 체계 등을 말한다. 인적자원관리(조직에서의 사람을 다루는 철학)의 효율성을 극대화하기 위한 절차는 다음과 같다.

TIP+ 직무 관련 용어

1. **직무(job)**
   과업내용이 비슷한 직위들로 구성된 집합, 조직체 내의 여러 사람이 한 직무에 종사할 수 있다. 종업원이 수행하는 모든 업무의 집합체(일을 수행하는 데 필요한 모든 절차, 직무수행 과정에서 자기능력을 개발·만족·자신을 강화)를 말한다.

2. **직위(position)**
   작업자의 일을 구성하는 과업과 책임의 집합, 조직체에서는 구성원의 수만큼 직위가 존재하고 있다.

3. **직종(occupation)**
   일명 직업으로, 모든 조직체에서 공통적으로 적용되는 직무의 일반적인 분류를 말한다.

4. **직종군(occupational group)**
   사무직·기술직·관리직 등의 여러 직종으로 구성된 가장 넓은 의미의 직무개념이다.

5. **동작요소(element)**
   일(work)과 활동(activity)을 구성하는 가장 기본적인 단위이다.

6. **과업(task)**
   작업자에게 할당된 일의 한 부분으로서, 동작요소들로 구성되어 있으며 할당된 일을 수행하기 위한 육체적·정신적 노력을 의미한다.

7. **책임(responsibility)**
   주어진 과업과 임무를 수행할 작업자의 의무(obligation)이다.

8. **임무(duty)**
   직무에서 주어진 책임을 수행하기 위한 과업이다.

1 직무분류

직무분류(job classification)란, 조직 내의 모든 직무를 그 내용과 종류, 기능, 난이도, 중요도, 책임의 정도 및 기타 특성에 따라 합리적으로 체계화(직무요인, 임금수준, 직무평가 등에 의해서 직무의 등급을 지정)한 것을 의미한다.

즉, 동일 또는 유사한 역할과 능력을 요구하는 직무들을 집단으로 분류하는 인사관리활동으로, 채용관리, 승진관리, 근무평점관리, 이동관리, 임금관리, 교육훈련, 인사고과, 선발 등을 수행하는 기초가 된다.

일반적인 직무분류 유형은 다음과 같다.

횡적 분류		직무의 종류에 의해 분류하는 것으로 직계, 직군, 직렬, 직무 등
종적 분류	직과	직무기능에 의한 분류(대분류 – 사무, 기술 등)
	직군	부문별 기능에 의한 분류(중분류 – 기계, 전기, 금속 등)
		인력의 신분 특성에 의한 분류(대분류 – 관리, 사무, 생산 등)
	직렬	업무의 전문성과 특수성에 의한 분류(소분류 – 운전, 공사, 기술 등)
		직무의 특성에 의한 분류(중분류 – 총무, 인사, 재경, 기계 등)

2 직무분석

1. 직무분석 개념

직무분석(job analysis)이란, 직무의 내용과 그 직무를 맡은 사람의 자격요건을 분석하는 과정으로, 직무수행에 요구되는 기술, 지식, 책임 등 직무에 관련된 기본적인 자료를 수집, 분석, 정리, 기록하여 직무수행에 필요한 제 요건(각 내용과 성질)을 명확하게 하는 일련의 과정(과업설정)이다. 즉, 만족스러운 직무분석은 인사관리의 출발점이며, 그 결과 직무기술서와 직무명세서가 작성된다.

[그림 2 – 1] 직무분석 절차

직무분석 목적이해 → 정보수집 → 직위선정 → 직무분석 목표설정 → 직무기술서와 직무명세서 작성

2. 직무분석 목적

직무분석의 목적은 언제, 어떻게, 누가, 어디서 그 직무를 수행할 것인지를 명확히 하고, 인사관리가 일관성 있고 공정하게 수행될 수 있도록, 직무에 관한 객관적인 자료와 종업원의 교육훈련 및 임금결정, 채용, 배치, 이동, 승진, 승급 등의 자료와 업무개선의 기초자료를 제공하는 것이다.

3. 직무분석방법

직무분석(job analysis)의 방법은 학자들마다 견해에 차이가 있으나, 인적자원관리 차원에서 대표적인 직무분석 방법에는 면접법, 관찰법, 질문지법, 중요사건서술법, 경험법, 종합적 방법, 워크샘플링법, 임상적 방법 등이 있다.

<표 2-1> 직무분석방법

종류	내용
면접법	• 정확한 정보획득 가능 • 상호친목 가능 • 시간과 비용이 많이 소요됨 • 인간관계 개선 • 면접자는 직무에 대한 사전지식 필요
관찰법	• 수작업·표준화·반복적·육체적·단순 작업에 적합 • 작업수행에 방해 • 관찰자의 주관 개입 • 정신적·심리적 작업에 적용 곤란
질문지법	• 모든 직무에 가능 • 광범위한 자료수집 가능 • 자료정리 용이 • 시간과 비용 절약 • 단기간에 많은 자료수집 가능 • 종업원들의 무성의한 답변 • 해석상의 차이로 오해 가능
중요사건 서술법	• 성과와 관련하여 효과적·비효과적 행동을 구분하는 분류방식 • 직무행동과 직무성과 사이의 관계를 파악 • 시간과 비용이 많이 소요됨
경험법	직무분석자가 직접 그 직무를 수행하면서 정보를 수집하는 방법
종합적 방법	면접법, 관찰법, 질문지법의 장점을 이용하는 방법
워크샘플링법	• 관찰법을 더욱 세련화한 방법 • 무작위로 여러 번 관찰하여 자료 수집 • 전문적인 작업연구자가 활용 • 직무성과가 외형적일 때 적합
임상적 방법	실험(시간연구, 동작연구)을 통해 직무의 내용과 요건을 조사하는 방법

3 직무설계

1. 직무설계 개념

직무설계(Job design)란, 직무분석에 의해 실시하며, 조직 목적달성과 동시에 개인의 만족감을 부여하기 위해 필요한 직무의 내용, 기능, 관계를 구체적·적극적으로 설계하는 활동이다.

직무설계는 개인과 조직을 연결시켜 주는 가장 기본 단위인 직무의 내용과 방법 및 관계를 구체화하여 종업원의 욕구와 조직의 목표를 상호조정·통합시키는 것이다.

2. 직무설계 목적

직무설계(Job design)는 종업원에 대한 직무의 만족 증대, 근로생활의 질(QWL) 향상, 작업의 생산성 향상, 이직과 결근율 감소, 제품품질의 개선과 원가 절감, 훈련비용의 감소, 상·하관계의 개선, 신기술 도입 등에 대한 신속한 대응이 목적이다.

TIP+

1. 근로생활의 질(QWL; quality of working life)

QWL은 직장생활의 질이라고도 하며, 작업장에 참여하여 일할 때 비롯되는 여러 가지 자원, 활동, 결과에 대하여 종업원들이 경험하게 되는 다양한 욕구에 대한 만족이다(Sirgy, 2001).

2. QWL 4대원칙
- 안정성: 근로자들은 안정적인 생활을 유지할 수 있어야 한다.
- 공정성: 승진, 보상 등에 있어서 각 근로자가 공헌한 만큼 공정하게 처리되어야 한다.
- 자율성: 근로자들은 작업방법을 계획하고 결정하는 데 최대한의 자율성이 보장되어야 한다.
- 민주성: 근로자들은 자신의 작업에 영향을 미치는 의사결정에 참여할 기회를 가져야 한다.

3. 워라벨(WLB; Work and Life Balance)

워라벨은 일과 삶의 균형을 찾자는 의미로 보수가 적더라도 개인의 시간(여가, 휴식)을 가지는 것을 중요시 생각하는 것으로, 장시간 노동을 줄이고 일과 개인적 삶의 균형을 맞추는 문화를 말한다.

---

3. 직무설계방법

직무설계(Job design)에는 전통적 접근방법(직무의 효율성 중시)과 현대적 접근방법(직무중심에서 인간중심으로 승화)이 있다.

<표 2-2> 직무설계방법

전통적		스미스(분업화의 원리), 테일러(과학적 관리법)
현대적	과도기적	직무순환, 직무확대
	현대적	직무충실화, 직무특성이론, 사회-기술적 시스템

(1) 전통적 접근방법(합리적 접근방법, 하향적 접근방법)

전문화에 의한 직무설계방법으로서, 스미스(A. Smith)의 '국부론'에서 분업에 의한 전문화의 원리와 테일러(F. Taylor)의 과학적 관리법과 인간공학개념의 영향을 받았다. 직무내용과 직무환경, 직무수행방법 등 주로 직무의 물질적인 요소를 중시·구조화한 것이다. 즉, 직무수행에 따른 외재적(경제적) 보상을 중시한 나머지 과도한 직무의 전문화·표준화·단순화로 인해 개인이 직무에서 불만과 소외감을 갖게 하는 요인이 되었다.

(2) 과도기적 접근방법

이때는 개인의 민족이 경제적 보상보다도 심리적 만족에 달렸다는 것으로서, 직무설계 시 직무수행을 통해 개인의 동기유발을 시키고, 개인에게 자아실현의 기회를 부여하도록 직무내용과 환경을 설계해야 한다.

① 직무순환(Job rotation)

직무순환이란, 일반 관리자를 만드는 직무설계방식으로서 종업원을 현재까지 담당했던 직무와는 달리 성격이 다른 직무로 이동(수평적 직무이동)시키는 것이다. 직장 내 교육훈련방법(OJT)이 필수적이다.

장점	• 고정적인 직무담당에서 오는 단조로움과 권태감 제거 • 넓은 식견을 주어 적성에 맞는 직무 발견과 관리자의 능력 개발 가능 • 유사시 인력을 효율적으로 활용 가능 • 승진훈련 프로그램(전문경영자 육성)으로도 활용 가능

② 직무확대(Job enlargement)

직무확대란, 직무의 수를 늘려 중심과업에 관련 있는 다른 직무를 더 수행하게 하여 직무를 중심과업으로부터 넓게 확대(수평적 직무확대)하는 것이나.

즉, 기본 작업의 수를 증가시키거나 세분화된 몇 개의 작업을 하나의 작업으로 통합시키는 방법이다.

장점	• 종업원이 맡은 직무를 보다 다양하게 수행 • 반복적인 직무수행에서 오는 단조로움과 지루함과 권태감 제거
단점	종업원의 작업량 증가

(3) 현대적 접근방법(행동과학적 접근방법)

① 직무충실화(Job enrichment)

직무충실화란, 높은 수준의 지식과 기술이 필요하며 과업의 자율성과 책임을 강조한다. 즉, 해당 종업원에게 계획, 통제기능 등에 책임과 권한을 위임하여, 직무의 경험이 기회와 직무의 양·질적 개발을 추구하는 것이다(수직적 직무확대).

직무충실화는 욕구단계설과 허쯔버그(Herzberg)의 2요인이론에 기초한 방법으로, 직무가 동기부여의 요인으로 작용하기 위해서는 단순히 직무의 수를 늘리기보다 직무자체가 해당 종업원에게 성취감, 보람, 안정감, 성장에 대한 기회를 제공할 수 있도록 해야 한다.

단점	• 종업원의 개인차 무시 • 많은 훈련비용과 이에 따른 임금 인상 • 상급자들의 권한 축소에 대한 불안 • 충실화할 수 없는 직무의 존재 가능(비효율성)

TIP+

1. 직무설계 구분
- 개인 수준의 직무설계: 직무확대, 직무충실화
- 집단 수준의 직무설계: 직무순환, 직무교차, 자율적 작업팀
- 사회적·심리적 측면을 강조: 직무확대, 직무충실화

2. 직무교차(overlapped workplace)
직무교차란, 수평적 직무확대로 집단 내의 각 작업자의 직무의 일부분을 타 작업자의 직무와 중복되게 함으로써 직무의 중복된 부분을 타 작업자와 공동으로 수행하게 하는 직무설계방법이다.

3. 자율적 작업팀(autonomous work team)
자율적 작업팀이란, 직무충실화 프로그램이 집단 수준에서 실시되고 있는 경우에 나타나는 것으로, 팀이 수행하고 있는 작업을 수직적 통합을 통해서 심화시키는 방법이다. 작업팀에 달성해야 할 목표가 부여되고 작업할 당, 휴식시간, 검사절차 등은 자유롭게 결정할 수 있다.

② 직무특성이론(Job characteristic theory)

직무특성이론이란, 핵크만과 올드햄(J. R. Hackman & G. Oldham)에 의해 개발된 것으로, 직무충실모델(Job enrichment model)이라고도 한다. 직무충실화에 기초하여 이론적으로 더욱 보완·정제된 실천전략을 제시한 이론이다.

장점	• 종업원의 개인차 고려 • 개인에게 적합한 직무설계로 동기부여(유효성과 생산성 극대화) • 직무특성과 성과변수 사이의 관계를 정교하게 제시하고 실행
단점	• 양적 성과에 대해서는 예측하지 못함 • 개인의 심리상태에 의존하여 현실적용 곤란

핵크만과 올드햄(J. R. Hackman & G. Oldham)에 의해 개발된 모형은 5가지 직무특성을 확인하여 상호관련성과 종업원의 생산성, 동기유발 및 만족에 영향을 미치는 관계를 설명한다. 이 5가지의 직무특성을 핵심직무특성차원이라고 한다.

[그림 2-2] 직무특성이론 모형

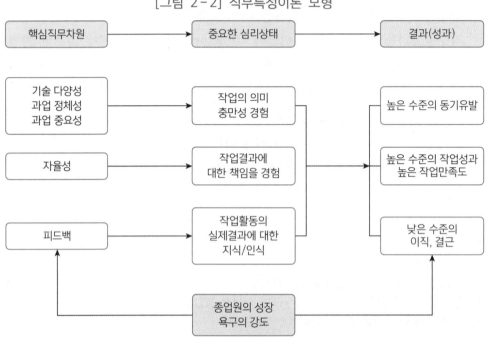

핵크만과 올드햄(Hackman & Oldham)은 직무가 가지고 있는 특성 중 가장 중요한 요인을 다음과 같이 주장했다.

㉠ **기술 다양성(skill variety)**: 작업자의 직무가 다양한 활동으로 이루어져 있으며, 직무수행 시 상이한 기술 및 재능의 발휘를 필요로 하는 정도를 말한다.

㉡ **과업 정체성(과업의 완결성; task identity)**: 작업자가 직무의 전체 혹은 일부분의 시작부터 끝까지 전 과정을 완결함으로써 눈에 띨 만한 어떤 결과를 산출할 수 있는 정도

㉢ **과업 중요성(task significance)**: 직무가 조직외부 및 내부의 다른 사람들의 생활이나 작업에 실질적인 영향을 미치는 정도를 말한다.

㉣ **(과업의)자율성(autonomy)**: 재량권으로, 작업자가 직무를 완성하는 데 필요한 작업계획 및 절차를 결정하는 데 있어서 실질적인 자유, 독립성 그리고 자율성을 제공받는 정도를 말한다.

㉤ **피드백(feedback)**: 작업자가 자신의 작업결과의 효과에 대한 직접적이고 명확한 정보를 얻을 수 있는 정도를 말한다.

직무특성이론의 핵심직무특성차원

기술 다양성, 과업 정체성, 과업 중요성, (과업의)자율성, 결과의 피드백이며 이것을 독립변수로 하고, 개인 및 작업성과를 종속변수(높은 내적 작업의 동기부여와 높은 작업성과의 질, 높은 작업에 대한 만족도와 낮은 결근 및 이직)로 하는 구조를 가지고 있다.

③ 사회-기술적 시스템(Socio-technical system)

1950년대 사회학자들에 의해 제시된 것으로, 거시적인 입장에서 외부환경을 고려하여 인간 시스템과 기술 시스템을 상호조화시켜 자율적인 작업집단으로 만드는 데 중점을 두었다. 기업 시스템은 기계설비, 조작 시스템, 생물적·사회심리적 원칙에 지배받는 종업원의 심리상태와 종업원 간의 사회 시스템으로 구성된다는 것이다.

④ 직무기술서와 직무명세서

직무분석의 결과를 통해 얻게 되는 중요한 2가지 산출물이 직무기술서(직무 자체 - 직무의 개요, 내용, 요건, 표식, 특성을 기술)와 직무명세서(인적 요건 - 직무를 합리적으로 수행할 수 있도록 각 직무별로 권한 등을 명확히 할 목적으로 작성되며, 직무기술서의 내용을 기초로 작성)이다.

<표 2-3> 직무기술서와 직무명세서 비교

구분	직무기술서	직무명세서
공통점	직무분석의 결과를 편의적 서식으로 정리·기록한 문서(일률적·확정적 서식 ×)	
특징	• 직무내용, 요건, 표식, 개요 • 직무에 관한 개괄적 자료 제공	• 직무요건인 인적 요건에 큰 비중 • 고용, 훈련, 승진, 전직 등에 기초자료 제공

1. 직무기술서(Job description)

직무기술서란, 직무분석을 통해 얻은 자료와 정보를 직무특성에 중점을 두고 정리·기록한 문서로서, 직무에 포함된 과업, 임무, 책임을 요약한 것이다. 직무에서 기대되는 결과와 직무수행방법을 간단히 설명(모집할 때 지원자들에게 직무를 소개하는 정보의 출처로 활용)해 준다.

직무기술서	직무의 정의, 명칭, 급수, 조직 내 위치, 보고체계, 임금, 직무의 목적이나 사명 및 방법, 직무의 요약, 작업의 양과 질, 규정, 지침, 절차, 조건, 과제, 원재료, 반가공품, 물질, 기타 물품 등

2. 직무명세서(Job specification)

직무명세서란, 직무기술서의 내용을 기초로 인적 요건에 중점을 두고 정리·기록한 문서로서, 직무를 성공적으로 수행하는 데 필요한 인적(인성) 요건들을 명시해 놓은 것이다.

직무명세서	작업자에게 요구되는 적성, 지식, 기술, 능력, 성격, 흥미, 가치, 태도, 경험, 자격요건 등

> **TIP+**
>
> 1. **적성(Aptitude)**
>   어떤 일을 하거나 배울 수 있는 잠재력을 말한다.
> 2. **지식(Knowledge)**
>   능력과 기술이 발현되는 기초로서 직무수행을 적절하게 수행하기 위하여 개인이 소유하고 있는 사실적 혹은 절차적 정보를 말한다.
> 3. **기술(Skill)**
>   쉽고 정확하게 직무에서 요구되는 동작을 할 수 있는 신체적 혹은 운동 능력을 말한다.
> 4. **능력(Ability)**
>   직무수행에 요구되는 인지적 능력으로서, 교육이나 경험을 통해 당장 어떤 일을 할 감정이나 신념을 말한다.

5 직무평가

1. 직무평가 개념

직무평가(Job evaluation)란, 직무분석의 결과로 작성된 직무기술서와 직무명세서를 기초로 기업 내의 각종 직무의 책임도, 중요성, 복잡성, 난이도, 위험성 등을 비교·평가함으로써 직무 간에 상대적 가치를 체계적으로 결정하는 과정이다.

2. 직무평가 목적

직무평가의 목적은 직무에 상응하는 임금체계와 합리적인 임금수준 결정의 자료로 활용하고, 직무의 상대적 가치를 서열로 표현한 것으로 직무급제도의 기초가 된다. 즉, 직무의 상대적 가치와 유용성 결정의 자료를 제공하고, 타당한 임금격차(근로의욕 증진, 노사협력 증진)를 인정하게 한다.

> **☑핵심체크 직무평가**
>
> 직무평가는 직무의 임금, 권한과 책임을 결정하기 위하여 직무의 상대적인 가치를 분석·비교하는 공식적이고, 체계적인 평가과정이다. 즉, 직무평가는 직무의 상대적 가치평가로, 직무를 담당하는 종업원의 자질이나 능력을 평가하는 것은 아니다.

3. 직무평가방법

비양적 방법(Non-quantitative method)과 양적 방법(Quantitative method)의 2가지로 분류된다.

(1) 비양적 방법

비양적 방법은 직무수행에 있어서의 난이도 등을 기준으로 포괄(전체)적 판단에 의하여 직무의 가치를 상대적으로 평가하는 방법이다. ⒆ 서열법, 분류법(등급)

특징	• 간단하고, 탄력적이며 비용이 적게 소요됨 • 중소기업의 직무평가에서 많이 활용함 • 분류법은 대기업의 사무직, 기술직, 관리직의 직무평가에서 채택함

(2) 양적 방법

양적 방법은 직무분석에 따라 직무를 기초적 요소 또는 조건으로 분석하고 이들을 양적(계량)으로 계측하는 분석적 판단에 의하여 평가하는 방법이다. ⒆ 점수법, 요소비교법

특징	• 직무를 숙련, 노력, 책임, 작업조건 등과 같은 구성요소로 분해하고 요소별로 가치를 결정 • 이를 합계하여 해당 직무의 가치로 결정하는 분석적 방법 • 직무의 상대적 가치를 계량적으로 표시함

<표 2-4> 직무평가방법

종류	내용	장·단점	
서열법	각 요소를 기준으로 순위를 매기는 방법(직무 간 차이가 명확하고 직무를 잘 알고 있을 때 적합)	장점	신속, 간편하게 등급을 매길 수 있음
		단점	• 등급의 일정 기준이 없음 • 유사 직무의 수가 많으면 적용이 곤란함
분류법	등급(상, 중, 하)을 주는 방법	장점	• 간단하고 이해가 쉬움 • 비용이 적게 소요됨
		단점	• 분류기준이 모호함 • 복잡하면 적용이 곤란함 • 등급을 정하기 어려움
점수법	평가요소별 점수를 배정·평가(대기업 사용)하는 방법	장점	• 명확한 상대적 차등 • 이해와 신뢰가 높음
		단점	• 평가요소별 가중치의 결정이 어려움 • 준비시간과 비용이 많이 소요됨
요소비교법	기준 직무에 다른 직무를 비교하여 평가(상이한 직무에 적합)하는 방법	장점	• 비교가 용이함 • 합리적인 임금산정이 가능함
		단점	• 내용이 복잡함 • 시간이 많이 소요됨

4. 직무평가 한계점 및 유의점

(1) 직무평가 한계점

① 직무분석 자료에 근거하여 평가요소를 선정하는 과정에서 판단상의 오류를 범하기 쉽다.

② 평가요소에 대한 점수법상 가중치와 요소 간의 비중에 따른 판단상의 오류도 범하기 쉽다.

③ 직무평가와 노동시장 평가 간의 불일치로, 직무평가상 가치가 높은데도 노동시장의 가치가 낮게 평가될 경우가 발생할 수 있다(반대의 경우도 발생 가능).

따라서 경영자는 노동시장의 임금을 조사하고, 그 결과에 대하여 임금체계나 임금구조를 조정해야 한다.

(2) 직무평가 유의점

① 환경변화에 대한 유의

급격한 환경변화에 따라 기존의 직무가 변화할 뿐만 아니라 새로운 직무가 생기게 된다. 따라서 변화하는 환경과 상호작용하는 동태적 직무평가 방식이 요구된다.

② 인간적인 측면에 대한 유의

직무평가는 주로 임금을 정하는 체계적인 과정이므로 직무평가에 의하여 임금을 결정하는 과정에서 종업원들의 반발이나 노조의 영향 등 인간적인 측면도 고려해야 한다.

③ 직무평가계획에 대한 유의

평가계획을 세울 때, 모든 직무에 하나의 평가계획을 설정하느냐, 아니면 상이한 종업원 집단에 맞게 다수의 평가계획을 설정하느냐를 고려해야 한다.

④ 평가위원회의 조직구성에 대한 유의

조직 내에서 폭 넓은 이해와 종업원들의 동의를 얻기 위해서는 종업원에게 영향을 미치는 적정한 수의 관리자들이 참가하도록 평가위원회를 구성해야 하며, 그에 따른 예산도 고려해야 한다.

TIP+

1. 라이틀의 직무평가 요소
- 숙련(Skill): 지능적 숙련, 육체적 숙련
- 노력(Effort): 정신적 노력, 육체적 노력
- 책임(Responsibility): 대인적 책임(Responsibility for others), 대물적 책임(Responsibility for equipment and material)
- 작업조건(Working conditions): 위험도(hazards), 불쾌도(Uncomfortableness)

2. 유연근무시간제(Flex-time)
구성원에게 출·퇴근 시간을 선택할 수 있게 재량권을 부여하고, 일주일에 정해진 시간만큼 근무해야 하는 제도로, 현재 널리 활용되고 있다.

---

3. **재택근무(telecommuting)**

   출·퇴근이 필요 없고 신축적으로 시간을 활용할 수 있으며, 편한 옷차림과 동료로 인한 방해가 없고 일주일에 적어도 이틀 이상 근무를 하는 형태를 말한다.

4. **직무공유(job sharing)**

   둘 또는 그 이상의 구성원이 주당 40시간의 직무를 서로 나누어 담당하는 것으로, 최근에 취업난과 생산성의 향상, 안전확보(재해감소) 등의 이유로 실시하는 기업이 많다.

6 인사고과

1. 인사고과 개념

인사고과(Performance evaluation; appraisal)란, 인사평가(근무평정)라고도 하며, 조직구성원(종업원)의 성과를 평가하는 인적자원관리의 핵심적인 기능이다. 즉, 조직 내의 여러 직무에 종사하고 있는 각 종업원의 현재 또는 잠재력의 유용성을 상대적·체계적·객관적으로 평가하는 제도이다. 따라서 인사고과는 승진, 승급, 징계 등의 상벌결정, 조직구성원의 동기부여와 태도형성 그리고 능력개발에 매우 중요한 요소로 작용한다.

> **TIP+ 인사고과와 직무평가의 차이점**
>
> **1. 인사고과**
>
> 종업원의 상대적 가치를 결정하는 것으로, 종업원의 능력, 태도 및 성과를 측정하는 제도 또는 틀을 말하며, 인원배치, 임금책정, 교육훈련 등에 활용된다.
>
> **2. 직무평가**
>
> 직무의 상대적 가치를 결정하는 것으로, 직무급의 기초를 제공한다.

(1) 인사고과 구분

일반적으로 인사고과(인사평가, 근무평정)의 변천은 전통적 인사고과와 현대적 인사고과로 구분할 수 있다. 그 차이를 살펴보면 다음 표와 같다.

<표 2-5> 인사고과 변천

전통적 인사고과	현대적 인사고과
업적 중심, 목적달성 정도	능력, 적성, 소질, 의욕 중심
직무 중심적인 임금, 승진관리	경력 중심적인 능력개발, 육성
획일적, 포괄적 고과	승급, 상여 등의 목적별 고과
평가자 중심의 고과	피고과자 참여의 고과
추상적·비표준적인 기준	구체적·표준적인 기준

주관적, 연공 중심, 소극적, 타율적	객관적, 성과·능력 중심, 적극적, 자율적
부서별, 집단별	직위별, 기능별, 팀별
하향적, 정기평가	수시평가, 일상적 지도육성
직속상급자	인사전문가
상벌자료, 보상과 교육훈련 자료	문제해결, 인사정보시스템 구축

(2) 인사고과 목적

인사고과(인사평가, 근무평정)는 종업원의 가치를 상대적·객관적으로 공정하게 평가하여 조직의 효과성을 극대화하는 것이 가장 중요한 목적이다.

인사고과를 통해 공정한 임금관리, 인사이동(적재적소배치 – 승진, 전직, 배치, 해고 등), 교육훈련의 기초자료 제공, 능력개발, 인사기능의 타당성 측정, 조직개발 및 근로의욕 증진 등을 꾀할 수 있다.

인사고과는 조직구성원의 성과를 평가하는 것이지만, 그 평가결과를 어디에 사용하는가에 따라서 여러 가지 목적으로 분류할 수 있다.

<표 2-6> 인사고과 목적 유형

유형	내용
상벌결정	• 성과를 주기적으로 측정하여 승급, 승진, 강등, 징계 등을 결정 • 보상을 통해 근로의욕을 증진하고 결함 발견 시 개선의 계기 부여
적재적소배치	구성원의 성격·적성과 능력에 따라 적합한 직무내용과 환경에 배치
인력(능력)개발	• 직무성과를 통해 현재능력과 잠재능력의 파악 • 구성원의 강·약점을 파악하여 교육 및 훈련의 결정으로 성장기회 부여
성과피드백	• 기대수준과 성과를 알려주어 구성원의 동기 부여 • 성취의욕 자극
모집, 선발, 개발	고과자료를 기초로 타당성 있는 인적자원관리자료로 활용
기타	조직개발, 근로의욕 증진, 합리적인 인사관리 등

✅ 핵심체크

현대적 인사고과 시스템설계의 기본 원칙

통합관리의 원칙, 고객 중시의 원칙, 계량화의 원칙, 경쟁과 협동의 원칙, 과업특성의 원칙, 계층별·목적별 평가의 원칙, 수용성의 원칙, 다면평가의 원칙이 있다.

2. 인사고과 기준과 평가차원

(1) 인사고과 기준

신뢰성 (reliability)	• 반복성, 안정성, 신빙성, 일관성, 정확성 등으로 정의됨 • 한 대안에 대해 누가, 몇 번을 평가 및 측정을 해도 같은 결과를 얻을 수 있어야 한다는 것 • 같은 결과가 도출이 될 때 신뢰성이 높다고 함(객관성·항상성)
타당성 (validity)	• 모집단이 지니고 있는 의미나 구성을 측정값이 얼마나 설명하고 예측하느냐의 정도 • 측정(평가)대상의 올바른 특성과 측정하고자 하는 목적을 정확히 평가하고 있다면 타당성이 높다고 함
상호관련성	직무담당자의 실제 업적의 고과에 상호관련성이 있어야 함
실용성	인사고과의 기준은 측정 가능한 것이어야 하며, 자료수집이 효율적이어야 함
식별성	직무담당자의 능력, 업적, 잠재능력 등의 차이를 정확히 식별할 수 있는 기준이어야 함

(2) 인사고과 평가차원

평가대상	• 하향식평가: 상급자에 의한 평가 • 수평식평가: 동료에 의한 평가 • 상향식평가: 하급자에 의한 평가 • 자기평가
평가내용	• 업적 중심(양, 질 등), 행동 중심(열의, 관련지식과 기술, 추진력, 책임성 등), 인성 중심(예의, 적극성, 도덕성, 창의성 등) • 투입요소: 행동(개인, 집단) • 산출요소: 업적(개인, 집단, 조직)
평가의 시간지향성	• 과거지향적 평가: 결점지적 • 미래지향적 평가: 인적자원개발

3. 인사고과방법

인사고과제도를 합리적이고 효율적으로 운영하기 위해서는 업종이나 사용목적, 고과대상자의 직종 등에 따라 적합한 방식을 선택해야 한다. 일반적으로 인사고과방법은 다음과 같다.

전통적 인사고과방법	평정척도고과법, 서열법, 강제 할당법, 행동체크 리스트법, 표준인물비교법, 기록법, 성과기준고과법 등
현대적 인사고과방법	행위기준고과법, 인적(인사)평정 센터법, 목표관리법, 다면평가, 균형성과표, 역량평가, 중요사건서술법 등

(1) 전통적 인사고과방법

① 평정척도고과법(Rating scale method or Graphic rating scale method)

평정척도고과법이란, 평정척도법이라고도 하며, 가장 오래되고 일반적인 인사고과방법이다. 개인의 인성(개인 능력, 개인적 특성 및 성과를 평가)을 중시하고, 종업원의 평가요소를 미리 정해 놓고 평가요소별 등급(척도; 단계별)을 정한 다음, 점수를 주어 척도상의 우열을 표시하는 방법이다.

장점	• 사용이 간편하고 각 고과요소를 분석적으로 평정함 • 각 평정요소에 비중을 두어 가중치 · 계량화 · 균형화된 평정가치의 체계를 구성함으로써 평정의 타당성이 증대됨 • 평정의 수량화와 통계적 조정이 가능함 • 시간이 절약됨
단점	• 고과요소의 구성과 선정 및 비중결정이 어려움 • 고과자의 오류(관대화, 가혹화, 중심화)가 발생할 수 있음 • 고과자의 오류로 인해 비교가 곤란함

② 서열법(Ranking method)

서열법이란, 성적순위법(順位法)이라고도 하며 종업원의 직무수행 업적, 성적, 능력을 비교하여 서열별로 등급화하는 평가방법이다. 예 단순서열법, 교대서열법, 쌍대비교법 등

장점	• 간단하고 실시가 용이함 • 관대화 경향이나 중심화 경향이 감소함 • 시간과 비용이 적게 소요됨
단점	• 고과대상자가 너무 많거나 적을 때는 실시가 곤란함 • 직무부서 간의 상호비교가 어려움 • 순위가 종업원 간의 실적이나 능력을 일정하게 표시하지 못함 • 고과의 구체적인 기준이 없어 평정결과에 대한 설득력이 부족함

> ☑ **핵심체크**
>
> **서열법의 유형**
>
> 1. **단순서열법(straight ranking method)**
>   평가요소 및 성과수준별로 순차적으로 서열을 정하여 종합하여 평가하는 것이다.
> 2. **교대서열법(alterative ranking method)**
>   가장 우수하거나 가장 열등(劣等)한 사람을 뽑고 나머지 사람들 중에서 또 우열(優劣)한 사람을 뽑아 나가는 것으로, 마지막으로 중간의 성과자를 찾고 이를 서열대로 배열하는 것이다.
> 3. **쌍대서열법(paired comparison method)**
>   팀고과법이라고도 하며, 두 사람씩 쌍을 지어 비교하면서 서열을 정하는 것이다.

③ 강제할당법(Force distribution method)

강제할당법이란, 평정등급을 사전에 정한 비율에 따라 미리 나누고 피고과자를 강제로 할당하는 방법이다. 즉, 전체를 몇 가지 등급으로 나누고 각 등급의 종업원을 정규분포에 가깝도록 할당하는 방법으로, 평정척도고과법과 서열법의 대안으로 쓰인다.

장점	• 중심화 경향, 관대화 경향, 가혹화 경향의 평가자 오류를 제거함 • 피고과자 수가 많아도 실시 가능함
단점	• 성과분포는 측정하지 못함 • 평정단위 간 고과자의 수가 상이함에 따라 평가결과가 유리하거나 불리할 수 있음 • 피고과자의 업적과 능력이 정규분포나 강제분포비율과 일치하지 않을 수 있음

> **✓ 핵심체크**
>
> **상대적 평가기법**
>
> 1. 서열법(단순서열법, 교대서열법, 쌍대서열법)
> 2. 강제할당법

④ 행동체크리스트법(Behavior check list method)

행동체크리스트법이란, 대조표법 또는 체크리스트법이라고도 하며, 고과평가에 적당한 직무상의 행동을 구체적으로 표현하는 것이다. 미리 표준행동의 항목(평가대상자의 능력, 근무상태, 작업, 성과 등)을 정해 놓고, 각 항목(서술문)에 해당되는지를 체크하여 평가하는 방법이다.

장점	• 신뢰성, 타당성, 객관성이 높음 • 부서 간 상호비교가 가능함 • 현혹효과가 적음
단점	• 표준행동항목의 선정이 어려움 • 점수화하기 어려움

> **✓ 핵심체크**
>
> **체크리스트법 유형**
>
> 1. **프로브스트(Probst)법**
>   프로브스트법이란, 고과자가 미리 설정된 평가항목의 알람표에 체크만 할 수 있게 하고, 근무보고서의 결과에 따라 인사고과의 결론을 채점기준표에 따라 채점하는 방법이다.
> 2. **오드웨이(Ordway)법**
>   오드웨이법이란, 프로브스트법을 더욱 객관화·실증화한 것으로 해당 항목에 체크를 한 후 증거까지 제시하는 방법이다.

⑤ 기타

    ㉠ **기록법**: 종업원의 근무성적의 기준을 객관화하여 기록하는 방법이다.

    ㉡ **등급할당법**: 몇 개의 범주에 피평가자들을 할당하는 방법(기준이 주관적이며 관대화 경향 발생)이다.

    ㉢ **표준인물비교법**: 상대고과기법의 하나로, 표준적인 인물이 하나의 척도가 되어 판단기준이 구체적이고 고과가 용이하지만 표준인물 선정이 주관적이다.

(2) 현대적 인사고과방법

① **행위기준고과법**(BARS; Behaviorally anchored rating scale, 1963)

행위기준고과법이란, 행위기준평가법이라고도 하며, 평정척도고과법의 결점을 보완하기 위해 평정척도고과법과 중요사건서술법을 결합하여 더욱 정교하게 계량적으로 수정한 방법이다. 행위기준은 성과 중심으로 작성되며, 평가자에게 구체적인 상황의 항목(관찰가능한 행동의 기준)을 제시하고 측정할 수 있는 척도를 설정한 후 평가를 하고 피평가자에게 결과를 공개(feedback)한다. 이 방법은 관찰과 보고를 담당할 유능한 고과자를 필요로 하며, 고과측정 인원이 많은 대기업에서 주로 사용한다.

장점	• 피고과자의 실제 행동을 평가하므로 신뢰성·객관성·공정성이 높음 • 피고과자의 바람직한 행동을 유발하고 업무개선 향상의 효과가 있음 • 다른 부서들도 고과양식 개발에 참여할 수 있고, 결과를 쉽게 피드백할 수 있음 • 종업원과의 원활한 의사소통 기회를 제공함
단점	• 평가방법의 개발이 복잡하고 많은 시간과 비용이 발생함 • 평가의 타당성 확보가 어려움

TIP+

1. 행위기준고과법(BARS) 특징

행위기준고과법(BARS)은 행위지향접근법으로 인성적인 특질을 중시하는 전통적인 인사고과방법(주관적인 개인특질에 기초)의 비판에 기초하여, 피평가자의 실제 행동을 관찰하여 평가하는 방법이다.

• 다양하고 구체적인 직무에 적용이 가능하다.

• 목표관리(MBO) 일환으로 사용이 가능하다.

• 척도를 실제 사용하는 평가자가 개발과정에 참여함으로 평가자가 최종결과에 책임을 진다.

• 특정 직무에 대한 성과를 정의하고, 평가방법과 가중치를 공개하여 업무를 수행함으로서 업무개선에 효과가 있다.

• 평가범주마다 제시된 대표적 행동패턴 가운데 하나를 선택하여 등급을 매기는 방식이다.

2. 행위관찰고과법(BOS; behavior observation scale) – BARS를 보완·현실적으로 적용

행위관찰고과법이란, 행위기준고과법이 실무에 적용하기 어렵다는 불편함을 보완하고자 나온 것이다. 행위관찰고과법은 고과자에게 평가의 기준으로 제시된 구체적인 행위에 대해 피고과자가 수행한 행동의 빈도 수를 측정·평가하는 것(해당 행동의 빈도를 관찰하여 빈도 수를 측정하는 방식)이다. 즉, 평가기간의 일시적인 행동변화를 방지할 수 있다.

② **인적(인사)평정(평가)센터법(HAC; Human assessment center)**

인적평정센터법이란, 일반적으로 중간관리층을 최고경영층으로 승진시키기 위한 목적의 고과방법으로, 고과대상자(6~12명 정도)를 합숙훈련(의사결정게임, 토의, 심리검사 등)을 시키면서 심리전문가들에 의해 복수평정절차를 거치게 하는 방법이다.

즉, 인적평정센터법은 평가전문기관을 만들고 여기에서 다양한 자료를 활용하여 고과하는 방법으로, 다른 고과방법에 비하여 가장 많은 비용과 시간이 소요된다.

주로 리더십, 협동심, 의사소통능력, 경쟁력, 조직 내 행동, 독립심, 감정통제력, 추진력, 설득력 등이 주요 기준이다.

장점	신뢰성과 타당성 검증 가능(전문가 및 다양한 테스트)
단점	• 선발·교육에 많은 시간과 비용이 소요됨 • 평가센터와 기업의 실제 상황이 다를 수 있음(예측타당성의 문제) • 초대받지 못한 종업원의 심리적 저항이 발생할 수 있음

③ **목표관리법(MBO; Management by objective)**

드러커(P. F. Drucker)가 1954년 창안한 이래 여러 학자들에 의해 수정·보완되어 인사고과뿐만 아니라 조직의 전체적인 성과를 높이기 위한 경영기법으로 발전해 왔다.

목표관리법(MBO)이란, 성과목표와 평가기준을 명백히 하고 고과과정에서 평가자와 피평가자의 참여(직속상사와 협의하여 작업 목표량을 결정)를 최대화함으로써 인사고과의 효과를 높이려는 것이다. 목표의 설정이 단기적(6~12개월)이고 구성원의 자율적인 참여를 강조하며 평가시점 이전에 수시로 중간목표 달성 여부를 점검(필히 중간점검 실시)하고, 이에 대한 성과를 함께 측정 또는 고과하는 방법이다.

목표관리법(MBO)은 평가내용을 성과에만 국한시켜 고과의 목적 중 임금의 의사결정에 대한 타당성이 높고, 평가과정에 피고과자인 종업원이 참여 기회를 갖게 되며, 목표설정 및 평가과정에 상급자와 하급자 간의 의사소통(communication)이 활성화되는 특징이 있다.

장점	• 전사적 목표, 조직의 목표, 개인의 목표를 연계 • 과정관리를 통한 성과 향상 • 권한위임과 종업원의 동기부여 • 관리자와 부하직원의 노력을 목표달성에 집중시킬 수 있음
단점	• 평가와 관련한 행정업무 증가 • 경영환경이 급변하는 경우 목표설정 어려움 • 종업원들이 너무 쉬운 목표를 세우는 경향이 있음 • 평가자 교육에 많은 시간과 비용이 소요됨 • 비정형적 업무가 많은 경우 적용이 어려움 • 질적 목표와 양적 목표를 미구분 시 양적 목표에 치우칠 수 있음

> ✓ **핵심체크**
>
> ## MBO 단계
>
> 측정 가능한 자신의 목표 설정 → 상급자와 협의(조직목표와 비교·수정) → 목표 확정 → 업무수행 → 업무수행과정과 결과를 비교·평가 → 문제점 및 개선점 검토 → 다음 기회의 목표 설정

④ **다면평가**

다면평가란, 360˚ 평가라고도 하며, 전통적인 하향식 인사평가방식의 한계를 극복하기 위해 등장한 것이다. 개인을 중심에 두고 직속상사뿐만 아니라 동료, 부하, 고객 등 여러 사람이 여러 각도에서 피평가자의 전체적인 모습을 파악·평가하는 것으로, 평가결과는 본인에게 공개한다.

다면평가의 목적은 인사고과의 객관성 제고, 자기발전 촉진, 능력 향상, 의사교환을 통한 조직의 활성화, 합리적인 조직관리 등이다.

장점	• 조직 내 의사소통의 활성화 • 평가의 신뢰성 향상 • 조직 구성원의 평가능력 향상
단점	• 인기투표 방식으로 전락할 위험이 있음 • 주고받기(give & take)식으로 전락할 위험이 있음 • 평가자의 신원 기밀을 지키기 어려움 • 평가에 시간과 비용이 많이 소요됨 • 경영진의 평가가 우호적이지 않을 시 폐지 가능성이 있음

⑤ 균형성과표(BSC; balanced score card)

균형성과표(BSC)란, 카플란과 노턴(R. Kaplan & D. Norton)이 제시한 것으로, 경영전략과 연계된 업적관리를 지원하는 성과평가방식이다. 고객, 내부프로세스, 혁신 및 학습, 개선(개발)활동에 대한 성과를 측정함으로써 투자수익률, 영업이익과 같은 재무제표를 보완(비재무적 자료를 활용)하는 것이다. BSC는 4가지 관점에서 설명되며 조직의 전략을 반영한다.

재무적 관점	현금흐름, 수익예측력, 주주부의 극대화(이익), 경제적 부가가치(EVA), 총자본수익률(ROA) 등
고객 관점	시장점유율, 고객 만족도, 고객 선호도, 고객 유지비율 등
내부프로세스 관점	품질, 원가, 대응시간, 신제품개발 등
학습과 성장 관점	정보시스템 활용도, 종업원 만족도, 종업원 제안비율 등

⑥ 역량평가

역량평가(competence evaluation)란, 조직차원에서 역량은 조직 전체를 하나의 유기체로 보고, 조직차원이나 개인차원 모두 우수한 성과를 발휘하기 위해 조직이나 개인이 보여주는 중요한 특질이나 능력을 말한다.

조직차원	경쟁력을 확보하는 원천으로서의 역량
개인차원	우수한 성과를 내도록 하는 개인의 특질을 분석대상

<표 2-7> 능력평가와 역량평가

능력평가	역량평가
획일적 평가, 세부평가기준 미흡	팀장에 의한 객관적인 평가, 현업특성 고려
상대평가	상대평가(연봉산정), 절대평가(역량수준)
인재육성 미흡	체계적인 인재육성
등급배분에 치중	항목별 평가

⑦ 중요사건서술법(Critical incident appraisal method)

중요사건서술법이란, 실제 행동 가운데 직무와 관련된 종업원의 구체적인 행위를 관찰, 기록하였다가 그 기록을 근거로 평가하는 방법이다. 즉, 기업목표달성에 영향을 미치는 중요사건을 기록·검토하여 이를 중심으로 피고과자를 평가하는 방법으로, 실시하기가 쉽고 비용도 적게 발생하므로 실용성이 높다. 이 방법은 객관적이며 능력개발과 승진에 중요한 자료를 제공하지만, 고과기준에 고과자의 주관이 개입할 수 있다.

⑧ 자유서술법(Free form essay evaluation)

자유서술법이란, 자기평가를 자유롭게 기술하게 하는 방법으로, 평가내용에 차이가 클 수 있으며, 객관성의 결여가 단점이다.

⑨ 현장토의법(Field review)

현장토의법이란, 인사담당자가 감독자들과의 토의에서 얻은 정보를 이용하는 방법으로, 구체적 정보의 수집이 가능하고 고과기준의 안정성을 기대할 수 있으나, 시간과 비용이 많이 들고 고과대상자의 참여가 없어 불신감이 생길 수 있다는 단점이 있다.

4. 인사고과 오류(Errors)

인사고과 오류란, 정기적이든 부정기적이든 아무리 신중하게 실시하더라도 평가결과에 문제점이 발생되며 평가의 오차가 발생하는 것을 말한다.

오류 발생원인	• 평가자의 능력, 전문성, 훈련 부족 등 • 정확한 평가가 이루어지지 않았을 경우 • 피평가자가 인사고과에 대한 인식이 부족할 경우 • 평가자의 평가결과를 받아들일 수 없을 경우

(1) 인사고과 오류 유형

① 중심화 · 관대화 · 가혹화 경향 오류

중심화 경향	• 평가자가 인사고과 결과 후 대립을 우려하여 평균치에 집중(중간점수에 쏠림)하여 평가하는 것(책임회피) • 중심화를 지나치게 의식하면 극단화 오류가 발생함
관대화 경향	평가자가 피평가자를 관대하게(후하게) 평가하는 것
가혹화 경향	평가자가 피평가자를 엄하게 평가하거나 각박하게 평가하는 것

> ✓ **핵심체크**
>
> **중심화 경향 발생원인**
> 1. 평가자가 평가에 대해 자신이 없거나 책임을 회피하기 위한 경우
> 2. 평가자의 피평가자에 대한 분석이 이루어지지 않았을 경우
> 3. 평가자 군(君)이 애매모호한 경우
> 4. 평가방법에 대해 회의적이거나 피평가자를 잘 알지 못하는 경우
>
> **한 쪽으로 쏠림현상의 '분배적 오류'**
>
> 중심화, 관대화, 가혹화

② 상동적 태도(고정관념; Stereo typing)

상동적 태도란, 평가자의 고정관념에 의해 피고과자를 평가하는 것으로, 그들(피고과자)이 속한 사회 또는 집단의 한 가지 범주(특성에 근거)에 따라 속단·판단할 때 나타나는 오류로서 민족, 출신지역, 나이, 집단, 성별 등과 관련하여 많이 발생한다.

예 미국인은 개인주의적이고, 한국인은 매우 부지런하며, 흑인은 운동소질이 있고, 이탈리아인은 정열적이라고 하는 것 등

③ 현혹효과(Halo effect)

현혹효과란, 후광효과, 헤일로 효과라고도 하며, 피평가자의 어느 한 가지 특성만을 보고 나머지 여러 특성을 추론하여 일반화시키는 것이다. 즉, 피평가자의 지엽적인 사항을 가지고 전체적으로 평가를 하는 것이다. 현혹효과는 한 분야에 있어서의 피평가자에 대한 긍정적(호의적) 또는 부정적(비호의적)인 인상이 다른 분야에 있어서의 그 피평가자에 대한 평가에 영향을 미치는 것을 말한다.

TIP+

1. **긍정적 현혹효과(positive halo effect)**
   피평가자의 어느 특성에 대해 '매우 우수하다'라는 인상을 받게 되면 다른 특성들도 '매우 우수하다'고 평가해 버리는 경향을 말한다.

2. **부정적 현혹효과(negative halo effect)**
   피평가자의 어느 특성이 '부족하다'는 인상을 갖게 되면 다른 특성들도 '부족하다'고 평가해 버리는 경향을 말한다.

---

④ 주관의 객관화(projection)

주관의 객관화란, 투사의 오류 또는 투영효과라고도 하며, 피평가자에게 자신의 감정이나 특성을 전가·귀속시키는 것을 말한다.

⑤ 논리적 오류

논리적 오류란, 상관적 편견이라고도 하며, 상대적으로 높은 평가요소가 있을 때 다른 요소도 높게 평가하는 경향으로, 그 평가항목·요소·의미 등이 명확하게 정리되어 있지 않은 경우 평가자는 논리적 오류에 빠지기 쉽다.

즉, 논리적 오류는 평가자의 평소 논리적인 사고에 얽매여 임의적으로 평가해 버리는 경우로 평가자가 스스로 평가요소 간에 관련(상관관계)이 있다고 속단하고 평가요소 간에 동일 또는 유사한 평가를 하는 것을 말한다.

> **TIP+ 상관적 편견**
>
> 특정 현상(상황)이 다른 현상과도 상관(연관)이 있는 것처럼 판단(속단)하는 것을 말한다.
> 뗴 능력 있는 일벌레가 도덕적이고 윤리적인 성향(능력자의 정보유출)이다. 시험점수가 높으면 인성도
> 좋고 리더십이 있다.

⑥ 대비오류

대비오류란, 피평가자를 평가할 때 평가자 자신이 지닌 특성과 비교하여 평가하거나 다른
사람과 비교하여 평가하는 오류를 말한다. 즉, 대비오류는 절대적인 평가기준(직무기준
이나 직무 능력 요건 등)이 없이 평가자 자신만의 기준으로 평가·비교하는 것을 말한다.
뗴 면접 시 앞사람이 고득점일 때 뒷사람은 상대적으로 저득점이 된다.

⑦ 규칙적 오류

규칙적 오류란, 항상오류라고도 하며, 평가자의 평가목적에 따라 지속적(항상)으로 후한
점수를 주거나 그 반대로 평가하는 경우를 말한다.

(2) 인사고과 오류 개선방안

① 중심화·관대화·가혹화 경향 오류

  ㉠ 강제할당법을 사용한다.

  ㉡ 중앙눈금(평가척도)을 세분화하고, 절대평가제도를 도입한다.

  ㉢ 평가자의 체계적인 교육훈련과 평가요소의 정의를 명확히 한다.

  ㉣ 평가자는 피평가자를 이해하기 위해 접촉을 늘리고 면접의 기회를 갖는다.

  ㉤ 평가자에 대한 평소의 지도·감독을 통해 특성을 잘 파악한다.

  ㉥ 분포제한을 두거나 평가점수의 분산을 고안한다.

② 상동적 태도

  ㉠ 구성원과의 폭넓은 접촉경험이 필요하다.

  ㉡ 바른 인간관, 도덕관, 윤리관을 가질 필요가 있다.

  ㉢ 인사고과의 평정척도법에서 직속상사 이외에 제3자를 고과자로 활용한다.

③ 현혹효과

  ㉠ 피평가자에 대한 선입견이나 편견을 버린다.

  ㉡ 결과와 사실을 객관적으로 인식할 수 있어야 한다.

  ㉢ 대상이 되는 피평가자에 대한 평가요소별로 평가한다.

  ㉣ 여러 사람이 동시에 평가한다.

  ㉤ 평가요소의 선택을 적절히 한다. 즉, 평가항목을 줄이거나, 여러 평가자가 동시에 평가
하는 다면평가(피평가자들이 서로 평가하게 하는 것)의 활용 등의 방법이다.

④ 논리적 오류
  ㉠ 추상성이 높은 요소나 의미내용이 중복되는 요소에 의하여 평가하는 평가양식들을 설계하지 말고, 객관적으로 관찰 가능한 사실을 평가하는 방법을 사용한다.
  ㉡ 요소에 대한 정의와 설명을 충분히 하고, 특히 유사한 요소가 있을 경우에는 그 착안점의 차이를 명확히 한다.
  ㉢ 평가자는 인사평가의 운용기술을 반드시 지키며, 주관적인 판단이나 추측에 의하여 평가해서는 안 된다.
  ㉣ 유사한 평가요소에 대해서는 가능한 한 시간을 두고 평가하는 것 등이 필요하다.

⑤ 대비오류
  ㉠ 자기신고법이나 자기평가법 등을 도입한다.
  ㉡ 피평가자가 기입한 자료를 참고로 자신의 평가편차를 파악·조정한다.
  ㉢ 직무기준과 직무능력 요건에 맞게 평가를 해야 한다.
  ㉣ 평가자훈련을 통해 판단기준을 적합하도록 평가한다.

⑥ 근접오류
  ㉠ 유사한 요소들은 간격을 두고 배열한다.
  ㉡ 평가요소를 하나씩 배열하고 전원을 평가한다.

⑦ 피고과자에 의한 오류
  ㉠ 피고과자가 인사고과의 목적이나 과정을 잘 이해할 수 있도록 설명한다.
  ㉡ 인사고과의 결과를 반드시 피드백한다.

⑧ 고과제도에 의한 오류
  ㉠ 인사고과의 결과를 공개하도록 하는 회사의 방침을 세운다.
  ㉡ 연공서열의 선호분위기를 없앤다.
  ㉢ 인사고과를 위한 직무분석이 이루어지도록 한다.

TIP+

고과자의 오류	심리적 오류	현혹효과, 상동적 태도, 논리적 오류, 대비오류, 근접오류
	통계적 오류	중심화, 관대화, 가혹화(= 분배적 오류 = 항상오류)

CHAPTER 03

보상관리

01 보상

1 보상 개념

보상(compensation)이란, 개인이 조직체에서 수행한 직무(job)나 일(work)에 대한 경제적 대가이며, 인적자원의 효율적 유지와 활용에서 가장 중요한 요소라 할 수 있다. 보상은 개인의 경제적 만족감과 동기부여 그리고 잠재능력의 개발 등을 가져올 수 있고, 그 과정에서 조직체에 대한 목표달성과 함께 성과도 향상된다. 즉, 보상은 임금(또는 봉급)과 상여금 그리고 복리후생(복지후생, 종업원복지, 기업복지)을 모두 포함한 포괄적 개념이다.

[그림 3-1] 보상 모형

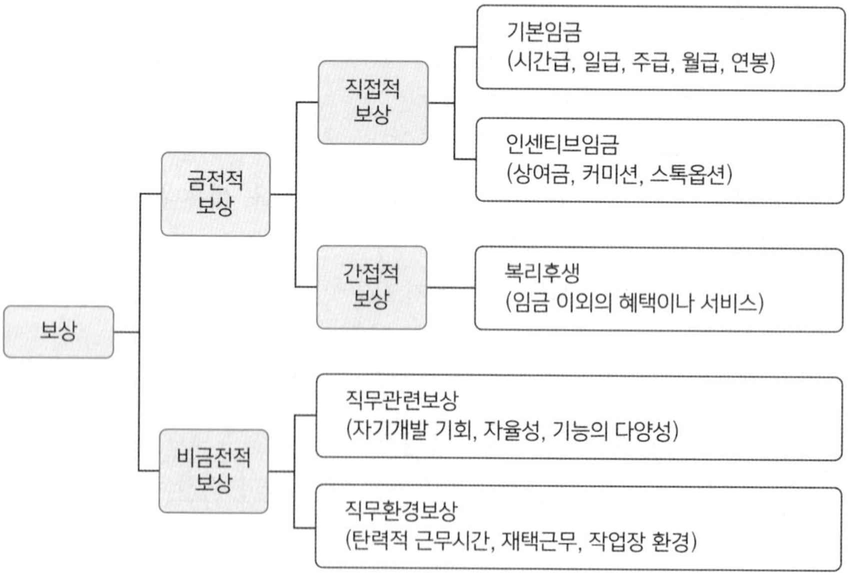

2 보상 중요성

1. 경제적 중요성

보상은 개인에게는 경제적 생계의 원천인 동시에 조직체에서는 가장 중요한 비용의 하나이다. 조직체에서는 증가하는 인건비의 비중을 절약하기 위해 선진기술 도입과 자동화 등에 힘쓴다.

2. 투자로서의 중요성

보상은 개인의 노력에 대한 대가일 뿐만 아니라 인적자원 개발을 위한 투자라고 할 수 있다. 즉, 보상관리는 개인의 능력개발을 촉진하는 역할을 수행한다.

3. 개인의 만족감과 성과상의 중요성

가장 실질적인 측면으로서 보상은 조직구성원의 만족감에 많은 영향을 주고 조직구성원의 성과에도 크게 작용한다. 보상은 생리적 또는 물질적 욕구를 충족시켜 줄 뿐만 아니라 성과와 성취 그리고 성공의 상징으로 수단적 성격을 지니고 있다.

TIP+ 학자별 보상의 의미	
테일러(Taylor)	만족과 성과의 가장 중요한 부분
허쯔버그(Herzberg)	위생요인으로서 불만족의 가장 중요한 요인
포터와 롤러(Poter & Lawler)	욕구동기

3 보상 비교

<표 3-1> 임금과 복리후생 비교

임금	복리후생
노동과 관련(질·양의 차이)	노동과 무관
개별적 보상	집단적 보상
당위성에 입각	필요성에 입각
종업원 의사에 따른 지출	용도가 한정
현금 지급	현물, 시설물 이용, 서비스 등
생계, 생활수준에 직접적인 영향	생활수준의 안정화 기능

02 보상 유형

1 임금

1. 임금 개념

임금(wage)이란, 보상의 한 형태로서 근로자 측면에서는 생계유지를 위한 소득의 원천이며, 사회적 신분을 나타내기도 한다. 즉, 근로자가 제공하는 노동의 대가로 사용자가 지급하는 금전적 보상 또는 직접적 보상이다.

근로자 측면	생계수단, 생리적 욕구충족, 생활의 원천, 사회적 욕구충족, 동기부여 등
기업 측면	유능한 인력확보·유지, 경영성과의 배분, 노무비용 등

이러한 임금의 공정성은 외부·내부·개인적 공정성 3가지로 구분할 수 있다.

대외공정성	외부공정성	조직 외부와 비교	임금수준
대내공정성	내부공정성	조직 내 직무가치 비교	임금체계
	개인적 공정성	조직 내 동일 직무담당자 간 연공·직능 비교	
		동일 직무 담당자 간 개인적 성과 비교	임금형태

2. 임금관리

임금관리란, 인적자원관리의 하위시스템으로 임금을 조직목표달성에 기여하도록 체계적으로 관리하는 과정으로 다음과 같이 3가지로 나눌 수 있다.

<표 3-2> 임금관리 종류

종류	내용
임금수준	• 전체 종업원의 임금의 크기(금액) • 대외적 공정성과 적정성 추구
임금체계	• 임금의 개별 종업원의 임금격차와 구성형태를 결정짓는 기준 • 공정성 추구
임금형태	• 임금의 지급방법 및 산정방법 • 합리성 추구

(1) 임금수준(wage level)

임금수준이란, 기업 전체의 임금의 평균수준을 말하며, 종업원에게 지급되는 임금의 평균금액을 말한다.

임금수준은 기업의 내적 기준과 외적 기준으로 구분할 수 있다.

내적 기준	기업의 규모, 전략, 노동조합, 노사관계, 기업의 지불능력 등
외적 기준	생계비, 사회 전반적인 임금수준, 경쟁회사의 수준, 최저임금제도, 법규, 정부규제 등

임금수준의 상한선은 기업의 지불능력, 하한선은 종업원의 최저임금, 즉 생계비가 된다.

TIP+

1. **임금수준** $= \dfrac{\text{지급임금총액}}{\text{종업원 수}}$

2. **승급**
   - A에서 B로 순서적으로 기본급이 증가하는 것으로, 기본급의 서열은 불변한다.
   - 동일 직급에서의 임금수준변화이다.
   - 기업이 미리 정한다(연령, 근속연수 등).

3. **베이스 업(base up)**
   동일한 조건에 있는 자에 대한 임금의 증액으로, 임금곡선 자체를 상향 이동하는 것이다.

---

(2) 임금체계(Wage or Compensation structure)

임금체계란, 개별 임금 간의 격차를 결정짓는 기준으로서 기본금이 어떠한 원리로 지급되는 가를 말하는 것이다. 이것을 공정하게 설정함으로써 구성원들의 불만족을 없애고 신뢰성, 타당성, 수용성을 높이고, 동기부여를 시키는 데 초점을 두고 있다.

임금은 기준(기본)임금과 기준 외 임금으로 분류한다. 전자는 정상적인 작업조건에서 지급되는 것이며 본봉이라고도 한다. 후자는 정상적인 노동 이외의 노동에 대해 지급되는 것이다.

<표 3-3> 임금체계 종류

종류			결정요인
기준임금	연공급	연령급	생계비
		근속급	근속연수
	직무급		직무가치
	직능급		연공급 + 직무급
	자격급		연공급 + 직무급
기준 외 임금	상여금		성과
	수당		성과
	퇴직금		근속연수

① 연공급(seniority based pay)

연공급이란, 각 개인의 학력, 근속연수, 연령 등의 요인들을 기준으로 임금수준을 결정하는 것(정기승급)으로, 생계비 보장원칙에 의거한다.

② 직무급(job based pay)

직무급이란, 직무평가에 의해 상대적 가치를 평가하고 이에 따른 등급에 의해 임금수준을 결정하는 것으로, 각 직무의 임금수준의 상정과 공정한 임금차이를 유지할 수 있다. 즉, 동일노동·동일임금의 원칙을 중시(의거)한 것으로, 직무급 도입을 위해서는 직무분석, 직무평가 등이 요구된다.

③ 직능급(skill based pay)

직능급이란, 연공급과 직무급을 절충한 임금체계로, 구성원의 능력에 따라 차별적으로 임금을 결정하는 것이다. 동일한 임금에서 시작하여 기술, 지식, 능력이 증가함에 따라 임금도 증가한다. 직능급은 연공급의 단점을 보완하기 위해 개발되었다. 즉, 직무수행능력을 기준으로 임금산정을 하는 노동대응원칙에 의거한 것이다.

④ 자격급

자격급이란, 종업원의 자격취득의 기준을 정해놓고 그 차이에 따라 임금지급의 차이를 두는 제도로, 임금액을 예상할 수 있고 적재적소에 인력배치가 가능하다.

<표 3-4> 임금체계 장·단점

종류	장점	단점
연공급	고용안정 및 생활보장, 동양적 사고, 귀속의식 고취, 노사관계 안정, 지휘체계 안정, 가족주의적, 사기유지	무사안일·소극적 근무태도, 인건비부담 가중, 인사체증, 생산성과 경쟁력 저하, 전문인력 확보 곤란, 사기저하(능력)
직무급	능력주의, 공정한 임금격차 유지, 임금차이 불만 해소, 합리적 인사, 동일노동·동일임금 실현, 유능한 인력 확보	직무분석이나 직무평가 절차가 복잡하고 객관적 평가기준설정 곤란, 장기근속자의 저항, 직무평가 시 주관성 개입
직능급	유능한 인력 확보, 능력에 의한 처우, 자기개발의욕 향상, 임금공정성 실현	능력개발을 위한 일상 업무소홀, 근로의욕 상실(기회상실)
자격급	자기발전욕구 충족, 근로의욕 향상	형식적 자격기준, 실제 경영능력 소홀
성과급	원가계산 용이, 동기부여, 이직 감소	불안정한 소득, 품질저하, 신뢰저하

> **TIP+** 임금피크제(salary peak system) - 2022.5.26. 대법원 불법판결(나이에 의한 불공정)
>
> 임금피크제란, 정년까지 고용을 유지 또는 연장하는 대신에 일정 연령이 되면 생산성을 감안해 임금을 줄이는 제도(정년보장형)이다. 즉, 일정 근속연수가 되어 임금이 피크(peak)에 다다른 뒤에는 다시 일정 비율씩 감소하도록 임금체계를 설계하는 것이다. 근로자의 입장에서 명예퇴직 등의 형태로 어쩔 수 없이 물러나게 되는 사태를 막아 사실상의 정년을 연장해 주는 효과가 있고, 회사의 입장에서도 인건비부담이 완화되는 장점이 있어 고령화시대에 대비하기 위해 최근 도입의 필요성이 확산 부각되고 있다. 이 제도는 계속 고용을 위해 노사 간 합의에 의해 일정 연령을 기준으로 생산성에 맞추어 임금을 하락·조정하고 일정 기간 동안 고용을 보장해 주는 제도(정년보장형, 정년연장형, 고용연장형)이다.

(3) 임금형태(method of wage payment)

임금형태란, 임금의 산정방법 또는 지급방법으로, 일반적으로 시간급제, 성과급제, 추가급제, 집단임금제, 순응임금제, 연봉제, 성과배분제 등이 있다.

① 시간급제

시간급(time payment)제란, 수행한 작업의 양과는 관계없이 단순히 근로시간만을 기준으로 임금을 지급하는 방식이다. 즉, 시간급제는 시급제, 일급제, 주급제, 월급제, 연봉제 등으로 유형화할 수 있다.

장점	• 임금산정이 간단하고 사용이 편리 • 일정액의 임금이 확정·보장되어 임금의 안정성 도모 • 근로자의 이해가 쉽고 노사 간 원활한 협력 유지
단점	• 노동능률을 자극하는 효과가 없음 • 종업원의 동기부여나 강화의 효과가 없음

② 성과급제

성과급(out payment; piece-rate plan)제란, 노동의 성과(결과)를 측정하여 임금을 지급하는 변동급적 지급방식이다. 근로자에게는 공평성과 합리성을 주고 작업능률을 향상시킬 수 있으며 동기부여와 소득증대 효과가 있다.

장점	• 시간급제보다 원가계산이 용이함 • 근로자를 동기부여하고 노동생산성을 향상, 노무비의 절감 • 성과지향적인 경영을 자극하고, 의사소통 증대 • 결근율·지각률 감소, 종업원의 직무에 대한 관심 증대
단점	• 정확한 작업량의 측정이 어려운 점과 작업량에만 치중하여 품질 저하 • 임금액이 변동적이어서 소득의 불안정 초래 • 미숙련공과 고령층, 부녀 근로자에게는 상대적으로 불리 • 종업원 간의 협동관계와 신뢰관계 저해

TIP+ 성과급 종류

1. **단순 성과급제**

   성과(생산량, 판매량)에 기본 임금률이 적용되어 성과에 정비례하여 임금을 지불하는 방법(제품 한 개당 임금단가, 제품 한 단위당 임금단가)이다.

2. **차별 성과급제**

   테일러가 적용한 것으로서, 표준량까지는 일정한 성과급률을 적용하고 표준량을 초과하면 초과한 만큼의 높은 성과급률을 적용하는 방법이다.

3. 할증 성과급제

표준량까지는 기본시간급을 적용하고, 표준 초과량에 대하여 성과급률을 적용하는 방법이다.

4. 복률식 성과급제

작업성과의 고저(高低)나 다과(多寡)에 따라 적용 임률을 달리 산정하는 제도이다.

- 테일러식 차별성과급(1895): 근로자의 하루 표준 작업량을 과학적으로 설정하고 이를 기준으로 고저(高低)의 2종류로 임률을 적용하는 제도이다.
- 메리크식 복률성과급: 테일러식 차별성과급의 단점을 보완하여 3종류의 임률을 적용하는 제도로, 표준생산량의 83% 이하, 83~100%, 100% 이상으로 나누어 임률을 적용한다.

5. 할증 성과급

- 할시식 할증급(1891): 표준 작업시간을 경험으로 설정하고, 절약임금의 $\frac{1}{2}$이나 $\frac{1}{3}$을 해당 종업원에게 추가로 지급(배분율고정)한다.
- 로완식 할증급(1898): 표준 작업시간을 조금이라도 단축한 종업원에게 할시식보다 높은 할증급을 주고, 일정 한도 이상으로 작업능률이 증가하면 할증률을 증가하여 지급한다.
- 간트식 할증급(1901): 작업을 표준 시간 내에 완수하지 못하면 시간급만을 지급(최저임금보장)하고, 표준 작업시간 내에 과업을 완수하면 시간급의 일정률(20%)을 가산하여 인센티브를 지급한다.

③ 추가급제

시간급제와 성과급제를 절충한 합리적인 임금형태의 한 방식으로, 일정률의 추가급을 지불함으로써 능률증진과 근로자의 수입안정을 달성하고자 하는 방식이다.

④ 집단임금제

집단자극(group incentive)제라고도 하며, 근로자 집단별로 임금을 산정하여 지불하는 방식이다. 대량생산이나 전체 근로자의 조화와 협동이 필요한 공장에 적합한 임금형태이다.

장점	• 집단응집력, 상호협력, 팀워크 증가 • 작업배치에서의 난이도에 따른 불만 감소 • 신규 작업자에 대해 적극적인 훈련을 실시하여 생산성 향상
단점	• 집단 간 갈등유발과 무임승차의 근로자가 생길 수 있음 • 성과변경 시 그 원인(작업자의 기술, 노력, 관리방식 등)을 찾기 곤란

⑤ 순응임금제

순응임금제(sliding scale)란, 생계비지수, 판매가격 등의 소비자물가와 제조조건 등이 변할 때 임금의 지급률을 변동하거나 조정하는 제도이다. 종류는 생계비 순응임금제(인플레이션 발생 시), 판매가격 순응임금제(임금이 제품원가의 큰 비중을 차지하는 산업의 경우), 이익 순응임금제 등이 있다.

⑥ 연봉제

연봉제(annual salary system)란, 직무급과 직능급의 절충형태로서 연령, 근속연수에 상관없이 전년도의 능력이나 실적, 성과, 공헌도를 평가하여 이를 기준으로 연간 임금수준을 결정하여 계약하는 능력중시형의 임금지급제도이다.

장점	• 동기부여와 과감한 인재기용 가능 • 임금관리 용이 • 조직의 활성화 • 생산성 향상 • 능력이나 성과와 무관한 인건비 상승 억제
단점	• 지나친 경쟁유발로 개인주의화(종업원 간 협력과 상호작용 저해) • 단기적인 업적 중시

⑦ 성과배분제

성과배분제(gain sharing plan)란, 특수임금제도의 하나로, 집단성과급과 이익분배제의 특성을 결합한 것이다. 즉, 기업경영의 성과를 근로자집단과 경영자 등의 이해관계자집단들이 배분하는 제도를 말한다. 집단구성원의 상호 간에 협력을 통해 기업 목적달성에 기여하도록 하기 위한 것이다.

성과배분제의 기본 유형은 이윤분배제도와 생산성 이득분배제도이다.

이윤분배제도	기업 이윤의 일정 몫을 종업원에게 분배 • 현금분배제도(이윤의 일정액을 현금 지급) • 이연분배제도(공동기금으로 예치 후 퇴직·해고·사망 시 현금 지급) • 복합분배제도(이윤의 일부 즉시 지급, 나머지 퇴직·사망 시 지급)
생산성 이득분배제도	생산성 향상이나 노무비 감소로 인한 금전적 절약분을 사용자와 종업원 간에 분배

생산성 이득분배제도의 대표적인 종류를 요약하면 다음과 같다.

<표 3-5> 성과배분제 종류

구분	특징
스캔론플랜 (scanlon plan)	• 총매출액에 대한 노무비 절약분(실제 인건비가 표준 인건비보다 적을 때)을 인센티브(상여금) 지급, 비용절감 인센티브제(75:25) • 상여기금 25%는 적립금, 75%는 3(종업원):1(회사) 비율로 배분 • 종업원 참여의식 고취 및 창의력 발휘 • 판매가치를 기준으로 한 보너스플랜(판매가액대비 인건비)

럭커플랜 (ruker plan)	• 노무비를 부가가치로 나눈 표준생산성 비율을 기준으로 이를 초과하는 부가가치 생산액을 배분(50:50), 부가가치대비 인건비 • 노무비뿐만 아니라 원재료비 및 기타 비용의 절감도 인센티브 제공 • 급격한 기술혁신이나 제품변경의 변화가 없는 시기에 적합
임프로쉐어플랜 (improshare plan)	단위당 소요되는 표준 노동시간과 실제 노동시간을 비교하여 절약된 노동시간만큼 분배(50:50)
루카스플랜	사회적으로 유용하고 환경보호 및 친환경 생산에 노동자 참여와 인간의 유효성을 결합
카이저플랜	비용절감액을 분배하는 조직체 성과급으로 과도한 경쟁을 유발하는 개인적 인센티브 대신 협동적 집단 인센티브를 적용
링컨플랜	성과급＋이윤분배제도
코닥플랜	근로자들의 참여＋할증금 지급
프렌치 시스템	• 공장 전체적인 능률 향상을 목표로 총투입에 대한 총산출 비율을 집단성과급 계산의 기초로 하는 집단 성과급제 • 모든 비용의 절감에 관심

(4) 기타

① 브로드 밴딩(broad banding)

브로드 밴딩이란, 과거의 고층제, 피라미드조직, 관료제조직 등의 수직적인 계층인 과거의 조직의 형태를 구조조정을 통해 유사한 직무로 구분하여 묶는 것을 말한다. 즉, 지나치게 세분화된 직무를 몇 개의 유사한 직무로 구분함으로써 유연한 인사관리(임금체계)가 가능하도록 하는 데 목적이 있다. 정보기술의 발달로 조직 계층 수의 감소와 수평적인 조직의 확산에 따라 적합한 식무체계로의 등장으로 나타난 신임금제도이다.

브로드 그레이드 (broad grades)	• 브로드 밴딩의 형태 • 전통적인 직무급에서의 관리방식 • 각 등급별로 최고액, 최저액, 평균값을 설정하고 개인의 성과에 따라 차등 인상
커리어 밴드 (career bands)	• 각 단계별로 개인역량에 기반 • 직무평가요소나 등급을 새롭게 하여 평가

② 스톡옵션제(stock option plans)

미래의 일정 기간 내에 이전에 약정된 금액으로 정해진 수량만큼 자사주를 매입할 수 있는 권리를 부여하는 제도이다. 임직원에게는 동기부여를, 경영자에게는 장기적인 주주가치를 제고하는 경영을 촉진하고 유능한 인재를 확보하기 용이하다.

③ 역량급(competency based pay)

역량급이란, 관리직, 전문직, 기술직을 대상으로 설계된 임금제도로서 종업원의 현재 직무와는 상관없이 그들이 보유한 역량의 범위와 수준에 따라 임금이 결정되는 것이다.

④ 성과연봉제

연봉제의 하나로 노동성과에 따라 임금에 차이를 두는 임금지급 방식이다. 즉, 회사나 직장에서 업무성과에 따라 보수를 차등지급하는 것이다.

⑤ 포괄임금제

근로기준법에는 존재하지 않는 임금산정방식으로, 노동자가 실제 일한 시간과 관계없이 근로계약 시 사용자와 근로자가 정한 일정액의 시간 외 수당을 매월 지급하는 것을 말한다.

> **TIP+ 역량**
>
> 성공적인 직무수행을 위해 요구되는 기술, 지식, 동기, 행동 등을 포함한 개인적인 특성을 말한다.

2 복리후생

복리후생(employee benefit and service program)이란, 종업원들의 생활수준의 향상을 위해 임금 이외의 간접적인 모든 급부를 말한다. 기업 내 종업원들의 생활수준을 위해 공여됨으로써 종업원의 사회적 욕구와 심리적 욕구 충족에 기여하고, 공동체의식 강화, 노동력 유지, 동기부여(motivation), 성과 향상, 바람직한 인간관계 조성, 협력적 노사관계 조성, 근로생활의 질(QWL) 향상 등의 역할을 한다.

특히 최근 일과 가정의 조화(dual agenda), 근로생활의 질(QWL)을 중시하는 사회문화적 환경이 확산됨에 따라, 우수인재를 확보하고 유지하기 위해서는 위생요인인 복리후생의 만족이 중요하며, 종업원의 다양한 욕구를 만족시키기 위해 적합한 복리후생 프로그램을 설계할 필요성이 높아지고 있다.

1. 복리후생 유형

법정 복리후생 (legally required benefits)	• 법률에 의해 강제적으로 실시하는 제도 • 구성원들과 그의 가족의 사회보장을 위하여 위험으로부터 보호 • 의료보험, 산업재해보상보험, 연금보험, 고용보험, 퇴직금제 등
법정 외 복리후생 (economic benefits)	• 법률적인 강제나 규제 없이, 조직체가 자발적으로 제공 • 구성원과 그의 가족에게 경제적 안정을 도모 • 주거지원, 교육비제공, 의료 · 금융 · 공제제도 등

복리후생은 구성원의 성과와의 관계는 불확실 또는 낮은 것으로 나타나고 있다. 복리후생은 조직체의 과대한 부담이므로 구성원이 원한다고 해서 무조건 확대해 나갈 수는 없다. 사회적 관점에서도 조직체의 지나친 복리후생은 경제적 혜택의 불공정한 분배와 비효율적인 자원배분 그리고 결국에는 사회비용의 상승효과를 가져올 수 있다.[13]

TIP+

퇴직연금제도	확정급여형 (DB형)	• 노사가 사전에 퇴직연금(급여) 수준 약정 • 일정연령에 달하면 급여 지급 • 변동 가능(산출기초 변경 시, 급여의 일정 비율) • 회사 부담 • 장기근속자 유리 • 감독 및 규제(금융기관)
	확정기여형 (DC형)	• 노사가 사전에 부담할 기여금 확정 • 적립금을 근로자 책임하에 운용 • 운영실적에 따름 • 고정(단체협약) • 근로자 부담 • 단기근속자 유리

⊘ 핵심체크

복리후생 관리 3대 원칙

적정성, 합리성, 협력성

2. 카페테리아식 복리후생

선택적 복리후생이라고도 하며, 기존 복리후생의 문제점은 우리 기업의 복리후생 프로그램은 제대로 된 평가 없이 임금인상의 보충적 수단으로 도입되면서 기업의 비용부담이 과중해졌고, 획일적인 설계 및 운영으로 인하여 종업원의 욕구충족이나 동기부여에도 미흡하였다.

표준적 복리후생 프로그램은 많은 비용을 투입하고도 효과가 불투명한 경우가 많아 이러한 문제점을 해결하고 극복하며, 복리후생에 대한 종업원의 만족도를 극대화하기 위하여 카페테리아식 복리후생 프로그램이 등장하게 되었다.

---

13) Milton Friedman, "The Social Responsibility of Business Is to Increase Its Profit," *The New York Times Magazine* (September 30, 1970).

(1) 카페테리아식 복리후생 프로그램(flexible benefit plans)

기업이 다양한 복리후생 프로그램을 제시하고 이중 종업원이 원하는 것을 스스로 선택할 수 있도록 하는 복리후생으로, 선택권을 주지 않고 기업이 일방적으로 설계·운영하는 표준적 복리후생 프로그램(standard benefit package)과 구별하여 선택적 복리후생 프로그램이라고 도 한다.

(2) 카페테리아식 복리후생 프로그램의 유형

① 선택항목 추가형(Core-plus options plans)

기업이 종업원 전체에게 꼭 필요하다고 판단되는 복리후생 항목을 제공한 후, 추가적으로 여러 항목을 제공하여 추가항목에 대해 종업원의 선택권을 부여하는 방법이다.

② 모듈형(Modular plans)

기업이 몇 개의 복리후생 항목들을 모듈화시켜 종업원에게 제시하면, 종업원은 주어진 모듈 중에서 어느 한 모듈을 선택하는 방법이다.

③ 선택적 지출 계좌형(Flexible spending accounts)

종업원 개인이 주어진 복리후생 예산범위 내(기업이 제공한 지원금)에서 복리후생 항목을 자유롭게 선택할 수 있는 것으로, 복리후생 항목에 대한 선택권이 완전히 종업원에게 부여된다.

④ 혼합선택형(Mix and match plan)

개인별로 주어진 예산 내에서 자신이 원하는 대로 복리후생 항목과 수혜율을 선택하는 방법이다. 종업원의 선택의 폭이 가장 넓고 만족도도 크다는 장점이 있으나, 종업원이 선택한 것을 기업에 제공하기 어려운 상황도 발생할 수 있다.

(3) 카페테리아식 복리후생 장·단점

장점	• 개별 종업원의 복리후생 욕구 반영 • 종업원의 복리후생 참여·만족 향상, 동기부여 • 노사협력 도모 • 복리후생 비용의 효율적 집행
단점	• 종업원의 선택 오류 시 시간·비용 낭비 • 프로그램 설계 및 운영업무의 가중 • 실질적 복리후생 비용의 증대

오늘날 급변하는 환경변화과 종업원의 다양한 욕구를 충족시키기 위하여 카페테리아식 복리후생제도는 그 유효성이 인정되어 부분적인 개선과 보완으로 그 도입을 적극 검토할 필요성이 있다.

CHAPTER 04 노사관계관리

01 노사관계

1 노사관계관리

1. 노사관계관리 개념

노사관계(labor relations)란, 사용자와 노동자(노동조합) 간에 노동조건의 결정이라는 대립적 경쟁관계 또는 협력적인 사회관계를 의미한다.

노사관계관리(labor relations management)란, 노사의 대립적 관계를 사용자 측의 태도나 특정 제도로 조정하거나 완화시켜서 협력관계를 형성하는 활동을 말한다.

2. 노사관계 발전과정

노사관계는 일반적으로 전제적(專制的) 노사관계, 온정적 노사관계, 근대적(완화적) 노사관계, 항쟁적 노사관계, 민주적 노사관계 등의 5단계로 발전해 왔다.

노사관계의 발전방향을 보면 다음 표와 같다.

<표 4-1> 노사관계 발전과정

분류	내용
전제적 노사관계	사용자가 근로조건을 일방적으로 결정, 근로자의 저항을 야기
온정적 노사관계	가부장적 온정주의에 입각한 복리후생시설을 마련(노조형성 저지목적)
근대적 노사관계	• 경영자단체와 노동조합이 형성·발전되는 단계 • 자본과 경영의 분리
항쟁적 노사관계	근로조건은 오직 노사의 실력항쟁에 의해서만 결정
민주적 노사관계	• 산업별 노조 발전, 전문경영자 등장 • 노조와 전문경영자가 근로조건 공동 결정 • 노사의 대등

(1) 전제적 노사관계

19세기 중반까지 존재하였으며, 자본이 인격과 결합된 상태여서 자유로운 자본시장이 형성되지 못하고 있었던 시기에 나타났다. 인력고용은 연고모집이나 가난한 사람을 위주로 이루어졌다.

(2) 온정적 노사관계

가족주의적인 노사관계가 성립되었으며, 노사 간에는 전제와 은혜, 충성과 비자립성(非自立)이라는 노사의 온정주의적, 은혜주의적 관계가 특징으로 나타났다.

(3) 근대적 노사관계

19세기 후기에 자본이 집중되어 가며 기업형태도 유한회사나 근대적 주식회사가 보편적으로 보급되는 단계이다. 전문화 · 사회화가 실현됨으로써 초기공장위원회의 출현 등 근대적인 노동시장의 형성으로 직업별 노조가 형성되었다.

(4) 항쟁적 노사관계

사회주의 혁명에 직면한 시기로서, 계급투쟁이 개별 경영에서 전개되고 고용은 오직 실력으로 결정되었다. 이때의 노사관계는 대립항쟁적 성격을 띠고 있으며, 이것은 시대에 뒤떨어진 형태이다.

(5) 민주적 노사관계

1929년 세계대공황 이후, 자본의 집중 · 독점화가 심화되면서 소유와 경영이 분리되고 전문경영자를 중심으로 하는 경영자 단체가 조직됨으로써 노동력의 이용형태가 달라졌다. 또한 노동조합의 조직 측면에서도 직업별 조직으로부터 산업별 조직으로 변하게 되며, 노동의 성격까지 계급 연대적인 성격을 띠게 되었다. 현대적 노사관계 형태의 대표적인 것으로, 노조가 대등한 사회적 지위를 인정받는 관계이다.

2 인간관계관리

인간관계관리란, 조직구성원들이 상호이해와 신뢰의 바탕으로 일체감을 형성하고, 열의를 가지고 기업의 유지 · 발전에 전념하고 기여하도록 하는 관리활동을 말한다.

1. 인간관계관리 중요성

① 조직이 대규모화 · 복잡화됨에 따라 많은 조직구성원이 상호 간의 협동관계를 조성해야 하기 때문이다.
② 일생의 대부분을 조직 생활 속에서 보내므로 조직 내에서의 인간관계가 중시되고 있기 때문이다.
③ 유능한 인력을 조직에 지속적으로 머무르게 하고, 조직에 공헌하도록 하는 활동으로서 인간관계관리가 중시되고 있다.

2. 인간관계관리제도 유형

(1) 고충처리제도(Grievance)

고충처리제도란, 주로 종업원이 근로조건이나 단체협약의 실시 등에 있어서 불평·불만이 있는 경우 이를 해결하는 것이다. 즉, 단체협약을 집행하는 과정에서 계약문구의 해석이나 적용과 관련하여 사용자에게 노동자 개인 또는 집단이 갖게 되는 불평·불만을 해결하는 것을 말한다.

고충처리위원회는 국무총리 직속기관으로 위원장 1명 포함 15명으로 구성되며, 임기는 3년이고 중임이 가능하다.

TIP+

고충처리제도는 생산성에 악영향을 미치는 불평이나 불만을 극소화 내지는 소거시킬 수 있으며, 사용자 및 상급자들의 권위(권력)나 타락 등을 피할 수 있다.

집단의 고충	• 노사협의회 또는 단체교섭을 통해 해결 • 제3자에 의한 중재(노동위원회, 민사재판 등)
개인적 고충	커뮤니케이션(의견교환) 또는 인사부의 중재로 해결

[그림 4-1] 고충처리 절차

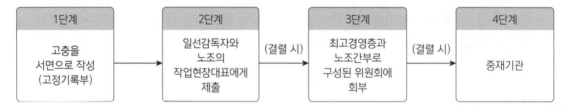

(2) 브레인스토밍(Brain storming)

브레인스토밍이란, 오스본(Osborn)에 의하면 약 10 ~ 12명 정도(1명의 리더, 1명의 기록자, 5명 내외의 전문가, 5명 내외의 객원으로 구성)로 구성되며, 자유롭게 아이디어를 제시하고 의논하면서 특정 문제를 구체적으로 좁혀서 아이디어를 창출하는 것이다. 따라서 다른 사람의 아이디어를 절대 비판하면 안 되고, 아이디어의 양에 치중하며 구성원 모두가 주제를 알고 있다. 또한, 참가자의 창의력과 사고력, 능력과 성취동기가 향상되고 인간관계가 원활해지는 효과가 있다.

(3) 종업원지주제도(Employee stock ownership system)

종업원지주제도란, 우리사주제도라고도 하며, 종업원으로 하여금 자사주를 소유하게 하여 경영참가의식과 동기부여를 고취시키고 기업은 안정주주를 확보하여 경영의 합리화를 도모할 수 있다.

(4) 제안제도(Suggestion system)

기안제도라고도 하며, 종업원으로 하여금 직무에 따른 개선안을 제시하도록 하는 제도로서, 종업원의 개별적 아이디어를 경영자에게 전달하고 결과를 심사하여 우수한 제안에는 보상을 하는 제도이다.

이 제도는 조직 내 종업원의 창의력과 참여의식, 그리고 근로의욕을 고취시켜 작업의 능률과 생산성의 향상을 도모하는 것을 목적으로 한다. 개선결과 경비절감과 기업이익의 증대에 기여하고 종업원의 사기와 인간관계의 개선 등의 효과가 있다.

(5) 사기조사(Morale survey)

태도조사(attitude test)라고도 하며, 조직의 공통적인 목적이나 목표를 달성하기 위해 일체감이 형성되도록 종업원의 사기, 적극성, 애사심, 근무의욕의 상황 등을 파악하는 것이다. 종업원들의 조직에 대한 부정적 태도나 불만족도, 불건전성 등의 원인을 찾아서 제거할 수 있도록 하는 제도로, 최대한 가장 신속하게 조직 전체를 대상으로 파악해야 효과적이다.

(6) 인사상담제도(Personal counseling)

인사상담제도란, 종업원들의 불만이나 불평, 개인의 고민과 고정(苦情) 등을 상담에 의해 해결해 주거나 미연에 방지하는 제도이다.

조직은 상담전문가를 두어 자유롭게 상담할 수 있도록 하고, 이 과정에서 개인직무를 충실히 수행하고 사기가 고취되어 생산성이 향상된다.

(7) 기타

① 소시오메트리(Sociometry) – 사회네트워크 분석기법

모레노가 개발한 것으로, 자신과 타인의 역학관계 또는 사회적 관계를 측정한 것이다. 감정 상태를 '좋다, 나쁘다'로 답변하게 하여 집단구성원의 동태적 사회관계를 측정한다. 즉, 대인관계, 역할상호관계, 감정적 흐름 및 자발성과 창조성 등과 같은 현상측정의 연구방법을 도입한 것이다.

② 감수성훈련(Sensitivity training)

실험실훈련 또는 T그룹훈련이라고도 하며, 집단생활(10여 명 안팎으로 구성)을 통해 조직화를 유도하고 참가자로 하여금 협동심과 참여의식을 높이는 것이 목적이다. 즉, 자기 자신에 대한 이해 및 집단에서의 행동 이해(대인관계 개선)를 위한 것이다.

③ 완전무결(ZD; Zero defect)운동

전 종업원을 대상으로 동기부여를 유도하는 운동이다. 종업원에게 지속적으로 동기부여를 하고 불량률, 부주의, 작업환경부량 등을 '0'으로 하는 운동이다. 인적변동이나 심리적 요인을 중시한다.

02 노동조합

1 노동조합

1. 노동조합 개념

(1) 개념

우리나라는 「노동조합 및 노동관계조정법」 제2조에서 "노동조합(trade union)이란, 근로자가 주체가 되어 자주적으로 단결하여 근로조건의 유지·개선 기타 근로자의 경제적·사회적 지위의 향상을 도모함을 목적으로 조직하는 단체 또는 그 연합단체"라고 정의하고 있다.

즉, 노동조합은 근로자의 근로조건이나 작업조건 등에 대하여 경영자 측과 교섭함으로써 근로자들의 경제적·사회적 지위를 유지·향상시키기 위해 만들어진 단체이다. 따라서 노동조합은 임금교섭과 더불어 사업장 안의 지배관계를 대등관계로 변화시키는 역할을 한다.

(2) 필요성

① 노동자들의 생존과 생활의 기반은 일하는 현장과, 자신의 노동력을 팔아 생계를 유지하는 임금이다. 현장과 임금이 안정되어야 사회활동도 안정될 수 있다.

② 자본은 자기의 이윤확대를 위하여 노동자들을 끊임없이 분열시키고 통제한다. 이 속에서 노동자들은 수많은 불이익과 인권침해를 당한다.

③ 노동자는 일하는 기계가 아니라 현장과 사회의 엄연한 주인이고 주체이다. 인간으로서의 제 역할을 잘하기 위해서는 그 기반이 되는 현장의 여건을 제대로 만들어야 한다.

④ 노동자 혼자서는 불가능하다. 그러므로 노동조합이 당연히 필요하다.

2. 노동조합 기능

노동조합(trade union)은 목적달성을 위하여 조직력을 바탕으로 일정한 정책하에 행동함으로써 기능을 발휘하며, 경제적 기능, 공제적 기능, 정치적 기능의 3가지로 나눌 수 있다.

(1) 경제적 기능

경제적 기능이란, 조직원 전체의 생활조건의 향상을 시도하는 노조 본래의 기능으로서 충분한 임금의 확보와 노동시간의 단축, 작업환경의 개선 등 근로조건의 개선, 그리고 조합원의 권익옹호 등 노동생활상에 발생하는 노사관계의 문제를 그 대상으로 하고 해결(경제적 권리와 이익을 신장하고 유지하는 기능)하는 활동을 말한다.

> 예 근로시간의 단축, 임금의 인상, 작업장에서의 부당한 권리침해에 대한 방지와 해결, 작업환경의 개선, 보건안전, 기숙사 시설의 정비, 해고의 반대, 부가급여, 퇴직금 등

(2) 공제(복지)적 기능

공제적 기능이란, 조합원이 질병, 재해, 노령, 사망, 실업 등으로 생활상의 곤란에 처할 경우, 이에 대비하여 조합이 기금을 설치하여 상호구제(상부상조)하는 기능을 말한다. 이 기능은 초기 노조의 목적이었으며, 경제적 기능에 비해 그 중요성이 다소 저하되었으나 아직도 단체교섭의 부가급부(근로자의 복지와 후생을 위해 지불되는 경비)를 얻어내고 있다.

> 예 조합비 및 기타 등으로 조성된 공제기금의 운영, 장학기금, 장학회의 운영·신용협동조합 등

(3) 정치적 기능

정치적 기능이란, 노조의 부수적 기능으로 오늘날의 사회에서 노동자의 생활은 국가의 경제정책이나 법률(입법활동)에 의해 크게 영향을 받으며, 특히 임금이나 근로조건의 결정이 국가에 의해 좌우되는 경우가 있다. 따라서 노동조합은 국가나 지방자치단체에 대하여 노동자의 권익을 신장시키는 법률의 제정(입법 활동)이나 노동 복리를 도모하는 경제정책을 위하여 정치적인 활동을 전개하게 된다. 오늘날 그 비중과 중요성이 점차 증가하고 있다.

> 예 최저임금제, 노동시간의 단축 추진, 노동관계법 개정, 문화시설의 확충 요구 등

<표 4-2> 노동조합 기능

종류	내용
경제적 기능	노조의 기본 기능, 단체교섭, 경영참가, 노동쟁의 등을 통해 수행
공제적 기능	상호부조의 활동(조합원의 생활안정이 목적)
정치적 기능	노조가 노동관계법, 세법, 사회보장, 노동시간 등을 국가 및 사회단체에 요구

TIP+ 기타 노동조합 기능

1. 참모기능
연구개발, 교육기능(노동적 조합원의 교육을 책임진다), 홍보교육 등이 있다.

2. 봉사기능
지역에 대해서 소속되어 있는 지역에서의 탁아소 등의 시설을 말한다.

3. 지역개발기능
노동조합에서 환경미화원이 적극적으로 참여하여 개발하여야 한다.

3. 노동조합 형태

노동조합은 근로자들이 자주적으로 조직하는 것이므로, 그 조직형태(유형)도 근로자들이 자주적으로 결정한다. 구성원인 근로자의 자격에 따른 분류 형태로, 산업별 노동조합(craft union; 직종별 노조), 직업별 노동조합(industrial union), 기업별 노동조합(general union), 일반 노동조합(company union) 등으로 나눌 수 있다.

<표 4-3> 노동조합 형태

형태	내용
산업별 노조	• 동일산업에 종사하는 근로자가 조직 • 현대노조의 대표적
직업별 노조	• 동일직종, 동일직업의 근로자가 조직 • 가장 오래되었고 배타적 • 노동시장을 독점할 목적(기계공, 인쇄공, 방직공 등)
기업별 노조	• 우리나라 노조의 주류 • 동일기업에 종사하는 근로자들이 조직
일반 노조	• 직종이나 산업과 무관 • 모든 노동자에 의해 조직 • 동일지역의 중소기업을 중심으로 조직

(1) 산업별 조합(industrial union)

산업별 조합이란, 동종의 산업에 종사하는 근로자에 의하여 직종과 기업을 초월하여 횡적으로 조직된 노동조합이다. 산업별 조합은 산업혁명이 진행됨에 따라 대량의 미숙련근로자들이 노동시장에 진출하면서 이들의 권익을 보호하기 위하여 발달한 것으로, 오늘날 구미 각국에서 일반적으로 채택되고 있는 조직형태이다.

장점	규모조직을 바탕으로 한 강력한 단체교섭권을 기반으로 하여 동종 산업에 종사하는 근로자의 지위를 통일적으로 개선할 수 있음
단점	개별 근로자의 직종별 또는 기업별 특수성에 기인하는 근로조건의 확립이 어려움

(2) 직업(직종)별 조합(craft union)

직업별 조합이란, 인쇄공·선반공·전기공·목수 등 동일한 직종에 속하는 근로자가 결성하는 노동조합이다. 노동조합의 형태 중 초기(가장 일찍)에 발달한 형태로, 유럽에 있어서는 숙련근로자들의 조직적 독립체로서 등장하였다.

장점	• 임금 기타 근로조건에 관한 근로자의 통일된 입장을 제시 • 취업자뿐만 아니라 미취업자도 조합원으로 가입
단점	• 조합원과 사용자 간의 관계가 밀접하지 못함 • 배타적이고 독점적이어서 다른 직종에 종사하는 근로자의 경제적·사회적 지위의 향상을 위해서는 적합하지 않음

(3) 기업별 조합(company union)

기업별 조합이란, 하나의 기업에 종사하는 근로자를 직종의 구별 없이 조직한 노동조합으로, 한 기업이 조직 단위가 된다.

장점	• 단일기업체에 종사하는 근로자들의 근로조건을 체계적으로 정하여 동일한 기업 내에 속한 근로자 간의 형평을 도모 • 사용자와의 관계가 긴밀하여 노조의 경영참가 등 원활한 노사협조
단점	• 사용자에 의하여 노동조합이 어용화될 위험이 있음 • 조합원보다는 종업원 의식이 강하여 기업을 초월한 조합원들의 협조가 미약하며 동일 직종에 속하더라도 기업 간의 근로조건이 현저하게 차이가 날 수도 있음

(4) 일반조합(general union)

일반조합이란, 근로자들의 직종, 산업 또는 소속기업과는 상관없이 근무의사와 능력이 있는 근로자는 누구나 가입할 수 있는 노동조합이다.

이 유형은 특정 직종, 산업, 기업에 속하지 않는 자도 가입할 수 있으나, 통일과 단결력이 약하여 종합적·공통적 이해관계 도출이 어렵다.

4. 노동조합 가입형태(shop system)

(1) 클로즈드 샵(cloesd shop)

클로즈드 샵이란, 기업에 속한 근로자 전체가 조직에 가입해야 할 의무가 있는 방식이다. 즉, 기업과 노조가 단체협약 체결을 통해 근로자의 채용과 해고 등을 노조의 통제에 위탁하고 기업은 반드시 노조원만을 신규인력으로 채용하는 방식이다. 노동자가 노조에서 탈퇴나 제명되면 종업원의 지위도 상실된다.

(2) 유니언 샵(union shop)

유니언 샵이란, 기업은 노조가입 유무에 관계없이 신규 인력 채용이 가능하지만, 노동자는 신규 채용 후 일정 기간 내에 반드시 노동조합에 가입해야만 하는 제도이다. 만약 일정 기간 후에도 노조에 가입하지 않으면 기업은 해당 노동자를 해고할 수 있다.

(3) 오픈 샵(open shop)

오픈 샵이란, 기업은 노조의 가입 유무가 고용 또는 해고조건에 아무런 영향을 주지 않는 제도이다. 노동조합의 가입여부는 전적으로 노동자의 자신의 의사에 따른다. 우리나라는 대부분이 제도를 채택하고 있다.

> ☑️ **핵심체크**
>
> 1. **에이전시 샵(agency shop)**
>   노동조합의 가입여부에 관계없이 모든 종업원에게 조합 회비를 징수하는 제도이다.
> 2. **체크오프 시스템(check-off system)**
>   회사의 급여계산 시 조합비를 일괄적으로 공제하여 조합에 인도하는 제도(단, 노조는 조합원 3분의 2 이상의 동의가 필요)이다.
> 3. **프레퍼렌셜 샵(preferential shop)**
>   채용에 있어서 조합원에 우선순위를 주는 제도이다.
> 4. **메인터넌스 샵(maintenance shop)**
>   단체협약이 체결되면 기존 조합원은 물론 단체협약이 체결된 이후에 가입한 조합원도 협약이 유효한 기간 동안은 조합원으로 머물러야 한다는 제도이다.

2 부당노동행위(Unfair labor practice)

「노동조합 및 노동관계조정법」상의 부당노동행위는 개별 근로자를 대상으로 한 행위(불이익 대우, 황견계약)와 노동조합을 대상으로 한 행위(단체교섭 거부, 지배·개입·자금원조 등)로 나눌 수 있다. 즉, 부당노동행위란, 근로자의 노동 3권(단결권, 단체교섭권 및 단체행동권)을 침해하는 사용자의 행위로서, 사용자가 반조합적 의사를 가지고 노동조합의 기능과 활동을 무력화시키려는 것이므로, 근로자의 기본권을 보장하기 위해서는 사용자의 부당노동행위의 금지와 그 보호가 필요하다.

부당노동행위의 사용자가 노동조합의 정당한 권리를 침해할 때 나타나는 일체의 행위로서 유형은 다음과 같다.

<표 4-4> 부당노동행위 유형

개별 근로자 대상	불이익 대우	근로자의 일정한 행위로 인하여 사용자가 근로자를 불공정하게 대우하는 것 등
	황견계약	근로자가 가지고 있는 근로기본권을 제한하는 내용의 근로계약 등
노동조합 대상	단체교섭 거부	노조의 대표자나 노조로부터 위임을 받은 자와의 단체협약체결 또는 기타의 단체교섭을 거부하거나 게을리하는 행위 등
	지배·개입·자금원조	노조의 조직·운영을 지배하거나 이에 개입하는 행위, 조합의 운영비를 원조하는 행위 등
	단체행동참가에 대한 불리한 대우	정당한 단체행위에 참가한 것을 이유, 신고 및 증언, 행정관청에 증거제출 등의 이유로 노동위원회에 대해 불이익을 주는 행위

1. 개별 근로자 대상 부당노동행위

(1) 불이익대우

노동자가 노동조합에 가입 또는 가입하려고 하였거나 노동조합을 조직하려고 하였거나 기타 노동조합의 업무를 위한 정당한 행위를 한 것을 이유로, 그 노동자를 해고하거나 그 노동자에게 불이익을 주는 행위(해고, 전근, 배치전환, 출근정지, 휴직, 복직거부, 계약갱신거부, 감봉) 등이 불이익대우에 해당한다.

(2) 반조합(황견)계약

노동자가 어느 노동조합에 가입하지 아니할 것 또는 탈퇴할 것을 고용조건으로 하거나 특정한 노동조합의 조합원이 될 것을 고용조건으로 하는 행위를 말한다.

다만, 노동조합이 당해 사업장에 종사하는 노동자의 2/3 이상을 대표하고 있을 때에는 노동자가 그 노동조합의 조합원이 될 것을 고용조건으로 하는 단체협약의 체결은 예외로 하며, 이 경우 사용자는 노동자가 당해 노동조합에서 제명된 것을 이유로 신분상 불이익한 행위를 할 수 없다.

2. 노동조합(단체) 대상 부당노동행위

(1) 단체교섭의 거부

노동조합의 대표자 또는 노동조합으로부터 위임을 받은 자와의 단체협약체결 등 기타의 단체교섭을 정당한 이유 없이 거부하는 행위이다.

(2) 노조에 대해 지배 및 개입 및 경비원조

노동자가 노동조합을 조직 또는 운영하는 것을 지배하거나 이에 개입하는 행위와 노동조합의 전임자에게 급여를 지원하거나 노동조합의 운영비를 원조하는 행위이다. 다만, 노동자가 근로시간 중에 사용자와 협의 또는 교섭하는 것을 사용자가 허용함은 무방하며, 또한 노동자의 후생자금 또는 경제상의 불행 기타 구제 등을 위한 기금의 기부와 최소한의 규모의 노동조합 사무소의 제공은 예외로 한다.

(3) 정당한 단체행동참가에 대한 해고 및 불이익대우

정당한 단체행위에 참가한 것을 이유로 하거나 또는 노동위원회에 대하여 사용자가 이 조의 규정에 위반한 것을 신고하거나 그에 관한 증언을 하거나 기타 행정관청에 증거를 제출한 것을 이유로 그 노동자를 해고하거나 그 노동자에게 불이익을 주는 행위 등이 포함된다.

1. 노동 2법
- 근로기준법: 근로자의 기본적 생활을 보장 · 향상시키며, 균형있는 국민경제 발전의 도모 및 향상으로 국민 경제발전에 기여한다.
- 노동조합 및 노동관계조정법: 근로자의 단결권 · 단체교섭권 및 단체행동권을 보장하여 근로조건의 유지 · 개선과 근로자의 경제적 · 사회적 지위의 향상을 도모하고, 노동관계를 공정하게 조정하여 노동쟁의를 예방 · 해결함으로써 산업평화의 유지와 국민경제의 발전에 이바지하였다.

2. 노동 3권(근로 3권)
노동자의 권익과 근로조건의 향상을 위하여 헌법상 보장되는 기본권으로서 생활권(생존권 또는 사회권)으로, 단결권(조합결성권), 단체교섭권, 단체행동권(쟁의권)이 있다.

03 노사관계제도

1 단체교섭

1. 단체교섭 개념

단체교섭(Collective bargaining)이란, 노동조합이 단체교섭권과 단체행동권을 배경으로 사용자와 노동력의 거래조건을 일괄하여 결정하는 과정을 의미한다. 즉, 노동조합과 사용자 또는 사용자 단체가 임금이나 근로시간, 그 밖의 근로조건에 관한 협약의 체결을 위해 대표자를 통해 집단적 타협을 모색하고 협약을 관리하는 절차이다.

단체교섭 대상은 임금과 근로조건, 기업의 관리와 운영, 근로자의 대우 등이다.

2. 단체교섭 기능

① 통일적 근로조건을 결정하고 개선한다.
② 근로자의 생활의 질을 향상시키고, 의사소통에 의한 불만을 조정한다.
③ 노사관계를 발전시켜 협동적인 관계로 경영의 효율성을 증대시킨다.

3. 단체교섭 유형

(1) 통일교섭

통일교섭이란, 산업별 · 직종별 노동조합과 이에 대응하는 산업별 · 직종별 사용자 단체 간의 단체교섭을 말한다. 노동조합이 명실상부하게 산업별 또는 직종별로 조직되어 있어서 노동시장을 전국적으로 또는 지역적으로 지배하고 있는 경우에 통일적인 단체교섭을 하기 위해 행하여지는 방식이다. 최근 금융, 금속, 보건 · 의료 등 산업별 노동조합에서 이를 행하고 있다.

(2) 대각선교섭

대각선교섭이란, 패턴교섭이라고도 하며, 산업별 노동조합과 개별 사용자가 행하는 교섭 또는 기업별 노동조합의 상부단체가 개별 사용자와 행하는 단체교섭의 방식이다. 이것은 산업별 노동조합에 대응할 만한 사용자 단체가 없거나 또는 사용자 단체가 있다 하더라도 각 기업체에 특수한 사정이 있어 개별 사용자가 노동조합의 전국적인 단체에 개별적으로 행하는 단체교섭의 방식을 말한다. 우리나라에서는 주로 산업별 노동조합과 단체교섭권을 위임받은 산업별 연합단체가 개별 사용자와 단체교섭을 행하는 경우이다.

(3) 기업별 교섭

기업별 교섭이란, 특정 기업 또는 사업장에 있어서의 노동조합과 그 상대방인 사용자 간에 단체교섭이 행하여지는 것을 말한다. 그동안 우리나라에서 일반적으로 행해진 단체교섭의 방식 중의 하나이다.

(4) 공동교섭

공동교섭이란, 산업별 노동조합과 그 지부가 공동으로 사용자와 교섭하는 것을 말한다. 노동조합의 지부의 교섭에 당해 산업별 노동조합과 그 지부가 사용자와의 단체교섭에 참가하는 것이나, 산업별 연합단체와 함께 사용자와의 단체교섭에 참가하는 것을 말한다. 공동교섭은 산업별 노동조합 또는 산업별 연합단체가 개별 사업장의 특성을 잘 모르기 때문에 대각선교섭에서 일어날 수 있는 취약점을 보완하기 위하여 산업별 노동조합의 지부나 개별 사업장 노동조합이 단체교섭에 공동으로 참가하는 방식을 말한다.

(5) 집단교섭

집단교섭이란, 다수의 노동조합과 그에 대응하는 다수의 사용자가 서로 집단을 만들어 교섭에 응하는 형태를 한다. 기업별 단위 노동조합의 대표자들이 집단을 구성하여 사용자들이 구성한 집단과 단체교섭을 행하는 형태뿐만 아니라 산업별 노동조합이나 산업별 연합단체가 특정 분야에 대하여 특정 집단으로 구성하여 사용자 단체와의 단체교섭을 하는 형태를 말하기도 한다.

최근 우리나라의 경우 산업별 노조가 지역지부 단위로 집단을 구성하여 사용자에게 교섭집단을 구성하여 교섭에 임하도록 요구하여 행해지고 있으며, 이것은 정확히 볼 때 순수한 집단교섭이라기보다는 공동교섭의 성격도 아울러 갖고 있다.

오늘날에 이르러서는 노동조합 입장에서 교섭력을 강화하기 위한 수단으로 기업별 교섭의 변형 형태인 대각선교섭, 공동교섭, 집단교섭 등 상황에 따라 가장 합리적인 교섭방식을 시도하고 있다.

4. 교섭 유형

교섭이란, 협상의 방법으로, 분배적 교섭과 통합적 교섭의 2가지로 구분한다.

(1) 분배적 교섭

목표가 서로 다른 당사자의 목표와 상충될 때 발생하며, 자원이 제한되어 있어 양 당사자는 자신의 몫을 극대화하려 하므로 어느 한 쪽은 유리하고 다른 한 쪽은 불리한 결과가 나타나는 교섭이다(Win-Lose). 즉, 파이가 정해져 있으므로 자신들의 주장이 강하고 교섭과정에서 갈등이 심하며 이기는 자(Winer)와 지는 자(Loser)가 존재하는 비연속적인 협상이다.

(2) 통합적 교섭

당사자 서로가 수용이 가능하고 배타적이지 않은 새로운 상위 목표를 설정함으로 쌍방이 유리한 결과가 나타나는 교섭이다(Win-Win). 즉, 서로가 새로운 목표를 설정하여 파이를 키워나가는 것으로 협상과정은 상호 간 대화로 협력적이며 서로가 이기는 자(Winer-Winer)가 되는 연속적인 협상이다.

단, 통합적 교섭이 성공하려면 공동목표, 상호신뢰, 명확한 의사소통, 상대방에 대한 이해가 전제되어야 한다.

<표 4-5> 분배적 교섭과 통합적 교섭 비교

구분	분배적 교섭	통합적 교섭
쟁점	다수의 쟁점들	특수 목적적 사항
주장 방식	교섭 초기에 자신의 주장을 과대 포장함	목표에 초점: 더 이상 물러설 수 없는 최종 요구조건을 제시하는 배수진 전략 구사하지 않음
정보 이용	정보의 힘: 정보를 숨기고 선택적으로 활용	정보를 개방적으로 공유: 정보는 데이터
의사소통 절차	• 통제적 단일한 대변인 • 내부적 차이를 공표하고 답변을 논의하기 위한 단일위원회 구성	• 공개적 • 복수의 발언권 허용 • 하부위원회를 이용
인간관계	• 강경한 협상 • 자신의 목표와 이해에 초점을 맞춤 • 단기적이고 장기적인 관계를 고려하지 않음: 낮은 신뢰	• 문제해결 • 상호목표에 관심 • 장기적인 관계를 고려함: 높은 신뢰

자료: Katz and Kochan, *An Introduction to Collective Bargaining and Industrial Relations*, 1992

2 단체협약

1. 단체협약 개념

단체협약(Collective Agreement; Labor Contract)이란, 단체교섭에 의해 노사 간에 의견일치를 본 사항으로, 법의 테두리 안에서 취업규칙이나 개별 근로계약에 우선하여 적용이 된다. 즉, 단체교섭의 과정을 거쳐 노동조합과 사용자 단체가 근로조건의 기준 및 기타 사항에 대하여 협정을 체결하였을 때 그 협정을 단체협약이라 한다.

단체협약이 성립되고 나면 법률에 저촉되지 않는 한 개별 근로계약이나 사용자가 일방적으로 결정한 취업규칙에 우선하여 획일적으로 적용되는 강력한 효력을 가진다.

따라서 협약작성에는 상당한 요식성이 요구된다.

2. 단체협약 특징

① 단체교섭에 의하여 노사 간에 의견일치를 본 사항이다.

② 법률에 저촉되지 않는 한 취업규칙이나 개별 근로계약에 우선하여 적용된다.

③ 대표적인 단체교섭사항(협약사항)은 임금과 근로조건, 기업의 관리 및 운영에 관한 사항이나 기타 근로자의 대우에 관한 사항 등이다.

④ 당사자 간에 객관적인 타결점이 나올 수 있는 모든 사항이 단체교섭의 대상이다.

TIP+

1. 단체협약

서면으로 작성 → 노사쌍방의 서명·날인 → 체결일로부터 15일 이내 행정관청에 신고 → 유효기간 최장 2년

2. 단체협약 관리

단체교섭을 통해 협약이 체결된 후, 협약 이행과정에서 노사 양자의 마찰이 생길 경우, 고충처리제도와 중재제도를 통해 협약관리를 한다.

---

3 노동쟁의

1. 노동쟁의 개념

노동쟁의(labor dispute)란, 노사분쟁이라고도 하며, 임금, 근로조건, 복리후생, 채용과 해고 등에 관한 노사 간의 의견불일치 또는 단체교섭이 단체협약을 체결하지 못하고 깨진 경우 등으로 인해 발생한 분쟁상태를 말한다. 즉, 특정 주장을 위해 정상적인 기업 운영을 저해하는 것이다.

쟁의행위의 당사자는 노동조합과 사용자이며, 목적은 근로조건 유지·개선이다.

2. 노동쟁의행위 유형

근로자 측	파업(strike), 태업(sabotage), 시위(picketing), 보이콧(boycott; 불매운동)
사용자 측	직장폐쇄(lock out), 보이콧(boycott; 취업방해)

(1) 파업(strike)

근로자가 조직적·공동적으로 노무제공 자체를 거부하는 행위이다.

(2) 태업(sabotage)

노무제공은 하나 의도적으로 작업능률(효율)을 저하시키는 행위이다.

(3) 시위(picketing)

쟁의행위의 정당화와 비노조원의 작업장 출입을 저지하는 행위이다.

(4) 보이콧(boycott)

근로계약 체결, 상품구입이나 시설이용을 저지하는 행위이다.

(5) 직장폐쇄(lock out)

사용자가 근로자 측의 쟁의행위에 대항하여 노무수령을 거부하는 행위이다.

(6) 보이콧(boycott)

사용자가 다수 근로자를 취업할 수 없게 하는 행위이다.

3. 노동쟁의 조정제도

노동쟁의는 당사자들의 경제적 손실은 물론 국민경제에도 큰 손실이므로, 쟁의행위가 발생하지 않도록 미리 조정하는 것이 최선책이다. 그러나 만약 쟁의행위가 발생한다면 신속·공정하게 해결하여 부작용을 최소화해야 한다.

노동쟁의 해결방법에는 조정, 중재, 긴급조정이 있다. 각각을 살펴보면 다음과 같다.

(1) 조정(mediation)

조정은 노동위원회의 조정위원회에서 담당하며 노사 쌍방의 동의가 있을 경우 노동위원회 위원 중에서 단독 조정인으로 지명할 수도 있다. 조정위원회 또는 단독조정인은 기일을 정하여 관계 당사자 쌍방을 출석하게 하여 주장의 요점을 확인하여야 하며, 조정안을 작성하여 이를 관계 당사자에게 제시하고 그 수락을 권고한다. 그러나 조정은 법적 구속력이 없는 것이기 때문에 노동관계 당사자는 조정안이 부적당하다고 생각되면 얼마든지 거절할 수 있다.

> **TIP+**
>
> 일반 사업장의 경우 노조는 조정(調停)을 통해 노사가 합의안을 도출해내든 그렇지 않든 일단 조정절차를 밟으면 곧바로 쟁의행위에 돌입할 수 있다.
> 필수공익사업장은 중앙노동위원회에서 중재(직권중재)조치를 내릴 수 있도록 하고 있다.

(2) 중재(arbitration)

중재란, 조정과 달리 노사의 당사자를 구속하는 법률상 효력이 있는 처분(강제성)으로서 노동쟁의 조정절차의 한 유형이다. 확정된 중재재정의 내용은 단체협약과 동일한 효력을 갖고, 중재는 당사자의 의사에 관계없이 구속력을 가지며, 중재가 개시되면 노사당사자는 15일 간 쟁의행위를 할 수 없다.

중재위원회의 중재가 결정되면 효력발생 기일을 명시하여 서면으로 작성하게 되며 이를 '중재재정'이라고 한다. 중재재정의 내용은 단체협약과 동일한 효력을 가지며 노사 쌍방은 이에 따라야 한다. 중재재정에 대해 재심신청을 하거나 행정소송을 할 수는 있지만, 이때의 재심이나 행정소송은 중재재정이 법에 어긋나거나 월권에 의한 것일 경우와 중재안이 어느 한 쪽에 편파적이거나 도저히 수용할 수 없을 때는 행정소송을 제기할 수 있다.

(3) 긴급조정(emergency adjustment)

긴급조정이란, 노동쟁의행위가 공익사업장에서 행해지거나, 일반사업장에서 일어나는 쟁의행위라 하더라도 그 규모와 성질이 중대한 것이어서 국가경제를 해치고 국민의 일상생활을 위태롭게 할 위험이 있을 때, 고용노동부장관의 결정에 따라 중앙노동위원회가 행하는 강제쟁의조정과 중앙노동위원회와 관계당사자에게 고용노동부장관이 긴급조정 결정을 통고하면 중앙노동위원회는 즉시 조정을 개시해야 하는 것이다. 또한 관계당사자는 즉시 쟁의행위를 중지해야 하며 공표일로부터 30일 이내에는 쟁의행위를 할 수 없다.

4. 노동쟁의와 냉각기간

(1) 쟁의 신고

행정관청과 노동위원회에 신고하고, 노동위원회의 적법한 판결을 받아야 한다.

(2) 냉각기간

냉각기간(Cooling Off Period)이란, 조정기간이라고도 하며, 일정 기간을 경과하지 않으면 쟁의행위를 할 수 없는 것을 말한다. 냉각기간은 당사자 간 평화적인 분쟁해결을 유도하기 위한 것이다. 즉, 냉각기간을 둔 것은 노사 쌍방의 격한 감정의 냉각, 사회 여론에 의한 공정한 판단, 자주적 해결기회의 부여 등을 위해서이다.

일반사업은 10일, (필수)공익사업은 15일을 경과하지 아니하면 노동쟁의행위를 할 수 없다.

(3) 쟁의행위 결의

조합원의 무기명투표에 의한 과반수 찬성으로 결정한다.

(4) 사용자 채용 제한

쟁의기간 중에는 쟁의와 관계없이 근로자 채용, 제3자의 대신 직무 등을 할 수 없다.

4 경영참가제도

1. 경영참가 개념

경영참가(worker participation in management)제도란, 근로자 또는 노동조합이 경영자와 공동으로 기업의 경영관리기능을 담당하고 수행하는 것에 참여하는 것이다. 즉, 노동조합 또는 근로자가 의사결정의 권한과 책임을 가진다. 이 제도를 실시함으로써 노사 간의 협력이 증대되고 생산성이 향상되며, 사회정의를 구현할 수 있다.

[그림 4-2] 경영참가제도 모형

2. 경영참가 유형

<표 4-6> 경영참가 유형

명칭	종류
자본참가제도	종업원지주제도(우리사주제도)
성과배분참가제도	이윤분배제도, 이득분배제도
경영참가제도	의사결정참가(노사협의제, 노사공동결정제)

(1) 노사협의제(Joint Consultation; 경영협의회; 노사위원회)

① 단체교섭의 대상이 되는 근로조건 이외의 문제(작업능률, 생산성 등)에 대하여 협의하는 노사쌍방의 대표자로 구성된 합동기구이다.

② 노사협의회의 근로자 측 대표는 노조에 속한 조합원뿐 아니라 비조합원도 포함한 모든 종업원이 가능하다.

③ 단체교섭의 주요 대상이 되는 임금을 비롯한 근로조건에 관해서는 노사 간의 이해관계가 대립되는 경우가 대부분이나 노사협의의 대상이 되는 문제들(작업계획 및 방법, 생산성향상, 기술개선, 경영합리화 방안 등)은 노사 간의 이익이 공통되는 것으로, 기업의 번영뿐 아니라 종업원의 생활 향상의 근원이 된다고 할 수 있다.

④ 단체교섭의 배경에는 쟁의권이 있지만, 노사협의는 평화적 처리를 전제하므로 쟁의권이 없다.

<표 4-7> 노사협의회와 단체교섭 비교

구분	노사협의회	단체교섭
목적	노사공동의 이익증진과 산업평화의 도모	근로조건의 유지개선
배경	노동조합의 성립 여부와 관계없이 쟁의행위라는 위협의 배경 없이 진행	노동조합의 존립을 전제로 하고 자력구제로서의 쟁의를 배경으로 함
당사자	근로자의 대표자 및 사용자	노동조합의 대표자와 사용자
대상	기업의 경영이나 생산성 향상 등과 같이 노사 간 이해가 공통	임금, 근로시간, 기타 근로조건 등 이해가 대립
결과	법적 구속력이 있는 계약체결이 이루어지지 않음	단체교섭이 원만히 이루어진 경우, 단체협약 체결

3. 경영참가제도 문제점

(1) 경영권 침해의 문제

권한과 의무의 배분 문제

(2) 조합 약체화의 문제

경영참가를 단체교섭과 어떻게 양립시킬 것인가 하는 문제

(3) 근로자의 경영참가 능력의 문제 및 근로자 대표의 교육·훈련비용의 문제

(4) 노동귀족 형성의 문제

경영에 참가하는 근로자 대표가 조합원의식과 근로자의 권익 보호 자세를 계속 유지할 수 있는가의 여부 문제

TIP+ **종업원 지주제도 유형**

1. 주식매입형

주식매입형은 종업원이 주식을 인수할 때 주식매입자금의 전액을 종업원이 부담하고 기업은 간접적인 지원만을 하는 형태이다. 즉, 기업이 주식매입자금을 종업원의 봉급에서 분할공제하거나, 매입자금의 납기일에 특혜를 주거나, 종업원에게는 주식액면가를 할인해 주거나, 주식인수의 비용을 기업이 납부해 주는 등 간접적인 지원을 제공하는 것이다.

주식매입형은 내용이 간단하고 운영비용이 저렴하며 주식매출대금의 회수가 정확하다는 장점이 있으나, 주식매출액을 일시에 자본화하여 이용할 수 없다는 단점도 있다.

2. 저축장려형

저축장려형은 종업원이 자사의 주식을 획득할 때 주식매입자금으로 매월 봉급에서 일정액을 적립하게 하여 그 적립금에 비례하여 기업이 장려금으로 교부하는 형태이다.

저축장려형은 종업원이 공동투자를 한다는 이점과 종업원의 생활안정을 기업이 보장하며 종업원의 충성심을 고조하여 이직을 방지할 수 있다는 이점이 있으나, 기업이 부담하는 비용이 크다는 단점이 있다.

3. 이익분배형

이익분배형은 1842년 프랑스의 르 끌레르(Le Claire)에 의해서 채택된 것으로 이를 이익참가형이라고도 한다. 이는 기업 이익의 일부를 주식의 형태로 종업원에게 배분하는 형태이다. 즉, 저축장려형에서는 기업이 주식매입금의 일부만을 부담하고 있으나, 이익분배형에서는 기업이 주식매입금의 전액을 부담한다. 결국 이익분배형은 종업원이 무상으로 주식을 인수하고 이익분배에 참여하는 형태이다.

01 내부노동시장에서 지원자를 모집하는 내부모집에 대한 설명으로 옳지 않은 것은?

① 외부모집에 비해 비용이 적게 든다.
② 구성원의 사회화 기간을 단축시킬 수 있다.
③ 외부모집에 비해 지원자를 정확하게 평가할 가능성이 높다.
④ 빠르게 변화하는 환경에 적응하는 데 외부모집보다 효과적이다.

해설 ————————————————————————————— 답 ④

빠르게 변화하는 환경 적응에 효과적인 것은 외부모집(새로운 외부인재영입)이다.

02 맥그리거(D. McGregor)의 XY이론 중 Y이론에 대한 설명으로 옳은 것만을 모두 고른 것은?

> ㄱ. 동기부여는 생리적 욕구나 안전욕구의 단계에서만 가능하다.
> ㄴ. 작업 조건이 잘 갖추어지면 일은 놀이와 같이 자연스러운 것이다.
> ㄷ. 대부분의 사람들은 엄격하게 통제되어야 하고 조직 목표를 달성하기 위해서는 강제되어야 한다.
> ㄹ. 사람은 적절하게 동기부여가 되면 자율적이고 창의적으로 업무를 수행한다.

① ㄱ, ㄴ   ② ㄱ, ㄷ
③ ㄴ, ㄷ   ④ ㄴ, ㄹ
⑤ ㄷ, ㄹ

해설 ————————————————————————————— 답 ④

맥그리거(D. McGregor)의 XY이론 중 Y이론에 대한 설명으로 옳은 것은 ㄴ, ㄹ이다.

ㄱ, ㄷ. 맥그리거(D. McGregor)의 XY이론 중 X이론에 대한 설명이다. Y이론의 가정은 인간은 본성적으로 선하고, 일을 하고 싶어 하고 창의력을 갖고 있으며, 목표에 대한 헌신은 목표달성 시 보상의 크기에 비례하고, 정신적·육체적 노력은 휴식과 같이 자연스러운 것이다 등이다.

03 면접에 대한 설명으로 옳지 않은 것은?

① 스트레스면접은 피면접자의 스트레스하에서 감정의 조정능력 및 인내심의 정도를 관찰·평가하는 것이다.

② 한 명의 면접자가 다수의 피면접자를 평가하는 방법을 패널면접이라고 한다.

③ 정형적 면접은 면접자가 주도하는 면접의 형태이고, 직무명세서를 기초로 미리 질문내용을 준비하여 실시하는 방법이다.

④ 비지시적 면접은 피면접자에게 최대한 의사표시의 자유를 주는 방법으로, 면접자의 훈련과 고도의 질문기술이 요구된다.

> **해설** ────────────────────────────── 답②
>
> 패널면접은 다수의 면접자가 한 명의 피면접자를 평가하는 방법이다.

04 OJT에 대한 설명으로 옳지 않은 것은?

① 상사와 동료 간에 이해와 협동력이 강화된다.

② 통일된 내용의 훈련이 곤란하고 직무와 훈련이 모두 철저하지 못할 가능성이 있다.

③ 많은 종업원에게 동시에 통일된 훈련을 실시할 수 있다.

④ 종업원 개인의 능력과 수준에 따른 교육훈련이 가능하다.

> **해설** ────────────────────────────── 답③
>
> OJT(on the job training; 직장 내 훈련)는 직무를 수행하는 과정에서 직속상사가 부하직원에게 직접적인 지도 및 교육훈련을 시키는 것으로, 라인 담당자 중심이다.

05 인사적체가 심하여 구성원 사기저하가 발생할 때 명칭만의 형식적 승진이 이루어지는 제도로 옳은 것은?

① 역직승진　　　　　　　　　② 자격승진

③ 조직변화승진　　　　　　　④ 대용승진

> **해설** ────────────────────────────── 답④
>
> 임금, 직급 등의 실질적인 승진 없이 명칭만 달리 하는 형식적인 승진은 대용승진이다.

06 직무분석에 대한 설명으로 옳은 것은?

① 직무의 내용을 체계적으로 정리하여 직무명세서를 작성한다.
② 직무수행자에게 요구되는 자격요건을 정리하여 직무기술서를 작성한다.
③ 직무분석과 인력확보를 연계하는 것은 타당하지 않다.
④ 직무분석은 작업장의 안전사고 예방에 도움이 된다.
⑤ 직무분석은 직무평가를 토대로 실시한다.

해설 ⸺⸺⸺⸺⸺⸺⸺⸺⸺⸺⸺⸺⸺⸺⸺⸺⸺⸺⸺⸺⸺⸺⸺⸺⸺⸺ 답 ④

① 직무의 내용을 체계적으로 정리한 것은 직무기술서이다.
② 직무수행자에게 요구되는 자격요건을 정리하여 작성한 것은 직무명세서이다.
③ 직무분석과 인력확보는 연계된다.
⑤ 직무평가가 직무분석을 토대로 실시된다.

07 직무충실화(job enrichment)에 대한 설명으로 옳지 않은 것은?

① 작업자가 수행하는 직무에 자율권과 책임을 부과하는 것이다.
② 허쯔버그의 2요인 이론에 근거하고 있다.
③ 여러 직무를 여러 작업자들이 순환하여 수행하는 방식이다.
④ 성장욕구가 낮은 작업자에게는 부담스러울 수 있다.

해설 ⸺⸺⸺⸺⸺⸺⸺⸺⸺⸺⸺⸺⸺⸺⸺⸺⸺⸺⸺⸺⸺⸺⸺⸺⸺⸺ 답 ③

여러 직무를 여러 작업자들이 순환하여 수행하는 방식은 직무순환에 대한 설명이다.

08 고과자가 피고과자를 평가할 때 다른 피고과자나 고과자 자신과 비교하여 평가함으로써 나타나는 오류로 옳은 것은?

① 대비효과　　　　　　　　　　　② 시간오류
③ 투사효과　　　　　　　　　　　④ 후광효과

해설 ⸺⸺⸺⸺⸺⸺⸺⸺⸺⸺⸺⸺⸺⸺⸺⸺⸺⸺⸺⸺⸺⸺⸺⸺⸺⸺ 답 ①

대비효과는 고과자가 피고과자를 평가할 때 다른 피고과자나 고과자 자신과 비교하여 평가함으로써 나타나는 오류이다.

09 직무수행에 요구되는 지식, 기능, 행동, 능력 등을 기술한 문서로 옳은 것은?

① 고용계약서　　　　　　　　　　② 역량평가서
③ 직무명세서　　　　　　　　　　④ 직무기술서

> **해설**　　　　　　　　　　　　　　　　　　　　　　　　　　　　답③
>
> 직무명세서는 직무수행에 필요한 구성원의 인적 요건(지식, 기능, 행동, 능력 등)을 기술한 문서이다.

10 직무급에 대한 설명으로 옳지 않은 것은?

① 직무의 상대적 가치에 따라 개별 임금이 결정된다.
② 능력주의 인사풍토 조성에 유리하다.
③ 인건비의 효율성이 증대되고, 동일노동·동일임금 실현이 가능해진다.
④ 시행 절차가 간단하고 적용이 용이하다.

> **해설**　　　　　　　　　　　　　　　　　　　　　　　　　　　　답④
>
> 직무급은 직무의 상대적 가치에 의해 임금을 산정하는 것으로, 평가요소의 선정과 가중치 등의 평가의 어려움이 있다.

11 타인에 대한 평가에 평가자 자신이 감정이나 특성을 귀속 또는 전가시키는 데에서 발생하는 오류로 옳은 것은?

① 후광효과　　　　　　　　　　　② 상동적 태도
③ 주관의 객관화　　　　　　　　　④ 선택적 지각

> **해설**　　　　　　　　　　　　　　　　　　　　　　　　　　　　답③
>
> 주관의 객관화는 투사의 오류라고도 하며, 평가자 자신이 감정이나 특성을 귀속 또는 전가시키는 데에서 발생하는 오류이다.

12 직무설계에 대한 설명으로 옳지 않은 것은?

① 자율적 작업팀은 직무충실화를 집단수준에 적용한 직무설계방법이다.
② 통합적 작업팀은 직무확대를 집단수준에 적용한 직무설계방법이다.
③ 직무충실화는 직무가 동기요인보다는 위생요인을 충족시키도록 재구성되어야 한다는 이론이다.
④ 직무순환은 직무확대의 한 종류로 전문경영자 육성프로그램으로도 이용된다.
⑤ 직무확대는 직무의 범위를 확대하여 직무수행의 단조로움을 제거하는 방법이다.

해설 ⎯⎯⎯⎯⎯⎯⎯⎯⎯⎯⎯⎯⎯⎯⎯⎯⎯⎯⎯⎯⎯⎯⎯⎯⎯⎯⎯⎯⎯⎯⎯⎯⎯⎯⎯ 답 ③

직무충실화는 직무가 위생요인보다 동기요인을 중시하고 그 영향을 받으며, 이것을 충족시키도록 재구성되어야 한다는 이론이다.

13 평가센터법(assessment center)에 대한 설명으로 옳지 않은 것은?

① 평가에 대한 신뢰성이 양호하다.
② 교육훈련에 대한 타당성이 높고 승진에 대한 의사결정에 유용하다.
③ 다른 평가기법에 비해 상대적으로 비용과 시간이 적게 소요된다.
④ 평가센터에 초대받지 못한 종업원의 심리적 저항이 예상된다.

해설 ⎯⎯⎯⎯⎯⎯⎯⎯⎯⎯⎯⎯⎯⎯⎯⎯⎯⎯⎯⎯⎯⎯⎯⎯⎯⎯⎯⎯⎯⎯⎯⎯⎯⎯⎯ 답 ③

평가센터법은 인사(인적)평정센터법을 말하며, 최고경영층으로 승진시키기 위해 전문가들에 의해 다양한 자료를 활용하는 방법으로 많은 비용과 시간이 소요된다.

14 인사고과의 과정에서 발생하는 오류에 대한 설명으로 옳지 않은 것은?

① 현혹효과는 특정 개인의 한 부분에서 형성된 인상으로 다른 여러 개의 특성을 전반적으로 후하게 평가하는 오류를 말한다.
② 상동적 태도는 타인이 속한 사회적 집단을 근거로 평가를 내리는 오류를 말한다.
③ 선택적 자각은 평가의 결과가 중간으로 몰리는 경향을 말한다.
④ 대비효과는 피고과자의 특성을 고과자 자신의 특성과 비교하는 오류를 말한다.

해설 ⎯⎯⎯⎯⎯⎯⎯⎯⎯⎯⎯⎯⎯⎯⎯⎯⎯⎯⎯⎯⎯⎯⎯⎯⎯⎯⎯⎯⎯⎯⎯⎯⎯⎯⎯ 답 ③

평가의 결과가 중간으로 몰리는 경향은 중심화 경향에 대한 설명이다.

15 다음 <보기>에서 설명하는 인사평가기법으로 옳은 것은?

<보기>
평가자가 피평가자의 일상 작업생활에 대한 관찰 등을 통해 특별히 효과적이거나 비효과적인 행동, 업적 등을 기록하고 이를 평가시점에 정리하여 평가하는 기법이다.

① 서열법
② 평정척도법
③ 체크리스트법
④ 중요사건서술법

해설   답 ④

<보기>는 중요사건서술법에 대한 설명이다.

16 스캔론 플랜(Scanlon Plan)에 대한 설명으로 옳지 않은 것은?

① 기업이 창출한 부가가치를 기준으로 성과급을 산정한다.
② 집단성과급제도이다.
③ 생산제품의 판매가치와 인건비의 관계에서 배분액을 결정한다.
④ 실제 인건비가 표준 인건비보다 적을 때 그 차액을 보너스로 배분한다.
⑤ 산출된 보너스액 중 일정액을 적립한 후 종업원과 회사분으로 배분한다.

해설   답 ①

기업이 창출한 부가가치를 기준으로 성과급을 산정하는 것은, 노무비를 부가가치로 나눈 표준생산성비율을 기준으로 초과하는 부가가치 생산액을 50:50으로 배분하는 럭커플랜에 대한 설명이다.

17 임금의 체계에 대한 설명으로 옳지 않은 것은?

① 연봉제에서는 임금을 결정하기 위해 종업원의 직무, 직능, 업적, 연공 등의 다양한 기준을 복합적으로 도입할 수 있다.
② 직무급을 적용할 때는 차별적 임금격차에 대한 공정성을 확보해야 한다.
③ 직능급은 종업원이 맡은 직무의 중요성과 난이도에 따라 임금을 결정하는 방식이다.
④ 연공급은 유연한 조직변화가 필요한 조직에서는 불합리적인 임금제도로서 다른 제도와 병행이 필요하다.

해설   답 ③

직능급은 직무를 수행하는 능력에 따라 지급하는 것이다. 직무의 중요성과 난이도는 직무의 상대적인 가치에 따른 평가로서 직무급(동일직무 동일임금)에 해당된다.

18 카페테리아 복리후생에 대한 설명으로 옳지 않은 것은?

① 선택적 지출계좌형은 종업원의 주어진 복리예산의 범위 안에서 복리후생 항목을 선택하게 하는 제도이다.

② 모듈형은 직무평가에 사용되는 방법 중 하나이다.

③ 선택항목추가형은 필수적인 복리후생 항목은 일괄지급하고 나머지 항목은 종업원이 스스로 선택하도록 하는 제도이다.

④ 카페테리아식 복리후생은 다양한 복리후생 항목을 제공하고 종업원이 스스로 원하는 것을 선택하게 하는 것이다.

> **해설** ⋯⋯⋯⋯⋯⋯⋯⋯⋯⋯⋯⋯⋯⋯⋯⋯⋯⋯⋯⋯⋯⋯⋯⋯⋯⋯⋯⋯⋯⋯⋯ 답 ②
>
> 모듈형이란, 여러 개의 복리후생 항목을 묶어서 세트로 종업원에게 제시하는 방법이다.

19 실무에 종사하고 있는 직원들에게 시험문제를 풀게 하여 측정한 결과와 그들이 현재 수행하고 있는 직무와의 상관관계를 나타내는 타당도는?

① 현재타당도(concurrent validity)

② 예측타당도(predictive validity)

③ 구성타당도(construct validity)

④ 내용타당도(content validity)

⑤ 외적타당도(eaternal validity)

> **해설** ⋯⋯⋯⋯⋯⋯⋯⋯⋯⋯⋯⋯⋯⋯⋯⋯⋯⋯⋯⋯⋯⋯⋯⋯⋯⋯⋯⋯⋯⋯⋯ 답 ①
>
> 현재타당도(concurrent validity)는 실무에 종사하고 있는 직원(현직 직원)들에게 시험문제를 풀게 하여 측정한 결과(시험성적)와 그들이 현재 수행하고 있는 직무와의 상관관계(타당성)를 나타내는 것(평가)이다.

20 임금수준 결정의 기업 내적 요소에 해당하는 것은?

① 생계비   ② 시장임금과 물가상승률

③ 기업의 지불능력   ④ 경쟁기업의 임금

> **해설** ⋯⋯⋯⋯⋯⋯⋯⋯⋯⋯⋯⋯⋯⋯⋯⋯⋯⋯⋯⋯⋯⋯⋯⋯⋯⋯⋯⋯⋯⋯⋯ 답 ③
>
> 내적 기준요소에는 지불능력, 규모, 전략, 노조 등이 있다.

21 파업을 효과적으로 수행하기 위하여 파업 비참가자들에게 사업장에 들어가지 말 것을 독촉하고 파업참여에 협력할 것을 요구하는 행위로 옳은 것은?

① 태업
② 보이콧
③ 피케팅
④ 직장폐쇄
⑤ 준법투쟁

해설   답③

파업을 효과적으로 수행하고 자신들의 행위를 정당화하며 파업 비참가자들에게 사업장에 들어가지 말 것을 독촉하고 파업참여에 협력할 것을 요구하는 행위는 피케팅이다.

22 전국에 걸친 산업별 노조 또는 하부단위 노조로부터 교섭권을 위임받은 연합체노조와 이에 대응하는 산업별 혹은 사용자 단체 간의 단체교섭으로 옳은 것은?

① 기업별 교섭
② 집단교섭
③ 통일교섭
④ 대각선교섭

해설   답③

산업별·직종별 노조에 대응하는 산업별·직종별 노조 간의 단체교섭은 통일교섭이다.

23 노동조합의 조직형태에 대한 설명으로 옳지 않은 것은?

① 직종별 노동조합은 동종 근로자 집단으로 조직되어 단결이 강화되고 단체교섭과 임금협상이 용이하다.
② 일반노동조합은 숙련근로자들의 최저 생활조건을 확보하기 위한 조직으로 초기에 발달한 형태이다.
③ 기업별 노동조합은 조합원들이 동일기업에 종사하고 있으므로 근로조건을 획일적으로 적용하기가 용이하다.
④ 산업별 노동조합은 기업과 직종을 초월한 거대한 조직으로서 정책활동 등에 의해 압력단체로서의 지위를 가진다.

해설   답②

일반노동조합은 숙련근로자가 아니라 모든 근로자가 가입 가능하다. 초기에 발달한 노조형태는 직종별 노조이다.

24 노사협의회에 대한 설명으로 옳은 것은?

① 노사협의회는 근로자 대표와 사용자 대표로 구성되는데, 근로자 대표는 조합원이든 비조합원이든 구분 없이 전 종업원이 선출한다.

② 노사협의회는 경영참가제도의 일종으로 근로자의 지위향상 및 근로조건의 개선·유지를 주요 목적으로 한다.

③ 노사협의가 결렬될 경우, 쟁의권에 의하여 쟁위행위가 수반된다.

④ 노사협의회의 주요 협의대상이 되는 임금, 근로시간, 기타 근로조건 관련 사항에 대해서는 노사 간의 이해가 대립된다.

해설 ────────────────────────────────── 답 ①

② 단체교섭의 대상에 대한 설명이다.

③ 노사협의회는 쟁의권이 없다.

④ 주요 협의대상의 문제들은 노사 공통의 이익이므로 이해대립이 거의 없다.

25 부당노동행위에 해당하지 않는 것은?

① 개별 근로자에 대한 불이익 대우

② 개별 근로자에 대한 황견계약

③ 직장폐쇄

④ 노조와의 단체교섭의 거부

해설 ────────────────────────────────── 답 ③

③ 직장폐쇄는 사업자 측의 노동쟁의행위의 하나이다.

①, ②, ④ 외에 부당노동행위에는 노조에 대한 지배·가입 및 자금원조가 있다.

PART 4

조직행동론

01 조직행동론 개념

1 조직행동론 개념

조직행동론(OB; organizational behavior)은 조직행위론이라고도 하며, 조직 내(內) 인간의 행동을 연구하는 학문(1950년대 행동과학의 개념이 도입되면서 경영학이 한 차원 높은 단계로 발전)이다. 이러한 조직행동론은 인간의 행동·원인·태도를 설명·이해하고 미래를 예측·통제하여 조직에 미치는 영향을 연구하는 학문이다.

즉, 개인목표와 조직목표를 동시에 달성하기 위해 조직구성원과 조직의 공존을 전제로 하여 조직에서의 개인·집단·조직적 차원에서 행동을 체계적으로 연구하는 것이다.

[그림 1-1] 조직행동론 분석수준

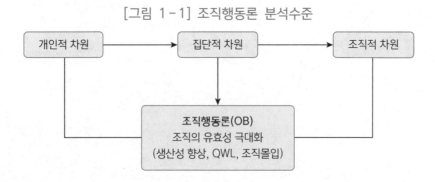

2 조직행동론 분류

조직행동론은 크게 미시적(개인적 차원, 집단적 차원) 조직행동론과 거시적(조직적 차원) 조직행동론으로 구분한다. 각각을 구체적으로 살펴보면 다음과 같다.

1. 미시적 조직행동론(행동과학에 기초)

미시적 조직행동론은 개인(individual)적 차원과 집단(group)적 차원의 문제를 다루는 것이다.

개인적 차원	• 조직 내의 개인을 대상으로 연구·분석 • 개인의 행위에 영향을 미치는 요인 예 학습(learning), 지각(perception), 동기부여(motivation), 태도(attitude), 창의성, 성격(personality), 가치관(value), 스트레스관리 등
집단적 차원	• 집단을 대상으로 연구·분석 • 집단행위의 이해 및 체계에 영향을 미치는 요인 예 의사소통(communication), 집단의사결정(group decision), 리더십(leadership), 권력(power), 갈등(conflict) 등

2. 거시적 조직행동론(상황이론 중심)

거시적 조직행동론은 조직(organization)적 차원의 문제를 다루는 것이다.

조직적 차원	조직 전체를 하나의 유기체적 단위로 전제 예 조직의 특성, 조직문화, 조직설계, 조직개발, 조직변화, 조직의 유효성 등

TIP+

1. **집단**
   서로 지속적인 상호작용을 하는 행위들의 모임(목표와 일관성을 가짐)이다.

2. **조직**
   집단보다 전문화되고 분업화된 짜임새와 틀(flame)을 가지며, 목표달성을 위해 일정 지위를 가진 사람들의 유기적인 결합체이다.

3. **조직의 유효성**
   직무만족, 조직몰입, 조직시민행동, 생산성 등을 통해 측정이 가능하다.

3 조직행동론 발전단계

조직행동론은 행동과학에 기초를 두고 사회과학의 영향을 받았으며, 개인과 집단 그리고 조직 전체를 연구하는 학문이다. 엄격한 과학적 방법론의 채택으로 실증연구에 바탕을 두고, 인간에 대한 긍정적인 견해와 조직유효성 및 효율성을 향상시키는 성과지향적인 측면에서 연구와 분석이 이루어지고 있다.

조직행동론 발전단계는 경영관리중심 조직행동론, 인간행동중심 조직행동론, 상황중심 조직행동론의 순이다.

[그림 1-2] 조직행동론 발전단계

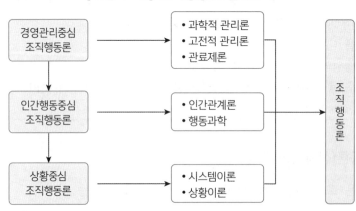

1. 경영관리중심 조직행동론

(1) 과학적 관리론

과학적 관리론(scientific management theory)이란, 19세기 후반과 20세기 초반에 미국의 테일러(Taylor)가 기초를 이룩한 경영학에 관한 최초의 과학적 이론이다. 과학적 방법(과업관리, 차별적 성과급제, 경제인 가설, 전문화의 원리 등)으로 생산 효율성을 극대화하고 작업방법을 향상하여 경영자나 노동자 양측 모두에게 이익이 된다는 이론(능률 중시, 비용의 논리, 경제적 인간관, 하향식 명령, 기계인 등)이다.

(2) 고전적 관리(관리과정)론

페욜(H. Fayol)은 관리일반이론의 최초 제창자로서 관리이론(관리과정 5요소, 관리의 14개 기본원칙 등)의 시조라고 불린다. 특징은 명령일원화 원칙, 권한위양의 원칙, 통솔의 범위 원칙, 경제인, 직능별분화 등이다. 이후 버나드(Barnard)의 근대조직론의 토대가 되었다. 현대 경영이론의 관점에서 타당성이 검증되어 주목받고 있다.

(3) 관료제론

관료제(bureaucracy)란, 규칙이나 절차 등을 미리 정해놓고 현장 실무구성원에게 이에 따라 행동해야 한다는 이론으로, 시·공간을 초월하여 가장 합리적인 조직이라고 주장하였다. 합법적인 직무수행 및 배정, 계층관리, 규칙과 문서에 의한 경영관리 등이다.

2. 인간행동중심 조직행동론

(1) 인간관계론(human relation theory; 신고전적 조직이론)

메이오와 뢰슬리스버거(Mayo & Roethlisberger; 1924~1932; 호손실험) 등의 연구팀에 의해 성립된 것으로, 과학적 관리론의 한계점(인간문제에 대한 인식이 부족)이 나타나면서 새로운 경영론(인간을 중시)이 대두되었다. 감정 중시, 사회인(남들과 어울림), 심리적 요인(인정감, 귀속감, 비공식집단) 중시 등이 특징이다.

(2) 행동과학

제2차 세계대전 이후 1950년대에는 새로운 사조인 행동과학이 태동했으며, 행동과학(behavioral science)이란, 인간의 모든 행위를 종합·과학적인 측면으로 연구하여 인간의 행위를 규명하려는 이론이다.

<표 1-1> 조직행동론과 행동과학 차이

구분	조직행동론	행동과학
범위	조직 환경에 한정	인간의 모든 행동
관심	성과지향적인 행위	단순히 인간의 행위

3. 상황중심 조직행동론

(1) 시스템이론

시스템이론(system theory)이란, 조직을 하나의 전체 시스템으로 보고 분석 가능한 여러 개의 하위 시스템(sub-system)으로 구성된다는 이론으로, 시스템의 정의는 전체를 이루는 상호 관련된 부분의 집합, 목표를 달성하기 위해 유기적으로 결합한 각 요소의 집합 등이다. 즉, 내부의 조직구조들의 상호조화와 외부환경과의 적합에 의해 조직의 효율성이 달라진다고 보는 것이다.

시스템이론의 속성은 전체성, 목적지향성, 상호관련성, 상호의존성, 기능성, 환경적응성(개방성) 등이다.

(2) 상황이론

상황이론(contingency theory)이란, 테일러의 과학적 관리론, 베버의 관료제론, 메이오의 인간관계론 등에 대한 비판으로 1960년대 이후에 등장하였다.

조직의 설계나 조직의 구조는 조직이 둘러싸고 있는 상황조건(환경요소)에 따라 달라야 한다는 이론이다.

TIP+ 카오스이론(chaos theory)

카오스이론이란, 예측 불가능한 혼돈 속에서 질서·규칙을 찾아내거나 간단한 규칙으로부터 대혼돈의 상태로 변화하는 과정을 설명하고 그 원인을 규명하는 것을 말한다. 즉, 혼돈(불규칙성) 속에서도 질서·규칙은 존재하고 이 법칙(질서·규칙)을 찾아내는 것을 의미한다.

✓ 핵심체크

합리성을 강조한 이론	인간성을 강조한 이론	상황을 강조한 이론
• 과학적 관리법 • 일반관리론 • 관료제론	인간관계론	• 시스템이론 • 상황이론

CHAPTER 02 개인적 차원

1 학습

학습(learning)이란, 후천적으로 연습이나 경험을 통한 행동의 항구(영구)적인 변화를 의미한다. 학습은 어떤 형태이든지 반드시 지속적·반복적인 연습과 경험이 필요하다. 그러므로 본능적·단기적·일시적인 변화는 학습에 포함되지 않는다.

직접적 학습	관찰이나 실습
간접적 학습	독서

변화는 좋은 행동과 좋지 않은 행동(편견과 왜곡)으로 학습

1. 행동적 학습이론

왓슨(J. B. Watson)의 주장으로, 행동주의적 학습이론은 행위를 자극(stimulus)과 반응(response)의 관계로 보고 인간의 행위는 외부환경이나 자극에 의해 기계적으로 결정된다는 것이다.

예 고전적 조건형성(반사적 행위유발, 연습의 법칙)과 조작적 조건형성(자발적 행위유발, 효과의 법칙)

(1) 고전적 학습이론(classical conditioning)

파블로프(I. Pavlov)가 처음 발표한 이론으로, 행위는 반사적으로서 주위 환경에서 일어난 특별한 자극에 따라 나타나는 인간의 모든 반응이다.

환경에 있어서 특정한 자극으로 인해 나타나는 수동적 반응(기계적 반사)·반사적 행동·반응적 행동을 고전적 조건화라고 한다. 인간의 의지보다는 본능적으로 자연스럽게 발생한다.

> **TIP+ 고전적 조건화**
>
> 개(dog)를 이용하여 고기(무조건 자극)를 줄 때 반사적으로 침(무조건 반응)을 흘리게 된다[S(자극) → R (행동)]. 지속적으로 고기를 줄 때마다 종소리(조건자극)를 울리는 것을 반복하게 되면 후에는 종소리만 울려도 개가 침을 흘리게 된다는 것이다.

(2) 조작적 학습이론(operant conditioning)

스키너(B. F. Skinner)에 의해 제시된 이론으로, 작동적 조건화 또는 도구적 조건화라고도 한다. 개인이 외부물질(자극)에 대해 직·간접적으로 작용시키는 것을 말한다. 즉, 특정한 행동에 대해서 긍정(부정)적인 결과를 제공되는 환경을 조성함으로써 행동의 빈도를 증가(감소)시킬 수 있다고 주장하였다.

사람들이 바람직한 행동을 하는 즉시 바로 적절한 보상이 주어질 때 그 행동을 반복하고, 보상되지 않거나 벌이 가해지면 그 행동을 반복하지 않는다고 주장하였다. 이러한 행동은 능동적·자발적으로 일어난다[R(행동) → S(보상)].

조작적 학습이론은 효과의 법칙과 강화의 법칙에 이론적 기반을 두고 있다.

① 효과의 법칙(the law of effect)

손다이크(E. L. Thorndike)의 효과의 법칙이란, 긍정적인 결과가 따르는 행동은 반복되고, 부정적인 결과가 따르는 행동은 반복되지 않는다는 것이다.

② 강화의 법칙(the law of reinforcement)

강화란, 바람직한 행동을 지속시키고, 그렇지 않은 행동은 하지 않도록 하는 강화요인이라는 매개체가 필요하며, 이러한 행동을 유도해 내는 강화작용이 학습과정에는 중요한 역할을 한다.

2. 인지적 학습이론(cognitive learning)

인지적 학습이론이란, 자극과 반응(행위; 행동) 사이에 중개역할을 하는 과정인 '인지'를 고려해야 한다는 것으로 톨먼(E. C. Tolman)에 의해 제기된 이론이다.

인간의 내적 정신과정을 강조한 것으로 인지(cognition)란, 지각, 기억, 정보처리과정 등으로 행위자의 주관적 심리과정이나 요인도 고려해야 한다는 것이다.

인지적 학습이론은 인지학습, 관찰학습으로 구분할 수 있다.

(1) 인지학습

인지학습(cognitive learning)이란, 특정 지식을 분석하고 조직하고 상호 연관시키기 위하여 추론을 하는 것으로, 개인이 어떤 주제나 행동을 단순히 인지하여 그것에 유리한 보상이나 결과가 기대된다고 인지할 때 행동을 유발하는 것을 말한다.

(2) 관찰학습

관찰학습(observation learning)이란, 통찰학습이라고도 하며, 타인이나 외부의 행동을 관찰하고 그 행동의 결과를 평가함으로써 자신의 행동 여부를 결정하는 것을 말한다.

3. 강화이론

강화이론(reinforcement theory)이란, 미래에 특정한 반응이 일어날 확률을 증가 또는 감소시키는 것으로, 조건형성의 학습에서 자극(stimulus)과 반응(response)을 결부시키는 수단이다.

따라서 강화이론은 보상과 처벌을 적절히 사용함으로써, 종업원의 바람직한 행위를 증가시키거나 바람직하지 않는 행위를 감소시키는 것을 목적으로 한다.

TIP+

1. **강화**
   어떤 요인에 의한 자극(S)과 반응(R) 사이에서의 특정 관계가 강력해지는 것이다.

2. **1차 강화요인**
   음식물, 애정, 회유 등이 있다.

3. **2차 강화요인**
   칭찬, 급료인상, 승진 등이 있다.

---

(1) 강화이론 유형

<표 2-1> 강화이론 유형

구분		전략
강화이론	바람직한 행위	적극적 강화 예 봉급인상, 보너스지급, 칭찬 등
		소극적 강화 예 벌, 불편함 중지(도피학습, 회피학습) 등
	바람직하지 못한 행위	소거 예 봉급인상 철회, 보너스 철회 등
		벌 예 해고, 징계 등

① 적극적 강화(Positive reinforcement)

긍정적 강화라고도 하며, 바람직한 행위에 대해 새로운 보상을 한다.

② 소극적 강화(Negative reinforcement)

부정적 강화라고도 하며, 바람직한 행위에 대해 기존의 불편한 자극을 제거한다.

도피학습(escape learning)과 회피학습(avoidance learning)은 피실험자가 혐오자극으로부터 도피하는 것을 먼저 학습하고 난 다음에 그것을 회피하는 것을 학습하게 되는 부정적 강화의 한 형태이다.

☑ 핵심체크

1. **도피학습**
   이미 존재하는 혐오적 자극을 종식시킴으로써 강화가 일어나는 것이다(사후철회).

2. **회피학습**
   앞으로 일어날 것으로 기대되는 혐오적인 자극을 예방함으로써 강화가 일어나는 것이다(사전예방).

---

③ 소거(Extinction; 消去)

바람직하지 못한 행위에 대해 기존의 보상을 제거한다.

④ 벌(Punishment; 罰)

바람직하지 못한 행위에 대해 새로운 불편한 자극을 준다.

TIP+

1. '신상필벌'의 이론적 관점
- 상
  - 적극적 강화: 보상, 칭찬, 봉급, 행위 변화전략(외부적·내부적 보상)
  - 소극적 강화: 불편한 자극을 철회(괴로움 중지, 벌의 제거)
- 벌
  - 소거: 봉급인상의 철회
  - 벌: 해고, 질책(힐책)

2. 합성전략

4가지를 개별 사용하기도 하지만, 합성하여 사용할 때 더 효과적이다.
- 적극적인 강화와 소거: 유능한 경영자(효과적)
- 적극적인 강화와 벌(처벌): 흔히 사용(carrot and stick)

※ 행동주의 심리학에서는 강화를 조건형성을 일으키기 위한 필수적 요소로 보았다. 미래에 특정한 반응이 일어날 확률을 증가시키는 것을 강화라고 하는데, 유기체가 반응한 후에 유기체가 원하는 자극(먹이)을 제공하여 그 반응이 다시 일어날 확률을 증가시키는 것을 긍정적 강화(positive reinforcement)라 하고, 특정한 반응 후에 유기체가 원하지 않는 고통스러운 자극(전기충격)을 제거시켜 줌으로써 그 반응이 일어날 확률을 증가시키는 것을 부정적 강화(negative reinforcement)라고 한다.

---

(2) 강화일정계획 유형

강화의 효율성을 높이기 위해 강화의 발생요인을 일정에 따라 구체화한 것으로, 강화의 시기에 의해서 행동형성은 많은 영향을 받는다.

강화일정은 연속적인 강화(continuous reinforcement)와 단속적인 강화(intermittent reinforcement)로 구분한다.

연속적인 강화는 바람직한 행동이 나타날 때마다 강화요인을 제공하는 것이고, 단속적인 강화는 충분한 횟수를 보였을 때 강화요인을 제공하는 것이다.

TIP+

1. 연속강화일정계획(비효율적)
2. 단속강화일정계획 중 변동비율법(가장 효율적)

강화일정계획	연속강화일정(비효율적, 비현실적)		
	단속강화일정	간격법	고정간격법: 고정된 시간대, 급격히 소멸
			변동간격법: 비고정된 시간대, 완만히 소멸
		비율법	고정비율법: 일정량, 급격히 소멸
			변동비율법: 비일정량, 아주 완만히 소멸, 현실적으로 가장 효과적·이상적

① **고정간격법**

바람직한 행위가 발생하고 일정한 시간간격을 두고 강화수단이 제공된다.

　예 시간급, 주급, 월급 등

② **변동간격법**

바람직한 행위가 발생하고 유동적인 시간간격을 두고 강화수단이 제공된다.

　예 칭찬, 승급, 승진 등

③ **고정비율법**

일정한 양의 목표가 발생한 후에 강화수단이 제공된다.

　예 성과급(생산량에 비례), 판매실적(수수료) 등

④ **변동비율법**

목표달성 양이 고정되어 있지 않고 유동적으로 강화수단이 제공된다.

　예 차별적 성과급제 등

2 지각

1. 지각과정

지각(perception)이란, 감각기관(감각등록기)이 받아들인 정보를 1차적으로 처리하는 심리적인 과정을 말한다. 지각과정은 외부에서 들어오는 자극을 선택(select), 조직화(organization), 해석(interpret)하는 과정을 말하며, 사람들이 대상을 지각할 때 어떤 일정한 패턴이 있고 이러한 것을 통틀어 지각과정(perception process)이라고 한다. 즉, 환경으로부터 자극이 지각되어 행동이 실천되기까지는 선택 → 조직화 → 해석의 과정을 거치게 된다.

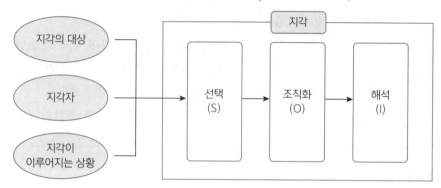
[그림 2-1] 지각과정(Perception Process)

(1) 선택(Select)

인간은 여러 가지 외부의 자극(정보) 중 일부만을 선택하여 지각하는데(선택적 지각), 이것은 지각자의 상태, 지각대상의 특성, 지각능력, 상황의 한계 등에 영향을 받는다. 선택의 특징은 내적(욕구, 동기, 성격, 학습 등)과 외적(강도, 크기, 동작, 반복 등)으로 구분할 수 있다.

(2) 조직화(Organization)

조직화란, 통합화라고도 하며, 외부의 여러 자극들을 서로 연결해 하나의 이미지(단위)로 종합하여 기억하는 것이다. 유사성·근접성을 띤 것을 한 데 묶어서 지각하는 범주화(categorizing)와 군집화(clustering)가 대표적이며, 전경(figure)·근접성·유사성의 원리 등이 있다.

범주화	사물이나 개념들이 지닌 속성, 용도, 관계 등 공통적인 특징에 따라 사물이나 개념을 분류해서 체계화하는 것 예 도표, 개념도, 그래프 등
군집화	서로 연관이 있는 것끼리 묶는 것 예 바늘과 실
전경과 배경	• 많은 자극 중 일부의 자극만이 주의를 받게 되고, 대부분의 자극은 주의를 받지 못함 • 전경(figure; 선택된 대상)과 배경(background) 예 루빈의 잔

(3) 해석(Interpret)

선택·조직화된 자료를 해석하는 과정이다. 해석은 전형(전체의 특성), 기대가 대표적이며 주관적이고 쉽게 왜곡될 수 있다.

✓ 핵심체크

지각(Perception)

지각이란 받아들인 감각적 정보를 조직하는 과정이다. 감각은 감각기관에 들어오는 투입으로, 개방체제인 사람들은 정보투입을 받아들여 그것을 감각에서 지각으로 변환시키고 그에 관련된 산출을 낸다. 지각은 감각적 정보를 주관적으로 선택하고 조직하는 것이기 때문에 지각의 기능은 사람에 따라 다르다.

TIP+

1. **스키마(Schema)**

   사람의 머릿속에 형성된 지식체계로서, 과거의 경험을 통해 누적된다. 즉, 어떤 특성과 관련이 있다. 그러므로 스키마가 맞으면 더 빨리, 더 쉽게 처리하고, 맞지 않으면 느리게 처리하거나 왜곡·무시한다(열린 마음이 없음).

2. **스크립트(Script)**

   일종의 기억구조로서, 인간이 일상적으로 행하고 있는 정형화된 행동을 사상(事象)의 연쇄라는 형식으로 프레임(frame)과 비슷하게 표현한 것으로, 어떤 사건의 진행과정과 관련된 내용을 가리킨다(선입견, 왜곡, 무시).

[그림 2-2] 지각과정 시스템

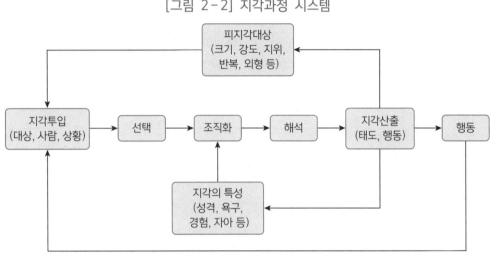

2. 지각 중요성

① 객관적인 현실세계와 지각된 세계관에 차이가 있을 수 있다.

② 조직구성원은 서로가 지각하고, 타인에 의해서 지각된다.

③ 지각상의 차이가 의사소통을 왜곡시킬 수 있다.

④ 지각상의 차이가 갈등을 촉진시킬 수도 있다.

⑤ 인간은 어떤 사실보다는 지각된 바에 따라 현실에 대한 관점을 갖고 이를 기초로 하여 행위를 한다.

3. 타인지각(평가)이론

타인지각이란, 다른 사람에 대한 지각으로, 타인평가 또는 사회적 지각이라고도 한다. 타인지각(타인평가)은 다른 사람을 평가하는 것을 말하며, 귀인이론과 인상형성이론이 대표적이다.

(1) 인상형성이론

인상형성이론(impression formation theory)이란, 애쉬(S. Asch)에 의해 체계적인 연구의 기초가 제시되었는데, 사람들은 주어진 정보가 충분하지 못한 상태에서도 타인에 대한 인상을 쉽게 형성하려고 하며, 이때 주어진 정보들 중에서 가장 중요하고 특징이 있는 정보를 중심으로 정리되어 인상형성에 영향을 미치게 된다.

타인을 평가할 때 추가적인 정보를 얻어내려 하지 않고 첫인상만 보고 판단하려 하는 것을 말한다. 이는 사람들의 공통적인 방식으로 겉모습, 짧은 시간, 첫인상효과(초두효과; primacy effect), 중심특질성의 원리, 일관성의 원리, 주변특질 등이 있다.

즉, 특정의 중심특질만을 가지고 전부를 평가하고 판단해버리는 것을 말한다.

<표 2-3> 인상형성이론 특질과 원리

구분	의미
중심특질 (central traits)	어느 한 사람의 전부를 평가해버리는 결정적인 역할을 하는 특질
주변특질 (peripheral traits)	부수적 역할밖에 하지 못하는 특질
합산원리	전체 인상이 여러 특질의 단순한 합계라는 원리
평균원리	모든 정보가 동시에 들어오고, 그 정보의 무게가 같으면 단순평균의 형태로 평가치가 이루어진다는 원리
일관성	타인에 대해 서로 모순되는 정보가 있다고 하더라도 특정의 정보에 입각하여 그를 한 쪽으로만 일관되게 지각하려고 하는 성질
초두효과	처음 들어온 정보가 나중에 들어온 것보다 중요한 역할을 하는 것

> **TIP+ 빈발효과**
> 행동이나 태도가 반복 제시되면 첫인상도 바뀔 수 있다는 것으로, 내성적인 사람도 웃기는 행동을 지속하면 외향적이 될 수 있다.

(2) 귀인이론(귀속이론)

귀인이론(attribution theory)이란, 타인의 행동에 대해 원인을 추측함으로써 평가하는 것을 말한다. 즉, 귀인이란, '원인을 귀속시킨다'는 뜻으로 그 행위의 원인을 추리·분석하는 과정을 귀인과정(attribution process)이라고 하며, 이러한 측면에 초점을 두고 연구된 사회적 지각이론을 귀인이론(attribution theory)이라고 한다.

① 하이더(Heider, 1958) 귀인이론

귀인연구의 효시로서, 인간행동에 대한 원인을 귀인을 내적 귀인(internal attribution; 성향귀인)과 외적 귀인(external attribution; 상황귀인)의 2가지로 구분하였다. 내적 귀인이 강할수록 학습자는 학습에 대한 동기가 강하다.

<표 2-4> 내적 귀인과 외적 귀인 비교

내적 귀인	• 행위의 원인을 내적 요인으로 추측함 • 행위자의 성향(능력, 동기, 기분, 성격 등) 때문인 것으로 이해함 • 일관성이 높고, 특이성과 합의성이 낮음
외적 귀인	• 행위의 원인을 외적 요인으로 추측함 • 외부의 환경적(타인, 운 등) 때문인 것으로 이해함 • 일관성이 낮고, 특이성과 합의성이 높음

② 켈리(H. Kelly, 1967) 귀인이론

입방체이론(cube theory)이라고도 하며, 정보가 불충분한 상황에서 타인의 행동을 설명하고자 하는 이론으로, 타인의 행동을 여러 번 관찰하고 행동과 함께 변화(covariation principle; 공변원리)하는 요인을 고려하여 내적 귀인과 외적 귀인을 판단하고자 하는 것이다.

특이성(다른 사건) · 합의성(다른 사람) · 일관성(과거)의 세 가지 기준으로 제시하였다.

ⓐ 특이성(distinctiveness; 다른 사건): 개인의 행위가 여러 상황에서 동일하게 나타나는지 또는 동일한 상황에서 특이하게 나타나는지에 관한 것이다. 정상적이 아닐 때 특이성이 높다고 하고 개인의 행동에 대한 귀인을 외적 환경요인으로 본다.

ⓑ 합의성(consensus; 다른 사람): 일치성이라고도 하며, 하나의 특정 사건에 대하여 다른 사람들이 얻은 결과와 비교하여 귀인하려는 성향으로, 동일한 상황에서 모든 개인들이 동일한 반응을 보인다면 행동에 있어서 합의성을 보인다고 할 수 있다. 합의성이 높을 때는 행동을 외적 환경요인으로 본다.

ⓒ 일관성(consistency; 과거): 개인의 행동이 규칙적으로 나타나고 일관적으로 나타나는 정도를 말하는 것으로, 동일한 개인이 동일한 상황에서 시간의 경과에도 불구하고 동일한 행동을 보이는 경우 행동에 일관성이 있다고 할 수 있다. 일관성이 낮은 경우 개인 행동의 귀인을 외적 환경요인으로 본다.

이를 기본적으로 종합하여 나타내면 다음 표와 같이 요약할 수 있다.

<표 2-5> 귀인이론 원인에 의한 분류

구분	의미
특이성	• 고특이성: 그 대상에게만 그런 행동을 함(개인 외적 귀인) • 저특이성: 다른 대상에게도 그런 행동을 함(개인 내적 귀인)
합의성	• 고합의성: 다른 사람도 그런 행동을 함(개인 외적 귀인) • 저합의성: 그 사람만 그런 행동을 함(개인 내적 귀인)
일관성	• 고일관성: 언제, 어디서나 그런 행동을 함(개인 내적 귀인) • 저일관성: 그 장소에서만 그런 행동을 함. 또는 바로 그때 그런 행동을 함(개인 외적 귀인)

> **⊘ 핵심체크**
>
> **켈리 귀인(귀속)이론**
>
> **1. 내적 귀인**
>   일관성이 높고, 특이성과 합의성(일치성)은 낮다.
>
> **2. 외적 귀인**
>   일관성이 낮고, 특이성과 합의성(일치성)은 높다.

③ 귀인과정에서의 편견(오류)

사람들은 자신의 행위는 외적인 것으로 귀속시키고, 타인의 행위는 내적인 것으로 귀속시키려는 경향이 있는데, 이러한 편견들로는 행위자 - 관찰자효과와 자존적 편견이 있다.

행위자 - 관찰자효과 (Actor-Observer Effect)	• 행위자로서의 정보량과 관찰자로서의 정보량의 차이로부터 출발하는 편견 • 자신의 행위는 상황적 · 외적으로 귀속시키고, 타인의 행위는 내적으로 귀속시키려는 편견 • 똑같은 행동도 자신이 행위자일 때와 다른 사람의 행위를 관찰할 때에는 이유를 다르게 찾거나 해석하려는 현상
관찰자 기대효과 (Observer-expectancy Effect)	관찰자(타인)의 기대가 자기 실현적 예언(self-fulfilling prophecy) 상황을 만들면서 현실에 영향(성과 향상)을 주는 것(= 피그말리온 효과; 갈라테아 효과)
자존적 편견 (Self-Serving Bias)	• 동기적 편견, 이기적 편견, 자기 고양적 편견이라고도 함 • 평가자가 자신의 자존심이나 자아를 지키고 높이는 방향으로 행위자의 행위원인을 귀속시키려는 편견 • 자신을 평가할 때 성공은 내적 귀속시키고, 실패는 외적 귀속시키려는 것(잘되면 내 탓, 못되면 조상 탓)

근본(근원)적 오류 (통제력 착각)	• 세상에 대한 개인의 통제력을 과대평가하고, 상황요인을 과소평가하는 형태 • 모든 결과(요인)를 내적 귀속시키려는 것

TIP+

1. **자기 실현적 예언(self-fulfilling prophecy)**

   예언의 영향으로 인해, 발생하지 않을 수도 있었던 현상이 예언대로 되는 현상을 말한다. 자기 충족적 예언, 자성예언이라고도 한다.

2. **피그말리온효과(Pygmalion effect)**

   대상에 대한 기대가 클수록 상대는 그러한 기대를 충족시키고자 노력하게 되고 결과적으로 잘하게 되는 현상(좋은 결과; 성공)으로, 타인의 기대나 관심으로 인해 능률이 향상되거나 결과가 좋아지는 현상을 가리킨다. '로젠탈효과(Rosenthal effect)'라고도 한다.

   ※ 타인의 기대가 부정일 때 부정적인 결과를 초래하는 것은 골름효과(Golem effect)라고 한다.

3. **낙인효과(Stigma effect)**

   과거의 좋지 않은 행위, 경력, 모습이나 태도로 인해 현재의 인물평가에 의식적·무의식적으로 부정적인 영향을 미쳐 행동이 위축(성과감소, 부정적 결과)되는 현상을 말한다.

4. **나르시시즘(Narcissism)**

   자기애(self love)로서 지나치게 자기 자신이 뛰어나다고 믿거나, 자기중심적 사랑(애착), 성격, 행동을 말한다(인격 장애증상).

(3) 인지부조화이론

인지부조화(cognitive dissonance)란, 페스팅거(L. Festinger)에 의해 창시된 것으로 인간심리의 기본적 속성에 의해 전개된 인지상의 비일관성에서 비롯되는 것이며 우리가 지니는 태도나 신념 사이 또는 태도와 행동 사이에 부조화가 나타나면 불편한 인지상태를 경험하는 것이다. 우리의 인지부조화가 발생하면, 인지구조는 일관성이 있고 조화로운 상태, 정서적으로 평안하고 유쾌한 상태를 유지하려는 방향으로 작용하려는 경향이 있다. 즉, 지각자는 어떤 지각대상에 대해 가지고 있는 신념, 태도, 행동 사이에 일관성이 없다고 느끼면 심리적으로 불안하고 불유쾌한 상태가 되기 때문에 이들 간에 일관성 있는 상태로 가기 위해서 노력한다.

4. 타인지각 시 오류 유형

(1) 관찰단계 오류

① 상동적 태도(stereotyping)

실제 특성과 기대특성 간의 차이를 의미하는 것으로서, 고정관념에 의해 타인이 속한 집단을 평가하는 것을 말한다(사회적 편견, 인종적 편견, 지리적 편견 등).

즉, 그가 속한 특정 사회 집단에 대한 지각을 기초하거나 과거에 학습된 평가적 체제와 표식(using labels)에 기초하여 다른 사람을 분류·평가하는 것이다.

② 주관성 개입

자신의 기억 등의 주관적인 정보에 의해 타인을 평가하는 것을 말한다.

③ 관대화 경향

실제 평가보다 더 높은 점수를 주는 것을 말한다(가혹화 현상은 엄격화 현상이라고도 하며, 실제 평가보다 낮은 점수를 주는 것을 말함).

④ 최근효과

가장 최근에 얻어진 정보에 비중을 더 많이 주어 평가하는 것을 말한다.

⑤ 대조효과

일반적으로 가까운 대상과 비교하여 평가하는 것으로, 피평가자에 대한 평가가 다른 피평가자의 평가에 영향을 미치는 것을 말한다.

(2) 해석과정 오류

① 후광효과(Halo effect; 현혹효과)

대상의 한 특성(정보)만을 과대평가하여 나머지 다른 특성들에 대해서도 높은 점수를 주는 평가를 말한다[반대의 의미로 뿔효과(Horn effect), 악마효과가 있음].

② 기대(Expectancy)의 오류

타인의 행동을 예측하고 그렇게 되리라 예견하고 상대가 이에 적응하는 과정과 예측한 대로 행동하게 되는 것으로, 자신이 바라고 추구하는 것을 얻을 수 있다는 확신을 심어주는 일련의 정신적 요인을 말한다. 자기실현적 예언(자기충족적 예언)이라고도 한다.

(3) 기타 오류

① 선택적 지각

내부적 단서 가운데 눈에 가장 먼저 들어오는 정보에 의존하려는 것으로, 원하는 정보(필요한 정보)만 받아들이거나 부분적인 정보만으로 전체에 대해 평가하는 것을 말한다.

② 주관의 객관화(projection)

투사의 오류라고도 하며, 자신의 감정이나 특성을 타인에게 전가·귀속·투사시켜 평가하려는 것을 말한다.

③ 지각적 방어(perceptual defence)

개인에게 불쾌감이나 위협을 안기는 자극이나 상황적 사건에 대해 거부를 함으로써 본능적으로 자기방어를 하려고 한다. 지각적 방어는 조직에서 감독자나 상급자들이 일종의 맹안을 가지게 할 수 있다.

④ 유사효과

자신과 유사한 사람에게 후한 점수를 주는 것을 말한다.

⑤ 근접오류

근접오차라고도 하며, 최근의 정보 및 시간적이나 공간적으로 가까운 대상과 비교하여 평가하는 것을 말한다.

⑥ 항상오류(규칙적 오류)

어느 특정 평가자가 다른 평가자에 비해 항상 후한 점수를 주거나 박한 점수를 주는 것으로서 체계적 오류와 유사한 것을 말한다.

3 동기부여 이론

1. 동기부여 개념

동기부여(Motivation)란, 조직의 목표달성을 위해 자발적으로 노력하고 행동하도록 자극하여 동기가 생기도록 하고(유발; arousal), 구체적 행동으로 유도하고 이끌며(지향; direction) 그 행동을 지속하게 하는 것이다.

또한 경영조직론 학자들은 동기부여를 관리적 차원에서 조직의 목표를 달성할 수 있도록 개인이나 집단행동에 영향력을 행사하려는 관리자의 의도(의지)적인 행동으로 정의한다.

동기부여 과정은 불만족한 상태(욕구결핍)에서 강도와 규모가 결정되고, 이에 따라 행동의 강도(적극적 또는 소극적 행동)가 나타난다. 이를 간단히 도식화하면 다음과 같다.

[그림 2-3] 동기부여 과정

2. 동기부여 이론 유형

동기부여 이론은 크게 내용이론과 과정이론으로 나눌 수 있다.

내용이론	• 무엇이 사람들에게 동기부여를 일으키는가를 설명 • 환경과는 무관, 내적 요인, 동기 자체 예 욕구단계이론, ERG이론, 2요인이론, 성취동기이론 등
과정이론	• 인간의 동기부여가 어떠한 과정을 통해 이루어지는가를 설명 • 외적 환경요인과 상호작용 예 기대이론, 공정성이론, 목표설정이론 등

1. **쾌락이론(hedonistic theory)**

    쾌락이론이란, 인간은 의식적으로 즐거움을 추구하고, 고통을 회피하는 방향으로 행동하려 한다는 이론이다.

2. **본능이론(instinct theory)**

    본능이론은 '프로이드'의 무의식의 세계에 기초하며, 개인행동의 무의식적인 동기요인을 중시한다.

3. **동인이론(drive theory)**

    개인은 후천적 학습을 통해 습득한 동기와 행동경향에 의해 동기가 형성된다는 이론이다(효과의 법칙에 근거; 과거의 만족한 결과를 초래한 행위를 반복).

4. **인지적 동기이론(cognitive motivation theory)**

    개인은 미래의 상황과 결과에 대한 관심과 기대에 따라서 동기부여가 되며, 의식적인 의도와 목적지향성을 갖는다는 이론이다.

(1) 동기부여 내용이론

① 매슬로우(A. H. Maslow) - 욕구단계이론(Hierarchy of human needs)

매슬로우는 욕구를 5가지로 구분하며, 이 이론의 특징과 문제점 및 시사점을 요약하면 다음과 같다.

[그림 2-4] 매슬로우 욕구단계

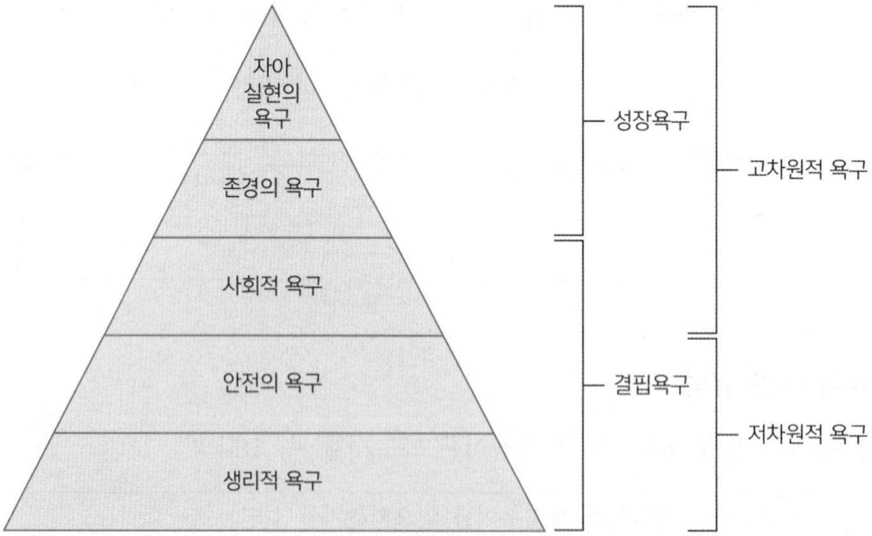

✓ **핵심체크**

1. **생리적 욕구(physiological)**

    배고픔, 갈증, 성욕 등의 욕구이다.

2. **안전의 욕구(safety)**

    육체적·심리적으로 상처받지 않고 위험에서 회피하려는 욕구이다.

3. **사회적 욕구(social)**

   애정, 소속감, 우정, 수용되기를 바라는 욕구이다.

4. **존경의 욕구(esteem)**

   자기존중, 자율성, 성취감, 인정과 존경, 사회적 지위의 욕구이다.

5. **자아실현의 욕구(self-actualization)**

   주관적이고, 충족(만족)은 없는(무한대) 욕구이다.

특징	• 인간의 내면적인 욕구를 각각에 계층을 부여하여 5가지로 명확히 구분 • 가정은 무의식 수준에서 각 단계의 욕구는 한 번에 하나씩 발생 • 하위 욕구가 반드시 충족되어야 다음 단계인 상위 욕구가 발생 • 결핍에 의해 동기부여가 일어남 • 각 단계에서 욕구는 퇴행이 없이 상위 욕구로만 이동 • 자아실현의 욕구는 다른 단계의 욕구와는 달리 완전히 충족될 수가 없음 • 자아실현의 욕구는 충족되면 될수록 욕구의 크기가 더욱 커짐
문제점	• 인간의 욕구가 5가지로 분류된다는 객관적인 증거가 없음 • 각 단계의 경계가 불분명하며 자아실현의 욕구 개념은 모호함 • 인간의 욕구는 후천적인 것도 있음 • 욕구의 내용은 국가나 상황·문화 등에 따라서 다름
시사점	• 경영자는 조직 내의 종업원들의 욕구가 어느 단계에 있는가를 파악하여, 각 단계별로 동기부여가 일으킬 수 있는 요인을 파악하고, 상황에 따라 참여와 피드백, 직무재설계 등의 적절한 조치를 취하거나 대응함으로써 종업원들이 각 단계에서 긴장(tension)과 불확실성을 해소하게 하여 조직효율성을 향상시킬 수 있음 • 계층적 관료조직 구조의 효율성을 입증함 • 개인의 경력발달 과정에 적용하면 효과적임 • 고차원적 욕구를 충족시켜 줄 수 있는 조직분위기를 조성함 • 인간 중심의 경영을 암시하였지만 행동의 원인은 설명하지 못함

② 알더퍼(C. P. Alderfer) – ERG이론

알더퍼는 매슬로우(Maslow)의 욕구단계이론의 한계점에 대한 대안으로 ERG이론을 제시하였다. 즉, 매슬로우의 욕구의 5단계를 존재욕구(existence needs), 관계욕구(relatedness needs), 성장욕구(growth needs)의 3가지 범주로 구분하였다.

[그림 2-5] 알더퍼 ERG이론

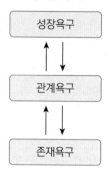

> **핵심체크**
>
> **1. 존재욕구**
>   생리적·물질적 욕망(배고픔, 갈증, 작업조건, 수면, 주거 등)이다.
> **2. 관계욕구**
>   다른 사람과의 감정적 교류(상호의존성), 대인관계(동료, 사회생활) 등의 욕구이다.
> **3. 성장욕구**
>   잠재적 능력 개발(창조적·개인적 성장) 욕구이다.

특징	• 각 단계의 욕구의 개념을 포괄적·추상적인 개념으로 구분함 • 욕구충족이 좌절되었을 때는 하위 욕구로의 이동이 가능함 • 의식수준에서 한 번에 두 가지 이상의 욕구가 동시에 작용할 수도 있음 • 욕구의 크기도 성격, 문화, 환경 등의 요인에 따라서 다르다고 인정·주장함
시사점	알더퍼(Alderfer)는 관계의 욕구나 성장의 욕구가 좌절되면, 존재의 욕구가 커져 물질적인 면에 집착하게 되므로 종업원이 상위 욕구충족에 관심을 가지고 일을 할 수 있도록 과업의 성취감을 느낄 수 있게 노력해야 한다고 보았음

③ 허쯔버그(Herzberg) - 2요인이론(동기 - 위생이론)

허쯔버그는 인간은 이원적인(만족과 불만족) 욕구를 가지고 있다고 주장하면서, 직무의 내용에 대해 만족스러운 상황과 직무환경에 대해 불만족스러운 상황을 파악하여 2가지 범주로 나누어 2요인을 제시하였다. 만족과 불만족은 연속적인 것이 아니고 만족은 만족대로, 불만족은 불만족대로 별개의 차원이다.

동기요인 (motivator factor)	• 직무의 내재적 요인 • 직무와 관련된 것(직무 자체)으로 만족을 좌우 예 성취감, 책임감, 승진, 표창, 도전감, 성장 및 발전, 자기실현 및 계발 등
위생요인 (hygiene factor)	• 직무의 외재적 요인 • 환경에 관련된 것으로 직무불만족을 좌우 예 임금(급여), 작업조건, 감독, 대인관계, 인사, 복리후생 관련 등

④ 맥클리랜드(McClelland) - 성취동기이론

맥클리랜드는 매슬로우(Maslow)의 5단계의 욕구 중에서 상위 3가지 욕구만을 대상으로 연구를 하였다. 상위 3가지 욕구가 인간의 전체 욕구의 80%를 차지한다고 하였다.

맥클리랜드는 성취욕구(achievement need; nAch), 권력욕구(power need; nPow), 친교욕구(affiliation need; nAff)의 3가지를 제시하였다.

성취욕구	성취욕구가 강한 사람은 도전적이고 위험을 감수하며 특정 과업에 몰입하며, 금전적인 보상보다는 성취감이나 책임감 같은 내재적 보상을 원한다고 주장
권력욕구	권력욕구(사회중심적 권력)가 강한 사람은 조직의 집단목표에 관심이 높으며, 구성원을 동기화시키고 목표를 성취하기 위해 적극적인 활동을 한다고 주장
친교욕구	제휴욕구라고도 하며, 다른 사람과 친근하고 밀접한 관계를 맺으려는 욕구
시사점	• 경영자의 성취동기 수준이 경제성장에 결정적인 영향을 미침 • 성취욕구가 높은 사람은 최대한 자신의 능력을 발휘할 수 있고 난이도와 위험이 중간 수준이며, 분명한 피드백이 주어지고 미래지향적 기대를 할 수 있는 상황을 선호함 • 기업은 성취욕구 수준이 높은 사람을 선발하고 구성원의 성취동기 수준 향상에 노력해야 함

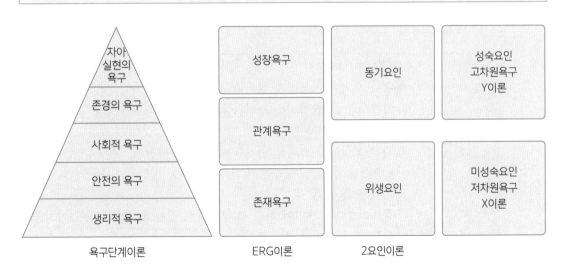

(2) 동기부여 과정이론

① 브룸(Vroom) - 기대이론(expectancy theory)

브룸의 기대이론은 동기부여가 여러 자발적인 행위 가운데 사람들의 선택(의식적인 선택)을 지배하는 과정이라고 주장하고, 여러 대안이 존재하는 일에 직면하면 개인은 각 행동 대안의 배경에서 동기부여(매력의 정도)가 큰 쪽으로 이루어진다고 한다.

즉, 구성원 개인은 기울이는 노력이 높은 평가를 받을 것이 확실하다고 생각될 때, 그리고 인정을 받고 나면 급여 인상이나 보너스, 승진 등으로 이어질 것으로 믿을 때, 그래서 자기 자신의 개인적 목표(personal goal)를 만족시킬 수 있다고 생각될 때 최선을 다하는 동기부여가 된다는 것이다.

따라서 브룸의 기대이론은 개인차를 강조하고 있으면서 개인의 목표와 욕망이 어떻게 행동으로 연결되는가를 설명한 이론이다. 즉, 개인의 특정 행동에 대한 동기부여의 정도는 그 특정 행위가 가져다 줄 성과의 가능성(기대성)과 그 성과가 보상을 가져다 줄 것이라는 주관적인 확률치(수단성) 그리고 행위가 가져다주는 결과의 매력 정도(유의성) 등에 의해 결정된다고 주장한다.

[그림 2-6] 기대이론 과정

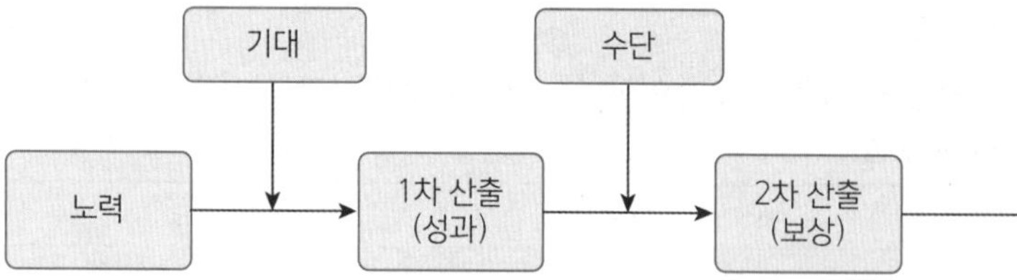

```
        기대              수단
         │                │
         ↓                ↓
 노력 → 1차 산출 → 2차 산출 → 결과
        (성과)     (보상)    (유의성)
```

> ☑ **핵심체크**
>
> 1. **1차 수준**: 일 자체에 관한 것으로 직무 성과, 생산성 등이 있다.
> 2. **2차 수준**: 1차 수준이 가져오는 보상으로, 돈, 승진, 감독의 지지, 집단수용 등이 있다.

특징	• 기대성(Expectancy) 　- 행위나 노력이 자신에게 성과를 가져다 줄 주관적인 가능성(확률과 믿음) 　- 0~1까지의 값 중에 0은 완전의심, 1은 완전신뢰를 나타냄 • 수단성(Instrumentality) 　- 성과가 보상이나 결과를 가져다 주리라는 주관적인 기대감 　- 1차 수준의 결과가 2차 수준의 결과를 가져올 것이라는 주관적인 확률치로 -1~1까지의 값을 가짐 • 유의성(Valency): 개인이 특정 결과에 대해 갖는 선호도의 강도(가치, 중요도, 자극, 태도, 효용)

문제점	• 이론의 내용이 복잡하여 검증이나 응용이 어려움 • 인간은 합리적인 경우보다 비합리적인 경우가 더 많음 • 변수들이 값이 주관적임
시사점	• 조직에서 높은 성과에 대해 아무리 큰 보상이 있어도 충분한 시간과 자원이 보장되지 않으면 동기부여의 수치는 낮아짐 • 과거에 보상이 제대로 되지 않았다면 동기부여의 수치가 낮아짐 • 종업원에 대해 기대를 크게 해 주면서 수단성을 명확히 하고, 유의성을 높여야만 동기부여 수치를 극대화할 수 있음

② 아담스(Adams) - 공정성이론(equity theory)

공정성이론은 인지부조화(심적부조화)이론에 기초하고 있다. 사람들의 행동이 타인과의 관계에서 공정성을 유지하는 방향으로 동기부여가 된다는 것으로, 개인 차이를 인정한다. 즉, 자신의 공헌(투입변수)과 보상의 크기(산출비율)를 타인과 비교하여 동기부여 수준을 결정한다는 것이다.

투입요소	산출요소
연령, 훈련, 경력, 직위, 건강, 노력 등	보상, 임금, 승진, 보너스, 혜택, 만족 등

특징	• 불공정성이 자신에게 유리하면, 즉 과대보상이 되었을 때는 죄책감을 느껴서 더욱 더 열심히 노력(투입 증가) • 불공정성이 자신에게 불리한 경우라면, 즉 과소보상이 되면 노력(투입)을 감소하게 되고 궁극적으로는 조직에서 이탈
시사점	• 개인들은 과대보상보다는 과소보상에 더욱 더 민감하게 반응 • 공정성과 불공정성의 결정은 개인차원이 아니라 조직 내의 다른 구성원과의 비교에서 이루어지기 때문에 공정한 보상의 중요성을 강조 • 현실적으로 공정성 유지전략은 이직, 결근 등의 행위는 줄일 수 있어도 성과는 높일 수 없음

TIP+ 공정성 비교 기준(4가지)

1. Self-inside
   같은 조직 내의 다른 직책을 맡을 당시와 비교하는 것이다.

2. Self-outside
   현재 조직에 오기 전 근무하던 조직에서 받던 대우와 비교하는 것이다.

3. Other-inside
   같은 조직 내의 다른 개인과 비교하는 것이다.

4. Other-outside
   다른 조직의 개인과 비교하는 것이다.

③ 로크(Locke) – 목표설정이론(goal setting theory)

목표설정이론은 테일러의 과학적 관리법에 근거하여, 종업원에게 적절한 목표를 부여함으로써 성과를 향상시키는 이론이다. 이 이론은 개인의 인지에 근거를 두고 있고 미래지향적이며 간편하여 현실 적용이 용이하다. 목표는 반드시 능력 내의 범위에서 측정 가능해야 하고 계량적·구체적(시기, 양적)이며 결과를 확인할 수 있어야 한다.

이를 바탕으로 목표에 의한 관리법(MBO; management by objective)이 실무에 많이 이용된다.

<표 2-6> 목표설정이론 특징

종류	특징
목표설정이론 4단계	• 성취 가능한 범위 내에서 어렵고 구체적인 목표달성(수량, 시간 등을 명쾌하게 목표를 정함) • 다양한 보조수단을 통해서 목표를 수용하고 동기부여 • 적절한 훈련과 정보 제공, 목표달성을 지원 • 성과(결과)에 대한 구체적인 피드백 제공
목표설정이론	• 다목표의 경우: 우선순위를 정해서 순차적으로 성취 • 시간적 차원: 단기목표가 우선 • 환경의 불확실성: 시간경과에 따라 목표효과가 유지되거나 감소

④ 포터와 롤러(Porter & Lawler) – 기대이론

포터와 롤러의 기대이론은 브룸의 이론을 기초로 하며, 포괄적인 동기부여이론을 제시하고 있다.

이들은 외부의 관찰 가능한 행동에 의해 노력 자체가 변화할 수 있다는 것을 주장하였다. 내재적 보상과 외재적 보상(임금, 승진 등) 가운데 성과에 영향을 더 많이 미칠 수 있는 것이 성취감이나 책임감 같은 내재적 보상이라고 주장하였다(내재적 보상과 외재적 보상을 구분하지 않았음).

성취를 위한 변수로서 종업원의 노력, 능력, 자질, 역할지각, 특성 등을 중요시하였다.

(3) 기타

① 인지적 평가이론(Cognitive Evaluation Theory)

데시(Deci)의 이론으로 동기부여의 과정이론에 포함시키기도 한다. 내재적 보상을 받고 있는 직무에 대해서 보수와 같은 외재적 보상이 주어질 때 전반적인 동기부여 수준이 낮아진다는 것을 주장한 이론이다. 이 이론은 내재적 보상과 외재적 보상을 구분하여 분석한 것이 특징이다.

㉠ 인지적 평가이론의 특징: 만약 내적 동기유발 상태에 외재적 보상을 주었다가 이 외재적 보상을 제거하면 어떻게 되겠는가 하는 것에 있는 것으로, 외재적 보상을 제거했을 때 본래의 내적 동기가 되살아나지 않는다는 것이다.

ⓒ 인지적 평가이론의 시사점: 내재적 보상을 받고 있는 사람에게 화폐적 보상을 할 때 유의해야 한다. 즉, 일을 수행하면서 내재적 보상을 받지 못하는 상황에서는 성과에 따른 화폐적 보상이 동기부여(motivation)를 증진시키기 위해 필요하지만, 내재적 보상이 줄어들지 않도록 하기 위해서는 성과와 무관한 개인 급여를 설계하는 것이 필요하다.

② X이론과 Y이론

맥그리거의 X이론(관료적, 부정적, 지시, 명령, 통제 등)과 Y이론(민주적, 긍정적, 자기통제 등)은 동기부여의 내용이론에 포함시키기도 한다.

③ 조직공정성이론

공정성이론을 보완한 이론으로서 공정성의 개념을 분배의 공정성과 절차의 공정성으로 나누었다. 분배의 공정성은 종업원이 인식하는 보상의 크기(결과)를 의미하고, 절차의 공정성은 종업원이 인식하는 보상의 크기를 결정하는 수단(과정)을 의미한다.

절차의 공정성이 낮은 조직에서는 분배의 공정성을 아무리 높이더라도 종업원의 직무에 대한 태도를 높이기 어려우므로 조직의 유효성을 높이기 위해서는 절차의 공정성을 높여야 한다.

④ 통제이론(Control Theory; Cybernetics)

ⓐ 통제이론 특징: 준거기준과 실제가 차이가 나는 경우 이 차이가 현격히 줄어들어 용납할 수 있을 때까지 피드백의 과정이 계속된다는 것이다.

ⓑ 피드백의 과정: 준거기준 또는 목표, 감지장치(투입기능), 비교과정, 수정장치(산출기능) 등 4가지 요소로 구성된다.

✓ 핵심체크

차원별 동기부여 기법

1. 개인차원 동기부여 기법

올바른 직업관, 직업 윤리의식, 일을 즐김, 자발적인 자기관리, 피드백, 적절한 도전정신과 책임의식, 목표성취에의 적극성 등이 있다.

2. 조직차원 동기부여 기법

직무재설계(직무충실화, 탄력적 근무시간제), 성과와 보상프로그램(임금구조의 공정성, 메리트 임금제도, 인센티브 시스템, 성과유도와 보상 등) 등이 있다.

4 태도

태도(attitude)란, 어떤 사물이나 사람에 대해 호의(好意) 또는 비호의(非好意)적인 반응의 개인 선유경향(predisposition)이다. 학자들마다 많은 이견이 있으나 환경의 자극에 대한 반응, 즉 자신이 처한 환경에 대응하여 행동하려는 개인의 감정(feeling), 사고(thought) 및 경향(predisposition) 등의 규칙성으로, 인간이 살아가면서 사고하고 느끼며 행동하는 방법이라고 할 수 있다.

TIP+

1. 태도
   지각에 영향을 받고 행동에 영향을 미친다.

2. 선유경향
   사람들이 특정 사실에 대하여 미리 가지고 있는 선입견이다.

---

1. 태도 구성요소

인지적 구성요소 (cognitive component)	특정 대상에 대한 지식, 지각, 신념 등
정서적 구성요소 (affective component)	감정적 요소, 특정 대상에 대한 감정[호(好)의 · 불호(不好)]
행동적 구성요소 (behavioral component)	특정 대상에 대해 어떤 방식으로 행동하려고 하는 경향(의도적인 결과나 행동과 관련된 요소)

✓ 핵심체크

태도 구성요소에 대한 관점 변화

1. 전통적인 관점
   인지적 요소, 정서적 요소, 행동적 요소

2. 최근의 관점
   인지(cognitive) → 태도(attitude) → 의지(intention)

---

2. 태도 특성

태도란, 어떤 사물이나 사람, 상황 등에 대해 개인이 보여주는 인식, 감정, 행동 성향의 총체로서 다음과 같은 특성을 가진다.

감정요인 강도	특정 대상에 대한 감정의 강도가 나쁜 감정의 강도보다 높을 경우 태도의 변화가 어려움
자아개념	특정 대상에 대해 부정적인 자아개념을 가진 사람은 대상에 대해서도 부정적인 태도를 가짐
높은 수준의 안정성과 지속성	태도는 단기간에 긍정적인 상태에서 부정적 또는 중립적으로 변화하지 않음

조직의 유효성을 향상시키기 위해 경영자와 종업원은 상호 맡은 직무나 조직에 대한 호의적인 태도변화가 수반되어야 한다.

기업의 입장에서는 강화이론적인 방법으로 행위를 변화시키려고 하는 것이 더욱 효과적이라는 연구결과가 많다. 즉, 인지론적인 방법인 교육이나 실험으로 태도를 변화시키는 것은 직무와의 적용의 문제로 실패했다는 것이다.

3. 태도 기능

개인이 특정 대상에 대해 특정 태도를 취하는 것은 개인이 가지고 있는 욕구에 대한 반응의 형태로 태도의 기능을 수행하는 것이다. 카츠(Karts)는 다음 4가지 태도 유형을 제시했다.

적응적 기능	바람직한 목표를 달성하기 위한 방법이나 바람직하지 못한 결과를 회피하려는 수단으로서의 기능
자아방어적 기능	개인적인 무능과 주위의 위험에 직면하는 것을 피하도록 도움을 주는 기능
가치표현적 기능	개인의 중심가치와 자아개념에 긍정적인 표현을 하는 기능
탐구적 기능	과거의 태도가 특정 상황에 대한 지식이 되고 새로운 상황에 대한 판단기준을 제공하는 기능

4. 태도 변화과정

르윈(K. Lewin)에 의하면 태도의 변화는 해빙, 변화, 재동결의 과정을 거친다.

(1) 해빙

해빙(unfreezing)이란, 변화 추진세력과 변화에 저항하는 세력 간의 갈등단계로, 이때는 변화 추진세력의 힘을 강화시켜야 한다. 옛날 방식은 깨트리고 새로운 행동 및 유형들을 받아들이려는 단계로서, 한 개인의 지닌 옛날 방식, 보수적인 태도를 깨뜨리는 것으로 변화의 필요성을 느끼는 과정이다.

(2) 변화

변화(change)란, 변화대상을 정확히 파악하고 변화를 시도하는 것으로, 새로운 유형의 행동들을 받아들이는 단계이며 저항력에 비해 추진력이 더 강한 상태이다.

변화의 과정에서 켈만(Kelman)은 개인의 태도에 영향을 미치는 사회적인 영향력 관점에서 순종 - 동일화 - 내면화의 3가지 과정을 제시하였다. 구체적으로 설명하면 다음과 같다.

순종	권력자의 철저한 감시와 피권력자의 호의적인 반응이나 처벌이 필요하고 통제적(보상적·강압적)인 과정
동일화	권력자·피권력자 간의 만족스러운 관계 유지와 매력성(준거적), 우위적 인식과 행동의 과정
내면화	권력자·피권력자 간의 깊은 관련성으로 내면적인 가치의 일관성 유지와 신뢰성(전문적, 합법적)의 과정

(3) 재동결

재동결(refreezing)이란, 변화된 상태를 유지하면서 본래의 상태로 돌아가려는 것을 방지하기 위해 보상을 이용하여 재동결시키는 단계이다. 새로운 태도나 행동 등이 고착되어 가는 과정이다.

TIP+ 르윈(Lewin) - 장 이론(Field Theory)

인간은 자신의 목표를 달성하기 위해 유익한 쪽으로 사고(thinking)한다. 장 이론은 개인과 환경이 상호작용으로 서로 영향을 주고 받음으로써 행동하는 것을 말한다. 인간의 행동은 특성과 환경의 함수, 행동을 억제하는 힘과 촉진하는 힘을 조정하여 상황에 따라서 행동을 변화시키는 것(변화를 추진하는 힘을 강화시키고 제어하려는 힘을 약화시켜서 태도를 변화시킴)이다.

※ 장(field): 물리적 공간, 심리적 공간, 생활공간을 의미한다.

---

5. 직무와 관련된 태도

직무만족은 조직에서 다양한 결과와 연관이 있으며, 구성원들의 직무만족도가 높으면 이직이나 결근이 감소한다. 단, 직무만족도가 높다고 해서 반드시 생산성이 높아지는 것은 아니다. 단순히 직무에 대해 만족한다고 해서 일을 열심히 하는 것은 아니기 때문이다.

성과가 높은 사람에게 적정한 보상이 주어질 때 만족도가 높아진다. 만족이 성과를 높이는 것이 아니라, 높은 성과가 만족을 이끌어 낸다고 할 수 있다.

TIP+ 직무만족 요소

직무자체, 임금, 승진기회, 감독, 동료, 청결, 소음, 조명 등이 있다.

---

5 창의성 개발

새로운 아이디어를 만들어 내는 것으로서 타인이 그 가치를 인정하는 것이 중요하다.

1. 창의성 측정방법

(1) 원격연상 검사법(RAT; remote association test)

서로 거리가 있거나 유사한 요소들을 제시한 후 평가대상자에게 이들을 연결시켜 새로운 조합을 유도하거나 공통점을 찾는 것으로, 창의력을 측정하는 가장 간단한 방법이다.

(2) 토란스 검사법(torance tests of creative thinking)

평가대상자에게 그림을 보여준 후 질문을 하거나 해석을 하게 하여, 상상하거나 유연성 및 독창성을 평가하는 방법이다.

2. 창의성 개발방법

(1) 자유연상법

자유로운 분위기에서 창의적인 사고를 발휘할 수 있도록 자기의사를 마음껏 토론(발표)할 수 있게 하여 문제해결의 방안을 찾는 방법을 말한다.

① 브레인스토밍(Brain-storming)

리더가 하나의 주제를 제시하면, 집단 구성원(10 ~ 12명 내외)이 각자의 의견을 자유롭게 제시하면서 토론을 하는 것으로서, 참가자는 다른 사람의 의견을 비판하거나 무시해서는 안 되며, 이 방법은 아이디어의 질보다 양을 중요시한다.

② 고든(Gordon)법

집단에서 리더 한 사람만 주제를 알고 있으며, 다른 집단 구성원에게는 공개하지 않고 자유롭게 장시간 문제해결을 위한 토론을 하게 하는 것으로서, 이 방법은 아이디어의 양보다 질을 중요시하며 유능한 리더를 필요로 한다.

(2) 델파이(Delphi)법

특정 문제에 대해 전문가들의 독립적인 의견을 우편으로 수집하고 결과를 요약·분석하는 것으로서, 시간과 비용이 많이 소요되며 서로에게 영향을 주거나 받지를 않는다.

(3) 명목집단(Nominal group technique)법

명목상의 집단일 뿐 구성원 상호 간에 대화나 토론이 이루어지지 않는 집단을 말한다. 이것은 한 번에 한 문제밖에 해결할 수 없고, 각 구성원은 다른 사람의 영향을 받지 않는다. 토의 전 의견을 문서화한 후 구두로 토론(아이디어의 선정)하는 방법이다.

(4) 기타

① 분석적 기법

제기된 문제들의 여러 요소들을 다각적으로 분석하는 것을 말한다. 한 문제와 그 문제의 여러 요소를 철저하게 논리적으로 파헤치는 기법이다.

② 강제적 관계기법

정상적으로는 관련이 없는 구상들을 관련짓도록 유도하는 것을 말한다. 즉, 정상적으로는 관계가 없는 둘 또는 그 이상의 물건이나 아이디어를 강제적으로 관계를 맺게 하는 것이며, 그 목적은 독자적인 아이디어를 창출하는 것이다.

<표 2-7> 창의성 측정과 개발방법

종류	특징
창의성 측정방법	• 원격연상 검사법(RAT): 3개의 단어 나열 → 일원적 • 토란스 검사법: 그림 또는 실제로는 불가능한 상황 제시
창의성 개발방법	• 브레인스토밍: 구성원 모두 주제를 앎, 양 중시 • 고든법: 리더 혼자만 주제를 앎, 질 중시, 장시간 동안 토론 • 분석적 기법: 이론적·다각적 분석 • 기타: 브레인라이팅, 강제적 관계기법, 델파이법, 명목집단법, 참여기법, 시네틱스 등

6 개인 갈등

조직 내 인간 갈등의 문제는 원활하지 못한 의사소통(communication)에 기인할 수 있다. 의사소통에 근거한 개인 간 갈등을 분석하는 데 사용할 수 있는 모델은 조셉 러프트와 하리 잉햄(Joseph Luft & Harry Ingham)이 개발한 '조하리의 창(Johari's Window)'이 대표적이다.

조하리의 창 모델은 자신과 타인과의 관계에 있어서 의사소통에 근거한 갈등의 원인이 어디에 있는지를 알아보기 위한 모델이다. 대인관계의 스타일, 대인관계 능력의 개발방향, 갈등의 원인을 설명하는 것이다. 따라서 자기노출(사적영역)과 피드백(명목영역)으로 공공영역 확대(미지영역의 축소)를 하는 것이 이상적이다.

[그림 2-7] 조하리의 창(의사소통의 심리적 구조)

<표 2-8> 조하리의 창(Johari's window)

구분	Y(자신)	N(자신)
Y(타인)	열린 자아(Open self)	눈 먼 자아(Blind self)
N(타인)	감추어진 자아(Hidden self)	알 수 없는 자아(Unknown self)

1. 열린 자아(공공영역)

나 자신과 상대방이 모두 알고 있고 쉽게 알 수 있는 부분이다.

외형, 말과 행동, 성별, 생김새, 전공, 취미 등으로 처음부터 알 수 있는 것과 몇 마디 주고 받은 뒤 알 수 있는 정보들이 해당된다. 열린 자아의 영역은 비교적 좁지만 만남이 거듭되면서 이 영역은 점차 확대된다.

→ 갈등의 발생소지가 없다.

2. 눈 먼 자아(맹목영역)

상대방은 알고 있으나 정작 나 자신은 알지 못하고 있는 나의 모습이다.

내가 모르는 나 자신의 성격에 대하여 친구가 지적을 해주어 알게 되는 나의 모습들이 해당된다.

→ 갈등의 발생가능성이 높다.

3. 감추어진 자아(사적영역)

남에게 공개하기 싫은 나의 모습이다.

나의 단점, 잘못한 점, 성적·학력·수입 등 개인 신상에 관한 정보, 부부관계나 애정관계 등 사생활과 관련된 것이 해당된다.

→ 갈등의 발생소지가 잠재되어 있다.

4. 알 수 없는 자아(미지영역)

나도 모르고 상대방도 알지 못하는 나의 모습이다.
무의식의 생각에 해당되는 것으로 외부로 드러나지 않는 개성의 단편들, 성적인 선호경향 등이
있다.
→ 갈등이 필연적으로 발생한다.

7 성격

1. 성격 개념

성격(personality)이란, 타인과 구별할 수 있는 인상 전체를 의미하는 것으로, 특정 개인에게 존재
하며 환경에 대한 개인의 독특한 적응을 결정하는 정신적·심리적인 것이다.
성격은 개인별로 관찰이 가능하고 측정할 수 있는 특유의 유형을 가지고 있으며, 사회·문화적인
환경과 작용하는 과정에서 형성된다. 개인이 가진 심리적 특성에 따라 성격이 표현되는 것이다.

2. 성격 결정요인

성격을 결정하는 요인에는 유전적 요인(신체적 특징), 문화적 요인(환경적 요인들), 사회집단의 영
향(가족, 구성원집단), 상황적 요인(주변 분위기), 가족의 영향 등이 있다.

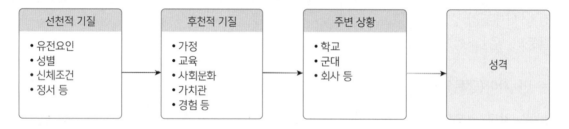

3. 성격 유형

(1) Big 5 모형(Goldberg)

성격 유형에 들어가는 5가지 요인만 알면 모든 성격은 외향성(Extraversion), 수용성(동조성;
포용성; 친화성; Agreeableness), 성실성(신중성; Conscientiousness), 정서적 안정성(신경증;
emotional stability), 개방성(창의성; Openness to Experience)의 5가지 차원의 배합이라는
것을 알 수 있다.

외향성	사교적, 명랑성, 적극성, 활달함	←→	수줍음, 소극성, 내성적, 조용함
수용성	따뜻함, 양보, 배려	←→	냉철함, 비판, 차가움
성실성	모범, 규범성, 조심성, 완벽함	←→	나태, 무계획, 가벼움
안정성	불안감, 초조, 걱정, 짜증	←→	안정감, 인내성, 자제력, 편안함
개방성	변화 수용, 혁신, 창조, 예술	←→	현실 안주, 보수성, 전통적

TIP+

1. 외향성(Extraversion) – 사회적 · 사교적인 기질
2. 수용성(Agreeableness) – 유연하고 협력적인 기질
3. 성실성(Conscientiousness) – 책임감 있는 기질
4. 정서적 안정성(Emotional Stability) – 우울한 기질, 신경질적인 기질(신경성; neuroticism)
5. 개방성(Openness to Experience) – 예술가적 기질, 감수성이 풍부한 기질

(2) MBTI모형

최근 직장인의 성격유형에 가장 많이 사용되고 있는 기법으로, 마이어스와 브릭스(Myers & Briggs: 1944)는 성격의 4가지 차원을 기준으로 16가지 범주의 성격유형에 해당되는 10개의 설문응답을 받아서 파악을 하는 개인의 성격유형 선호지표이다. 이를 MBTI((Myers Briggs Type Indicator)모형이라 한다.

외향형(E)		내향형(I)
사교적, 명랑, 외향적	←→	수줍음, 고독, 소극적
감각형(S)		직관형(N)
현실적, 자료근거, 꼼꼼한 성향	←→	창의적, 상상적
사고형(T)		감정형(F)
이성적, 과학적, 논리적 성향	←→	느낌, 예술, 협조, 감성적 성향
판단형(J)		인식형(P)
냉정, 냉철, 목적성, 계획적 성향	←→	자율성, 융통성, 배려, 즉흥적 성향

📖 16가지 범주 중 일부

- ENFP: 활발한 활동가 → 스파크형
- ENTP: 뜨거운 논쟁을 즐기는 변론가
  → 발명가형
- ENFJ: 정의로운 사회운동가
  → 언변능숙형
- ENTJ: 대담한 통솔자 → 지도자형

- ESTJ: 사업가형
- ESTP: 수완 좋은 활동가형
- INTP: 아이디어 뱅크형
- INFJ: 예언자형

(3) 내재론자와 외재론자

개인의 삶에서 얻은 결과에 자신의 행동이 얼마나 많은 영향을 줄 수 있다고 믿는지를 측정하는 개념으로 통제의 위치에 따라 분류한다.

내재론자	자신의 행동이 운명을 결정한다고 믿으며 운명을 개척하려는 자
외재론자	• 주변의 환경이 운명을 결정짓는다고 믿으며, 운명을 숙명으로 받아들이는 자 • 비교적 불안감을 많이 느끼고 스트레스에 약하며 독재적 · 구조적인 직무환경을 선호하는 경향이 있음

(4) A형과 B형

A형 성격	B형 성격
• 성취욕구가 강함 • 참을성이 없고 공격적이고 경쟁적임 • 완전주의 지향적인 성격을 소유함 • 시간압박을 받거나, 독자적 직무수행이나 상충된 직무가 많은 과업에 적합함	• 참을성이 많고 매사에 느긋함 • 경쟁심이 약하며 승부욕이 없음 • 업적을 과시하지 않음 • 직무자체를 즐기려는 성격을 소유함 • 정확성과 면밀한 분석과 팀 단위 직무에 적합함

(5) 외향성과 내향성(융; C. jung)

외향성은 외부세계지향적이고, 다정다감하며 사교적 · 활동적이고, 자신의 감정을 표현한다. 이러한 성향은 영업, 판매, 일반관리직에 적합하다.

내향성은 다른 사람과 갈등이나 스트레스를 잘 수용하며 자신의 내면세계를 선호하고 사회적인 접촉이나 교제를 피하는 경향이 있으며, 사려가 깊고 차분하며 조용하다. 이러한 성향은 아이디어 중심의 식무를 선호하며 지무, 회계, 기술직에 적합하다.

(6) 마키아벨리즘 성격

마키아벨리즘(Machiavellism) 성격의 사람은 권력지향적인 성격으로 자신의 목적을 달성하기 위해 수단과 방법을 가리지 않고 비도덕적인 방법을 사용하며 다른 사람을 이용하는 성향을 가지고 있다.

이러한 타입은 실용주의적이고, 타인과 접촉을 선호하며 즉흥적이고 임기응변이 요구되는 직무에 적합하다. 때로는 정이 많고 충성심과 의리, 우정 등을 강조하지만 궁극적으로는 자기의 목표달성이 우선이다.

high mach.	타인을 이용하고 냉정하며 자신의 목적을 우선시함
low mach.	타인을 도덕적으로, 정직하게 대하며 이용하려 하지 않음

(7) 기타

권위주의성향, 자기관찰성향, 모험선호성향, 주간형 · 야간형 등이 있다.

4. 성격 발전단계

아지리스(C. Argyris)의 성숙 · 미성숙이론이 조직행동에 직접적으로 연관된 개인의 성격발달이론 (개인 · 조직 간의 관계)으로, 산업사회에서의 대부분의 인간은 작업환경과 결부시켜볼 때 성숙과 미성숙한 인간으로 보았다.

따라서, 미성숙한 인간은 성숙한 인간이 되기 위해 조직과 개인의 목표를 동시에 달성하려고 한다고 주장하였다.

<표 2-9> 성숙 · 미성숙이론

성숙단계	미성숙단계
• 능동적 · 적극적 행위	• 수동적 · 소극(의존)적 행위
• 독립성, 복잡(다양)한 행동	• 의존성, 단순한 행동
• 장기적 전망, 깊은 관심	• 단기적 전망, 얕은 관심
• 자아의식, 자기 통제	• 자아의식 결여
• 우월적 지위(지배자) 추구	• 종속지위에 만족

✓ 핵심체크

성격 유형

맥클리랜드	성취인	적극적, 책임감, 명확한 피드백 등을 요구하는 성격
	낮은 성취인	소극적, 방관적, 비성취적, 무계획적인 성격
프레스더스	상향형	관료제형, 규범에 적응, 출세 중시, 권력지향성, 지배욕 등
	무관심형	무사안일, 대인관계 원만, 조직은 생계수단 등
	불투명형	부적응형, 불만, 적대감, 고집, 부정적 등

8 임파워먼트

1. 임파워먼트 개념

임파워먼트(empowerment)란, 힘을 부여한다는 뜻으로, 권한위양과 동기부여의 의미를 내포하고 있다. 즉, 개인이 자신의 일을 유능하게 수행할 수 있다는 느낌과 자부심을 갖게 하는 활동과 그 결과 그렇게 되는 것을 말한다.

개인수준	• 개인이 스스로 자신을 통제·관리하여 긍정적인 자기암시를 하는 것 • 무력감을 해소, 과업수행의 자신감, 스트레스 관리, 역량에 기초한 임금시스템 등을 효과적으로 관리
조직수준	• 구성원 개개인의 창의성과 적극성을 발휘할 수 있는 조직분위기 조성 • 현장실무자와 접촉하는 배회경영 실시, 외재적 보상과 내재적 보상의 연계, 개인 명예를 부여할 수 있는 조직제도 등을 실시

즉, 권한위양의 의미와 의사소통(communication)의 의미가 모두 포괄되어 있는 개념으로, 의사소통으로서 임파워먼트는 개인이 자신의 일을 유능하게 수행할 수 있다는 느낌을 갖도록 하는 활동과 그 결과 그렇게 되는 것을 가리키는 것으로 개인이 일을 하는 과정에서 지속적으로 주도권을 행사하는 것을 중시하는 것이다.

2. 임파워먼트 특징

임파워먼트는, 개인마다 담당하는 일을 매우 중요시하는 의식을 가지며, 업무수행 시 개인의 능력 향상에 주안점을 둔다. 그리고 구성원 각자에게 큰 성취감이 들게 하고 고객서비스를 향상시키며 환경변화에 신속대응을 할 수 있도록 적극적으로 지원한다.

> **TIP+ 임파워먼트**
> 자신이 조직에 많은 일과 중요한 일을 할 수 있는 능력·힘을 가지고 있다는 확신과 자기 효능감을 심어주는 것으로, 권력의 배분보다는 양 쪽 모두에 권력을 증대시키면서 창조에 초점을 둔 것이다.

9 가치관

가치관(values)이란, 여러 가지 대안들 중에서 하나의 행위를 선택할 때 사용되는 판단의 기준이나 표준을 의미한다. 즉, 사회적으로 바람직한 신념, 어떤 것이 옳고 선한 것인지 판단하는 수단으로 이용되고 행동의 지침이 되는 표준을 제공하는 개인적인 신념인 것이다.
가치관은 태도, 지각, 성격, 동기부여 등을 이해하는 데 기초가 된다. 또한 가치관은 비교적 안정적이고 지속적인 속성이 있으나, 특정 사건이나 사실을 계기로 일정하고 반복적인 과정을 거쳐서 변화할 수도 있다.
로키치(Rokeach)는 조직이 문화를 형성할 때 중요한 것은 조직이 해 줄 수 있는 것과 없는 것을 명확하게 알고 있는 것으로, 수단(도구)적 가치(instrumental value)와 최종(궁극)적 가치(terminal value)로 구분하였다.
즉, 로키치는 자신이 원하는 최종가치를 위해서 수단적 가치를 활용한다고 주장하였다.

수단적 가치	개인이 선호하는 행동양식이나 행동양상(목표를 위한 행동유형) 예 책임감, 야심참, 유능함, 유쾌함, 관대함, 정직함, 예의 바름, 깨끗함, 봉사심, 지성적, 절제력 등
최종적 가치	개인이 선호하는 최종상태(이상적인 최종 목표) 예 행복한 삶, 성취감, 안락한 삶, 평화로운 세상, 자유, 행복, 성숙한 사랑과 우정 등

10 스트레스

스트레스(stress)란, 인간의 물리적·정신적인 상태에 영향을 주는 감정적인 긴장이다. 특히 직무와 관련된 스트레스는 작업에 부정적인 영향을 미치거나 직무에 바람직하지 못한 요소가 될 수 있다.

1. 스트레스 원천

스트레스의 원천은 매우 다양하여 하나로 규정하기는 어렵다. 크게 생활스트레스(가정 내, 경제적인 측면 등)와 직무스트레스(직장 내)로 구분하고, 여기서는 직무스트레스를 살펴보자.
직무스트레스의 원천은 직무의 과다 또는 과소, 무능력, 시간 압박, 상급자의 압박, 부서 간 관계, 승진, 고용안정, 구성원 간 관계, 장래의 불확실성 등이다.

2. 스트레스 발생요인

(1) 환경적 요인

사회, 경제, 정치 및 기술적인 변화로 인한 불확실성(경기침체, IT기술의 발전, 노동법 등)이다.

(2) 조직 또는 직무요인

조직 구조나 분위기(풍토), 업무특성 및 근로조건(장시간 근로, 유해한 작업환경 등), 역할갈등, 역할모호성, 역할 과다 또는 과소이다.

(3) 인적 요인(개인적 요인)

인간관계(상사와 동료, 부하 직원과의 상호관계 등)에서 오는 갈등이나 불만이다.

3. 스트레스에 대한 반응(결과)

(1) 심리적 결과

불면증(수면부족), 성욕감퇴, 가장 문제 등이 있다.

(2) 생리적 결과

두통, 우울증, 심혈관계 질환, 위장관계 질환, 피부 질환, 암 발생 등이 있다.

(3) 행동적 결과

흡연, 식욕감퇴, 알코올 등의 약물 남용, 행동격앙 등이 있다.

4. 스트레스 예방

(1) 조직 차원에서의 스트레스 예방

적절한 직무부여 및 적성에 맞는 직무배치, 명확한 역할분담, 상호 간 호의적인 관계유지, 안정적인 고용정책과 승진정책, 자율적인 분위기 조성과 리더십 발휘 등을 할 수 있도록 한다.

(2) 개인 차원에서의 스트레스 예방

휴가, 전문적인 치료·상담, 기분전환, 운동과 명상의 시간 등을 적극적으로 활용한다.

TIP+ 직무스트레스와 업무성과와의 관계

직무스트레스와 업무성과와 관계는 적절한 스트레스 수준에서 업무성과가 가장 좋으며, 너무 높거나 낮을 때는 업무성과가 저하된다(역전된 U함수).

---

11 감정

감정(emotion)이란, 사람이 어떤 대상에 대해 반작용으로 생겨나는 느낌(feeling; 기쁘고 신나고 흥분하고 행복하고 상처받고 두려운 것 등)을 말한다.

6가지 유형	분노, 공포, 기쁨, 사랑, 슬픔, 놀람
강도 및 표현	문화와 개인마다 다름

다음은 감정노동(emotional labor)에 대해 알아보자.

조직 내에서는 구성원은 감정을 드러낼 수 없는 경우가 있다. 고객을 대할 때나 상사를 대할 때이다. 조직생활을 하는 구성원들의 감정은 실제적 감정(felt emotion)과 전시적 감정(display emotion)의 2가지로 구분한다.

실제적 감정	본능적으로 느끼는 그대로의 감정
전시적 감정	본능이 아닌 직무에 적합하게 이성적으로 학습된 감정

이 2가지 감정이 서로 상충될 때 스트레스와 감정적 부조화를 느끼는 것으로, 실제적 감정을 숨기고 전시적 감정으로 상대방을 대해야 하는 직무 또는 구성원을 일컬어 감정노동 또는 감정노동자(서비스업 종사자)라고 한다.

01 집단

1 집단 개념

집단(Group)이란, 공동(공통)의 이익 및 목적을 달성하기 위해 구성원 간에 상호작용(interaction)을 통해 이해(理解)를 함께 나누는 소규모 구성체를 말한다.

집단	공동의 목적을 달성하기 위해 2인 이상의 모임
집단구조	• 과업 또는 목적달성을 위해 형성된 방식 • 집단마다 독특한 특성을 지님 • 다른 집단과 구별이 되는 특성

> **TIP+** 집단역학(group dynamics)
>
> 인간은 집단 내에서는 혼자 있을 때와는 다른 반응을 나타낸다. 구성원들 간의 힘의 관계가 복잡하게 작용하여 지도자가 생겨나고 하위 지도자가 출현한다. 구성원 상호 간의 결합도 복잡하다. 집단은 인간을 수용하는 힘이나 배척하는 힘도 갖는다. 이와 같이 집단 속에서 인간이 어떠한 심리상태가 되며 어떠한 행동을 하게 되는 것인지를 연구하는 것이 집단역학이다.

☑ 핵심체크

집단 속성	• 상호작용과 상호의존성 • 구성원 간의 상호지각 및 소속감 • 공동의 목표 • 안정적인 구조(일정한 관계유지)
집단형성 이유	• 개인적인 욕구 충족 • 효율성 추구(시너지효과) • 사회적 교환이론(비용과 보상차원) • 사회적 비교이론(타인과 비교하여 자신을 평가)

2 집단 분석도구

집단구조의 분석도구(구성요소)로는 규범(Norm; 행동의 기준), 역할(Role; 직위에 대한 기대), 지위(Status; 개인의 서열), 응집성(Cohesiveness) 등이 있다.

규범	집단구성원 모두에게 공통으로 적용되는 비공식적인 행동의 기준
역할	집단 내에서 직위를 가진 사람이 해야 할 것으로 기대되는 일련의 행위
지위	집단 내에서 한 개인의 상대적인 직위·가치·서열
응집성	집단 내 일원으로서 끌리는 매력의 정도, 남으려는 의도(공동체의식)

> ✅ **핵심체크**
>
> 응집성이 높다고 해서 반드시 성과에 긍정적인 영향을 미치는 것은 아니다.
> (응집성↑, 열의↓ ⇒ 가장 낮은 성과)
>
> | 정서적 응집성 | 집단에 참여함으로써 더 많은 만족과 행복을 얻는 것 |
> |---|---|
> | 도구적 응집성 | 자신의 구체적인 목적달성을 위한 소속의식(자신이익의 획득수단) → 만족수준↑, 이탈↓ |

3 집단 유형

1. 비공식적 집단(1차 집단)

① 공통의 공식조직 + 친목도모 목적(공통적인 관심, 우정 등)의 집단을 말한다.
② 공통된 이익이나 사회적 욕구를 충족시키기 위해 자연발생적으로 형성된 집단이다.
예 사내 동호회, 교내 동아리, 동문회 등
※ 우호집단 - 구성원들이 자신의 사적인 목적과 우호관계를 위해 형성된 비공식집단

2. 공식적 집단(2차 집단)

① 공식조직 + 자발적 결사체(기능집단 또는 명령집단) 집단을 말한다.
② 조직의 목표와 관련된 것을 수행하기 위해 의도적으로 형성된 집단이다.
예 연합, 조합, 협회 등
※ 명령집단 - 지시와 명령을 할 수 있는 상·하의 공식관계로 형성된 집단,
　　　　　　계층이나 지휘계통이 있는 권한관계로 연결된 공식집단

3. 기타

(1) 이익집단

공식적 목표나 과업과 관련된 이익관계를 목표로 형성된 공식적인 집단이다.

예 회사, 노동조합, 압력단체 등

(2) 과업집단

하나의 과업을 완수하기 위한 담당자나 전문가들의 모임(계층이나 지휘계통과 무관한 공식집단)이다.

(3) 준거집단

개인이 가치관, 사고, 행동 등을 결정할 때 기준으로 삼는 집단이다.

(4) 소속집단

실제 개인이 소속되어 있는 집단(소속집단이면서 준거집단에 속할 경우 매우 긍정적인 효과)이다.

예 가족, 종교, 정치 등

(5) 희구집단

열망집단이라고도 하며, 개인이 속하기를 원하는 집단이다.

(6) 성원집단

개인이 속해 있는 집단이다.

(7) 대면집단

접촉빈도가 높은 집단이다.

예 가족, 친구, 이웃, 직장동료 등

TIP+

구분	기준	분류	특징	예
섬너 (W. G. Sumner)	소속감	내집단	소속감, 자부심	우리집단
		외집단	무관한 느낌	상대집단
퇴니에스 (F. Tönnies)	결합의지	공동사회	의지와 무관하게 소속	가족, 친척
		이익사회	의지에 의해 선택	회사, 정당, 친목집단
쿨리 (C. H. Cooley)	접촉방식	1차 집단	대면접촉, 전인격적	가족, 놀이집단
		2차 집단	간접적 접촉, 형식적·부분적 관계	회사, 군대

4 집단 발전단계

터커만(B. W. Tucketman)의 집단 발전단계 모델은 대인관계와 과업기능을 기준으로 다음과 같이 5단계를 제시하였다.

[그림 3-1] 집단 발전단계

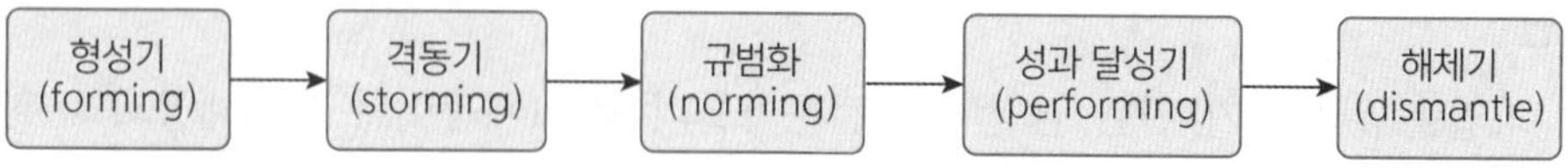

형성기 (forming) → 격동기 (storming) → 규범화 (norming) → 성과 달성기 (performing) → 해체기 (dismantle)

1. 형성기

구성들이 어떤 행동(목적)을 수행하기 위해 조직을 결정하고 구체적으로 목적, 구조 규칙 등을 결정·정의하는 단계이다.

2. 격동기

구성원들의 초기 이질적인 사고나 행동으로 갈등 또는 의사결정·의사소통 등의 어려움이 발생하고 규범의 기준과 규칙을 구체적으로 개발하는 단계이다.

3. 규범화

구성원들 간에 동료의식과 친밀감, 응집력, 사고나 행동의 공유, 피드백을 하는 단계이다. 이 단계에서는 권한과 역할이 정해지며, 집단사고가 발생할 가능성이 높다.

4. 성과 달성기

복잡한 상호의존적인 관계와 효율적인 과업의 수행, 원활한 의사소통이 이루어지며, 구성원들은 자신의 역할을 충분히 수행하고 집단이 원래의 기능을 발휘하는 단계이다.

5. 해체기

기존의 틀이나 체계, 조직 따위가 허물어지면서 새로운 것을 찾는 단계이다.

02　의사소통

1　의사소통 개념

의사소통(Communication)이란, 조직 구성원들 상호 간에 정보(information)·자료(data)·의견(opinion)·감정(sentiment) 등을 전달·공유·교환하는 상호작용과정을 의미하며, 구성원 간의 공감대 형성에 중요한 역할(동기부여, 통제기능)을 한다.

2　의사소통 유형

의사소통의 유형은 조직화의 정도에 따라 크게 공식적 의사소통과 비공식적 의사소통으로 구분할 수 있다.

공식적 의사소통은 조직목적 달성, 규범적(방법, 절차), 하향적, 상향적, 수평적 특징이 있고, 비공식적 의사소통은 개인중심, 비규범적(구두), 전파속도가 빠르다는 특징이 있다.

<표 3-1> 의사소통 유형과 조직구조

구분	의사소통 체계		조직구조 유형
공식적 의사소통	수직적 의사소통	상향식	라인중심조직(권한 라인)
		하향식	
	수평적 의사소통		조정부서가 설치된 연결조직
	대각적 의사소통		라인·스탭조직, 매트릭스조직, 프로젝트조직
비공식적 의사소통	그레이프 바인		비공식적 조직(자생적, 소시오메트리분석)

1. 공식적 의사소통(Communication)

공식적 의사소통은 정확성이 요구될 때 적합하다.

(1) 상향적(Bottom-up) 의사소통

하급자의 성과를 보고하는 것뿐만 아니라 하급자의 의견이나 태도 등을 상위의 계층으로 전달하는 것도 포함한다.

(2) 하향적(Top-down) 의사소통

조직의 위계 또는 명령계통에 따라서 상급자로부터 하급자에게로 전달되는 명령, 지시 등을 포함하는 의사소통을 말한다.

(3) 수평적 의사소통

조직에서 위계수준이 같은 구성원이나 부서 간의 의사소통을 뜻하는 것으로 상호작용적 의사소통이라고도 한다.

2. 비공식적 의사소통(Communication)

조직에는 공식적 의사소통체계 이외에 자생적으로 형성된 비공식적 의사소통 체계가 존재하며, 비공식적 의사소통의 체계 또는 경로를 '그레이프 바인(Grape vine)'이라고도 한다.

(1) 일반형(단순형)

단선적 통로를 통해 처음부터 마지막까지 정보를 전달한다.

(2) 한담형(가십형; gossip)

한 사람이 모든 구성원(여러 사람)에게 정보를 전달한다.

(3) 군집형

한 사람이 몇몇 사람에게 정보를 전달하고, 이 정보를 전달받은 사람이 다시 몇 명이 구성원들에게 정보를 전달한다.

(4) 확률형

한 사람이 전달하고 싶은 사람이나 무작위 구성원에게 정보를 전달한다.

비공식적 의사소통의 분석에는 '소시오메트리(sociometry)'라는 기법을 이용한다. 소시오메트리란, 사회적 관계에시의 집단구성원들 상호 간의 호의(好意)·비호의(非好意) 관계를 기초로 한 집단분석 기법이다.

✅ 핵심체크 그레이프 바인(grape-vine)

1. 개념
자생적으로 형성된 비공식적 의사소통 체계로서, '포도넝쿨을 닮았다' 하여 '그레이프 바인(grape-vine)'이라 한다. 오늘날 모든 비공식적 커뮤니케이션을 지칭하는 의미로 사용된다.

2. 특성
① 정보전달에 있어서 선택적·임의적이며, 전달속도가 빠르다.
② 종업원의 약 50%는 그레이프 바인을 통해 직무에 관한 정보를 얻으며, 약 75%의 정확성을 보인다.
③ 공식적 커뮤니케이션과 비공식적 커뮤니케이션은 상호보완적이다.
④ 조직구성원들을 포함한 모든 사람들이 불안하거나 변화에 직면했을 때 사용한다.

---

③ 의사소통 네트워크(Network) 유형

1940년대 초반부터 연구되어 지금까지 연구가 진행 중인 것으로, 의사소통 네트워크(Communication network)란, 조직구조를 기초로 구성원 개인들의 특성을 중심으로 자신들에게 적합하도록 형성되는 것이다. 누가 누구와 의사소통할 수 있는가를 지시해 주는 사전에 결정된 유형을 의사소통망(communication network)이라고 한다.

일반적으로 조직구성원들의 개인적 특성과 집단 내 의사소통의 상대(공식적·비공식적)에 따라 다음 5가지로 구분한다.

쇠사슬(chain; 연쇄)형, 수레바퀴형(wheel)형, Y형, 원(circle)형, 상호연결(all channel; 완전연결)형으로 구분하고 그림으로 나타내면 다음과 같다.

[그림 3-2] 의사소통 네트워크 유형

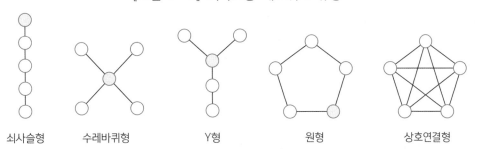

쇠사슬형 　　 수레바퀴형 　　 Y형 　　 원형 　　 상호연결형

1. 쇠사슬형(연쇄형)

쇠사슬형은 수직적 커뮤니케이션과 수평적 커뮤니케이션의 두 가지로 구분될 수 있다.

수직적 커뮤니케이션	공식적인 계통과 수직적인 경로를 통해 정보전달 예 라인(line)조직
수평적 커뮤니케이션	• 중간에 위치한 구성원이 중심적 역할 수행 • 정보수집과 문제해결이 비교적 느림 • 중간 주변에 위치한 구성원들의 만족감이 낮음 • 정보의 왜곡이 발생할 가능성이 높음

2. 수레바퀴형

수레바퀴형은 집단구성원 간에 중심인물이 존재하고 있는 경우 흔히 나타나는 의사소통 유형으로서, 구성원들의 정보전달이 어느 중심인물이나 집단의 지도자에게 집중되는 형태이다.

장점	• 신속한 정보수집 • 중심인물이 정보를 종합할 수 있음 • 문제해결 시 정확한 상황파악과 신속한 문제해결 • 문제의 성격이 간단하고 일상적(반복적)일 때만 유효
단점	문제가 복잡하고 어려운 때는 비유효(비효과)적, 독재 우려

3. Y형

Y형은 확고한 중심인물은 존재하지 않아도 대다수의 구성원을 대표하는 리더(leader)가 존재하는 경우에 나타나는 유형으로, 라인(line)과 스태프(staff)가 혼합되어 있는 집단에서 흔히 나타난다. Y형은 주로 세력집단의 리더가 의사소통의 중심역할을 맡고, 비세력 또는 하위 집단에도 연결되어 전체적인 의사소통망을 형성하게 된다. 예 라인스탭조직

4. 원형

원형은 집단구성원 간에 뚜렷한 서열이 없는 경우에 나타나는 의사소통 유형으로, 중심인물이 없는 상황에서 의사소통의 목적과 방향 없이 구성원들 사이에 정보가 전달된다. 지역적으로 분리되어 있거나 자유방임적인 상태에서 함께 일하는 구성원 사이에서 이러한 의사소통은 흔히 나타난다. 일반적으로 정보전달 및 수집, 종합적인 상황 파악, 문제해결들이 가장 느리지만, 의사소통 목적이 명백할 경우 구성원의 만족도는 비교적 높다. 예 태스크 포스(Task-force)조직, 위원회조직 등

5. 상호연결형

상호연결형은 완전연결형이라고도 하며, 가장 바람직한 의사소통 유형으로서 구성원들 사이의 정보교환이 완전히 이루어지는 유형이다. 구성원 모두 정보를 교환하기 때문에 수레바퀴형에 비하여 종합적인 상황파악과 실제 문제해결에 시간은 더 소요된다.

특징	• 상황판단의 정확성이 높고, 복잡하고 어려운 문제에 효과적 • 구성원의 창의성이 요구되는 문제에 가장 효과적 • 구성원의 만족도 가장 높음

구분	쇠사슬형	수레바퀴형	Y형	원형	완전연결형
적용	명령체계	공식적 작업	라인/스태프조직	위원회	비공식적
의사소통 속도	중간	• 단순과업: 빠름 • 복잡과업: 느림	중간	• 모여 있을 때: 빠름 • 멀리 있을 때: 느림	빠름
수용도	낮음	중간	중간	높음	높음
만족도	낮음	낮음	중간	높음	높음
권한집중	높음	중간	중간	낮음	매우 낮음

4 의사소통 기능

1. 정보전달(소통) 기능

커뮤니케이션은 개인과 집단 또는 조직에 정보를 전달해 주는 기능을 함으로써 커뮤니케이션의 촉매제 역할을 한다. 커뮤니케이션은 여러 가지 대안을 파악하고 평가하는 데 필요한 정보를 제공해 줌으로써 의사결정을 원활히 이루어지게 한다.

2. 동기부여 기능

커뮤니케이션은 조직구성원들의 동기부여(motivation)를 촉진시키는 데 사용된다. 조직구성원이 해야 할 일, 직무성과를 개선하고 달성하기 위해서 어떻게 해야 하는지, 다른 구성원들과 어떻게 협동해야 하는지 등을 구체적으로 알려주는 매개체 역할을 하는 것이 의사소통이다.

3. 지시 및 통제 기능

커뮤니케이션은 조직구성원들의 행동을 조정·통제하는 기능을 한다. 즉, 커뮤니케이션은 조직구성원들의 행동이 특정 방향으로 움직이도록 통제하는 기능을 한다.

4. 정서(감정표출) 기능

커뮤니케이션은 조직구성원들이 자신의 감정을 표현하고 사회적 욕구를 충족시키도록 하는 역할을 한다. 구성원들은 자신이 속한 집단이나 조직에서 이루어지는 자신의 고충이나 기쁨, 만족감이나 불쾌감 등을 토로하게 된다. 커뮤니케이션 등을 통하여 자신의 현재 심정을 표출하고 다른 사람들과의 교류를 넓혀 나간다.

5 의사소통 활성화 방안

활성화 방안
• 신뢰와 공감대 형성 • 다양한 대화경로의 개발·교류 • 조직 간 갈등의 해소 • 조직 간 정보 교류의 활성화(정보 및 자료 교환) • 사업장의 실상파악, 현장정보의 공유입수 • 공동체 여건 조성 • 구성원의 자발적 참여에 의한 일체감 • 구성원 상호 간의 다양한 팀 활동 전개 • 경영방침과 업무의 연계성 및 이행 도모 • 부서 간 공동참여 체제 확립 • 중점사업 추진결과의 피드백

6 의사소통 과정

[그림 3-3] 의사소통 과정

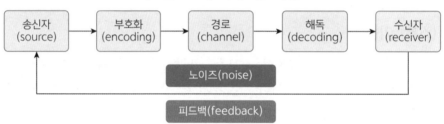

1. 부호화(encoding)

전달자가 아이디어를 전달하는 것이 가능하고 이해 가능한 형태로 변환시키는 과정이다.

2. 해독(decoding)

수신자는 전해진 메시지를 아이디어로 환원하는 해독작업을 수행해야 한다. 해독작업이 정확하게 이루어지면 아이디어는 전달자가 의도한 대로 전해질 것이다.

3. 피드백(feedback)

메시지 해독 후 수신자가 메시지를 전달자에게 다시 전달하는 것을 피드백이라 한다. 전달자는 피드백을 통해 전달하려는 메시지가 정확히 전달되어 의도한 효과를 발휘하였는지 여부를 판단한다.

4. 잡음(noise)

잡음은 전달과 수신 사이에 발생하여 의사소통의 정확도를 감소시킨다. 여기에는 언어가 갖는 어의(語義) 상의 문제, 메시지의 의도적 왜곡 등이 있다. 전달자의 부정확한 사상인식, 부적절한 코드화, 수신자의 부정확하거나 왜곡된 해석 등의 잡음은 어디서나 발생하여 커뮤니케이션을 왜곡시킬 수 있다.

7 의사소통 장애요인

커뮤니케이션 과정에서 소음이 개입되는 것을 장애요인이라고 하는데, 실제 커뮤니케이션 과정에서는 송신자의 정보원에서 수신자의 반응에 이르기까지 여러 가지 소음 및 장애요소가 작용하여 송신자가 의도한 정보메시지가 그대로 수신자에게 이해되지 않음으로써 의도했던 의미가 실제로 이해된 내용과 차이가 생기는 경우가 많다.

이러한 이유는 정보원 자체나, 매체 등 커뮤니케이션의 네트워크 자체의 문제도 있지만 대부분 송신자나 수신자, 그리고 상황과 관련된 요인으로 구분된다.

1. 송신자와 관련된 장애요인

(1) 커뮤니케이션에 대한 목적의식의 부족이다.

송신자가 의사를 전달하려는 명백한 목적이 없을 때 메시지의 내용이 명확하게 나타나지 않는다.

(2) 커뮤니케이션 기술의 부족이다.

송신자가 부적절한 단어의 선택, 문법상의 문제, 서투른 메시지 전달, 서투른 문장력이나 언변 등은 수신자가 메시지를 이해하기 어렵게 한다.

(3) 대인감수성의 부족이다.

송신자는 수신자에게 동기부여를 제공하지 못하게 되므로 오히려 커뮤니케이션의 역효과를 가져 온다. 특히, 관리자들은 역지사지(易地思之)의 마음으로 감정이입을 할 필요가 있다.

(4) 준거 틀(frame)의 차이이다.

송신자는 자기의 과거경험에 비추어 자신의 기준에 의해서 사물을 인지하고 이해하기 때문에 똑같은 상황을 놓고도 각자가 해석을 다르게 한다.

(5) 정보의 여과이다.

여과는 정보나 메시지를 수신자에게 긍정적으로 지각할 수 있도록 정보를 조작하는 것인데, 송신자가 고의로 정보를 호의적 또는 부정적으로 여과하여 수신자에게 듣기 좋아하는 메시지만 전달하고 그렇지 않은 정보는 여과함으로써 커뮤니케이션을 방해하는 요인이다.

2. 수신자와 관련된 장애요인

(1) 평가적 경향이다.

수신자는 송신자로부터 메시지를 전부 다 전달받기 이전에 메시지의 전반적인 가치를 평가해 버리는 경향으로 메시지가 갖는 실제의 의미를 왜곡시켜 버린다.

(2) 선입관이다.

수신자는 송신자에 대해 선입견에 사로잡혀 있을 때는 상대방의 말을 주의하여 듣지 않고 성급한 판단을 하기 쉽다.

(3) 선택적 청취이다.

수신자는 자신들의 욕구를 충족시키거나 자신들의 신념과 일치하는 메시지는 받아들이고 자신에게 위협을 가하거나 기존의 신념과 갈등을 일으키는 메시지는 부정하거나 왜곡하고 귀를 기울이지 않으며 그 정보를 거부·회피하려는 경향이 있다.

(4) 반응적 피드백의 부족이다.

수신자는 송신자의 메시지에 대한 무반응이나 부적절한 반응을 나타냄으로써 송신자를 실망시킨다. 이처럼 수신자의 무반응은 송신자의 메시지에 관심이 없다든지 그러한 사람과 말하기 싫다거나 어렵다는 것을 암시함으로써 적절한 커뮤니케이션의 기회를 감소시킨다.

(5) 신뢰도의 결핍이다.

만약 송신자가 평소에 신뢰성이 부족한 사람인 경우, 수신자는 송신자의 의사전달을 전적으로 신뢰하지 않는다. 즉, 수신자는 송신자에 대한 불신 또는 선입견에 의해 송신자의 메시지 내용을 신뢰하지 않는다.

3. 상황과 관련된 장애요인

(1) 어의(語義) 상의 문제이다.

동일한 단어가 서로 다른 사람들에게 아주 다른 의미를 가질 때 일어나며, 특히 송신자가 매우 추상적 인용어나 고도의 전문용어를 사용할 경우에 수신자가 그 말 뜻을 이해하지 못할 때 효과적 커뮤니케이션이 되기 어렵다.

(2) 정보의 과중이다.

수신자에게 그가 수용할 수 있는 이상의 과중한 메시지가 전달되면 커뮤니케이션의 유효성은 감소된다.

(3) 시간의 압박이다.

시간부족으로 대화가 피상적인 것이 되어버리는 경우로, 이런 커뮤니케이션의 피상성은 정확성을 저해한다.

(4) 커뮤니케이션 분위기 문제이다.

평소에 개방성과 신뢰성이 낮은 조직에서는 커뮤니케이션의 의도가 부정적으로 왜곡되기 쉽다.

(5) 비언어적 메시지이다.

대면 의사소통에서는 언어적 메시지와 비언어적 메시지를 함께 사용하는데, 언어적 메시지와 비언어적 메시지의 불일치는 커뮤니케이션의 유효성을 감소시킨다.

(6) 기타

언어상의 장애로 인한 생략(Omission), 상동적 태도(Stereotyping), 왜곡(Distortion), 누락, 오류, 대기, 여과, 개발, 회비, 비수용적 태도 등이다.

03 의사결정

1 의사결정 개념

의사결정(decision making)이란, 선택 가능한 2개 이상의 대안 중에서 최선(최적)의 대안을 선택하는 일련의 과정으로, 효과적인 목표달성을 위해 여러 대체 가능한 활동과정 중에서 하나의 활동과정을 선택하는 것을 말한다.

즉, 최고경영자가 수행해야 할 가장 중요한 업무로서 조직의 목적을 달성하고 유지·존속시키기 위해 이용 가능한 여러 대안들 중에서 가장 합리적이고 최적의 대안을 선택하는 것을 말한다.

의사결정(decision making)의 모형으로 합리적 경제인 모형과 관리인 모형이 있다.

<표 3-3> 의사결정 모형(합리적 관점)

경제인 모형	관리인 모형
• 완전한 정보	• 불완전한 정보
• 완전한 합리성	• 대안의 제한된 합리적 평가
• 모든 대안의 평가	• 만족한 의사결정
• 최적의 의사결정 가능	• 기술적 모형
• 규범적 모형	• 대안의 순차적 탐색

2 의사결정 과정

조직의 의사결정 과정은 다음과 같이 여러 단계를 거쳐 이루어진다.

[그림 3-4] 의사결정 과정

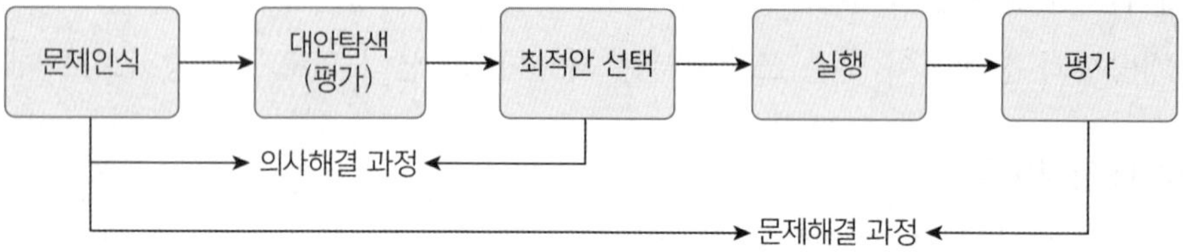

문제인식 → 대안탐색(평가) → 최적안 선택 → 실행 → 평가

의사해결 과정

문제해결 과정

3 집단의사결정(Group decision making) 특징

집단의 규모가 커지면 자연적으로 의사소통의 신속성이 떨어지고 의사소통 자체도 원활하지 못하여 집단 간에 갈등을 초래할 수 있다. 즉, 집단의 규모가 클수록 의사소통이 원활하지 않고 갈등이 생길 여지가 많다. 그러나 집단의사결정은 구성원들의 상호작용을 통해 많은 정보를 활용(정확성 증가)할 수 있는 장점도 있다. 반면 창의력은 떨어진다.
집단구성원의 응집력 정도에 따라 의사소통의 합의의 유무에 많은 영향을 미친다.

<표 3-4> 집단의사결정 장·단점

장점	단점
• 풍부한 정보와 지식의 활용	• 지나친 순응 압력
• 분업과 협업 가능	• 책임소재 모호성
• 정당성·정확성·합법성의 증대	• 집단 내 갈등 야기
• 충실한 대안평가	• 창의성 부족
• 해결책에 대한 수용성 증가	• 많은 시간과 비용 소모
• 상호 간 지적자극을 통한 시너지효과	• 공유의 비협조
• 의사소통 기능	• 소수의 아이디어 무시 가능성
• 높은 교육효과	• 최적의 선택 불가(타협안의 선택)
• 높은 응집력	• 의견불일치로 구성원 간의 갈등 초래
• 문제분담을 통한 전문화	• 집단사고 및 동조현상 야기

집단의사결정과 개인의사결정 비교

1. 개인의사결정

개인의 인격에 근거하므로 집단적·조직적 의사결정보다 질서정연하지 못하다. 개인이 지닌 가치관, 성격, 위험에 대한 성향, 불일치의 잠재성 같은 심리적 행동적인 영향요인을 받는다.
개인의사결정의 결정요인은 스키마(정보처리능력), 창의력(비범한 대안), 휴리스틱(경영자의 경험, 판단) 등이 있다.

2. 집단의사결정

구성원들 간에 의견 및 아이디어, 지식의 교환과 같은 집단적 상호작용을 거쳐 문제를 인식하고 이를 해결하는 것이다. 집단의사결정이 미치는 영향은 자율적인 조직기반을 구축하는 핵심적인 활동, 집단의 성과에 직접적 영향을 미친다. 그리고 조직구성원들의 창의성 증진에 영향을 미치며, 집단 내 구성원 간의 인간관계를 개선한다.

<표 3-5> 집단·개인의사결정 비교

요인	집단의사결정	개인의사결정
과업의 유형	정확성 또는 다양한 지식과 기술이 요구될 때	창의성 또는 능률이 요구될 때
실천 여부	실천이 용이(정확도 ↑)	실천이 어려움(정확도 ↓)
의사결정의 수용	집단구성원의 수용이 중요할 때	수용이 중요하지 않을 때
해결대안의 질	여러 집단구성원이 해결안을 개선할 수 있을 때	가장 훌륭한 구성원이 확인될 수 있을 때
개인의 특성	집단구성원이 함께 일한 경험이 있을 때	개인들이 협력할 수 있을 때
의사결정의 분위기	분위기가 문제해결에 지원적일 때	분위기가 문제해결에 경쟁적일 때
가용시간의 양	비교적 시간 여유가 많을 때	비교적 시간 여유가 없을 때
최종 단계	합의	선택

> **☑ 핵심체크**
>
> **의사결정 선택기준**
>
> 1. **의사결정의 질 측면** – 복잡한 문제일 경우 집단의사결정이 유리
> 2. **결정사항의 수용성 여부** – 중요한 사안일수록 집단의사결정이 유리
> 3. **의사결정사항의 정확성 요구** – 집단의사결정 선택
> 4. **신속성 요구** – 개인의사결정 선택
> 5. **창의성 요구** – 개인의사결정 선택
> 6. **비용 측면** – 개인의사결정 선택

5 집단의사결정 유형

조직구성원의 집단들이 자유롭게 의견을 제시하고 토론할 수 있도록 하고, 보다 나은 정보를 도출하여 집단의사결정을 할 수 있도록 하여 단점을 최대한 보완하는 방법으로, 명목집단법, 델파이법, 브레인스토밍, 변증법적 토의법, 지명반론자법 등이 있다.

1. 명목집단법(NGT; Nominal group technique)

명목집단법이란, 델베크와 반드밴(Delbecg & Van de ven; 1968)이 브레인스토밍을 수정·보완한 것으로, 명목상 집단일 뿐 구성원 간에 대화가 없는 집단을 말한다. 독립적으로 문제를 해결할 수 있고, 의사결정시 시간이 적게 들며 명목집단을 이끌 유능한 리더(leader)가 필요하다.

특징	• 한 번에 한 문제밖에 해결할 수 없음 • 타인의 영향을 받지 않음 • 개인은 조용히 혼자서 문제를 생각하고 아이디어를 구상 • 자기생각을 서면(무기명작성)으로 작성 • 누구의 것인지 모르는 상태에서 발표(토의 ×) • 비밀투표를 통해 최종 아이디어를 선택·결정

2. 델파이법(Delphi technique)

델파이법이란, 달키(N. Dalkey; 1950)의 주창으로, 몇 명의 전문가들이 특정 문제에 대해 독립적인 의견을 우편으로 수집·요약·배부한 다음 논평을 하여 문제해결을 하는 것으로서, 다른 사람의 영향력이 배제되고 전문가들은 따로 모일 필요가 없다. 익명성이 보장되나 많은 시간이 소요되고 응답자들의 통제가 불가능하다. 단계는 다음과 같다.

① 전문가에게 문제를 제시하고 질문지를 배부하여 해결안을 요구한다.
② 질문지에 익명으로 작성하고 독립적으로 완성한다.
③ 결과를 수집하여 복사·재생한다.
④ 구성원들이 결과를 다시 받는다.
⑤ 결과 검토 후 구성원들에게 해결책을 요구하고, 의견을 모은 결과가 새로운 해결안을 나오게 한다.
⑥ 만장일치에 도달할 때까지 4단계와 5단계가 반복한다.

3. 브레인스토밍(Brain-storming)

브레인스토밍이란, 오스본(A. F. Osborn)이 창안한 기법으로, 두뇌선풍기법이라고도 한다. 창의적 대안 개발을 방해하는 일체의 압력을 극복하기 위한 단순한 기법으로, 특정 문제해결을 위해 자주적인 아이디어 제안을 대면 방식으로 진행하는 집단토의 형식이며 자유롭고 융통성있는 사고를 증진시키고 구성원들의 창의성을 증진하는 것이 목적이다. 단, 창의적 아이디어를 생성하는 것이 주요 목표로서 제안된 아이디어에 대한 평가와 배점을 배제하므로 문제해결 과정을 결론지을 수 없다는 것이 단점이다.

특징	• 자유로운 의견 제시(아이디어 양을 중시) • 상대방의 의견을 평가·비판하지 않음 • 구성원 모두가 주제를 알고 있음 • 현실성이 없는 결론을 도출할 수도 있음 • 한 조는 사회자 1명, 기록자 1~2명, 발표자 6~12명 정도로 구성됨

4. 변증법적 토의법(Dialectical inquiry model)

변증법적 토의법이란, 헤겔(G. Hegel)의 변증법적 사고방식에 기초한 기법으로, 대화술·문답술이라고도 한다. 전체 구성원들을 각 대안에 대해 두 집단, 즉 찬성과 반대의 집단으로 나누어 토론을 실시하고, 그렇게 하여 각 대안에 대해 토의하는 방식이다. 이 경우 반대 안을 만드는 데 시간과 비용, 노력이 많이 든다는 단점이 있다. 한 가지 사실을 대립된 두 가지로 파악하는 것으로서, 문답에 의해 진리에 도달하는 방법이라 할 수 있다.

5. 지명반론자법(Devil's Advocate Method)

지명반론자법이란, 집단 내에 2~3명 정도를 구성하여 대안에 대해 반론자의 역할을 부여한다. 원안에 대해 의도적으로 단점과 약점을 지적하여 이견을 내도록 하는 방식이다. 이때 의사결정집단이 최선의 의사결정을 할 때까지 토론을 한다. 비용이나 노력 측면에서 변증법적 토의법보다는 경제적이다.

6. 전자회의

컴퓨터 기술과 명목집단기법을 혼합한 것으로 장점은 익명성, 정직성, 신속성 및 모든 참가자들의 의견을 알 수 있다는 점이다.

6 집단사고(group think)

1. 집단사고 개념

집단사고란, 응집력이 높은 소규모 의사결정집단에서 대안의 분석 및 이의제기를 억제하고 합의를 쉽게 이루려고 하는 심리적 경향을 말한다. 즉, 집단구성원들이 대안에 대한 충분한 분석 및 토론 없이 쉽게 합의하고 그 대안이 최선이라고 믿으며 합리화하려고 하는 현상을 말한다.
집단사고는 잘못된 의사결정으로 '집단착각 현상'이다. 따라서 집단사고에 빠지면 조직구성원들은 새로운 정보나 변화에 민감하게 반응하지 못해 상황적응능력이 떨어지게 된다.

2. 집단사고 발생원인

집단사고의 발생원인은 집단의 의사결정과정에서 집단의 압력으로 인해 부적절한 결과를 초래하게 되는 것으로, 응집력이 높은 집단구성원 간의 합의에 대한 요구가 지나치게 커서 발생한다.
① 높은 응집력으로 인한 대안의 모색을 저해하는 경우 발생할 수 있다.
② 현실에 대한 검토가 불충분할 때 발생할 수 있다.
③ 도덕적 판단의 저해현상으로 인해 발생할 수 있다.
④ 권위주의적 리더가 존재할 때 발생할 수 있다.
⑤ 집단사고는 의사결정의 중요도가 높을수록 발생 가능성이 높다.
⑥ 의사결정을 해야 하는 시간적 제약이 심할 때 발생 가능성이 높다.

3. 집단사고 해결 및 최소화방안

① 비판적 평가자를 장려하여 집단사고를 줄인다.
② 가능성 있는 대안들을 많이 끌어낸다.
③ 집단구성원들을 직접 의사결정에 관여시킨다.
④ 내부평가자를 활용한다.
⑤ 조기에 의사결정자들이 집단사고를 경계하는 훈련을 실시한다.
⑥ 열린 대화 분위기를 조성하고 직접적인 리더의 압력을 회피한다.
⑦ 집단의 고립을 피한다.

1 리더십 개념

1. 리더십 개념

리더십(leadership)이란, 어떤 상황하에서 조직의 목표를 달성하기 위하여 개인이나 집단의 행위에 영향력을 발휘할 수 있는 능력으로, 리더십은 조직의 목표달성 및 비전(vision)을 위해 조직구성원들이 자발적으로 종사하도록 공식적 지위에 있는 사람이 영향력을 행사하는 것이다.

경영학자들은 경영의 성패를 리더(leader)의 역할에서 찾는다. 특히 인적자원의 비중과 중요성이 증대되는 오늘날 리더십(leadership)은 한층 더 부각되고 있다.

2. 리더십 필요성

① 지역사회의 환경과 압력에 적절히 대응하기 위해 필요하다.
② 새로운 기술 또는 새로운 구조의 도입과 같은 내부적 변화가 조직에 통합될 수 있기 하기 위해 필요하다.
③ 전문가의 자율성 욕구와 조직의 통제 욕구를 매개하고 구성원들이 조직의 규칙과 규정을 준수하도록 하기 위해 필요하다.
④ 구성원의 목표와 조직의 목표 사이에 가능한 한 많은 일치를 가져오도록 하기 위해 필요하다.

> ☑ **핵심체크**
>
> **리더와 관리자 차이**
>
> | 구분 | 리더(leader) | 관리자(manager) |
> |---|---|---|
> | 목표 | 방향설정 | 행동실천 |
> | 초점 | 인간적 | 제도, 규칙, 규정, 구조 |
> | 관리 | 동기부여, 지도, 안내 | 지휘, 명령, 통제 |
> | 가치관 | 미래지향적, 창조, 혁신 | 과거지향적, 공헌, 노력 |
> | 태도 | 도전적 | 현 상황의 수용 및 적응 |
> | 업무 | 유연성, 수평적 | 경직성, 수직적 |

2 리더십 변천

리더십의 유효성에 영향을 미치는 변수를 기준으로 리더십이론의 변천과정을 살펴보면 다음과 같다.

[그림 3-5] 리더십 변천과정

특성추구이론 (1940년대) → 행위이론 (1950~1970년) → 상황이론 (1970~1980년대) → 현대적 리더십 (1990년~)

1. 특성추구이론(trait theory)

특성추구이론이란, 성향이론·특성이론이라고도 하며, 리더가 갖추고 있는 독특한 성격·성향이 리더십과 중요한 연관이 있다고 보는 이론이다. 즉, 리더는 '선천적으로 타고 나는 것이지 만들어지는 것이 아니다'라는 것으로, 이 이론에 근거해서 찾아낸 효과적인 리더십을 결정하는 성향들에는 지능, 지배력, 자기 확신, 정열, 활동, 업무 관련 지식 등이 포함된다. 심지어는 키, 몸매, 관상, 손금 등도 리더십의 효과성과 관련이 있다고 보는 것이다.

단점	• 하위자들의 욕구를 무시한 점 • 여러 가지 특성들의 상대적 중요성을 밝히는 데 실패한 점 • 상황적 요소들을 무시한 점 • 모든 리더가 보편적으로 소유하고 있는 구체적인 특성 발견에 실패한 점 • 리더가 하위자의 행동에 영향을 미치기 위하여 보여 줄 행동유형을 알려 주지 못한 점

2. 행위이론(behavioral theory)

행위이론이란, 경험적 검증이 힘든 특성이론에서부터 탈피하려는 것으로, 리더십을 관찰 가능한 과정 혹은 활동으로 보려는 이론으로, 리더는 '만들어지는 것이지 선천적으로 타고나는 것은 아니다'라는 것이다.

행동이론의 목적은 어떤 행동들이 효과적인 리더십과 연관되어 있는지를 결정하려는 것이다. 효과적인 리더의 행동은 효과적이지 않은 리더와는 다른 무엇이 있을 것이라는 믿음이다.

이 접근에서는 비슷한 유형의 행동들을 몇 개의 범주로 묶어 리더십 유형으로 개념화하고, 어떤 유형(과업지향리더 vs 관계지향리더)의 리더십이 보다 더 효과적인지를 찾아보려고 했다.

(1) 아이오와(Iowa) 대학의 리더십 연구

르윈과 리피트(K. Lewin & R. Lipitt; 1927)는 10대 소년들을 대상으로 권위형 리더, 민주형 리더, 방임형 리더의 유형을 실험하였다.

권위형 리더	과업지향적, 지시·명령, 하향적 의사소통, X이론형, 전체적 리더 (종업원의 자유, 권리를 억압, 지도자의 권위가 절대적)
민주형 리더	인간관계지향적, 종업원 참여와 자율성 강조, Y이론형, 이상적
방임형 리더	극단적인 자유행동 허용, 서로의 역할 포기상태

(2) 미시간(Michigan) 대학의 리더십 연구

리커트(R. Likert)는 리더의 유형을 극단적으로 양분하여 직무 중심적 리더와 종업원 중심적 리더로 구분하였다.

직무 중심적 리더	과업 중시, 공식권한 중시, 명령과 지시적인 리더
종업원 중심적 리더	구성원과의 관계 중시, 구성원에게 권한을 위임하는 리더, 이상적

리커트는 리더십 관리시스템의 특성을 4가지로 구분하였고, System IV를 사용하는 리더는 가장 훌륭한 리더이고, 부서나 조직의 목표달성도 가장 효율적이고 합리적이며 생산적이라고 주장하였다.

<표 3-6> 관리시스템 특성

System I	System II	System III	System IV
독재적, 명령	약간의 권한위임, 통제	약간의 부하의 참여	완전 참여적
신뢰성 결여, 하향식	약간의 신뢰	상당히 신뢰	완전 신뢰
공포, 처벌, 보상	약간의 공포, 처벌	보상 중시	보상, 경제적 가치 중시
최고경영자 의사결정	약간의 인간관계	협의	의사결정 참여

(3) 오하이오(Ohio) 대학의 리더십 연구

스토그딜과 플레쉬맨(R. M. Stogdill & E. A. Fleshman; 1940)은 리더의 행동에 관한 독립적인 분야를 확인하는 내용의 연구로, 150개의 설문을 통해 리더의 행동을 구조주도(initiation)와 배려(consideration)의 2가지 범주로 구분하였다.

가장 바람직한 리더는 구조주도와 배려가 모두 뛰어난 리더이다.

구조주도	• 목표달성을 위해 리더와 종업원의 역할을 정의하고 범위와 정도를 지시 • 작업, 작업 간의 관계, 목표를 조직화하기 위한 행동 등 예 명확한 직무할당, 정해진 규칙과 절차 및 행동기준을 유지, 계획화
배려	• 종업원의 감정에 대한 고려와 상호신뢰를 바탕으로 범위를 정의 • 사려깊은 리더로서 구성원의 문제를 해결해 주고 친절함 예 모든 종업원을 동등하게 대우하며 부하들의 복지, 안락함, 만족 등에 관심

(4) PM구조

오하이오 대학의 연구를 참고한 것으로, 미나미(Minami)는 성과(P: Performance)와 유지(M: Maintenance)의 기능으로 구분하였다. 이 연구결과에서 가장 유리한 리더의 유형의 순서는 PM → pM → Pm → pm이다.

P기능	집단에서 목표달성이나 과제를 해결하기 위한 기능
M기능	집단의 자기보존이나 집단의 과정 등을 유지하는 기능

(5) 관리격자도(managerial grid)이론

블레이크와 머튼(R. R. Blake and J. S. Mouton; 1991)은 오하이오 대학의 연구를 연장하여 리더십을 생산에 대한 관심과 인간에 대한 관심의 2차원으로 구분하여 9등급으로 분류하였다. 이 연구 결과는 (9, 9)등급인 리더가 가장 이상적이라고 주장하였다. 리더십의 유형은 다음과 같다(오늘날 산업현장에서 주로 쓰임).

[그림 3-6] 관리격자도

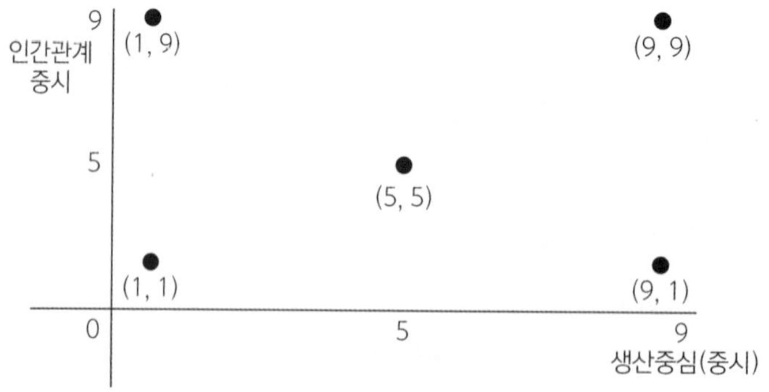

<표 3-7> 형태별 특징

(1, 1)형 무관심(방임)형	(1, 9)형 인간관계(친목)형 (컨트리클럽형)	(5, 5)형 절충형	(9, 1)형 과업(독재)형	(9, 9)형 이상형(팀형)
생산과 인간관계 모두에 무관심	생산에는 무관심하나 인간관계 중시	생산과 인간관계 모두에 적당한 관심	인간관계에는 무관심하나 생산 중시	생산과 인간관계 모두 중시

3. 상황이론(situational theory)

상황이론이란, 개연성이론이라고도 하며, 리더십에는 특성이나 행동보다는 상황적인 요인에 영향을 더 많이 받을 것이라는 것으로, 리더(leader)와 상황이 잘 맞아야 성과가 높다는 관점이다. 리더의 효과성은 상황에 의존하므로, 그 결과 동일한 리더가 어떤 조직이나 상황에서는 효과적일 수 있고, 다른 상황에서는 효과적이지 못할 수도 있다.

(1) 피들러의 상황이론(contingency theory; 상황적합이론)

피들러(F. E. Fiedler)는 상황이론의 대표적 학자로서, 리더와 상황의 조화를 강조하면서 리더에게 유리한 상황인지 그렇지 않은지는 다음 3가지의 상황변수들에 의해 결정된다고 하였다.

과업의 구조	• 일상적인지, 복잡한지, 구체적인지 • 구조화된 과업일수록 리더에게 호의적
리더와 하급자의 관계	리더의 매력, 하급자의 충성심 등의 신뢰·믿음·존경의 정도
리더지위의 권력 정도	공식적 권한(막강한 권한의 부여 정도)

피들러(Fiedler)는 리더를 인간지향적 리더십과 과업지향적 리더십의 2가지로 보았다. 그는 리더가 강력한 직위와 명확한 직무지시, 그리고 구성원들이 리더를 호의적으로 생각하는 상황일 때가 가장 이상적이라고 주장하였다.

리더십의 유형으로는 LPC(least preferred coworker)점수를 사용하였다. 같이 일하는데 싫어하는 사람들을 측정하여 점수를 부여하였다. 그 결과 LPC점수가 낮을수록 과업지향적이고, 높을수록 종업원지향적일 것이라고 주장하였다.

단점	• 상황변수들이 복잡하고 측정하기가 어렵다는 점 • 하위자의 특성에는 별로 관심을 두지 않았다는 점 • 리더와 하위자의 기술적 능력의 변화에 관심을 두지 않았다는 점 • 상관관계가 비교적 약한 점 • 리더 유형을 분류하는 측정도구가 불명확하다는 점

(2) 하우스의 경로목표이론(path-goal theory)

경로목표이론이란, 하우스와 이반(R. House & Evan)이 주장한 이론으로 브룸의 기대이론(동기부여이론)에 근거한 리더십이론이다. 리더의 역할은 경로를 분명히 하고 추종자로 하여금 현재의 상황, 장애물, 지름길 등의 목표지향적인 행동(코칭, 지원, 보상)을 할 수 있도록 해야 한다는 것이다.

즉, 부하의 능력수준에 따라서 다음 4가지의 리더 행동이 순차적으로 필요하다고 추천하였다.

지시적 리더	• 무슨 일을 할지 제시, 스케줄 제시, 공식적 활동 중시 • 지시, 명령, 비구조화된 작업에 적합
지원적 리더	• 종업원의 요구에 관심과 친절, 후원 • 구조화된 작업에 적합
참여적 리더	종업원과의 상담, 정보 교환, 제안 유도, 참여적, 이상적
성취지향적 리더	성과개선 강조, 능력발휘 강조, 도전적 목표설정

이 이론의 핵심은 지시적(수단적) 리더 행동은 비구조화된 과업에 종사하는 하위자들에게 효과적이고, 지원적(후원적) 리더 행동은 하위자들이 구조화된 일상적 과업들을 수행할 때 높은 만족을 가져 온다는 것이다.

단점	• 리더 행동의 범주가 너무 포괄적일 뿐만 아니라 복잡하고 난해한 점 • 서로 다른 상황변수들 간의 상호작용의 가능성을 배제하고 있는 점 • 리더가 하위자의 과업에 영향을 미치는 다른 방법들을 소홀히 하고 있다는 점

하급자들의 개인적 특성(능력, 통제의 위치, 욕구 등)과 환경적 특성(작업집단, 과업, 공식적인 권한 관계 등)을 두 가지 상황요인으로 보았다.

[그림 3-7] 경로-목표이론의 과정

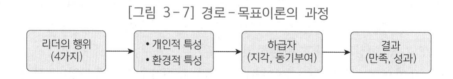

(3) 허시와 블랜차드의 리더십 수명주기이론(상황대응 리더십이론)

허시와 블랜차드(P. Hersey & K. Blanchard)는 리더의 행동이 구조주도와 배려 모형에 기초한 것으로, 리더십의 효과성에 영향을 주는 상황변수로 부하의 성숙도(능력도; 자질, 사기, 책임의식, 자신감 등)를 설정하고, 부하의 성숙도에 따라 상이한 리더십이 효과적이라고 하였다. 리더의 4가지 행동은 다음과 같다.

지시형 리더	• 높은 과업 – 낮은 관계 • 부하의 성숙이 가장 낮음, 목표달성에 초점, 지시 · 감독, 의지↓, 능력↓
설득형 리더	• 높은 과업 – 높은 관계 • 목표달성과 정서적 지원에 초점, 참여유도, 목표결정은 리더가 주도적(지도형 리더)
지원형 리더	• 낮은 과업 – 높은 관계 • 지원(후원)적 행동으로 동기부여, 칭찬, 권유, 피드백 제공, 일상적인 의사결정을 부하에게 위임(= 참여형 리더)
위임형 리더	• 낮은 과업 – 낮은 관계 • 부하의 성숙이 가장 높음, 직무의 수행 · 책임을 부하에게 위임(낮은 지시, 낮은 지원)

(4) 댄서로우의 리더 · 구성원 교환이론(LMX; leader member exchange)

리더 · 구성원 교환이론이란, 수직쌍연결이론(VDL; vertical dyads linkage theory)이라고도 하며, 댄서로우(F. Dansereau)가 주장한 것이다. 종업원을 동일하게 다루지 않고 내집단(in group)과 외집단(out group)의 수직쌍연결형태로 양자의 행동과 지각에 영향을 달리하여, 리더가 자신의 부하들을 비교하여 일부와는 내집단의 관계를 형성하고 나머지와는 외집단의 관계를 형성하는 것이다.

내집단	• 비공식적 권한으로, 리더와 하급자 간에 상호신뢰감, 존경, 호의적인 사고로 공동체 의식을 갖게 되어 임무에 관계없이 긴밀한 정보 및 의사소통을 통해 호의적인 관계 • 그 결과 이직률이 감소하고 만족도가 높음
외집단	• 공식적인 권한으로, 리더가 하급자에게 일방적이고 하향식의 명령을 하게 되어 공식적인 관계가 유지 • 내집단의 종업원보다 상대적으로 박탈감과 소외감을 느끼게 되고, 그 결과 조직이나 집단에 악영향

> **TIP+** 평균리더십 스타일(ALS; average leadership style)
> 수직쌍연결이론과 반대되는 개념으로, 모든 종업원들을 균등하게 똑같은 관계를 유지하며 대우하는 이론이다.

(5) 브룸과 이튼의 리더–참여모형(규범적 의사결정모형)

브룸과 이튼(V. H. Vroom & P. W. Yetton)은 의사결정의 상황에 따라서 리더의 간섭과 참여의 정도가 달라져야 한다는 것으로, 의사결정 시 리더의 간섭과 부하들의 참여의 정도를 결정하는 것(의사결정 권한의 위임 정도)이다.

4. 현대적 리더십

(1) 변혁적 리더십(Transformational Leadership)

변혁적 리더십(Transformational Leadership)이란, 번스(J. M. Burns)에 의해 제시된 것으로, 혁신적 리더십이라고도 하며, 거래적 리더십(transactional leadership; 교환적 리더십)의 비판에 의해 출발해서 문화 자체를 변혁시키고 집단의 욕구체제를 바꾸려는 리더십이다.

거래적 리더십	변혁적 리더십
• 교환적 리더십, 전통적 리더십이론	• 리더와 부하 모두 동기와 목적의식
• 합리적인 사고와 이성에 호소	• 전인(全人)으로 파악, 상위 욕구 충족
• 부하들의 역할과 과업 요건을 명확	• 비전, 성취감, 도전감, 신뢰 등
• 단기적, 1차 욕구수준	• 자긍심, 개별 관심과 존중
• 즉각적 보상, 안정 지향적, 현상유지	• 지적자극, 문제해결력
• 외재(물질)적 보상 중시	• 동기부여와 영감고취

변혁적 리더십은 조건부보상이나 감정에 의존하는 것이 아니라 비전을 설정하고 성취에 대한 자신감을 고취시키며, 자유, 평등, 정의를 중시하고 의식, 가치관이나 태도 등의 혁신을 추구하는 것이라 할 수 있다.

> **TIP+** 베스(B. M. Bass)의 변혁적 리더십 4가지 특성
>
> 카리스마, 지적인 자극, 영감적 동기부여, 개인적인 배려

(2) 카리스마 리더십(Charismatic Leadership)

카리스마 리더십이란, 귀인이론의 연장이라 할 수 있으며, 리더가 실제 가지고 있는 특성보다 크게 하급자들이 느낄 때(하급자의 리더에 대한 지각에 기초) 리더를 믿고 따르는 것이다. 남들이 갖지 못한 천부적인 리더로서의 특성을 소유하고 있다고 느낄 때 발휘가 가능한 것으로서, 종업원들의 리더에 대한 자각이라고 했으며, 카리스마적 권위에 기초하고 있다. 사람들이 특정 방식으로 행동하도록 할 수 있는 개성을 가지고 열정적으로 자기 확신적인 리더십을 의미한다.

하우스(House)	높은 자신감, 지배력, 강한 신념(믿음)
베니스(Bennis)	강력한 비전과 감각, 명확한 의사소통, 높은 집중력과 일관성, 자신의 강점을 알고 극대화

(3) 수퍼 리더십(Super Leadership)

수퍼 리더십이란, 부하들이 능력과 역량을 최대한 발휘할 수 있도록, 즉 부하 스스로가 판단하여 행동에 옮기고, 그 결과에 대한 책임을 질 수 있도록 하여, 셀프리더(self leader)로 키우는 리더십이다.

장래의 비전(vision), 목표설정, 팀 조직의 활성화와 지도력을 자율적으로 배양해야 하고 리더 스스로 훌륭한 자아리더의 모델이 되어야 한다.

추종자들이 스스로를 리드해 나갈 수 있도록 리드하는 사람이라는 뜻이다.

(4) 봉사 리더십(Servant Leadership; 섬김 리더십; Greenleaf; 1970)

봉사 리더십이란, 타인에 대한 존중과 배려에 초점을 두며 부하 직원들이나 고객에게 봉사하고 그들의 욕구를 만족시키기 위해 헌신하는 리더십을 가리킨다.

섬김 리더십은 다른 구성원들이 공동의 목표를 이루어 나가는 데 있어 정신적으로나 육체적으로 지치지 않도록 환경을 조성해 주고 도와주는 리더십이다. 결국 인간존중을 바탕으로 다른 구성원들이 잠재력을 발휘할 수 있도록 도와주고 이끌어 주는 것이 섬김 리더십의 요체이다. 조직을 살리는 리더십은 권위주의적 리더십이 아니라 상대방을 배려하고 존중하는 섬김 리더십이다.

섬김의 리더란, 명령, 군림, 지시, 감시하는 리더가 아닌 공감하고 설득하고 낮아지고 먼저 행동하는 리더를 말한다. 즉, 수평적 관계에서 배려와 존중을 실천해 구성원의 마음을 움직여 적극적 참여를 이끌어 내는 리더를 말한다.

(5) 코칭 리더십(Coaching Leadership)

코칭 리더십이란, 구성원이 스스로 선택하고 결정(자율적 결정)할 수 있도록 돕는 리더를 의미한다. 리더는 구성원이 나아갈 방향을 질문하고 선택할 수 있도록 하여 구성원이 주도적, 창의적, 적극적으로 문제해결을 할 수 있도록 하는 것이다. 팀장은 팀이 문제에 직면하였을 때 회의와 협상을 주선하고 외부의 도움도 요청하면서 자신이 직접 문제해결에 개입해야 한다. 또한 팀원 간 분쟁이나 갈등이 발생해도 해결해 주어야 하고 할 일을 제시하고 가르쳐주며 지원하고 장점과 단점을 지속적으로 관찰하여 알려주는 역할을 해야 한다.

(6) 진성 리더십(Authentic Leadership)

조지(George; 2003; 에볼리오, 하터, 가드너 등)는 진정성(authenticity)의 개념을 바탕으로 리더는 명확한 자기 인식(자신의 진실한 내면의 성찰에 집중)에 기초하여 명확한 가치관과 원칙(목적, 일관성, 비전, 규율 등)을 세우고 투명한 관계구축(자신을 개방하고 소통하여 좋은 관계유지)을 형성하고 내재화된 도덕적 신념(청렴, 경청 등)에 의해 조직 구성원들에게 긍정적인 영향을 미치는 리더십(자아인식, 자기규제, 언행일치)을 제시하였다.

> **✅ 핵심체크 진성 리더십의 구성요소**
>
> 1. **자아 인식**
>   자신의 강점과 한계를 인식하는 정도이다.
>
> 2. **균형잡힌 정보처리**
>   의사 결정 시 관련된 모든 데이터를 객관적으로 분석하는 정도, 왜곡되거나 편향되지 않은 정보처리(기본적 요인)이다.
>
> 3. **관계적 투명성**
>   높은 수준의 개방성, 구성원과 정보교환, 감정과 의견교환의 정도이다.
>
> 4. **내재화된 도덕적 관념**
>   자신의 윤리적 기준과 일치하는 의사결정(자기규제, 외부압력에 동조하지 않는 것)이다.

(7) 자율적 리더십(Self Leadership)

자율적 리더십이란, 조직의 구성원들이 관리자가 필요 없을 만큼 스스로 직무를 수행하여 서로 팀워크를 존중하면서 조직의 목표를 위해 노력하는 조직을 만드는 역할을 하는 리더십을 의미한다. 구성원의 능력이 증대되고 감시나 통제는 감소하는 바람직한 조직이 되는 것이다.

> **TIP+**
>
> 1. **효과적인 리더십 개발을 위한 요소**
>   - 부하의 신뢰와 신망, 효과적인 의사소통 능력
>   - 구성원의 배려, 비전개발과 목표의 구체화
>   - 자기개발, 솔선수범, 구성원들의 임파워먼트
>
> 2. **리더십 3요소**
>   - 지식: 다른 사람의 지식에 접근, 지식을 행동으로 옮기는 것
>   - 신뢰: 관련 정보공개, 영향력 공유, 지식의 능숙한 활용
>   - 권력: 힘을 적절히 사용, 권한 위임, 평가·지도를 할 수 있는 능력

1 권력

1. 권력 개념

권력(Power)이란, 한 개인이 특정 개인이나 집단에 대해 어떤 행동(의사결정, 통제 등)에 영향을 미치는 능력이나 힘을 의미한다.

2. 권력 종류

프랜치와 레이븐(J. R. P. French & B. H. Raven)은 권력(Power)을 공식적인 차원과 개인적인 차원으로 구분하였다. 각각의 권력의 종류를 보상적 권력, 강압적 권력, 합법적 권력, 준거적 권력, 전문적 권력의 5가지로 구분하였다.

보상·강압적 권력은 바람직하지 않은 권력이고, 준거·전문적 권력은 바람직한 권력이다. 최근에는 정보적 권력을 포함하기도 한다. 각각의 특징은 다음과 같다.

<표 3-8> 권력 종류

구분		특징
공식적 권력	보상적 권력	• 조직 중심적, 타인에게 긍정적인 강화(조직 자원의 통제) • 보상(급여, 자원배분 등)에 대한 개인의 통제력에서 유래
	강압적 권력	• 조직 중심적, 타인에게 부정적인 강화(벌을 줄 수 있는 능력) • 불이익을 줄 수 있는 개인의 능력에서 유래 • 순응하지 않을 경우 발생 • 부정적인 결과에 대한 두려움에 기반한 권력
	합법적 권력	• 조직 중심적, 권한을 가지는 경우 • 조직 내에서 개인이 차지하는 직위에서 유래
개인적 권력	준거적 권력	• 개인 중심적, 상사에게 충성심이 있는 경우(다른 사람을 닮으려고 함) • 인간적 특성(성격, 호감, 일치감)이나 바람직한 자원에서 유래
	전문적 권력	• 개인 중심적, 특정 분야의 전문 지식을 가지고 있는 경우 • 개인의 광범위한 지식, 하나 이상의 전문분야에서 유래

> **TIP+ 권한(Authority)**
>
> 권한은 합법적 권력으로 개인보다는 직위를 바탕으로 하며, 하향식 흐름으로 하급자에게 반드시 받아들여져야 한다.
> ※ 바람직한 권력: 준거적 권력, 전문적 권력
> ※ 바람직하지 않은 권력: 보상적 권력, 강압적 권력

2 갈등

1. 갈등 개념

갈등(Conflict)이란, 한정된 자원이나 목표를 둘러싸고 개인 또는 집단에서 다른 사람이나 집단으로부터 대립 또는 상충되는 것이다. 즉, 기대나 목표, 의견불일치로 인해 발생하는 좌절, 방해, 불화 등을 지각하는 것이다.

2. 갈등 기능

갈등의 기능은 순기능과 역기능으로 구분하며, 순기능(functional)적 갈등은 촉진될 때 조직의 유효성은 증대되고 역기능(disfunctional)적 갈등은 해소해야 한다.

<표 3-9> 갈등의 순기능과 역기능 비교

갈등의 순기능	갈등의 역기능
선의의 경쟁과 창의력의 유도	조화성, 통일성, 안정성을 깨뜨림
조직의 변화와 혁신촉진(활기)	시간 및 자원의 낭비
신속한 문제해결, 자기반성의 기회	조직 응집력의 파괴
새로운 화합의 계기	구성원들의 스트레스 유발
구성원들의 다양한 심리적 욕구 충족	목표달성의 지연 또는 불가능

갈등은 과거에는 역기능적 측면만을 고려하여 불필요한 것으로 인식되었으나, 최근에는 갈등의 순기능적 측면이 강조되어 어느 정도의 갈등은 조직 내에 반드시 필요하다는 견해가 지배적이다.

3. 갈등 변천

전통적 견해 (1940년대)	• 갈등이 개인과 조직에 부정적인 영향 • 반드시 회피해야 하는 것으로 인식 • 경영자의 책임은 갈등을 조절하거나 갈등을 완전히 제거하는 것

행동주의적 견해 (1970년대)	• 모든 집단에 필연적이고 자연적으로 발생 • 갈등이 조직의 성과를 향상시킨다고 주장 • 적극적으로 수용하려는 태도로 인식 • 인간의 사회적인 측면 때문에 불가피한 것을 인정 • 갈등의 순기능을 어느 정도 받아들이기 시작
상호작용적 견해 (1980년대)	• 갈등을 능동적으로 촉진하는 것(현대적 견해) • 조직의 성과를 향상시키는 데 절대적으로 필요 • 갈등은 새로운 아이디어 창조, 집단응집력 향상, 우수한 의사결정, 다양한 의견제 시 등에 필요하다고 주장

4. 집단갈등 발생원인

① 의사소통이 원활하지 못할 때 발생한다.

② 업무의 상호관련성이나 상호작용이 높을수록 발생 가능성이 높다.

③ 타 부서에 대한 의존도가 높을수록 발생 가능성이 높다.

④ 부서 간 서로 다른 보상체계, 영역의 모호성으로 인해 발생한다.

⑤ 부서 간 가치의 차이나 불균형(지위, 권력)으로 인해 발생한다.

⑥ 한정(희소)된 자원 또는 자원의 부족으로 인해 발생한다.

5. 집단갈등 해결방안

집단 간 갈등에도 역기능적 측면과 순기능적 측면이 있다. 역기능적인 갈등이 생겼을 때 어떠한 해결방법이 있는지 탐색해보고, 조직에 도움이 되는 순기능적인 갈등을 통해 문제점을 해결하고 조직의 성과를 높이기 위해 기능적 갈등을 조장하는 방안에 대하여 살펴본다.

(1) 역기능적 갈등 해소방안

① 공동목표 설정(상위목표 도입)

갈등을 겪고 있는 집단 간에 공동의 목표를 설정하여 서로 의논하고 교류하면서 갈등이 해소될 수 있다.

② 직접대면

갈등을 겪고 있는 각각의 집단을 서로 직접대면시킴으로써 입장을 밝히고 갈등의 원인을 밝혀 갈등을 줄이고자 하는 것이다. 그러나 이 직접대면은 매우 복잡한 문제에 대한 해결책으로는 적합하지 못하다.

③ 자원의 확충

조직의 자원에는 공간, 지위, 인력, 보상 등 다양한 요소들이 복합적으로 포함된다. 한 집단에 대한 자원분배가 있는 경우 다른 집단은 그만큼 받지 못하기 때문에 갈등이 빚어진다. 이러한 경우 그러한 자원 자체의 규모를 확충함으로써 갈등을 해결할 수 있다.

④ 갈등의 회피

단기적인 갈등해소의 전략으로서 상황에 따라서 잠정적이나마 갈등을 회피하는 것이 갈등의 심화도 피하고 적대감도 식히는 좋은 방안이 되기도 한다.

⑤ 공동관심사의 강조

갈등을 겪고 있는 집단 간의 의견 차이는 배제하고 공동이 같이 관심을 가질 수 있는 주제를 강조함으로써 공동의 목표를 함께 달성할 수 있는 계기를 만든다.

⑥ 협상

쌍방이 비슷한 수준의 힘을 가지고 있는 경우 유용한 방법이다.

⑦ 권력을 이용한 갈등해결

가장 오래되고 흔히 쓰이는 방법으로 상급자의 권한을 사용하여 집단갈등을 해결하는 방법이 있다. 그러나 이 방법은 갈등의 결과만을 해결하려는 방법이기 때문에 집단 간 갈등의 여지는 남아 있게 되며 나중에 갈등이 다시 생길 가능성이 높다.

⑧ 행동변화유도

집단구성원들의 행동이나 태도에 변화를 줌으로써 갈등을 줄이려는 방법이다. 이 방법은 다른 갈등관리 방안들보다 전개속도가 느린 단점이 있지만 장기적인 안목에서 볼 때에는 가장 이상적인 갈등관리 방안 중 하나이다.

⑨ 조직구조의 변화

집단구성원들 간의 직무순환을 통하여 지나친 집단응집력을 방지하거나 집단 간의 갈등을 관리할 조정자를 두는 방법이 있다.

⑩ 외부압력에 대한 연합방어

타 조직으로부터 위협이 있다면 집단 내부의 갈등이 존재할지라도 그 갈등은 와해되면서 위협으로부터 보호하고자 공통되는 경계심이나 적개심을 가질 수 있다는 것이다.

예 정부에서 평가단이 실사를 나왔을 때 갈등관계에 있던 부서나 노사가 평가과정에서 허점을 보이지 않기 위해 서로 의논하고 협동함으로써 서로 간의 갈등이 해소가 되는 경우가 있을 수 있다.

(2) 순기능적 갈등 촉진방안

① 외부 인력의 영입

외부 인력을 조직 내로 영입함으로써 조직의 분위기를 자극하여 효율성을 제고시키는 방법이다. 즉, 다른 가치관, 다른 태도를 가진 외부에서 인력을 고용하거나 초청함으로써 기존의 조직 구성원들에게 자극을 주는 것이다.

② 조직구조의 변화

조직구조를 바꾸는 것은 집단 간의 갈등을 해소할 뿐만 아니라 기능적인 갈등을 새롭게 고취시켜 조직의 성과에 긍정적인 영향을 미칠 수 있다.

③ 경쟁 심리의 자극

의도적 자극을 통하여 긍정적인 조직 내 경쟁을 유발할 수도 있다. 이러한 경쟁은 조직 전반에 걸쳐 성과의 수준을 높이는 효과를 가져온다. 그러나 심화된 경쟁은 오히려 부정적인 효과를 가져올 수도 있다는 것에 유념해야 할 것이다.

6. 갈등관리전략

토마스와 루블(Thomas & Ruble)은 조직상황에 따른 갈등관리방식으로, 타인의 관심사를 충족시키는가(협조성: 조직목표 달성 관련)와 자신의 이익을 충족시키는가(독단성: 자신의 필요를 충족과 관련)에 따라 5가지의 갈등관리전략을 제시하였다.

<표 3-10> 갈등관리전략

전략유형	협조성	독단성	특성
경쟁형 (강요형)	낮음	높음	• 목표달성을 강조, 구성원들과는 비협조적
	Win-Lose		• 긴급한 상황(신속한 의사결정 필요, 핵심적인 문제)
회피형	낮음	낮음	• 의도적으로 조직의 목표, 구성원들과 협력 회피
	의도적 갈등 회피		• 사소한 쟁점, 하위갈등(자연스러운 해결 가능)일 때
수용형 (조화형)	높음	낮음	• 자신을 희생하며 구성원의 주장에 따름
	자신욕구 포기		• 조직 내 조화와 안정이 필요할 때 • 자기 잘못, 패배가 불가피할 때(손실 최소화)
타협성	중간	중간	• 당사자 간의 의견이 상충될 때
	절충안 모색		• 목표달성에 대한 잠재적 갈등이 클 때 • 일시적인 해결책이 필요할 때
협력형	높음	높음	• 당사자 간의 관심사가 매우 중요할 때
	Win-Win		• 합의와 헌신이 중요할 때

TIP+ 집단갈등 촉진방안(순기능적 갈등 촉진방안)

1. 의사소통의 촉진
2. 구성원의 이질화(인사이동, 신규 채용 등)
3. 경쟁의 조성(상위목표의 도입)

집단갈등	긍정적인 결과	조직문제의 정확한 이해, 응집성 증대, 권력한계의 명확화, 유동성 확보, 집단 간 연계성 강화, 양질의 아이디어 제공 등
	부정적인 결과	정보의 은폐, 집단 간 괴리 증대, 소속집단의 이익집착화, 상호작용 감소, 불신풍조 조성, 유능자의 함구 등

CHAPTER 04 조직적 차원

01 조직

1 조직 개념

조직(organization)이란, 집단이 높은 체계화·전문화·분업화의 정도와 목표달성을 위해 일정 지위를 가지고 일정한 권한과 책임을 배분하며, 직무상호 간 협력관계를 구축하고, 합리적인 상호작용을 하는 사람들의 유기적인 결합(모임)이다.

2 조직 중요성

목표달성 도구	조직을 통해 목표와 성과를 달성하기 용이
효율적 생산 도구	조직을 통해 효과적으로 재화와 서비스의 생산이 용이
가치창출 도구	조직을 통해 이해관계자의 가치창출이 용이
혁신 도구	조직을 통해 환경변화에 신축·유연·탄력·혁신이 용이

3 조직몰입

1. 조직몰입 개념

조직몰입(organizational commitment)이란, 자신을 자신이 속한 조직과 동일시하여 조직에 몰입(애착; 몰두)하는 정도를 말한다. 즉, 한 개인이 자기가 속한 조직에 대해 얼마나 일체감이 있고 조직을 위해 힘을 쏟느냐를 의미하는 것이다.

조직몰입	• 특정 조직의 구성원으로 남아 있으려는 강한 의지나 욕망 • 조직을 위해서 기꺼이 높은 수준의 노력을 기울이려는 의사 • 조직의 목표나 가치에 대한 강한 신뢰감 또는 신념

2. 조직몰입 유형

정서적 몰입	감정적 몰입이라고도 하며, 종업원의 조직에 대한 감정적인 애착이나 동일시하는 차원
지속적 몰입	다른 조직으로 옮길 때 비용(승진, 기득권 상실 등)으로 인해 계속 남으려는 차원
규범적 몰입	조직에 들어오기 전과 후 사회화 과정의 경험을 통해 조직에 당연히 남아 있어야 한다는 의무감이나 심리적 부담, 상사나 동료들의 압력 차원

3. 조직시민행동(OCB; organization citizenship behavior)

조직에서 공식적으로 요구하지 않음에도 불구하고 조직구성원으로서 자발적으로 조직효과성을 위하여 노력하는 것을 의미한다. OCB를 높이려면 리더들은 구성원을 면밀히 관찰하여 OCB 발생 시 즉각적이고 다양한 비공식적인 보상(칭찬, 격려, 포상 등)이 이루어질 수 있어야 한다.

TIP+ 조직시민행동 5가지 요소(D. W. Organ)

1. **이타성(altruism)**
   대가 없이 다른 구성원을 자발적으로 돕는다.

2. **양심성(conscientiousness)**
   조직의 규칙(명시적 · 암묵적)을 충실히 준수 · 실천한다.

3. **신사적 행동(sportsmanship)**
   정정당당히 행동한다(뒷담화를 하지 않음).

4. **예의(courtesy)**
   다른 구성원이 당황하지 않도록 사전에 조치(양해, 의견조율 등)한다.

5. **시민정신(civic virtue)**
   조직 내 다양한 활동이나 교류에 관심을 가지고 적극적으로 참여한다.

TIP+

1. **조직정치**
   개인의 사익(승진, 보상, 편익 등)만을 추구하기 위한 비공식적 행동으로, 조직구성원 자신의 이익을 극대화하기 위해 의도적으로 계획한 불공정한 일련의 행위를 말한다.

2. **조직정치 발생 가능성이 높은 경우**
   - 자원이 희소할 때
   - 불확실한 상황에서의 의사결정
   - 조직 내 기술이 복잡할수록
   - 조직의 목표가 불명확할 경우
   - 장기 전략에 대한 결정일수록

02 조직구조

1 조직구조 개념

조직은 업무를 맡고 있는 여러 개인 또는 집단들로 구성되며, 이들은 서로 연결된 조합 상태(formal configuration)로, 각각의 역할(role)을 배정하여 제대로 맡은 기능을 수행할 수 있도록 원칙과 순서를 정해 놓은 것을 조직구조(organizational structure)라고 한다.
즉, 조직구조는 조직 내 개인과 부서들을 상호연결시키고, 상호작용을 통해 맡은 직무를 완수하도록 하여 조직의 유효성을 극대화시킨다. 이러한 조직구조를 짜는 것을 조직설계(organizational design)라고 한다.

2 조직구조 결정요소

조직구조의 결정요소는 기본변수, 결과변수, 상황변수이다. 구조적 상황이론에서 조직이 처한 환경, 기술, 전략 그리고 규모 등을 들 수 있다. 따라서 조직구조들을 설계할 때 이와 같은 상황변수들의 특징을 고려하여 조직구조의 유형을 선택해야 보다 효과적이다.

[그림 4-1] 조직구조 결정요소

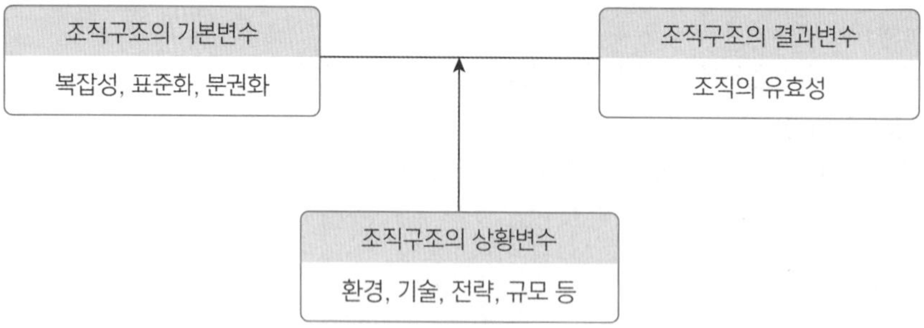

조직구조의 기본변수	조직구조의 결과변수
복잡성, 표준화, 분권화	조직의 유효성

조직구조의 상황변수
환경, 기술, 전략, 규모 등

☑ **핵심체크**

조직설계 변수

1. **기본변수**
   복잡성(분화의 정도), 표준화(공식화의 정도), 분권화(권한위임의 정도)가 있다.

2. **상황변수**
   환경, 기술, 규모 등 + 경영전략, 자원과 정보처리전략, 조직 수명주기, 사회문화 등이 있다.

---

3 조직구조 설계 기본요소

조직구조 설계 기본요소는 복잡성(complexity; 분화의 정도; 과업의 할당정도)과 표준화(standar-dization; 공식화의 정도; 전문화의 정도), 분권화(decentralization; 권한위임의 정도; 집권화)의 3가지로 구분한다.

1. 복잡성

복잡성이란, 조직 내 분화(과업의 할당)의 정도를 의미하며, 개인 구성원이 책임지고 수행해야 하는 과업(task)의 범위와 깊이로서 전체 과업을 구성원들에게 어느 정도까지 세분화(전문화; 분업화)하여 할당할 것인지를 결정하는 것이다. 수평적 분화, 수직적 분화로 구분한다.

수평적 분화↑	장점	표준화↑, 숙련도↑, 효율성↑, 환경변화에 신축적
	단점	복잡성↑, 단조로움
수직적 분화↑	장점	보고체계를 명확화
	단점	갈등, 의사소통 지연, 관리비용↑, 환경변화에 비신축적

(1) 수평적 분화(전문화, 부문화)

구성원들에게 어느 정도의 구체적인 과업을 수행하도록 할당할 것인지를 결정하는 것과 관련된 것이다. 조직이 상이한 부서나 전문화된 하위 단위로 나누어지는 것이다.

예 자동차 조립생산

부문화 (직무를 묶어 줌)	기능별 부문화	규모의 경제 달성, 기능별로 부서를 묶음
	제품별 부문화	• 특정 제품과 관련된 모든 책임을 한 사람에게 부여 • 성과에 대한 책임이 명확
	지역별 부문화	고객이 넓은 지역에 다양하게 흩어져 있을 경우 적합
	프로세스별 부문화	• 일이 진행되는 프로세스에 따라 부서를 묶는 방법 • 고객 유형별로 해결할 문제가 다를 때, 고객 전문화

(2) 수직적 분화(통제의 범위)

특정 구성원에게 과업수행 방법의 결정이나 절차 등에 대해 어느 정도의 책임과 재량권을 부여하는지를 결정하는 것과 관련된 것이다. 과업의 분화가 상·하관계를 형성하며, 수직적 분화를 통해 피라미드형의 권한구조를 형성한다.

2. 표준화

표준화란, 과업(task)을 일정한 기준과 틀에 의해 수행하며 동일한 방식이나 결과를 요구하는 것이다. 조직 내의 직무가 표준화되어 있는 정도로, 종업원들의 태도가 문서화된 규칙이나 절차에 의존하는 정도를 의미한다.

TIP+

1. 단순하고 반복적인 직무일수록 표준화의 정도가 높다.
2. 고도로 전문화된 업무일수록 표준화의 정도가 낮다.
3. 생산부서의 직무는 마케팅이나 연구개발의 직무보다도 표준화의 정도가 높다.

---

3. 분권화

분권화란, 조직 내 의사결정 권한을 하부 또는 다른 부서에 위임(위양)하는 정도를 말하는 것으로, 수평적 분권화와 수직적 분권화의 2가지가 있다.

(1) 수평적 분권화

일반적으로 의사결정 권한이 없는 구성원(staff)이 어떤 이유로 인해 의사결정 권한을 가지는 것을 말한다.

(2) 수직적 분권화

조직계층의 상·하관계에서 어느 계층까지 권한과 책임 및 재량권을 부여할 것인지를 결정하는 것으로, 이것이 특정 개인에게 있을 경우 집권적, 여러 구성원들에게 분산되어 있을 경우 분권적이라고 한다.

TIP+

1. **통제의 폭(span of control)**
   - 상급자가 효율적이고 효과적으로 통제할 수 있는 하급자의 수를 의미하며, 보통 6명으로 하는 것이 적합하다고 한다.
   - 통제의 폭을 넓게 → Y이론 / 통제의 폭을 좁게 → X이론

2. **파킨슨의 법칙(Parkinson's Law)**
   공무원(구성원)의 수와 업무량은 아무 관계가 없으며, 업무의 많고 적음과는 관계없이 공무원의 수는 늘어난다는 법칙이다.
   즉, 관료제조직의 구성원 수가 증가하는 것은 업무량의 증가와는 관계가 없다는 것이다.
   직원이 증가한 만큼 업무성과가 증가하는 것도 아니라는 것으로, 최종 결정은 상사에 의해 이루어지니 결과는 똑같다는 것이다. 이 경우 중간 과정만 복잡해지고 시간만 낭비되는 것이다. 또한 이런 조직에는 자기보다 뛰어난 사람이 채용되거나 승진하는 것을 막고, 자신보다 못한 사람을 채용하며 자신의 무능을 감추려는 상사들이 많다. 사람이 늘어나면 개개인의 무능력과 불합리성이 극도로 발휘 또는 증가되어 조직이 무능해지게 된다는 것이다.

---

3. 피터의 도치(Peter's Inversion)

로렌스 피터(Laurence J. Peter)가 제시한 것으로, 무능의 단계까지 이른 상관(상사; 지도자)들은 부하 직원을 평가할 때 업무성과보다는 태도나 단정함 등의 개인적인 성향(특징)을 높게 평가하게 된다는 것이다.

03 조직구조 유형

1. 기능식 조직(Functional organization)

기능식 조직이란, 직능식 조직이라고도 하며, 조직형태 중 가장 기본적이다. 라인조직의 단점을 보완하고 분업의 원칙에 입각해 관리자의 일을 전문화하여 지휘·감독하는 조직으로, 테일러에 의해 제창되었다.

환경이 안정적이거나 일상적인 기술, 조직의 내부 효율성을 중요시하며, 기업의 소규모 조직에 적합하다(인사, 재무, 마케팅, 생산 등).

[그림 4-2] 기능식 조직구조

장점	• 관리·감독이 용이 • 전문화에 따른 효율성 증가 • 구성원 간 업무의 일체화와 능률 향상
단점	• 기능부서 간 갈등 및 의사소통의 곤란 • 부서 간 조정(업적에 대한 통제) 곤란 • 최고경영자 양성 곤란

2. 라인조직(Line organization)

라인조직이란, 직계조직·군대식 조직이라고도 하며, 권한 및 명령체계가 상부에서 하부로 이동하는 직선(line)적 또는 종단적인 구조를 가지고 있고 주로 중소기업에 적합하다.

장점	• 명령일원화 원칙 • 의사결정의 신속성 • 책임과 권한의 명백 • 지휘·통솔의 용이
단점	• 상급자의 독재(독단)가능성 • 창의성의 저하 • 부문 간 유기적 관계유지가 어려워 각 부문 업무 간에 혼란을 야기할 우려

3. 라인·스탭조직(Line & Staff organization)

라인·스탭조직이란, 직계참모조직이라고도 하며, 조직의 규모가 커지고, 제품라인의 증가로 인해 라인 기능만으로는 업무가 불가능하여 라인을 지원하는 스탭 기능을 분화시켜 발전시킨 형태의 조직이다.

명령일원화 원칙과 분업의 원칙을 조화시킨 것으로, 라인의 장점과 스태프의 전문적인 도움(충고, 조언 등)을 받아 효과적인 경영활동을 가능하게 한 조직이다.

4. 사업부제조직

사업부제조직이란, 단위적 분화의 원리에 따라 사업부 단위를 편성하고, 각 단위에 독자적인 생산·마케팅·재무·인사 등의 관리권한을 부여한 조직이다.

1930년대부터 제품별·지역별·고객(시장)별로 이익중심점을 설정하여, 각 부서가 마치 하나의 자주적·독립적 회사처럼 독립채산제로 운영되는 분권적 조직이다.

대규모 조직이나 많은 제품을 생산하는 조직에 적합하다.

[그림 4-3] 사업부제조직 구조

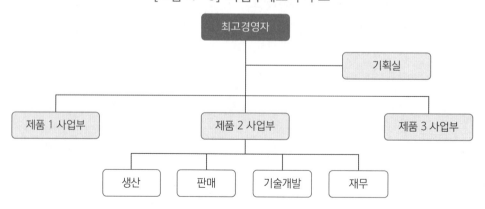

장점	• 각 구성원들의 동기부여와 능력개발을 촉진 • 환경 및 시장의 변화에 탄력적으로 대응 • 기능 간 조정 용이 • 시장세분화에 따른 제품차별화 용이 • 미래에 최고경영자 양성 용이
단점	• 자원활용 측면에서 비경제적 · 비효율성(중복설비, 중복기능) • 제품생산 라인 간 조정이 곤란 • 기능별 전문화가 곤란 • 사업부가 지나친 경쟁유발 • 전체 차원의 기술의 통합과 전문화가 곤란 • 기능부서 내 규모의 경제 감소(사업부 별로 각각의 시설을 보유해야 하므로)

TIP+ 전략적 사업단위(SBU)

경제여건의 변화와 지속적인 확대에 따라 1970년대 이후 사업부제조직을 중심으로 경영다각화와 함께 대형화를 이루게 되었다. 그 결과 조직의 복잡화와 권한의 지나친 분산에 따라 경영의 통제가 어려워지고, 이러한 문제점을 해결하기 위하여 전략적 사업단위(SBU; strategic business unit)라는 제한적으로 자율성을 부여하는 조직형태의 새로운 기업조직이 설계되기 시작하였다.

5. 매트릭스조직(Matrix organization)

매트릭스조직이란, 행렬조직 또는 복합구조조직이라고도 하며, 구성원이 기능부서(원래부서)에도 속해 있으면서 프로젝트팀에도 소속이 되어 있는 형태로, 양쪽 업무를 동시에 수행해야 한다. 즉, 기능별 조직과 프로젝트조직을 결합하여, 이중의 명령체계와 책임, 평가 및 보상체계를 갖춘 조직이다.

장점	• 외부환경변화에 융통성 • 구성원 간의 협동심이 증가 • 제품이나 시장의 변화에 대한 다양한 욕구에 부응 • 경영활동이 팀을 통해 이루어짐 • 개인에게 창의성 및 능력을 발휘할 기회 • 전략적인 문제에 대한 시야를 확대 • 경영자가 전략적 사고
단점	• 조직에서 이중의 명령구도로 인해 기능 부문과 프로젝트 부문 간에 충돌과 갈등 발생 • 명령일원화의 원칙 위배 • 2가지 업무의 시간배분 문제 • 명의 상사를 갖는 직위에서는 좌절과 역할갈등이나 역할의 모호성 발생

6. 프로젝트조직(Project organization)

프로젝트조직이란, 특정 과업이 생겼을 때, 즉 특정 업무를 위해 전문적 지식(능력)을 가진 구성원들을 차출하여 조직을 편성하고, 목표가 달성되거나 문제가 해결되면 해산하여 본래의 부서로 돌아가서 근무를 하는 조직이다.

팀워크, 최고경영자의 지지, 치밀한 계획, 프로젝트관리자에 대한 권한의 위양 등이 필요하며, 명령일원화 원칙을 준수한다.

장점	프로젝트의 내용이나 크기에 따라 인원구성에 탄력성, 명확한 목표, 사기앙양 등 인적자원의 효율적인 활용과 환경변화에 탄력(신축·유연)적인 대응
단점	새로 구성된 팀원들의 팀워크 유지, 팀 내 갈등 조정, 원래 부문과 프로젝트팀과의 관계 조정 등의 문제가 발생

7. 맨트립조직(Man-trip organization)

맨트립조직이란, 부분관리자는 고정시켜 놓은 채 구성원들은 필요에 따라서 유기적으로 이동시키는 조직을 말한다.

8. 위원회조직

기능식 조직 내의 갈등 해소, 보완, 조정 기능을 수행하고, 의사결정이나 집행기능은 없으며, 법적 구속력(강제성)이 없는 조직이다.

---

04 조직구조 분류

1 조직구조 분류

1. 스토커와 번즈(Stalker & Burns)의 조직 분류

조직구조의 대표적인 분류는 스토커와 번즈의 기계적 조직과 유기적 조직으로 구분하는 것이다. 기계적 조직은 규정이나 절차가 정형화된 조직을 의미하고, 유기적 조직은 변화하는 환경요인에 대해 신속·탄력적으로 대응하기 위해 변화하는 조직을 의미한다.

구체적으로 살펴보면 다음 표와 같다.

<표 4-1> 스토커와 번즈 조직 분류

구분	기계적 조직	유기적 조직
권한배분	집권화	분권화
분화정도	엄격한 부문화, 높은 전문화	기능별 팀, 낮은 전문화
공식화	높음	낮음
의사소통	공식적, 하향적	비공식적, 쌍방향
의사결정	명확한 명령계통	자유로운 흐름
특성	정형적, 효율 극대화, 생산성 향상	유연성, 적응력 향상
관점	관료제, 뷰로크러시이론	팀제, 애드호크라시이론
조정	상급자의 조정	능력에 의한 상호조정
통제범위	좁음	넓음

2. 민쯔버그(H. Mintzberg)의 조직 분류

민쯔버그(H. Mintzberg)는 조직이 서로 다른 방향으로 작용하는 5가지의 힘을 가지고 있다고 주장하면서, 권력의 향방 및 조직구성요소의 상대적 중요성에 따라 알맞은 형태로 나타난다고 하였다.

<표 4-2> 민쯔버그 조직 분류

조직 유형	부문	특성
단순구조	최고전략층	집권화, 단순, 최고경영층
기계적 구조	기술전문가	수직적 집권화와 제한된 수평적 분권화, 단순·안정
전문적 구조	핵심운영층	수평·수직적으로 분화, 복잡·안정
사업부제구조	중간관리층	제한된 수직적 분권화, 단순·안정
애드호크러시	지원스태프	선택적 분권화, 복잡·동태, 프로젝트, 스태프

(1) 단순구조(simple structure)

전략부문이 지배하는 구조(단순하고 비공식적이며 중앙집권적인 조직형태)로서 조직의 전략부문의 힘이 강하게 작용하는 조직이다. 중소기업 같은 소규모 기업 또는 창업형 조직에 적합하며, 경영자가 독자적으로 운영(스태프는 거의 없고 최소한의 관리계층만 존재)한다.

(2) 기계적 구조(machine structure)

기술전문가 부분이 지배하는 구조(안정적 환경이나 대량생산이 중시되는 조직형태)로서, 대규모 조직에서 고도의 표준화가 이루어진 형태이며 정부기관처럼 복잡한 조직에 적합하다. 공식적 권한체제에 의해 의사결정과 의사소통이 행해지며, 전통적인 분업의 논리와 통제 중심의 관리원칙으로 운영한다(베버의 관료제와 동일).

(3) 전문적 구조(professional structure)

핵심운영부문이 지배하는 구조(전문실무자들이 주도)로서, 복잡하지만 실무자들이 전문가이기 때문에 의사결정권한이 있는 조직형태이며 병원, 대학 등이 해당된다.

(4) 사업부제구조(divisional structure)

중간관리자와 핵심운영층이 지배하는 구조(사업단위의 분할형태)로서, 주로 민간 기업에서 활용한다. 사업부별로 독립채산제로 운영되며 경제적 성과에는 긍정적인 영향을 미치지만, 사회적 책임은 소홀히 한다.

(5) 애드호크러시조직(adhocracy structure)

지원스태프부문에서 지배하는 구조로서, 다양한 전문가들로 구성된 고도의 유기적인 구조로서 혁신과제를 수행하는 형태이다. 고도의 수평적 직무의 전문화와 분권화가 이루어지며 환경의 급변과 복잡한 상황에서 적합하다.

TIP+

1. 민쯔버그 조직구조 특성

구분	단순구조	기계적 구조	전문적 구조	사업부제구조	애드호크러시
공식화	저	고	저	고	저
전문화	저	고	고	고	고
집권화	고	고	저	한정적	저
형태	유기적	기계적	기계적	기계적	유기적
환경	단순/동태	단순/안정	복잡/안정	단순/안정	복잡/동태

2. 민쯔버그 경영자의 10가지 역할(업무)

대인업무	• 조직의 얼굴 역할(대표자 역할): 의전업무에 약 12%를 사용함 • 리더 역할: 소속된 구성원들의 업무에 책임을 짐 • 연결 역할(연락자 역할): 광범위하게 사람(종업원 포함)을 만나고 있음
정보업무	• 정보수집자 역할(모니터 역할): 주변 환경에서 정보를 수집 • 정보보급자 역할(전파자 역할): 정보를 직접적으로 전달 • 대변인 역할: 조직의 내부 정보를 조직 외부 사람에게 전달
의사결정업무	• 기업가 역할: 조직을 변화하는 환경에 적응·발전시키고자 함 • 동요처리자 역할(분쟁해결사 역할): 변화에 대처하는 사람으로 경영자를 파악한 것 • 자원배분자 역할: 누구에게 어떤 일을 맡길지에 관한 의사결정의 책임 • 협상가 역할

3. 페로우(C. Perrow)의 조직 분류

페로우는 기술이 조직체에서 매우 중요한 상황적 요소로 작용한다고 주장하면서, 각 부서는 다른 부서와 구별되는 독특한 기술을 사용하므로 그 기술에 따라 과업의 다양성과 문제분석 가능성을 기준으로 일상적 기술, 공학적 기술, 장인기술, 비일상적 기술의 4가지로 구분하였다.

<표 4-3> 페로우 기술 분류 차원

과업의 다양성	예외의 빈도로서 과업이 일상적이면 예외가 거의 발생하지 않을 것이며, 과업의 다양성이 높으면 예외적인 상황이 발생할 가능성이 높음
문제분석 가능성	문제해결능력으로 분석의 가능성이 높으면 발생하는 문제가 구조화되어 해결책을 찾기 쉬움

[그림 4-4] 페로우 조직 분류

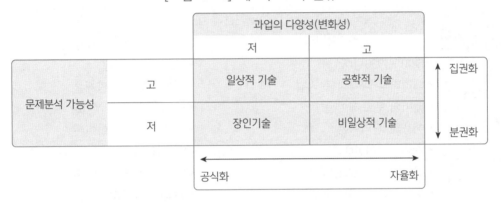

<표 4-4> 페로우 기술 유형

공학적 기술	• 높은 다양성과 복잡도가 높은 업무 • 다양한 문제가 발생하지만 분석가능성이 높으므로 원활히 해결 가능(높은 지식) 예 건축, 회계사 등
장인기술	• 과업의 다양성이 낮아서 공식화의 정도가 높으며 문제해결이 곤란(분석 가능성 ↓) • 의사결정권은 담당자에게 있는 분권화(직관, 경험에 의존) 예 공예산업, 석유·가스탐사전문가 등
비일상적 기술	• 과업의 다양성은 높으나 해결을 위한 방법은 복잡(비구조화) • 문제해결의 어렵고 공식화가 낮으며 분권화의 정도는 높음 예 기초과학분야 연구, 우주·항공분야 연구, 새 프로젝트 등
일상적 기술	• 과업이 명확하고 문제는 분석가능하며 표준화된 통제 가능 • 공식화의 정도가 높고 규정과 절차를 사용, 집권화된 의사결정 예 판매, 자동차 조립생산라인, 은행업무 등

> **TIP+** 페로우(C. Perrow) 기술 정의
>
> "조직의 여러 가지 투입물을 조직이 목표로 하는 산출물로 변화시키는 과정 혹은 방법으로서 이는 지식, 도구, 기법, 활동을 포함한다."라고 설명하였다.

4. 스코트(Scott)의 조직 분류

스코트는 조직에 대한 관점(환경)과, 인간에 대한 관점을 두 축(변수)으로 하여 매트릭스(2×2)로 조직이론을 분류하였다.

조직의 환경에 대한 가정을 개방적과 폐쇄적으로, 인간에 대한 가정은 합리적과 사회적으로 분류·구분하였다.

<표 4-5> 스코트의 조직 분류

구분		인간에 대한 관점	
		합리적	사회적
조직에 대한 관점	폐쇄적	• 1900 ~ 1930년대 • 테일러의 과학적 관리법 • 베버의 관료제이론 • 페욜의 관리이론	• 1930 ~ 1960년대 • 메이요의 인간관계론 • 맥그리거의 X, Y이론 • 셀즈닉의 제도화이론
	개방적	• 1960 ~ 1970년대 • 챈들러(Chandler)의 이론 • 로렌스와 로쉬의 이론 • 톰슨의 이론	• 1970년 이후 • 마치의 쓰레기통이론 • 웨익(Weick)의 이론 • 셍지의 학습조직이론

(1) 폐쇄 - 합리적 조직이론(1900 ~ 1930년대)

인간을 강력히 통제하고 직무 중심의 업무수행을 강조하였으며 외부환경요인인 기회와 위협은 무시하고, 조직은 목표달성을 위한 수단으로 보았다. 해당 학자는 테일러, 베버, 페욜 등이 있으며 과학적 관리법과 관료제가 해당된다.

(2) 폐쇄 - 사회적 조직이론(1930 ~ 1960년대)

인간관계론에 입각하여 종업원의 태도, 사기, 의사소통에 관심을 가지고 있었으나, 조직 내부 문제에 초점을 두었기 때문에 폐쇄적이다. 해당 학자는 메이오가 대표적이며, 맥그리거, 셀즈닉이 있다.

(3) 개방 – 합리적 조직이론(1960 ~ 1970년대)

유기체적 욕구충족을 위해서는 환경에 의존해야 함을 인식하고 조직 내부의 관심이 외부환경으로 옮겨졌다. 환경에 대해 개방적이고 환경과의 관계를 적절히 유지해야 한다는 원칙을 세웠다. 해당 학자는 챈들러, 로렌스와 로시·톰슨 등이 있으며 상황적합이론이 해당된다.

(4) 개방 – 사회적 조직이론(1970년 이후)

조직의 목표달성보다는 인간의 생존을 중시한 이론으로, 조직의 비공식성에 초점을 맞추어 강조하였다. 환경의 중요성을 강조하면서도 개인과 집단, 집단과 집단 간의 관계를 중시했다. 하위 시스템을 독립적으로 인식하여 유지·존속을 위해 학습개념도 중시했다. 해당 학자는 웨이크와 마치가 있으며 자원의존이론이 해당된다.

5. 톰슨(Thompson)의 조직 분류

톰슨은 기술을 단위작업 간의 상호의존성에 형태와 정도에 따라 중개형, 연속형, 집약형의 3가지로 구분하였다.

(1) 중개형 기술

집합적 상호의존성으로, 부서 간 상호의존성(단위작업 사이에 관련성이 없음)이 거의 없고, 독립적으로 공동의 목표에 공헌한다. 따라서 각 부서 간 표준화 및 절차와 규정에 의한 활동을 한다.

(2) 연속형 기술

순차적 상호의존성으로, 한 부서의 활동(산출; output)이 다른 부서에 직접적으로 관련(투입; input)이 있는 상호의존성을 말한다. 상호의존성의 정도가 집합적 상호의존성보다 높으며, 계획과 일정표를 사용하고 문제발생 시 빈번한 의사소통으로 해결한다.

(3) 집약형 기술

교호적 상호의존성으로, 하나의 과업수행에 여러 부서들이 동시에 상호관련되어 있는 것으로, 관련 부서 간 상호의존성이 가장 높다. 즉, 모든 업무 담당자가 동시에 협력하는 것으로 지속적인 협조, 상호조정의 노력, 직접 대면에 의한 의사소통 등으로 문제를 해결한다.

<표 4-6> 톰슨 기술 유형

기술유형	상호의존성	조정의 기반	의사소통	조직구조	신축성
중개형	낮음 (집합적)	규칙 · 절차 · 표준화	낮음	낮은 복잡성 높은 공식화	중간
연속형	중간 (순차적)	일정계획 · 감독	중간	중간정도 복잡성 중간정도 공식화	낮음
집약형	높음 (교호적)	협력 · 상호조정	높음	높은 복잡성 낮은 공식화	높음

6. 마일즈와 스노우의 조직전략 유형

마일즈(Miles)와 스노우(Snow)는 기업의 환경 적응적 대응전략을 제품과 시장의 '변화정도'를 이용하여 방어형(defender), 공격형(탐색형; prospector), 분석형(analyzer), 반응형(reactor)의 4가지 유형으로 제시하였다.

(1) 방어형 – 기계적 태도

① 조직의 안정적 유지를 목표로 환경변화에 신중하고 현상을 유지하려는 전략이다.
② 틈새시장 공략, 한정된 제품에 집중, 효율성 중시, 고품질 제품이나 경쟁적 가격 제품의 출시 등이 특징이다.

(2) 공격형(탐색형) – 유기적 태도

① 새로운 제품과 시장기회를 포착하거나 시장을 개척하려는 전략이다.
② 진입장벽을 돌파하여 시장에 진입하려는 기업이 활용(신상품, 신시징 개척)한다.
③ 지속적으로 새로운 시장 탐색, 혁신, 외부환경의 기회와 변화 탐색을 중시한다.

(3) 분석형 – 기계적 태도 + 유기적 태도

① 수익의 기회를 찾으면서 위험은 회피하는 전략이다.
② 시장에 적응한 기업이 채택(유연성과 안정성을 추구)한다.
③ 방어형의 효율성과 공격형의 혁신성을 결합한 전략이다.
④ 신시장이 공격형 기업에 의해 검증된 이후에 시장에 진입(성공적 아이디어 모방)한다.

(4) 반응형

① 환경변화에 적응하지 못하는 기업이 불안한 상태로 남아있는 것이다.
② 수명을 다한 기업이 별다른 전략 없이 쇠퇴하는 것이다.

1. 일반적인 조직구조

구분	환경		기술		규모	
	안정(확실)	불안정(불확실)	일상적	비일상적	대규모	소규모
분화	높음	낮음	낮음	높음	높음	낮음
권한의 배분	집권화	분권화	집권화	분권화	분권화	집권화
공식화	높음	낮음	높음	낮음	높음	낮음

2. 권한과 조직구조

집권적 조직	분권적 조직
• 의사결정 속도나 의사소통 속도가 빠름 • 구성원이 일사분란하게 움직여 효율성이 높음 • 부문 간의 갈등 조정이 쉬움 • 하위자에게 권한 없이 책임만 주어지는 경우 존재 • 종업원들의 수동적이고 타율적인 행동	• 구성원의 창의성 발휘가 용이 • 구성원의 적극적 참여와 자율적 업무 수행 • 직무만족도가 높음 • 기능과 업무가 중복 가능 • 부서이기주의에 의해 갈등이 나타날 가능성 높음 • 비효율적

3. 조직의 안전성과 조직구조

환경의 안전성	안정적 환경	가변적 환경
적합한 조직구조	기계적 구조	유기적 구조
공식화 정도	높음	낮음
분화	높음	낮음
권한의 배분	집권화	분권화

4. 조직수명주기에 따른 조직구조

구분	생성기	성장기	확장기	성숙기
규모	소규모	중규모	대규모	매우 큰 규모
환경	변화	적은 변화	다소 변화	안정
구조	유기적	약간 유기적	다소 유기적	기계적
차별화	낮음	중간	높음	아주 높음

5. 공식적 조직과 비공식적 조직 비교

분류	공식적 집단	비공식적 집단
공식성	능률, 비용의 논리	감정, 인간관계의 논리
형성	의도적, 과업달성이 목적	자연적, 정서적 관점
존속기간	영구적	일시적
논리	조직도상에 표시	조직도상에 나타나지 않음

6. 평면구조와 고층구조 비교

평면구조	고층구조
• 넓은 감독 폭	• 좁은 감독 폭
• 상하 간의 의사소통이 신속·정확하고 원활함	• 부하에 대한 통제가 쉬움
• 부하들의 자율성 존중	• 부하와 상사의 접촉이 활발
• 부하에 대한 약한 통제력	• 부하에 대한 통제로 업무스트레스가 높아짐
• 타부서와 의사소통과 업무조정이 어려움	• 상하 간 의사소통이 부정확하고 왜곡됨

7. 전통적 조직과 현대적 조직 비교

영역	전통적 조직	현대적 조직
사람	재정자본을 중시하며 사람(인적자원)은 비용(기계)으로 간주	사람을 통한 품질, 서비스, 대응력 제고가 자본보다 더 중요
국제화	부수적 활동 (국내 본사에 의한 해외영업)	핵심적 활동 (해외생산, 현지화)
조직형태	계층적, 스태프 중심적	수평적
최고경영자	종업원과 거리를 두며 분석적, 중앙집권적 전략 수립	최고경영자가 가치관 설정, 하부에서 전략개발
생산	양(量) 중심, 긴 공정, 자동화가 사람보다 더 중요	유연하고 짧은 공정, 시장환경 상황에 맞게 유연적
마케팅	대중시장, 대중광고, 시장조사를 생략하거나 긴 시간 소요	세분화된 시장을 대상으로 새로운 용도 중심, 속도를 중시
혁신	집권적 연구개발, 대형 프로젝트	모든 분야가 혁신의 핵심분야

05　조직개발

1　조직개발(OD) 개념

조직개발(OD; Organization development)이란, 환경변화에 대처하기 위한 조직의 변화를 의미(조직 활성화)하며, 조직개발(OD)의 목표는 개인의 능력이나 지식의 개발, 팀 구성원 전체의 태도의 변화, 집단 간의 협력의 강화, 조직의 유효성 제고 등이다.

즉, 행동과학의 지식을 이용하여 조직의 대응능력을 향상시키고 조직의 성과와 만족도를 향상시키려는 장기적이고 포괄적인 조직변화전략이다. 그러나 변화도 좋지만 너무 급속한 변화는 오히려 조직의 지속적이고 안정적 활동을 저해하기도 한다.

2 조직개발(OD) 유형

1. 팀구축(Team building)법

작업집단구축법이라도 하며, 공식적인 직무를 수행하는 집단에서 과업에 초점을 맞춰서 상호협조하면서 직무를 수행 및 개선할 수 있도록 일시적으로 집단이나 팀을 구축하여 자발적인 협력과 조정을 전제로 문제를 해결하고 개선하는 데 목적이 있는 기법이다.

과업성과와 관련된 문제를 토의하거나 집단 생산성의 방해요인을 발견하여 이를 개선하여 조직의 공식적 직무를 수행하는 작업집단의 구성원들이 협조적인 관계를 형성하여 직무를 효과적으로 수행할 수 있도록 하는 것이다.

주로 르윈의 해빙(Unfreezing) → 이동(Moving) → 재동결(Refreezing)의 단계를 거친다.

> **TIP+** **팀구축 6단계**
>
> 팀구축 회합의 개발결정 → 목표의 설정 → 자료의 수집 → 회합의 계획 → 회합의 실시 → 팀구축 과정의 평가

2. 과정자문(Process consulting technique)법

과정상담법이라고 하며, 외부의 상담자에 의해서 그룹 간 또는 그룹 내의 동태적인 문제를 진단하고 해결하기 위한 기법으로, 조직 내의 인간행동 과정(의사소통 과정, 리더십 과정, 집단 간의 과정)에 초점을 둔다. 즉, 개인 또는 집단이 조직상의 과정적인 문제를 진단하고 이해하며 스스로 해결할 수 있도록 외부담당자가 도와주는 방법이다.

3. 역할분석(Role analysis)법

역할기대를 명백하게 하기 위해 고안된 팀구축법의 일종이다. 조직구성원의 행위는 집단의 규범에 영향을 받으므로 서로의 행위방식에 기대를 하게 된다. 즉, 부하의 역할에 대한 상사의 기대내용과 그에 대한 부하의 인식 간에는 차이가 있다. 이 차이가 생기면 역할갈등이 발생하게 되는데, 이때 역할갈등의 원인을 규명하기 위해서 사용되는 기법이다.

4. 역할협상(Role negotiation)법

집단구성원들 간의 작업관계에 초점을 두고 참가자 간의 통제된 협상을 수반하며, 과정에서 관리자들은 서로에게 원하는 것을 솔직히 토의하고 그 이유를 설명한다. 결과는 서로가 만족하는 합의사항을 기록하여 합의서의 형태로 한다. 집단성과를 향상시키는 효율적인 방법으로 활용되고 있다.

5. 조사연구 피드백(Survey feedback)법

조직의 주요 문제를 자료를 수집·조사하고, 조사연구를 통해 결과를 다시 종업원들에게 피드백시켜서 문제점을 극복하거나 구체적 방법들을 고안할 수 있게 하는 기법이다. 저렴한 비용으로 대량의 정보를 수집할 수 있다는 것이 장점이다.

6. 근로생활의 질(QWL; Quality of working life)

종업원들이 현재의 직무에 대해 즐거워하고 만족하도록 하는 과정을 마련하는 것으로, 높은 생산성과 능률을 달성하는 데 기여하면서 종업원들이 일에 대해 보다 만족하고 즐거워하도록 하는 절차를 만드는 것이다.

그 방법으로는 직무재설계, 감독자 역할의 변화나 재설정, 보상체계의 설계와 시행, 산업민주주의의 채택 등이 있다. 이렇게 함으로써 높은 생산성과 능률, 조직의 목적을 달성할 수 있도록 하는 것이다.

7. 대면화합(Interview; meeting harmony)법

조직의 여러 계층에서 나온 사람들로 구성된 집단이 조직이 직면한 환경이나 정책 등에 대해 자유롭게 토론하고 참여함으로써 일체성과 공동체의식을 배양하여 화합을 위한 개선하는 방안을 마련하는 기법이다.

8. 감수성훈련(Sensitivity training)법

서로 알지 못하는 사람들을 집단으로 구성하여, 약 2주 정도 합숙을 시키면서 프로그램에 의해 개인 상호 간의 영향력과 인지력을 평가하고 개발하는 것으로서 조직유효성을 향상시키는 기법이다.

자신과 타인에 대한 통찰력 향상으로 원만한 인간관계와 자아 및 조직역할의 인식, 대인관계에 대한 감수성의 증대를 통하여 인간관계능력과 조직유효성을 향상시키려는 기법이다.

9. 관리격자도 훈련(Grid training)법

리더십의 관리격자도 훈련에 기초한 방법으로, 리더십의 개발을 통해 조직의 유효성을 향상시키는 기법이다. 과업과 인간관계에 모두 높은 관심을 보이는 이상형의 리더가 되도록 고무하여 조직개발과 경영개발을 동시에 수행하는 것이다.

즉, 과업(생산)과 인간관계 모두에 높은 관심을 가지는 리더(9, 9)가 되도록 하는 방법이다. 이 기법은 감수성훈련을 확대·발전시킨 것이다.

3 조직개발(OD) 성공요건

① 변화를 요구하는 내·외 압력의 수용과 극복
② 최고경영자의 변화의 필요성에 대한 지각과 변화를 추진하고자 하는 결심
③ 최고경영자의 지지와 지원
④ 유능한 조직개발전문가 확보와 장기적 안목으로 추진
⑤ 조직의 모든 계층의 관리자를 포함 등

<표 4-7> 조직개발 적용 유형

종류	유형
개인행동개발	감수성훈련, 스트레스 수용능력개발, 교육훈련 프로그램
집단행동개발	팀구축법, 집단 간 대면, 제3자 조정법, 과정자문법
조직수준개발	목표관리법, 그리드 조직개발, 직무충실화, 관리자대면법

06 조직변화

1 조직변화 개념

조직변화(OC)란, 조직의 구성요소(사람, 구조, 기술 등)를 변화시키는 것으로, 조직 내 개인이나 집단의 변화, 그리고 조직 차원의 포괄적 변화 등으로 구분된다.

개인 변화	조직구성원 개인의 행동, 가치관, 몰입, 만족 등의 변화를 목표
집단 변화	소집단의 과정손실을 최소화하고, 집단 활동에서 얻어질 수 있는 여러 가지 장점들을 최대한 활용하는 것을 목표
조직 변화	조직 내·외적인 변화의 압력을 고려하여 한 유기체로서 조직의 생존력을 높이려는 것으로써 개인이나 집단의 변화까지 포함

2 조직변화 유형 및 필요성

1. 조직변화 유형

(1) 계획적인 조직변화

조직에서 특정 목적을 가지고 의도적인 조직변화 또는 불가항력적인 조직변화이다.

(2) 자연적인 조직변화

특별한 계획이나 신경을 쓰지 않아도 유연하게 변하는 조직변화이다.

<표 4-8> 조직변화 유형

구분	계획적인 변화	자연적인 변화
내부적인 변화	• 상품 혹은 서비스 변화 • 관리시스템의 변화	• 인구통계학적 변화 • 성과차이
외부적인 변화	• 새로운 기술의 도입 • 정보처리와 의사소통방법의 변화	• 정부의 법규 • 외부경쟁

TIP+ 조직변화 구분

1. 점진적 변화

진화적 변화라고도 하며, 변화압력에 천천히 대응한다. 예 TQM

2. 급진적 변화

변화압력에 단번에 대응한다. 예 BPR

---

2. 조직변화 필요성

내적 요인	종업원들이 불만족, 무기력 등을 극복하고 장기적인 비전을 갖게 한다는 취지
외적 요인	조직의 장기적 생존을 위하여 환경변화에 대응해야 한다는 측면

3 조직변화 도입방법

그레이너(L. E. Greiner)의 조직변화 도입방법 유형은 다음과 같다.

① 일방적 권한에 따른 도입 - 최고 경영(관리)자의 일방적 선언, 인사배치 등
② 공유적 권한에 따른 도입 - 집단적 의사결정, 문제해결의 통합
③ 위양적 권한에 따른 도입 - 토의, 감수성훈련, 자료제시 등

4 조직변화 압력(필요성)

내부 압력	• 구성원의 상황(결근, 이직, 직무불만족, 생산성 저하, 기대차이, 제안 증가 등) • 관리적 상황(리더십, 갈등, 구조조정, 보상제도 등)
외부 압력	• 인구통계학 특성(나이, 교육, 1인 가구 증가, 미혼 증가 등) • 시장 환경변화(경기침체, M&A, 정치적 변화, 자동화 등)

5 조직변화 저항원인과 개선방안

1. 저항원인

개인적 저항	• 직업 안정의 위협 • 새로운 작업방법의 습득의 부담 • 지각 및 성격의 문제 • 기득권상실의 두려움	• 심리적 부담과 불안감 • 기능의 무용화 • 불확실성에 대한 공포 • 안정 및 경제적 욕구
조직적 저항	• 조직의 문화 및 구조 • 규칙·규정·절차의 경직화 • 부서 간의 공조 여부	• 자원의 제약과 매몰비용 • 비공식적 규범

2. 개선방안

기법	상황	장점	단점
교육 및 의사소통	정보가 없거나 부정확할 때	저항자가 설득되면 변화에 적극 동참함	다수의 사람이 관련되면 많은 시간이 소요됨
참여와 몰입	변화주도자가 필요한 정보를 갖고 있지 않거나, 저항의 힘이 강할 때	참여한 사람들은 일체감을 갖고 변화 또는 정보를 제공함	참여자들이 변화를 잘못 인식하면 많은 시간이 소요됨
협상	변화시 기득권을 잃을 것이 분명하고, 저항이 힘이 강할 때	중요한 저항을 쉽게 피할 수 있음	다른 대상자들까지 협상을 요구할 시 많은 비용이 소비됨
조작과 호선	다른 전술이 소용없거나 비용이 많이 들 때	신속하고 비용이 적게 소요됨	조작되었다고 느끼는 경우 추가적인 문제가 야기됨
촉진과 지원	적응문제로 저항할 때	적응문제는 성공적임	시간과 비용이 많이 듦
명시적· 묵시적 강압	신속한 변화가 필요하고 변화주도자가 상당한 힘을 갖고 있을 때	신속하고 어떤 저항도 극복 가능	주도자에 대한 반감으로 위험이 존재

개선방안	• 설득(가장 많이 사용) • 교육과 참여, 의사소통 • 지원, 협상, 동의에 의한 유인 제공 • 명시적·암묵적 강압

07 조직문화

1 조직문화 개념 및 속성

1. 조직문화 개념

조직문화(organizational culture)란, 특정 조직의 독특한 느낌이나 특징 등으로 조직 특유의 행동이나 판단기준 및 구성원을 통제하는 규정 내지는 제도 또는 구성원 모두가 공유하는 공통의 의미체계(가치관, 신념, 관습, 규범 등)라고 할 수 있다.

TIP+

1. **조직문화**
   조직구성원들의 활동에 지침이 되는 행동규범을 창출하는 공유된 가치와 신념의 체계, 정체의식 제공, 몰입 촉진, 사회적 체계의 안정성 증진, 행위의 안내, 형성, 신념이다.

2. **샤인(E. H. Schein)의 조직문화**
   조직을 다른 조직과 구별되게 하는 구성원들의 공통적 가치시스템이다.

3. **조직 분위기(조직풍토)**
   조직의 본질적 특성이나 속성에 대한 구성원들의 상대적·주관적 지각의 총체이다.

이러한 조직문화를 오우치(W. Ouchi)는 미국식(A - type), 일본식(J - type) 기업문화로 구분하여 그 차이를 설명하였고, 이 두 기업문화의 특성을 결합(benchmarking)하여 미래 기업들이 지향해야 할 조직문화로 Z형(A + J type) 조직문화를 제시하였다.

<표 4-9> 조직문화 특성 비교

구분	미국식 조직(A형)	일본식 조직(J형)	Z형 조직(A + J형)
의사결정	개인적, 하향적	공동적, 상향적	참여적, 합의적
책임	개인	집단	개인책임 강조
종업원 의식	개인주의	집단주의	집단공동주의
고용	단기	종신	장기
경영목표	단기	장기	장기
통제	공식적 통제	우회적 간접통제	명시적·암시적 통제의 균형
승진평가	빠른 평가와 승진	엄격한 평가와 완만한 승진	장기적 평가와 완만한 승진

일반적으로 적절하게 강한 조직문화와 환경에 적합한 조직문화가 조직의 유효성과 성과를 높이고, 환경적응력이 높은 문화가 조직성과를 높인다.

그러나 지나치게 경직되거나 강한 조직문화는 외부환경에 대한 신속한 적응을 저해하며, 바람직하고 새로운 조직문화로의 전환이나 변화를 어렵게 할 수 있다는 문제점도 있다. 조직문화의 순기능과 역기능은 다음과 같다.

순기능	•행동지침의 제공: 신입사원이 처신에 대해 좋은 길잡이 역할 •구성원의 조화와 단합: 다른 집단과 동질감을 향상시켜 조화와 단합을 강화 •조직몰입의 강화: 조직정책의 실현과 신뢰감의 형성 •환경적응력 강화: 내부 응집력 강화, 공감대에 의한 환경변화에 대처능력의 향상
역기능	•조직변화의 저항: 강한 조직문화는 새로운 환경변화에 적응하기 곤란 •합병의 방해: 강한 조직문화는 기업들 간에 합병에 부작용이 발생 •획일성: 강한 조직문화는 구성원들에게 동일한 특성을 형성

2. 조직문화 속성

총체적 집합성	여러 구성요소들이 연결
고유한 특성	다른 조직과 비교될 수 있는 독특성
지속과 안정	일정기간 지속되는 일정한 행동양식
무형	구성원 각 개인의 마음(정신세계)에 존재
행동의 조절	행동을 조정·통제하는 신념, 태도, 상징 등
모든 계층의 공유	구성원 간 공감대와 상호교류

2 조직문화 모델

1. 맥킨지(Mckinsey's)의 7S모델(피터스와 파스칼; Peters & Pascale)

리더십스타일(style)	경영관리 스타일(조직분위기, 상호작용, 조직문화 등), 개방적·참여적·민주적 스타일 등
전략(strategy)	조직의 장기적인 방향설정, 자원배분방식, 다른 기업문화 형성에 영향, 조직운영방식의 혁신에 영향
조직구조(structure)	조직의 기본적인 틀, 공식요소(직무분류, 권한, 역할, 직무설계, 상호관계 등)
조직시스템(system)	경영의사결정과 일상적인 틀, 경영 각 분야(보상제도, 의사결정시스템, 경영목표, 결과측정, 조정과 통제시스템 등)의 관리제도와 절차
구성원(staff)	기업 문화형성의 주체, 인력구성(능력, 신념, 욕구, 지각, 태도, 동기부여, 행동패턴 등)
관리기술(skill)	물리적 기술, 경영기술과 기법들(어떻게 전략을 실행하는가)
공유가치(shared value)	조직구성원의 가치관(공통된 행동이나 사고)으로 조직운영에 영향을 미치며, 다른 구성요소에도 영향(연결)

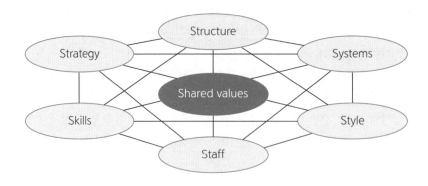

2. 샤인(E. H. Schein)의 조직문화

기본적인 가정 (basic assumption)	• 문화권에 소속된 사람들이 당연하다고 믿고 있는 기본적인 믿음 • 모든 가시적 문화의 핵심적 부분으로 외부에서 관찰이 불가능 • 의식하지 못하는 상태에서 구성원들의 태도와 행동에 영향
가치관 (values)	• 기본적인 믿음이 표출되어 인식의 수준으로 나타난 것 • 구성원의 상황, 행동, 대상 사람들을 판단하기 위해서 사용하는 공유된 평가의 기초
인공물과 창조물 (artifacts & creators)	• 가치관이 표출되어 인간이 창출한 인공물들 • 기술이나 예술 또는 행동양식 • 조직에 대한 전체적인 인상과 이미지, 조직의 문화적 특징을 형성하는 역할

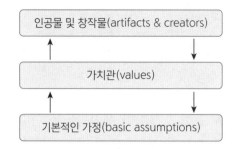

```
인공물 및 창작물(artifacts & creators)
          ↓
      가치관(values)
    ↑          ↓
기본적인 가정(basic assumptions)
```

TIP+ **샤인(Schein) – 인간유형 4가지**

1. 경제인(경제적 이익극대화)
2. 사회인(사회적 욕구 극대화)
3. 자기실현인(자율규제능력이 있는 능동적 존재)
4. 복잡인(다양한 능력이 있는 존재)

TIP+ **통제 유형**

1. **스크리닝 통제(screening control; Yes or No통제)**
   여러 단계로 구성된 활동이나 프로젝트를 계속 수행하기 위해서 각 단계를 넘어가지 전에 승인을 받아야 하거나 특정 조건을 만족해야 하는데 이때 가·부에 따라 진행하느냐 수정하느냐 중단하느냐로 통제하는 것이다.
2. **클랜 통제(clan control)**
   조직문화에 의한 규범, 가치, 신념 등을 통한 통제(공동체적인 문화특성에 의한 통제)이다.

---

08 기타 조직이론

1. 셀즈닉(Selznick)의 제도화이론

셀즈닉은 조직은 외부환경 등의 영향 및 서로 다른 반응으로 형성된 하나의 적응적인 유기체라고 주장하였다. 즉, 유기체적인 조직이 생존하기 위해서는 제도화의 필요성을 강조했다.

제도화란, 조직과 환경과의 관계와 조직 내부의 개인과 조직 간의 관계에서의 제도화문제로 양분했다. 조직의 안정이나 생존에 위협이 있는 대상들은 관행화와 공식·비공식적으로 정당성을 얻어 제도화해서 조직의 안정과 생존(영속성)을 확보한다는 것이다.

2. 챈들러(Chandler) 이론

챈들러는 전략과 조직구조 간에는 밀접한 상관관계가 있다고 주장하면서, "구조는 전략을 따른다."라는 명제를 제시하였다.

그는 기업은 초창기에는 집권적 조직구조로 출발해서 제품의 수요가 증가함에 따라 기능조직으로 성장하고 점차 수직적 통합을 통해 능률적인 생산활동을 한다고 주장했다. 이러한 성장 속에서 궁극적으로는 다각화전략으로 자율적 사업구조가 등장한다고 설명하였다.

3. 로렌스와 로쉬(Lawrence & Losch)의 상황이론

로렌스와 로쉬는 3가지 서로 다른 산업분야를 통한 연구에서, 모든 상황에 적절한 유일한 조직구조나 유형은 없으며 적절한 조직설계는 환경의 불확실성에 따라 변하고 달라질 수 있다고 주장했다.

4. 톰슨(Thompson)의 상황이론

톰슨은 불확실한 과업환경에 개방되어 있고, 이러한 과업환경에 적응하고 생존하기 위해 기술의 합리성(생산성; 투입물을 산출물로 변환)과 조직의 합리성(외부환경을 고려한 기술의 합리성 관리)을 갖도록 설계해야 하며, 요구되는 기능의 특성에 따라 탄력적·신축적으로 조직설계를 해야 한다고 주장했다.

즉, 합리성이 요구되는 생산부서는 기계적·관료적 조직구조, 생산현장의 불확실성을 관리하는 마케팅부서나 R&D부서는 유기적 조직구조의 설계가 필요하다는 것이다.

5. 마치(March)의 쓰레기통이론

불확실성이 매우 높은 조직에서의 의사결정 형태를 설명하기 위한 것으로, 조직의 의사결정은 문제, 해결책, 참가자, 선택의 기회 등과 같은 복합적이고 복잡한 무원칙적인 결합을 통해서 이루어진다는 것이다. 즉, 이러한 복잡하고 다양한 문제해결방식을 통해 조직은 학습하고 그 결과로 조직은 성과를 내고 생존한다는 것이다.

6. 웨익(Weick)의 사회심리조직이론

웨익은 조직화를 환경탐색, 해석, 학습의 과정으로 파악하여 조직에 참여하는 구성원들 사이의 상호작용에 의해 환경이 재구성된다는 측면을 주장했다. 즉, 환경은 주어지는 것이 아니라 구성원들 사이의 상호작용에 의해 재구성 내지는 창조된다는 것이다.

7. 조직군 생태학이론(population ecology theory)

생태학이란, 유기체가 환경의 변화에 따라 생성, 발전, 사멸하는지를 연구하는 생물학의 한 분야이다. 조직군 생태학이론은 1970년대에 등장하였으며, 조직 환경의 절대성을 강조하고, 조직에 대해 생물학의 자연 도태론을 적용하여 분석 수준을 개별 조직에서 조직 군으로 대체하여 연구(변이 → 선택 → 보존)하는 이론이다.

8. 센지(Senge)의 학습조직이론

센지는 변화하는 시대에 이상적인 조직은 학습조직이라고 주장하면서, 21세기에는 지식추출과 지식의 생산능력이 기업의 성공에 중요한 영향을 미치므로 끊임없이 학습하고 새로운 것을 창조할 수 있는 조직이 되어야 한다고 하였다. 그는 학습조직의 구성요소 5가지를 제시했다.

5가지 요소	① 시스템적 사고, ② 팀 학습, ③ 개인적 숙련, ④ 사고모형, ⑤ 공유비전

TIP+

1. 학습조직(Learning organization)

주위 환경의 변화와 위기에 대처하기 위해 새로운 지식의 창조, 습득, 공유, 활용 등 학습활동과 비판적 분석 및 성찰을 통해 조직의 역량을 확대하고 창조적 변화를 촉진시켜 나아가는 조직으로, 주체성, 자율성, 참을성이 존중되는 조직이라고 정의할 수 있다. 즉, 급변하는 경영환경 속에서 존속하기 위해 조직원이 학습할 수 있도록 기업이 자원과 지원을 제공하는 것이다. 그로 인한 학습결과로 조직(기업)은 지속적인 변화를 이룰 수 있다.

2. 계층(Hierarchy)조직

권한, 책임, 의무의 정도에 따라 직무를 등급화하는 것으로서, 각 계층 간에 권한과 책임을 배분하고 명령계통과 지휘, 감독의 체계를 확립하는 조직을 말한다.

3. 멘토링(Mentoring)

조직화프로그램의 대표적인 것으로, 이정표 또는 길잡이라는 뜻이다. 그리스신화에 나오는 사람의 이름에서 유래된 것으로서, 조직 내에서 상급자와 하급자 간의 협력 및 지속적인 관계개선을 유지하는 것을 말한다. 즉, 상·하급자 간의 상호협조적인 관계로, 특히 하급자의 능력개발에 관심을 기울임과 동시에 자신의 능력에 자신감을 높여 주는 것을 뜻한다. 현재 도시 유명 대학교 학생과 농어촌 지역의 초·중등학생 간에 멘토링제도를 도입한 학습제도가 시행 중이다.

4. 조직사회화

신입사원이 조직에 들어와 그 조직의 가치, 능력, 규범, 문화, 행동양식, 업무수행방식, 지식 등을 습득하여 조직의 기대에 융화되는 과정을 말한다. 즉, 개인이 조직의 역할을 수행하는 것으로 이러한 조직사회화를 통해 새로운 조직에 대한 진입충격을 줄이고, 조직에 관한 학습으로 조직정체성을 키우며, 조직의 유효성 및 조직의 효율성을 향상시키고 궁극적으로는 조기이직을 감소시킬 수 있다.

01 동기부여이론은 내용이론과 과정이론으로 구분된다. 다음 중 과정이론에 속하는 것은?

① 매슬로우의 욕구단계이론　　　　② 맥그리거의 X이론, Y이론
③ 브룸의 기대이론　　　　　　　　④ 허쯔버그의 2요인이론

해설 ── 답 ③

①, ②, ④ 내용이론에 속한다.

02 아담스(J. S. Adams)의 공정성이론에서 조직구성원들이 개인적 불공정성을 시정(是正)하기 위한 방법으로 옳지 않은 것은?

① 투입과 산출의 변경　　　　　　　② 장(場)의 이탈
③ 투입과 산출의 인지적 왜곡　　　　④ 준거인물 유지

해설 ── 답 ④

④ 기존의 불공정을 그대로 유지하게 된다.

03 허쯔버그(F. Herzberg)의 2요인이론에서 동기요인에 해당하지 않는 것은?

① 직무에 대한 성취감, 자기실현　　　② 감독
③ 직무 자체　　　　　　　　　　　　④ 능력의 신장

해설 ── 답 ②

감독은 환경요인에 관련된 것으로, 위생요인(임금, 작업조건, 대인관계, 복리후생 등)에 해당한다.

04 동기부여이론에 대한 설명으로 옳지 않은 것은?

① 매슬로우(A. Maslow)의 욕구 단계설에서 자아실현욕구는 결핍-충족의 원리가 적용되지 않는다.
② 맥클리랜드(D. McClelland)의 성취동기이론에서 권력욕구가 강한 사람은 타인에게 영향력을 행사하고, 인정받는 것을 좋아한다.
③ 브룸(V. Vroom)에서 기대감, 수단성, 유의성 등이 중요한 동기부여 요소이다.
④ 알더퍼(C. Alderfer)의 ERG이론에서 관계욕구와 성장욕구가 동시에 발현될 수 있다.
⑤ 스키너(B. Skinner)의 강화이론에서 비난, 징계 등과 같은 불쾌한 자극을 제거함으로써 바람직한 행동을 강화하는 것을 소거(extinction)라고 한다.

해설 ⎯⎯⎯⎯⎯⎯⎯⎯⎯⎯⎯⎯⎯⎯⎯⎯⎯⎯⎯⎯⎯⎯⎯⎯⎯⎯ 답⑤

강화이론에서 불쾌한 자극(비난, 징계 등)을 제거함으로써 바람직한 행동을 강화하는 것은 소극적 강화에 해당한다.

05 창의성 개발기법에 대한 설명으로 옳지 않은 것은?

① 강제적 기법은 정상적으로 관계가 없는 둘 이상의 물건이나 아이디어를 강제로 연관을 짓게 하는 방법이다.
② 리더만 주제를 알고 집단에는 알리지 않은 채, 장시간 문제해결의 방안을 자유롭게 토론하도록 하는 것은 브레인스토밍법이다.
③ 창의성 개발기법에는 자유연상법, 분석적 기법, 강제적 관계기법 등이 있다.
④ 집단 내에서 창의적이고 의사결정을 증진시키는 방법으로 델파이법이나 명목집단법도 이 범주에 포함시킬 수 있다.

해설 ⎯⎯⎯⎯⎯⎯⎯⎯⎯⎯⎯⎯⎯⎯⎯⎯⎯⎯⎯⎯⎯⎯⎯⎯⎯⎯ 답②

고든법에 대한 설명이다.

06 강화계획(schedules of reinforcement)에서 불규칙한 횟수의 바람직한 행동 후 강화요인을 제공하는 기법으로 옳은 것은?

① 고정간격법   ② 변동간격법
③ 고정비율법   ④ 변동비율법

해설 ⎯⎯⎯⎯⎯⎯⎯⎯⎯⎯⎯⎯⎯⎯⎯⎯⎯⎯⎯⎯⎯⎯⎯⎯⎯⎯ 답④

④ 불규칙하고 고정되어 있지 않은 강화수단이다.

07 어떤 반응을 자발적으로 보였을 때, 그 반응행위의 결과에 의해서 다음 반응의 여부가 결정된다는 것을 설명하는 것은?

① 고전적 조건화
② 조작적 조건화
③ 관찰학습
④ 인지학습

어떤 반응이나 행동을 자발적 · 능동적으로 보이는 것은 조작적 조건화이다.

08 Big 5의 성격에 해당하지 않는 것은?

① 외향성(extraversion)
② 정서적 안정감(emotional stability)
③ 성실성(conscientiousness)
④ 자존감(self-esteem)

①, ②, ③ 외에 개방성, 수용성이 Big 5의 성격에 해당한다.

09 하우스(R. House)가 제시한 경로목표이론의 리더십 유형에 해당하지 않는 것은?

① 권한위임적 리더십
② 지시적 리더십
③ 지원적 리더십
④ 성취지향적 리더십

① 권한위임적 리더십은 허쉬(허시)의 리더십 수명주기이론에 해당한다.
경로목표이론의 리더십은 ②, ③, ④와 참가(참여)적 리더십이다.

10 조직구조에 대한 설명으로 옳은 것은?

① 위원회 조직구조는 의사결정을 빠르게 하고 책임소재를 분명히 한다는 장점이 있다.

② 네트워크 조직구조는 핵심 이외의 사업을 외주화하기 때문에 외부환경의 변화에 민첩하게 대응할 수 있다.

③ 매트릭스 조직구조는 업무 수행자의 기능 및 제품에 대한 책임 규명이 쉽다는 장점이 있다.

④ 사업부 조직구조는 각 사업부 간의 전문성 교류를 원활하게 함으로써 규모의 경제를 실현하게 한다.

⑤ 기능적 조직구조는 전문화보다는 고객 요구에 대한 대응을 더 중요시한다.

해설 ⎯⎯⎯⎯⎯⎯⎯⎯⎯⎯⎯⎯⎯⎯⎯⎯⎯⎯⎯⎯⎯⎯⎯⎯⎯⎯⎯⎯⎯⎯⎯⎯ 답 ②

① 조직구조는 의사결정 기능이 없다.

③ 조직구조는 책임소재나 규명이 모호하다.

④ 조직구조는 단위적 분화의 원리로 사업부를 편성하므로 규모의 경제 역행이며, 사업부 간 경쟁유발로 교류, 통합, 전문화가 어렵다.

⑤ 조직구조는 고객 요구에 대한 반응보다는 전문화를 더 중시한다.

11 다음 <보기>에서 리더십이론 중 피들러모형에 대한 설명으로 옳은 것을 모두 고른 것은?

<보기>

ㄱ. 리더의 행동차원을 인간에 대한 관심과 과업에 대한 관심 두 가지로 나누어 다섯 가지 형태의 리더십으로 구분하였다.

ㄴ. 상황요인으로 과업이 짜여진 정도, 리더와 부하 사이의 신뢰 정도, 리더지위의 권력 정도를 제시하였다.

ㄷ. 상황이 리더에게 아주 유리하거나 불리할 때는 과업주도형 리더십이 효과적이라고 주장하였다.

ㄹ. 리더의 유형을 파악하기 위해 LPC점수를 측정해서 구분하였다.

① ㄱ, ㄴ   ② ㄱ, ㄹ

③ ㄴ, ㄷ   ④ ㄴ, ㄷ, ㄹ

해설 ⎯⎯⎯⎯⎯⎯⎯⎯⎯⎯⎯⎯⎯⎯⎯⎯⎯⎯⎯⎯⎯⎯⎯⎯⎯⎯⎯⎯⎯⎯⎯⎯ 답 ④

ㄱ은 블레이크과 머튼의 관리격자도 리더 유형에 대한 설명이다.

12 집단응집성에 대한 설명으로 옳지 않은 것은?

① 집단 안에 응집성이 강할 경우 이직률이 높아진다.

② 집단 안에 경쟁이 있을 경우 응집성은 약화된다.

③ 집단 간의 경쟁이 있을 경우 응집성은 강화된다.

④ 집단목표에 대한 구성원의 동의가 있을 경우 응집성은 커진다.

해설   답 ①

응집성이란, 집단 내에 남아 있으려고 하는 정도를 의미하므로 응집성이 강할수록 이직률은 낮아진다.

13 블레이크와 모튼의 리더십 관리격자도모델의 리더 유형에 대한 설명으로 옳지 않은 것은?

① (1, 1)형은 조직구성원으로서 자리를 유지하는 데 필요한 최소한의 노력만을 투입하는 방관형 (무관심형) 리더이다.

② (1, 9)형은 구조주도행동을 보이는 컨트리클럽형(인기형) 리더이다.

③ (9, 1)형은 과업상의 능력을 우선적으로 생각하는 과업형 리더이다.

④ (5, 5)형은 과업의 능률과 인간적 요소를 절충하여 적당한 수준에서 성과를 추구하는 절충형 (타협형) 리더이다.

해설   답 ②

(1, 9)형은 컨트리클럽형(인기형; 친목형) 리더이며, 배려행동 범주의 리더이다. 구조주도행동을 보이는 리더는 지시 · 통제 · 규칙 · 규정절차를 중시하는 리더(과업 중시)를 의미한다.

14 다음 <보기>에서 프렌치와 레이븐(French & Raven)의 권력원천 분류 중 개인적 원천의 권력에 해당하는 것을 모두 고른 것은?

<보기>	
ㄱ. 강제적 권력	ㄴ. 준거적 권력
ㄷ. 전문적 권력	ㄹ. 합법적 권력
ㅁ. 보상적 권력	

① ㄱ, ㄴ   ② ㄴ, ㄷ

③ ㄷ, ㄹ   ④ ㄹ, ㅁ

해설   답 ②

ㄴ. 준거적 권력과 ㄷ. 전문적 권력은 개인적 원천의 권력에 해당한다.

15 집단의사결정에 대한 설명으로 옳지 않은 것은?

① 구성원으로부터 다양한 정보를 얻을 수 있다.

② 의사결정에 참여한 구성원들의 교육효과가 높게 나타나지만, 서로의 의견에 비판 없이 동의하는 경향이 있다.

③ 구성원의 합의에 의한 것이므로 수용도와 응집력이 높아진다.

④ 차선책을 채택하는 오류가 발생하지 않는다.

해설 ──────────────────────────── 답 ④

집단의사결정에서 집단사고가 발생할 경우 차선책을 채택하는 오류가 발생할 가능성이 가장 높다.

16 조하리의 창(Johari's Window)에서 갈등을 축소하기 위해서 궁극적으로 확대해야 하는 영역으로 옳은 것은?

① 사적영역　　　　　　　　　　　② 미지영역

③ 공공영역　　　　　　　　　　　④ 명목영역

해설 ──────────────────────────── 답 ③

공공영역(open self)은 열린자아라고도 하며, 개방적이기 때문에 갈등발생의 여지가 없는 영역으로 갈등을 축소하거나 최소화하기 위해서는 이 영역의 확대가 필요하다.

17 진성 리더십(authentic leadership)에 포함되는 것으로 옳은 것만을 모두 고른 것은?

ㄱ. 자아인식	ㄴ. 정서적 치유
ㄷ. 관계적 투명성	ㄹ. 균형잡힌 정보처리
ㅁ. 내면화된 도덕적 신념	

① ㄱ, ㄴ, ㄷ, ㄹ　　　　　　　② ㄱ, ㄴ, ㄷ, ㅁ

③ ㄱ, ㄴ, ㄹ, ㅁ　　　　　　　④ ㄱ, ㄷ, ㄹ, ㅁ

⑤ ㄴ, ㄷ, ㄹ, ㅁ

해설 ──────────────────────────── 답 ④

진성 리더십(authentic leadership)에 포함되는 것은 ㄱ, ㄷ, ㄹ, ㅁ이다.

ㄴ. 정서적 치유는 진성 리더십(authentic leadership)에 포함되지 않는다.

18 경영의사결정에 대한 설명으로 옳지 않은 것은?

① 합리적 의사결정모형은 완전한 정보를 가진 가장 합리적인 의사결정행동을 모형화하고 있다.

② 경영자가 하는 대부분의 의사결정을 최선의 대안보다는 만족할 만한 대안을 선택하는 것으로 귀결되는 경우가 많다.

③ 브레인스토밍은 타인의 의견에 대한 비판을 통해 대안을 찾는 방법이다.

④ 명목집단법은 문제의 답에 대한 익명성을 보장하고, 반대논쟁을 극소화하는 방식으로 문제해결을 시도하는 방법이다.

해설 답③

③ 브레인스토밍은 타인의 의견을 비판하면 안 된다.

19 막스 베버(M. Weber)가 주장한 관료조직의 특징으로 옳은 것만을 모두 고른 것은?

ㄱ. 분업	ㄴ. 창의성
ㄷ. 명확한 위계질서	ㄹ. 공식규정 및 규칙

① ㄱ, ㄴ   ② ㄷ, ㄹ

③ ㄱ, ㄷ, ㄹ   ④ ㄴ, ㄷ, ㄹ

⑤ ㄱ, ㄴ, ㄷ, ㄹ

해설 답③

관료조직의 특징으로 옳은 것은 ㄱ. 분업, ㄷ. 명확한 위계질서, ㄹ. 공식규정 및 규칙이다.
ㄴ. 창의성은 관료조직과 무관하며, 현대적 조직(팀제; 유기적 조직)에 적합한 특성이다.

20 민쯔버그의 10가지 경영자의 역할에 해당하지 않는 것은?

① 섭외자의 역할   ② 정보탐색자의 역할

③ 조직설계자의 역할   ④ 분쟁조정자 역할

해설 답③

민쯔버그는 경영자의 역할을 대인업무(조직의 얼굴역할, 리더역할, 섭외자역할), 정보업부(정보탐색자역할, 정보보급자역할, 대변인역할), 의사결정업무(기업가역할, 동요처리자역할, 자원배분자역할, 협상가역할)로 구분하였다.

21 파스칼(R. Pascale)과 피터스(T. Peters)의 조직문화 7S 중 다른 요소들을 연결시켜 주는 핵심적인 요소는?

① 전략(strategy)
② 관리기술(skill)
③ 공유가치(shared value)
④ 관리시스템(system)

해설　　　　　　　　　　　　　　　　　　　　　　　　　　　　　　　　　　　답 ④

7가지 모든 요소가 중요하지만 특히 다른 요소들을 연결시켜 주는 핵심적인 요소는 관리시스템이다.

22 조직설계의 상황변수로 옳은 것만을 모두 고른 것은?

ㄱ. 복잡성	ㄴ. 전략
ㄷ. 공식화	ㄹ. 기술
ㅁ. 규모	

① ㄱ, ㄴ, ㄷ
② ㄱ, ㄴ, ㄹ
③ ㄱ, ㄷ, ㅁ
④ ㄴ, ㄹ, ㅁ
⑤ ㄷ, ㄹ, ㅁ

해설　　　　　　　　　　　　　　　　　　　　　　　　　　　　　　　　　　　답 ④

조직설계의 상황변수로 옳은 것은 ㄴ, ㄹ, ㅁ이다. ㄴ. 전략, ㄹ. 기술, ㅁ. 규모는 조직설계의 상황변수에 해당하며, ㄱ. 복잡성과 ㄷ. 공식화는 기본변수에 해당된다.

23 애드호크러시(adhocracy)에 대한 설명으로 옳지 않은 것은?

① 성과지향적 조직에 적합하다.
② 직위자체보다는 전문성에 근거해서 전문가 간에 상호조정을 한다.
③ 프로젝트조직이 해당되며, 고도의 수평적 직무전문화가 특징이다.
④ 문제해결을 위해 분권적 의사결정을 하는 유기적인 구조를 갖고 있다.

해설　　　　　　　　　　　　　　　　　　　　　　　　　　　　　　　　　　　답 ①

애드호크러시는 문제해결지향적인 조직(이론)으로 유기적 조직, 프로젝트조직이라고도 한다. 성과지향적인 조직은 기계적 조직이나 직능제 조직으로서, 집권화 및 공식화의 정도가 높으며 뷰로크러시(bureauracy)라고도 한다.

24 조직형태에 대한 설명으로 옳은 것은?

① 기능별 조직은 특정 과제나 목표를 달성하기 위해 구성하는 임시조직이다.
② 부문별 조직은 업무내용이나 기능을 유사한 것끼리 묶는 조직형태를 말한다.
③ 네트워크조직은 전통적 조직의 핵심요소를 간직하고 있으나 조직의 경계와 구조가 없다.
④ 프로젝트조직은 동일한 제품이나 지역, 고객, 업무과정을 중심으로 분화하여 만든 조직이다.

> **해설** --- 답③
>
> 기능별 조직은 분업의 원칙에 입각한 전문화된 업무내용이나 기능을 유사한 것끼리 묶는 조직, 부문별 조직은 동일한 제품이나 지역, 고객, 업무과정을 중심으로 분화하여 만든 조직, 프로젝트조직은 특정 과제나 목표를 달성하기 위해 구성하는 임시조직, 라인조직은 명령일원화의 상의하달의 집권적 조직이다.

25 조직 내 집단 간의 갈등을 유발하는 원인이 아닌 것은?

① 업무의 상호의존성   ② 상위 목표
③ 지각의 차이   ④ 한정된 자원의 분배

> **해설** --- 답②
>
> ② 조직 내 집단 간의 갈등을 해결하는 방안이다.

PART 5

생산관리

CHAPTER 01 생산관리 개념

01 생산관리 개념

1 생산관리 개념

생산관리(production management; 생산운영관리)란, 경영활동을 구성하는 구매, 생산(제조), 판매, 재무(회계), 서비스 창출 등에 대한 시스템(system)이나 프로세스(process)의 관리를 의미한다. 즉, 3M(Man, Machine, Material)을 활용하여 투입(In-put), 공정(Process), 산출(Out-put) 과정을 거쳐서 물리적·장소적·시간적 가치를 창출하기 위해 계획·조직·운영·통제를 하는 기술적 경영활동으로서 재화와 용역을 적절한 시간(timing), 가치(value), 양(quantity), 질(quality), 장소(place)로 제공하는 구체적인 경영활동을 수행하는 시스템을 말한다.

TIP+ 우리나라 제조기업 환경

1. 국내·외 시장에서의 치열한 경쟁과 국제화·개방화의 압력
2. 기술변화의 가속화 및 제품수명주기의 극단적인 단기화
3. 노동조합운동의 새로운 대응정책
4. 다품종소량생산 및 다품종대량생산의 필요성
5. 대규모 양산체제에 의한 하청공장의 수출지향 경영(OEM)의 한계
6. 정보화·지식화·스마트(Smart)시대에 부응하는 컴퓨터와 및 빅데이터(big-data)시스템의 필요성
7. 소위 3D업종의 기피 및 인구감소, 학력 인플레이션으로 인한 실질적 인력난과 외국인 노동자의 증가로 인한 관리시스템의 미흡
8. 새로운 경영혁신 기법의 등장 및 생산방식
9. 고객지향적인 생산경영과 세계적인 환경문제 등의 사회적 책임의 증가

---

2 생산관리 과정

생산활동은 사회가 필요로 하는 제품, 즉 경제재를 만들어 내는 활동을 의미하는 것으로서 '일련의 투입물(input)을 변환(transform; process)하여 제품이라는 산출물(output)을 만들어 냄으로써 가치(value)를 창출하거나 부가하는 경제적 행위'를 말한다.

[그림 1 – 1] 생산관리 과정

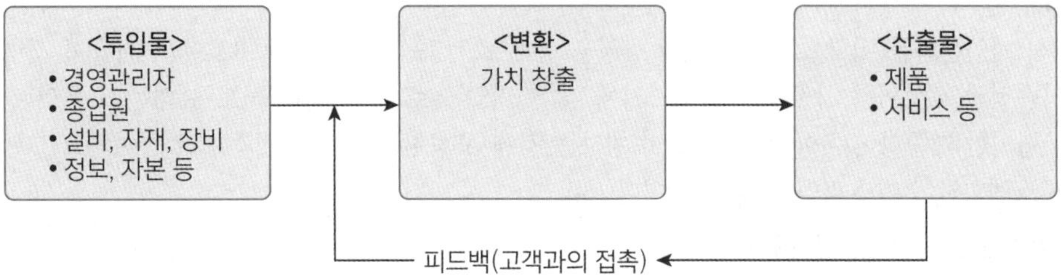

3 제품과 서비스 비교

<표 1 – 1> 제품과 서비스

제품(product)	서비스(service)
유형, 내구적 제품	무형성
재고보유 가능(저장 가능)	재고보유 불가능(저장 불가능; 소멸성)
낮은 고객접촉	높은 고객접촉
긴 반응시간	짧은 반응시간
지역, 국가, 국제시장	주변시장
대규모시설	소규모시설
자본집약적	노동집약적
객관적 품질 측정	주관적 품질 측정
조달시간(lead time) 필요	조달시간 불필요
동질성	이질성

(출처: Krajewski & Ritzman, 1993)

1. 시스템경영 기본 요소

① 인간 중심 – 우수한 인재

② 전체시스템 중심 – 탁월한 시스템

③ 목표 중심

④ 책임 중심

※ 진취적 기업문화를 바탕으로 성과주의 경영을 통해 조직 구성원 전원이 고효율의 자율적 경영을 실행하여 지속적인 고성과를 창출함으로써 조기에 '좋은 기업'으로 성장·발전하도록 하는 고유의 경영방법(조직이 협의한 기준과 절차에 따라 일을 수행하는 것에 구성원 전원이 자발적으로 참여하고 모든 관리과정을 시스템화하여 효율적인 경영활동)이다.

2. 시스템경영 운영메커니즘(성과주의 경영)

① 비전·전략 수립: 사업환경에 따라 자율적으로 비전과 전략을 수립하고 이를 효과적으로 전개하는 과정이다.

② 전략적 성과관리: 도전적 목표를 설정하고, 실행과정을 실시간으로 점검·지원하며, 성과를 객관적으로 측정·피드백하는 과정이다.

4 생산관리 기본 기능

1. 시스템적 관점

기업시스템의 외적환경(수요, 기술변화, 경제상황, 정부정책, 사회적 변동 등)의 변화에 대한 시스템 내적능력의 적응(개방적)이 생산시스템의 기능이다.

생산시스템이 고객수요의 요건인 양질(quality)의 제품을 적시(time)에 적량(quantity)을 적당한 가격(cost)에 공급하기 위해서 생산시스템을 외적 환경의 변화 등에 적응할 수 있도록 내적자원을 효율적으로 계획(선정)·조직(설계)·운영(수행)·통제하는 것을 말한다.

2. 고객만족 관점

생산환경은 생산자가 생산하면 무조건 팔리는 시대(seller's market)의 대량생산에서 대량마케팅시대(mass market)를 거쳐 대량고객화시대(buyer's market; 대량맞춤화)를 맞이하게 되었다.

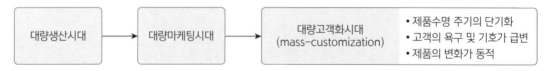

대량고객화시대에 적응하기 위해서는 소비자들의 다양한 욕구와 선택을 만족시킬 수 있도록 제품라인의 확대와 서비스 수준과 종류를 개선하고, 개별 고객의 욕구에 적합하게 제품과 서비스를 제공해야 한다. 이를 달성하기 위한 합리적이고 효율적인 생산시스템이 유연생산시스템(FMS; Flexible Manufacturing System)이다.

02 생산전략

일반적으로 전략(strategy)은 '외적환경을 전제로 하여 원하는 목표를 경쟁적으로 달성하기 위해 기업자체의 약점은 보강하고 강점은 이용하는 하나의 경영계획'을 말한다(김기영, 1990). 즉, 기업의 장기적인 목표와 목적을 수행하기 위하여 활동방향을 설정하고 자원을 할당하는 일련의 활동이라고 할 수 있다(Chandler, 1962).

1 생산전략 목표

생산전략의 4대 목표는 원가(cost), 유연성(flexible), 품질(quality), 납기(delivery)이고, 이를 생산관리의 주요 활동목표라고도 한다.

원가	저렴한 원가로 제품을 공급할 수 있는 능력
유연성	변화하는 시장수요에 맞는 설계변경 및 생산량(제품믹스, 제품라인 등)의 신속한 변경 능력
품질	균일한 품질, 고성능의 품질, 신뢰성 있는 제품을 공급할 수 있는 능력
납기	제품의 신속한 공급 및 납기 내 공급할 수 있는 능력

2 본원적 생산전략

산업의 경쟁정도를 고려하여 기업전략을 세우게 되는데, 일반적으로 기업들이 많이 추구하는 본원적인 생산전략에는 원가중심전략, 차별화전략, 세분화전략이 있다.

1. 원가중심전략

모든 기업 중에서 가장 낮은 생산원가를 가지므로 가격경쟁력에서 우위를 확보할 수 있다. 이 전략은 기계화, 자동화, 대량생산 시스템하에서 가능하며, 또한 규모의 경제와 경험곡선효과를 통해 가능하다.

2. 차별화전략

소비자들이 중요하게 생각하는 하나 또는 그 이상의 속성에 대해 특화(difference)를 시킴으로써 경쟁사보다 경쟁적 우위를 확보하는 전략이다. 그 수단은 생산시스템의 품질, 혁신, 유연성, 상표이미지, 유통기관을 통한 판매망 구축 및 사후서비스 제공 등을 통해 가능하다.

3. 세분화(집중화)전략

원가중심전략과 차별화전략은 전체 시장을 대상으로 하는 데 반해, 세분화전략은 특정 소비자집단이나 특정지역의 소비시장을 목표시장으로 선정하여 경쟁우위를 확보하는 전략이다.

<표 1-2> 사업전략별 특징

전략 / 요소	원가우위전략	차별화전략
시장	표준화시장, 가격 민감, 성숙한 시장	고객화된 제품, 제품특성 신시장
생산전략	낮은 원가, 자동화, 전용, 규모의 경제	우수한 제품, 유연자동화, 범위의 경제
마케팅전략	대량·반복판매	신시장, 선택적 유통
재무전략	낮은 위험	높은 위험

03 생산시스템 유형

일반적인 생산시스템의 유형은 관점에 따라 다양하게 분류된다. 따라서 생산관리를 제조활동 시스템으로 국한시킬 경우 다음과 같은 5가지 분류기준에 의한다.

<표 1-3> 생산시스템 유형

분류기준	내용
생산방식	• 공정중심시스템 • 제품중심시스템
제품수명주기	• 다품종소량생산 • 소품종대량생산
수요형태	• 주문생산 • 재고생산 • 혼합생산
공정수명주기	• 주문생산 • 한정량생산 • 표준품 대량생산 • 장치생산
흐름의 연속성	• 단속생산 • 연속생산

1 흐름의 연속성에 의한 분류

작업의 연속성의 유무에 따른 분류이다.

<표 1-4> 흐름의 연속성에 의한 분류

단속생산	연속(계속)생산
주문에 의한 생산	수요예측에 의한 계획생산
다품종소량생산	소품종대량생산
주문 통제, 공정 중심, 납기 중요	생산량 통제, 재고 통제, 제품 중심
주문생산 공정	재고생산 · 시장생산 · 계획생산 공정
제품이 다양할수록	제품이 다양하지 않을 때
제조원가가 높을수록	제조원가가 높지 않을 때
숙련기술, 범용설비	미숙련기술, 전용설비
변화에 신축성(탄력성)이 큼	변화에 적응력이 부족(낮은 신축성)
작업부하량의 불균형	원가절감
제조 소요시간이 불규칙하고 긺	부분적 운휴 불가능

2 공정수명주기에 의한 분류

작업처리에 따른 생산계획 및 일정계획의 수립의 관점에서 분류한다. 공정이 발전함에 따라 주문생산 → 한정량생산 → 표준품 대량생산 및 장치생산의 형태로 진행된다.

1. 주문생산

단위생산 형태로 단독(project)사업, 개별 주문생산(job shop) 형태로 나눌 수 있다.

2. 한정량 생산(batch/lot production)

동일한 제품을 일정량의 단위(셀 수 있는 제품 한 묶음)로 생산하는 형태이다.
① 동일한 장치에서 동종이나 이종의 제품을 생산
② 일정량을 한 단위로 생산하되 필요할 때마다 불규칙적으로 생산
③ 일정량을 일정기간 간격을 두고 생산하는 형태

3. 표준품 대량생산(mass production)

표준화(standardization)된 제품을 소품종대량으로 연속 생산하는 형태이다.

4. 장치생산(process production)

특정 제품을 동일한 제조방식에 따라 고정적으로 설치된 장치공정에 의하여 생산되는 형태로 정유공장, 화학공장 등이 있다.

TIP+ 생산시스템 유형

1. 일괄처리시스템(batch system)

범용 장비 및 방법으로 한 일괄처리로부터 다음 일괄처리까지 변화하는 규격과 함께 소량의 산출물(재화 또는 용역)을 생산하기 위해 사용된다.

2. 연속생산시스템(continuous system)

처리중인 대부분의 기타 제품의 일반적인 일련의 단계 또는 조작을 통한 흐름으로 품목이 처리된다. 연속생산시스템은 종종 조립시스템 또는 조립라인시스템이라고도 하며 대량생산운영의 일반적인 형태이다.

3. 프로젝트생산시스템(project system)

기획생산시스템 또는 일회시스템(one-shot system)이라고도 하며, 고객 주문에 의해 단일 상품에서 건물, 선박 또는 항공기나 대형 컴퓨터, 원자재 등과 같은 생산물의 원형은 한꺼번에 구입된다. 프로젝트시스템의 단일성을 고려하여 특수한 방법의 관리가 생산비를 만족할 만한 수준으로 유지되기 위해 개발되었다.

☑ 핵심체크

공정설계	제품흐름	품종 / 생산량	고객주문	배치설계
단속생산	프로젝트생산	극단적 다품종 / 소량생산	주문생산	위치고정형배치
	개별생산공정	다품종 / 소량생산		공정별배치
	배치생산공정	중품종 / 중량생산	조립생산	혼합형배치
연속생산	라인생산공정	소품종 / 대량생산	재고(시장)생산	제품별배치
	연속생산공정			

3 생산시스템 설계과정

1. 제품개발

제품개발과정	고객욕구 파악 → 아이디어 창출 → 제품선정 → 예비제품설계 → 최종제품설계
제품설계개선	친환경설계, 모듈설계, 동시설계(동시공학), 품질기능전개(QFD), 제조용이성설계(DFM), 로버스트설계 등

2. 공정설계

제품설계 후 효율적 생산을 위하여 생산공정을 구체적으로 계획하는 설계이다.

3. 배치설계(설비배치)

효율적 생산을 위하여 도선을 평면적으로 또는 입체적으로 배치하는 설계이다.

4. 생산능력

기업이 보유하고 있는 설비를 정상적인 조건하에서 가동했을 때 예상(잠재) 최대 생산량을 설계한다.

5. 입지

기업(생산)활동을 효율적으로 하기 위해 갖추어야 할 조건이나 요소(면적, 위치 등)이다.

TIP+

1. 공장입지선정기법(Brown-Gibson모델)

질적 기법	단순서열법, 점수법	
양적 기법	총비용비교법, 입지분기점분석, 수송계획법	
기타	단일시설입지결정	중위량모형, 그리드모형
	다수시설입지결정	선형계획법, 휴리스틱기법, 시뮬레이션모형

2. 공장입지요인

경제적 요인	노동력공급, 임금수준, 시장접근성, 수송편의성, 토지가격, 동력이나 에너지 등
자연적 요인	원자재 근접, 기후, 용수공급 및 폐수처리, 지형 및 배수 등
사회적 요인	생활수준, 지역사회특성, 금융·의료·교육시설, 공해·법적규제, 개발계획, 세제 등

---

04 생산관리 변천

1 과학적 관리법

테일러(F. W. Taylor)는 벨트의 사용법(1893), 성과급제(1895), 공장관리론(1903), 금속절삭법(1906), 과학적 관리법(1906) 등의 저서를 통해 다음과 같은 주장을 하였다.
과업의 과학적 결정으로 하루 작업량을 결정하였다. 그리고 동일 작업에 대해 차별적 임금을 설정·지급하여 과업을 달성한 경우 고율의 임금을 지급하였다.

특성	• 작업자와 경영자 간 친밀한 업무분담과 협동을 강조
	• 생산성 향상은 경제적인 통제가 필수적
	• 경제적인 인간관계에 치중(외재적 보상 중시)
	• 인간을 교체 가능한 부품으로 봄(기계적 인간관)

2 동시관리법

포드(Ford)는 1903년에 창설한 자신의 자동차회사에서 생산능률을 향상시키기 위해 작업조직을 합리화시키는 방법을 연구하였고, 기본이념으로 영리주의보다는 봉사주의(Fordism)를 중시하였다. 그는 조립공정에 이동조립공정을 적용·실천하여, 생산의 표준화를 달성하는 것을 주장하였다 (1908년 1대 생산에 13시간 소요 → 90분으로 단축).

특성	3S 충족을 주장[단순화(simplification of product), 전문화(specialization of machine and tools), 표준화(standardization of part)]
단점	• 한 공정의 정지(stopping)가 전 공정에 영향을 미침(부분운휴 ×). • 최초 설비투자 시 고정비가 크므로 제조원가에 영향이 큼 • 시장, 고객의 욕구, 기호의 변화 시 적응하는 데 탄력성(유연성·신축성)이 낮음

<표 1-5> 테일러 시스템과 포드 시스템 비교

테일러 시스템	포드 시스템
작업자 개인의 능률 향상 중시	전체 작업능률 향상 중시
과업관리	동시관리
과학적 관리	봉사주의(Fordism)
스톱워치를 이용한 과업관리	컨베이어벨트의 이동조립법 작업관리
작업자중심 연구	기계설비중심 연구

3 인간관계론

메이요(E. Mayo)는 호손실험을 통해 작업환경이나 조명, 시간 등이 종업원의 작업향상에 영향을 미치지만, 더욱 중요한 것은 종업원에 대한 관심과 심리적인 상태로 보아 인간적인 측면을 고려하였고, 공식적인 집단보다는 비공식적인 집단(1차 집단)의 분위기가 작업의 동기부여(motivation) 및 생산성 향상에 더 많이 영향을 미친다는 것을 제시하였다.

4 의사결정모형

의사결정모형은 생산시스템을 수학적(수리적·계량적)인 형태로 나타내어, 보다 정확한 예측과 측정을 하려고 한 것이다. 대표적인 것이 1915년 해리스(F. W. Harris)에 의해 개발된 경제적 주문량(EOQ)모형이다. 그 후 통계적 품질관리(SQC), 심플렉스해법 등이 개발되었고, 1950년대 이후 여러 계량의사결정모형(OR; Operation Research) 기법들이 나타났다.

5 컴퓨터 도입 · 활용

1970년대부터 생산관리에도 컴퓨터가 도입되면서 컴퓨터를 이용한 자재소요계획(MRP)기법이 개발되고, 1980년대에는 적시관리시스템(JIT), 전사적 품질관리기법(TQC) 등이 도입되었다. 그 후 여러 부문에서 컴퓨터를 이용한 컴퓨터지원설계(CAD), 컴퓨터지원생산(CAM), 컴퓨터통합생산시스템(CIMS), 유연생산시스템(FMS) 등의 기법들이 등장하였다.

6 비즈니스 프로세스 리엔지니어링(BPR)

기업의 경쟁력 확보를 위해 1990년대 해머(M. Hammer)가 주장한 비즈니스 프로세스 리엔지니어링(BPR; Business Process Reengineering)이 도입되었다. 이 기법은 기존 기업의 업무, 공정 등을 근본적으로 혁신 또는 재창조하고자 하는 것으로서 단기적 · 일시적인 것이 아닌 장기적 · 지속적으로 근본적인 혁신과 변화를 추구하는 것이다.

01 제품설계

1 모듈생산

모듈(module)이란, 다수의 부품(parts)으로 구성되어 있는 표준화된 중간조립품(subassembly)을 말하는 것으로, 서로 다른 모듈이 결합되어 하나의 완제품을 구성하는 제품의 기본적인 구성단위이며, 작업장과 기계를 유사한 생산 흐름을 갖는 제품들로 집단화(grouping)하여 셀(cell)단위로 배열하는 것이다.

예 자동차 생산라인, 전자제품, CAD/CAM, 품질기능전개(QFD), 제조용이성설계(DFM)

목적	호환성이 있는 표준모듈을 여러 가지로 다르게 결합하여 제품의 다양성(유연성)과 효율성(생산원가 절감, 대량생산)의 이중 목적달성
장점	• 유사부품을 모아서 가공하므로 준비시간(lead time)이 감소 • 가공물의 흐름을 원활하게 하여 재공품의 감소 • 이동거리가 짧아 운반시간과 비용의 절약 • 빨리 가공할 수 있어 납기 단축 • 반복 작업으로 관리와 생산 자동화가 용이
단점	• 설비 재배치에 추가비용이 소요 • 가공물 흐름의 균형을 이루기 곤란 • 부품에 따라 분류가 애매한 것이 있을 수 있음 • 시설 이용률의 감소 • 다양성의 감소 • 불량부품을 제거하기 위해서 모듈을 분해 불가능 • 불량 시 모든 모듈을 폐기해야 하므로 많은 비용이 소모

2 유연생산시스템(FMS)

유연생산시스템(FMS; Flexible Manufacturing System)이란, 기존 생산시스템의 생산성과 효율성을 충족시킴과 동시에 전략의 핵심요소가 되는 유연성을 추구하여 다품종 소량생산의 특성을 가진 제품을 조립생산방식으로 생산하는 것을 의미한다.

목적	• 다양한 제품을 높은 생산성으로 유연하게 제조하기 위함 • 자동화시스템으로 생산기술과 생산관리기술을 종합한 유연성(제품군)이 매우 높은 생산시스템
장점	• 재공품의 감소와 생산소요시간(lead time) 단축 • 컴퓨터에 의한 자동화 및 통제로 직접노무비(생산 인건비)의 감소 • 시장수요변동, 설계변동, 기술변동 등에 신속·유연한 대응 • 공구사용의 합리화와 공통화, 설비가동률 향상 • 품질의 일관성과 고품질을 유지, 생산성의 향상 • 필요시 필요한 양만큼 가공으로 공정률 재고 감소
단점	• 초기 많은 설비투자비용과 시간이 소요 • 고정비가 크므로 제품이나 제품라인, 제품믹스 등의 변경이 어려움 • 정교한 소프트웨어시스템이 필요 • 환경변화의 신축성 감소

3 가치분석

가치분석(Value Analysis)이란, 제품설계나 생산이 진행중인 상황에서도 부품의 설계변경이나 부품변경을 통해 원가절감대책을 강구하는 방법이다.

1. 가치분석 목적

소비자들이 요구하고 있는 기능, 설계, 품질, 특성 등에 대해서 낭비요소를 제거함과 동시에 다른 것으로 대체함으로써 비용(원가)에 대해 상대적으로 가치를 증가시키는 것이다.

즉, 가장 낮은 원가로 고객의 욕구를 충족시키는 것이다. 가치의 증가는 비용의 절감과 기능의 향상을 가져 온다.

TIP+ 제품 가치

고객이 지각하는 제품의 유용성(기능)과 원가에 대한 비율(제품가치 $= \dfrac{기능}{비용}$)

제품 유용성	제품의 성능, 신뢰도 등(주관적 요인)
원가	재료비, 노무비, 경비 등(객관적 요인)

---

2. 가치분석 종류

구체적인 방법으로 가치분석(VA; Value Analysis)과 가치공학(VE; Value Engineering)이 있다. 최근에는 가치혁신(VI; Value Innovation)이 등장하였다.

가치분석(VA)	부품의 원가가 제품가격에 적합한가를 분석하여 설계는 그대로 두고 부품변경의 가능성을 찾는 방법
가치공학(VE)	부품의 품질과 신뢰도가 제품설계와 기능에 적합한가를 분석하여 설계변경의 가능성을 찾는 방법
가치혁신(VI)	부품의 변경과 설계변경을 통해 제품의 가치를 향상시키는 방법

4 제품 – 공정행렬 전략

제품과 공정의 전략적 균형문제와 관련하여 헤이예스와 휠라이트(Hayes & Wheelwright, 1979)는 그들의 연구논문에서 제품과 공정행렬을 제시하고, 각 단계에서 전략적 의미를 제시하였다.

제품과 공정행렬이란, 제품수명주기와 공정수명주기를 연결시킨 표로서, 수직축은 공정수명주기를 나타내고 수평축은 제품수명주기의 진화과정을 나타낸다.

일반적으로 제품 – 공정행렬에 의해 어느 시점에 위치하는가에 따라 공정의 성격이 결정되고, 행렬상의 대각선을 따라 좌측 상단에서 우측 하단으로 움직이게 된다. 제품단계와 공정단계를 적절히 연결시키고 상호 조정할 것인지를 설명해 준다.

<표 2-1> 제품 – 공정행렬

공정기술	소량소품종	다품종소량	소품종대량	표준품대량	경영과제
주문생산	① project, job				범용 일정관리
한정량생산		② batch flow			유연생산
조립생산			③ line flow		생산관리
연속생산				④ continuous flow	대규모, 전문, 표준
경영과제	범용설비, 고마진, 납기	차별화, 고품질	수량유연, 표준화	규모의 경제, 가격, 수직통합	

①의 위치: 개별 주문형태의 공정구조, 수요요건에 가장 효과적 예 인쇄업 등

②의 위치: ①보다 낮은 원가에 더 많은 생산 예 중장비산업 등

③의 위치: 비교적 기계화와 상호 연결된 생산공정, 단위원가는 감소하나 자본집약적 예 자동차산업 등

④의 위치: 연속적 흐름형태로, 고정비가 높고 변동비와 유연성이 낮음. 매우 표준화된 제품 예 음식가공 산업, 화학제품 등

TIP+

※ 기업이 제품중심 추구인지, 공정중심 추구인지에 따라 기업의 목표와 전략이 달라진다.

마케팅중심 기업 (제품중심)	시장변화에 신속하게 대응하게 되어 행렬의 대각선상 위쪽에 위치 (다양한 제품제공에 초점 – 주문생산)
제조중심 기업 (공정중심)	원가, 제품신뢰도를 강조하게 되어 행렬의 대각선상 아래쪽에 위치 (동질적 제품생산, 생산시스템 공정, 생산능력에 초점 – 표준품생산)

1. 제품 수명주기의 단계별 특징

구분	도입기	성장기	성숙기	쇠퇴기
제품	다품종	다소 표준화	표준화	표준화
생산량	소량, 소규모	점차 증가	대량생산	대량생산
경쟁형태	제품, 특성	품질, 유용성	가격, 신뢰성	가격

2. 공정 수명주기의 단계별 특징

구분	개별주문생산	한정량생산	조립생산	연속흐름생산
생산규모	작음	증가	큼	큼
자동화	낮음	중간	중간	높음
숙련도	높음	감소	감소	낮음
설비	범용설비	–	–	전용설비

3. 공정기술혁신의 주기별 특징

구분	유동기(도입)	과도기(성장)	경화기(성숙)
특징	성능극대화	판매극대화, 단편적 자동화	비용극대화, 체계적 자동화
관심	제품성능	제품차별화	원가절감
기술혁신	소비자 욕구	내부기술능력	원가절감, 품질개선
제품라인	다양	대량생산	표준화된 제품
공정	융통성, 비능률적	점차 고정화	자본집약적, 능률적
설비	범용, 숙련공	일부 자동화	자동화, 전문화
규모	소규모	점차 커짐	대규모
조직통제	비공식	그룹별	내규 강조

(출처 : W. J. Abernathy and Utterback, 1978)

5 기술축적 유형

기술축적 유형은 연구개발(R&D)을 통한 자체기술개발과 외국으로부터 기술도입의 두 가지로 나눌 수 있다.

자체기술개발	초기 연구비용이 많이 소요되나 한번 성공하면 막대한 부가가치가 발생 **예** 기초연구, 응용연구, 제품개발연구 등	
	장점	• 독자적 사업전개 • 파생기술성과의 활용 • 핵심기술의 축적
	단점	• 개발기간 장기 • 많은 비용소모 • 자체 인력보유의 곤란
외부기술도입	기술축적비용이 적고 용이 **예** 기술계약, 합작투자, 해외직접투자 등	
	장점	• 개발기간 및 비용 단축 • 개발에 따른 위험 회피 • 비관련 분야 참여
	단점	• 기업발전의 어려움 • 협상의 어려움 • 배분 · 전략 · 갈등의 조정

6 공장자동화

공장자동화(FA; factory automation)란, 제품의 계획 · 설계 · 생산준비에서부터 생산의 제어 · 관리 · 운용 등을 자동화하는 시스템을 말한다. 좁은 뜻으로는 생산자동화 · 유연성 · 생산력 향상을 목적으로 로봇과 컴퓨터를 이용한 생산설비를 통신 · 운반장비 등과 연결해 컴퓨터의 제어에 따라 다양한 크기 · 종류의 제품을 동시에 생산 · 조립 · 검사 · 포장하는 일괄생산 공정체제인 FMS(유연생산시스템; 가변공정시스템)를 가리키기도 한다.

1. 산업용 로봇(industrial robot)

사람이 근육을 이용한 육체노동을 할 때 따르는 산업재해의 위험을 방지하기 위해 로봇을 활용하게 되었다. 즉, 위험한 작업과 지루한 반복작업 등을 대신함으로써 근로자의 안전 확보와 수요의 대처를 가능하게 하는 유연성 확보 및 자동화를 통해 품질의 일관성과 납기의 정확한 이행도 가능하게 되었다.

2. 수치제어기계(NC; numerical control)

보통 NC 공작기계 (conventional NC machine)	수치제어장치를 부착한 공작기계로 생산정보를 입력한 NC 테이프의 명령에 따라 작동하여 가공이 이루어지는 공작기계
머시닝센터 (machining center)	많은 공구를 공구매거진에 놓고 필요한 공구를 자동공구 교환장치로 자동교환하는 복합 NC 공작기계로서 한 대의 기계에서 기능에 따라 각종 작업을 할 수 있는 기계
CNC (computer numerical control)	소형컴퓨터의 작업지시에 따라 작업을 하는 기계
DNC (direct numerical control)	중앙컴퓨터와 연결된 NC / CNC 공작기계들로 구성되며, 일반적으로 5 ~ 20개의 공구들을 동시에 제어하는 on Line Real Time 방식

3. CAD / CAM시스템

CAD (computer aided design)	• 컴퓨터지원설계로, 설계의 고안 및 수정을 하기 위해 컴퓨터를 이용하는 설계방식을 의미하며, 설계자의 생산성 향상과 제조 데이터베이스 확립이 목적 • 설계노동량과 재설계 시간을 단축
CAM (computer aided manufacturing)	• 컴퓨터보조생산으로, 제조공정과 제어, 자재의 흐름을 통제하는 데 컴퓨터를 이용하는 시스템 • 제품흐름의 속도를 향상시키고 기계이용률을 증가
CAD / CAM	CAD의 기능에 의해 작성된 설계정보를 기초로 CAM 기능에 의한 테이프를 작성하고 이 테이프를 이용하여 NC공장 기계군이 제품을 가공하는 일관된 흐름

4. 공장자동화 단계

일반적으로 공장자동화를 도입하는 데 많은 시간과 자본이 필요하므로 다음과 같은 단계를 거쳐 진행된다.

1단계	stand-alone(독립형)으로 NC machine이 구성의 중심
2단계	island of automation(자동화의 섬)으로 공장 내 부분적으로 자동화가 진행
3단계	linked island(연결된 섬)으로 부분적 자동화가 연결되는 단계
4단계	full integration(완전 통합)으로 공장 전역이 자동화되어 모든 부문이 통합(CIMS 구축된 상태)

5. 공정의 자동화 장·단점 비교

장점	• 노동력 감축(직접 노무비 절감) • 품질 수준의 향상 • 재공품 재고의 감소	• 가공준비시간 단축과 가동률 향상 • 설비와 작업의 안정성 증대
단점	• 대규모 자본투자의 필요 • 큰 규모의 제품시장이 요구 • 과다한 기계 수리 비용	• 과다한 투자비용으로 높은 손익분기점 • 지속적인 종업원의 교육훈련이 필요

7 컴퓨터 통합생산시스템(CIMS)

컴퓨터 통합생산시스템(CIMS; Computer Integrated Manufacturing System)이란, FMS의 생산시스템을 중심으로 주문에서부터 제품의 설계, 생산(자동조립), 자재취급, 품질검사 등의 모든 과정과 CAD / CAM을 결합하는 시스템으로, 여러 기능과 공정관리가 컴퓨터에 의한 유기적인 통합개념이며, 이는 미래의 공장(future of the factory) 형태로서 중요한 시스템임을 의미한다.

CIMS의 도입으로 제품설계에서부터 완제품생산에 이르기까지 전체 생산의 흐름이 생산단위로 컴퓨터에 의해 통제·관리될 수 있게 되었다. 즉, 단계별 공장자동화 공정을 하나로 통합하고 기업 전체의 목적달성을 위해 단위조직별 업무를 조정해가는 컴퓨터지원 통제·관리시스템이다.

목적	신제품의 설계 및 생산, 품질향상, 재고감소, 유연성의 향상
장점	• 생산일정의 개선으로 재공품과 재고자산의 감소 • 생산설비의 자동화로 인한 품질향상, 불량품감소 • 기계자업시간, 가공과 조달시간의 단축 • 노동생산성의 향상과 작업인력감소로 인한 인건비감소

TIP+

1. **동시공학(CE; concurrent engineering; 동시병행설계)**
   제품개발 단계에서부터 관련 당사자(설계, 생산, 판매, 고객 등)들이 함께 참여하여 제품과 프로세스를 동시에 개발하는 시스템이다. 설계의 프로세스를 합리화·전자화하고 고부가가치화 시키고자 하는 제조업에 대한 업무변혁이다. 각 공정을 네트워크로 연결하고 공정의 통합 DB를 구축·공개하여 동시 진행적 또는 협조적으로 설계업무를 진척하는 것이다.

2. **집단관리기법(GT; Group technology)**
   여러 명의 작업자와 생산시설이 유사성에 따라 조직단위를 이루어 부품생산이나 설계에 이용하는 기법으로, 표준부품의 대량생산과 경제적 이점을 다품종소량생산에서 실현한다.

3. 라인 밸런싱(line balancing)

라인 밸런싱이란, 생산라인을 구성하는 각 공정의 능력이 전체적으로 균형을 이루도록 하는 것으로 연속생산 공정에서 요구되는 목표이다. 각 공정의 소요시간이 균형을 이루도록 공정이나 작업순서를 배열하는 것이다. 궁극적인 목적은 유휴시간의 극소화이다.

4. LOB(line of balance)

부분품과 반제품의 생산실적을 도표화하여 작업진척별 예정납기일을 최종제품의 납기일과 비교함으로써 일정을 통제하는 기법이다. 즉, 납기지체를 발생시킨 작업장에 대해 조치를 취하려는 것이다.

5. 범위의 경제(Economies of scope)

하나의 기업이 2가지 이상의 제품을 함께 생산할 경우, 2가지를 각각 따로 다른 기업에서 생산하는 경우보다 산업연관성이 있는 기업이 생산하게 될 경우에 생산비용이 감소하는 현상이다. 한 장소에서 두 개 이상의 제품을 함께 생산함으로써 비용을 감소시키고, 같은 설비와 기계를 공동으로 사용하여 생산비용을 감소시키는 것이다.

즉, 비슷한 원리와 설계를 가진 제품제조과정을 한 데 모아서 같은 제조공간 내에서 다양한 제품을 생산하는 것이다. 산업연관성이 큰 제품이나 서비스들의 경우 그 효과가 크다(인수 합병의 이론적 근거).

6. 규모의 경제(Economies of scale)

규모의 경제라는 것은 생산량이 증가할수록 평균생산비용이 감소하는 효과를 말하는 것으로, 기업이 어떤 재화나 서비스를 생산할 때 생산규모가 커질수록 평균비용이 하락한다.

즉, 자본집약의 경제성과 관련이 있는 개념으로 같은 제품이라도 더 많이, 더 크게 생산할 때, 제품의 단위당 가격이 하락하는 현상을 의미한다.

7. QR(Quick Response)시스템

신속대응시스템이란, 최초 작은 시장에 제품을 출시하고 소비자의 반응을 본 뒤 본격적으로 제품을 생산하는 것을 말한다. 즉, 소비자의 욕구를 지속적으로 관찰하여 신속하게 제품개발 및 생산일정을 수립함으로써 불필요한 재고가 쌓이는 경우를 사전에 방지할 수 있게 한다. 소비자의 욕구는 POS 시스템에서 창출되는 자료를 통해 수집·분석되고 이런 소비자의 선호도는 네트워크를 통해 실시간으로 관련 제조업자에게 제공되어 제조업자들이 소비자의 선호도에 부합하는 제품을 개발·생산·제공할 수 있도록 해준다.

8. 생산시점관리(point of production; POP)

공장의 모든 곳이 컴퓨터로 연결되어 자재관리, 공정상황, 생산실적 등이 전자 현황판을 통해 집계되는 것을 말한다.

9. 자동화(automation)

수동적 생산방식이나 기계적 생산방식에 대한 상대적인 생산방식으로 생산시스템의 효율성을 높이기 위해 생산전반에 걸친 과정을 분석하여 인간, 기계, 정보 등을 조화·통합하여 조직화한 것을 말한다(사람의 결정행위를 대체).

10. 기계화(mechanization)

기계를 이용하여 사람이 육체적으로 하는 일을 대체하는 것을 말한다.

11. 컴퓨터 제어(computer control)

각각의 공정에서 행해지던 부분적인 자동제어를 중앙통제 관리실에 집중시켜 컴퓨터를 통해 관리하는 방식을 말한다.

02 생산능력 및 설비배치

1 생산능력

생산능력(capacity)이란, 특정기간 내에 달성할 수 있는 설비의 최대 산출량을 의미하며, 기계, 설비, 제품, 공정기술, 인적요인, 관리방식 등에 따라 영향을 받는다. 단, 잔업이나 하청 등은 포함하지 않는다.

생산능력계획은 생산전략의 중요한 의사결정이며, 기업전략·사업부전략을 고려하여 결정하며, 단기생산능력계획과 장기생산능력계획으로 구분할 수 있다.

단기생산능력계획	현재 주어진 조건하에서 생산에 필요한 소요능력을 판단하고 가용능력을 조정함으로써 효과적으로 특정지점 또는 기간의 생산계획을 수립하는 것 예 고용수준(가동률), 하청, 재고수준, 가격, 종업원의 훈련, 정비계획의 조정 등
장기생산능력계획	최소 3년 이상의 미래수요를 예측하는 것으로, 막대한 자본의 투자 필요 예 생산제품의 수명주기와 시장의 장기수요예측, 제품기술·공정기술의 혁신주기, 시스템능력, 기업 투자능력, 자본계획 등

> **TIP+ 생산능력계획 중요성 및 특징**
> 1. 기업의 미래산출량을 결정한다.
> 2. 기업의 비용구조를 결정한다.
> 3. 장기적이며 전략적이므로 결정한 후에는 변경이 어렵다.
> 4. 차후의 다른 생산계획을 제약할 수 있다.

생산능력 측정은 가동률을 이용하여 가능하다. 가동률이란, 현재의 실비, 공간, 노동력 등의 사용정도를 의미한다.

$$가동률 = \frac{평균산출량}{최대생산능력} \times 100$$

> **☑ 핵심체크**
> **생산능력(3가지의 개념 비교)**
> 1. **최대(설계)생산능력**
>   설비의 최대생산량이나 공정의 최대산출률을 말한다.
> 2. **유효생산능력**
>   주어진 품질수준, 일정상의 제약하에서 달성 가능한 최대산출률을 말한다. 정상적인 상태에서 지속가능한 최대생산량이다.

3. 실제생산능력

실제로 달성하는 산출률을 말한다. 결근이나 이직 등으로 인해 평균 15% 정도 감소된다.

∴ 최대생산능력 > 유효생산능력 > 실제생산능력의 순서이다.

2 여유생산능력

여유생산능력(capacity cushion)이란, 수요의 불확실성(기대 이상의 수요에 대응)에 대비해 기업이 보유하는 초과생산능력(량)을 의미한다.

> **여유생산능력** = 100(%) − 가동률

여유생산능력이 있는 경우 생산량 증가방법	• 잔업이용 • 교대제 추가 • 임시근로자 사용
여유생산능력이 없는 경우 생산량 증가방법	• 하청이용 • 생산능력 확장(기업을 둘러싼 동적인 주위 환경을 고려하여 수립하며, 　일시적 확장전략과 점진적 확장전략이 있음)

3 설비배치

설비배치(layout)란, 공장 내 또는 작업장 내에서 경제적 활동장소를 물리적으로 조정(배열)하는 것이다. 즉, 작업자와 설비장비들이 가장 효과적이고 효율적으로 운영될 수 있도록 하는 장기적 의사결정이다.

목적	• 기존 면적을 최대한 활용 또는 축소하면서 경제적으로 활용 • 작업자의 안전과 편의를 최대한 제공 • 설비투자를 최소화하고, 가급적 가깝게 이동
장점	• 생산소요시간 및 자재취급을 최소화 • 작업 및 배치의 신축성 및 최대한 탄력성을 유지 • 종업원의 작업과 사무능률 향상 • 제품이나 서비스 창출하는 시간 단축 • 주위 환경에 대응하는 탄력성 향상
단점	• 막대한 자금과 시간이 소요 • 설치 후 변경이 어려움

1. 설비배치 유형

(1) 공정별 배치(Process layout)

비슷한 작업을 수행하는 기계, 활동들을 그룹별 · 기능별로 모아 놓은 것이다.

장점	• 개별주문 생산시스템에 적합 • 작업의 다양성과 융통성의 향상 • 적은 설비투자 • 변화에 대한 유연성 • 다양한 작업으로 높은 직무만족
단점	• 높은 생산비용과 관리비 • 재공품의 재고가 많음 • 일정계획 수립이 복잡

(2) 제품별 배치(Product layout)

공정의 순서에 따라 배치하는 것으로서 연속적인 대량생산이나 한정량생산에 적합하다.

장점	• 재공품 재고의 감소 • 통제가 용이 • 물류관리비용의 감소 • 생산계획 및 일정계획이 단순
단점	• 설비공정 중 부분운휴가 발생하면 전체 생산라인이 중단 • 작업의 세분화 및 전문화로 작업자의 만족도 감소 • 높은 설비투자비용 • 일정 및 관리가 복잡

(3) 위치고정형 배치(Fixed position layout)

대단위(대형) 제품들을 한 곳에 모아 놓고 조립하는 형태로, 생산계획과 통제는 프로젝트관리 기법을 활용한다. 즉, 필요한 장비나 기계, 작업자 및 원자재와 같은 모든 자원들을 프로젝트가 있는 위치로 이동하여 작업을 수행하는 것이다. 예 대형선박, 비행기, 기관차 등

장점	• 생산물의 이동을 최소화 • 다양한 제품을 신축적으로 생산 가능 • 크고 복잡한 제품 생산 가능
단점	• 낮은 기계설비의 이용률 • 고도의 숙련이 필요 • 기계설비의 이동 곤란(높은 시간과 비용)

(4) 혼합형 배치(Hybrid layout)

공정별 배치와 제품별 배치의 중심요소를 혼합하는 것으로, 다품종이고 표준화된 제품이기는 하나 소량생산으로서 반복생산을 필요로 하는 경우에 활용된다. 일반적으로 FMS, GT에 혼합형 배치를 한다.

장점	• 흐름이 일정하고 짧은 이동거리 • 재공품이 적음(가공품의 흐름 원활) • 유사품을 모아서 가공 • 반복에 따른 관리가 용이
단점	• 높은 배치비용 • 가공물의 라인균형화가 어려움 • 낮은 설비이용률 • 다기능공의 양성과 관리가 어려움

TIP+

1. 집단관리 기법(GT; group technology)

유사부품가공법이라고도 하며, 제품이나 부품을 생산하는 데 있어서 기술적 유사성에 의해 몇 개의 집단으로 나누어 생산함으로써 생산효율을 높이는 기법이다.

즉, 부품 및 제품을 설계하고 제조하는 데 있어서 설계상 또는 가공상의 형태나 공정경로가 비슷한 부품이나 제품들을 그룹화하여 그 집단의 유사성의 장점을 취하는 생산철학으로, 그룹화한 부품들은 하나의 부품군(parts family)을 형성한다. 이는 다양한 부품을 중량 또는 대량으로 생산하는 비교적 큰 기업에 적합한 방식이다. 표준부품의 대량생산에서 기대되는 경제적 이점을 다품종소량생산체제에서 실현하려는 새로운 생산개념이다. 주로 셀배치(cellular layout) 및 U배치라인에 응용된다.

장점	• 표준화와 함께 부품 수가 줄어들면서 설계도면 작성이 간편해지고 CAD / CAM 및 NC 가공 프로그램이 용이해지며 기계센터를 효율적으로 이용할 수 있음 • 생산일정계획이 용이해지고 MRP 적용이 수월해짐 • 흐름작업이 촉진되고 전용화 및 자동화가 추진되며 준비시간이 단축됨 • 한정적인 작업순환 내에서 반복 작업이 수반되기 때문에 작업자의 숙련도가 증가 • 작업팀이 각 그룹 내의 작업자들로 이루어지므로 작업자 상호 간 인간관계를 향상시킬 수 있음
단점	• 수요변동에 대한 유연성이 적어짐 • 부품분류가 복잡하며 이에 따른 업무가 증대됨 • 납기 이행에 필요한 공정품과 재고가 늘어남 • 설비가공으로 인한 가공정체가 큼

2. 셀룰라 배치(cellular layout)

셀룰라 배치란, 셀 배치라고도 하며 프로세스별 배치를 제품별 배치 또는 공정별 배치로 전환한 형태이다. 유사한 형태 또는 공정경로(프로세스)를 가지는 제품들을 생산하기 위해 유사하지 않은 종류의 기계들을 하나의 장소에 배치하는 방식(제품별 배치 + 공정별 배치)이다.

정해진 범위 내의 제품만을 생산한다는 점에서 제품별 배치와 유사하나 각각의 셀은 특정 부품군만을 전적으로 생산하도록 설계된 방식(GT+FMS)이다. 장점은 작업자의 전문성 향상, 대기시간과 준비시간 단축 등이다.

3. U 배치(U layout)

조립라인의 배치형태가 U자형을 이룬다고 하여 명칭이 U자형 배치이다.

장점은 작업자의 탄력성 향상, 작업자 간의 과업의 균형 용이, 신속한 재작업(rework), 작업거리가 짧아 능률성 향상, 자재취급비용 감소, 작은 공간의 효율적 활용 등이다.

TIP+ 생산공정 형태별 특징

특징＼형태	프로젝트생산	묶음생산	대량생산	연속생산
제품형태	매우 다양	주문생산	계획생산	계획생산
고객	1명	소수, 개별	다수	매우 다수
수요	드묾	소량, 변동적	대량, 안정적	매우 대량, 안정적
다양성	매우 다양	다양	소품종	매우 소품종
설비	다양함	범용	전용	고도의 자동화
시스템	장기	단속적	조립	장치산업
숙련도	숙련공	다양한 기술	제한된 기술	비숙련공
예	선박, 항공기 등	인쇄점, 제과점 등	자동차, 컴퓨터 등	화학, 정유 등
장점	고객지향적, 최신기술	높은 유연성, 고품질수준	높은 효율성, 원가절감	높은 효율성, 대량생산능력, 통제 용이
단점	비반복성, 높은 비용	높은 비용, 관리의 어려움	유연성 감소	제한된 다양성, 변화의 어려움

(출처: 생산관리, 김희탁, 법문사)

---

(5) 프로세스(Process)별 배치

특정 제품을 생산하는 일련의 고정된 순서에 의해 기계들을 배치하는 것이다. 특수화된 공구와 장치생산에 필요하며, 라인공정에서의 배치이다.

TIP+ 생력화

자동화(기계화)·무인화를 통해 노동력·인건비 감소와 생산량 증대를 추구하는 것으로, FMS, OA, FA 등이 있다.

1. 시스템의 특징

목적의 존재, 하위시스템의 유기적 구조, 변환상자로서의 역할, 전체적 개념(거시적 접근), 개방시스템(환경의 적응성, 다른 구성요소와 상호작용, 유기체), 상호관련성, 피드백을 통한 자기통제적 수단, 네거티브 엔트로피(negative entropy) 현상 등이다.

2. 네거티브 엔트로피(negative entropy)

엔트로피란, 어떤 형태의 시스템이든지 붕괴되거나 소멸되는 성향을 갖는 것을 의미하는 용어이다. 폐쇄시스템(환경과는 독립)은 환경으로부터 에너지 내지는 새로운 투입물의 유입을 받아들이지 않기 때문에 소멸되지만, 개방시스템(환경과 상호작용)은 환경으로부터 받아들일 수 있는 능력을 가지고 있기 때문에 자체수정이 가능하고 체계를 유지하고 소멸을 피할 수 있으며 도리어 성장·발전할 수 있다.

03 수요예측과 총괄생산계획

1 수요예측

1. 수요예측 개념

수요예측(demand forecast)이란, 생산계획은 생산목적을 구체적으로 무엇을(제품품종), 언제(일정), 얼마나(수량) 만들 것인가를 나타내는 것이다.

생산수량계획을 수립함에 있어서 불확실한 수요량을 예상하는 수요예측을 해야 한다. 이는 미래의 상황에 대한 예측을 근거로 하여 이루어지게 되므로, 미래의 수요를 정확히 예측하는 것은 기업경영에 있어 매우 중요한 역할이다. 즉, 수요분석을 토대로 시장조사 및 예측조사의 결과를 종합해서 장래의 수요를 예측하는 것이다.

중요성	• 기업운영지침과 기업경영에 필요한 제조예산편성, 자금계획 가능
	• 생산계획(핵심: 수량과 일정) 및 재고계획을 예측
	• 재고감소효과
	• 현재 생산능력을 기초로 공장의 모든 생산설비 및 투자를 효과적으로 이용
	• 고용안정을 통한 노사관계의 개선

2. 수요예측기법

수요예측(demand forecast)은 과거의 모든 자료를 이용한 통계적 수요예측으로 과거와 똑같은 여건이 존재한다는 가정하에 이루어진다. 수요예측기법은 질적 수요예측(비계량적; 정성적)과 양적 수요예측(계량적; 정량적 예측기법)으로 구분한다.

(1) 질적 수요예측(Qualitative demand forecasting)기법

명칭	정성적 예측기법, 비계량적 예측기법
사용	• 기술적 예측이나 신제품을 출시할 때 • 예측자료가 불충분할 때 • 소비자의 선호도 또는 전문가의 지식이나 의견을 바탕으로 사용 • 과거의 시장자료가 존재하지 않거나, 존재하더라도 수리적 모형화가 불가능한 경우 • 개인판단이나 경험에 의한 주관적인 자료 • 주로 중기와 장기예측에 사용
종류	델파이법, 경영자 판단법, 패널 동의법, 소비자조사법, 판매원 의견종합법, 라이프사이클 유추법, 과거자료 유추법 등
장점	소요비용이 저렴, 예측이 간단, 고도의 기술이 필요하지 않음
단점	전문가의 능력이나 경험에 따라 결과의 차이가 큼

① 델파이법(Delphi method; 1984)

전문가 그룹을 대상으로 우편을 통한 설문지로 자료를 수집하여 의견을 수렴하는 방법(만장일치)으로 전문가들의 회합이 없다. 매우 불확실한 미래에 대한 예측에 주로 사용되며, 이 방법은 서로의 영향을 받지 않는다는 장점과 시간과 비용이 많이 소요된다는 단점이 있다. 예 미래 과학기술 방향을 예측, 신제품 수요예측

② 경영자 판단법(executive opinions)

경영자의 과거의 경험이나 판단·의견·직관 등을 바탕으로 수요를 예측하는 기법이다.

③ 패널 동의법(panel consensus)

경영자, 판매원, 소비자, 전문가 등의 다수의 집단들을 대상으로 의견을 비교적 자유롭게 수렴하여 수요를 예측하는 것을 말한다.

④ 소비자조사(시장조사)법

신제품을 시장에 출시하기 전에 소비자의 의견조사를 실시하거나 시장조사를 통해 수요를 예측하는 기법이다. 시간과 비용이 많이 소요되지만, 일반적으로 정확한 정보나 의견을 수렴할 수 있다는 장점이 있다.

⑤ 판매원 의견종합법

소비자와 직접 접촉이 많은 판매원을 대상으로 의견을 수렴하여 수요를 예측하는 기법이다.

⑥ 라이프사이클 유추법

제품의 수명주기를 통해 수요를 예측하는 기법이다.

⑦ 과거자료 유추법(역사적 유추법)

신제품 개발 시 이전의 유사제품의 자료를 토대로 수요를 예측하는 기법이다.

⑧ 기타

집단토의법(Brain-storming), 중역의견법 등

(2) 양적 수요예측(Quantitative demand forecasting)기법

명칭	정량적 예측기법, 계량적 예측기법	
사용	• 과거의 시장자료에 대한 통계적 분석(구체적 수치 이용) • 예측자료가 충분할 때(수리적 모형화 가능) • 객관적인 자료(개인의 편견 배제) • 주로 중기와 장기예측에 사용	
종류	시계열 분석기법	이동평균법(단순이동평균법, 가중이동평균법), 지수평활법, 최소자승법, 박스-젠킨스법 등
	인과관계형 분석기법	회귀분석(단순회귀분석, 다중회귀분석), 경제적 모형, 경제적 지표 등

① 시계열분석

시계열(time series analysis)이란, 과거의 자료로부터 추세나 경향을 분석하여 미래를 예측하는 것으로서, 일반적으로 추세, 순환, 계절적 변동, 불규칙변동 등의 특정 유형을 가지고 있다.

추세 (T; trend)	특정 수요가 장기간에 걸쳐 일정방향 및 일정률로 증가 혹은 감소
순환 (C; cyclical)	주기적 변동이라고도 하며 일정한 주기를 가지고 있고, 일반적으로 1년 이상의 장기간에 걸친 변동
계절적 변동 (S; seasonal variation)	1년을 주기로 전년과 같은 시기에 동일 또는 유사한 패턴으로 나타나는 규칙적인 변동
불규칙변동 (R; random variation)	우연변동 또는 임의변동이라고도 하며, 예측이나 통제가 불가능한 변동

② 이동평균법(moving average)

일정한 관측기간 동안 얻어진 자료의 평균값으로, 최근 자료는 첨가하고 오래된 자료는 삭제하면서 경향을 예측하는 방법이다. 불규칙변동을 정확하게 예측할 수 없어 불규칙변동을 고르게 하면서 예측을 한다.

단순이동평균법	• 가장 가까운 과거의 일정기간(과거 2년간)에 해당되는 시계열의 평균값을 다음 기간의 수용 예측치로 사용 • 이동평균을 통한 우연변동을 제거하여 실제수요의 단순평균치를 예측 • 소량품목의 재고관리에 사용
가중이동평균법	일정기간 단순이동평균에 가중치를 높여 적용(최근 실제치를 더 많이 예측치에 반영)

③ 지수평활법(exponential smoothing)

최근의 자료가 과거의 자료보다 미래를 더 잘 반영한다는 전제하에, 지수적으로 감소하는 가중치를 이용하여 최근의 자료일수록 더 큰 비중을 두고, 오래된 자료일수록 더 작은 비중을 두어 미래를 예측하는 기법이다. 이 방법은 시계열방법 중 단기예측을 할 때 가장 많이 활용하며 적은 자료로도 예측이 가능하다.

※ 평활상수: 가장 최근의 오차에 곱해지는 가중치

TIP+ 지수평활법 예측치 계산법

예제   어떤 배송센터에서 2012년 10월 9일 물동량 예측치가 12,000박스였고, 11월 실적치는 15,000박스였다. 예측기법으로 지수평활법을 사용할 경우 이 배송센터의 12월분 물동량 예측치는 얼마인가? (단, 지수평활계수 $\alpha = 0.2$)

풀이

x = 제1예측지 + α(제1실적치 − 제1예측치)

   = 12,000 + 0.2(15,000 − 12,000)

   = 12,600

※ 평활상수 α=평활의 정도와 예측지와 실세치와의 차이에 반응히는 속도를 결정하는 역할

※ α값이 클수록 보다 최근 자료가 예측치에 더 많이 반영($0 \leq \alpha \leq 1$)

※ α값이 클수록 예측치는 수요변화에 더 많이 반응하고, α값이 작을수록 평활의 효과는 크다.

---

④ 최소자승법(least squares method)

실제값과 추세값의 편차를 자승한 값의 총합계가 최소가 되도록 하여 자료를 추세로 판단·예측하는 기법이다.

⑤ 박스-젠킨스법(G. Box & G. Jenkins method)

회귀분석적인 요인과 이동평균법을 적용한 것으로, 증가하는 대중성과 정확한 예측수행의 능력 때문에 유용한 기법이다. 어떤 형태의 시계열 자료에도 이용할 수 있고, 특히 시계열의 구성요소가 시간의 흐름에 따라 빠르게 변동하는 경우에 가장 효과적이다.

장점	• 다른 기법들보다 복잡한 패턴의 자료를 취급 가능 • 높은 예측 결과치
단점	• 자료의 처리비용 • 계산이 길고 복잡하여 컴퓨터프로그램이 필수적

⑥ 인과 관계형(causal relationship method) 분석

인과모형 중 가장 많이 사용하는 것이 회귀분석이다. 회귀분석은 회귀식이라고 하는 식을 이용하여 독립변수와 종속변수 사이에 어떤 상관관계가 있는지를 측정하는 것으로, 종속변수에 가장 많이 영향을 미치는 하나의 독립변수를 규명하는 것(단순회귀분석)과 둘 이상의 독립변수를 규명하는 것(다중회귀분석)이 있다.

⑦ 경제적 모형

기업에서 잠재적 변화의 영향력과 주요 경제적 변화를 예측하는 과정에서 유의수준이 넓은 회귀기법을 사용한다.

⑧ 경제적 지표

특별한 모집단의 경제상태를 측정(실업률, 이장율, 인플레이션 등)하는 것으로 인구 통계적 변수 또는 인구지표라고도 한다.

TIP+

1. 수요예측기법 선정 시 고려요소

예측비용, 예측기간, 예측 소요시간, 과거실적 자료의 유용성과 정확성, 변동요소의 복잡성 등

2. 예측기법 필수조건

적시성, 정확성, 단순성, 신뢰성, 문서 및 의미있는 단위 등

3. 예측 오차의 측정

• 예측 오차(Forecast error): 예측치와 실제치의 차이이다.
  - 편의(Bias): 예측치가 실제치에 비해 전반적으로 높거나 낮음을 의미한다.
  - 편차(Deviation): 예측치가 실제치와 얼마나 차이가 나는가를 의미한다.
• 평균 오차(ME: Mean error): 매 기간의 오차를 모두 더해 기간 수로 나눈 값이다.
• 평균 자승 오차(MSE: Mean square error): 오차 자승의 합을 기간 수로 나눈 값이다.
• 평균 절대 편차(MAD: Mean absolute deviation): 오차의 절대치를 모두 더한 다음 이를 기간 수로 나눈 값이다.
• 평균 절대 비율 오차(MAPE: Mean absolute percent error): 기간에 따라 수요의 크기가 크게 달라질 때 유용한 방법이다.

4. 추적지표(TS; Tracking Signal)

예측치가 실제치를 얼마나 잘 따라가고 있는가를 나타내는 것이다.

$$TS = \frac{누적예측오차}{평균절대오차}$$

3. 수요예측 유형

대상별 유형	기술예측	기술진보율과 관련된 예측
	경제예측	미래 경제상황에 따른 예측
	수요예측	미래 일정기간에 대한 기업의 제품·서비스에 대한 예측
기간별 유형	단기예측	6개월 이내(일별, 주별, 월별 예측)
	중기예측	6개월~2년 정도의 기간에 대한 예측
	장기예측	2년 이상의 기간에 대한 예측

TIP+

1. 작업설계(job design)

작업(work)이란, 조직의 틀 안에서 개인이나 집단이 해야 할 작업 활동을 규정하는 기능을 말한다. 두 개 이상의 과업(task)이 결합된 하나의 체계적인 일이다.

따라서 작업관리란, 현장의 여러 작업방법이나 작업조건 등을 조사·연구하여 낭비 없이 작업을 원활히 할 수 있도록 작업자와 기업의 입장에서 최선의 작업방법을 추구하고 작업에 나쁜 영향을 미치는 조건들을 개선하여 최적의 작업조건을 이루도록 하는 활동을 말한다.

⑩ 작업확대, 작업충실화, 직무순환, 팀조직, 임파워먼트 등이 있다.

2. 작업측정

작업측정(work measurement)이란, 고전적인 개념인 시간연구와 같은 의미로 생산 공정이 시작되기 전 작업성과를 평가할 목표가 설정되어야 한다. 즉, 어떤 작업자가 작업을 수행하는 데 필요한 시간을 어떤 표준적 측정여건하에서 결정하는 일련의 절차를 말한다.

목적은 작업자의 성과평가, 필요한 작업자 수 예측, 가용능력의 결정, 제품비용이나 가격결정, 작업방법의 비교, 일정계획수립의 용이, 임금 인센티브제도 실시 등이다.

⑩ 경험법과 전문가에 의한 추정법, 스톱워치에 의한 관찰법, 워크샘플링법, 표준치견적법 등이 있다.

3. 학습(습득)곡선

학습곡선(learning curve)이란, 에빙하우스가 주창한 것으로, 같은 일을 반복해서 경험할 때 인간은 효율이 증가한다는 것으로, 이 효율을 학습(습득)율이라고 한다. 즉, 생산량의 증가에 따라 단위당 평균노동시간(평균변동비)이 체계적으로 감소하는 원가함수[가로축에 '생산량', 세로축에 '노동시간(노동비용)']를 말한다.

이는 특정 제품을 반복 생산함으로써 노동생산성이 점차 향상되어 단위당 작업시간이 감소하기 때문에 발생하는 것이다. 한편, 누적생산량이 2배가 되었을 때 단위당 누적평균 노동시간의 감소비율을 학습율이라고 한다.

따라서 학습곡선이론을 충실히 따를 때, 누적 생산경험량이 큰 기업은 비용은 낮고 수익성도 높아지게 된다.

4. 경험곡선(experience curve)

학습곡선의 범위를 넓힌 것이 경험곡선이다. 헨더슨(B. Henderson; BCG의 창시자)이 제시한 것으로, 생산량이 증가할수록 노동시간뿐만 아니라 전체 비용도 감소한다는 것이다. 즉, 누적생산량이 늘어남에 따라 투입원가가 줄어드는 총원가의 감소현상[가로축에 '누적생산량', 세로축에는 총실질비용(투입재료, 유통, 경상, 마케팅 비용 등)]을 설명한다.

이 경험곡선 효과에 따르면 누적생산량이 2배가 될 때마다 20~30% 정도의 단위당 비용이 감소한다는 것이다. 경험곡선의 원가절감요인은 노동효율, 분업, 제품과 공정의 개선, 규모의 경제, 시스템의 합리화 등이 있다.

2 총괄생산계획(APP; aggregate production planning)

1. APP 개념

총괄생산계획(aggregate production planning)이란, 일반적으로 6 ~ 18개월의 기간을 대상으로 수요예측에 따른 생산목표를 효율적으로 달성할 수 있도록 계획을 수립하는 것이다. 즉, 생산을 개시하기에 앞서 판매예측이나 판매계획을 근거로 하여 제품의 종류, 수량, 가격 등 생산방법, 장소, 일정 등에 관해 가장 경제적이고 효율적인 가정을 세우는 것이다.

> **TIP+** 총괄생산계획
>
> 수요가 계속 · 지속적으로 변동하거나 생산능력이 변동적인 기업일수록 더욱 효과적이다.

2. APP 목적

구체적으로 무엇을(품종), 언제(일정), 얼마나(수량) 생산할 것인지 결정하는 것으로, 주어진 상황에서 필요한 생산능력(설비, 기계, 인력, 기술수준, 공정방법 등)을 결정하고 이를 확보하는 것이다.

목적	• 판매수량에 대한 양적 · 질적 · 시간적인 면을 충족 • 생산요소의 균형 유지 • 이질적인 생산요소를 체계화함으로써 생산비용의 최소화

[그림 2-1] 총괄생산계획 모형

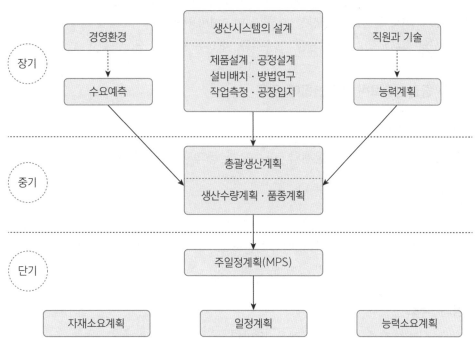

3. APP 전략

(1) 순수전략(pure strategy)

생산계획 시 고려하는 여러 변수들 중에서 하나의 변수만을 사용하여 수요변동을 흡수하는 전략으로, 추종전략과 평준화전략으로 구분한다.

추종전략	평준화전략
고용수준 수시조정 (고용, 해고, 잔업, 하청 등을 사용)	고용수준 일정유지 (단축근무, 잔업 등을 사용)
수요변화에 유연한 대응, 재고 감소	평준화된 생산율, 안정된 고용수준 유지
작업자 수의 변동에 의한 비용 발생	재고비용 증가, 주문적체 우려
사기저하, 생산성 감소, 품질저하	단축근무와 잔업 관련비용 증가

(2) 혼합전략(mix strategy)

혼합전략이란, 추종전략과 평준화전략을 합친 것으로, 생산계획 시 고려하는 고용수준, 작업시간, 주문 및 하청, 재고수준 등의 변수들 중에서 2가지 이상의 변수를 사용하여 수요변동을 흡수하는 전략을 말한다.

4. APP 계획

고용에 수반되는 비용은 고려	고용비용, 훈련비용, 잔업비용, 해고비용, 재고유지비용, 재고부족비, 하청비용, 정규시간, 잔업비용, 퇴직금 등
생산수준의 변동은 고려 불필요	생산성 저하, 설비교체비용 등
총괄생산계획의 고려요소	생산율, 고용수준, 재고수준, 하청 등

(1) 고용수준을 증감함으로써 수요변동에 대응

(2) 고용수준 고정, 가동률 조정

잔업, 유휴 또는 조업단축, 하청계약, 다수교대 등의 방법이 있다.

(3) 재고수준을 수요변동에 적용

고용수준이나 가동률을 고정시키면 생산수준과 수요가 일치하지 않는다. 수요생산일 때 재고가 쌓여 성수기에 재고처리하거나 미납주문으로 처리함으로써 재고부족비용, 재고비가 발생하며, 생산수준 변동비용은 발생하지 않는다.

(4) 설비확장과 축소

장기적으로 설비투자를 증감하는 것을 말한다.

TIP+

1. 통제 가능한 변수와 통제 불가능한 변수

통제 가능한 변수	생산율, 노동력수준, 재고수준, 잔업, 하청률 등
통제 불가능한 변수	수요변동

2. APP 관련 비용

채용 및 해고비용, 잔업비용과 유휴시간비용, 재고유지비용, 재고부족비용, 하청비용 등과 관련하여 소비되는 비용이다.

5. APP 기법

(1) 도표법(graphic and charting method)

도시법이라고도 하는데, 2가지 또는 3가지 변수(고용수준, 생산율, 재고수준, 하청량 등)를 조정하여 총비용이 최소가 되는 생산계획을 모색하는 방법으로 생산할 제품의 품목 수가 많지 않거나, 제조공정이 별로 복잡하지 않을 때 사용한다. 이해가 쉽고 간편하지만 모형이 정태적이며, 최적 안을 제시하지 못하는 문제가 있다.

(2) 수리적 모형

① 선형계획법의 분배모형(distribution of linear programming) - 보먼(Bowman)

수송법을 생산계획에 적용한 모형으로, 일정한 생산능력의 제약조건하에서 생산비와 재고비용의 합계가 최소가 되도록 각 생산설비에 생산량을 할당하는 기법이다. 이 모형은 고용수준을 일정하게 유지하여 채용과 해고가 없는 경우에 사용할 수 있는 특수한 기법이다.

장점	• LP모형보다 간단하여 이해가 쉽고, 활용이 간단 • 일정한 제약조건하에서 최적해
단점	• 생산량(조업도)의 변화에 따른 작업자의 고용 해고비용과 재고부족이나 납기지연이 발생했을 때의 기회손실을 고려하지 못함 • 비용함수가 선형임을 가정했는데 이는 비현실적

② 선형계획법(LP모형)에 의한 계획

선형계획법에 의한 생산계획은 고용수준, 잔업량, 하청량, 재고량, 채용인원, 해고인원 등의 결정변수와 관련비용 간의 관계를 선형으로 가정하고, 총비용을 최소화하는 최적해를 구하는 수리적 기법이다.

③ 선형결정모형(LDR: linear decision rule)

LDR은 계획생산기간에 걸쳐 최적생산율 및 작업자의 수를 결정하기 위하여 사용할 수 있는 결정규칙(또는 선형방정식)을 도출해 내고자 하는 모형이다(정규임금비용, 고용, 해고, 잔업, 재고유지, 미납주문, 기계준비비 등의 비용함수).

(3) 휴리스틱(heuristic)기법

휴리스틱기법이란, 경영자가 경험이나 직관을 사용하거나 노력을 기울여 시행착오를 거쳐 충분히 효율적인 해답이나 지식을 얻는 것을 말한다.

일반적으로 의사를 결정하려면 다양한 변수를 고려해야 하나, 현실적으로 정보의 부족과 시간제약으로 완벽한 최적의 의사결정을 할 수 없다. 이때 제한된 정보와 시간제약을 고려하여 실무상 실현 가능한 해답이 필요한데 이것이 바로 휴리스틱기법이다.

휴리스틱기법은 가장 이상적인 방법을 구하는 것(최적안)이 아니라 현실적으로 만족할 만한 수준의 해답(최선안)을 찾는 것이다.

TIP+ **휴리스틱(Heuristic)기법 사용**

1. 어떤 문제가 있을 때 해결 방법이 아직 없거나 현실적으로 불가능할 때
2. 문제를 풀기 위한 완전한 정보가 주어지지 않을 때(정보의 비대칭)
3. 확립된 절차에 따라 답을 구할 수 있을 정도로 문제가 명확하게 정의되지 않았을 때

---

① 경영계수이론

경영계수이론이란, 총괄계획에 관해 경영자들이 과거에 내린 경험이나 의사결정을 분석하여 생산수준 및 고용수준을 결정하는 규칙의 계수들을 추정하는 기법이다.

장점	• 경영자의 경험·지혜의 활용으로 의사결정과정의 통찰력을 제공 • 계량화 가능, 피드백 가능
단점	• 최적해 불가능(개인 능력에 좌우) • 과거의 의사결정 자료를 이용하기 때문에 급변하는 환경에 부적합

② 매개변수에 의한 총괄생산계획(PPP모델: parametric production planning)

매개변수에 의한 총괄생산계획이란, 작업자의 수, 생산율 등 2가지 매개변수의 2가지 선형결정 법칙에 의존하는 총괄생산계획에 대한 휴리스틱 접근방법이다. 기업으로부터 얻을 수 있는 정보와 조달기간(lead time) 동안의 수요 예측량을 포함하여 논리적으로 결정룰(rule)을 구조화하는 것이다.

③ 생산전환 탐색법(production switching heuristic)

생산전환 탐색법이란, 생산수준을 상, 중, 하로 정해 놓고, 예상되는 생산소요량(= 수요예측치 - 재고수준)이 상(上)보다 크면 상만큼 생산하고, 하(下)보다 작으면 하만큼 생산하며, 상과 하 사이에 있을 경우에는 중(中)만큼 생산하도록 생산율과 고용수준을 계획하는 방법이다.

장점	• 생산기간별 생산율과 고용수준의 변동을 최저로 유지 • 탐색절차가 간편
단점	계절적 수요변동을 반영하기 곤란

(4) 탐색결정기법(SDR; search decision rule)

탐색결정기법은 타우베르(W. H. Taubert)에 의해 개발되었으며, 상황이 너무 복잡하거나 수학적인 기법을 사용할 수 없을 때 실현 가능한 결정을 내리는 데 이용한다. 이는 컴퓨터의 이용을 전제로 하여, 현실적 비용과 이익모형을 컴퓨터 서브루틴(subroutine)의 형태로 나타내고, 이것을 사용하여 주어진 결정변수들의 값에 관련된 비용을 계산하는 가장 우수한 기법이다.

장점	• 비용함수에 대한 수학적 제약이 없기 때문에, 현실적 모형의 설정이 가능 • 상황변화에 따라 모델변경이나 적응이 용이 • 최소비용을 가져오는 해에 접근하는 동안 설비의 민감도 분석에 관한 자료를 제공
단점	• 구해진 해가 수학적 최적해가 아님 • 변수의 수가 컴퓨터 이용의 제약요인이 될 수 있음

3 주생산계획(MPS; master production schedule)

주생산계획이란, 대일정계획이라고도 하며, 일정한 기간 내 생산하여야 할 최종 제품의 수를 상세하게 나타내는 것으로, 공식적인 생산계획을 기초로 하여 예상 주생산계획(master production scheduling)을 개발하게 된다. 즉, 어떤 회사가 10종의 제품을 취급하고 있다면, 총괄생산계획은 전 제품에 대한 것이었으나 주생산계획은 총괄생산계획을 기초로 각 제품에 대한 계획을 수립하는 것으로서 차이가 있다.

TIP+

1. 주생산계획
- 품목별 생산량을 생산일정에 맞추어 계획하는 과정이다.
- 제품별·품목별 생산시기(생산순위) 및 시작일과 완료일을 정하는 계획이다.
- 일정기간 내에 생산하여야 할 최종 제품의 수를 상세하게 나타내게 되는데 보통 주 단위(때에 따라 시간, 일, 월별)로 계획한다.

2. 기준생산계획
중요 부품의 생산계획 수립(개별 제품의 생산 수량이나 시기)을 결정하는 것으로 시장수요에 대상이 되는 판매에 기인한다.
※ 주생산계획에 의해 기준생산계획을 산출한다.

즉, 잘 짜여진 주생산계획은 기업이 귀중한 자원인 노동력, 자본, 생산능력, 원재료 등을 효과적으로 이용할 수 있도록 해준다.

목적	• 생산일정을 수립 • 생산계획을 달성하는 데 필요한 자원과 재료의 정확한 관계를 제공 • 모든 부품과 구매품의 소요량을 제공	
단계	대생산계획(기본일정계획)	생산순위 및 시작일과 완성일을 정하는 계획(제품별·부품별 생산시기)
	중생산계획(운영일정계획)	대일정계획에서 정해진 일정을 토대로 각 공정별로 시작일과 완성일을 정하는 계획
	소생산계획(세부일정계획)	중일정계획을 토대로 구체적인 작업자별·기계별로 일정을 정하는 계획

주생산계획과 개략적 생산능력계획의 작성에 컴퓨터를 이용한다. 그 이유는 수많은 구성품이 포함될 때 주생산계획을 손으로 작성하는 것이 불가능한 것은 아니나 매우 복잡하므로, 경영자는 주로 컴퓨터를 이용하여 주생산계획을 분석하는 데 필요한 자료를 제공받는다.

TIP+

1. **공수계획(Capacity plan)**
   작업장에 얼마만큼의 작업량을 할당할 것인가를 결정하는 것이다(부하할당, 능력소요계획, 누하계획 등).

2. **공수체감현상**
   작업을 반복함에 따라 공수(man hour; 작업소요시간)가 점점 감소하는 현상으로, 개별적 공수체감현상(작업자의 학습)과 종합적 공수체감현상(기계설비 개선, 제작기술 개선, 관리기술 개선, 불량품 감소 등)으로 구분한다.

04 재고관리

1 재고 개념

1. 재고 개념

생산 공정에서 재고(inventory)는 3가지의 형태인 원자재, 재공품(work in process; 在工品), 완성품으로 존재한다. 공장 내의 원자재는 하나 또는 그 이상의 공정을 거쳐 다양한 형태의 재공품으로 바뀐다. 재공품(제품 또는 반제품이 되기 위해 현재 제조과정 중에 있는 물품)도 최종 공정(process)을 거쳐 완성품이 된다.

(1) 재고보유 목적 및 동기

재고보유 목적	• 기계고장이나 사고 대비 • 계절적 수요에 대비 • 조달기간 동안의 불확실성 대비 • 수요와 공급의 불일치 대비
재고보유 동기	• 거래동기: 수요와 공급을 일치시키기 위한 재고보유 • 예방동기: 안정적인 생산과 공급을 위한 돌발 상황에 대응하기 위한 재고보유 • 투기동기: 가격변동에 대비해 조달비용의 절감 및 재고 투자이익을 위한 재고보유

(2) 재고비용 유형

재고비용	재고유지비 (holding or carrying cost)	재고를 보유할 때 발생하는 제비용 예 자본비용, 보관 및 취급비, 보험료, 세금, 재고 품목의 손상, 멸실, 진부화 손실 등
	발주비, 작업준비비 (ordering cost, setup cost)	• 재고보충을 위한 비용으로 외부공급자에게 자재를 주문하는 경우에 발생하는 비용(발주비) 예 구매요청, 업자선정, 주문서류작성, 업자와의 통신, 독촉, 검수, 입고 등의 발주업무와 관련 • 자체생산품목을 생산하기 위하여 작업 준비를 할 때 발생하는 비용(작업준비비) 예 작업지시, 기계조정, 자재와 인원의 준비, 작업장의 배치, 변경 등과 관련)
	재고부족비 (shortage cost)	재고가 품절되어 고객의 수요를 충족시킬 수 없을 때 발생하는 비용

> **TIP+** 재고관리시스템 기본모형
>
> 수요량, 재고량, 발주량의 3가지 변수 간의 상관관계를 통해 총비용이 최소가 되는 적정재고량을 결정하는 것

2. 재고 유형

(1) 주기재고(cycle inventory)

총 재고 중에서 로트의 크기에 따라 직접적으로 변하는 부분으로, 주문주기에 따른 재고를 의미한다. 주기재고의 목적은 생산준비나 주문비용을 줄이기 위한 것으로 주문사이클(cycle)을 길게 하는 것이 좋다.

주기재고가 많으면 고객서비스가 향상되고 주문과 준비횟수가 줄며, 운송비와 구매비가 줄어든다.

주문횟수와 주문량을 결정하는 데에는 다음의 2가지 원칙이 있다.

① 주문량(Q)은 주문 간의 시간간격(주문사이클)에 비례한다.

② 주문사이클이 클수록 주기재고가 크다(주기재고 = $\dfrac{Q}{2}$).

(2) 안전재고(safety inventory)

완충재고라고도 하며, 수요·조달기간·공급에서의 변동에 대한 불확실성을 대비하기 위한 재고이다. 수요의 기대치보다 많이 보관하는 형태로서, 재고가 필요한 시기보다 빨리 도착하도록 주문하면 안전재고를 가질 수 있다(조달기간 동안 기대되는 수요보다 더 많이 보유하는 재고).

(3) 예상재고(anticipation inventory)

수요와 공급의 불규칙을 흡수하기 위한 재고로서, 예측 가능한 계절적 수요의 방식에 적합하며, 재고를 이용하여 생산율을 안정시키면 생산성을 높일 수 있다.

(4) 운송재고(pipeline inventory)

수송재고라고도 하며, 원자재의 흐름시스템에서 한 지점에서 다른 지점으로 이동 중인 재고로서, 이동에 시간이 걸리므로 필수적이다. 이것은 발주는 하였으나 도착하지 않은 주문량의 합이다. 운송재고는 구매운송재고(원자재), 공장 내 운송재고(재공품), 판매운송재고(완성품) 등 3가지로 나눌 수 있다.

(5) 투기재고(Speculative inventory)

현재의 수요를 충족시키고 보유하는 재고로서, 자재부족, 가격상승, 파업 등에 대비하기 위한 재고이다.

(6) 할당재고

과거의 수요를 만족시키기 위해 따로 남겨두는 보유재고이다.

> **TIP+** 재주문점(ROP; reorder point)
>
> 재주문점은 수요율, 조달기간의 길이, 수요와 조달기간 변동의 정도, 고객에 대한 서비스 수준에 따라 변동한다.
>
> $$\text{ROP(재주문점)} = \text{조달기간 동안의 평균수요} + \text{안전재고(조달기간)}$$
>
> ※ EOQ모형에서 조달기간 동안 수요의 변동성이 없다면 재주문점은 조달기간 동안의 일일평균수요의 합과 동일하다.
>
> ※ EOQ모형에서 다른 모든 조건이 동일하다면 조달기간이 길수록 안전재고의 양은 많아진다.

---

② 재고관리 시스템

1. ABC 재고관리

재고자산의 품목이 다양할 경우 재고를 효과적으로 조사, 관리 및 통제의 중요성을 재고하여 가치나 중요도에 따라 재고자산의 품목을 연간 사용금액에 따라 분류하고 차별적으로 관리하는 방법으로, 파레토법칙에 근거하여 재고를 이용금액(사용금액)을 기준으로 A(80%), B(15%), C(5%)로 구분하여 3등급으로 관리한다.

등급 할당	• 이용금액(사용량)을 기초로 많은 금액부터 서열화 • A등급: 15~20%(구매 액의 75~80%를 차지; 고가) • B등급: 다음 30~40%(구매 액의 15%를 차지; 중가) • C등급: 나머지(구매 액의 5~10%를 차지; 저가)
재고 관리	• A등급: 재고수준을 철저하고 정확하게 기록·검토·관리하며 평균 로트 크기를 줄이기 위해 지속적으로 조사 • B등급: 중간정도(주기적인 관리)의 관리 • C등급: 느슨하게 관리(수송비 절약을 위해 한꺼번에 많은 양을 주문)

<표 2-2> 재고관리 품목별 특징

품목	로트크기	안전재고	가치	관리	관리정도	주문주기
A	소량	소량	큼	최고 경영층	정밀관리	주별
B	중량	중량	중간	중간 관리층	정상관리	월별, 격주
C	대량	대량	작음	하위 관리층	대강관리	분기별

※ A등급의 품목: 계속적으로 검토·기록·정확성을 가지고 엄격한 통제방식을 취한다.
※ 재고통제: A등급 – 정기주문방식 적합, C등급 – 정량주문방식이 적합

TIP+ 재고감소 수단

경영자는 재고를 감소시키기 위해 비용에 효과적인 방법을 찾아 노력해야 한다. 재고형태에 따라 재고감소를 위한 기본적인 전술은 다음과 같다.

재고형태	1차 수단	2차 수단
주기재고	로트 크기 감소	주문비와 준비비 감소, 반복성 증가(유연자동화)
안전재고	적시에 도착하도록 주문	예측향상, 조달기간 단축, 공급불확실성 감소, 설비와 노동력 증가
예상재고	수요율에 따른 생산	수요의 평준화
운송재고	생산/분배의 조달기간 단축	전방재고, 로트 크기 감소, 공급자와 운송업자의 결정

(자료: Krajewski & Ritzman, p.515)

2. 경제적 주문량(EOQ; economic order quantity)모형

(1) EOQ 개념 및 가정

EOQ란, 자재나 제품의 구입에 따르는 제비용과 재고유지비 등을 고려해 가장 경제적이라고 판단되는 자재 또는 제품의 주문량으로, 주문 비용과 단위당 재고유지비용의 합계가 최저로 되는 점(주문량)이다.

재고주문에는 두 가지 극단적인 방법이 있을 수 있다.

첫째, 공장 관리자가 주문횟수를 줄이고 부품 주문량을 늘리는 방법으로, 이 경우 주문비용은 감소하지만 재고유지비용이 증가한다.

둘째, 재고유지비용을 줄이기 위해 주문횟수를 늘리는 방법인데, 그렇게 되면 주문비용이 증가하게 된다. 경제적 주문량은 주문비용과 재고유지비용의 합계가 최소로 되는 최적의 비용이다.

개념	• 합리적인 주문량을 결정하기 위한 것 • 연간재고유지비와 연간발주비의 합을 최소로 하는 주문량 • 재고관리모형 중 가장 간단한 형태
가정	• 수요률(demand rate)이 일정 • 구입단가는 발주량의 크기와 무관하게 일정 • 재고유지비는 발주량의 크기와 정비례 • 품목이 로트별로 구입되거나 생산 • 발주한 품목은 전량이 한 번에 입고 • 관련비용은 재고유지비와 발주비 2가지뿐임 • 한 품목에 대한 결정은 다른 품목과 독립적으로 이루어짐(할인 없음) • 수요와 조달기간은 일정하고 알려져 있으며, 인도량과 주문량은 동일 • 품절이 발생하지 않음

※ **경제적 주문량(EOQ)의 한계:** 표에 언급한 가정이 만족할 때에만 성립된다. 그러나 현실에서는 이 전제를 모두 만족시킬 수 없으며, 자체생산의 경우에는 EOQ모델 적용이 어렵다.

(2) EOQ 계산

총비용은 연간재고유지비와 연간발주비를 더한 것과 같으며, 경제적 주문량(EOQ)은 연간재고유지비가 연간발주비와 같을 때의 주문량이다.

$$C = \frac{Q}{2}(H) + \frac{D}{Q}(S)$$

$$EOQ = \frac{Q}{2}(H) = \frac{D}{Q}(S)$$

위 식에서 Q를 놓고 풀면,

$$EOQ = \sqrt{\frac{2DS}{H}}$$

C: 연간총비용(1회 주문비)

D: 연간총수요

H: 연간재고유지비용, 품목원가의 백분율로 표시

S: 1회 소요되는 발주비 또는 생산준비비(로트당 원으로 표시)

Q: 1회 주문량

TC: 연간총비용

※ **수식에 근거**

① 주문비용이 감소하면 EOQ는 감소

② 연간 수요량이 증가하면 EOQ는 증가

③ 연간 단위당 재고유지비용이 증가하면 EOQ는 감소

④ 주문량이 증가하면 재고유지비용과 자본비용 증가

⑤ 주문비용이 2배를 증가하면 EOQ는 $\sqrt{2}$ 배 증가

⑥ 조달기간이 증가하더라도 주문량은 불변

※ **재주문점(R)** = d(단위기간당 수요) · L(조달기간)

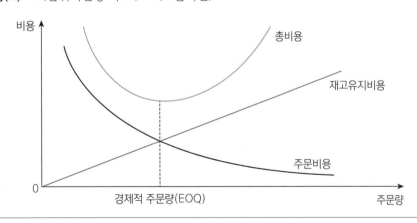

- **연간재고유지비** = (평균재고) × (단위당 재고유지비)
- **연간발주비** = $\dfrac{\text{연간수요}(D) \times \text{주문비}(C)}{\text{1회주문량}(Q)}$
- **총비용**은 이 두 요소를 합친 것과 같다.
- **TC(연간총비용)** = $DC + \dfrac{D}{Q} \cdot S + \dfrac{2}{Q} \cdot H$
- **연간주문횟수** = $\dfrac{D}{Q}$
- **주문주기** = $\dfrac{Q}{D}$
- **평균재고량** = $\dfrac{Q}{2}$

예제

예제 1 K사는 여러 상품을 취급한다. K사가 최고 판매고를 보이는 품목은 인형이다. 판매는 18단위이고, 공급자가 단위당 판매가격 60원을 부과한다. 공급자와 발주비는 45원이다. 연간 재고유지비는 인형 값의 25%이고, K사는 연간 52주 동안 문을 연다. 390개의 일회 주문을 한다면 재고와 관련된 연간 총비용은 얼마인가?

풀이

D = (18단위/주당)(52주/연간) = 936

H = 0.25(60원/단위) = 15원

연간총비용 $C = \dfrac{Q}{2}(H) + \dfrac{D}{Q}(S)$

$= \dfrac{390}{2}(15원) + \dfrac{936}{390}(45원)$

$= 2{,}925 + 108$

$= 3{,}033원$

예제 2 인형의 EOQ와 연간 총비용을 계산하라. 얼마나 자주 주문해야 하는가?

풀이

$$EOQ = \sqrt{\frac{2DS}{H}} = \sqrt{\frac{2(936)(45)}{15}} = 74.94, \text{ 즉 } 75$$

$$C = \frac{75}{2}(15원) + \frac{936}{75}(45원) = 562 + 562 = 1,124원$$

EOQ를 이용하여 주문간격(TOB; time between orders)을 월 간격과 주 간격으로 풀이하면,

$$TOP = \frac{EOQ}{D}(년 : 12개월) = \frac{75}{936}(12) = 0.96개월$$

$$TOP = \frac{EOQ}{D}(년 : 52주) = \frac{75}{936}(52) = 4.17주$$

✅ 핵심체크

EOQ와 EPQ 비교

구분	EOQ(경제적 주문량)	EPQ(경제적 생산량) (economic production quantity)
개념	총재고비용(주문비용과 재고유지비용의 합)의 최소화	재고관련비용이 최소가 되는 1회 생산량
재고의 입고	일시적	점차적 커짐
사용	구매비용	생산준비비용
적용	전량 외부에 주문, 일시입고	기업 자체 내에서 자재를 직접 제조 시 생산량과 생산시기의 결정 통제
공식	$EOQ = \sqrt{\dfrac{2DS}{H}}$ D: 연간수요, S: 주문비, H: 재고유지비	$EPQ = \sqrt{\dfrac{2DS}{H} \times \dfrac{p}{p-d}}$ D: 연간수요, S: 주문비, H: 재고유지비, p: 일일생산량, d: 일일수요

3. P시스템과 Q시스템

단일 품목(특정 품목)이나 소량 품목일 경우에 재고보충의 개념에 입각한 재고관리로서, 재고량과 발주량의 관계에서 주로 전개된다.

(1) P시스템(정기발주 시스템; periodic review system)

고정간격 재주문 시스템이라고도 하며, 정기적으로 재고 수준을 확인하여 재고 한도까지 재고량을 확보하는 것이다. 즉, 새로운 주문은 각 검사 마지막에 이루어지고, 주문주기는 고정(정기검사 시스템)되어 있다. 목표재고수준이 있고, 발주량이 수요에 따라 변동하므로 EOQ를 갖지 않으며, P시스템은 Q시스템과 달리 재주문점이 없으며 높은 안전재고를 유지해야 한다.

(2) Q시스템(정량발주 시스템; quantity system; continuous review system)

재주문점 시스템, 고정발주량 시스템이라고도 하며, 어떤 품목이 재고에서 인출될 때마다 재고량을 검사(재고수준을 관찰)해서 재주문할 시기인지 아닌지를 결정(재주문점에 도달)하는 것이다. 주문량이 결정되면 언제 재주문(reorder)해야 할지를 결정하는 것으로, 시간의 경과에 따른 재고를 보충할 때 규모(얼마나?)와 시기(언제?)를 결정해야 한다. 연속검사는 재고기록과 연결된 컴퓨터를 이용하여 쉽게 할 수 있다.

<표 2-3> P시스템과 Q시스템 비교

항목	P시스템(정기발주방식)	Q시스템(정량발주방식; 발주점법)
단가	저가물품(중요도 ↓)	고가물품(중요도 ↑)
수준	더 많은 안전재고 유지(높은 안전재고) (최대 재고량 - 현재 재고량 만큼 주문)	일정량 재고 유지 (주문량과 재주문점에서 결정)
수요	안정적	불안정적
발주시기	일정(정기적), 중요품은 단기간	일정하지 않음(비정기적)
수주량	비정량(변경가능)	정량(고정)
품목 수	• 정가(단가)가 싸고 품목 수가 많을 때 주로 사용 • 소비량이 큰 제품 • 예 슈퍼마켓, 편의점 등	• 고가 상품 및 유행을 타는 품목에 주로 사용 • 저가 상품: 매일 재고조사(관리비용 ↓) • 사용빈도가 높은 제품(매일 일정량 비율로 소비되는 상품)
비용	낮음	높음
장점	• 고정된 시간간격에서 보충이 이루어짐 • 여러 품목의 주문을 한 번에 할 수 있음 • 재고상태의 정보가 정기적으로 요구 • 주기적 보충으로 관리가 편리(계절적 수요) • 재주문할 때만 재고 파악(주문 간격 고정) • C품목(또는 B품목)이 적합(가치나 중요도가 낮은 상품에 적합) • 수요는 있지만 수요의 변동이 큼	• 보충간격을 개별적으로 할 수 있음 • 고정된 주문이 유리한 경우 (화물용량 제한) • 투빈 시스템: 저가 품목에 적용; 품절 방지) • EOQ 주문 • 조달기간 동안만 수요의 불확실성에 대비 • 품목별로 주문빈도가 가변적 • 고정주문량 - 수량 확인(안전재고 낮음) • A품목이 적합 • 수요의 변동이 작은 품목

P시스템과 Q시스템의 비교

1. **편리성**: P시스템 > Q시스템
2. **평균재고량**: P시스템 > Q시스템
3. **주문단가**: P시스템 < Q시스템
4. **확장개념**: P시스템 - One Bin System → 고가, Q시스템 - Two Bin System → 저가

P시스템의 목표재고 수준

목표재고수준 = 기간 수요량 + 안전재고
= 평균 수요량 × (재고조사 간격 + 리드타임) + 안전재고

Q시스템의 재주문점

재주문점 = 주문기간 수요량 + 안전재고
= (평균 수요량 × 리드타임) + 안전재고
※ 수요량이나 리드타임이 일정한 경우에는 안전재고가 필요 없다.

TIP+

1. 혼합 시스템(hybrid system)

P · Q시스템뿐만 아니라 이들의 변형된 시스템을 사용하는 경우도 있다.

- **최소 · 최대재고시스템**: s,S시스템이라도 하며, P시스템과 유사하다. 이 시스템은 재고수준을 고정된 시간간격에서 검사한다. 만일 그 수준이 미리 정한 수준 이하나, 그 수준으로 떨어지면 예상되는 수요에 대비하기 위해 다양한 양의 주문을 하는 것이다. 그러나 재고수준이 최저수준으로 떨어지지 않으면, 검사 후에도 주문을 하지 않는다. 최저재고수준은 Q시스템의 재주문점과 같다.
- **기초재고시스템(기준재고시스템)**: 재고인출이 있을 때마다 보충주문을 하는 것을 말한다. 주문량 Q는 인출량과 같다. 이 시스템은 재고수준을 '조달기간 동안의 수요 + 안전재고'로 유지시켜 준다. 즉, 주기재고를 최소화하는 방법이라고 할 수 있다(매우 값비싼 품목의 경우 해당).
- **시각관리시스템**: 현재 재고상태에 대한 기록이 필요 없기 때문에 관리가 편하다. 볼트, 너트와 같은 저가의 안정적 수요를 보이는 품목에 주로 사용된다. 과다재고가 발생하지만 품목의 단가가 낮기 때문에 재고유지비는 작다.

2. 크로스 도킹시스템(Cross-docking system)

창고나 물류센터로 입고되는 상품을 창고(warehouse)에 보관하는 것이 아니라 분류 또는 재포장의 과정을 거쳐 곧바로 소매점포로 배송하는 물류 시스템으로, 시간과 비용(재고비용 및 물류비용)을 획기적으로 절감하며 효율성을 극대화하는 시스템이다. 물류센터는 단순히 중개 역할만 수행한다.

1 자재소요계획(MRP; material requirement planning)

1. MRP 개념

MRP란, IBM의 어리키(J. A. Orlicky; 1960)에 의해 개발된 것으로, 제품의 수량이나 일정을 근거로 제품생산에 필요한 부품, 조립품, 공정품 등의 소요시기를 역산해서 자재조달계획을 수립하는 일정계획 또는 재고통제기법이다. 이는 공정의 반복성이 높은 기업이나 생산량이 많은 기업에 적합한 방식이다.

2. MRP 특성

종속수요의 재고관리와 보충주문에 대한 일정수립에 도움을 주는 자재소요계획(MRP)이 개발되면서 많은 기업들이 수혜를 입었다.
① 종속수요 부품의 별도의 수요예측을 하지 않는다.
② 평균재고를 감소시키고, 설비와 노동력의 이용률을 높였다.
③ 작업이 원활해지고, 생산소요시간이 단축된다.
④ 적절한 납기의 이행과 생산일정의 변경이 용이하다.
⑤ 부품 및 자재부족 현상이 최소화된다.
⑥ 대(對)소비자 서비스를 향상시키게 되었다.

3. MRP 시스템의 기능

① 필요한 자재를 언제, 얼마나 발주할 것인가를 알 수 있다.
② 필요한 자재의 주문에 대한 독촉과 지연 시기를 알 수 있다.
③ 우선순위와 생산 능력을 조정하여 생산 작업 및 자재 조달 일정을 원활하게 할 수 있는 정보를 제공한다.
④ 제조 지시에 앞서 경영자가 사전에 계획을 사전에 검토할 수 있다.
⑤ 납기를 지킬 수 있는 생산 일정 정보를 제공한다.

✓ 핵심체크

1. MRP 특성

① 종속수요 품목의 생산, 구매, 재고관리를 합리적으로 처리하는 통합적인 생산계획 및 재고관리의 전산화된 관리시스템이다.

② 최종품목의 수요는 연(年)중 계속하여 발생하지만, 자재의 수요는 생산기간 중에만 발생한다.

2. 독립수요

시장수요에 영향을 받는 제품인 최종품(완성품, 완제품)의 수요로, 연중 계속해서 발생하며 재고로 존재하는 다른 제품에 대한 생산의사결정과는 관계가 없다.

3. 종속수요

최종제품을 구성하는 구성품으로, 상위품의 생산의사결정에 영향을 받는 제품의 수요로 부품, 원재료 등이다.

※ 종속수요 품목은 자신이 속한 어떤 최종제품(독립수요품목)의 어떤 부분을 보충하기 위해 주문이 이루어진다. 이런 주문은 최종제품이 빈번한 주문을 하지 않으면 비교적 자주 발생하지는 않는다.

※ 독립품목은 재고를 계속 보유해야 하지만 독립품목은 그것이 소요되는 기간 중에만 재고가 있으면 된다. 그러나 종속품목은 수요가 전혀 없다가 갑자기 발생하기도 한다. 이러한 종속수요의 특징을 덩어리수요(lumpy demand)라고 표현하기도 한다.

4. MRP 원칙

많은 기업들은 전통적인 재주문시스템에서 MRP시스템으로 바뀌고 있다. 그 차이점과 다른 원칙은 다음과 같다.

<표 2-4> MRP와 재주문시스템 비교

MRP	재주문시스템
상위 제품의 생산일정에 의해 구성품, 하위 조립품, 원자재를 위한 종속수요를 계산	재주문점을 정하기 위해 확률적 예측방법을 이용
재고부족을 피하기 위해 조달기간을 고려하여 보충주문을 실시	재주문점에 도달할 때까지는 다시 주문을 하지 않음
조립산업, 주문생산공장	연속생산품
소요 개념(원자재 소요량), 산발적	보충 개념(경제적 발주량), 연속적
종속수요(원재료, 부품)	독립수요(완제품, 제품)

TIP+ **필요한 자재의 적정구매**

필요한 자재의 적시공급 → 논리적으로 분석 → 완제품 수요결정 → MRP 수립 → 비용절감 제품 생산소요시간최소화

5. MRP 유형

제1유형 MRP	재고관리시스템, 개방 MRP시스템	필요한 물자의 적기생산 및 조달을 목적으로 한 재고관리시스템
제2유형 MRP	생산재고관리시스템, 폐쇄 MRP시스템	• 기업에서 재고와 생산능력의 계획관리에 쓰이는 정보시스템 • 발주와 주일정계획에 생산능력의 이용도를 조절할 수 있는 피드백 루프(loop)가 존재
제3유형 MRP	제조자원계획시스템, MRP Ⅱ	재고는 물론 생산능력, 자금, 인력, 시설, 생산설비, 구매, 마케팅, 재무 등의 생산자원과 기술부문 모두를 계획·관리하는 데 이용되는 정보 시스템

MRP는 주생산계획(MPS; Master Production Schedule), 자재명세서(BOM; Bill of Materials), 재고기록표(IR; Inventory Record)의 3가지 주된 입력 데이터를 처리하여 자재소요를 산출하고, 자재의 발주와 생산계획을 결정한다.

> **☑ 핵심체크**
>
> MRP 주요 3요소
> 주생산계획(MPS), 자재명세서(BOM), 재고기록표(IR)

6. MRP 성공 조건

(1) 컴퓨터 지원

RAM의 크기, CPU의 처리속도와 적절한 소프트웨어 등

(2) 정확하고 현실적인 입력

정확한 의사결정지원시스템

(3) 경영자의 지원

최고경영자의 MRP의 이용과 이행에 적극적 참여 및 지원

(4) 이용자의 지식과 수용

저항을 최소화, 종업원에 대한 적절한 교육훈련 및 참여

MRP에 의하여 산출되는 결과는 주요 보고와 부차적 보고로 구분한다.

주요 보고	계획 주문, 주문 발주, 주문 수정에 관한 사항 등이 포함
부차적 보고	예외적 사항, 계획 및 통제에 관한 사항 등이 포함

2 적시생산시스템(JIT; just in time system)

1. JIT 개념

JIT란, 간반(Kanban; 간판; 칸반; 看板) 시스템(도요타의 대표적인 생산방식)이라고도 하며, 재고를 쌓아 두지 않고(재공품의 재고를 낮게 유지하는 방식), 필요할 때 적시(적기)에 제품을 공급하는 생산방식(필요한 부품을 필요한 때에 필요한 양만큼 생산·구매·공급)을 말한다. 다품종 소량생산체제의 요구에 부응하기 위해서 적은 비용으로 품질을 유지하면서 적시에 제품을 인도하기 위한 것(자재의 흐름이 명확하게 결정)이다.

TIP+

1. JIT 개념

혼류생산방식으로 시장 변화에 대응하는 유연성 추구(생산성 향상, 납기준수, 재고감소, 불량감소 등)
- 수요 변화에 신속한 대응
- 재투자의 극소화
- 생산 조달 기간의 단축
- 모든 품질 문제의 노출·개선
※ 혼류생산: 1개의 생산라인에 2가지 제품을 생산하는 방식

2. 간판방식(칸반 시스템)

생산허가와 자재이동을 위한 방법으로서 칸반 시스템을 사용하며, 생산 칸반(인출 칸반)과 컨테이너로 구성된 단순한 생산통제 시스템(pull 시스템)이다. 재공품의 재고는 사용되는 총 컨테이너의 수에 의해 제약을 받는다.

---

2. JIT 특징

① 완성되어 출고되는 제품의 양에 따라 필요한 모든 재료들이 결정되므로, 생산통제는 풀 방식(pull system)이다.

② 생산이 소시장수요에 따라간다. 즉, 생산계획을 일 단위(per day)로 세워 생산한다.

③ 생산공정이 신축성을 요구한다(신축성은 생산제품을 바꿀 때 필요한 설비, 공구 등의 교체시간을 짧게 하는 것).

④ 현재 필요한 것만 생산하므로 큰 로트(lot) 규모가 필요 없고, 생산이 시장수요만을 따라가기 때문에 고속의 자동화는 필요하지 않다(범용설비로 다양성 대비).

⑤ 작은 로트 규모를 생산하기 위해 매일 소량씩 원료 혹은 부품이 필요하다. 즉, 공급자와 친밀한 관계가 요구된다.

이러한 방법을 통해 7가지의 낭비, 즉 과잉생산의 낭비, 대기의 낭비, 운반의 낭비, 가공 그 자체의 낭비, 재고의 낭비, 동작의 낭비, 불량을 만드는 낭비 등을 제거하려는 것이다.

3. JIT 장·단점

장점	• 작업공간 축소 가능, 장비가동률 증대 • 재고투자 및 리드타임 단축 • 직접·간접 노동생산성 증가 • 문서작업 축소 • 생산계획의 우선순위 결정 가능 • 작업자 참여 증대 • 제품의 품질이 개선 및 향상 • 최소한의 재고 유지(소량구매, 규칙적 주문, 소수협력업체)
단점	• 유통망의 장애요인을 고려하지 않음 • 1일 생산량이 상당 기간 일정한 수준을 유지할 수 없음 • 특별한 주문이나 불규칙적으로 활용되는 부품에는 적용하기 어려움 • 제품설계, 제품믹스, 대량 수요의 변화에는 신속히 적응하기 어려움 • 일선관리자와 작업자의 책임의식, 상호신뢰 등의 유지가 어려움

<표 2-5> MRP와 JIT 비교

요소사항	자재소요계획(MRP)	적시생산시스템(JIT)
전략	push시스템	pull시스템
생산	비반복생산	반복생산
품질	소량의 불량 허용	무결점 추구
재고	조달기간 중 재고(합리적 재고)	최소한의 재고
경영	명령에 의한 경영	합의에 의한 경영
생산계획	잦은 변경(계획추진시스템)	안정적 대일정계획
목적	불확실성에 대비 안전재고	재고 감소
로트크기	일정계획에 필요한 정도	즉시 필요한 양만큼(소로트)
지향점	생산자 중심	소비자 중심

> ✅ **핵심체크**
>
> **린(lean)시스템**
>
> 린(lean)은 사전적 의미로는 '얇은' 또는 '마른'의 뜻으로 자재구매에서 생산, 재고, 관리, 판매에 이르기까지 전 과정에서 loss를 최소화한다는 개념이며, 군살없는 경영을 위한 '불필요한 낭비요소를 제거하는 경영'을 말한다. 일본의 도요타생산시스템(TPS)을 미국식 환경(숙련된 기술자와 자동화기계의 사용, 적정량 생산, 작업공정의 혁신)에 맞추어 재정립한 '신경영기법'을 말한다.

4. 신(新)적시생산시스템

신적시생산시스템(post just in time system)은 적시생산시스템의 단점을 보완하고 환경조직의 변화와 더불어 적시생산시스템의 미래는 어디로 가야하는가를 제시한 것이다. 즉, 변종변량 생산을 통해 유연성을 확대하고 서비스와 고객만족도, 작업자의 만족도를 향상시키고, 관리자 측면에서 새로운 평가시스템과 생산시스템을 설계하고 네트워크화하는 것을 의미한다.

06 일정계획과 프로젝트계획

1 일정계획

1. 일정계획(scheduling) 개념

일정계획(scheduling)이란, 총괄생산계획(aggregate production planning)에 의하여 확보된 생산능력을 구체적인 생산활동에 할당하려는 미시적 방법이다. 총괄생산계획이 생산능력의 확보에 관한 의사결정이라면, 일정계획은 생산능력의 사용에 관한 의사결정이라고 할 수 있다.

> **✓ 핵심체크**
>
> **생산능력**
>
> 기계, 설비, 제품, 공정기술, 인적 요인, 관리방식 등에 따라 영향을 받는다. 어떤 생산시스템이 특정 기간에 특정 제품이나 서비스를 생산 또는 처리할 수 있는 최대산출량(규모의 개념)과, 특정 기간 중 생산활동에 쓸 수 있는 가용자원의 양 또는 특정기간에 생산할 수 있는 가능량으로 정의할 수 있다.

2. 일정계획 내용

계획기능(scheduling)과 작업순위결정(priority sequencing), 집행기능(dispatching), 조정통제기능을 포함한다. 또한 단속생산과 연속생산에 따라 일정계획이 달라진다.

(1) 단속생산일정계획

단속생산시스템에서는 투입과 산출의 통제가 중요하다. 정태적 작업일정계획법은 주중에 들어왔을 때 작업에 반영하지 않는 것이고, 동태적 작업일정계획법은 주중에 들어왔을 때 작업에 반영하는 것이다. 또한 우선순위규칙에 납기일 우선 또는 최소 작업소요시간에 의해 작업 우선순위를 결정한다.

> **✅ 핵심체크**
>
> **작업의 우선순위(n개의 작업을 1개의 기계에서 작업할 때)**
>
> **1. 최소 작업시간**
>   작업시간이 짧은 것부터 처리(우선)한다.
>
> **2. 최소 여유시간**
>   여유시간이 없는 것부터 처리(우선)한다.
>
> **3. 최소 납기일**
>   납기일이 빠른 것부터 처리(우선)한다.

> **TIP+ 긴급률(CR; critical ratio)**
>
> 납기일까지 남은 시간을 남은 작업시간으로 나누어 계산한 지수이다.
>
> $$CR = \frac{남아있는\ 시간}{남아있는\ 작업일\ 수} = \frac{납기일 - 오늘\ 날짜}{남아있는\ 작업시간}$$

(2) 연속생산일정계획

연속생산시스템에서의 일정계획은 각 품목의 로트크기와 작업순위를 결정하는 것이 중요하다. 로트의 크기를 결정할 때 작업준비비와 재고유지비의 관계를 고려하여야 한다. 즉, 로트의 크기를 작게 하면 작업전환의 빈도가 높아지는 대신 재고수준은 낮아진다. 로트의 크기가 결정되면 각 품목의 작업순위를 결정해야 하는데 소진기간법을 이용한다.

> **TIP+ 소진기간법(R; runout time)**
>
> $$R = \frac{재고수준(현재\ 재고)}{수요율}$$

2 생산통제기법

1. LOB(line of balance)기법

LOB기법이란, 공정이 고정되어 있고 표준제품을 대량 생산하는 연속생산형태의 경우에 주로 사용되는데, 일반적으로는 조립공정을 대상으로 한 일정계획을 통제하는 기법으로 사용된다.
LOB기법은 공기(工期)가 비교적 길고 여러 단계의 복잡한 조립과정에서 다양한 부품을 사용하여 납품이 제작 진행에 따라 계획되는 경우에 적합하다. 한정량생산에도 사용되나 원래는 조립공정을 위한 계획생산형태를 위해 고안되었다.
예 전동기, 비행기, 대형선박 등

2. 최적화생산기술(OPT; optimized production technology)

OPT기법이란, 제조기업에서 활용할 수 있는 컴퓨터화된 일정계획시스템으로, 전체 공정 중에서 시간이 가장 많이 소요되는 공정(애로공정)단계를 중심으로 일정을 통제하는 기법이다.
OPT기법은 애로공정을 발견하고 그것을 최대한 활용할 수 있게 하는 기법이므로, 생산능력이 한정되어 있거나 균형화되어 있지 않은 생산시스템에서 더욱 효과가 크다는 장점이 있다.

3 프로젝트일정관리

1. 간트 차트(Gantt Chart)

간트 차트란, 생산계획, 작업계획, 실제 작업량 및 작업일정 등을 가로 막대선(graph)으로 작업표시판에 표시하는 일정관리기법이다. 이는 작업계획과 통제기능을 동시에 수행할 수 있다.

장점	• 간단하고 일목요연하여 이해가 쉬움 • 작업일정을 쉽게 알 수 있음
단점	• 정성적이며 작업계획 변경에 대한 융통성(적응성)이 약함 • 사전예측이나 진도관리가 안됨 • 작업 전·후관계 관리가 어려움

2. PERT/CPM

프로젝트를 관리하는 데 사용되는 PERT(program evaluation and review technique; 1956 미해군)와 CPM(critical path method; 1957 듀퐁사)은 복잡하거나 대규모 건설공사, 연구·개발사업 등을 계획하고 일정계획의 수립·통제에 널리 이용되는 네트워크 분석기법으로, 비반복적이고 한 번만 하는 프로젝트(one time project)에 활용할 수 있다.

PERT	• 확률적 도구(모형)로서, 시간의 계획과 통제가 목적 • 활동을 완료하는 데 소요되는 시간예측의 불확실성을 타개하기 위해 개발된 것 • 완료시간의 확률분포에 입각하여 평균 완료시간을 계산 • 신규사업, 비반복적 사업, 경험이 없는 사업에 활용
CPM	• 확정적 도구(모형)로서, 시간과 비용의 통제가 목적 • 자원의 추가투입에 의한 비용의 증가에 의해 완료시간의 단축이 가능 • 활동의 완료에 필요한 비용의 추정치가 부여(공사비 절감 목적) • 반복적이고 경험이 많은 사업에 활용

<표 2-6> 생산공정별 특징

요소	단속생산공정	연속생산공정	프로젝트생산공정
시장형태	주문	대량	1회 주문
표준화	낮음	높음	낮음
과업	비반복적	반복적	비반복적
통제 및 관리	어려움	용이	어려움
유연성 및 원가	중간	낮음	높음
설비	범용	전용	이동 가능한 범용
설비배치	공정별 배치	제품별 배치	-
노동력	숙련공	비숙련공	숙련공

3. 프로젝트네트워크 개발

활동(activity)을 완료하는 데 자원과 일정한 시간이 소요되는 작업을 의미하고, 단계(event)는 일정시점에 있어서 작업의 완료이며 마디(node)로 표시한다. 여기서 선행 활동은 그 활동이 시작하기 전에 끝내야 하는 활동을 말하며, 작업순서를 결정할 때 네트워크(network)로 이름을 표시하게 된다.

> **예제**
>
> 다음의 불 함수(과정에 대한 간소화)를 간단히 하여라.
>
> | 활동 | 착수 | 완료 | 활동시간 |
> |---|---|---|---|
> | 1 → 2 | 1 | 2 | 5 |
> | 2 → 3 | 2 | 3 | 6 |
> | 2 → 4 | 2 | 4 | 7 |
> | 3 → 5 | 3 | 5 | 8 |
> | 4 → 5 | 4 | 5 | 9 |
> | 5 → 6 | 5 | 6 | 10 |

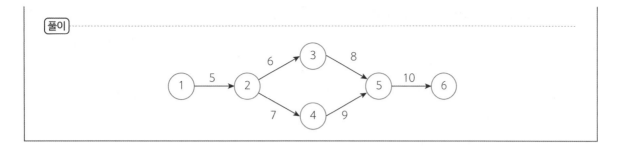

4. 주경로(critical path) 결정

출발단계에서 최종단계에 이르는 모든 가능한 경로를 열거하고, 이중 가장 긴 시간을 갖는 경로를 찾는 방법이다. 이 방법은 간단하지만 경로가 여러 개 있는 경우 일일이 나열하여 계산하여야 하는 불편함이 존재한다.

예제

다음과 같은 프로젝트가 있다고 하자. 주경로를 구하고 기대활동시간을 구하라.

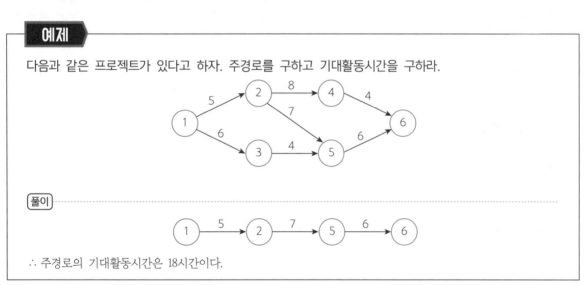

풀이

∴ 주경로의 기대활동시간은 18시간이다.

4 품질관리 변천과정

1. QC서클(quality circle; 품질관리분임조)

각 직장의 최일선에서 일을 하고 있는 부서에서 시행하는 품질개선활동을 품질관리분임조(QC)라 한다. 이것은 현장의 구성원 전원이 참가하고 자주적으로 실시하며, 현장문제(능률, 비용, 안전, 사기, 환경 등)를 다룬다.

2. SQC(statistical quality control; 통계적 품질관리)

SQC란, 최고의 사용가치가 있고 시장성이 있는 제품을 가장 경제적으로 생산하기 위해서 생산
활동의 모든 단계에서 통계적인 방법을 사용·응용하는 것이다.

통계적인 방법을 응용한다는 것은 품질은 이상원인과 우연원인에 의해 끊임없이 변동하기 때문
에 통계적 분석(수리적 모형)에 의한 품질관리를 한다는 의미이다.

TIP+ 기술적 차원에서의 품질관리

매일 반복적인 통제절차로 주어진 규격의 품질을 제조공정에서 생성시키기 위한 공정의 관리로서, 일련의 검사 및
통제활동을 통계적 품질관리(SQC; statistical quality control)라고 한다.

---

(1) 품질변동 유형

동일한 공정에서 생산된 제품이라 할지라도 똑같은 두 개의 제품이나 서비스는 존재하지 않
는다. 품질의 차이는 작을지언정 품질의 변동(원인)은 반드시 있게 된다.

이상변동 (Assignable cause)	• 제조작업 조건이 불충분하거나 지켜야 할 것을 지키지 않음으로써 분산의 폭이 늘어난 상태(관리되지 않은 분산) • 노력에 의해서 기술적으로 제거 가능 예 종업원의 훈련, 기계수선 등과 같은 원인으로 품질 변동이 발생하는 것으로 통제의 대상
우연변동 (Chance cause)	• 순수하게 우연히 발생하는 것으로, 공정 내에 변동이 원인 • 불규칙적으로 작용하여 그 영향이 상쇄되는 경우가 많으므로 소폭의 변동 • 일일이 식별하고 제거할 수 없음 • 표준화된 조건하에서 피할 수 없고 현재의 과학수준으로 규명할 수 없는 원인 • 통제의 대상이 되지 않음(엄격히 관리하여도 발생)

(2) 통계적 공정통제

표본검사가 공정과는 무관하게 검사시점에서 그 제품이 좋고 나쁨을 결정하는 것이라면, 공
정통제는 공정에 어떤 문제가 있는가를 살펴보고 공정을 향상시키는 것이다.

어떤 공정이든지 변화가 있기 마련이다. 제품이나 서비스를 무작위로 표본추출을 해서 품질
특성이 측정되었다고 할 때, 상부관리한계(UCL)나 하부관리한계(LCL)에서 벗어나 있을 때는
변동의 이상원인을 찾도록 점검해야 한다.

(3) 관리도

① 관리도 개념

관리도(control chart)란, 생산 공정에서 품질특성을 대상으로 시간의 경과에 따라 품질수준을 표본으로 추출하여 측정하는 것으로, 공정변동의 가능성이나 유무를 통계적으로 결정하는 방식이다. 즉, 이상변동에 관한 공정상의 품질변화를 찾아내는 것이 목적이다.

만약, 품질특성에 변화가 없으면 공정은 계속되고 그렇지 않으면 공정을 중단하고 원인을 분석하여 수정하여야 된다.

관리도는 평균중심선(CL; central line), 관리상한선(UCL; upper control line), 관리하한선(LCL; lower control line)이 설정되고 관리한계선은 공정의 우연변동에 대한 범위로 적용된다.

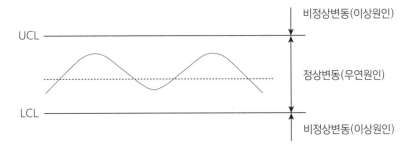

② 관리도 종류

구분	특성	관리도	
계량치	길이, 깊이, 폭, 높이, 직경, 부피, 중량, 시간 등	• x-chart: 개개의 측정치관리도 • $\overline{X}$-cart: 평균치와 범위의 관리도 • R-chart: 범위관리도	
계수치	불량률, 수리율	부분군의 검사수가 일정하지 않을 때	P-chart
	불량개수	부분군의 검사수가 일정할 때	Pn-chart
	단위(면적, 체적, 길이 등) 결점률	결점이 나타나는 범위의 크기가 일정하지 않을 때	u-chart
	결점개수	결점이 나타나는 범위의 크기가 일정할 때	c-chart

㉠ **계량치 관리도(control charts for variables; 변량치 관리도)**: 평균치 관리도(x-chart)와 범위관리도(R-chart)가 있다. 보통 정규분포를 가정한다.

㉡ **계수치 관리도(control charts for attributes; 속성치 관리도)**: 불량률 관리도(P-chart; 제품의 불량률), 불량개수 관리도(Pn-chart; 불량개수), 결점률 관리도(u-chart; 단위당 결점률, 표본의 변동), 결점개수 관리도(c-chart; 결점개수, 표본의 크기 일정) 등이 있다. 이항분포 또는 포아송분포를 가정한다.

1. 관리도
   ① P관리도(chart)는 공정·제품의 품질을 측정하는 수단을 제공할 뿐만 아니라 공정이 조정되어야 할 때를 가르쳐 준다. C관리도는 서비스업, 제조업에서 유용하다.
   ② P: 제품의 불량률, u: 단위당 결점률, Pn: 제품의 불량개수, c: 결점개수

2. 파레토 도표(Pareto graphic)
   파레토 원칙(법칙)에 기반한 것으로, 결합의 80%가 코드(항목)의 20%에 기인한다는 것(80 : 20 규칙)이다.

3. 부분군(Subgroup)
   데이터를 정리하기 위하여 측정치를 몇몇 그룹으로 나누어 관리도상에 한 점으로 나타나는 통계량의 값을 구하기 위해 추출되는 표본이다.

③ 관리도를 사용하는 이유(Montgomery; 1985)
   ㉠ 관리도는 생산성을 향상시킬 수 있는 기술임이 입증되었다.
   ㉡ 관리도는 불량품을 줄이는 데 효과적이다.
   ㉢ 관리도는 불필요한 공정의 조정을 막아준다.
   ㉣ 관리도는 공정을 진단할 수 있는 정보를 제공한다.
   ㉤ 관리도는 공정용량에 관한 정보를 제공한다.

(4) 표본발취검사법(acceptance sampling plans)

① 합격 품질수준(AQL; acceptable quality level)
   생산자의 목표에 맞고 소비자와의 계약이나 구매의 요구수준에 도달하는 품질수준이다.
   예 계약상 10,000단위당 1의 불량률이라면 AQL은 0.0001이다.

② 생산자 위험(product's risk; α; 1종 오류)
   AQL의 품질수준을 가진 로트가 거부될 확률이다. 일반적으로 α = 0.05, 즉 5%가 되도록 샘플링 방식을 정한다. 즉 α위험(오류)은 양품이 불량품으로 판정될 확률을 의미한다.

③ 로트의 허용불량률(LTPD; lot tolerance proportion defective)
   소비자가 수용할 수 있는 최저의 품질수준이다.

④ 소비자 위험(consumer's risk; β; 2종 오류)
   LTPD의 품질수준을 가진 로트가 합격될 확률을 말한다. 일반적으로 0.1, 즉 10% 수준이 되도록 설계한다. β위험(오류)은 불량품이 양품으로 판정될 확률을 의미한다.

⑤ 평균 출검품질(AOQ; average outgoing quality)

AQL, LTPD, α, β가 주어진 경우 표본의 크기와 합격판정 개수를 어떻게 찾는지 살펴보았다. 보통 표본 중에 불량품수가 합격수준을 넘으면 나머지는 전수검사를 한다. 이 때문에 전수검사가 끝나서 불량품이 제거된 로트는 검사 전의 불량률에 비해 낮아진다. 검사 후의 평균 불량률을 평균 출검품질이라고 한다.

AOQ의 등식은 다음과 같다.

$$AOQ = \frac{p(Pa)(N-n)}{N}$$

• p: 로트의 실제 불량률   • Pa: 로트가 합격할 확률
• N: 로트의 크기   • n: 표본의 크기

평균 출검품질은 검사 전의 로트 불량비율 p에 관계없이 일정한 값을 넘지 않는다. 불량률의 가능한 값에 대한 평균 출검품질의 최대값을 평균 출검품질 한계(AOQL; average outgoing quality limit)라고 한다.

3. TQC(total quality control; 전사적 품질관리)

TQC는 전문가에 의해 총괄적 품질관리를 무결점(zero defect)으로 하여 고객만족 100% 달성을 위한 지속적인 개선과정이라고 할 수 있다.

TQC의 특징은 다음과 같다.

① 제조가능성을 위한 설계(설계단계에서부터 부품수를 줄이고 우수한 성능의 제품)
② 20/80 규칙(불량의 20%만 제조과정에서 기인하고, 80%는 설계단계나 저가격의 부품 구입에 기인한다는 것)
③ 고객참여를 통한 욕구의 반영(소비자만족을 위한 조직의 배치전환 및 의사소통, 소비자의 만족측정과 불평의 적극적 수용 등)
④ QC서클의 적극적 활동 및 활용
⑤ 전 부서의 참여, 전 구성원의 참여, 기업의 다른 기능과 완전통합 등

⊘ 핵심체크

TQC 3가지 기능별 관리

품질보증, 일정관리, 원가관리

---

4. TQM(total quality management; 전사적 품질경영)과 국제인증제도

ISO 9000시리즈와 같은 국제품질인증제도에 의해 더욱 활발해졌다.

(1) 전사적 품질경영(TQM)

1990년대에 품질관리는 제품 차원에서 조직 전체 차원의 총체적 품질경영개념으로 인식되었으며, 기업 활동의 전반적인 부분의 품질을 높여 고객만족을 달성하기 위한 경영방식이다. 기존의 품질관리는 주로 제품과 서비스에 대한 관리였으나, TQM(TQC를 확대·보완한 것)에서는 조직 및 업무의 관리에도 중점을 두어 구성원 모두가 품질향상을 위해 노력하는 것이다. 즉, 제품 및 서비스 생산과정 개선, 지속적인 종업원 교육, 바람직한 기업문화 창출, 미래 경영환경 대비, 신기술 개발 등을 통해 경쟁력을 높이고 장기적인 성장을 도모할 수 있다.

TQM은 경영·기술 차원에서 실천되던 고객지향 품질관리 활동을 품질관리 책임자뿐만 아니라 마케팅, 엔지니어링, 생산, 노사관계 등 기업의 모든 분야에 확대하여, 생산 부문의 품질관리만으로는 기업이 성공할 수 없고, 기업의 조직 및 구성원 모두가 품질관리를 통한 고객 만족의 실천자가 되어야 한다는 것을 전제로 한다.

TQM은 전략적 차원에서 품질을 조성하는 과정으로서, 품질은 고객에 의해 정의되고 고객의 만족을 충족시키는 고객(인간)지향적인 경영방식이다.

> **✓ 핵심체크**
>
> **TQM 5요소**
> 고객, 종업원, 공급자, 경영자, 프로세스

과거의 전통적 품질관리(TQC; total quality control)에서 대내·외 환경의 변화, 즉 생산방식의 변화, 품질관리 체제의 보급 및 확산, 소비자욕구에 부응하는 고객만족 개념을 중시했으나 현재는 전사적 품질경영(TQM; total quality management)으로 개념이 확대·변화하고 있다.

<표 2-7> TQC와 TQM 비교

TQC(전통적 방식)	TQM(현대적 방식)
공급자 위주	소비자 위주(고객 중심)
단위 중심, 생산현장 중심, QC전문가의 관리	시스템 중심, 경영전략 차원
사내규격 제정, 공정관리 개선	사내규격 제정, 품질전략 수립, 고객지향적 설계
기업이익 우선의 공정관리	고객욕구 만족을 위한 품질방침
불량감소를 목표	총체적 품질향상을 통해 경영목표달성
기업자체의 자율적 추진	국제규격(ISO)에 의함
생산 중심, 제품 중심적	고객지향적인 문화와 행동의식

(2) 품질수준 결정요인(고객 중심적 품질관리)

가빈(D. A. Garvin)은 품질수준의 결정요인을 8가지로 정의하였다.

성능(기능) (performance)	제품의 기본적인 특성(객관적 측정 가능)
특징 (feature)	기본적인 성능을 보완하는 특성(선택적 차별화)
신뢰성 (reliability)	규정된 시간조건에서 고장없이 사용할 수 있는 확률
내구성 (durability)	제품의 성능이 적합하게 유지되는 수명
일치성(적합성) (conformance)	규정된 설계 또는 표준에 일치되는 정도
서비스 수준(편의성) (serviceability)	서비스의 신속성, 친밀성, A/S 수준, 접근성 등
심미성 (aesthetics)	제품의 외관, 맛, 색채, 소리 등의 고객이 느끼는 정도(주관적인 선호도)
인지품질 (perceived quality)	브랜드 파워, 인지도 등(고객 지각품질)

(3) 품질 3요소(삼위일체)

쥬란(J. M. Juran; 1954)은 품질 삼위일체를 통해 품질경영이란, 품질계획, 품질통제, 품질개선 세 가지 활동이 균형을 이루고 있는 기업 활동이라고 주장하였다.

이는 경영의 plan, do, see모델을 품질 경영에 적용시킨 것이다.

① 품질계획(Quality Planning)

고객의 요구사항과 전달프로세스를 규명하고 조직의 생산에 이러한 지식 전달을 촉진시키는 과정을 의미한다.

② 품질개선(Quality Improvement)

품질이 지속적으로 개선되도록 뒷받침해주는 지원 메커니즘을 시행하는 과정을 의미한다.

③ 품질통제(Quality Control)

고객의 요구사항과 비교해 실제 제품과의 차이를 검토하고 평가하는 과정으로 발견된 문제를 수정하는 것도 포함된다.

데밍(Deming; 1950)의 품질철학

1. **품질구성 3요소**
   설계품질, 적합품질, 판매 및 서비스 기능의 품질이다.

2. **품질관리 사이클**
   'Plan(계획) – Do(실행) – Check(확인) – Act(조치)'이다.

3. **품질변동 감소**
   제품설계 – 생산 – 검사 – 판매 – 시장조사 – 재설계

TIP+ 품질경영의 변천

전통적인 품질 경영은 X관점에 기반하여 타인에 의해 통제 가능하다고 보아 통제 지향 활동에 많은 노력을 기울였지만, 현대적인 품질 경영은 Y관점에 기반하여 자율적이고 스스로 통제 가능한 영역으로 간주한다.

(4) 국제인증제도(ISO 9000 series)

국제표준화기구(ISO)가 제정한 품질보증 및 품질관리를 위한 국제규격이다. ISO 9000 시리즈 규격이 제정된 동기는 국제적으로 인정할 수 있는 품질보증에 대한 기준을 설정하여 국가 간 기술장벽을 제거하고, 상호 인정할 수 있는 여건을 조성하여 세계시장에서 공급자와 수요자 모두에게 품질에 대한 신뢰감을 제공하기 위해서이다.

업종은 제조업, 서비스, 유통, 정보, 교육 등 산업 전반에 이른다. ISO 9000 시리즈에는 많은 규격이 있으나 크게 기본규격과 지원규격으로 분류할 수 있다.

기본규격은 품질보증체제의 인증을 받을 경우 ISO 9001, 9002, 9003 규격 중 하나를 선택하여 반드시 적용하여야 하는 규격이다. 간단한 제품은 출하시 확인만 하면 되는 ISO 9003만으로도 충분하며, 제품의 설계에서부터 출하까지의 전 과정에 대한 체제인증이 필요한 경우는 ISO 9001을 선택하면 된다. 일반적으로는 ISO 9002 규격에 의한 인증이 가장 많다.

지원규격은 기본규격에 대한 지침서 역할을 하며, 적용을 권유하거나 참고하도록 하는 규격으로 반드시 적용하지 않아도 무방한 규격이다. 이러한 지원규격의 내용은 기본규격을 탄탄하게 받쳐 주는 내용으로 품질보증시스템 수립시 많은 참고가 되는 사항이다(2004년부터는 통합되어 ISO 9001만 존재).

품질보증체제 인증기업이란, 이러한 ISO 9000 시리즈 규격요건에 따라 심사하여 품질시스템이 적합하게 운영되고 있다는 것이 국제적으로 인증된 기업을 말한다. 품질규격의 인증은 한국품질환경인증협회의 지정을 받은 품질인증기관에 인증신청을 하면 그 기관에서 자문을 하면서 인증절차를 밟을 수 있도록 도와준다.

품질보증체제를 인증받으면 체제를 운영하면서 얻어지는 실질적 이득 외에도 국제적인 품질보증 인증표시를 사용할 수 있는 특권을 부여받아 기업이미지 제고, 신뢰성 증진, 경쟁력 강화 등과 같은 부수적 이익을 얻게 된다.

[그림 2-2] ISO 9000 시리즈 인증범위

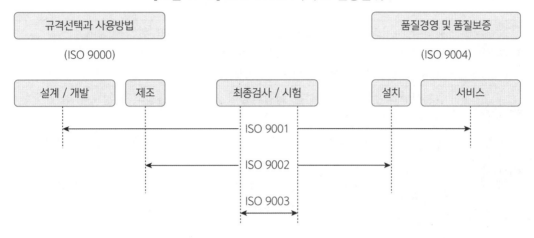

☑ **핵심체크**

환경규격에 관한 국제인증제도

1. ISO 14000

기업경영 및 생산제품을 환경과 결부시켜 평가한 후 신뢰성을 부여함으로써 '환경 친화적 경영'을 확산시키기 위한 제도이다.

2. ISO 18000

기업경영의 전반을 평가대상으로 하고 강제성이 있는 것이 특징이다. 앞으로의 국제무역 질서는 기술장벽에서 환경장벽으로 변하고 있다.

3. ISO 26000

기업의 사회적 책임에 관한 지침서로서, 국제표준화기구가 제정을 추진 중인 사회적 책임에 대한 국제표준이다. 산업계, 정부, 소비자, 노동계, 비정부기구(NGO) 등 7개 경제주체를 대상으로 지배구조, 인권, 노동관행, 환경, 공정거래, 소비자 이슈, 공동체 참여 및 개발 등 7대 의제를 사회적 책임 이슈로 규정하고 있다.

TIP+ **3정 5S 활동**

1. **3정** - 정품, 정량, 정위치
2. **5S** - 정리, 정돈, 청소, 청결, 습관화

5 품질비용

품질비용(COQ; cost of quality)이란, '제품이나 서비스의 품질과 관련해서 발생하는 비용으로서 이미 산출되었거나 산출되는 급부에 대한 개념'이라고 정의할 수 있다. GE사의 메서(W. J. Messer)는 품질비용을 예방비용, 평가비용, 실패비용으로 구분하였다.

예방비용	• 재화나 서비스에 불량품질이 포함되는 것을 방지하기 위한 비용 • 설계시방과의 불일치 제품이 생산되는 것을 방지하는 데 소요된 비용 • QC서클 운영 및 교육훈련에 따른 비용	
평가비용	• 설계시방과 일치되지 못하는 불합격품이 고객에게 공급되지 않도록 하기 위한 비용 • 재화나 서비스의 측정, 평가, 검사 등과 관련된 비용	
실패비용	내부실패비용	• 소비자욕구와 불일치된 재화나 용역이 공급됨으로써 야기되는 것 • 소비자에게 인도되는 시점 이전에 발생하는 비용
	외부실패비용	• 소비자욕구와 불일치된 재화나 용역이 공급됨으로써 야기되는 것 • 소비자에게 인도되는 시점 이후에 발생하는 비용

TIP+ 주란(Juran)의 품질비용

분류		내용	특성
예방비용		예방활동과 관련된 비용 (계획, 훈련, 설계, 분석 등)	품질계획, 신제품 검사, 공정관리, 품질감사, 품질평가, 교육훈련 등
평가비용		평가 및 검사와 관련된 비용 (수입검사, 감사, 확인, 점검, 최종검사 등)	검사, 시험, 제품품질평가, 시험설비의 정도관리, 보유품의 품질평가, 부대서비스 등
실패비용	사내실패	고객에게 전달되기 이전의 재작업과 수리에 소요되는 비용	재작업, 폐기, 품질등급저하, 고장해석, 재검사 및 재시험 등
	사외실패	고객에게 전달된 후의 수리, 교환, 환불에 소요되는 비용	보증이행부담, 고객 불평처리, 반품처리, 불량감안 여유분 등
	과잉속성	고객으로부터 가치를 인정받지 못한 제품이나 서비스의 특성 때문에 발생	가치혁신(VE) 측면에서의 낭비
	기회상실	고객이 경쟁업체로부터 구매함으로서 발생하는 수입의 상실	기회손실비용

6시그마(6σ)란, 시그마는 통계적 기호로써, 평균값을 중심으로 흩어진 정도인 표준편차를 말한다. 6시그마 경영에서는 시그마를 이용해서 품질을 평가하는 잣대로 사용한다. 6시그마 수준(프로세스의 평균이 중앙에 위치)에 도달하면 불량제품은 사라지게 되고 고객의 불만은 원천적으로 없어지므로 경영수준을 높이는 결과를 가져온다.

즉, 이때(6시그마 품질수준) 생산 품질에서 결함이 발생할 비율(확률)을 2ppb(parts per billion)이다. 이것은 제품 10억 개 생산 중에 2개 정도를 말하며, 무결점운동이라고 할 수 있다.

따라서 기업에서 전략적으로 완벽에 가까운 제품이나 서비스를 개발하고 제공하려는 목적으로 정립된 품질경영 기법(고객만족 또는 초과)으로서, 기업 또는 조직 내의 다양한 문제를 구체적으로 정의하고 현재 수준을 계량화하고 평가한 다음, 이를 개선ㆍ유지ㆍ관리하는 경영기법(정량적 기법과 통계학적 기법으로 향상)이다.

6시그마는 품질개선, 비용감소, 고객만족 등을 위한 다방면의 비즈니스프로세스이다.

1. 6시그마(6 - Sigma; 6σ) 조직 유형

6시그마는 챔피언(Champion), 마스터 블랙 벨트(MBB; Master Black Belt), 블랙 벨트(BB; Black Belt), 그린 벨트(Green Belt), 화이트 벨트(White Belt) 등 5개의 품질전문가 조직으로 구성되며, 각 단계의 조직을 통해 6시그마 프로젝트가 추진된다.

(1) 화이트 벨트(WB; white belt)

품질관리의 기초 단계를 습득한 작업자로, 6시그마의 입문단계에 해당되는 수준의 교육을 받고, 6시그마 프로젝트팀에 속하는 전 사원이 여기에 해당되며, 프로젝트 해결활동의 실천자의 역할을 수행한다.

예 일반직원

(2) 그린 벨트(GB; green belt)

6시그마 교육을 받은 자로서 이를 기초로 업무수행의 리더 역할을 한다. 블랙 벨트의 프로젝트를 지원하고 지속적인 프로세스 개선을 추진하는 기술적인 프로세스 전문가이다. 최소 1건의 프로젝트를 관리하며 부분적인 개선활동에 참여한다.

예 파트타임 비전담요원(팀원), 문제해결 전문가, 프로젝트 리더, 전체 인원의 5% 선정, 1~2개월의 교육 및 실습 이수

(3) 블랙 벨트(BB; black belt)

6시그마 개선프로젝트 해결을 전담하며 교육 및 상담자로도 활동한다. 블랙 벨트는 혁신적인 개선을 이루기 위한 강한 관심과 통계적 지식을 갖춘 개선프로젝트 해결전담자이다. 전략적이고 큰 효과가 나는 프로세스의 개선 프로젝트를 주도한다(최소 10건 이상의 프로젝트를 동시에 병행적으로 지도). WB, GB 양성교육을 담당한다.

例 풀타임 전담요원(팀장), 전문추진 책임자, 프로젝트 지도, 방법론의 적용, 전체 인원의 4% 선정, 4주 간 교육과 4개월 간의 교육 및 실습 이수

(4) 마스터 블랙 벨트(MBB; master black belt)

6시그마 개선활동의 전문가로, 개선프로젝트 해결을 전담하고 교육 및 상담과 자문을 지도하며, 실행과정에서 발생하는 각종 애로사항을 지원하거나 해결한다. 6시그마 전문가로서 마스터 블랙 벨트 교육과정을 이수하고 인증받은 사람이며, 개선프로젝트 실행의 지도전담자이자 회사 내에 있는 6시그마 도구와 방법론의 전문가로서 바람직한 결과를 위해 블랙 벨트를 코치하고 지원하며 훈련을 개발하고 전달한다.

例 전문추진 지도자(프로젝트 관리자), BB의 조언자 및 코치, 전체 인원의 1% 선정, BB 교육 이수 후 2주간 추가교육 이수

(5) 챔피언(champions)

6시그마 경영에 대한 전반적인 진단과 점검을 통해 모든 활동을 지원하고 관리하는 역할을 한다. 챔피언은 6시그마 경영의 목표설정 및 전략수립과 실행을 책임지는 고위임원들로서, 프로젝트 선정, 팀 구성, 비전 설정을 수행하고 사람들을 독려하며, 프로젝트의 진행사항을 검토·관리하고 장애물을 제거하는 역할을 담당한다.

例 CEO(최고 책임자), 임원급, 사업부 책임자, 프로젝트 후원자 역할수행, 1주 간 교육 이수

TIP+ 6시그마(6-Sigma; 6σ)

1987년 모토롤라에 의해서 소개되었고, 원래는 통계학적 용어로 1백만 개당 3~4개의 결함 또는 99.997%의 완벽성을 의미한다.

---

2. 6시그마 DMAIC 5단계(기본적인 6시그마의 방법론)

6시그마는 실제 업무상 실현될 수 있는 가장 낮은 수준의 불량을 의미하며,

Define (정의) → Measure (측정) → Analyze (분석) → Improve (개선) → Control (관리)

(1) 정의(Define)

프로세스의 향상을 위한 목적을 정의하는 것으로, 반드시 기업 전략과 소비자 요구사항과 일치해야 한다.

(2) 측정(Measure)

현재 프로세스를 측정하고 미래의 비교를 위한 연관된 데이터 및 잠재적인 자료를 모은다.

(3) 분석(Analyze)

각각의 요소들의 관련성과 인과관계를 밝혀낸다. 어떤 관련성을 갖는지를 결정하고 모든 요소들이 충분히 고려되었는지를 확인해야 한다.

(4) 향상(Improve; 개선)

프로세스를 향상시키거나 최적화시키는 과정이다.

(5) 통제(Control; 관리)

결함에 영향을 미치는 모든 변수들이 적절하게 관리되고 있는지 확인하는 것이다. 시험 프로세스를 통해 프로세스 능력을 측정하고 실제 생산으로의 전환과 이후의 프로세스에 대한 계속적인 측정·통제·관리 체제를 구축하도록 한다.

3. 과거의 품질경영과 6시그마 품질경영 비교

구분	과거의 품질경영	6시그마 품질경영
의사소통	하의상달(Bottom-Up)	상의하달(Up-Bottom)
목표	정성적·추상적	정량적·구체적
적용범위	부분 최적화	전체 최적화
대상	문제가 발생된 곳	전체 과정(process)
기간	제한 없음	제한(6개월 내·외)
교육훈련	자발적 참여 중시	의무적·체계적
성공요소	경험·감각	경험·감각·데이터분석
담당자	자발적 참여	전문요원
문제의식	발생한 문제 중시	발생한 문제·잠재적 문제 중시
분석	QC·통계적 기법	광범위한 기법·통계적 기법
평가	노력 중시	이익으로 평가
활동방식	현장 위주의 분임조	전문가 위주의 프로젝트팀

4. 6시그마 운동 단계

① 모든 구성원은 고객에게 제공되는 제품이나 서비스가 무엇인지 정확히 정의한다.

② 종업원 개개인이 고객과 그 고객의 요구사항을 정의한다.

③ 고객을 만족시킬 수 있는 제품이나 서비스를 산출하기 위해 종업원 자신의 필요사항을 규정한다.

④ 업무수행과 관련된 프로세스를 정의해야 한다.

⑤ 종업원들은 프로세스상의 실수를 방지하고 쓸모없는 노력들을 배제하여 주어진 작업에서의 결점을 최대한 줄여야 한다.

⑥ 불량제거, 목표달성과 유지를 위한 피드백 및 지속적인 개선노력을 한다. 그리고 결함에 대한 목표치와 실제성과의 결과를 공식화하는 과정을 포함한다.

01 생산관리의 목표에 해당하지 않는 것은?

① 원가우위 및 생산시스템 유연성 향상　　② 고객 만족을 통한 순현가 극대화
③ 품질우위　　　　　　　　　　　　　　④ 납기 준수 및 단축

해설　　　　　　　　　　　　　　　　　　　　　　　　　　　　　답②

고객 만족을 통한 순현가 극대화는 생산관리의 목표와 무관하다.

02 대량 맞춤화(mass customization)에 대한 설명으로 옳지 않은 것은?

① 개별고객(일대일 마케팅)을 만족시키기 위한 제품맞춤화
② 소프트웨어 융합을 통한 맞춤화 실현
③ 전용설비를 사용한 소품종대량생산화
④ IT기술과 3D프린터를 이용한 개별생산 가능

해설　　　　　　　　　　　　　　　　　　　　　　　　　　　　　답③

대량맞춤화(고객화)는 급변하는 고객욕구와 기호를 만족시킬 수 있도록 제품라인을 확대하고 개별고객에 맞는 제품과 서비스를 제공하는 것(다품종대량생산체계)이다.

03 서비스와 제조업을 비교하여 설명한 것으로 옳은 것은?

① 서비스의 제공과정에서 고객과의 접촉 정도는 제조업에 비해 상대적으로 적다.
② 서비스의 제공과정에서의 생산성 측정은 제조업에 비해 상대적으로 쉽다.
③ 서비스창출과정은 고객의 소비와 동시에 일어나는 경우가 제조업보다 많다.
④ 서비스업에서의 품질 측정은 제조업체에서의 품질 측정보다 객관적으로 이루어질 수 있다.

해설　　　　　　　　　　　　　　　　　　　　　　　　　　　　　답③

① 고객과의 접촉 정도는 제조업에 비해 많다.
② 생산성 측정은 제조업에 비해 어렵다.
④ 품질 측정은 제조업에 비해 주관적으로 이루어지기 쉽다.

04 단속생산과 연속생산의 특징을 짝지은 것으로 옳지 않은 것은?

① 단속생산: 높은 유연성
연속생산: 낮은 유연성

② 단속생산: 적은 설비투자액
연속생산: 많은 설비투자액

③ 단속생산: 느린 생산속도
연속생산: 빠른 생산속도

④ 단속생산: 특수목적용 설비
연속생산: 일반목적용 설비

해설 답 ④

단속생산은 주문생산, 다품종소량생산, 범용 설비, 숙련공, 공정별배치의 특징이 있고, 연속생산은 시장생산, 소품종대량생산, 전용 설비, 미숙련공, 제품별 배치 등의 특징이 있다.

05 생산 프로세스에서 낭비를 제거하여 부가가치를 극대화하기 위한 것으로 옳은 것은?

① 린(lean)생산
② 자재소요계획(MRP)
③ 장인생산(craft production)
④ 대량고객화(mass customization)
⑤ 오프쇼오링(off shoring)

해설 답 ①

린(lean)생산 방식은 생산 프로세스(자재구매, 생산, 재고, 관리, 판매 등)에서 낭비를 제거하여 부가가치를 극대화한 것이다.

06 시스템 개념과 관련이 없는 것은?

① 변환 및 순환적 특성 ② 하위체계
③ 상호관련성 ④ 미시적 접근

해설 답 ④

시스템은 거시적 관점의 접근이다.

07 주문생산공정과 재고생산공정에 대한 설명으로 옳지 않은 것은?

① 재고생산공정은 푸쉬(push)생산공정이라고도 하며, 계획된 생산일정에 따라 재고생산이 이루어진다.

② 다른 조건들이 동일하다면, 생산되는 제품이 다양할수록 재고생산공정을 선택하는 것이 유리하다.

③ 다른 조건들이 동일하다면, 수요 불확실성이 높을수록 주문생산공정을 선택하는 것이 유리하다.

④ 다른 조건들이 동일하다면, 단위당 제조원가가 클수록 주문생산공정을 선택하는 것이 유리하다.

해설   답②

제품이 다양할수록 주문생산공정이 유리하다.

08 공정별 배치의 장점에 대한 설명으로 옳지 않은 것은?

① 다양한 생산공정으로 신축성이 크다.

② 생산시스템의 계획 및 통제가 단순하다.

③ 범용설비는 비교적 저렴하므로 초기 투자비용이 크지 않다.

④ 하나의 기계가 고장나도 전체 시스템은 크게 영향을 받지 않는다.

해설   답②

공정별 배치는 단속생산의 특성으로 가지며, 종업원들에게 다양한 과업을 제공해 줄 수 있어서 직무의 권태감을 줄일 수 있다.

09 다음 <보기> 중에서 제품설계 과정에서 활용되는 방법과 이에 대한 설명이 옳게 짝지어진 것은?

<보기>

ㄱ. 가치분석(VA)　　　　　　ㄴ. 품질기능전개(QFD)　　　　　　ㄷ. 모듈러 설계(modular design)

a. 낮은 부품다양성으로 높은 제품다양성을 추구하는 방법
b. 제품의 원가 대비 기능의 비율을 개선하려는 체계적 노력
c. 고객의 다양한 요구사항과 제품의 기능적 요소들을 상호 연결

① ㄱ: a, ㄴ: b, ㄷ: c　　　　　　② ㄱ: a, ㄴ: c, ㄷ: b

③ ㄱ: b, ㄴ: a, ㄷ: c　　　　　　④ ㄱ: b, ㄴ: c, ㄷ: a

해설   답④

가장 옳은 연결은 ④ ㄱ: b, ㄴ: c, ㄷ: a이다.

10 모듈생산(MP)방식의 특징에 해당하지 않는 것은?

① 완제품의 표준화
② 부분품의 호환성 증대
③ 경제적 생산의 실현
④ 표준화를 통한 이익의 실현

답 ①

모듈생산(MP)은 호환성이 높은 부분품의 표준화를 통해 경제성을 달성하고자 하는 기법으로 유연성(공정별 배치)을 유지하면서 효율성 증대(제품별 배치)를 위한 혼합방식이다. 즉, 대량생산과 소비자의 다양한 욕구 충족을 동시에 달성한다.

11 제품수요의 성장률이 높고 대량생산이 요구되는 경우에 가장 바람직한 설비배치 형태는 무엇인가?

① 공정별 배치
② 기능별 배치
③ 제품별 배치
④ 고정위치형 배치

답 ③

제품별 배치는 특정 제품을 생산하는 데 필요한 기계설비가 작업순서대로 배치되어 있는 형태이다.

12 가치공학(VE)과 가치분석(VA)에 대한 설명으로 옳지 않은 것은?

① 성공적인 가치분석을 위해서는 집단의사결정의 방법과 충분한 전문가들의 참여 등이 필요하다.
② 양자는 제품, 공정, 원료, 부문품 등의 원가절감을 위해서 사용되는 기법들이다.
③ 가치공학은 구매원료나 부분품 등의 원가분석에, 가치분석은 제품이나 공정의 설계분석에 치중하는 것이다.
④ 구매원료나 부분품의 원가분석은 제품이나 공정의 설계에 중요한 영향을 미치므로 가치공학과 가치분석이 동시에 병행되어야 한다.

답 ③

가치공학은 제품이나 공정의 설계분석에, 가치분석은 구매원료나 부분품의 원가분석에 치중하는 것이다.

13 생산공정 및 설비배치에 대한 설명으로 옳지 않은 것은?

① 제품별 배치는 공정별 재치에 비해 노동 및 설비의 이용률이 비교적 높다는 장점이 있다.

② 주문생산공정은 납기관리에 비해 수요예측이 더 중요한 반면 계획생산공정에서는 수요예측에 비해 납기관리가 더 중요하다.

③ GT 배치는 다양한 제품을 소규모 로트로 생산하는 기업도 제품별 배치의 경제적 이점을 얻을 수 있다.

④ 라인공정은 단속공정에 비해 효율성이 높은 장점이 있으나 유연성이 낮다는 단점이 있다.

해설   답 ②

주문생산공정은 납기관리가 중요하고, 계획생산공정은 수요예측이 중요하다.

14 경제적 주문량(EOQ)에 대한 설명으로 옳지 않는 것은?

① 연간 재고유지비용과 연간 주문비용의 합이 최소화되는 주문량을 결정하는 것이다.

② 연간 재고유지비용과 연간 주문비용이 같아지는 지점에서 결정된다.

③ 연간 주문비용이 감소하면 경제적 주문량이 감소한다.

④ 연간 재고유지비용이 감소하면 경제적 주문량이 감소한다.

⑤ 연간 수요량이 증가하면 경제적 주문량이 증가한다.

해설   답 ④

연간 재고유지비용이 감소하면 경제적 주문량이 증가한다.

15 통계적 품질관리(statistical quality control)기법으로 옳지 않은 것은?

① 관리도

② 파레토도표

③ 표본검사

④ QC 써클

⑤ 도수분포

해설   답 ④

④ QC 써클은 별도의 품질관리기법이다.

16 동시공학에 대한 설명으로 가장 옳지 않은 것은?

① 동시공학을 실행하기 위해 모듈설계, 시험설계, 품질기능전개(QFD), 제조용이성설계(DMF) 등이 활용된다.

② 동시공학은 제품개발 과정에 시간, 품질, 가격, 유연성 등의 경쟁요소를 주입하고자 한다.

③ 동시공학을 활용한 제품개발은 일반적으로 전문화의 원리에 충실한 기능별 조직 형태를 가진다.

④ 동시공학은 매우 경쟁적인 시장상황에 적합한 제품개발방법이다.

> **해설** .... 답 ③
>
> 동시공학의 제품개발은 기능 횡단팀(프로젝트조직)의 조직형태로 기능별 조직과는 다르다.

17 다양한 종류의 제품을 효율적으로 생산하기에 적합한 방식으로 옳지 않은 것은?

① 유연생산방식

② 린생산(Lean Production)

③ 대량생산방식

④ 컴퓨터지원설계 · 제조(CAD · CAM)방식

> **해설** .... 답 ③
>
> 작은 종류(소품종)을 효율적으로 생산하는 방식이다.

18 최종 품목 또는 완제품의 주생산일정을 기반으로 제품생산에 필요한 각종 원자재, 부품, 중간조립품의 주문량과 주문시기를 결정하는 재고관리방법은?

① 자재소요계획(MRP)

② 적시(JIT)생산시스템

③ 칸반(Kanban)시스템

④ 공급사슬관리(SCM)

> **해설** .... 답 ①
>
> 자재소요계획(MRP)은 최종(완성)품의 생산일정에 따라 부품(중간조립품)의 주문량과 주문시기를 결정하는 재고관리기법이다.

19 재고품목을 가치나 상대적 중요도에 따라 차별화하여 관리하는 ABC 재고관리에 대한 설명으로 옳은 것은?

① A등급은 재고가치가 낮은 품목들로 로트 크기를 크게 유지한다.
② 가격, 사용량 등을 기준으로 등급을 구분한다.
③ C등급 품목은 재고유지비가 높다.
④ ABC등급 분석을 위해 롱테일(long tail) 법칙을 활용한다.

> **해설** 답②
>
> A등급은 가치나 중요도가 높은 품목으로 로트 크기는 작게 유지하며, 재고유지비용이 비교적 높다.

20 JIT와 MRP에 대한 설명으로 옳지 않은 것은?

① MRP는 공정을 주어진 그대로 받아들이지만, JIT는 공정의 변화를 요구한다.
② MRP와 JIT 둘 다 품질상태가 무결점을 요구한다.
③ MRP는 규정에 의해 작업자를 관리하고, JIT는 합의제에 의해 관리한다.
④ MRP는 필요한 양만큼 생산하는 계획을 중심으로 한 정보처리적 시스템이고, JIT는 요청받은 양만큼 생산하는 작업현장을 중심으로 실물생산처리적 시스템이다.

> **해설** 답②
>
> JIT는 반복제조(공정), 무결점을 추구하고, TQC와 통합하여 운영되며, 생산공정 흐름을 동시활동으로 유지된다. MRP는 최소한(약간)의 불량품을 허용한다.

21 통계적 품질관리(SQC)에 대한 설명으로 옳지 않은 것은?

① 샘플링검사를 활용하는 품질관리방식으로 표본 수와 크기를 결정해야 한다.
② 관리도를 활용하는 품질관리방식으로 신뢰 수준에 따라 관리상한선과 관리하한선이 달라질 수 있다.
③ 샘플링검사를 활용하여 적은 비용과 시간으로 전체 생산품에서 불량품을 모두 선별하는 것을 목적으로 한다.
④ 관리도를 활용하여 품질변동을 초래하는 우연요인과 이상요인 중 이상요인을 파악하여 관리하고자 하는 기법이다.

> **해설** 답③
>
> 샘플링검사를 통해 전체 생산품의 불량을 모두 선별할 수 없다.

22 수요예측기법에 대한 설명으로 옳지 않은 것은?

① 과거 자료유추법은 새로운 제품 개발 시에 기능면에서 비슷한 기존제품에 대한 자료를 이용하여 수요를 예측하는 양적(정량적) 방법으로 생산시설의 장기예측에 유용하다.

② 지수평활법은 수요예측의 양적기법으로 현재에 가까운 과거의 자료에 높은 가중치를 주고 수요를 예측하는 방법이다.

③ 이동평균법은 평균의 계산 기간을 순차적으로 1기간씩 이동시켜 나가며 수요를 예측하는 기법으로 계절변화분석에 유용하다.

④ 시장조사법은 수요예측의 질적(정성적) 기법 중 시간과 비용이 가장 많이 들지만 장기예측에 우수한 방법이다.

> **해설** .... 답 ①
>
> 과거 자료유추법은 질적 수요예측방법에 해당된다.

23 공급사슬의 상류로 올라갈수록 수요의 변동 폭이 증폭되어 나타나는 현상인 채찍효과(bullwhip effect)의 원인에 해당되지 않는 것은?

① 수요정보처리과정의 정보왜곡　　② 실시간 수요정보 공유
③ 일괄 주문의 영향　　　　　　　④ 가격 변동의 영향

> **해설** .... 답 ②
>
> 실시간 수요정보를 공유하는 것은 오히려 채찍효과를 감소시킨다.

24 제조 기업이 능력계획에 비해 서비스 기업의 능력계획에서 추가적으로 고려하여야 할 사항으로 옳은 것은?

① 서비스 위치
② 높은 수요변동성
③ 서비스 능력 가동률
④ 서비스 시간
⑤ 규모의 경제

> **해설** .... 답 ⑤
>
> 서비스의 특성상 고객욕구의 다양, 혁신성 등으로 인해 규모의 경제와는 무관하다.

25 재고관리 비용을 최소화하기 위한 재고관리기법에 해당하지 않는 것은?

① EOQ(economic order quantity)
② JIT(just-in time)
③ MRP(material-requirement planning)
④ PERT(program evaluation and review technique)

해설 _____ 답 ④

PERT는 복잡하고 대규모의 프로젝트사업을 계획하고 일정을 수립하고 통제하는 방식이다.

PART 6

경영과학

CHAPTER 01 계량의사결정론

01 계량의사결정론

1 계량의사결정론 개념

계량의사결정론(OR; operation research)이란, 경영과학(management science)이라고도 하며, 실질적으로 관리적 의사결정에 계량적 분석법을 적용하는 것을 핵심적인 내용으로 하고 있다.

즉, 목표를 달성할 수 있는 다양한 선택적 행동방법에 관하여 체계적으로 분석함으로써 의사결정자로 하여금 최선의 가능 해(solution)를 발견 또는 의사결정을 할 수 있도록 하는 것이다.

계량의사결정론 그 자체가 부여된 의사결정문제에 해답을 제공하는 것이 아니라, 의사결정자의 판단을 개선시키는 데 기여한다는 것이다.

2 의사결정 상황별 기법

각각의 의사결정 상황은 구텐베르크(E. Gutenberg)에 의해 4가지로 분류할 수 있다.

1. 확실한 상황하에서의 의사결정

발생 가능한 유일한 결과에 대해 확실히 알고 있는 상황에서의 의사결정을 말한다.

예 선형계획법, 수송법, 할당법, 목표계획법, 정수계획법, 동적계획법, 비선형계획법 등

2. 위험한 상황하에서의 의사결정

발생 가능한 결과와 각각의 결과가 나타날 확률을 알고 있는 상황에서의 의사결정을 말한다.

예 PERT-CPM, 재고모형이론, 의사결정수, 대기행렬이론, 시뮬레이션, 마아코브연쇄모형, 사전정보를 이용한 의사결정 등

3. 불확실한 상황하에서의 의사결정

발생 가능한 결과의 전부를 알 수는 있지만, 각각의 결과가 나타날 확률을 알 수 없는 상황에서의 의사결정을 말한다.

예 라플레이스준거, 맥시민준거, 맥시맥스준거, 후르비츠준거, 유감준거 등

4. 상충하에서의 의사결정

둘 이상의 의사결정자가 상호 경쟁적인 이해관계 상황에서의 의사결정을 말한다.
예 게임이론 등

02 확실한 상황하의 의사결정

확실한 상황하에서의 의사결정이란, 발생 가능한 결과에 대해서 확실히 알고 있는 상황하에서의 의사결정을 의미한다.

1 선형계획법

1. 선형계획법 개념

선형계획법(LP; linear programing)이란, 희소한 자원의 적정배분에 관한 것으로서, 목적을 최적화하기 위하여 제약된 자원의 최선의 조합을 찾는 기법이다.
계량의사결정의 여러 기법 중에서 가장 잘 알려져 있고, 가장 넓게 이용되고 있는 기법으로, 환경적인 제약조건하에서 특정한 목적을 달성하기 위해 최소한의 자원을 배분하기 위한 수학적인 방법이다.
이 기법은 관리적 문제를 과학적 방법으로 규정하고, 선형(liner; 線形)의 여러 제약조건하에서 선형의 목적함수를 최적화함으로써 해(solution)를 구하는 과정을 포함하고 있으며, 이윤극대화를 위해 자원과 제약조건하에서 목표를 달성하려는 것이다.
예 생산계획, 예산계획, 인력문제, 광고와 판매촉진계획 등

2. 선형계획법 전제조건

(1) 목적함수를 가져야 한다.

목적함수란, 기준의 최대화 또는 최소화를 의미한다(수익 · 유효성: 최대화, 비용 · 시간: 최소화).

(2) 모든 자원은 제약되어 있다.

제약된 자원이란, 일반적으로 생산능력, 인력, 시간, 자본, 공간, 기술과 같은 것을 의미하며, 이들은 문제의 제약조건(제약된 자원의 소비를 전제로 활동)으로 표현되어야 한다.

(3) 변수는 상호관련성·복수의 의사결정변수(decision variables)가 존재한다.

변수는 자원 이용이라는 관점에서 상호관련성·동시적해(simultaneous solution)를 요구하며, 복수의 의사결정변수를 포함하고 있는 문제에 적합하다.

(4) 선형성(일차식)을 가지며, 투입과 산출에서는 가법성(additivity)을 전제로 한다.

가장 중요한 전제로서 선형성이란, 의사결정변수 간의 관계가 일차관계임을 의미하며, 산출분과 자원의 사용(투입)분은 활동수준에서 비례적(proportional)임을 말한다(총수익은 산출물의 이익의 합과 같고, 총 사용자원은 산출물의 사용분의 합과 같다는 것을 말함).

> 선형성 = 가법성 + 비례성

(5) 사용되는 자원과 의사결정 변수단위는 완전한 가분성(divisibility; 분할성)을 가진다. 최적해를 얻는 데 사용되는 자원과 의사결정변수단위의 소수치(fractional value)는 완전한 가치가 있는 값으로 존재한다.

예 $1\frac{1}{2}$컵의 밀가루, $1\frac{1}{3}$파운드의 설탕으로 $\frac{1}{2}$파운드의 빵과 $\frac{1}{4}$상자의 과자를 만들 수 있다.

(6) 비음조건(non-negativity)을 전제로 한다.

모든 변수는 0보다 크거나 같아야 한다.

(7) 사용되는 상수와 계수는 확정적(deterministic)이다.

모두 정확한 값으로 알려져 있음을 전제로 한다[확실성(certainly): 목적함수계수, 기술계수, 우변상수의 일정, 불변].

TIP+ 선형계획법

다수의 목적을 갖는 의사결정문제는 해결할 수 없고, 다만 하나의 목적만을 달성할 수 있는 기법이다.

---

3. 선형계획모형

선형계획의 핵심은 환경적이거나 시스템적인 여러 가지 제약조건에 따라 부여된 목적을 최적화하는 데 있다고 할 수 있다. 만약 문제에서 n개의 의사결정변수(decision variables)와 m개의 제약조건(constraints)이 있다면, 전형적인 선형계획모형은 최대화문제와 최소화문제인 경우에 각각 다음과 같은 식이 성립될 수 있다.

(1) 최대화문제(maximization problem)

Maximize $Z = C_1X_1 + C_2X_2 + \cdots\cdots\cdots\cdots\cdots + C_nX_n$

subject to $a_{11}X_1 + a_{12}X_2 + \cdots\cdots\cdots\cdots\cdots + a_{1n}X_n \leq b_1$

$\quad\quad\quad\quad a_{21}X_1 + a_{22}X_2 + \cdots\cdots\cdots\cdots\cdots + a_{2n}X_n \leq b_2$

$$\vdots$$

$\quad\quad\quad\quad a_{m1}X_1 + a_{m2}X_2 + \cdots\cdots\cdots\cdots\cdots + a_{mn}X_n \leq b_m$

$\quad\quad\quad\quad X_1, \ X_2, \cdots\cdots\cdots\cdots\cdots + X_n \geq 0$

C_j: 목적함수의 계수(단위당 기여도) 　　a_{ij}: 기술계수(투입 – 산출계수)

b_i: 이용가능한 자원의 양(주어진 자원) 　　X_i: 의사결정변수

m: 제약(통제)조건의 수 　　　　　　　　n: 의사결정변수의 수

➡ 위의 모형을 선형계획법에서 채용되는 일반적인 형태로 전환시키면 다음과 같다.

Maximize $Z = \sum_{j=1}^{n} C_jX_j$

subject to $\sum_{j=1}^{n} a_{ij}X_j \leq b_i \ (i=1, 2, \cdots, m)$

$\quad\quad\quad\quad X_j \geq 0 \ (j=1, 2, \cdots, n)$

(2) 최소화문제(minimization problem)

Minimize $Z = C_1X_1 + C_2X_2 + \quad\quad + C_nX_n$

subject to $\quad a_{11}X_1 + a_{12}X_2 + \cdots\cdots\cdots\cdots\cdots + a_{1n}X_n \geq b_1$

$\quad\quad\quad\quad a_{21}X_1 + a_{22}X_2 + \cdots\cdots\cdots\cdots\cdots + a_{2n}X_n \geq b_2$

$$\vdots$$

$\quad\quad\quad\quad a_{m1}X_1 + a_{m2}X_2 + \cdots\cdots\cdots\cdots\cdots + a_{mn}X_n \geq b_m$

$\quad\quad\quad\quad X_1, \ X_2, \cdots\cdots\cdots\cdots\cdots + X_n \geq 0$

➡ 위의 모형을 선형계획법에서 채용되는 일반적인 형태로 전환시키면 다음과 같다.

Minimize $Z = \sum_{j=1}^{n} C_jX_j$

subject to $\sum_{j=1}^{n} a_{ij}X_j \geq b_i \ (i=1, 2, \cdots, m)$

$\quad\quad\quad\quad X_j \geq 0 \ (j=1, 2, \cdots, n)$

1. 선행계획법 용어

- 실행가능영역: 선형계획모형의 제약조건식과 비음제약을 만족시키는 점(두 개의 제약조건을 만족시키는 영역)들의 집합으로, 실행가능영역 내의 모든 점들은 일단 선형계획모형의 해가 될 수 있으므로 실행가능해라고 한다.
- 실행가능해: 실행가능영역에 존재하는 각각의 점들로, 음수가 없는 기저해, 실행가능영역상의 꼭지점이다.
- 기저해(基底解; basic solution): 기저변수(basic variable)의 값들로, 원점 + 모든 꼭지점 + 제약식의 접점이다.
- 여유변수: 특정 해가 주어진 자원을 미사용한 정도이다.
- 음수가 있으면 실행불가능(infeasible), 기저해에 '0'이 있으면 퇴화(退化; degeneracy)된 해라고 한다.

2. 심플렉스법

심플렉스법은 처음에 n개의 의사결정변수를 '0'으로 지정하고 나머지 m개의 값을 구하는데, 이때 '0'으로 지정된 n개의 변수들을 비기저변수(非基底變數; non-basic variable), 나머지 m개의 변수를 기저변수(基底變數; basic variable)라고 한다.

즉, 심플렉스법은 m개의 여유변수를 초기 기저변수, n개의 의사결정변수를 초기 비기저변수로 시작하여, 비기저변수 중에서 목적함수 값을 향상시킬 수 있는 변수를 새로운 기저변수로 삼는 과정을 반복하여, 목적함수가 더 이상 향상될 수 없을 때 최적해를 얻는 방법이다.

※ 기저변수의 값들을 기저해(基底解; basic solution)라고 하고, 음수가 없는 기저해를 실행가능기저해(basic feasible solution), 음수가 있으면 실행불가능(infeasible), 기저해에 '0'이 있으면 퇴화(退化; degeneracy)된 해라고 한다.

예제

K(주)우주는 기계 I, II를 사용하여 제품 X, Y를 생산하고 있다. 제품 X 한 단위를 생산하기 위해서는 기계 I, II를 각각 4시간 사용해야 하고, 제품 Y 한 단위를 생산하기 위해서는 기계 I를 5시간, 기계 II를 3시간 사용해야 한다. 기계 I의 사용가능시간이 30시간이고, 기계 II의 사용가능시간이 26시간이다. 제품 X, Y의 단위당 이익이 500원과 600원일 때, 총 이익을 최대화하는 제품 X, Y의 생산량을 결정하는 선형계획모형을 작성하여라. 음의 불 함수를 간단히 하여라.

풀이

기계＼제품	X	Y	사용가능시간
기계 I	4시간	5시간	30시간
기계 II	4시간	3시간	26시간
단위당 이익	500	600	

Maximize $Z = 500X + 600Y$

subject to $4X + 5Y \leq 30$

$\qquad\qquad 4X + 3Y \leq 26$

$\qquad\qquad X,\ Y \geq 0$

2 비선형계획법

비선형계획법이란, 현실적인 의사결정상황하에서는 선형의 목적함수와 제약조건보다는 비선형적 (non-linear)인 경우가 많다. 이러한 비선형적인 상황은 일반적으로 비가법성, 비비례성, 규모의 경제 등의 이유가 있다.

(제약조건이 없는 경우에는 고전적 최적화기법을, 제약조건이 있는 경우에 제약식이 등식이면 라 그란지승수법, 제약식이 부등식인 경우에는 쿤·터커조건을 이용함)

3 수송법

1. 수송법 개념

수송법(transportation method)이란, 다수의 출발지로부터 다수의 목적지로 재화나 용역을 최소의 비용으로 수송하려는 문제와 관련된 의사결정기법이다.

수송법은 선형계획법의 특수한 형태로 특징은 최대화도 가능하며, 제약식은 모두 등식이다.

유효제약식의 수: $m + n - 1$ (m: 공급제약식, n: 수요제약식)

- 기저변수의 수: $m + n - 1$
- 비기저변수의 수: $m \times n -$ 기저변수의 수 $= (n - 1)(m - 1)$

2. 최적해 방법

(1) 북서코너법(northwest corner method)

가장 쉬운 방법으로, 이 방법은 체계적이라고 할 수 있으나 과학적이라고는 할 수 없다. 수송 표는 우선적으로 좌상으로부터 출발하여 우하단으로 이동해가면서 각 란에 가능한 한 가장 많은 단위를 배분한다. 최초해는 신속히 구할 수 있으나, 최적해와 거리가 멀 수도 있다.

(2) 최소비용란법(the minimum cell cost method)

단위당 수송비용이 가장 작은 것부터 순서대로 할당하는 것이다. 즉, 최소의 단위비용을 가지는 란에 가능한 한 많은 양을 수송하는 것이다.

(3) 보겔의 접근법(Vogel's approximation method)

이 방법은 penalty method 또는 regret method라고 부른다. 어느 특정의 란에 수송하지 않으면 발생할 기회비용(opportunity cost; regret cost; penalty cost)을 최소화할 수 있는 방법으로 배분이 이루어지도록 하는 것이다.

3. 해의 개선

(1) 징검다리법(stepping stone method)

실행기저해를 개선하기 위한 기법 또는 최적해를 구하기 위한 개선의 기법으로, 단계법이라고도 한다. 폐쇄경로를 따라 공란을 하나씩 평가하는 방법이다(북서코너법에 의해 얻어진 최초해를 평가·개선시키는 것).

(2) 수정배분법(modified distribution method)

공란을 동시에 평가가 가능하므로, 폐쇄경로를 따라 갈 필요가 없으며, 최선의 비용개선지수를 실현하는 폐쇄경로만을 고려하면 된다.

4 할당법

1. 할당법 개념

할당법(assignment method)이란, 선형계획법의 또 다른 형태로서, 수요와 공급은 1이어야 하며 수송할 수 있는 양은 0 아니면 1이다.

즉, 행과 열의 수가 같고, 공급과 수요의 합이 1이 된다는 점이다. 할당문제의 목표는 과업을 완수하는 데 소요되는 총비용을 최소화할 수 있도록 각 기계에 작업자를 어떻게 할당해야 하는가이다. 할당법은 우변 항이 1인 선형계획법의 특수한 형태이며, 최대화와 최소화문제 모두 가능하고, 제약식이 등식인 특징이 있다.

2. 헝가리식 해법

북서코너법에 의한 최초해의 평가방법을 이용하여 최적해를 구할 수 있으나 이는 매우 복잡하고 많은 시간을 소비(많은 절차)한다. 이를 능률적으로 해결할 수 있는 것이 헝가리식 해법이다. 헝가리식 해법은 헝가리 수학자에 의해 기본이론이 제공되어 붙여진 명칭이다. 이 해법은 다음과 같은 절차를 거쳐야 한다.

(1) 기회비용표를 작성한다.

행과 열의 기회비용은 행과 열의 각 값에 속해있는 최소값을 빼준 값이다.

(2) 최적할당의 가능성을 분석한다.

최소한의 수직선과 수평선을 그어 0의 값을 지운다. 수직선과 수평선의 수와 행과 열의 수가 일치하면 할당은 최적해이다.

(3) 이전 **(2)** 단계에서 최적해가 가능하지 못하면 새로운 기회비용표를 작성한다.

(4) 최적해가 도출될 때까지 절차 **(2)**, **(3)**을 반복한다.

> **TIP+ 헝가리식 해법**
> 비용표의 각 행과 열의 값은 같은 값(수)을 빼주어도 최적해는 불변이라는 점을 착안한 방법이다.

5 목표계획법

1. 목표계획법 개념

목표계획법(GP; goal programming)이란, 선형계획법의 확장된 형태로서, 상충된 다수의 목표를 동시에 해결하는 기법이다. 즉, 주어진 의사결정환경하에서 단일 또는 다수목표에 의한 최적달성이 요구되는 기법이다. 현실적으로 기업에는 다수의 상충되는 목표가 존재한다는 것이다.

2. 목표계획법 특징

목표계획법에서는 선형계획법과 같이 목적함수를 직접적으로 최대 또는 최소화하지 않고 목표들 사이에 존재하는 양(+)과 음(-)의 편차(deviation)를 주어진 제약조건하에서 최소화하려는 기법이다.

이때 어떤 목표는 다른 목표를 포기(희생)하고 나서야 달성할 수 있는 것도 있다. 조직에서 목표의 중요성이나 중요도에 따라서 목표의 우선순위가 결정된다. 즉, 하위 목표는 상위 목표가 달성되고 난 후에야 달성이 가능하다(낮은 순위의 달성을 위해 중요도가 높은 순위는 희생할 수 없음).

6 정수계획법

1. 정수계획법 개념

정수계획법(IP; integer programming)이란, 선형계획법의 가분성 대신 변수에 대해서 정수 값(한 기계에 한 사람씩 할당하는 것, 1.5명, 2.9명은 의미가 없음)을 요구하는 것이다. 왜냐하면 현실적으로 가분성(divisibility)의 전제가 비현실적인 경우가 있기 때문이다.

2. 정수계획법 특징

① 선형의 목적함수를 가진다.
② 선형제약조건을 가진다.
③ 비음조건을 가진다.
④ 의사결정변수가 정수의 값을 가진다.

7 동적 계획법

1. 동적 계획법 개념

동적 계획법(DP; dynamic programming)이란, 후방귀납법이라고도 하며, 상호 관련된 다단계의 의사결정문제를 결합하여 최적해를 구하는 수리적 계획기법이다.

2. 동적 계획법 특징

동적계획법은 기본적으로 전 단계의 결정이나 결과에는 관계없이 앞으로의 의사결정만을 최적화시키는 원리(최적성의 원리)이며, 비선형(선형을 가정하지 않음)인 경우에도 적용이 가능한 의사결정기법이다.

예 최단거리, 최소거리, 최소비용, 판매량 배분, 자본예산, 생산 및 재고통제문제 등

✓ 핵심체크

의사결정기법

1. 특징
  ① 제약식이 반드시 등식인 것: 수송법, 할당법, 목표계획법
  ② 제약식이 부등식인 것: 선형계획법, 정수계획법

2. 최소화문제에만 국한되는 의사결정기법
  목표계획법

3. 선형계획법의 특수한 형태의 의사결정기법
  수송법, 정수계획법, 목표계획법, 할당법

---

03 위험한 상황하의 의사결정

발생 가능한 결과와 각각의 결과가 일어날 확률을 알고 있는 상황하에서의 의사결정을 의미한다.

1 PERT/CPM

1. PERT/CPM 개념

프로젝트를 관리하는 데 사용되는 PERT(program evaluation and review technique)와 CPM(critical path method)은 네트워크를 이용하여 프로젝트를 효과적으로 수행할 수 있도록 하는 기법이다.
예 복잡하거나 대규모 건설공사, 연구·개발사업 등을 계획하고 일정계획의 수립·통제에 널리 이용

2. PERT/CPM 비교

(1) PERT

PERT는 활동의 완료시간을 명확히 하기 위해 개발되었다. 즉, 평균완료시간을 계산하는 것이다. 이것은 확률적 도구(모형)로서 시간의 계획과 통제가 목적이다.

(2) CPM

CPM은 활동의 완료에 필요한 비용의 추정치가 부여된다. 또한 자원의 추가투입에 의한 비용의 증가에 의해 완료시간의 단축이 가능하므로, 확정적 도구(모형)로서 시간과 비용의 통제가 목적이다.

3. PERT/CPM 중요 적용목표

① 프로젝트를 완수하는 데 있어 어떤 활동이 가장 중요하며, 어느 시기에 완성시켜야 할지에 대한 해답을 준다.
② 프로젝트를 완수하는 데 있어 어떤 활동이 중요한지 또는 그렇지 않은지에 대한 해답을 준다.
③ 프로젝트를 완수하는 데 있어 중요하지 않다고 판단된 활동을 수행하는 데 어느 정도의 여유를 가질 수 있는가에 대한 해답을 준다.
④ 프로젝트를 완수하는 데 있어 가장 짧은 예상완성일자에 대한 해답을 준다.
⑤ 프로젝트를 추진해가는 과정에서 발생하는 지연문제를 어떻게 처리하는 것이 최선의 방법인지에 대한 해답을 준다.

2 마아코브분석

마아코브분석(Markov analysis)이란, 미래 상태를 예측하기 위해서 그 시스템의 현재 상태를 분석하는 것으로, 현재의 정보를 근거로 장·단기의 미래를 예측하는 것을 말한다. 어느 기간의 시스템의 상태는 바로 전기의 상태와 변화확률에 의존한다는 전제하에 적용한다.

과거나 현재의 어떤 상태가 미래에 영향을 미치는 것을 말하는 것으로 확률적 모형이라고도 한다.
예 소비자들의 상표교체, 주가, 날씨, 야구의 투수교체 등

> **TIP+** 마아코브프로세스(Markov process)
>
> 연속적인 시간흐름에 따라 변화하는 경우에 해당한다.

3 의사결정수

연속적인 다단계의 의사결정에서 대안들의 구조를 여러 갈래의 가지(arc, branch)와 마디(node)로 나타낸 것으로, 나무의 형태를 가지고 있다고 해서 의사결정수(decision tree)라고 한다.

4 대기행렬이론

1. 대기행렬이론 개념

고객이 보다 빨리 서비스를 제공받을 수 있도록 고객의 대기시간을 단축하려면 추가적인 서비스 담당자를 고용해야 한다.

확률이론을 이용하여 고객과 서비스시설 간의 관계를 모형화하여, 대기비용(고객 상실과 판매기회 상실)과 서비스비용(추가 종업원 채용 및 시설의 투자비)를 합한 것이 최소화될 수 있게 하는 기법이다(고객의 대기시간, 항구나 공항의 시설규모의 결정, 기계 고장과 수리문제 등).

> **TIP+**
>
> 1. **고객 도착 > 서비스시설의 서비스** ⇨ 고객불만 증대, 신용 상실, 기회손실 발생
> 2. **고객 도착 < 서비스시설의 서비스** ⇨ 고객만족 증대, 막대한 서비스시설 관리비용 발생

이것은 추가적인 비용의 발생을 가져온다. 이와 같은 상황에서 대기시간에 상당하는 비용과 추가 서비스 담당자의 고용에서 발생하는 비용과의 균형을 찾는 것을 연구하는 기법이다.

2. 대기행렬이론 구성요소

① 고객도착(포아송분포) 및 출발의 확률분포
② 서비스시간(지수분포) 및 규칙
③ 모집단의 수
④ 서비스 창구의 수
⑤ 수용인원의 제한 여부

5 시뮬레이션(기법)

1. 시뮬레이션 개념

시뮬레이션(simulation)이란, 모의실험이라고도 하며, 실제와 같은 모형을 만들어서 실험을 통해 결과를 예측하고 설명하는 기법이다. 이 기법은 위험하거나 과다한 비용이 들거나, 수학적인 모형의 해석이 불가능할 경우 등에 이용된다.

2. 시뮬레이션 장·단점

장점	단점
시간의 단축(단시간에 경험 가능)	모형 개발에 과다한 시간과 비용 소요
상호 대체적인 의사결정의 평가	변수의 확률분포를 추정하기 어려움
개별 변수의 평가 가능	결과가 최적해가 아닐 수도 있음

> **TIP+**
>
> 정수와 시뮬레이션은 위험하에서와 불확실성하에서의 의사결정기법이다.

04 불확실한 상황하의 의사결정

발생 가능한 결과를 알 수는 있지만, 각각의 결과에 대한 확률을 알 수 없는 상황하에서의 의사결정을 의미한다.

1 라플레이스 준거

라플레이스 준거(Laplace criterion)란, 각 대안별 기대값을 계산하고 그중에서 최대 이익액을 가져오는 대안을 선택하는 방법으로서, 미래에 발생 가능한 각 상황에 대하여 동일한 확률을 부여하는 것을 말한다(모두 더해서 대안 수만큼 나눔).

2 맥시민 준거

맥시민 준거(Maximin criterion)는 각 대안별 최소 이익액을 비교하여 최소 이익액이 가장 큰 대안을 선택하는 것을 말한다. 비관적 견해라고도 한다.

3 맥시맥스 준거

맥시맥스 준거(Maximax criterion)는 각 대안별 최대 이익액을 비교하여 최대 이익액이 가장 큰 대안을 선택하는 것을 말한다. 낙관적 견해라고도 한다.

4 후르비츠 준거

후르비츠 준거(Hurwicz criterion)는 맥시민 준거와 맥시맥스 준거를 절충한 것이다. 즉, 일반적으로 의사결정자는 낙관적이지도 비관적이지도 않다는 것이다. 의사결정자들은 화폐예측치를 구하여 이 값이 가장 큰 값을 선택한다는 것이다.
화폐예측치의 공식은 다음과 같다.

5 유감준거

유감준거(regret criterion)이란, 경영자의 의사결정시 후회의 크기가 가장 작은 것으로서, 상황별 최대 이익액과 나머지 이익액의 차액으로 유감액을 구하는 것이다. 이중 유감액의 크기가 가장 작은 대안을 선택하는 것을 말한다.

예제

투자자 A씨는 주식, 채권, 저축 중에서 한 가지에 2,000,000원을 투자하려고 한다. 각 투자수단의 상황별 기대이익표가 다음 표와 같을 때, 각 상황의 발생확률은 알 수 없는 상태(불확실한 상황하에서의 의사결정)라고 한다면, A씨의 최적 투자안을 각각의 의사결정기법을 이용하여 구하라.

구분	1	2	3
주식	600,000	400,000	−220,000
채권	−100,000	350,000	500,000
저축	300,000	300,000	300,000

풀이

1) 라플레이스 준거

주식 = $\frac{1}{3}$(600,000 + 400,000 − 220,000) = 260,000

채권 = $\frac{1}{3}$(−100,000 + 350,000 + 500,000) = 250,000

저축 = 300,000

∴ 저축선택

2) 맥시민 준거

구분	주식	채권	저축
최소 이익액	−220,000	−100,000	300,000

∴ 저축선택

3) 맥시맥스 준거

구분	주식	채권	저축
최대 이익액	600,000	500,000	300,000

∴ 주식선택

4) 후르비츠 준거
  • 낙관계수가 0일 때
    주식 = 600,000 × 0 + (-220,000) × 1 = -220,000
    채권 = 500,000 × 0 + (-100,000) × 1 = -100,000
    저축 = 300,000 × 0 + 300,000 × 1 = 300,000
    ∴ 저축선택(맥시민 준거와 동일)
  • 낙관계수가 1일 때
    주식 = 600,000 × 1 + (-220,000) × 0 = 600,000
    채권 = 500,000 × 1 + (-100,000) × 0 = 500,000
    저축 = 300,000 × 1 + 300,000 × 0 = 300,000
    ∴ 주식선택(맥시맥스 준거와 동일)
  • 낙관계수가 0.5일 때
    주식 = 600,000 × 0.5 + (-220,000) × 0.5 = 190,000
    채권 = 500,000 × 0.5 + (-100,000) × 0.5 = 200,000
    저축 = 300,000 × 0.5 + 300,000 × 0.5 = 300,000
    ∴ 저축선택
5) 유감준거

구분	1	2	3
주식	0	0	720,000
채권	700,000	50,000	0
저축	300,000	100,000	200,000

최대 유감액 중 그 값이 가장 작은 저축을 선택한다.
∴ 저축선택

05 상충하의 의사결정

둘 이상의 의사결정자가 상호 경쟁적인 이해관계자로 있는 상황하에서의 의사결정을 의미한다.

1 게임이론

1. 게임이론 개념

게임이론(game theory)이란, 둘 이상의 참가자가 상호 경쟁적인 이해관계자로서, 자신의 이익을 최대로 하고자 할 때를 말한다. 즉, 경쟁주체가 상대편의 대처행동을 고려하면서 자기의 이익을 효과적으로 달성하기 위해, 수단을 합리적으로 선택하는 행동을 수학적으로 분석하는 이론이다.

2. 게임이론 가정

① 참가자(경쟁자)들은 동시에 의사결정을 내린다.
② 연속(반복)적인 과정을 거친다.
③ 정보에 대한 획득비용이 발생하지 않는다.

> **TIP+** 0게임(zero sum game)
>
> 공정한 게임이라고도 하며, 경쟁자간에 득실의 합이 0인 경우이다.
> [비교] non-zero sum game: 완전한 경쟁관계는 아니며, 어느 정도 타협이 가능한 경우이다.

3. 게임이론 유형

(1) 2인 대 n인

2인이론은 두 경기자가 할 수 있는 최선의 전략선택을 다루지만, n인이론(n이 2보다 클 경우)은 경기자들의 부분집합, 즉 경기자들이 연합하고 지속하는 것과 그 임원에 대한 합리적인 득실에 주로 관심을 둔다.

(2) 영합 대 비영합

영합게임에서 각 결과에 대한 모든 경기자의 득실을 합하면 0(또는 상수)이 된다. 그러나 비영합게임의 합은 일정하지 않다. 영합게임은 한 경기자가 다른 경기자들이 잃는 만큼 얻어야 하는 전체적으로 상반된 게임인 반면, 비영합게임은 경기자들이 동시에 얻거나 잃는 것이 가능하다.

(3) 협력 대 비협력

협력게임은 경기자들이 구속력 있고 강제적인 협정을 만들 수 있는 반면, 비협력게임은 경기자들 사이에 의사소통을 허용하기도 하고 그렇지 않기도 하지만 이루어진 협약은 항상 평형이라고 가정한다. 즉, 다른 모든 경기자들이 협약을 지키면, 한 경기자도 그 협약을 어기지 않는다는 것이 합리적이다.

4. 제로섬(zero sum)게임

(1) 순수전략

순수전략이란, 게임 참여자(각각의 경쟁자)가 오직 하나의 전략을 선택함으로써 서로 만족하면서 안정상태에 도달할 수 있는 게임을 의미한다. 즉, 양자의 전략이 동일하게 하나의 성과에서 만나게 되면 이 성과를 안(장)점이라 한다.

따라서 전략을 이론적으로 분류하여 어떤 조건에서 행동패턴(전술)이 1개뿐인 경우를 순수전략이라고 하고 이 게임에서는 전략변경을 하지 않는다.

> **TIP+** 안점(안장점, saddle point)
>
> 영합게임에서 각 경쟁자가 순수전략을 선택할 때 한 참여자의 순수전략 성과와 다른 참여자의 순수전략 손실이 같은 점(값)을 의미한다.

(2) 혼합전략

전략을 이론적으로 분류하여 여러 전략들을 확률에 따라 무작위로 선택하는 것이다. 즉, 경기자들이 취할 행동을 여러 가능한 행동 중에서 확률적으로 선택하여 사용하는 것이다.

> **TIP+** 조건부 전략과 비조건부 전략
>
> **1. 조건부 전략**
> 조건에 따라서 전술이 다른 경우이다.
>
> **2. 비조건부 전략**
> 조건에 관계없이 항상 같은 전술을 취하는 경우이다.

> **TIP+** 내쉬 균형(Nash Equilibrium)
>
> 참여자가 어떤 특정한 전략을 선택해서 하나의 결론에 도달했을 때, 모든 참여자가 이에 만족하고 자신의 선택이 최선이라고 여기며 더 이상 전략을 변화시킬 의도가 없는 경우이다. 내쉬 균형은 참여자 각자가 최적 전략을 구사하여 각자의 이익을 추구하는 결과로서 유일할 수도 있고, 다양한 경우도 있다. 내쉬 균형에 도달했는지를 확인하기 위해서는, 그 어느 참여자든지 본인의 전략을 바꿔도 일방적인 이익을 볼 수 없다는 것이 확인되면 된다.

TIP+

1. 기초적인 개념과 용어
- 공집합: 원소가 없는 집합을 말한다.
- 상호배타적(mutually exclusive): 두 사건에 공통의 원소가 없는 것을 말한다.
- 완전포괄적(collectively exhaustive): 사건들의 합집합에 의해 결과 공간이 완전히 포함되는 것을 말한다.

2. 베이지안 정리
- 새로운 정보를 획득했을 때, 그때까지 알고 있던 확률을 수정하는 절차에 관한 것이다.
- $P(A|B) = P(A,B)/P(B)$

3. 표본정보에 의한 의사결정
- 사전확률(prior probability): 새로운 정보를 입수하기 전에 처음으로 선택한 확률 값을 말한다.
- 사전적 의사결정(prior decision): 사전적 확률에 근거를 두고 기대화폐가치를 계산한 의사결정을 말한다.
- 표본정보(sample information): 완전정보는 되지 못하지만 확률 값의 추정을 좀 더 정확히 할 수 있도록 보완되는 수집 자료 추가적인 정보를 활용하여 사후확률 이용

4. 주관적 확률
- 객관적 확률: 수학적 확률, 통계적 확률, 기하학적 확률을 말한다.
- 주관적 확률: 경험하지 않은 사건이나 단 한 번밖에 일어나지 않고 반복적인 실험이 불가능한 사건에 대하여 개인의 주관적인 확신의 정도로서, 주관적 확률 선택이 객관적으로 옳다는 보장은 없으므로 객관적인 최적해 라고 말할 수는 없다. 다만 이 의사결정은 일관성있는 의사결정이다.
  즉, 주관적 의사결정을 채택한다는 것은 '제한된 정보'로 '주관적 판단'을 해야만 하는 의사결정자들이 직면한 '현실적 문제'이다.

5. 주관적 확률의 편향
- 편향(bias): 의식적이거나 잠재적인 반응과 그의 지식의 정확한 표현과의 차이를 말한다.
- 위치편향(Displacement bias): 원래의 모습보다 전체 분포가 한 쪽 방향으로 움직인 경우를 말한다.
- 변형편향(Variability bias): 분포의 모습 변화, 중심 편향을 말한다.

6. 편향의 원인
- 의도적 편향: 각각의 대답에 따라 서로 다른 보상이 있어 의식적 또는 잠재적으로 반응을 조절이다.
- 인식적 편향: 사물에 대한 인식을 처리하는 데 있어서, 의식적이거나 잠재적으로 그의 반응이 조정되는 경우 이다.

CHAPTER 02 경영정보시스템

01 경영정보시스템

1 경영정보시스템 개념

경영정보시스템(MIS; management information system)이란, 컴퓨터를 이용하여 기업 활동에 필요한 정보를 계획적·체계적·객관적·조직적으로 수집·분석·가공·처리·보관하여 의사결정자가 원하는 형태의 정보를 신속히 제공해 주는 시스템이다.

즉, 하드웨어(hardware), 소프트웨어(software), 경영모형, 의사결정모형, 데이터베이스(database) 등을 활용하여 데이터를 획득·저장·가공하고 그 결과를 의사결정에 보탬이 될 수 있도록 정보를 제공해 주는 것이다.

2 정보

1. 정보 개념

(1) 데이터(data)

데이터란, 모든 것이 체계화되지 않고, 분석되지 않고, 일반화되지 않은 모든 사실들로 실제 세상에 너무도 넓게 존재하는 모든 사실과 개념을 말한다. 따라서 어떤 특정한 일에 유용하게 사용될지도 모르는 자료(기호화, 숫자화)인 것이다.

> **TIP+**
>
> **1. 데이터 웨어하우스(data warehouse)**
> - 기업 내 의사결정자에게 필요한 조직 전체에 관련된 과거 데이터의 저장소(중앙 창고)이다.
> - 여러 개의 데이터베이스를 통합한 것보다 더 큰 데이터베이스이다.
>
> **2. 데이터 마트(data mart)**
> - 부서, 사업 단위에서 사용할 수 있도록 웨어하우스의 규모를 축소한 것이다.
> - 데이터를 주제별로 통합·축적해 놓은 데이터베이스이다.

(2) 정보(information)

정보란, 데이터를 가공하여 의미를 부여한 것으로, 특정 상황이나 특정 목적 및 용도·문제해결에 도움이 될 수 있도록 해석·정리한 지식을 말한다. 관측이나 측정을 통해 수집된 데이터를 형식이나 내용이 특정한 목적이나 용도에 맞도록 구성되고 추출된 것이다.

정보는 불확실성을 인식하거나 평가하며 이를 감소시키는 데 활용되며, 특히 의사결정을 위한 대안을 발견하기가 용이하다. 내가 필요한 데이터들을 수집했을 때 비로소 그것들을 정보라고 말할 수 있는 것이다.

> **TIP+**
>
> **1. 데이터와 정보의 관계**
>   데이터(원재료) → 정보(완제품)
> **2.** 자료(Data)를 정보(Information)로 축적하고 이를 지식(knowledge)으로 활용한다.

(3) 지식(knowledge)

지식이란, 이러한 정보들을 나의 생각으로 받아들여 만들어 낸 별개의 재창조물로서 교육이나 경험, 또는 연구를 통해 얻은 체계화된 인식의 총체를 말한다.

즉, 행동과 의사결정에 지침을 제공하는 본능, 아이디어, 절차 등을 의미한다.

(4) 빅데이터

빅데이터(Big data)는 기존 데이터(data)보다 데이터 수집·저장·관리·분석하는 역량을 넘어서는 규모로서, 너무 방대하여 기존의 방법이나 도구로는 수집·저장·분석 등이 어려운 정형 및 비정형의 모든 데이터를 말한다.

빅데이터는 짧은 시간에 많은 양의 정보를 처리하며, 구조화되지 않은 데이터 및 빠르게 변화하거나 증가하는 데이터 분석도 가능하다. 주로 제조업, 유통업, 금융업 등 다양한 분야에서 활용된다.

> **☑ 핵심체크**
>
> **빅데이터**
>
> | 3V | Volume(거대한 양), Velocity(생성속도; 빠르기), Variety(형태의 다양성) |
> |---|---|
> | 4V | 3V + Value(가치) |

2. 정보 특성

(1) 정확성(accuracy)

정보에 오류가 없음을 의미한다.

(2) 관련성(relevancy)

정보를 필요로 하는 목적에 맞게 사용할 수 있어야 하고, 같은 내용의 정보라 하더라도 그 정보를 사용하는 목적에 따라 관련성의 정도가 달라진다.

(3) 적시성(timeliness)

시간적 가치 여부에 따라 정보의 가치는 천차만별이다.

(4) 검증가능성(verifiability)

정보의 정확성을 확인할 수 있는 능력이 요구된다.

(5) 접근가능성(accessability)

정보는 필요할 때 쉽게 접근하여 의사결정에 활용할 수 있어야 한다(누구나 알면 정보가 아님).

(6) 비이전성

타인에게 전달되어도 본인에게는 가치가 불변이어야 한다.

TIP+

1. 정보 가치
사용자의 목적에 부합할 때, 사용자의 지식과 경험에 따라 정보의 가치는 다르다.

2. 정보 가치 결정요인
적시성, 적합성(목적성), 정확성, 형태성(가용성)
※ 정보: 적시성, 목적성 / 첩보: 적시성과 목적성의 구애가 없음

3. 보안정책
기업 정보의 이용목적 및 정보접근권한의 보유자를 규정하는 것이다.

---

3. 정보보안(information security) 목표

정보보안이란, 정보를 유출·훼손·변조 등의 여러 가지 위협으로부터 보호하는 것으로 기밀성(confidentiality), 무결성(integrity), 가용성(availability), 부인방지(non-repudiation), 인증성(authentication) 등의 목표를 가진다.

(1) 기밀성

정보가 노출되지 않도록 하는 것으로, 노출허락을 받지 않은 정보, 공개를 원치 않은 정보를 막는 것이다(인가된 사람만 접근, 비밀준수).

(2) 무결성

정보의 신뢰성과 관련된 것으로, 정보의 조작·수정·첨삭·왜곡 등을 방지하는 것이다.

(3) 가용성

시스템이 지체 없이 동작할 수 있도록 하고, 노출해야 할 정보를 노출하는 것이다(백업, 중복성 유지).

(4) 부인방지

부인봉쇄 또는 자기부정방지라고도 하며, 정보를 보낸 자 또는 받은 자가 나중에 부인하지 못하도록 하는 것이다.

(5) 인증성

확인과 신뢰할 수 있어야 하고, 어떤 실체가 나중에 진짜 실체(출처의 유효성과 신뢰성)인지를 확인하는 것이다.

(6) 기타

출처인증, 보안등급, 암호화, 접근제한, 신분증명 등이 있다.

이 중 **(1)** 기밀성, **(2)** 무결성, **(3)** 가용성은 주요 정보보안 3요소이다.

3 경영정보시스템 유형

1. 거래처시스템(TPS; Transaction Processing System; 운영통제)

TPS란, 거래처로부터 발생하는 데이터를 저장·관리하는 가장 기본적인 정보시스템으로, 주로 수작업에 의존하던 사무업무를 정보시스템에 의해 효율적으로 처리하는 데 중점을 두며, 표준화된 운영절차에 따라 데이터 처리업무만 수행한다(개별 업무를 중심으로 업무의 효율성 증대).

목적	경영계층의 하위 단계에서 발생하는 많은 양의 데이터를 신속·정확하게 처리

2. 경영정보시스템(MIS; Management Information System; 관리통제)

MIS란, 기업 내부에서 발생하는 데이터를 체계적으로 저장·관리할 수 있는 수단으로, 조직구성원들이 필요로 하는 데이터를 데이터베이스(DB)라는 저장소에 저장하고 누구나 쉽게 그 데이터를 찾아 볼 수 있고 원하는 형태로 가공할 수 있는 데이터의 공유체제를 구축한 것이다(기업 전체를 대상으로 효과적인 정보 제공).

목적	• 중간 관리층의 경영관리정보의 제공으로, 정형적·비정형적 업무지원 • 즉, 하위 관리층의 업무 감독·통제 및 최고경영층의 의사결정에 필요한 정보를 제공

3. 의사결정지원시스템(DSS; Decision Support System)

DSS란, 의사결정에 필요한 계량적인 기법이나 통계적인 기법을 컴퓨터에 저장하여 의사결정 대안들을 비교·검토하거나 의사결정에 필요한 정보를 제공하고자 하는 것이다.

목적	• 업무 자동화와 필요정보 제공의 차원을 넘어 경영관리자의 의사결정을 지원하는 영역까지 컴퓨터의 활용을 확대 • 계량적 기법이나 통계적 기법을 이용하여 의사결정 대안을 비교·검토 또는 의사결정에 필요한 정보를 제공하며 통제의 폭 증가, 불확실성을 감소

4. 집단의사결정지원시스템(GDSS; Group Decision Support System)

GDSS란, 통신, 컴퓨터, 의사결정기술이 통합되어 집단의 의사결정을 지원하는 통합된 시스템이다. 현대의 상황은 복잡한 경영환경과 불확실성 그리고 전문가 집단에 의한 의사결정의 중요성이 증대되고 있다.

GDSS의 문제점은 정보 공유가 절대적으로 필요하고 집단의 의견을 조율해야 하며, 요구되는 시간이 급증할 수 있다는 것이다. 이를 해소하기 위해서는 의사소통 장애요소를 제거하고 의사결정에 필요한 각종 분석기법들을 활용해야 한다. 그리고 내용의 방향을 체계적으로 정리하고 통지해야 한다.

5. 전문가시스템(ES; Expert System)

ES란, 지식 중심 시스템이라고도 하며, 전문적인 지식을 바탕으로 컴퓨터의 추론과정을 통해 인간전문가 수준의 의사결정을 컴퓨터가 할 수 있도록 고안된 정보시스템이다.

구성요소는 지식베이스, 추론기관(추론엔진), 설명기관, 사용자 인터페이스 등이며, 개발도구로는 프로그래밍언어, 지식공학언어 등이 있다.

장점은 과학적·경험적 방법으로 해결하기 어려웠던 문제해결 가능, 의사결정의 성과 개선, 신속, 논리적, 일관성, 지식의 보존 및 재생산으로 조직의 전문성 향상, 새로운 조직구성원의 훈련도구로 활용 가능 등이 있다.

6. 중역정보시스템(EIS; Executive Information System; 전략기획)

EIS란, 최고경영층의 전략적 기획과 각종 의사결정 등의 경영활동에 필요한 정보를 제공하고, 상세한 자료보다는 요약된 정보, 전략적 목적을 달성할 수 있는 결정적인 요인들에 관한 정보를 제공한다. 주로 비정형적 업무지원과 사용하기 쉽고, 이해하기 쉬우며, 내용을 분석적으로 검토할 수 있는 기능을 제공한다.

목적	기업 내·외부의 정보를 통합 분석하여 경영진에게 적시에 제공함으로써 경영 전반의 전략적 의사결정 속도와 정확성을 높이고 전체 사업과 상·하 조직원 간의 정보전달을 용이하게 하며 기능부서의 활동을 감독하게 하여 위기 대응능력을 향상시킴

7. 전략정보시스템(SIS; Strategic Information System)

SIS란, 정보시스템을 기업경영의 단순한 효율성 제고에 머무르지 않고 경쟁적 우위를 확보하는 전략적 무기로 인식하는 견해로서 전략적 정보시스템을 활용한다. 단점은 시스템을 구축하기 위한 과다한 고정투자비용이 야기될 수 있다는 것이다.

목적	• 정보기술을 조직의 전략수행이나 경쟁우위 확보를 위해 활용 • 목표달성과 경쟁우위의 획득과 유지의 실행 수단 • 가치 활동별로 다양한 정보시스템을 활용

1. **정보시스템 발전 순서**

   TPS → MIS → DSS → ES → EIS → SIS

2. **정보시스템과 경영관리**

   TPS, MIS, EIS

3. **정보시스템과 의사결정**

   DSS, EIS, GDSS(집단의사결정지원시스템)

4. **정보시스템**

   상위층(경영자층)과 하위층의 의사소통이 더 신속·정확하고 쉬워진다.

TIP+ 비즈니스 인텔리전스(BI; Business Intelligence)

드레스너(H. Dresner; 1989)는 1970 ~ 80년대 DSS, EIS의 인기와 인프라의 등장(인터넷의 상용화)으로 '대면 지원시스템을 사용해 비즈니스 의사결정을 개선하는 개념과 방법'으로 정의(모바일 데이터, ERP, 실시간 정보공유 빅데이터 등)하였다. 현재는 대기업부터 중소기업까지 기업을 위한 표준도구(쉽게 시스템에 접근, 공동으로 작업 등)가 되었다.

4 정보 공유

1. 그리드 컴퓨팅(Grid Computing)

분산된 컴퓨팅 자원을 가상화하여 하나의 시스템 이미지를 만들어 사용자 및 응용 프로그램이 다양한 IT 기능에 완벽하게 접근할 수 있도록 지원하는 것으로, 지리적으로 분산된 컴퓨터 시스템, 대용량 저장 장치 및 데이터베이스(DB), 첨단 실험장비 등의 자원들을 고속네트워크에 연결시켜 상호 공유하는 디지털신경망구조의 인터넷 서비스를 말한다. 즉, 서로 다른 기종의 컴퓨터들을 묶어 대용량의 컴퓨터를 풀(pool)을 구성하고 이를 원격지와 연결하여 대용량연산을 수행하는 컴퓨팅 환경이다.

TIP+ 그리드 컴퓨팅

1. 그리드가 하드웨어적인 컴퓨팅 환경의 통합이라고 한다면, SaaS(Software as a Service)는 사용자가 필요한 소프트웨어 기능만을 필요할 때 이용하고 비용을 지불하는 것이다.
2. CPU관리, 저장소관리, 보안 조항, 데이터 이동, 모니터링 등과 같은 서비스를 위한 표준규약 생성에 기여한다.

2. 클라우드 컴퓨팅(Cloud Computing)

사용자가 필요한 소프트웨어를 자신의 컴퓨터에 설치하지 않고(시간과 비용 감소)도 인터넷 접속을 통해 원격으로 제공되는 자원이나 응용프로그램(다양한 정보 통신 기기로 자료)을 언제 어디서나 응용 프로그램과 데이터를 자유롭게 사용·공유할 수 있고 데이터 또한 기기들 사이에서 자유롭게 이동이 가능한 컴퓨터 환경시스템이다. 따라서 불필요한 절차 없이 쉽게 프로젝트를 구성할 수 있고 이는 프로젝트 초기 구성 시 사용되는 비용을 많이 줄이는 효과가 있다.

클라우드 컴퓨팅에서 클라우드(cloud; 구름)는 컴퓨터 네트워크상에 숨겨진 복잡한 구조의 인터넷을 뜻하며, 컴퓨팅(computing)은 컴퓨터 기술자원을 개발 및 사용하는 모든 활동을 말한다.

> **TIP+ 클라우딩 컴퓨팅**
>
> 그리드 컴퓨팅과 SaaS(Software as a Service)를 합쳐 놓은 것이다.

3. 클라이언트 컴퓨팅(Client Computing)

클라이언트 개인용 컴퓨터(PC)의 유휴 성능을 활용하기 위한 방안으로, 종류는 기존의 클라이언트 / 서버 구조에서 쉬고 있는 클라이언트 PC를 이용하여 가상의 슈퍼컴퓨팅 파워를 구현하는 방식, 서버 없이 P2P(Peer to Peer)로 연결된 순수 클라이언트들로 구현하는 방식, 그리고 이 2가지의 혼합(hybrid) 방식이 있다.

> **✅ 핵심체크**
>
> **P2P(Peer to Peer; person to person)**
>
> 개인과 개인 간 또는 단말기와 단말기 간의 데이터·정보의 교환(인터넷상에서 개인과 개인이 직접 파일을 공유할 수 있는 개인 간 접속방식)을 말한다. 개인 컴퓨터끼리 직접 연결·검색(직접 파일공유)함으로써 모든 참여자가 공급자인 동시에 수요자가 되는 형태이다. 금융(펀딩)에서 활발하게 활용되고 있다.
>
> ※ B2B: 기업 간 상거래 / C2C: 소비자(고객) 간 상거래 / B2C: 기업과 소비자 간 상거래 / B2E: 기업과 직원(종업원) 간 상거래

4. 자율 컴퓨팅((autonomic computing)

컴퓨터 시스템들이 스스로의 상태를 인식해서 사람들의 관여가 일절 없거나 있더라도 최소한의 관여로 스스로 복구, 재구성, 보호, 자원 재할당 등을 수행하는 자율적 컴퓨터를 작동시키는 방식이다.

5. 그린 컴퓨팅(green computing)

그린 IT(green IT)라고도 하며, 작업에 소모되는 에너지를 줄여보자는 기술캠페인이다. 그린 컴퓨팅은 녹색 ICT의 일환으로, 컴퓨터 자체를 움직이는 여러 에너지들뿐만 아니라 컴퓨터의 냉각과 구동 및 주변 기기들을 작동시키는 데 소모되는 전력 등을 줄이기 위해서 CPU나 GPU 등 각종 프로세서들의 재설계, 대체 에너지 등을 활용하는 방안 등 탄소 배출을 최소화시키는 등의 환경을 보호하는 개념의 컴퓨팅이다.

하드웨어 급증과 전력 소비를 제한함으로써, 가상화는 그린 컴퓨팅을 촉진시키는 주요한 기술 중의 하나가 되었다. 그린 컴퓨팅은 디자인, 제조, 이용 컴퓨터의 배치, 서버, 모니터와 프린터 저장장치에 관한 협력장치와 네트워크 그리고 커뮤니케이션에 환경의 최소한의 영향을 주는 기술이다.

6. 사물 인터넷(IoT; Internet of Thing)

사물에 센서(sensor)와 통신 기능을 내장하여 인터넷에 연결하는 기술로서, 인터넷으로 연결된 사물(전철이나 버스의 도착예정시간, 각종 전자제품이 스마트폰에 의해 제어 등)들의 데이터를 주고 받으며 스스로 분석하고 학습한 정보를 사용자에게 제공하거나 새로운 서비스를 창출하는 것이다.

7. 소셜 커머스(Social Commerce)

소셜 네트워크 서비스(SNS) 등의 소셜 미디어나 온라인(on line)을 활용하는 전자상거래이다. 일정한 수 이상의 구매자가 모일 경우에 특정 품목을 하루 동안 파격적인 낮은 가격에 판매하는 전자상거래 방식[소비자가 폭발적으로 늘어남에 따라 소셜 네트워크 서비스(SNS)를 활용하여 이루어지는 상업활동]이다.

예 페이스북, 트위터, NAVER, 아마존, 위메프 등

8. 모바일 비즈니스(M-biz; Mobile business)

모바일(이동; 무선) 기기를 이용한 모바일 웹 환경에서의 경제활동으로, 전자상거래와 무선망을 활용한 모든 사업을 의미한다.

예 모바일 금융상품(모바일 뱅킹, 모바일 티켓팅, 모바일 쿠폰, 모바일 지갑 등), 모바일 전자상거래(B2C, B2B, B2G 등), 전자책의 개념을 바꾼 m북, 모바일 기기에서 각종 동영상 감상 등

9. 가상화(Virtualization)

물리적인 하드웨어 자원을 논리적인 단위로 나누고 통합하여 자원을 활용할 수 있게 해주는 기술이다. 일반적인 용어의 가상화는 실제로 존재하는 것을 상상의 것으로 표현하는 것을 의미하나 정보통신기술에서 가상화는 운영체계(OS)나 중앙처리장치(CPU), 스토리지 등 주로 하드웨어의 의존성을 배제하거나 통합하기 위한 주요 수단이다.

웜(worm)

프로그램 안에서 스스로 자신을 복제하거나 프로그램과 프로그램 사이 또는 컴퓨터와 컴퓨터 사이를 이동하여 전파시키는 프로그램 조각. 일반적으로 악성 프로그램은 제작자가 의도적으로 사용자에게 피해를 주고자 만든 것으로 크게 컴퓨터바이러스, 트로이목마, 웜 등으로 분류하는데, 바이러스와 달리 네트워크 환경에서 전파되는 것을 의미한다. 웜과 바이러스의 차이는 증상의 심각성 정도로 구분되는 것이 아니라 감염 대상(숙주)의 유무에 따라 구분된다. 둘 모두 복제되기는 하지만 바이러스가 파일이나 부트 영역 등 어떤 대상에 기생하거나 겹쳐지는 형태로 존재하는데 비해 웜은 숙주 없이 자기 스스로 복제되는 것이 특징이다.

랜섬웨어(Ransomware)

랜섬웨어는 몸값(ransom)과 소프트웨어(software)의 합성어로, 사용자 컴퓨터 시스템을 잠그거나 데이터를 암호화해서 사용할 수 없도록 만든 다음, 사용하고 싶다면 돈을 내라고 요구하는 악성 프로그램이다. 주로 이메일 첨부파일, 웹페이지 접속 등에 의해 감염된다.

스파이웨어(Spyware)

사용자의 동의 없이 설치되어 컴퓨터의 정보를 수집하고 전송하는 악성 소프트웨어로, 신용카드와 같은 금융 정보 및 주민등록번호와 같은 신상정보, 암호를 비롯한 각종 정보를 수집한 후 제3자에게 유통시키는 행위를 말한다.

파밍(pharming)

농장을 운영하여 농산물을 경작하고 추수한다는 뜻의 Farming에서 유래된 단어로, 동영상, 문서, 각종 설치파일 등에 악성코드를 미리 첨부시키고 사용자가 이를 다운로드할 경우, 사용자의 컴퓨터에서 자동으로 실행되도록 하여 피해자로 하여금 미리 제작된 가짜사이트로 유도 피해자에게 보안등급 강화 등을 내세워 인적사항(성명, 주민등록번호), 계좌관련정보를 입력하도록 하여 피해자 계좌의 인터넷뱅킹 인증서를 재발급 받아 예금을 탈취하는 수법을 말한다. 정교한 기술적 해킹으로서 도메인 네임을 정확히 입력하더라도 가짜 사이트에 접속되기 때문에 더욱 위험하다.

피싱(phishing)

유명 기업이나 기관 등으로 위장 또는 사칭해서 인터넷 가짜 사이트를 띄운 후, 개인정보를 입력하도록 유도하며, 수집된 개인정보는 예금인출이나 다른 범죄에 사용되는 범죄 행위를 말한다.

트로이목마(Trojan horse)

운영체제에 대한 일반적인 침투 유형의 하나로, 계속적인 비합법적 침투가 가능하도록 시스템 내에 코드를 심어놓음으로써 이 트로이목마는 영구적으로 시스템 내에 상주할 수도 있고 혹은 소기의 목적을 달성한 후에 그 자취를 모두 지워버리는 작업을 할 수도 있다.

T-Commerce

텔레비전(Television)과 상거래(Commerce)의 합성어로, 리모컨으로 IP TV에서 원하는 콘텐츠를 클릭해 시청하듯이 원하는 상품을 구매(상품의 정보검색, 결재 등)하는 상거래를 말한다.

컴퓨터 용량 단위

bit < byte(8bit) < KB(1,024byte) < MB(1,024KB) < GB(1,024MB) < TB(1,024GB)

5 계층별 경영활동과 정보관리와 시스템 비교

<표 2-1> 계층별 경영활동

경영계층	경영활동	내용
최고경영층	전략적 계획	조직이 나아가야 할 방향, 목표 및 비전 설정, 경영전략 및 지침 제시, 자원배분 방향 결정(EIS, 비구조적 의사결정)
중간관리층	전술적 계획 (관리통제)	자원 획득, 신제품 개발, 예산수립 및 평가, 공장입지 결정, 인력배분, 경영개선 활동, 부서별 실적 통제(MIS, 반구조적 의사결정)
하위관리층	운영통제	정해진 전략과 전술적 지침하에 자원 및 기존 설비를 효과적 · 효율적으로 이용(TPS, 구조적 의사결정)

[그림 2-1] 계층별 경영정보관리

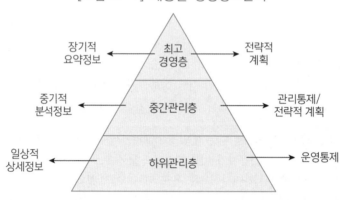

<표 2-2> 계층별 정보시스템 비교

종류	기능	지원업무의 정형화 정도	전형적인 사용자
TPS	거래처리를 통해 발생되는 데이터를 획득하고 저장	일상적인 업무로 표준화된 절차와 규정이 존재	거래 처리를 담당하는 실무자와 하위 경영층
MIS	경영관리에 필요한 정보를 제공	일상적인 성과측정 등의 구조화된 업무와 즉흥적인 정보 요구와 같이 비정형적인 업무도 지원	중간경영층
EIS	최고경영자의 전략 기획 업무를 지원	전략수립, 신사업 타당성 조사 등과 같은 비정형화된 업무 지원	최고경영층

02 정보시스템과 정보기술

1 정보시스템 개발방법

1. 시스템 개발 수명주기(SDLC)방법

업무 프로세스의 개발방법론으로 비교적 정형화된 업무를 위해 정보시스템을 개발하는 경우 가장 많이 이용되는 방법이다.

개발과정은 '시스템 분석 → 시스템 설계 → 시스템 구현 → 시스템 지원'의 순서이다. 문제점은 대상 업무의 한계(정형화된 업무만을 대상), 개발과정의 연속성, 장시간의 개발기간, 과다한 비용, 많은 인력이 소요되는 것이다.

> **TIP+** CASE(Computer Aided Software Engineering)
> 시스템 개발과정의 자동화로서, SLDC의 한계점의 개선을 위해 개발되었다.

2. 정보공학(IE)

업무 프로세스보다는 정보를 중심으로 기업전략을 기반으로 하는 통합적 개발방법론으로, 전략과의 연계, 정보 중심, 자동화 도구의 지원 등의 특성이 있다.

3. 프로토타이핑방식

사용자의 기본적 요구만을 반영하여 최단시간 내에 소규모의 모형시스템을 개발한 후 계속적인 수정 요구사항을 반영하면서 시스템을 개선하는 방법이다. 따라서 복잡하거나 계속적으로 변화하는 업무에 적합하지만, 조직의 기간시스템으로는 부적합하다.

4. 최종사용자 컴퓨팅(EUC)

일반적으로 개인이나 작은 규모의 집단을 대상으로 하며, 사용자의 변경에 따라 시스템이 불안정할 수 있다.

2 조직변화 유형

1. 과업구조와 정보시스템

복잡하던 업무가 보다 단순화·표준화·통합화되었고, 단순 반복적인 과업은 감소하였으며, 대인접촉보다는 컴퓨터접촉을 주로 하는 업무가 증가하였다.

2. 인력구조와 정보시스템

정보시스템에 의한 대체로 인해 중간관리자의 역할과 기능이 감소하고, 그 결과 중간관리자의 수가 감소 또는 중간관리자가 전문화되어 라인으로부터 이탈되기도 한다.

3. 조직구조와 정보시스템

(1) 수평화

중간층 감소 및 상하 간 의사소통 향상으로 조직계층이 수평화된다.

(2) 전문화

단순·반복 업무의 시스템 대체로 구성원은 좀 더 창의적이고 전문적인 업무에 치중할 수 있다.

(3) 집권화(업무의 중앙 집중처리 가능) 또는 분권화(시스템을 통한 효과적인 조정과 통제 가능)

③ 정보기술

1. 데이터베이스 시스템

(1) 전통적 파일처리방식의 문제점

별개의 데이터파일(data file)을 구축하여 데이터의 중복, 일관성 없는 데이터, 경직성, 데이터 공유의 제한, 표준화 결여, 프로그래머 생산성 저하, 프로그램 유지보수의 어려움 등의 문제가 발생한다.

(2) 데이터베이스(Data base)

데이터베이스란, 데이터 중복 최소화, 데이터의 통합된 집합체, 응용프로그램과 독립적으로 구성, 관리, 데이터의 공유 가능(데이터베이스 관리시스템에 의해 가능) 등을 의미한다.

장점	• 데이터 중복: 같은 데이터가 여러 곳에 저장 • 데이터 분리: 다른 응용프로그램에 있는 데이터에 접근 불가 • 데이터 불일치: 데이터 복제가 일치하지 않음
단점	• 데이터 보안: 한번에 많은 데이터를 잃어버릴 수 있음 • 데이터 무결성: 인가되지 않은 사용자에 의해 데이터가 수정·삭제될 수 있음 • 데이터 독립성: 데이터와 응용프로그램이 서로 연결되어 있지 않음

(3) 데이터베이스 관리시스템(DBMS; Database Management System)

조직은 목적을 달성하기 위해 기하급수적으로 통제할 수 없게 증가하는 데이터의 부정적인 영향을 줄이거나 감소해야 하는 여러 가지 기법이나 조치를 활용해야 한다. 따라서 데이터의 입력·처리·출력 지원, 데이터베이스 유지·관리 등을 하는 것(보안규칙을 수립, 액세스 권한을 관리, 데이터를 정기적으로 백업, 데이터 침해 시 신속한 복구, 데이터베이스의 규격과 표준을 설정, 데이터 무결성 보호 등)이다. 구성요소는 사용자(최종사용자, 데이터베이스 관리자), 응용프로그램(데이터의 처리), 데이터 사전, 데이터베이스 관리시스템, 데이터베이스(물리적 저장)이다.

2. 정보통신

(1) 발전과정

'전기통신 → 데이터통신 → 컴퓨터통신 → 고도의 정보통신'의 순으로 발전한다.

(2) 정보통신의 역할

① 정보자원의 효율적인 활용 가능: 값비싼 정보자원의 공유를 통함
② 다양한 경로를 통한 정보 접근 가능: 기기 고장 시 다른 기기 이용 가능
③ 정보처리비용 절감: 상대적으로 저렴한 정보통신망 활용

④ 조직 내 수평적 · 수직적 의사소통의 원활화

⑤ **경쟁적 우위 확보 가능**: 거리, 시간상의 제약 감소로 인한 업무의 효율성과 효과성 증대

(3) 통신망의 종류

① LAN: 근거리 통신망

② WAN: 원거리 통신망, LAN과 공중통신망 연결

③ MAN: 광대역 지역정보통신망, 지역적으로 산재한 LAN의 상호 접속

④ ISDN: 종합정보통신망, 여러 통신서비스를 하나의 통신망에 의해 종합적으로 제공, 정보 전송과 처리의 디지털화로 정보전송의 신속성과 신뢰성 향상

⑤ B-ISDN: 광대역 종합정보통신망, 전화망 + 사설망 + 방송망 + ISDN + 고속 광대역영상통신 서비스

(4) 정보통신 활용

① 전자문서교환(EDI)

거래서식을 통신망을 이용하여 직접 전송할 수 있고, 거래문서의 표준양식과 전달되는 데이터 형식의 통일이 필요하며, 기존의 전달 지연과 배달의 불확실성을 제거할 수 있다.

② 부가가치통신망(VAN)

통신망을 직접 보유하지 않고 부가가치통신(기존의 통신망을 이용하여 정보 전송이나 처리를 대신 해 주는 사업)을 이용함으로써 비용을 절감하고, 업무의 효율성을 획득할 수 있다.

③ 근거리통신망(LAN)

부문단위의 개별적 컴퓨터들을 서로 연결한 통신망, 데이터, 프로그램, 고가의 하드웨어(프린터, 모뎀 등)의 공유가 가능하다.

3. 인공지능과 전문가시스템

(1) 인공지능(AI)

인공지능이란, 지능을 기계로 실현하고자 하는 연구 분야를 가리키며, 기본 도구는 컴퓨터언어, 언어의 구현환경 등이다. 과정은 계획수립 → 탐색 → 문제해결 → 지식표현 순이다.

(2) 가상현실(VR; virtual reality)

인간의 감각을 이용하여 가상(사이버) 공간을 현실처럼 인식시키는 것으로, 인공으로 만들어 낸 가상의 특정 공간 · 환경 · 상황에서 사용자의 오감을 자극하여 실제와 유사한 공간적 · 시간적 체험을 가능하게 하는 시뮬레이션(simulation)이다.

(3) 전문가시스템(ES)

인공지능의 가장 성공적 분야로서, 특정 전문분야에서 전문가의 축적된 경험과 전문지식을 시스템화하여 의사결정을 지원하거나 자동화하는 정보시스템이다.

구성요소는 다음과 같다.

① **지식베이스(KB)**: 전문지식을 컴퓨터가 이해할 수 있는 형태
② **추론기관(IE)**: 저장된 지식에 근거하여 추론 수행
③ **설명기관(EU)**: 추론과정 설명
④ **인터페이스기관(UIU)**: 사용자와 시스템간의 인터페이스를 가능하게 하는 기관
⑤ 데이터베이스

01 각 대안에 대한 확률을 알고 있는 상황하에서 최적대안을 결정하는 경우 적합한 의사결정기법은 무엇인가?

① 선형계획법　　　　　　　　　　　② 비선형계획법
③ 운송계획법　　　　　　　　　　　④ 마아코브연쇄모형

해설　　　　　　　　　　　　　　　　　　　　　　　　　　　　　　　　　답④

미래 형태를 예측하기 위해 시스템의 현재 상태를 분석하는 기법이다.

02 선형계획법의 전제조건으로 옳지 않은 것은?

① 선형성　　　　　　　　　　　　　② 확정(확실)성
③ 불가분성　　　　　　　　　　　　④ 가산성

해설　　　　　　　　　　　　　　　　　　　　　　　　　　　　　　　　　답③

선형계획법의 전제조건 중 하나는 가분성이다.

03 PERT-CPM에 대한 설명으로 옳지 않은 것은?

① PERT는 확률적 모형이고, CPM은 확정적 모형이다.
② 사업의 지연, 중단, 활동 간의 상충을 극소화할 수 있으며, 여유시간이 0보다 크면 자원의 과잉을 의미한다.
③ 대규모 1회 프로젝트의 일정계획을 계획·통제하기 위해서 특별히 개발된 네트워크 모형이다.
④ 주공정은 사업을 완성하는 데 가장 긴 작업시간이 예상되는 공정을 의미하며, 반드시 하나만 존재한다.

해설　　　　　　　　　　　　　　　　　　　　　　　　　　　　　　　　　답④

주공정은 작업시간이 가장 긴 공정을 예상하는 공정이고, 이것은 두 개 이상도 존재할 수 있다.

04 제약식이 반드시 등식이 아닌 것은?

① 수송법

② 할당법

③ 목표계획법

④ 정수법

> **해설** 답 ④

제약식이 반드시 등식인 것은 수송법, 할당법, 목표계획법이다.

05 실행가능기저해를 개선하기 위한 기법으로 옳은 것은?

① 징검다리법

② 보겔의 접근법

③ 북서코너법

④ 최소비용란법

> **해설** 답 ①

수송법에서 최적해를 구하여 해를 개선하는 방법은 ① 징검다리법과 수정배분법이 있다.

06 경영정보시스템 용어에 대한 설명으로 옳지 않은 것은?

① 비즈니스 프로세스 리엔지니어링(BPR)은 새로운 방식으로 최대한이익을 얻기 위해 기존의 비즈니스 프로세스를 변경하는 것이다.

② 비즈니스 인텔리전스는 사용자가 정보에 기반하여 보다 나은 비즈니스 의사결정을 돕기 위한 응용프로그램, 기술 및 데이터 분석 등을 포함하는 시스템이다.

③ 의사결정지원시스템은 컴퓨터를 이용하여 의사결정자가 효과적인 의사결정을 할 수 있도록 지원하는 시스템이다.

④ 자율컴퓨팅은 지리적으로 분산된 네트워크 환경에서 수많은 컴퓨터와 데이터베이스 등을 고속네트워크로 연결하여 공유할 수 있도록 한다.

> **해설** 답 ④

그리드컴퓨팅에 대한 설명이다.

07 정보시스템으로 인한 조직변화에 대한 설명으로 옳은 것은?

① 중간관리자의 역할이 늘어나다.
② 권위적인 리더십이 필요해지고, 조직 내의 의사결정 권한이 상위층에 집중된다.
③ 경영자층과 하위층의 의사소통이 더욱 쉬워진다.
④ 조직계층의 수가 늘어난다.

해설 답 ③

기업 활동을 컴퓨터와 상호작용을 하는 시스템으로 정보시스템은 의사소통을 빠르고 정확하게 한다.

08 다양한 업무 데이터베이스로부터 정보를 모아 비즈니스 분석활동과 의사결정 업무를 지원하는 것으로 옳은 것은?

① 자료중심적 웹사이트(data-focused web-site)
② 데이터웨어하우스(data warehouse)
③ 비즈니스 프로세스 관리시스템(business process management system)
④ 의사결정지원시스템(decision support system)
⑤ 관리통제시스템(managerial control system)

해설 답 ②

다양한 업무 데이터베이스로부터 정보를 모아 놓은 중앙저장소(창고)로써 비즈니스 분석활동과 의사결정 업무를 지원하는 것은 데이터웨어하우스(data warehouse)이다.

09 기업이 미래 의사결정 및 예측을 위하여 보유하고 있는 고객, 거래, 상품 등의 데이터와 각종 외부데이터를 분석하여 숨겨진 패턴이나 규칙을 발견하는 것으로 옳은 것은?

① 데이터 관리(data management)
② 데이터 무결성(data integrity)
③ 데이터 마이닝(data mining)
④ 데이터 정제(data cleaning)

해설 답 ③

데이터와 각종 외부데이터를 분석하여 숨겨진 패턴이나 규칙을 발견하는 것은 ③ 데이터 마이닝이다.

10 기업의 정보보안 취약성 증가 요인으로 옳지 않은 것은?

① 신뢰성 높은 네트워크 환경
② 더 작고, 빠르고, 저렴해진 컴퓨터와 저장장치
③ 국제적 범죄조직의 사이버 범죄 진출
④ 점점 복잡하며, 상호 연결되고, 의존적인 무선 네트워크 환경
⑤ 관리적 지원의 부족

해설   답 ①

신뢰성 높은 네트워크 환경은 기업의 정보보안 취약성 감소하는 요인에 해당된다.

11 컴퓨터, 저장장치, 애플리케이션, 서비스 등과 같은 컴퓨팅 자원의 공유된 풀(pool)을 인터넷으로 접근할 수 있게 해주는 것으로 옳은 것은?

① 클라이언트/서버 컴퓨팅(client/server computing)
② 엔터프라이즈 컴퓨팅(enterprise computing)
③ 온 프레미스 컴퓨팅(on-premise computing)
④ 그린 컴퓨팅(green computing)
⑤ 클라우드 컴퓨팅(cloud computing)

해설   답 ⑤

클라우드 컴퓨팅(cloud computing)은 인터넷 접속을 통해 컴퓨팅 자원이나 응용프로그램을 언제 어디서나 사용할 수 있는 컴퓨팅 환경시스템이다.

12 지리적으로 떨어져 있는 많은 컴퓨터들을 연결하여 가상 슈퍼컴퓨터를 구축함으로써 복잡한 연산을 수행하는 방식으로 옳은 것은?

① 가상화   ② 서버 컴퓨팅
③ 클라이언트 컴퓨팅   ④ 그리드 컴퓨팅

해설   답 ④

지리적으로 분산된 네트워크 환경에서 많은 컴퓨터들의 자원(저장장치, DB 등)을 고속네트워크로 연결해서 자원(정보)을 공유 또는 복잡한 연산을 수행할 수 있는 방식은 그리드 컴퓨팅이다.

13 클라우드 컴퓨팅에 대한 설명으로 옳지 않은 것은?

① 비즈니스 데이터 및 시스템 보안에 대한 우려를 없애준다.

② 자신 소유의 하드웨어 및 소프트웨에 많은 투자를 할 필요가 없다.

③ 사용자는 광대역 네트워크 통신망을 통해 클라우드에 접속하여 업무를 수행할 수 있다.

④ 인터넷을 통해 원격으로 제공되는 자원이나 응용프로그램을 사용하는 것이다.

해설 .... 답 ①

해킹 등의 정보보안이 대표적인 단점이다.

14 경영정보시스템 관련 용어에 대한 설명으로 옳은 것은?

① 데이터 베이스 관리시스템은 비즈니스 수행에 필요한 일상적인 거래를 처리하는 정보시스템이다.

② 전문가시스템은 일반적인 업무를 지원하는 정보시스템이다.

③ 전사적 자원관리시스템은 공급자와 공급기업을 연계하여 활용하는 정보시스템이다.

④ 중역정보시스템은 최고경영자층이 전략적인 의사결정을 하도록 도와주는 정보시스템이다.

해설 .... 답 ④

비즈니스의 일상적인 거래를 처리하는 시스템은 TPS, 데이터를 저장하고 관리하고 일반적인 업무를 지원하는 시스템은 MIS이다.

15 기업에서의 경영정보시스템의 발전 순서로 옳은 것은?

① TPS → MIS → DSS → ES → EIS → SIS

② TPS → MIS → DSS → ES → SIS → EIS

③ MIS → DSS → ES → EIS → SIS → TPS

④ TPS → MIS → SIS → DSS → ES → EIS

해설 .... 답 ①

경영정보시스템(management information systems: MIS)은 조직의 목표를 달성하기 위하여 업무, 정보, 조직구성원 그리고 정보기술이 조직적으로 결합되어 있는 것으로 발전순서는 TPS → MIS → DSS → ES → EIS → SIS이다.

PART 7

재무관리

CHAPTER 01 재무관리 개념

01 재무관리 개념

1 재무관리 개념

재무관리(finance management)란, 기업이 필요로 하는 자금을 효율적으로 조달하고, 조달된 자금을 효율적으로 운용하는 것과 관련된 이론과 기법을 연구하는 학문이다. 즉, 기업의 가치와 증권의 가치를 평가하여 그 가치를 증대시키는 것이 재무관리이다.

협의 (狹義)	• 전통적인 재무관리로서, 기업의 재무관리자의 관점에서 자금조달과 운영을 의미함 • 기업이 필요로 하는 자금을 효율적으로 조달하고 그 조달된 자금의 운용과 관련된 재무의사결정을 보다 효율적으로 수행하기 위한 이론과 기법
광의 (廣義)	현대적인 재무관리로서, 기업재무론 이외의 투자론(investment theory)과 금융론(financial market theory) 등을 포함

TIP+ 투자론과 금융론

1. **투자론**
   증권시장을 분석대상으로 하며, 증권에는 주식, 채권, 여러 가지의 파생금융상품이 포함된다. 증권시장은 기업이나 정부 등의 조직이 증권을 발행하여 필요한 자금을 조달하기 위한 시상으로, 일반직으로 지금의 수요자와 공급자가 만나는 시장을 말한다.

2. **금융론**
   금융시장에 관한 이론과 금융기관의 경영활동을 연구대상으로 하는 분야를 말한다.

<표 1-1> 재무관리의 개요

재무관리	기업 및 증권가치의 평가와 가치증대를 위한 의사결정의 연구		
구성	의미	기업재무(협의)	투자론(광의)
	대상	기업	증권시장
	의의	기업가치 극대화를 위한 재무의사결정을 연구	증권가격의 결정원리 연구 (주식, 채권, 파생금융상품 등)
	관계	기업이나 증권에 투자함으로써 얻어지는 미래의 현금흐름을 평가하여 투자의사결정을 하는 것	

2 재무관리 목적

재무관리를 보다 효율적으로 수행하기 위해서는 재무관리의 목표를 분명히 설정해야 한다. 이는 재무담당자가 투자의사결정과 자본조달의사결정을 하는 데 매우 중요한 기준이 되기 때문이다. 따라서 대표적인 재무관리의 목적은 이윤극대화, 기업가치의 극대화, 경영자 이익극대화 3가지로 구분할 수 있다.

1. 이윤(이익)극대화

기업의 궁극적인 목표가 영리추구이므로 재무관리의 목표와 같다고 할 수 있다. 또한 전통적으로 이익극대화가 재무관리의 목표로 간주되어 현재까지도 동일하게 인식되고 있다.

> **☑ 핵심체크**
>
> **이익극대화의 문제점**
> 1. 이익의 개념이 모호하다. 이익을 영업이익, 당기순이익, 주당순이익 중 어느 것으로 할 것인가에 대해 불분명하다.
> 2. 화폐의 시간가치를 무시하고 있다. 서로 다른 시점에서 발생하는 이익을 정확하게 평가할 수 없다.
> 3. 미래의 불확실성을 무시하고 있다. 미래에 실현되는 이익에 대한 크기만 고려할 뿐 이익의 실현가능성에 대해서는 고려하지 않고 있다.
> 4. 이익계산의 일관성이 결여되어 있다. 기업회계기준은 회계처리방법이 다양하여 기업마다 어떤 회계처리방법을 선택하느냐에 따라 이익이 상대적으로 다르다.

2. 기업가치의 극대화(주가의 극대화; 자본가치 극대화; 현대재무관리의 목표)

현재 시점에서는 이윤극대화는 많은 문제점으로 인해 재무관리의 목표로 적절하지 않다. 따라서 현대의 재무관리에서는 기업가치 극대화를 보다 타당한 재무관리의 목표로 인식하고 있다.

(1) 기업가치 극대화의 의의

기업가치 극대화란, 미래에 벌어들일 현금흐름의 현재가치(부가가치 + 자본가치)로서, 기업가치란, 기업이 현재 보유하고 있는 유·무형 자산들의 미래의 수익창출 능력을 현재 시점에서 평가한 가치를 말한다. 기업 가치를 결정하는 요인에는 기업 내적 요인과 기업 외적 요인이 있다.

내적 요인	질적 요인	경영자의 자질, 주주, 입지조건, 노사관계, 연구개발투자역량, 인력구성 등
	양적 요인	수익성, 재무구조, 배당성향, 재무제표에 관한 사항 등
외적 요인	시장 내적 요인	시장규제, 부양조치, 투자자의 심리와 동향 등
	시장 외적 요인	경기순환, 물가, 금리수준, 통화신용, 재정정책, 환율 등

• 상품으로의 기업 가치는 M&A(기업인수 · 합병) 시 기업을 매입하기 위해 지불하는 가치와 기업공개 시 공모주식을 매입하기 위해 지불하는 가치가 있다.
• 기업가치 극대화는 채권자의 지분이 일정하고, 기업의 발행주식 수가 일정할 때 주주부의 극대화 또는 주식가격의 극대화와 일치하며, 기업가치 극대화는 NPV의 극대화를 통해서도 달성 가능하다.

1. 기업가치 = 자기자본가치 × 부채가치(일정)
2. 자기자본가치 = 주식가격 × 발행주식 수(일정)
∴ 기업가치 극대화 → 주주부의 극대화 → 주식가격 극대화

(2) 기업가치 극대화의 타당성

① 기업가치의 개념(현재가치)이 명확하다.

기업가치는 기업의 미래현금흐름을 위험을 고려한 할인율로 할인한 현재가치로서 그 개념이 명확하다.

② 화폐의 시간가치를 고려한다.

③ 미래현금흐름의 불확실성을 고려한다.

기업가치를 계산할 때 이용되는 할인율에는 위험이 반영되어 있으므로 미래현금흐름의 불확실성을 적절히 고려한다.

④ 기업가치는 객관적인 측정이 가능하다.

기업가치는 증권시장에서 주가로 측정할 수 있다.

(3) 기업가치의 극대화는 이익극대화의 문제점을 해결

① 재무관리의 목표를 파악할 때 이익으로 하지 않고 현금흐름으로 파악한다.

② 화폐의 시간가치를 고려하고 현금흐름을 할인하여 현재가치로 파악한다.

③ 할인율에는 현금흐름의 불확실성을 반영하여 그에 상응하는 위험을 반영한다.

(4) 기업가치 극대화 방안

판매량관리	• 신규고객 확보, 기존고객유지 및 관계강화, 생산량 증대 등 • 최적가격실현 및 가격경쟁력 강화 등
수익 향상	• 경영관리: 고객 교류 효율성 향상, 경영의 효율성 향상 등 • 원가관리: 생산 및 관리의 효율성 증대, 제품계열의 최적화 등 • 신제품 개발: 연구개발(R&D) 능력의 강화 등
자산관리	• 건물, 공장 및 장비: 사업장 및 인프라, 장비 및 시스템 효율 증대 등 • 재고관리: 완제품, 원자재 및 재공품 재고관리 등 • 매출채권 및 매입채무관리: 채권 및 채무관리 효율 증대 등

3. 경영자 이익극대화

(1) 경영자 이익극대화의 의의

경영자 이익극대화란, 소유와 경영이 분리된 현대기업에서, 경영자는 자신의 이익을 극대화하려는 의사결정을 할 수 있는데, 경영자는 기업가치를 극대화하기 보다는 기업의 외형을 확장시키는 데 노력하는 것을 의미한다. 이는 기업의 규모가 커지고 성장함에 따라 빈번히 발생한다.

(2) 경영자 이익극대화의 문제점 개선

경영자의 이익극대화가 주주들의 목표와 일치하지 않고 상충하는 경우, 주주들은 자신들의 가치 감소를 방지하기 위해 이사회를 통해서 경영자를 감시하게 된다. 따라서 경영자는 주주들의 이익을 극대화함으로써 자신들의 이익도 증가시킬 수 있는 방법을 택해야 한다. 궁극적으로는 기업가치의 극대화가 경영자이익의 극대화와 일치하게 되므로 주주들은 경영자를 확실하게 지배할 수 있는 제도적 장치 및 상황을 조성해야 한다.

> **TIP+ 재무관리의 목표**
>
> 1. 기업가치 극대화 = 자기자본가치 극대화 = 경영자이익 극대화
> 2. 회계적 이익을 극대화하는 것이 아니라, 기업의 가치를 극대화하는 것이다.

3 재무경영자(CFO; Chief Financial Officer) 주요 의사결정 유형

[그림 1-1] 재무의사결정의 유형

1. 투자의사결정(investment decision)

투자의사결정이란, 어떤 자산에 어떤 규모로 투자할지에 대한 의사결정으로서, 기업이 필요로 하는 자산취득에 관한 의사결정을 의미한다. 이것은 기업 자산의 최적배합을 이루려고 하는 것으로 자본예산(capital budgeting)이라고도 한다.

따라서 투자결정에 의해서 기업자산의 규모와 구성이 결정되고, 투자수명이 상대적으로 긴 건물이나 기계설비 등과 같은 비유동자산의 투자결정은 기업에 장기적인 영향을 미치므로 중요하며, 그 결과는 재무상태표의 차변에 기재한다.

2. 자본조달의사결정(financing decision)

자본조달의사결정이란, 기업의 자산취득에 필요한 자금을 어떤 원천에서 어느 정도 조달할지에 관한 의사결정으로서, 자본의 최적배합에 관한 의사결정을 말한다.

자본조달결정에 의해 부채 및 자기자본의 규모와 구성이 결정되고, 조달된 자본과 관련하여 부담하게 되는 자본비용은 기업가치에 큰 영향을 미친다. 따라서 자본비용을 최소화해야 하며, 그 결과는 재무상태표의 대변에 기재한다.

3. 배당의사결정

배당의사결정이란, 투자의 결과로 실현(창출)된 순이익을 배당금과 유보이익으로 나누는 의사결정을 말한다. 즉, 영업활동으로 얻는 현금을 주주에게 배당으로 지급하거나 사업에 재투자할지를 결정하는 것이다.

배당금은 순이익에서 유보이익을 뺀 값이며, 유보이익의 결정은 자본조달의사결정에 해당되므로 배당의사결정은 자본조달의사결정의 잔여적 의사결정이라고 할 수 있다.

4. 재무자료분석

기업의 의사결정에 관련된 여러 가지의 관련된 정보를 얻기 위해서 재무자료와 회계자료를 수집·분석하여 정보이용자에게 필요한 정보를 제공하는 기능을 한다.

TIP+ 유동성관리

기업이 영업활동을 하는 과정에서 현금의 유입과 유출은 시간적인 측면에서 다르다. 재무상태표(statement of financial position)에서 유동자산과 유동부채의 차이인 순운전자본을 관리하면서 단기적 자금을 운용하는 것을 말한다.

<표 1-2> 재무경영자의 의사결정

구분	투자의사결정	자본조달의사결정	배당의사결정
목표	기업가치의 극대화		
의의	어떤 자산에 얼마나 투자할 것인가에 대한 의사결정	자기자본과 타인자본의 구성을 최적화하는 의사결정	재투자비율 및 배당비율에 대한 의사결정
방법	최적의 자산구성을 취하고자 하는 것으로서 주로 재무상태표의 차변에 나타나는 항목을 결정	• 자기자본 조달방법: 주식을 발행하여 주주로부터 자금을 조달(보통주, 우선주를 결정) • 타인자본 조달방법: 금융기관이나 채권투자자들로부터 차입(장기차입, 단기차입 결정)	주주에게 배당금액을 결정하는 의사결정으로, 채권자에 대한 이자나 원금지급은 의사결정대상이 아님

TIP+

재무관리의 핵심은 투자의사결정과 자본조달의사결정으로 볼 수 있다.

4 기업 목표

재무관리에서는 기업의 일차적인 목표를 기업가치의 극대화로 본다. 시장가치로 표시한 재무상태표의 차변은 기업의 자산을 사용하여 벌어들일 수 있는 미래현금흐름에 의해 결정되므로, 기업가치의 극대화는 대변의 주식가치와 부채가치의 합을 극대화하는 것을 의미한다.

1. 기업가치 극대화

기업가치는 타인자본과 자기자본의 합으로 구성되며, 타인자본의 가치는 대부분 일정하므로 기업가치 극대화는 자기자본가치의 극대화가 된다.

자기자본가치의 극대화는 자본구성의 분자인 주식수로 나눈 주가의 극대화이다. 즉, 기업가치의 극대화는 주주가치를 극대화시키는 것이다.

(1) 주주

기업의 소유자로, 주식의 처분으로 조달자금을 상환하고, 기업의 청산 시 잔여 청구권자이다.

(2) 자기자본가치 극대화와 기업가치 극대화의 관계

① 기업가치가 확정금액에 대한 청구권자들에게 지급할 금액보다 클 경우에는 자기자본가치의 극대화는 기업가치 극대화와 동일한 목표가 된다.

② 대리문제가 발생하는 경우에는 자기자본가치의 극대화가 기업가치 극대화와 일치하지 않는다.

2. 주주와 채권자의 비교

<표 1-3> 주주와 채권자의 특징 및 비교

구분	주주	채권자
기업의 소유 여부	기업의 법적 소유자, 주주총회에서 의결권을 가지며 이사선임권을 가짐	기업에 자금을 빌려준 사람으로, 소유자는 아님
조달자본의 계상	재무상태표에 자기자본으로 계상	재무상태표에 타인자본으로 계상
원금의 상환	만기가 없음, 기업이 청산하는 경우를 제외하고는 기업으로부터 원금을 상환받지 못함	계약서에 미리 정한 만기에 원금을 상환받음
이자의 지급	기업의 경영성과에 따라 배당금을 지급받음	차입시점에 정해진 액수와 지불시기대로 이자를 지급받음
권리와 의무	기업의 청산 시 잔여청구권만을 가지며, 다른 청구권자에게 유한책임을 짐	기업의 청산 시 주주에 우선하여 권리를 행사할 수 있음

02 재무관리 환경

1 재무관리 환경

재무관리의 환경은 증권시장, 금융시장, 금융중개기관으로 구분한다.

1. 증권시장

증권시장(stock market; securities market)이란, 증권(권리를 증명한 문서)이 발행(발행시장)되어 투자자에 취득되기까지의 과정 및 투자가 상호 간에 증권이 유통(유통시장)되는 과정을 총괄하는 추상적인 시장을 말한다.

> **TIP+ 유가증권**
> 돈으로서의 가치가 있는 문서로, 추상적인 권리를 구체화하고 권리의 유통성을 증대시킨다.
> 예 현금, 주식, 채권, 수표, 파생상품, 사채, 펀드, 상품권 등

증권시장은 발행시장과 유통시장으로 나눈다.

(1) 발행시장

발행시장(primary market; issue market)이란, 1차 시장(추상적 시장)이라고도 하며, 새로 발행되는 유가증권이 최초의 투자가에게 이전되는 시장이다.

자금의 수요자	정부, 기업, 지방공공단체 등
자금의 공급자	개인투자가, 은행, 증권사, 신탁회사, 보험회사 등
직접발행	발행주체가 직접 일반대중으로부터 모집
간접발행	중개기관이 개입

(2) 유통시장

유통시장(secondary market)이란, 2차 시장(구체적 시장)이라고도 하며, 이미 발행된 유가증권이 공정한 가격으로 매매·유통되는 구체적인 거래시장이다. 유통시장은 발행시장에서 발행된 유가증권의 시장성과 유동성을 높여서 언제든지 적정한 가격으로 현금화할 수 있는 기회를 제공한다.

장내시장 (거래소시장)	• 유가증권이 거래되는 구체적인 시장 • 상장증권의 대량집단거래 방식으로 매매 • 유가증권의 공정한 가격형성과 유가증권 유통의 원활화를 도모 예 증권거래소, 선물거래소
장외시장 (점두시장)	• 거래소가 아닌 장소에서 유가증권의 매매 • 증권업자와 투자가 간에 비상장증권이나 거래단위 미만의 증권이 산발적으로 매매 • 비정규적인 시장으로 거래소시장의 보완적 역할

의사결정의 기준은 증권시장(securities market)에서 찾을 수 있다. 실물자산 투자 시 기대수익률과 증권시장 투자 시의 기대수익률을 비교하고, 주식발행과 채권발행, 재투자와 배당 중 어느 쪽이 기업가치를 증가시킬 것인가를 분석하기 위해서, 증권시장에서 증권가격이 어떻게 결정되는지를 이해해야 한다.

금융자산을 증권이라고 하며, 주식과 채권이 대표적이다. 기업은 금융자산을 발행하여 실물자산에 투자하여 수익을 창출한다. 그러므로 기업의 미래수익은 실물자산의 수익에 달려 있다고 할 수 있다.

> **TIP+** 실물자산과 금융자산
>
> **1. 실물자산**
> 실제의 상품과 주식이 매매되는 시장[유형의 물적자산(인적자원도 포함)]으로, 재화와 용역의 생산능력을 결정하고 사회의 부를 결정하는 바탕이 된다.
> 예 토지, 건물, 기계, 부동산, 금, 예술작품, 골동품 등

2. 금융자산
- 증권(주식·채권·파생상품 등)으로 실물자산으로부터 발생하는 현금흐름에 대한 청구권이다.
- 정보소통이 자유롭고 자산거래에 아무런 제약이 없는 시장에서는 경제 전체의 생산에 직접 공헌하지는 않으나 생산활동을 원활히 하는 데 간접적인 도움을 준다.
- 기업의 자산투자는 업종에 따라 다르다.
  - 예 제조업은 실물자산에, 금융기관은 금융자산에 투자하는 비중이 큼

(3) 증권시장 주요 기능
① 자금의 수요와 공급을 연결시킴으로써 사회적 탐색비용을 감소시킨다.
② 소유와 경영의 분리가 가능하여 기업 활동의 효율성을 증대시킨다.
③ 자원의 효율적 배분

　　기업의 투자의사결정의 기준을 제공한다. 기업은 실물자산 투자 시의 기대수익률을 증권 시장 투자 시의 기대수익률과 비교함으로써 실물자산 투자 여부를 결정한다.
④ 효율적인 증권시장의 존재로 인해 대리인문제를 감소(경영자와 주주)시킨다.

✅ 핵심체크

증권시장의 효율적 시장가설의 형태

증권시장의 효율적 시장이란, 증권가격이 이용 가능한 모든 정보를 신속·정확하게 반영하는 시장을 의미하며, 정보 효율적이란 새로운 정보가 발생하면 신속·정확하게 반영할 것이고, 주가는 연속적으로 무작위적으로 움직이기 때문에 초과수요를 얻을 수 없는 시장을 말한다. 현재의 증권시장은 효율적인지 비효율적인지 구분하기는 어렵고, 파마(E. Fama)가 정보의 효율성의 크기에 따라 강형, 준강형, 약형으로 구분하였다.

1. 강형
공개된 정보뿐만 아니라 공개되지 아니한 내부정보까지 주가에 반영되어 있다는 시장을 말한다. 비공개된 정보까지도 주가에 반영되어 있으므로, 투자자는 어떠한 정보에 의해서도 초과수익을 얻을 수 없다. <과거의 정보 + 공표된 정보 반영 + 내부정보 포함>

2. 준강형
새로운 정보가 공개되는 즉시 신속·정확하게 주가에 반영되는 시장으로 현재의 주가는 공개적으로 이용 가능한 모든 정보를 반영하여, 공표된 정보에 근거한 투자전략으로 투자자는 초과수익 획득이 불가능하다. <과거의 정보 + 공표된 정보 반영>

3. 약형
현재의 주가는 과거의 역사적 정보(과거의 주가변동형태)를 반영한 것으로, 투자자는 과거의 주가변동의 형태와 이를 바탕으로 한 투자전략으로는 초과수익 획득 달성이 불가능하다. 현재·미래의 정보를 획득·분석할 수 있다면 초과수익이 가능하다. <과거의 정보가 반영>

1. 대리인문제(agency problem)

   소유와 경영의 분리로 경영자는 주주를 대신하여 의사결정(decision)을 해야 하는 대리인이라 할 수 있다. 이때 주주와 경영자 간에 이해관계가 상충(相衝)될 경우 경영자는 주주의 부를 극대화하지 않고 자신의 이익을 극대화하기 위한 의사결정을 한다. 이를 대리인문제라고 한다.

2. 대리인비용(agency cost)

   대리인문제를 해결하기 위해 비용이 수반되는데 이를 대리인비용이라고 한다. 이러한 대리인문제를 해결 내지는 완화시키는 현실적인 방안은 다음과 같다.

   - 경영자시장에서의 경쟁
   - M&A를 통한 경영자의 교체 압력
   - 이사들에 대한 주주총회 선임권
   - 경영자보상제도(스톡옵션 등)
   - 백지위임장투쟁(대리투쟁) 등

2. 금융시장

금융시장(financial market; money market)이란, 은행과 기업, 또는 금융기관 상호 간에 매일 규칙적으로 금융거래가 이루어지는 시장을 말한다. 금융시장에서 '돈의 가격'이라고도 할 수 있는 금리가 결정되고 그 금리에 따라 일정액의 자금이 거래되기 때문에 신용시장이라고도 한다.

금융시장은 자금공급자인 투자자가 증권을 매입함으로써 증권을 발행한 자금의 수요자에게로 자금이 이동하는 직접 금융이 일어난다.

금융시장은 금융의 종류에 따라서 화폐시장(단기금융시장)과 자본시장(장기금융시장)으로 구분한다.

단기금융시장 (화폐시장)	만기 1년 미만의 금융자산이 거래되는 시장 예 단기국·공채, 양도성예금증서, 콜자금, 기업어음, 환매조건부채권 등
장기금융시장 (자본시장)	만기가 1년을 넘는 금융자산이 거래되는 시장 예 주식, 채권(국채, 회사채, 금융채), 통화안정증권 등

(1) 화폐시장(money market)

화폐시장에서는 만기가 1년 미만인 단기채권이 거래되는 시장(단기금융시장)으로, 주로 2~3개월 단기자금이 거래된다.

단기적인 자금과부족을 해소하기 위한 시장으로 거래금액이 크고 유동성이 높으며, 상대적으로 부도위험이 낮다. 단기채권은 유동성이 높고 현금화가 쉽기 때문에 현금등가물이라고 한다.

예 콜, 환매조건부채권, 양도성예금증서, 기업어음, 통화안정증권 등

TIP+ 콜(call)거래

금융기관들이 일시적인 자금과부족을 조절하기 위해 초단기로 자금을 차입 또는 대여하는 금융기관 간의 거래이다. 콜시장에서 결정되는 콜금리는 단기금리의 지표로 활용되고 있다.

1. **환매조건부채권(RP)**

    일정한 기간이 경과한 후 미리 정해진 가격으로 동일 채권을 다시 매수하거나 매도하는 조건으로 매매하는 채권을 말한다.

2. **양도성예금증서(CD)**

    은행의 정기예금에 양도성을 부여한 증서이다. CD의 최단만기는 30일 이상으로 1개월과 3개월이 주종을 이루고 있다.

3. **기업어음(CP)**

    기업의 상거래와 관계없이 단기자금을 조달할 목적으로 기업이 자기신용에 입각하여 발행하는 만기 1년 이내의 융통어음이다.

4. **통화안정증권**

    한국은행이 시중의 통화량조절을 목적으로 금융기관 및 일반을 대상으로 발행하는 증권(할인채와 이표채로 구성)이다. 발행된 통화안정증권은 증권회사와 종합금융회사를 중개기관으로 하여 유통시장에서 거래된다. 공모발행의 경우 2년 이내의 만기를 가진다.
    ※ 만기: 28일, 63일, 182일, 392일, 546일, 2년
    ※ 액면가(5종류): 100만 원, 500만 원, 1천만 원, 5천만 원, 1억 원

(2) 자본시장(capital market)

자본시장은 1년 이상의 만기 채권과 기업의 소유지분인 보통주와 우선주의 주식이 거래되는 시장을 말한다(장기증권이 거래되는 시장).

자본시장은 다시 채권시장과 주식시장으로 분류한다.

채권시장	기업이나 정부가 장기자금을 조달하기 위해 발행하는 만기 1년 이상의 채권이 거래되는 시장
주식시장	기업의 소유지분을 나타내는 보통주와 우선주 등이 거래되는 시장

간접금융방식의 장기대출시장과 직접금융방식의 증권시장으로 구분된다.

<표 1-4> 자본시장과 금융시장의 비교

구분	자본시장	금융시장
금융형태	직접금융	간접금융
거래수단	사채·주식 등	어음, 수표, 예금, 대출 등
시장거래기관	증권회사, 투자신탁, 보험사	은행, 투자금융회사, 리스사

직접금융과 간접금융의 비교

1. 직접금융

자금의 이전이 자금의 최종수요자와 최종공급자 사이에서 직접 이루어지는 금융을 말한다. 채권발행으로 조달된 자금은 기업의 타인자본으로, 주식발행을 통해 조달된 자금은 기업의 자기자본으로 분류된다. 금융기관이 개입되지 않은 것으로 증권시장을 통해 이루어진다.

예 채권, 주식 등

2. 간접금융

금융 중개기관을 통해 자금이 중개(금융기관이 개입)되는 경우를 말한다. 금융 중개기관은 자신의 명의와 책임하에 간접증권을 발행하여 조달한 자금을 자금의 최종수요자에게 공급한다.

예 어음, 수표, 은행차입 등

(3) 금융시장의 기능

① 위험분산

금융기관을 믿고 자금을 맡기므로, 자금을 보유하는 데 따른 위험을 감소하며 금융기관은 안전하게 자금을 운용하여 위험을 분산해 준다.

② 금융자산의 가격결정

다양한 금융기관에서 선호하는 금융상품을 선택할 수 있어 가격결정 기능을 수행한다.

③ 파생금융상품 제공

④ 유동성 공급

자금(현금)을 직접 보유하지 않더라도 필요 시 금융시장을 통해 자금조달이 가능하다.

⑤ 시간과 비용절감

금융시장이 존재함에 따라 거래 상대방을 찾거나 투자처를 찾는 시간과 비용을 절감하게 한다(자금공급자와 수요자를 중개하는 기능).

⑥ 시장규율(감시기능) 등

TIP+

1. 주식시장

유가증권시장(장내시장; 거래소시장), 코스닥시장, 프리보드(상장 ×)

2. 금융자산

유가증권이라고 하며 자산이 창출해 낼 미래 현금흐름에 대한 분할적인 청구권이나 자산에 대한 소유지분을 표시하는 증서를 말한다.

예 은행예금, 주식, 채권, 수익증권, 보험증서, 외국환, 할인어음 등

1. 금융자율화

금융글로벌화 이후 개방된 금융시장에서 경쟁하기 위해 정부의 통제와 규제에 대한 완화가 불가피하다. 금융자율화에 의해 금융산업의 대외개방이 촉진되고 진입제한이 완화되며, 금융기관의 업무영역에 대한 장벽도 점차 철폐된다.

2. 가격자유화

국가 간, 시장 간 자본의 이동이 자유로운 환경에서 금융시장 간, 금융기관 간에 경쟁이 유발되고 가격은 순수한 시장원리에 의해 결정된다.

3. 금융의 증권화

증권발행을 통한 자금조달이 증가하는 현상이며 간접금융에서 주식과 채권을 발행을 통해 직접금융으로 전환되고 증권시장의 기능이 강화된다.

(4) 대표적인 발행주식 종류

보통주	• 주식회사에 출자한 증표로 의결권이 있음 • 이익의 배당을 받음 • 회사가 해산될 경우 잔여재산의 분배(청구)를 받을 수 있음 • 기업은 발행한 보통주에 대해 상환의무가 없음
우선주	• 의결권이 없음 • 배당금을 보통주보다 우선하여 지급받음 • 기업의 잔여재산에 대해 보통주주보다 우선적인 청구권을 가짐 • 회사 설립 시 발기인을 우대하기 위해 발행 • 기존 주주들의 경영권 보호차원에서 발행 • 일반적으로 보통주보다 낮은 가격 책정

1. 누적적우선주

미지급된 배당이 다음 연도로 이월되어 누적된다.

2. 비누적적우선주

당해 연도에 지급되지 않은 배당은 누적되지 않고 소멸된다.

3. 전환우선주

일정기간이 지나면 보통주로 전환할 수 있는 권리가 부여된 우선주이다.

4. 비전환우선주

보통주로 전환할 수 있는 권리가 없다.

3. 금융중개기관

금융자산을 자금의 공급자와 수요자가 직접 거래를 하면 많은 문제점이 야기될 것이다. 이를 해결하기 위해 전문성을 갖춘 제3자가 자금 공급자로부터 자금을 예치받아서 자금의 수요자에게 공급하는 역할을 하는 기관을 금융중개기관(은행, 상호저축은행, 보험회사, 증권금융회사, 연금 및 투자신탁회사 등)이라 한다.

일반적으로 금융시장과 금융중개기관을 합쳐서 넓은 의미의 금융기관이라고 한다.

TIP+

1. **딜러(dealer)**
   딜러는 거래되는 자산에 대해 자기 명의로 재고를 보유하고 있으면서 항시 매도·매수호가를 제시하고, 제시한 가격에 거래를 원하는 고객이 있으면 거래를 이행한다. 가격위험에 노출되고 있고 딜러의 수익원은 매도·매수 가격의 차이이다.

2. **브로커(broker)**
   거래소회원인 증권회사이며, 매수자와 매도자 사이에서 대리인으로서 거래를 성사시켜 주고 수수료를 받는다. 가격변동위험에 노출되지 않는다.

3. **프리보드(Free board)**
   거래소 또는 코스닥시장에 상장(listing)되지 않은 벤처기업의 주식을 거래하기 위한 장외시장(점두시장; 딜러; 브로커)이다.

4. **상장(listing)**
   증권이 거래소에 매매될 수 있도록 일정한 요건을 갖춘 증권을 심사에 걸쳐 등록함으로써 매매거래대상으로 인정하는 것을 말한다.

---

2 금융시장에서 거래되는 증권의 유형

<표 1-5> 금융시장에서 거래되는 증권의 유형

부채증권	단기부채증권	기업어음(CP), 양도성예금증서(CD), 신용장(L/C), 유로달러 등
	채권	국채, 공채, 회사채, 자산유동화증권(ABS)
자본증권	우선주, 보통주	
파생증권	선물, 옵션, 스왑	
혼합증권	전환사채(CB), 신주인수권부사채(BW)	

1. 기업어음(CP; Commercial Paper)

기업이 자금조달을 목적으로 발행하는 어음 형식의 단기채권이다.

2. 양도성예금증서(CD; certificate of deposit)

은행이 예금을 맡았다는 것을 인정하여 발행하는 증서로 제3자에게 양도 가능한 단기금융상품이다. 가장 흔한 유형은 요구불예금증서와 정기예금증서이다.

3. 신용장(L/C; letter of credit)

수입상의 거래은행이 신용을 대외에 제공하고 수입상을 대신하여 약정된 금액·기간·조건에 따라 수출상이 수입상 앞으로 대환어음을 발행하면, 그 어음의 인수 또는 지급에 대해 보증을 하거나 자기 앞으로 어음을 발행하게 하여 그 어음의 인수 또는 지급에 대해 확약하는 증서이다.

4. 자산유동화증권(ABS; asset-backed security)

유동화의 대상이 되는 각종 채권 및 부동산, 유가증권 등의 자산에서 발생하는 집합화된 현금흐름을 기초로 원리금을 상환하는 증서이다.

5. 전환사채(CB; convertible bond)

일정한 조건 아래 발행회사의 보통 주식으로 전환할 수 있는 선택권이 부여된 사채이다.

6. 신주인수권부사채(BW; Bond with Warrant)

사채의 발행조건으로 사채권자에게 신주인수권을 부여하는 사채로서 당해 사채의 상환기간 안에 발행회사의 유상 증자가 있는 경우, 주주에 대한 신주 배정 주식 중 그 일부를 사채권자에게 배정하여 증자에 참여할 수 있도록 하는 조건부 사채이다.

☑ 핵심체크

기업공시(disclosure)제도
주식시장에 상장된 기업의 자료를 공개하는 것으로, 투자자의 합리적인 투자를 돕기 위하여 기업에 대한 정보(경영 실적, 재무 상태, 합병, 증자)를 투자자에게 공개하는 제도이다.

KOSPI(한국종합주가지수)
국내종합지수(주가의 움직임을 숫자로 나타낸 것), 상장기업의 주식의 변동(대기업), 최초자본금 300억↑

KOSDAQ
장외거래 주식을 매매, 벤처기업이나 중소기업이 중심, 최초자본금 30억↑

CHAPTER 02 재무자료 분석

01 재무비율 분석

1 재무비율 분석 개념

재무비율(Financial ratio) 분석이란, 재무제표상의 항목을 서로 대응하는 항목이나 부분으로 분류하여, 개별 항목 간의 연관비율이나 총체적 구성비를 산출하고, 이전의 평균비율이나 표준비율과 비교하여 경영성과 등의 재무상태를 분석·평가하는 것을 말한다.

> **TIP+** 재무비율
>
> 기업의 재무상태와 경영성과를 파악하기 위하여 재무제표상의 서로 관계가 밀접한 항목 간의 관계를 비율로 표시한 것이다.

2 재무비율 분석 유형

1. 시장가치비율

시장가치비율이란, 시장성지표라고도 하며, 기업의 성과와 전망이 주가에 얼마나 반영되었는가를 평가하는 것이다.

(1) PER(주가수익비율)

주가수익비율(PER; Price Earning Ratio)이란, 주가를 주당순이익(EPS; Earning Per Share)으로 나누어 산출(주식의 시장가치를 최근 12개월 동안의 1주당 순이익으로 나눔)한다. 주가수익비율을 분석하면 현재의 주가가 해당 기업 주당순이익의 몇 배인지를 알 수 있다.

$$PER = \frac{주가}{주당순이익}$$

주가수익비율이 높을수록 주가와 주가지수가 고평가되고, 낮을수록 저평가된 것으로 보면 된다.

(2) EPS(주당순이익)

주당순이익(EPS; Earnings Per Share)이란, 기업의 이익이 한 주당 얼마나 되는지를 알아보는 지표로서, 당기순이익을 평균 발행주식수로 나눈 것이다.

즉, 1주가 1년 동안 벌어들인 순이익을 말하며, 주식투자의 중심지표가 된다.

$$EPS = \frac{당기순이익}{발행주식수}$$

EPS가 높을수록 경영실적이 양호하다(배당여력 높음)는 뜻으로, 주식의 투자가치도 높아진다. 주당순이익은 기업의 수익성을 분석하는 중요한 수치로, 주가수익비율(PER; Price Earning Ratio) 계산의 기초가 된다.

(3) 토빈의 q비율(Tobin's q-ratio)

주식시장에서 평가된 기업의 시장가치를 기업 실물자본의 대체비용으로 나눈 것으로, 주로 기업의 신규설비투자에 사용된다(설비투자동향을 설명하거나 기업의 가치평가에 사용). q비율이 1보다 클 경우 자산 시장가치가 대체비용보다 큰 것을 의미한다.

$$q = \frac{시장가치}{대체비용}$$

이는 q비율이 올라갈수록 투자수익성이 양호하고 경영이 효율적이라는 말이다.

q > 1	• 기업의 자산가치가 과대평가 • 기업의 실물자산에 대한 투자를 촉진 · 신규투자
q < 1	• 기업의 자산가치가 과소평가 • 신규투자에 대한 유인이 없다는 의미(M&A대상 기업)
q = 1	대체투자

(4) 시가총액

모든 상장주식을 시가로 평가한 금액으로 상장기업 주식의 총 가치로서, 자본시장의 규모를 나타내는 지표이다.

TIP+ 기타

1. 주가매출액비율(PSR) = $\dfrac{\text{주가}}{\text{주당매출액}}$

2. 주당배당액 = $\dfrac{\text{총배당액}}{\text{발행주식수}}$

3. 배당수익률 = $\dfrac{\text{주당배당액}}{\text{주가}}$

4. 배당률(%) = $\dfrac{\text{주당배당금}}{\text{주식액면가격}}$

5. 주가현금흐름비율(PCR) = $\dfrac{\text{주가}}{\text{주당현금흐름}}$

6. 거래대금회전율 = $\dfrac{\text{총거래대금}}{\text{평균시가총액}}$

7. 거래량회전율 = $\dfrac{\text{주식거래량}}{\text{평균발행주식수}}$

8. 주가수익비율 = $\dfrac{\text{주당주가}}{\text{주당순이익}}$

9. 주가순자산비율(PBR) = $\dfrac{\text{주가}}{\text{주당순이익(자기자본)}}$

✓ 핵심체크

1. PCR이 낮으면 주식이 저평가된다.
2. PER은 높지만 PCR이 낮으면 주식이 저평가된다.
3. PER은 낮지만 PCR이 높으면 주식이 저평가되었다고 판단할 수 없다.

※ 기업분석 전문가들에 의해 PER의 유용성에 의문이 제기되면서 PCR과 함께 사용하여 투자결정지표로 사용되고 있다.

---

2. 안정성비율(기업의 안정도)

(1) 유동비율

유동비율은 유동자산을 유동부채로 나눈 비율이다. 현금, 매출채권, 재고자산 등 단기성자산으로 1년 이내에 만기가 도래하는 단기채무를 상환할 수 있는 능력을 측정한 것으로, 유동부채의 몇 배의 유동자산을 가지고 있는가를 나타내며 이 비율이 높을수록 지불능력이 커진다(일반적인 기준은 200%).

$$\text{유동비율} = \frac{\text{유동자산}}{\text{유동부채}} \times 100, \ \textbf{유동부채비율} = \frac{\text{유동부채}}{\text{자기자본}} \times 100$$

기업의 유동성이 클수록 반드시 좋은 것은 아니다. 유동성이 필요 이상으로 크다는 것은 이 부분만큼을 다른 곳에 투자하여 수익을 올릴 수 있는 기회를 상실하고 있다는 것을 의미하기 때문이다.

즉, 유동비율이 높을수록 수익성이 낮다는 의미이다.

> **✓ 핵심체크**
>
> **1. 유동성비율**
>   단기채무를 상환할 수 있는 기업의 능력(단기채무 지급능력비율)을 나타낸다.
>
> **2. 레버리지(자본구조)비율**
>   ① 기업의 장기채무 지급능력을 나타낸다.
>   ② 기업이 타인의 자본에 어느 정도 의존하는지를 나타내는 비율(부채비율, 자기자본비율, 비유동비율, 이자보상비율, 고정비용보상비율)이다.
>
> $$\text{자기자본비율(\%)} = \frac{\text{자기자본}}{\text{총자본}}, \ \text{비유동비율(\%)} = \frac{\text{비유동자산}}{\text{자기자본}}$$

(2) 당좌비율

당좌자산의 합계액을 유동부채의 합계액으로 나눈 것으로, 기업 유동성의 지표로 이용된다. 이것은 기업의 지불능력의 대소를 보기 위한 것이며 그 비율이 100% 이상, 즉 당좌자산이 유동부채와 동액 또는 그 이상이 되는 것이 이상적이다.

$$\text{당좌비율} = \frac{\text{당좌자산}}{\text{유동부채}} \times 100 = \frac{\text{유동자산} - \text{재고자산}}{\text{유동부채}} \times 100$$

유동자산에서 상대적으로 유동성이 낮은 재고자산을 제외한 것으로, 당좌비율이 높을수록 위급한 상황에서도 현금을 쉽게 동원할 수 있다는 의미이다.

(3) 부채비율

부채 총액을 자기자본액으로 나눈 것으로, 기업자본 구성의 안전도, 특히 타인자본 의존도를 표시하는 지표이다. 기업의 총자본 중에서 채권자들이 제공한 자금의 비율로 부채비율이 낮을수록 기업의 이익은 안정적이라고 할 수 있다(일반적으로 100% 이하를 표준비율).

$$\text{부채비율} = \frac{\text{총부채(타인자본)}}{\text{자기자본}} \times 100$$

(4) 이자보상비율

기업이 이익으로 지불해야 하는 이자를 어느 정도 보상할 수 있는지를 나타내는 지불능력으로, 비율이 높을수록 채권자를 잘 보호하고 주주들도 안정적이다.

$$이자보상비율 = \frac{영업이익}{이자지급액} = \frac{법인세전이익 + 이자비용}{이자비용} = \frac{영업이익}{금융비용(이자비용)}$$

(5) 고정비용보상비율

$$고정비용보상비율 = \frac{법인세전이익 + 재무고정비용}{고정비용}$$

3. 효율성비율

효율성비율은 활동성지표라고도 하며, 기업이 얼마나 활발하게 경영활동하는가(움직이는가)를 나타낸다.

(1) 총자산회전율

총자산회전율은 기업이 자산에 의해 창출된 매출액을 측정하는 것으로, 높을수록 효율적인 영업을 수행한다는 의미이다.

$$총자산회전율 = \frac{매출액}{총자산}$$

(2) 매출채권회전율

기업이 매출액을 현금으로 전환시키는 속도를 측정한 것으로, 외상대금(매출채권)을 얼마나 빨리 회수(회전율)할 수 있는가이다. 매출채권회전율이 높을수록 효율적 영업을 수행, 자산의 활용도가 높다.

$$매출채권회전율 = \frac{매출액}{매출채권}$$

(3) 비유동자산회전율

기업이 비유동자산에 투자한 금액을 얼마나 빨리 회전시키는가를 측정하는 지표로, 높을수록 생산공정이 매우 효율적이거나 비유동자산 투자가 충분하지 않다는 의미이다.

$$비유동자산회전율 = \frac{매출액}{비유동자산} \times 100$$

(4) 재고자산회전율(재고자산회전율↑: 재고자산관리가 효율적)

$$재고자산회전율 = \frac{매출액}{평균재고자산} \times 100$$

$$(평균재고자산 = \frac{기초재고자산 + 기말재고자산}{2}), \quad (재고자산\ 회전기간 = \frac{365}{재고자산회전율})$$

(5) 비유동자산비율

$$비유동자산비율 = \frac{비유동자산}{총자산(자기자본)} \times 100$$

(6) 평균자산(자본)

$$평균자산(자본) = \frac{전기말의\ 자산 + 당기말의\ 자산}{2}$$

4. 성장성비율

성장성분석이란, 전년 대비 기업의 경영성과가 어느 정도 증가하였는지를 평가하는 것이다.

(1) 매출액증가율

매출액증가율이 높게 나타나면서 순이익이 증가한다고 가정하면 그 기업은 현재 빠른 속도로 성장하고 있는 것으로 판단할 수 있다.

$$매출액증가율 = \frac{당기총매출액 - 전기총매출액}{전기총매출액} \times 100$$

일반적으로 매출액증가율이 30% 이상이면 우량기업, 5% 이하이면 부실기업이라 한다.

(2) 순이익증가율

기업의 최종적인 경영성과인 당기 순이익이 전년에 비해 어느 정도 증가하였는지를 보여주는 지표이다. 순이익증가율이 높을수록 기업의 수익성장성도 높다.

$$\text{순이익증가율} = \frac{\text{당기순이익} - \text{전기순이익}}{\text{전기순이익}} \times 100$$

(3) 총자산증가율

총자산증가율은 전년도와 비교해서 당해년도의 총자산이 어느 정도 증가하였는지를 측정하는 지표이다.

$$\text{총자산증가율} = \frac{\text{당해년도 총자산(매출액)} - \text{전년도 총자산}}{\text{전년도 총자산(매출액)}} \times 100$$

총자산이란, 결산시점에 기업이 보유하고 있는 모든 자산의 합계액으로서, 기업의 매출액이 늘어나면서 거래처에 외상으로 판매한 매출채권이나 재고자산이 늘어나게 되면 총자산도 증가한다.

(4) 자기자본증가율

자기자본증가율은 일정기간 동안 자기자본이 증가한 비율을 나타내는 지표이다. 기업의 총자산에서 채권자의 몫인 부채총계를 빼고 남는 주주의 몫을 자기자본이라고 하고, 자기자본의 구성항목으로는 자본금, 자본잉여금, 이익잉여금, 자본조정, 기타포괄손익누계액 등이 있다.

$$\text{자기자본증가율} = \frac{\text{당기말자기자본} - \text{전기말자기자본}}{\text{전기말자기자본}} \times 100$$

5. 수익성분석

영업활동과 자산, 부채관리 등 기업경영에 대한 종합적인 성과로서, 기업이 얼마나 많이 벌어들였나를 나타낸다.

(1) 매출액이익률

손익계산서상의 각 이익항목을 매출액에 대한 백분율로 표시한 것이다.

① 매출총이익률 $= \dfrac{\text{매출총이익}}{\text{매출액}} \times 100$

② 매출액영업이익률 $= \dfrac{\text{영업이익}}{\text{매출액}} \times 100$

③ 매출액순이익률 $= \dfrac{\text{당기순이익}}{\text{매출액}} \times 100$

(2) 자본이익률

기업에 투하된 투자자금에 대한 수익성을 나타내는 지표로서 기업의 수익성을 판단한다.

① 총자본(자산)이익률(ROA; return on asset)

기업이 보유하고 있는 자산을 얼마나 효율적으로 활용하였는가를 측정하는 지표로, 높을수록 효율적인 영업을 수행한다는 의미이다.

$$총자본이익률 = \frac{당기순이익}{총자본(자산)} \times 100 = \frac{무차입순이익 - 이자비용}{총자본(자산)} \times 100$$

② 자기자본이익률(ROE; return on equity)

기업이 자기자본을 근거로 이익을 창출시키는 기업의 능력을 측정하는 것으로, 높을수록 효율적인 영업을 수행하고 있다는 것이며, 주주들의 이익(몫)도 증가한다(주주 관점에서 투자안 평가)는 의미이다.

$$자기자본이익률 = \frac{당기순이익}{자기자본} \times 100 = \frac{ROA}{자기자본비율} \times 100 = ROA \times (1 + 부채비율)$$

③ 주당이익률과 주당순이익

$$주당이익률 = \frac{주당순이익}{주당액면가} \times 100, \quad 주당순이익 = \frac{당기순이익}{발행주식수} \times 100$$

TIP+ 듀퐁시스템을 이용한 재무분석

1. **자기자본이익률(ROE)** $= \dfrac{당기순이익}{자기자본} = \dfrac{당기순이익}{총자본} \times \dfrac{총자본}{자기자본} = \dfrac{\dfrac{당기순이익}{총자본}}{\dfrac{자기자본}{총자본}} = \dfrac{총자본이익률}{자기자본비율}$

2. **총자본이익률(ROA)** $=$ 매출액순이익률 $\times$ 총자본회전률 $= \dfrac{당기순이익}{매출액} \times \dfrac{매출액}{총자본} = \dfrac{당기순이익}{자산총액}$

   • 손익분기점의 수량 = 고정비총액 ÷ (단위당 가격 – 단위당 변동비)
   • 손익분기점 매출액 = 손익분기점 수량 × 단위당 가격

3. **ROA** = 매출액순이익률 × 총자산회전율

6. 경제적 부가가치(EVA; economic value added)

경제적 부가가치(EVA)란, 영업이익에서 세금과 자본조달비용을 뺀 금액을 말하는데 기업의 투자성과를 평가하는 지표로, 기업이 영업활동을 통해 창출한 가치의 실제 증가분이 얼마인가 측정하는 방법으로 사용된다.

EVA 값이 클수록 기업의 투자가치가 높으며, EVA가 0보다 크면 경영성과가 좋다고 할 수 있다. EVA는 기업의 경제적 가치에 초점을 두어 모든 경영활동의 목표를 현금흐름의 유입을 기준으로, 기존사업의 구조조정, 신규사업 선택, 업무흐름을 재구축하는 방법 등을 말한다.

> EVA = 영업이익 × (1 - 법인세율) - 타인자본 × 세후타인자본비용 - 자기자본 × 자기자본비용
> = 영업이익 × (1 - 법인세율) - (투자자본 × WACC)
> = EBIT × (1 - t) - 투자자본 × WACC(가중평균자본비용율)

TIP+

1. EVA의 특징
- 경제적 부가가치(EVA)는 현재가치의 총합이 시장부가가치이다.
- 투하자본은 총자본의 개념이다.
- EVA는 기존의 손익계산서의 문제점을 보완하기 위해 만든 것이다.
- 타인자본비용뿐만 아니라 자기자본비용도 차감해서 분석해야 한다.
- EVA는 MM의 의사결정과 일치한다.

2. 시장부가가치(MVA; market value added)
MVA는 총자본의 시장가치에서 총자본의 장부가치를 차감한 값을 말한다. NPV와 동일한 개념이다.

> MVA = 총자본의 시장가치 - 총자본의 장부가치
> = 자기자본의 시장가치 - 자기자본의 장부가치

∴ EVA는 기업이 매년 벌어들인 순부가가치를 나타내고, MVA는 순부가가치의 현재가치를 나타낸다. 즉, MVA는 EVA를 적절한 할인율로 할인한 현재가치 값이다.

가중평균자본비용(WACC; weighted average cost of capital)

가중평균자본비용(WACC)이란, 기업의 자본비용(부채, 우선주, 보통주, 유보이익 등)을 시장가치 기준에 따라 각각 총자본 중에서 차지하는 가중치(자본구성비율)로 가중 평균한 것으로, 일반적으로 기업의 자본비용은 가중평균자본비용을 의미한다.

즉, WACC은 타인자본비용과 자기자본비용을 부채와 자기자본의 구성비율로 가중평균한 값이다.

> WACC = (타인자본비용 × 부채비중) + (자기자본비용 × 자기자본비중)
>
> = (세후타인자본비용 × 목표총자본대비 목표부채비율) + (자기자본비율 × 목표총자본대비 목표자기자본비율)

∴ WACC가 작을수록 기업의 가치는 커지고, WACC가 클수록 기업의 가치는 작아진다.

7. 손익분기점(BEP; break-even point)

비용 총액과 수익 총액이 같아지는 점(point)으로, 매출액과 그 매출을 위해 소요된 모든 비용이 일치되는 점으로서, 투입된 비용을 완전히 회수할 수 있는 판매량이 얼마인가를 나타낸다. 손익분기점 이상의 매출을 올리면 총수입의 증가분으로 인해 비로소 이익이 발생하게 되며, 판매량이 그 이하이면 총비용의 증가분으로 인해 손실이 발생한다. 이처럼 손익분기점은 초과이윤과 손실의 기준이 되기 때문에, 이익계획이나 경영분석 등에 널리 이용된다.

(1) 손익분기점 $= \dfrac{\text{총고정비}}{\text{단위당분담고정비}}$

(2) 손익분기점 $= \dfrac{\text{총고정비}}{1 - \dfrac{\text{단위당변동비}}{\text{단위당판매가격}}}$

(3) 손익분기점 매출액 $= \dfrac{\text{고정비}}{1 - \dfrac{\text{변동비}}{\text{매출액}}} = \dfrac{\text{총고정비}}{\text{공헌이익률}}$

(4) 손익분기점 매출량 $= \dfrac{\text{총고정비}}{\text{공헌이익}} = \dfrac{\text{총고정비}}{\text{가격} - \dfrac{\text{변동비}}{\text{판매량}}}$

(공헌이익 = 판매단가 - 단위당변동비, 공헌이익률 = 1 - 변동비율, 변동비율 $= \dfrac{\text{단위당변동비}}{\text{판매단가}}$)

(한계이익 = 매출액 - 변동비, 한계이익률 $= \dfrac{\text{한계이익}}{\text{매출액}}$)

1 유동성 선호

1. 유동성 선호 개념

일반적으로 소비자들은 동일한 금액이라 하더라도 미래의 현금보다는 현재의 현금을 선호하는 경향이 있는데, 이러한 소비자의 성향을 유동성 선호(liquidity preference)라고 한다. 이 현상에 따라 화폐의 가치가 달라지는데 이를 화폐의 시간가치라 한다.

2. 유동성 선호 근거

시차선호	소비자들은 미래의 소비보다는 현재의 소비를 선호
인플레이션	급격한 물가 상승에 따른 구매력 감소의 가능성이 존재
투자기회	매력적인 투자기회가 주어졌을 경우 미리 현금을 받아 생산활동에 투자한다면 높은 수익성을 달성
미래의 불확실성	현실 경제는 미래를 예측하기 어려우므로 이로 인한 위험이 존재

TIP+ 이자율

유동성 선호로 인해 현재의 현금흐름과 미래의 현금흐름이 동일한 가치를 갖게 하기 위해서는 미래의 현금흐름이 보다 많이 주어져야 한다. 즉, 추가적으로 지불되는 금액인 이자가 현재의 현금흐름에 대한 일정한 비율로서 형성되는 것이 이자율이다. 이것이 화폐의 시간가치를 반영하는 척도가 될 수 있다.

∴ 이자율 = 무위험이자율 + 위험프리미엄

2 화폐의 시간가치

대부분 기업의 재무적 의사결정은 현재의 시점에서 이루어지며, 이로부터 얻어지는 투자에 대한 대가는 미래의 시점에서 실현된다는 점을 고려할 때 화폐의 시간가치(time value of money)의 개념은 재무관리에서 매우 중요한 기본개념이다.

1. 현재가치

현재가치(PV; present value)란, 미래의 일정금액을 현재시점에서 평가한 가치로 미래의 금액과 동일한 가치를 갖는 현재의 금액을 의미한다. 현재가치는 미래가치의 계산과정을 역으로 적용한다. 매 기간이자율 r이 일정할 때 n기간 후의 FV_n에 대한 현재가치 PV는 다음과 같다.

$$PV = \frac{FV}{(1+r)^n}$$

여기서 $\frac{1}{(1+r)^n}$ 은 매 기간 이자율 r이 일정할 때 n기간 후에 발생하는 1원의 현재가치를 나타내는 것으로, 현가이자요소(PVIF; present value interest factor)라고 한다.

현재가치 및 PVIF(현재가치이자요소 또는 할인요소)는 기간(t)이 증가할수록 또는 할인율(r)이 증가할수록 감소한다.

2. 미래가치

미래가치(FV; future value)란, 현재의 일정금액을 미래의 특정시점으로 환산한 가치로 현재의 금액과 동일한 가치를 갖는 미래의 금액을 의미한다.

현재의 금액을 PV, n기간 후의 미래가치를 FV_n이라 할 때 미래가치는 다음과 같다.

1기간 후의 미래가치 FV_1	$FV_1 = PV(1+r)$
n기간 후의 미래가치 FV_n	$FV_n = PV(1+r)^n$

이와 같이 미래가치는 매 기간 이자율 r이 일정할 경우 $(1+r)^n$은 현재 1원에 대한 n기간 후의 가치를 나타내며, 이를 복리이자요소(CVIF; compound value interest factor) 또는 미래가치요소(FVIF; future value interest factor)라고 한다.

3. 연금의 현재가치

연금의 현재가치(PVA; present value of annuity)란, 미래의 일정기간에 매년 일정금액을 받는 경우 미래에 받게 될 금액 전체의 현재가치를 말한다.

연금의 현재가치의 계산은 다음과 같다.

$$PVA = A\frac{(1+r)^t - 1}{r(1+r)^t} = A \times PVIFA$$

PVA: 연금의 현재가치 A: 매기 말 발생하는 동일한 현금흐름(연금)
r: 연 할인율 t: 연금의 기간 연수
$PVIFA$: 연금의 현재가치이자요소

4. 연금의 미래가치

연금의 미래가치(FVA; future value of annuity)는 동일한 금액의 현금흐름이 일정기간 계속하여 매기 반복하여 발생할 경우, 매 기간 현금흐름의 미래가치를 모두 합한 금액이다.

일정기간에 동일한 현금흐름이 매 기간 반복하여 발생하는 것이다.

연금의 미래가치 계산은 다음과 같다.

$$FVA = A\frac{(1+r)^t - 1}{r} = A \times FVIFA$$

FVA: 연금의 미래가치 　　　　　A: 매기 말 발생하는 동일한 현금흐름(연금)

r: 연 이자율 　　　　　　　　　　t: 연금의 기간 연수

$FVIFA$: 연금의 미래가치이자요소 또는 연금의 복리이자요소

5. 영구연금의 현재가치

영구연금은 만기가 무한대인 연금을 말한다. 영구연금의 현재가치 계산은 일반적인 연금의 현재가치 공식에서 기간 t가 무한대일 경우로서 위의 일반적인 연금의 현재가치 공식에서 분수를 $(1+r)t$로 각각 나누면 된다.

$$PVP = A \times \frac{(1+r)^t - 1}{r(1+r)^{tr}} = A \times \frac{1 - \dfrac{1}{(1+r)^{tr}}}{r}$$

$\therefore$ (t $\to$ ∞이면 $\dfrac{1}{(1+r)^{tr}}$ $\to$ 0이므로) $PVP = \dfrac{A}{r}$, 즉 이자요소는 $\dfrac{1}{r}$이 된다.

※ 일반적으로 기업의 존속이 영원하다고 보고 매년 A만큼 벌어들이는 기업의 가치를 계산할 때 위의 공식을 사용한다.

03 레버리지분석

1 레버리지(leverage) 개념

레버리지(leverage)란, 고정비(비유동비)와 기업 위험의 관계분석으로서, 기업의 총비용 가운데 고정비의 비중이 높은 기업일수록 매출액이 증가하면 이익이 큰 폭으로 상승하고, 매출액이 감소하면 손실이 큰 폭으로 늘어나는 것이다. 이때 고정비가 마치 지렛대 같은 역할을 하기 때문에 지렛대효과라고도 한다. 따라서 레버리지 효과는 고정비로 인해서 순이익의 변동성이 커지는 현상이다.

TIP+ 레버리지

타인으로부터 빌린 차입금(타인자본; 고정비)을 지렛대로 삼아 자기자본이익률을 높이는 것이다.

즉, 총비용 가운데 고정비용의 비중이 높은 기업일수록 이익추세에서 변동이 심하게 나타나는 경향이 있어 장기적으로는 기업의 위험이 높다. 고정비의 비중이 높을수록 경기가 좋으면 이익을 많이 낼 수 있지만, 경기가 나빠지면 많은 손실을 입을 가능성이 있다.

2 레버리지분석 유형

고정비(비유동영업비, 비유동재무비)의 존재로 인하여 매출액의 변화에 대하여 손익이 확대되어 나타나는 현상을 레버리지효과(leverage effect)라 하고, 매출액이 변화함에 따라 이러한 비유동비가 손익의 변화에 미치는 영향을 분석하는 것을 레버리지분석이라고 한다. 종류는 영업레버리지분석, 재무레버리지분석, 결합레버리지분석이 있다.

[그림 2-1] 레버리지의 유형

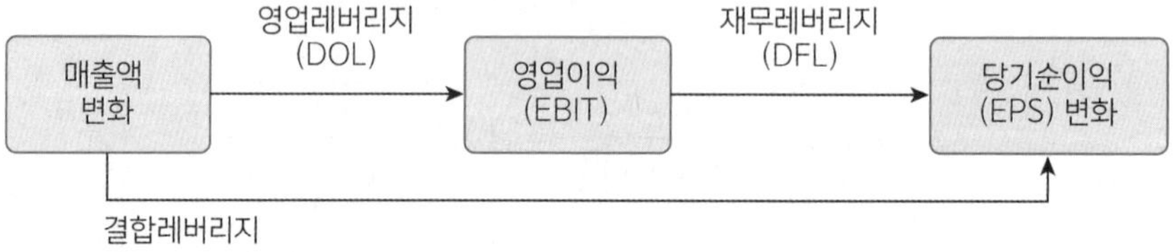

1. 영업레버리지분석

영업레버리지(operating leverage)란, 영업고정비로 인한 영업이익의 확대효과로서, 비유동영업비를 수반하는 비유동자산의 보유 정도를 의미한다.

영업레버리지분석은 매출액이 변화함에 따라 비유동영업비가 영업이익의 변화에 미치는 영향을 분석하는 것을 말한다.

영업레버리지효과는 영업레버리지에 의하여 매출액의 변화율보다 영업이익의 변화율이 커지는 현상을 말한다. 이때 영업레버리지효과의 정도는 영업레버리지도(DOL; degree of operating leverage)에 의해 측정된다.

$$\text{DOL} = \frac{\text{영업이익의 변화율}}{\text{매출량의 변화율}} = \frac{(\text{매출액} - \text{영업변동비})}{(\text{매출액} - \text{영업변동비} - \text{영업고정비})} = \frac{\text{공헌이익}}{\text{공헌이익} - \text{영업고정비}}$$

여기서 단위당 판매가격을 P, 단위당 변동비를 V, 매출수량을 Q, 비유동영업비를 FC라 하면 위의 식은 다음과 같다.

$$\text{DOL} = \frac{(P-V)Q}{(P-V)Q-FC}$$

DOL: 매출액의 변화율에 대한 영업이익의 변화율의 비율

① 영업레버리지도가 높다는 것은 영업이익이 많거나 영업실적이 좋다는 것은 아니며, 매출액의 변화에 대한 영업이익의 변화율이 크다는 것이다.

② 기업이 비유동영업비가 없다면 DOL은 1이 되고, 손익의 확대효과는 발생하지 않는다. 따라서 매출액의 변화율과 영업이익의 변화율이 동일해진다.

③ 손익분기점 미만의 수준에서 DOL은 부(-)의 값을 갖는다. 매출액이 증가함에 따라 영업이익의 손실폭이 그만큼 줄어든다는 의미이다. 즉, 매출액이 증가함에 따라 비유동영업비의 영향이 점차 감소한다.

④ DOL은 일정한 매출액 수준에서 계산되는 값이므로, 비유동영업비가 일정하더라도 매출액 수준에 따라 DOL의 값도 달라진다.

예제

다음은 우주기업의 현재 영업이익과 관련된 자료이다.

단위당 판매가격(P) = 100원	단위당 변동비(V) = 40원
판매수량(Q) = 500개	비유동영업비(FC) = 15,000원

위 자료에 따를 때 현재의 매출액 50,000원에서 매출액이 10% 변화할 경우 영업이익의 변화율을 살펴보자.

풀이

$$\frac{(100-40)\times500}{(100-40)500-15,000} = 2$$

DOL = 2이므로 매출액이 10%만큼 변화하면 영업이익은 20%만큼 변화한다.

2. 재무레버리지분석

재무레버리지란, 자본을 조달할 때 타인자본에 의존하면 고정적으로 지급해야 하는 이자비용이 발생하는데, 이 이자비용과 같은 재무고정비의 의한 손익확대효과를 말한다.

즉, 기업이 비유동재무비의 지출을 수반하는 부채의 사용 정도를 의미하며, 재무레버리지분석은 영업이익이 변화함에 따라 비유동재무비가 주당순이익(EPS)에 미치는 영향을 분석하는 것을 말한다. 재무레버리지에 의해 영업이익의 변화율보다 주당순이익변화율이 커지게 되는데 이것을 재무레버리지효과라고 한다. 재무레버리지효과의 정도는 재무레버리지도(DFL; degree of financial leverage)에 의해 측정이 된다.

$$DFL = \frac{(\text{매출액} - \text{영업변동비} - \text{고정비})}{(\text{매출액} - \text{영업변동비} - \text{영업고정비} - \text{이자비용})} = \frac{\text{당기순이익의 변화율}}{\text{영업이익의 변화율}} = \frac{\text{영업이익}}{\text{영업이익} - \text{이자비용}}$$

여기서 이자비용을 I라고 하면

$$DFL = \frac{(P-V)Q - FC}{(P-V)Q - FC - I} = \frac{EBIT}{EBIT - I}$$

우선주의 배당금까지 고려한 DFL은 다음과 같다.

$$DFL = \frac{EBIT}{EBIT - \left(I + \dfrac{D_p}{1 - t_c}\right)}$$

① 재무레버리지가 크다는 것은 영업이익이 영업이익의 변화에 대한 주당이익의 변화가 크다는 것을 의미한다.
② 비유동재무비(이자비용, 우선주의 배당금)가 없다면 DFL은 1이며, 손익의 확대효과는 발생하지 않는다. 즉, 영업이익의 변화율과 주당순이익의 변화율이 동일하게 된다.
③ DOL은 투자결정과 관련이 있고, DFL은 자본조달결정과 관련이 있다.
④ 재무손익분기점 미만의 영업이익 수준에서는 DFL은 부(-)의 값을 갖는다. 이것은 영업이익이 증가함에 따라 순손실 폭이 그만큼 줄어든다는 의미이다. 영업이익이 증가함에 따라 비유동재무비의 영향이 점차 감소하기 때문이다.
⑤ DFL은 일정한 영업이익 수준에서 계산되는 값으로 비유동재무비가 일정하더라도 영업이익 수준에 따라 DFL의 값도 달라진다.

예제

다음은 우주기업의 현재 주당순익과 관련된 자료이다.

영업이익(EBIT) = 15,000원	이자비용(I) = 8,000원	법인세율(tc) = 0.5
우선주배당금(D_P) = 1,000원	발행주식수(n) = 10주(株)	

위 자료에 따를 때 현재의 영업이익 15,000원에서 영업이익이 20% 변화할 경우 주당순이익의 변화율을 살펴보자.

풀이

$$DFL = \frac{EBIT}{EBIT - \left(I + \dfrac{D_p}{1 - t_c}\right)} = \frac{15,000}{15,000 - \left(8,000 + \dfrac{1,000}{1 - 0.5}\right)} = 3$$

DFL = 3이므로 영업이익이 20%만큼 변화하면 주당순이익은 60%만큼 변화한다.

경기순환과 산업: 경기변동에 대한 산업의 민감도는 제품의 성격, 생산과 비용구조를 나타내는 영업레버리지, 타인자본의존도를 나타내는 재무레버리지에 달려있다.

$$영업레버리지 = \frac{고정영업비}{총영업비}, \quad 재무레버리지 = \frac{타인자본(부채)}{전체자본}$$

3. 결합레버리지분석

결합레버리지란, 기업의 비유동영업비를 수반하는 비유동자산의 보유정도와 동시에 비유동재무비의 지출을 수반하는 타인자본의 사용 정도를 의미한다.

결합레버리지분석은 매출액이 변화함에 따라 비유동영업비와 비유동재무비가 주당순이익에 미치는 영향을 분석하는 것을 말한다. 결합레버리지에 의해 매출액의 변화율보다 주당순이익의 변화율이 커지게 되고 이것을 결합레버리지효과라고 한다. 이때 결합레버리지의 효과 정도는 결합레버리지도(DCL; degree of combined leverage)에 의해 측정이 된다.

$$DCL = \frac{당기순이익\ 변화율}{매출액\ 변화율} = \frac{당기순이익\ 변화율}{영업이익\ 변화율} \times \frac{영업이익\ 변화율}{매출액\ 변화율}$$

$$= DOL \times DFL = \frac{(P-V)Q}{EBIT} \times \frac{EBIT}{EBIT-I} = \frac{(P-V)Q}{(P-V)Q-FC-I}$$

비유동영업비와 비유동재무비가 클수록 DCL은 커지고 이들이 모두 0이면 DCL은 1이 되고, 레버리지효과는 발생하지 않는다. DCL은 영업레버리지효과(영업위험)와 재무레버리지효과(재무위험)를 모두 고려하고 있다.

영업레버리지	매출액 – 매출원가	결합레버리지
	매출총이익 – 판매관리비	
	영업이익 – 이자비용	
재무레버리지	세전이익 – 법인세	
	순이익 – 우선주배당	
	보통주이익 – 주식수	
	주당순이익	

1. 영업위험은 매출액의 변화에 따라 영업이익의 변동성이 커질 위험이다.
2. 재무위험은 영업이익의 변화에 따라 당기순이익(주당순이익)의 변동성이 커질 위험이다.
3. 영업레버리지 ↑ → 영업이익의 변동가능성 ↑
4. 재무레버리지 ↑ → 당기순이익의 변동가능성 ↑

TIP+ 증권시장의 용어

1. 콘탱고(contango)

일반적으로 선물가격은 현물가격보다 높아야 하는데 이는 선물만기까지 소요되는 현물의 보유비용, 즉 이자, 창고료, 보험료 등의 비용이 추가적으로 소요되기 때문이다. 또한 마찬가지의 논리로 선물시장에서 먼 결제월의 선물가격이 가까운 결제월의 선물가격보다 일반적으로는 높아야 한다. 이와 같이 선물가격이 현물가격보다 높거나 또는 결제월이 멀수록 선물가격이 높아지는 현상을 콘탱고라 하고 이러한 콘탱고 상태의 시장을 정상시장이라고 한다.

2. 백워데이션(back-wardation)

일반적으로 선물가격은 정상적인 시장하에서는 보유비용(Cost Of Carry) 때문에 원월물의 가격이 근월물의 가격보다 높게 유지되는데, 일시적으로 특정 결제월 종목에 수급 불균형이 심화되어 오히려 가까운 결제월 종목의 가격이 먼 결제월 종목 가격보다 고가로 형성되는 경우가 발생되기도 한다. 이러한 현상을 백워데이션이라 하며 백워데이션 상태의 시장을 비정상시장(Abnormal Market 또는 Inverted Market)이라고 한다.

3. 베이시스(Basis)

현물가격과 선물가격의 차이를 말하는데, 이론적 베이시스는 선물이론가격에서 현물가격을 차감하여 산출한다. 그러나 실제 베이시스는 이론적인 베이시스와 반드시 일치하지는 않는데 그 이유는 경제동향, 향후 시장에 대한 전망, 선물시장에서의 수급 등의 이유로 실제 베이시스는 이론적 베이시스보다 크거나 작은 경우가 많다.

4. 유동성 함정

유동성 함정이란, 금리가 과도하게 하락해 금융당국이 이자율을 더 내려도 투자가 활성화되지 않고 단기 부동자금만 증가하는 현상이다. 한마디로 당국의 통화정책 효과가 전혀 먹히지 않는 상황이다.

5. 결합재무제표(combined financial statement)

재벌총수가 경영을 지배하고 있는 국내의 모든 계열사를 하나의 기업군으로 묶어 작성한 재무제표로 현재 자산 2조 원 이상인 기업집단이 작성 대상이다. 수출 대행과 원자재 납품 등 계열사 간에 이루어지는 내부거래를 상계(相計)하여 작성하기 때문에 매출액과 순이익 등 그룹 경영지표가 전보다 크게 줄어들며, 상호 지급보증 등 계열사 간의 지원관계를 한 눈에 파악할 수 있다.

기업이 작성해야 할 재무제표는 전체 계열사 · 금융업 · 비금융업 등 3개 부문이며, 그 종류는 재무상태표 · 포괄손익계산서 · 현금흐름표 · 결합자본변동표 등 4가지이다. 그리고 계열사 간 내부지분율과 상호 빚보증 현황 및 담보 제공과 상호 자금 대차관계를 표로 일목요연하게 작성해야 한다.

6. 더블딥(double-dip)

두 번(double) 떨어진다(dip)는 뜻으로 경제용어로 사용될 때는 '이중침체'라는 뜻으로 쓰인다. 즉, 경기가 침체국면에서 회복할 조짐을 보이다가 다시 침체국면으로 빠져드는 현상을 말한다.

경기회복 모습과 관련해 자주 쓰는 'V자형', 'U자형', 'W자형' 회복 중에서 더블딥은 W자형처럼 두 번에 걸쳐 저점을 형성하는 경기사이클이다. V자형은 말 그대로 경기침체가 저점에 도달한 뒤 바로 상승세로 치달을 때 적용된다. U자형은 침체가 저점에 도달한 뒤에 바로 회복세를 타지 못하고 일정 기간 침체를 유지하다가 완만하게 상승세에 들어설 때 주로 사용된다. W자형은 경기침체의 골을 두 번 지나야 비로소 완연한 회복을 보이는 것으로, W자 모양을 '더블딥'이라 한다.

7. 디커플링(decoupling)

한국경제와 미국경제는 밀접한 관련이 있어서 미국의 주가가 떨어지면 한국의 주가도 떨어지고, 반대로 미국의 주가가 오르면 한국의 주가도 오르는 것이 일반적인 현상이다. 이와 같이 미국의 주가와 한국의 주가의 움직임이 같은 방향으로 가는 것을 커플링(coupling, 동조화)이라고 한다. 반대로 미국의 주가가 오르는 데도 한국의 주가는 미국의 주가 흐름에 동조하지 않고 미국 주가의 영향에서 벗어나 하락세를 보이는 경우가 있는데, 이러한 탈동조화 현상을 디커플링이라고 한다. 또 주가가 하락하면 환율은 상승하고 주가가 상승하면 환율은 하락하는 것이 일반적인 현상인데, 이와 달리 주가가 하락하는데도 환율이 상승하지 않고 제자리에 머무르는 현상, 수출이 증가(감소)하는데도 소비는 감소(증가)하는 현상, 서구의 증시는 상승(하락)하는데 아시아 증시는 전체적으로 하락(상승)하는 현상 등도 디커플링에 속한다.

8. 아담패턴

아담(Adam)패턴이란, 기술적 분석에서 주가가 바닥에서 반등할 때 급격하면서 짧은 돌출(spike)과 함께 V자형으로 나타나는 것이다

9. 이브패턴

이브(Eve)패턴이란, 기간을 거치면서 폭이 넓은 원형, U자형으로 반등이 나타나는 것이다.

10. 베이지 북(the Beige Book)

미연방준비제도이사회(FRB)가 6~8주 간격으로 산하 12개 지역연방은행이 각 지역의 경기상황을 조사, 분석한 것을 취합해 하나로 묶은 종합보고서로서 산업 활동 동향을 비롯하여 물가, 노동시장, 소비동향 등 포괄적인 경기 지표들로 구성되어 있다. 베이지 북은 연방공개시장위원회(FOMC) 회의 2주 전에 발표되는데, 향후 금리정책에 중요한 잣대 역할을 하며 연간 총 8차례 발표를 한다.

11. 뮤추얼펀드 ⇔ 사모펀드

투자자들의 돈을 모아 전문 자산운용기관이 주식과 채권이나 선물옵션 등 파생상품에 투자하고 투자수익을 가입자에게 분배하는 간접투자 상품을 말한다. 뮤추얼펀드(mutual fund)는 각각의 펀드가 하나의 독립된 회사인 증권투자회사 형식으로 만들어지고 투자자는 여기에 출자하는 방식이어서 회사형 투자신탁이라고도 한다.

12. 왝더독 현상(Wag the Dog)

왝더독 현상이란, 꼬리가 몸통을 흔든다는 얘기로 기초자산에서 유래된 파생상품이 기초자산의 방향에 영향을 미치는 것을 말한다.

예 당분간 선물시장이 현물시장을 흔드는 '왝더독 현상'이 이어질 가능성이 높음

13. 어닝 시즌(earning season)

미국 주식시장에서 기업들의 실적이 집중적으로 발표되는 시기이다.

14. 소비자 금융

소비자 금융이란, 신용도가 낮은 직장인과 서민들을 상대로 고금리 신용대출(연이율 20 ~ 60% 수준)·상품을 판매하는 시장을 말한다.

15. 프라이머리 CBO

여러 기업이 새로 발행한 회사채를 묶은 뒤 이를 담보로 발행하는 CBO이다. 신용등급이 낮아 개별 기업이 자체적으로 회사채 발행을 하기 어려울 때 공동으로 위험을 부담해 자금을 조달하는 금융기법이다.

16. 리레이팅(Re-rating)

똑같은 이익을 내더라도 주가는 더 높은 수준에서 형성되는 것이다. 주가수익비율(PER)이 한 단계 상향조정되는 셈이다. 주식시장에서 주가가 그 회사의 가치를 재대로 반영하지 못하고(예 분식회계, 경영의 불투명성, 배당 성향이 적다든지 하는 이유 등), 할인되어 회사 본질적 가치보다 낮게 형성되어 있는 경우가 많은데 어느 시점에서 그 할인요인, 또는 과대 평가요인 등이 사라지면서 회사의 주가가 그 회사의 가치만큼 돌아가게 되는 현상을 리레이팅(주가 재평가)이라고 한다.

17. 오버슈팅(Over-shooting)

주가, 환율, 금리 등의 가격변수가 일시적으로 급등 또는 급락하는 현상을 말한다. 증권에서의 오버슈팅은 대세 상승기에 주가상승 목표치가 일찍 반영되어 실제 가치보다 주가가 더 올라가는 현상(과매수)을 말한다. 환율에서 오버슈팅 현상이란, 정부가 정책적으로 통화를 팽창시키면 자국의 통화가치가 하락하는데 처음에는 균형수준 이하로 떨어졌다가 점차 통화가치가 상승하여 새로운 균형수준에 이르게 되는 상태를 말한다. 환율의 오버슈팅은 산출량, 고용수준 등의 변동을 확대하여 이것을 다른 나라에 전파하는 등 경제의 단기적인 불안정화의 요인이 된다. 오버슈팅은 환율, 주가 등의 가격가운데 단기적인 가격이 상대적으로 기간이 긴 중기·단기 평균가격보다 지나치게 상승하거나 하락하는 것을 의미한다.

18. 윈도드레싱(window dressing) 효과

윈도드레싱이란, 기관투자가들이 펀드의 수익률을 높이기 위해 보유 중인 주식의 평가기준인 결산기 마지막 날 종가를 관리하는 것을 말한다. 윈도드레싱은 주로 프로그램매매를 통해 이루어진다.
통상 윈도드레싱은 연말이 다가오면서 기관투자가의 수급 영향력이 큰 중형주를 중심으로 나타나며 일부 종목은 마지막 날 동시호가에서 대량주문으로 일시적인 주가 급등을 보이기도 한다.

19. 펀더멘털(fundamental)

한 나라 경제가 얼마나 건강하고 튼튼한지를 나타내는 용어인데 우리말로는 기초경제여건이라고 풀이할 수 있다. 그래서 '펀더멘털'이라고 하면 보통 경제성장률, 물가상승률, 재정수지, 경상수지, 외환보유고 등과 같은 거시 경제지표들을 가리킨다. 경제성장률이나 물가상승률 수치는 경기상황이나, 물가안정여부를 가늠해 볼 수 있게 해주고 재정수지는 나라 살림살이가 적자인지 흑자인지 그 건전성을 알 수 있게 해주며 경상수지와 외환보유고는 외국과의 상품이나 자금거래 등이 얼마나 건실하게 이루어지고 있는지를 알게 해준다. 따라서 한 나라에 돈을 빌려주거나 투자를 할 때는 반드시 그 나라 경제의 기초체력을 나타내주는 '펀더멘털'을 보게 된다.

20. 밸류에이션(Valuation)

애널리스트가 현재 기업의 가치를 판단해 적정 주가를 산정해 내는 것(기업가치평가)이다. 이에 동원되는 지표에는 기업의 매출과 이익, 현금흐름, 증자, 배당, 대주주의 성향에 이르기까지 다양하다. 많이 쓰이는 방식은 '그 기업의 한 주당 주식의 가격 × 총 발행 주식'을 이용하는 것이다. 이 밸류에이션에 사용되는 지표는 PER(주가순자산비율)이나 EV/EBITDA 등이 있다.

21. 핫머니(hot money)

국제금융시장을 돌아다니는 유동성 단기자본으로 국제 간의 금리 차이, 환율변동, 정책적 불안 등의 요인에 의해서 국제금융시장을 옮겨 다닌다. 이 같은 현상은 자금 유출국에 있어서 국제수지의 악화, 환율의 하락, 통화 불안의 증대 등 경제적인 균형을 파괴시킨다. 뿐만 아니라 자금 유입국에도 과잉 유동성에 의한 인플레이션 압력 등의 영향을 끼친다.

공개매수(TOB; take over bid)주식 매입 희망자가 매입 희망가격과 규모 등을 공개적으로 밝히면서 증권시장 밖에서 주식을 사들이는 방법이다. 현 시가보다 비싼 가격에 매입하기 때문에 단기간 내 경영권 확보가 가능하다.

22. 랠리(Rally)

주가의 상승세가 지속적으로 이어지는 것을 의미한다. 크리스마스 휴일을 앞두고 주가가 상승하는 산타랠리, 전쟁이 예견되었을 경우와는 달리 전쟁이 발발하게 되면 불확실성이 사라지기 때문에 주가에 상승 모멘텀이 생기는 전쟁랠리, 일시적 상승을 의미하는 반짝랠리와 그밖에도 연말랠리, 썸머랠리, 추석랠리 등이 있다.

23. 전환사채

일정한 조건에 따라 채권을 발행한 회사의 주식으로 전환할 수 있는 권리가 부여된 채권이다. 전환 전에는 사채로서의 확정이자를 받을 수 있고, 전환 후에는 주식으로서의 이익을 얻을 수 있는 사채와 주식의 중간 형태를 취한 채권이다. 전환사채를 발행할 때는 주식 1주를 전환사채 액면 얼마와 교환할 수 있느냐를 나타내는 전환가격을 미리 결정하여야 하며, 전환사채 매입 후 3개월이 지나면 주식으로 전환할 수 있도록 되어 있다.

24. 턴어라운드(Turnaround)

넓은 의미의 기업회생(적자상태 또는 부실의 늪에서 허덕이던 기업이 구조조정을 거쳐 새로운 기업으로 탈바꿈할 때)을 의미한다. 적자 상태에 있거나 적자 지속 상태에 있는 주식이 실적이 개선되어 당해 연도에 흑자전환이 예상되는 기업의 주식을 턴어라운드 주식(실적호전주)이라고 하며, 흑자폭 비율이 높을수록 주가가 탄력을 받아 강한 상승을 보여준다.

25. 이자보상 비율

기업이 영업활동으로 벌어들인 수익으로 금융비용, 즉 이자를 얼마나 부담할 수 있는 지를 나타내는 재무지표이다. 이 비율이 높을수록 이자부담 능력이 높다. 100보다 작은 경우 기업의 영업이익으로 금융비용조차 감당하지 못한다는 것을 의미한다. 즉, 해당 기업의 수익성이 크게 악화된 것으로 볼 수 있다.

26. 레버리지(leverage)

상황 변화에 대한 민감도 또는 차입금 등 타인자본을 지렛대로 삼아 자기자본이익률을 높이는 것이다. 예를 들어 10억 원의 자기자본으로 1억 원의 순익을 올렸다고 할 때 자기자본이익률은 10%가 되지만 자기자본 5억 원에 타인자본 5억 원을 도입하여 1억 원의 순익을 올리게 되면 자기자본이익률은 20%가 된다. 이때 차입금 등의 금리비용보다 높은 수익률이 기대되면 타인자본을 적극적으로 활용해서 투자하는 것이 기업경영에는 훨씬 유리하다. 이를 레버리지 효과(지렛대 효과)라고 한다. 그러나 과도하게 타인자본을 도입하면 경기가 어려울 때에는 금리부담 등으로 도산위험과 도산기대비용이 높아지게 된다.

01 위험과 기대수익률

1 위험

위험(risk)이란, 어떤 투자로 미래에 얻을 결과를 확실하게 알지 못하는 상황으로, 현실적으로 의사결정은 미래의 객관적으로 측정이 가능한 불확실성(uncertainty)을 전제로 이루어진다.

즉, 미래수익(손실발생; 성과 또는 수익률)의 변동가능성(실제로 실현되는 성과와 기대성과의 차이)을 말한다. 따라서 예측 결과와 실제 결과의 차이는 위험의 크기 또는 정도로서, 통계적인 방법을 이용해서 측정이 가능하다.

위험의 정도를 통계적인 방법으로 측정할 때는 분산(Variance) 또는 표준편차(Standard Deviation) 및 분산계수(Coefficient of Variation)를 활용한다.

불확실성의 의미는 위험을 내포하고 있다는 뜻으로, 위험의 원천은 기업의 내적 · 외적 환경요인으로 구분할 수 있다.

내적 환경요인	영업위험, 재무위험 등
외적 환경요인	이자율위험, 구매력위험, 시장위험 등

재무관리에서는 합리적인 투자자는 위험이 존재하는 일정비율(10%)의 수익률보다는 위험이 없는 일정비율(10%)의 수익률을 선호한다고 가정하고 있다.

2 기대수익률

1. 수익률의 확률분포

현재주가는 확정적인 상수이고, 배당금과 주가는 미래상황에 따라 변할 수 있는 확률변수(random variable)이다. 이때 확률변수가 취할 수 있는 모든 값과 그것이 발생할 확률을 나타낸 것을 확률분포(probability distribution)라고 한다.

그러므로 수익률의 확률분포는 미래수익률과 그 수익률의 발생확률을 나타내는 것이라고 할 수 있다.

$$\text{수익률의 확률분포} = \frac{d_{t+1} + (P_{t+1} - P_t)}{P_t}$$

(P_t: 현재주가, d_{t+1}: 배당금, P_{t+1}: 주가)

2. 기대수익률

미래수익률의 확률분포에 대한 기댓값을 말한다. 미래의 각 상황별 발생 가능한 수익률에 그 상황이 발생할 확률을 곱하여 모두 더한 값이다.

또한 미래의 불확실성을 전제할 때 기대수익률과 분산은 이러한 확률분포에 의해 구할 수 있다. 따라서 기대수익률과 분산은 미래수익률의 확률분포에 대한 특성을 나타내므로 모수(parameter)라고 한다.

$$E(R) = \Sigma P_i \cdot R_i$$

예제

다음 표는 경기상황에 따라 주식 A로부터 예상되는 1년 후의 배당금과 배당금이 지급된 후 주가를 나타낸다. 현재주가를 10,000원이라 할 때, 주식 A에 대한 수익률의 확률분포를 추정하고, 기대수익률을 구하라.

상황	확률	배당금(원)	주가(원)
호황	0.3	700	11,300
보통	0.4	500	11,000
불황	0.3	300	10,700

풀이

1) 주식 A에 대한 수익률의 확률분포

상황	주식 A의 수익률
호황	$\frac{700 + (13,000 - 10,000)}{10,000} = 20\%$
보통	$\frac{500 + (11,000 - 10,000)}{10,000} = 15\%$
불황	$\frac{300 + (10,700 - 10,000)}{10,000} = 10\%$

따라서 수익률의 확률분포를 추정하면

호황 - 확률 0.3 - 20%, 보통 - 확률 0.4 - 15%, 불황 - 확률 0.3 - 10%이다.

2) 주식 A에 대한 기대수익률

E(RA) = 0.3 × 0.2 + 0.4 × 0.15 + 0.3 × 0.1 = 0.15(15%)

(각 상태가 발생할 확률은 항상 0보다 커야 하고, 각 확률의 합은 반드시 1이다)

3 평균 – 분산분석

평균 – 분산분석(mean-variance analysis)이란, 투자 안의 수익률이 정규분포를 따른다고 가정하고, 투자의사결정 시 수익률의 평균, 즉 기대수익률과 분산을 분석하면 된다. 이때 수익률의 평균(기대수익률)과 분산(또는 표준편차)이 각기 다른 투자대안을 비교해서 의사결정을 하는 방법을 말한다. 평균 – 분산모형의 논리에 의하면, 만약 투자대안 A의 기대치(평균)는 B보다 크고 표준편차가 B보다 작거나 같을 때, 또는 A의 기대치(평균)는 B보다 크거나 같고 표준편차가 B보다 작을 때, 언제나 대안 A를 선택하게 된다는 것이다.

4 지배원리

지배원리(dominance principle; 위험회피형 투자자의 경우)란,
① 두 투자 안의 기대수익률이 동일하다면, 위험(표준편차)이 작은 투자 안을 선택한다.
② 두 투자 안의 위험(표준편차)이 동일하다면, 기대수익률이 큰 투자 안을 선택한다.

TIP+

1. **지배원리(수익률의 평균과 수익률의 분산으로 투자분석)**
   위험회피형의 투자자로 가정했을 때, 동일한 위험수준이면 기대수익률이 가장 큰 자산을 선택하고, 동일한 기대수익률이라면 가장 낮은 위험의 자산을 선택하는 것으로 이와 같은 자산을 효율적 자산이라고 한다.

2. 불확실성하의 자산의 투자선택 기준은 기대효용극대화가 가장 합리적인 기준이라 할 수 있으나 적용상 한계점이 있어, 이를 보완·극복하기 위한 것이 평균 – 분산기준 안이다.
   • 기대효용극대화: 기대효용이 가장 큰 투자 안을 선택하는 것이다.
   • 기대효용: 투자 결과 기대수익률에 대한 투자자의 주관적인 효용의 기댓값이다.

3. **실제 투자 시 고려사항**
   기대수익률, 위험, 채무불이행위험, 유동성, 만기, 배상, 세금, 이자율, 담보, 편리성 등이 있다.

4. **분산(위험)**
   분산 또는 표준편차는 확률분포가 퍼진 정도를 나타내며, 분산은 각 상황이 발생했을 때 실현되는 값과 기대값의 차이(편차)를 제곱하여 이를 각 상태가 발생할 확률로 곱해서 모두 더한 값이다.

5. **표준편차**
   분산의 양(+)의 제곱근을 구하여 확률변수의 단위와 같도록 표준화한 값이다. 표준편차는 분산을 사용할 때 나타나는 단위적용의 어려움을 해결해 줄 수 있어 분산 대신 위험의 측정치로 많이 사용된다.

02 포트폴리오

1 포트폴리오

1. 포트폴리오(Portfolio) 개념

포트폴리오이론(Portfolio theory)은 마코위츠(H. Markowitz)에 의해 개발·제시되었기에 마코위츠모형이라고도 한다.

일반적으로 시장에는 투자대상이 많이 존재하는데 투자자는 자신의 선호에 따라 투자목적에 맞는 여러 투자대상을 소유하게 된다. 이와 같은 여러 투자대상의 집합, 즉 둘 이상의 자산의 조합을 포트폴리오라고 한다.

현실적으로 대부분의 투자는 투자자금을 하나의 투자대상에만 투자하기보다는 여러 자산에 나누어 투자하는 분산투자(포트폴리오; 하나의 자산에만 투자하는 것이 아니라 두 개 이상의 자산에 나누어 투자했을 때 그 자산의 집합)를 한다.

포트폴리오에 포함되는 자산에는 주식·채권 등의 금융자산뿐만 아니라 부동산과 같은 실물자산 등도 포함이 되나, 분산의 편의상 주식만을 대상으로 한다.

TIP+

1. 포트폴리오(Portfolio)
분산투자로 인한 위험을 최소화하는 것으로 평균 - 분산기준에 의해 기대수익률과 위험을 산출하고, 그 다음 지배원리에 의해 효율적 포트폴리오를 도출한 후에 최적 포트폴리오를 선택하는 과정이다.

2. 포트폴리오이론(Portfolio theory)
평균 - 분산분석에서의 위험을 보다 더 줄일 수 있는 새로운 선택방법의 필요성에 의해 등장한 것이 바로 포트폴리오이론이다.

포트폴리오이론의 기본 가정은 다음과 같다.

① 모든 투자자는 위험회피적이고, 기대효용을 극대화하고자 한다.
② 모든 투자자는 평균 - 분산기준에 따라 투자결정을 한다.
③ 모든 투자자는 투자대상의 미래수익률에 대하여 동질적인 기대를 한다.
④ 투자기간은 단일기간(1년)이다.

2. 포트폴리오 유형

(1) 시장포트폴리오

시장포트폴리오란, 접점포트폴리오라고도 하며, 지배의 원리를 충족하는 무위험자산과 위험자산의 결합으로 도출된 가장 효율적인 투자선상의 접점을 말한다.

즉, 각 투자대상의 가치에 비례하여 세상에 존재하는 모든 투자대상에 투자한 가치가중포트폴리오를 의미한다.

일반적으로 주식시장에 상장(list)되어 있는 모든 종목 또는 대표적인 일부 종목에 투자하여 구성한 포트폴리오를 시장포트폴리오 대신 사용한다.

종합주가지수(KOSPI)는 한국증권거래소에서 거래되는 모든 종목들로 구성된 가치가중포트폴리오의 가격을 지수로 나타낸 것으로 우리나라에서는 시장포트폴리오 대신 사용하고 있다.

베타계수(beta coefficient)

1. 개별 증권 또는 포트폴리오의 수익이 증권시장 전체의 움직임에 대해서 얼마나 민감하게 반응해 변동하는가를 나타내는 수치(개별 주식이나 포트폴리오의 위험을 나타내는 상대적인 지표)이다.

2. **시장포트폴리오에서 개별 주식 베타와의 관계**

$$\beta i = \frac{Cov(r_i,)}{Var(r_m)}$$

∴ 사장포트폴리오의 β계수는 1이다(무위험자산의 β = 0).

3. 베타계수는 체계적 위험의 척도로 사용한다.

(2) 투자기회집합(investment opportunity set)

투자기회집합이란, 주어진 개별 자산으로 구성할 수 있는 포트폴리오를 평균 – 표준편차 평면에 나타낸 것이다. 즉, 시장에 존재하는 모든 위험자산과 이들로 구성 가능한 포트폴리오의 기대수익률과 위험의 조합을 투자기회집합(investment opportunity set)이라고 한다.

투자기회집합 내에는 시장에 존재하는 위험자산의 투자비율에 따라 수많은 경우가 존재한다.

(3) 효율적 포트폴리오(efficient portfolio; 효율적 투자선)

수많은 포트폴리오 모두가 투자대상이 되지는 않는다. 이중 지배의 원리에 의해 효율적 포트폴리오(efficient portfolio)를 결정·선택하게 된다.

효율적 포트폴리오는 최소분산선의 부분집합이다. 투자기회집합에서 평균 – 분산기준에 따라 투자자들이 선호하는 포트폴리오로서 합리적 투자자들은 모두 효율적 포트폴리오에 투자하며, 이외의 비효율적인 포트폴리오에는 투자하지 않는다.

TIP+ **효율적 포트폴리오**

여러 투자 안 중에서 동일한 위험을 가진 것 중에서 가장 기대수익률이 높거나 가장 위험 수준이 낮은 투자안(포트폴리오)이다.

TIP+

1. **마코위츠 효율적 포트폴리오(Markowitz Efficient Portfolio)**
   주어진 기대수익에 대해 제거 가능한 위험을 모두 제거한 포트폴리오이다. 즉, 포트폴리오의 위험증가 없이는 추가적인 기대수익을 얻을 수 없다는 것이다.

2. **마코위츠 프런티어(효율적 투자선)**
   각각의 주어진 위험(risk) 수준에서 최상의 기대수익을 제공하는 모든 포트폴리오의 집합이다. 이러한 효율성의 개념은 자본 자산 가격결정모형(CAPM)이라 불리는 모델을 개발하는 데 필수적인 역할을 하였다.

---

(4) 최적 포트폴리오

무차별 곡선과 효율적 투자선의 접점으로서, 투자 가능한 포트폴리오 중 투자 안에 최대한의 효용을 가져다주는 포트폴리오를 말한다. 투자자들은 효율적 포트폴리오(효율적 투자선)와 무차별 곡선이 접하는 점에 있는 포트폴리오를 선택함으로써 기대효용을 극대화하는 것이다. 즉, 최적 포트폴리오는 모두 효율적 포트폴리오 중에서 결정된다.

[그림 3-1] 최적 포트폴리오

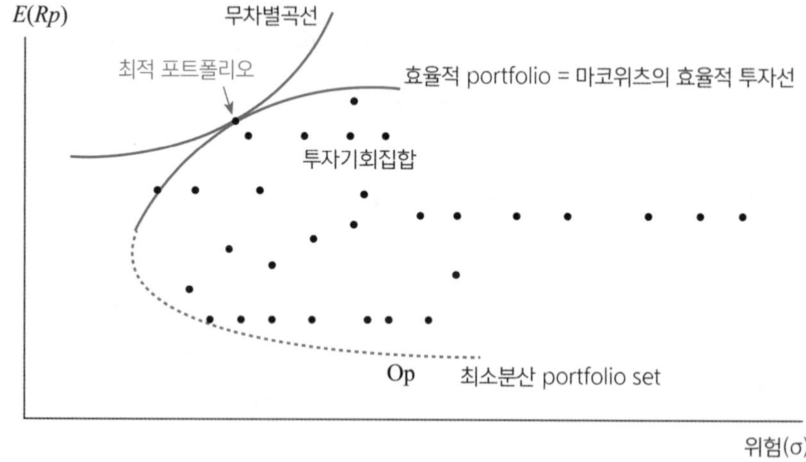

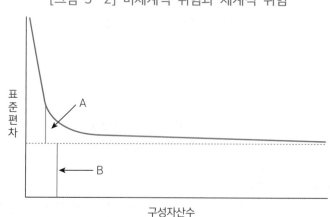

3. 포트폴리오 위험의 종류

자산의 위험은 유입되는 정보에 의해 결정된다. 어떤 자산의 총위험[체계적 위험 + 비(非)체계적 위험] 중에서 시장의 전반적인 움직임과는 무관한 기업 고유의 개별 요인때문에 발생하는 위험을 비체계적 위험(unsystematic risk)이라 하고, 증권시장의 전체적인 움직임의 불확실성 때문에 발생하는 위험을 체계적 위험(systematic risk)이라 한다.

[그림 3-2] 비체계적 위험과 체계적 위험

(1) 비체계적 위험(unsystematic risk; 고유위험; A)

기업 개별 자산이나 특정 주식에만 국한하여 영향을 미치는 정보로부터 발생하는 위험을 말하며, 분산투자로써 제거 가능한 위험(통제 가능한 위험)이다.

例 경영진의 교체·사망, 노사문제, 경영성과, 소송사건, 기업 이미지, 생산시설의 화재, 노사분규, 신제품 개발의 성패 등

> ☑ **핵심체크**
>
> **비체계적 위험(피할 수 있는 위험, 개별적인 영향)**
>
> 1. 분산 가능(고유위험; diversifiable risk)하다.
> 2. 포트폴리오에 포함되는 증권 수(종목 수)를 늘림으로써 제거할 수 있기 때문에 이런 위험에 대해서는 아무런 보상이 없다.

(2) 체계적 위험(systematic risk; 시장위험; B)

전체 주식시장에 영향을 미치는 거시적 정보로부터 발생하는 위험을 말하며, 분산투자로 제거되지 않는 위험(통제 불가능한 위험)을 말한다. 즉, 총위험 중에서 증권시장의 전반적인 불확실성(예상치 못한 변동) 때문에 발생하는 위험 부분이다.

例 전쟁, GNP 변동, 높은 인플레이션, 경기 변동, 이자율 변동 등

> ☑ **핵심체크**
>
> **체계적 위험(피할 수 없는 위험, 시장의 힘에 의해서 야기되는 것, 공통적인 영향)**
>
> 1. 분산 불가능(undiversifiable risk)하다.
> 2. 거시경제변수에 기인하여 모든 위험자산에 영향을 미치는 변동성을 나타낸다.
> 3. 증권시장에서 투자자들에게 보상해주어야 할 위험은 분산투자를 하더라도 제거가 불가능한 체계적 위험이다.
> 4. 투자자가 보상받게 되는 유일한 위험이다.

실제로 투자자들이 자신의 포트폴리오를 구성할 때 단순히 구성 종목의 수를 증가시켜 주기만 하면, 포트폴리오를 구성하는 주식 상호 간에 기업 고유요인들이 상쇄되어 비체계적 위험은 제거되고 체계적 위험만 남게 된다.

이러한 분산투자를 수행할 경우, 투자자들의 포트폴리오는 효율적인 포트폴리오인 시장포트폴리오와 거의 유사한 위험 수준을 갖게 된다.

4. 포트폴리오 위험과 상관계수

상관계수의 범위는 $-1 < \vartheta < 1$이다. 포트폴리오의 위험은 상관계수가 '1'인 경우를 제외하고 단순히 가중평균값한 값보다는 작아지므로 감소하게 된다. 그러므로 상관계수가 작을수록 포트폴리오 위험은 작아진다. 즉, 상관계수가 '-1'일 때 위험분산 효과가 가장 크고, '1'일 때 위험은 최대가 되면서 위험분산 효과는 발생하지 않는다.

① 여러 자산에 투자하는 포트폴리오를 구성한다면, 개별 자산의 특유한 정보들이 상쇄되어 고유 위험을 줄일 수 있다.

② 포트폴리오에 포함된 자산 수가 늘어남에 따라 포트폴리오의 위험에 대한 개별 자산위험의 영향력이 감소한다.

☑ 핵심체크

상관계수(Correlation coefficient)

1. 두 주식수익률의 상관관계를 분명히 하기 위한 척도로서, 범위는 $-1 < \vartheta < 1$이다. 상관계수가 (-)이면 두 주식 수익률이 반대방향, (+)이면 같은 방향으로 움직이며, 0이면 상관없이 독립적이다.

2. 상관계수는 두 자산 간의 공분산을 두 자산의 표준편차의 곱으로 나누어서 표준화한 값이다.

TIP+

위험분산 효과를 얻기 위해서는 포트폴리오에 포함된 주식의 수가 20~30종목만 되면 거의 대부분의 고유위험이 사라지게 되는 것을 알 수 있다.

---

2 무차별곡선

무차별곡선이란, 특정 투자자에게 동일한 효용을 가져다 주는 기대수익률과 분산(위험)의 조합을 연결한 곡선이다.

무차별곡선은 평균 – 분산기준만으로 비교하기 어려운 투자 안들의 경우 무차별곡선을 이용하여 비교한다.

TIP+ 무차별곡선

평균 – 분산평면에서 동일한 효용을 가져다주는 평균 – 분산의 조합들을 연결한 선이다.

---

1. 무차별곡선의 형태

① 무차별곡선은 우상향한다. 위험 회피형 투자자들이 동일한 효용을 유지하려면 표준편차가 클수록 높은 기대수익률을 요구하기 때문이다.

② 위험 회피적 투자자의 경우, 추가적인 위험 부담에 대해 요구하는 기대수익률의 상승분은 위험이 커질수록 증가하므로 표준편차가 클수록 무차별곡선의 기울기는 더 가파르다.

2. 위험에 대한 태도에 따른 무차별(효용)곡선의 형태

(1) 위험 회피형(risk averse; 합리적; 보수적) 투자자의 경우

다른 조건이 동일하다면 상대적으로 위험이 작은 투자 안을 선호한다. 그러나 위험을 부담하는 경우에는 반드시 보상을 요구하는 투자자를 말한다. 무차별곡선은 아래로 볼록하며 투자자의 위험 회피도가 클수록 기울기는 더욱 가파르다.

(2) 위험 선호형(risk lover) 투자자의 경우

다른 조건이 동일하다면 상대적으로 위험이 큰 투자 안을 선호하는 투자자이다. 즉, 대가를 지불하더라도 위험을 부담하고자 하므로 위험 프리미엄은 항상 음(-)의 값을 갖는다. 무차별곡선은 위로 볼록한 형태를 갖는다.

(3) 위험 중립형(risk neutral investor) 투자자의 경우

위험에 대한 대가를 요구하지 않으므로, 위험에 관계없이 기대수익률이 같을 경우 동일한 효용을 갖는 것이다. 무차별곡선은 수평의 형태를 갖는다.

TIP+

1. 절대 위험 회피도
부의 수준이 증가함에 따라 투자자가 위험 자산에 투자하는 절대금액의 크기이다.

2. 상대 위험 회피도
부의 수준이 증가함에 따라 투자자가 위험 자산에 투자하는 비율이다.

3. 위험 프리미엄(risk premium)
투자자가 위험 투자 안에 직면할 때 위험을 회피하기 위하여 지불할 수 있는 최대의 금액으로, 위험 회피형의 경우 위험 프리미엄 값은 항상 (+)이다.

> 위험 프리미엄 = 기대부 - 확실성등가부
> (위험자산을 보유하도록 유도하기 위해 위험자산의 기대수익률이 무위험자산의 수익률을 초과하는 최소 금액)
>
> ※ 확실성등가부란, 불확실한 겜블(gamble; 위험 투자안)에 참가함으로써 얻을 수 있는 기대효용과 동일한 효용을 주는 확실한 부의 수준이다.

4. 위험 회피도와 무차별곡선
- 기울기가 클수록 위험 회피성향이 강하고 보수적이거나 합리적인 투자자이다.
- 기울기가 완만할수록 위험 회피성향이 약하고 공격적 투자자이다.

03 채권

1 채권 개념

채권(Bond; 債券)이란, 정부, 공공기관, 특수법인, 주식회사 등이 투자자로부터 비교적 거액의 장기자금을 일시에 대량으로 조달하기 위하여 발행하는 차용증서이다.

즉, 일종의 채무증서이고, 채무의 조건은 자금을 조달하는 자금 조달자 및 자금 공급자의 필요에 따라 다양한 방식으로 결정된다.

TIP+

1. 채권

채무자(자금을 빌린 자)가 채권자(자금을 빌려준 자)에게 정해진 조건에 따라 이자와 원금을 상환하겠다고 약속하기 위해 발행한 증서이다.

2. 채권 가치 산정요소

액면가, 액면(표면)이자율, 만기, 시장이자율이다.

따라서 채권의 장점은 다음과 같다.

장점	• 수익성: 이자소득, 자본소득, 재투자소득 • 안전성: 채권은 신용도가 높은 기관에서 발행하기 때문에 안전성이 높음 • 유동성: 유통시장에서 거래되며, 당일 결제로 현금화가 용이하여 유동성이 높음

<표 3-1> 채권 3요소

채권 3요소	액면가	증서에 기재된 원금(확정이자부증권)
	액면이자율	만기일까지 매 기간 지급하는 이자율(이자지급증권)
	만기	채권의 이자와 원금을 마지막으로 지급한 날(기한부증권)

2 채권가격 특성

채권가격은 액면(표면)이자율, 만기, 액면가 그리고 시장이자율에 의해 결정된다. 또한 채권(시장)가격과 수익률은 서로 반비례의 관계를 가진다. 따라서 시간이 지날수록 만기가 짧아지면서 채권가격은 액면가에 수렴한다.

말킬(B. Malkiel)은 시장이자율과 채권가격 간의 관계를 다음과 같이 정의하였다.

① 시장이자율(유효이자율)이 하락하면 채권가격은 상승한다.

② 이자율 상승 시의 채권가격 하락폭보다 이자율 하락 시의 채권가격 상승폭이 크다.

③ 일정한 이자율 변동에 대해 만기가 길수록 채권가격 변동폭이 크다.

④ 표면(액면)이자율이 낮을수록 일정한 이자율 변동에 따른 채권가격 변동률이 커진다.

⑤ 만기의 한 단위 증가에 대한 채권가격 변동폭은 만기가 길수록 체감한다.

<표 3-2> 채권의 특성

종류	시장이자율과 표면이자율	시장가격과 액면가격
할인채	시장이자율 > 표면이자율	시장가격 < 액면가격
액면채	시장이자율 = 표면이자율	시장가격 = 액면가격
할증채	시장이자율 < 표면이자율	시장가격 > 액면가격

TIP+ 유동성프리미엄

투자 상품의 유동성이 낮으면 필요 시 현금화하는 데 비용이 소요된다. 즉, 유동성이 낮은 자산 구입 시 제공받는 가격할인으로 유동성리스크에 대한 보상을 의미한다. 따라서, 장기 채권일수록 더 많은 보상을 해야 하는데 이때의 보상을 의미한다. ⇨ 위험 회피형 투자자

3 채권 가치평가

채권의 가치는 채권을 보유함으로써 얻게 되는 미래현금흐름(이자·원금)을 적절한 할인율을 사용하여 평가한다.

1. 이표채(coupon bond)

만기일까지 액면가에 약정이자율을 곱하여 계산되는 약정이자를 지급하고 만기일에 원금을 상환하는 가장 일반적인 형태의 채권으로 이를 이자부채권으로도 부른다.

$$PO = \frac{I}{1+r} + \frac{I}{(1+r)} + \frac{F}{(1+r)}$$

I : 이자 F : 액면가

n : 채권의 만기 r : 시장이자율

이표채의 가격은 액면이자율과 시장이자율 간의 관계에 의해 좌우되는데, 이들 관계에 따라 다음과 같이 분류한다.

① 시장이자율 > 액면이자율 ➡ 채권가격 < 액면가: 할인채(discount bond)

② 시장이자율 = 액면이자율 ➡ 채권가격 = 액면가: 액면채(par bond)

③ 시장이자율 < 액면이자율 ➡ 채권가격 > 액면가: 할증채(premium bond)

2. 무이표채(zero coupon bond)

만기일까지 이자를 지급하지 않고 만기일에 원금을 상환하는 채권을 말한다. 이 채권은 언제나 할인되는 채권으로 이를 순수할인채라고도 한다.

$$P_0 = \frac{F}{(1+r)^n}$$

3. 영구채(perpetual bond)

만기가 없어서 원금상환이 이루어지지 않고 약정된 이자만 영구적으로 지급하는 채권을 말한다.

$$P_0 = \frac{I}{r}$$

TIP+

1. 만기수익률
채권을 만기까지 보유했을 때 얻게 되는 수익률이다.

2. 보유기간수익률
채권을 만기 이전에 매각함으로써 얻게 되는 수익률이다.

3. 채권 분류

발행주체에 따른 분류	국채, 지방채, 회사채, 특수채
만기기간에 따른 분류	단기채, 중기채, 장기채
이자 및 원금지급방법에 따른 분류	단리채, 복리채, 할인채, 이표채 등
보증 여부에 따른 분류	보증사채, 무보증사채
표시통화에 따른 분류	자국통화표시채권, 외화표시채권

TIP+

채권은 수익률과 이자율이 반비례[이자율(금리) ↑ → 수익률 ↓]한다.

---

4 채권 종류와 듀레이션

1938년 맥켈리에 의해 체계화된 것으로 듀레이션(D; duration)이란, 채권에 투자한 금액이 회수하는데 걸리는 평균회수기간을 말하며, 이자율변동에 대한 채권가격의 민감도를 측정하기 위해 제시된 개념이다.

모든 현금흐름의 시기와 규모를 반영하고 있기 때문에 투자현금흐름의 기간구조를 이해하는 데 있어 만기보다 유용한 척도이다.

즉, 듀레이션은 이자율의 변화에 대한 채권가격의 가격탄력성을 나타내므로 채권의 이자율위험의 척도가 된다.

왜냐하면 만기까지의 기간이 같더라도 표면이자율이 다를 경우 이자변동에 대한 채권의 시장가격변동이 달라지며, 만기는 이를 반영하지 못하므로 채권의 위험에 대한 적절한 지표가 되지 못하기 때문이다.

1. 채권 종류와 듀레이션의 관계

(1) 순수할인채(pure discount bond)

무이표채라고도 하며, 만기일 이전에는 현금흐름이 발생하지 않고 만기일에 일시에 현금유입(원금만 지급)이 발생하기 때문에 듀레이션은 만기와 같다.

즉, 만기일에 발생하는 원금의 현재가치와 채권의 시장가치가 동일한 것이므로 듀레이션은 만기와 일치한다.

(2) 이표채(coupon bond)

만기 이전에 이자가 발생함으로써 만기수익률이 낮을수록 듀레이션은 길다. 즉, 만기수익률이 낮을수록 도래할 현금흐름의 현재가치가 커지므로 이에 대한 가중치가 증가하여 결국 듀레이션은 길어진다.

(3) 영구채(perpetual bond)

채권만기가 없이 일정액의 이자(C)만 영구히 지급되는 형태의 채권으로 듀레이션 기간의 경과와 관계없이 항상 $\frac{1+r}{r}$이 된다(D = $\frac{1+r}{r}$). (r: 시장이자율)

☑ 핵심체크

채권과 주식의 비교

채권	주식
발행기관이 일반인에게 돈을 빌림	주주로서의 지분
낮은 위험(low risk)	높은 위험(high risk)
낮은 수익률(low return)	높은 수익률(high return)
의결권(×), 배당금(×)	의결권(○), 배당금(○)
만기(○)	만기(×)

2. 듀레이션(duration) 특징

듀레이션을 결정하는 요인은 채권의 만기, 액면이자율, 만기수익률(시장이자율)이 있다. 여기서 다른 조건이 동일하다면 만기가 길수록 듀레이션은 길어지지만, 액면이자율과 만기수익률이 높을수록 듀레이션은 짧아진다.

만기	다른 조건이 동일한 경우 만기가 길수록 듀레이션은 길고 만기가 짧을수록 듀레이션은 짧아짐
액면이자율	다른 조건이 동일한 경우 액면이자율이 높을수록 듀레이션은 짧아짐
만기수익률	다른 조건이 동일한 경우 만기수익률(시장이자율)이 높아질수록 듀레이션은 짧아짐

> **TIP+** 듀레이션의 수식(만기 3년일 때)
>
> $$D = 1년 \times \frac{PV(1년\ 현금흐름)}{채권가격} + 2년 \times \frac{PV(2년\ 현금흐름)}{채권가격} + 3년 \times \frac{PV(3년\ 현금흐름)}{채권가격}$$

> **TIP+**
>
> **1. 현물이자율(spot rate)**
> 채권투자로부터 현금흐름이 단 한번 주어지는 경우의 이자율로서 이는 현재시점에서 순수할인채를 매입하여 만기까지 보유할 때 얻을 수 있는 연평균수익률이다. 따라서 현물이자율은 순수할인채의 만기수익률과 동일한 개념이다.
>
> **2. 선도이자율(forward rate)**
> 현재시점에서 결정되는 미래의 각 기간별 이자율인데 선도이자율은 기간이 서로 다른 현물이자율의 관계를 이용한다.
>
> **3. 이자율변동위험(interest rate risk)**
> 채권투자기간 중에 이자율이 변동하여 투자종료시점의 수익이 투자시점에서 기대했던 것과 달라질 가능성을 의미한다.
>
> **4. 가격위험**
> 이자율의 변동으로 투자종료시점의 채권가격이 투자시점에서 예상했던 것과 달라질 가능성을 말한다.
>
> **5. 재투자위험**
> 이자율 변동으로 인해 투자종료시점의 이자수입에 대한 재투자수익이 투자시점에서 예상했던 것과 달라질 가능성을 말한다. 투자기간 중에 이자율이 상승하면 채권가격은 투자시점에서 예상했던 것보다 하락하지만 재투자수익은 증가하게 된다.

04 자산가격 결정모형

1 무위험자산

무위험자산이란, 미래현금흐름의 불확실성이 없는 것으로, 확실한 투자수익을 얻을 수 있는 자산을 말한다. 즉, 이자율변동이나 인플레이션의 변화에도 전혀 영향을 받지 않는 자산으로, 만기가 5년 미만인 단기채권, 양도성예금증서(CD), 단기지방채 등이다.

무위험자산은 미래현금흐름이 확실하므로 기대수익률은 무위험이자율(rf)로 일정하고 수익률의 분산은 '0'이며, 다른 증권의 수익률 변동과 무관하므로 다른 자산의 수익률과의 공분산은 항상 '0'이라는 특징이다.

2 자본자산가격결정모형(CAPM; capital asset pricing model)

마코위츠의 포트폴리오이론을 바탕으로 하여 샤프-린트너(Sharpe & Lintner)에 의해 발전하였다. 각 자산의 고유위험은 분산투자에 의해 없앨 수 있으며, 표준편차 대신에 시장베타를 위험의 척도로 사용한 평균-베타 평면을 통해서 기대수익률과 위험의 관계를 분석하였다.

1. CAPM 개념

포트폴리오이론(마코위츠이론)을 바탕으로 자본시장이 균형의 상태에서 자본자산(주식, 회사채 등의 유가증권)의 가격이 어떻게 결정되는지 설명하는 모형이다.

다시 말해서, 증권을 비롯한 자본자산의 위험과 수익 사이에 존재하는 균형관계를 설명하는 이론 모형이다. 이 모형을 자본자산가격결정모형(CAPM)이라 한다.

CAPM은 넓은 의미로는 자본시장선(CML)과 증권시장선(SML)등을 포함하는 개념이지만 일반적으로는 증권시장선만을 의미한다.

특징	• 투자 시 예상수익률을 무위험수익률에다 위험프리미엄을 합한 것 • 특정 주식의 요구수익률이 기대수익률에 미치지 못하면 투자하지 않음

2. CAPM 기본가정

① 모든 투자자들은 위험 회피적이고, 기대효용을 극대화하고자 한다.
② 모든 투자자들은 평균-분산기준에 투자결정을 하며, 투자기간은 1년이다.
③ 모든 투자자들은 미래수익률의 확률분포에 대하여 동질적 기대를 한다.

3. CAPM모형의 도입을 위한 추가 가정

① 무위험자산이 존재하고 모든 투자자는 무위험이자율로 차입과 대출이 자유롭다.
② 시장은 세금, 거래비용, 정보획득비용 등 거래마찰요인이 전혀 없는 완전시장이며, 모든 자산은 무한히 분할 가능하다.
③ 자본시장은 균형적(수요와 공급 일치)이다.

TIP+ **시장베타**

1. 시장포트폴리오는 모든 자산들을 각 자산의 시장가치에 비례하여 결합한 포트폴리오로서 매우 잘 분산되어 있으므로, 포트폴리오의 위험은 시장위험, 즉 체계적 위험에 따라 결정된다. 개별자산에 특유한 비체계적 위험은 중요하지 않다.

2. 개별자산의 시장위험의 척도로는 시장포트폴리오의 수익률 변동에 따라 해당 자산의 수익률이 얼마나 민감하게 반응하는지를 나타내는 시장베타(또는 베타)를 사용한다. 자산 i의 시장베타는 다음과 같다.

$$\beta i = \frac{Cov(r_i r_M)}{\sigma_M^2}$$

3. **특수한 포트폴리오의 시장베타**
   - 무위험자산의 수익률은 변동성이 없으므로 베타가 0이다. 즉, $\beta F = 0$이다.
   - $Cov(rM, rM) = \sigma 2M$이므로 시장포트폴리오의 베타는 1이다. 즉, $\beta F = 1$이다.
   ∴ 즉, 무위험자산은 베타가 0이고, 시장포트폴리오의 베타는 1이다.
   시장포트폴리오의 베타는 항상 1로서, 비체계적 위험은 모두 제거되어 있다.

---

③ 차익거래가격결정(APT)

1. APT 개념

차익거래가격결정(APT; arbitrage pricing theory)이란, 다수의 공통요인에 의하여 자산의 수익률이 결정된다고 가정한다. APT는 CAPM의 가정을 보다 현실화하였으며, CAPM(자산의 수익률이 시장포트폴리오수익률 하나의 공통요인에 의해 결정)보다 일반적인 가격결정모형이라 할 수 있다. APT와 CAPM은 모두 자산의 수익률은 체계적 위험과 정(+)의 관계가 있다고 주장한다. APT에서 자산의 수익률은 체계적 위험의 지표인 각 요인에 대한 민감도의 선형결합에 의해 결정된다.

2. APT 가정

① 자산수익률은 다수의 공통요인에 의해 결정된다.
② 투자자들은 차익거래이익의 극대화를 추구한다.
③ 투자자들은 공통요인과 개별자산의 확률분포에 대해서 동질적으로 기대한다.
④ 시장은 거래비용, 세금, 정보획득비용 등 거래마찰요인이 전혀 없는 완전시장이다.

3. 차익거래 방법

차익거래(arbitrage transaction)란, 추가적인 자금부담과 위험부담 없이 차익을 얻는 거래를 의미한다. 시장에서 동일한 자산에 대한 가격이 서로 다르다면 상대적으로 높이 형성된 자산을 매도하고, 상대적으로 낮게 형성된 자산을 매수하면 어떤 자금이나 위험을 부담하지 않고 이익을 얻을 수 있다는 것을 말한다.

즉, 균형가격과 시장에서의 실제 가격이 서로 다르다면 이때 차익거래의 기회가 존재하고, 이 과정에서 과대평가된 자산은 공급의 증가로 가격이 하락하게 되고, 과소평가된 자산은 수요의 증가로 가격이 상승하여 가격이 균형상태가 되면 차익거래의 기회는 사라진다.

① 자산보유의 경우

투자자가 보유한 자산이 과대평가되어 있을 때 이를 매도한다. 그리고 매도자금으로 과소평가되어 있는 보유자산과 동일한 자산을 매입하여 차익거래 이전과 동일한 상태로 하면 추가적인 위험부담은 없이 현금유입만 증가하는 차익거래가 된다.

② 공매를 통한 방법

과대평가되어 있는 자산을 보유하고 있지 않을 때 그 자산을 빌려서 매도하는 공매의 방법으로 차익거래를 할 수 있다. 즉, 과대평가된 자산을 매도하고 차후에 상대적으로 낮은 가격으로 동일자산을 매입하여 상환하면 그 차액만큼 이익을 얻는다.

4. APT 한계점

① 요인분석을 통한 공통요인의 경제적 의미가 명확하지 않다.
② 자산수익률에 영향을 주는 공통요인의 수를 파악하기 어렵고, 공통요인 상호 간의 관련성이 존재할 수 있다.
③ 동일한 자료를 이용한 분석에서도 적용자에 따라서 요인의 순위가 바뀔 수 있으며, 적용하고자 하는 자신의 수에 따라서 요인의 수가 다를 수 있다.

4 자본자산 가격결정모델(CAPM)과 차익거래 가격결정이론(APT)의 비교

① CAPM은 자산수익률이 시장포트폴리오라는 하나의 공통요인에 의해 결정된다고 가정하고 있으나, APT에서는 자산수익률이 여러 개의 공통요인에 의해서 결정된다고 본다.
② CAPM은 투자자들이 평균 – 분산기준에 따라 투자결정을 하므로 자산의 미래수익률의 확률분포가 정규분포를 이루거나, 투자자의 효용함수가 2차함수라는 전제가 필요하다. 반면 APT에서는 이에 대한 특별한 가정이 없다.

③ CAPM은 시장포트폴리오가 위험자산 중의 유일한 투자대상으로 중요한 역할을 하지만 진정한 시장포트폴리오의 구성이 불가능하므로 실증검증에 문제점이 있다. 반면 APT에서는 시장포트폴리오를 구성할 필요 없이 소규모 자산집합으로도 모형의 적용이 가능하므로 실증검증이 용이하다.

④ CAPM은 투자기간을 단일기간으로 가정하지만, APT에서는 단일기간을 가정하지 않으므로 다기간으로 쉽게 확장할 수 있다.

⑤ CAPM은 무위험자산의 존재를 가정하고 있으나, APT에서는 이에 대한 아무런 가정이 없다.

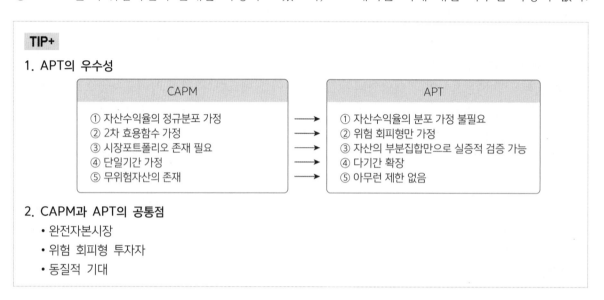

TIP+

1. APT의 우수성

CAPM		APT
① 자산수익율의 정규분포 가정	→	① 자산수익율의 분포 가정 불필요
② 2차 효용함수 가정	→	② 위험 회피형만 가정
③ 시장포트폴리오 존재 필요	→	③ 자산의 부분집합만으로 실증적 검증 가능
④ 단일기간 가정	→	④ 다기간 확장
⑤ 무위험자산의 존재	→	⑤ 아무런 제한 없음

2. CAPM과 APT의 공통점
- 완전자본시장
- 위험 회피형 투자자
- 동질적 기대

5 자본시장선(CML)

1. 자본시장선(CML; capital market line) 개념

자본시장선(CML; capital market line)이란, 투자자들이 위험자산과 무위험자산에 효율적으로 분산투자(완전분산투자; 비체계적 위험을 완전제거)를 할 경우에 얻어지는 포트폴리오의 위험과 기대수익률 간의 선형관계로, 무위험자산과 시장포트폴리오를 연결하는 직선이다. 이는 효율적 포트폴리오의 기대수익률과 표준편차(총위험) 간의 선형관계(무위험자산이 존재할 때의 효율적 투자선 = 균형가격결정식)를 보여준다.

2. 무위험자산과 자본시장선

[그림 3-3] 무위험자산과 자본시장선

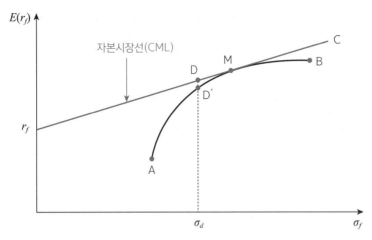

무위험자산의 수익률이 r_f라고 할 때, 무위험자산 r_f와 마코위츠의 효율적 프론티어(투자선; 포트폴리오)와의 접점인 M을 지나는 직선 r_fMC가 새로운 효율적 프론티어(CML)가 된다.

왜냐하면 그림에서 보면 직선 r_fMC상의 포트폴리오들은 마코위츠의 효율적 프론티어(Efficient Frontier)인 AMB 곡선상의 포트폴리오보다 우월하다.

지배원리에 의해 직선 r_fMC상의 포트폴리오가 마코위츠의 효율적 프론티어인 AMB 곡선상의 포트폴리오보다 같은 위험 수준에서 기대수익률이 더욱 높으며, 같은 수익률에서는 위험이 작기 때문이다.

TIP+ **자본시장선 특성**

$$자본시장선 = 무위험이자율 + \frac{시장포트폴리오수익률 - 무위험이자율}{표준편차}$$

1. 자본시장선상의 포트폴리오는 효과적이다.
2. 자본시장선상의 포트폴리오와 시장포트폴리오의 상관계수는 '1'이다.
3. 마코위츠 프런티어(Markowitz frontier) = 마코위츠 효율적 투자선
4. 자본시장선의 절편은 효율적 포트폴리오의 시간가치를 의미한다.
5. 자본시장선은 무위험자산이 존재할 경우의 효율적 투자선이라고 할 수 있다.
6. 위험회피정도에 무관하게 위험자산에 대한 투자는 M에만 하게 된다.

3. 자본시장선과 시장포트폴리오

새로운 효율적 포트폴리오(자본시장선)는 투자대상을 무위험자산에까지 확장시키면, 마코위츠의 효율적 프론티어(Efficient Frontier) AMB가 더 이상 효율적인 투자선이 될 수 없다. 대신에 무위험자산 r_f와 위험이 있는 자산들의 포트폴리오인 M을 결합한 새로운 포트폴리오의 집합인 직선 r_fMC가 새로운 효율적 프론티어가 된다.

[그림 3-4] 대출포트폴리오와 차입포트폴리오

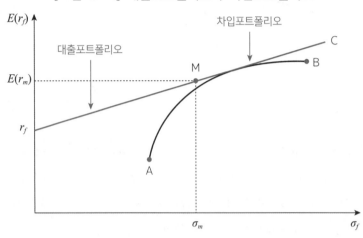

직선 r_fMC를 자본시장선(CML; Capital Market Line)이라 하고, 위험이 있는 자산으로 결합된 가장 이상적인 포트폴리오인 M을 시장포트폴리오(market portfolio)라 한다.

자본시장선(CML)상에 존재하는 것은 무위험자산과 위험자산들 중에서 가장 이상적인 포트폴리오인 M과의 결합으로 이루어지는 효율적인 포트폴리오들이다. 예를 들어, 투자자금의 일부는 무위험자산인 국채를 매입하는 데 사용하고, 나머지는 위험자산들의 포트폴리오인 M에 투자한다면, 이때 새로운 포트폴리오는 자본시장선의 일부인 직선 r_fM상의 어느 한 점이 된다.

이 직선 r_fM상에 있는 포트폴리오는 투자자금의 일부는 국가에 빌려주고(국채 매입) 나머지는 위험이 있는 자산에 투자하였다고 해서 대출포트폴리오(lending portfolio)라고 정의한다.

TIP+ 대출포트폴리오와 차입포트폴리오

1. 대출포트폴리오
무위험자산과 시장포트폴리오로 포트폴리오를 구성 → 투자자금의 일부를 시장포트폴리오에 투자하고 나머지를 무위험자산에 투자한다.

2. 차입포트폴리오
시장포트폴리오로만 포트폴리오 구성 → 무위험이자율로 차입하여 모두 시장포트폴리오에 투자한다.

---

6 증권시장선(SML)

1. 증권시장선(SML; security market line) 개념

시장이 균형을 이루는 경우 효율적 포트폴리오는 물론 비효율적 포트폴리오나 개별 자산을 포함한 모든 자산의 기대수익률과 체계적 위험간의 관계를 설명해 주는 것이 증권시장선(SML)이다(CML의 기대수익률과 위험의 선형관계가 개별 자산 또는 비효율적 포트폴리오를 설명하지 못하는 한계를 극복하기 위해 제시).

즉, 증권시장선은 모든 위험자산의 균형수익률(요구수익률)은 무위험자산의 수익률과 위험프리미엄의 합으로 구성된다.

자본시장의 균형하에서 모든 위험자산의 균형수익률은 체계적 위험의 측정치인 베타에 선형적으로 비례함을 알 수 있다.

따라서 베타의 측정은 증권시장선에서 이 베타가 모든 자산에 대한 균형수익률을 결정하는 변수이다. 사전적 베타, 사후적 베타, 포트폴리오 베타가 있다.

또한 증권시장선은 이자율이나 투자자의 위험회피도가 변화함에 따라 이동(변화)한다.

TIP+ 증권시장선(SML)

1. SML은 총 위험을 나타내는 표준편차 대신 베타계수를 위험척도로 사용한다.
2. 베타계수가 높을수록 공격적인 투자를 의미(높은 기대수익률 기대)한다.
3. 베타계수는 무위험자산일 때 '0'이다($\beta = 0$).
   시장포트폴리오와 개별 주식포트폴리오가 같을 때 $\beta = 1$이다.
4. 자본시장이 균형 상태에서 모든 자산(포트폴리오)의 기대수익률과 체계적 위험 간의 선형관계를 나타내는 직선이다.

---

2. 증권시장선에 의한 자산의 균형가격결정

증권시장이 균형상태를 이루게 되면 모든 자산의 기대수익률과 체계적 위험의 관계는 증권시장선(SML)상에 존재(균형상태)하게 된다. 자산의 균형가격은 그 자산의 기대수익률과 체계적 위험이 증권시장선상에 위치하도록 결정된다.

다음 그림은 이러한 원리를 이용하여 자산의 균형가격이 어떻게 결정되는가를 증권시장선(SML)에 의해 설명해 주고 있다.

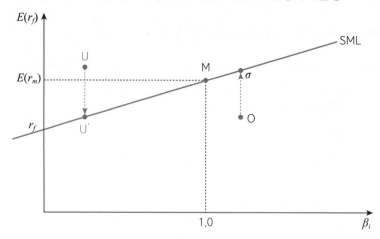

[그림 3-5] 증권시장선에 의한 자산의 균형가격결정

두 자산 O와 U가 증권시장선 상에 있지 않고 이를 벗어나 있다고 가정해 보자. 어떤 자산의 기대수익률과 체계적 위험과의 관계가 SML 위에 존재하지 않는다면, 그 자산의 가격은 균형가격이 아니다. 그 자산의 가격은 과대(O) 혹은 과소평가(U)된 것이라 할 수 있다.

자산 U의 경우 증권시장선 상에 위치하고 있는 자산 U'보다 유리한 투자대상이다. 왜냐하면 자산 U는 SML 위쪽에 위치하므로 자산 U'와 동일한 체계적 위험을 갖지만, 과소평가되어 더 높은 기대수익률을 얻을 수 있기 때문이다.

투자자들이 합리적이라면 자산 U를 선호할 것이므로, 그 결과 시장에서 자산 U의 가격이 상승하게 되고, 반대로 자산 U의 기대수익률은 하락하게 될 것이다.

O는 SML 아래쪽에 위치하므로 과대평가되어 앞으로 가격이 하락하게 될 것(매도)이다.

3. 증권시장선의 도출

증권시장선은 자본시장선이 성립한다는 전제하에 도출된다. 자본시장선이 성립하는 균형상태에서 모든 투자자들은 위험자산으로 시장포트폴리오만을 보유하게 된다.

시장포트폴리오를 보유함으로써 얻게 되는 기대수익률과 무위험자산을 보유했을 때의 수익률의 차이가 시장포트폴리오의 위험에 대한 프리미엄이 된다. (+)값이 클수록 더 우수한 포트폴리오, 펀드로 평가하고 (−)값이면 반대의 평가를 한다.

7 자본시장선과 증권시장선의 비교

자본시장선은 완전 분산투자된 효율적 포트폴리오의 총위험(표준편차)과 기대수익률 간의 선형관계를 나타낸다.

증권시장선은 효율적 포트폴리오는 물론 비효율적 포트폴리오나 개별자산을 포함한 모든 자산의 체계적 위험과 기대수익률 간의 선형관계를 나타낸다.

<표 3-3> 자본시장선과 증권시장선의 비교

구분	자본시장선(CML)	증권시장선(SML)
관계식	$E(Rp) = Rf + (\dfrac{E(R_m) - R_f}{im})\delta p$	$E(Ri) = Rf + (E(Rm) - Rf)\beta i$
평가대상	완전분산투자된 효율적 포트폴리오	모든 자산(효율적 포트폴리오와 비효율적 포트폴리오의 개별 자산을 포함)
	효율적 포트폴리오(완전분산투자)의 기대수익률과 총위험(표준편차)의 선형관계	모든 자산의 체계적 위험과 기대수익률 간의 관계
공통점	• 기대수익률과 위험의 관계를 나타낸 식(또는 그래프)이라는 점 • 위험이 커지면 그에 따른 기대 수익률도 점점 커져야 하는 선형 직선관계	
차이점	• 총위험으로 계산 • 표준편차(총위험)	• 위험을 체계적 위험으로 • 베타(체계적 위험)

✅ 핵심체크

1. 증권시장선(SML)을 이용한 기대수익률

$$E(r_i) = r_f + [E(r_m) - r_f]\beta_i$$

$E(r_i)$: 기대수익률, r_f: 무위험이자율, $E(r_m)$: 시장포트폴리오 기대수익률, β_i: 베타계수, $[E(r_m) - r_f]$: 시장의 위험프리미엄

2. 증권시장선이 성립할 경우 시장포트폴리오의 베타(β) = 1, 무위험자산의 $\beta = 0$(β = 체계적 위험의 척도)이다.

TIP+ 자본시장선과 증권시장선

1. 자본시장선과 증권시장선의 비교
- 자본시장선(CML)은 자본시장 균형에서의 효율적 포트폴리오들의 기대수익률과 표준편차로 측정된 총위험의 관계를 설명한 것이다.
- 증권시장선(SML)은 효율적 포트폴리오, 비효율적 포트폴리오, 개별 증권을 포함한 모든 자산의 자본시장 균형에서의 기대수익률과 베타계수로 측정한 체계적 위험과의 관계를 설명한 것이다.
- CML상에 존재하지 않는 개별자산이나 비효율적인 자산들의 경우에는 균형가격을 설명하지 못하며, SML만이 성립한다.
- 완전분산투자가 이루어진 시장포트폴리오를 이용하여 만들어진 CML상의 효율적 포트폴리오들의 경우에는 비체계적인 위험이 제거되어 CML과 SML은 동일하다.
- CML과 SML은 모두 기대수익률은 무위험자산의 수익률에 위험프리미엄의 수익률을 가산하여 산출한다.

2. 자본시장선과 증권시장선의 특성
- SML은 CML이 성립한다는 전제하에 도출된다.
- SML선상에 있는 자산이라고 해서 모두 CML선상에 위치하는 것은 아니다.
- SML은 일정불변하는 것이 아니라, 이자율이나 투자자의 위험회피도가 변화함에 따라 변한다.
- SML선에서 동일한 위치는 동일한 β를 가지고 있는 자산이다.

- SML의 절편은 무위험이자율이고 기울기는 시장프리미엄(항상 '0'보다 큼)이다.
- 비체계적 위험을 가진 포트폴리오는 CML선상에 놓이지 않는다.
- 어떤 자산과 시장포트폴리오 간의 상관계수가 1이면 SML과 CML은 동일한 표현식이 된다.

TIP+ **투자관리 단계**

투자목표설정 → 투자분석 → 투자전략의 관리 → 투자전술수립 → 사후통제

1. **투자목표설정** – 위험수용도, 투자자금의 성격, 세제관계, 투자시기 등
2. **투자분석** – 경제분석, 기업분석, 산업분석 등
3. **투자전략의 관리** – 종목선택기준, 자산배분기준, 분산투자의 상한선 등
4. **투자전술수립**
   - 적극적 투자(증권시장의 비효율적인 것을 전제로 초과수익 추구)
   - 소극적 투자(증권시장의 효율적인 것을 전제로 시장평균수익 추구)
5. **사후통제** – 투자성과 고찰

자본과 경제성 평가

01 자본구조

1 자본구조

1. 자본구조 개념

자본구조(capital structure)란, 총자본에 대한 자본조달원천별 구성비율이며, 최적 자본구조란, 기업의 가치를 극대화하는 자본구조로서 자본비용의 최소화로 달성할 수 있다.

광의	자본조달원천별 결합형태 비율 예 부채, 우선주, 보통주, 유보이익 등
협의	장기타인자본과 자기자본의 구성 비율

2. 자본구조 기본가정

① 기업의 모든 자본은 타인자본과 자기자본으로 구성된다.
② 기업의 미래현금흐름은 매기 일정하고 영속적이다. 이것은 기업이 동일한 규모로 계속적으로 영업을 한다는 의미이다. 그렇게 하기 위해서는 매년 감가상각비에 해당하는 금액만큼 재투자가 이루어져야 한다.
③ 기업의 총자본규모는 일정하다. 즉, 총자본규모의 변화 없이 사채를 발행하여 주식을 재매입하거나 주식을 발행하여 사채를 상환함으로써 자본구조의 변경이 가능하다.
④ 기업의 영업이익은 전액 이자와 배당으로 지급한다.
⑤ 모든 투자자들은 미래현금흐름의 확률분포에 대하여 동질적 기대를 한다.
⑥ 세금 등이 존재하지 않는 완전자본시장이다.
⑦ 개인이나 기업은 동일한 무위험이자율로 얼마든지 차입과 대출이 가능하다.
⑧ 모든 기업은 영업위험이 동일한 동질적 위험집단으로 분류할 수 있다.

2 MM자본구조이론

1. MM자본구조이론 개념

밀러와 모딜리아니(Miller & Modigliani)이론라고도 하며, 기업의 가치를 산출하는 데 필요한 할인율을 최소화하는 최적자본구조가 존재하는지를 알아내는 이론이다.

MM이론은 완전자본시장을 가정하여 자본구조이론을 설명한 것으로, 현실에는 시장의 불완전성이 존재한다. 초기 MM(1958)에는 한계점이 있어, 대표적인 불완전성의 세금 중 법인세를 고려한 것이 후기 MM(1963)모형이며, 개인소득세까지 고려한 것이 Miller(1977)의 모형이다.

2. MM자본구조이론(1958)

(1) 가정

완전자본시장은 세금, 거래비용 등 거래마찰요인이 존재하지 않고, 투자자에게 동시에 완전정보가 제공되고, 동질한 위험집단이다.

(2) 명제(3가지)

제1명제	기업가치(V)와 가중평균자본비용(WACC)은 자본구조와 관계없이 결정됨
	같은 업종에 속한 기업들의 가치를 결정하는 것은 각 기업들의 영업이익만 영향을 미치며, 자본구조만 다르고 경영위험과 영업이익이 동일한 두 기업의 가치는 동일하다는 것을 의미함
제2명제	레버리지 증가에 따라 자기자본비용은 상승하고 이는 타인자본비용의 저렴효과를 완전히 상쇄함
	기업이 부채를 사용함으로써 재무위험이 증가하는데, 이때 주주들은 부채사용으로 인해 증가하는 재무위험에 대해 위험보상을 추가적으로 요구하게 됨. 따라서 자기자본비용은 부채비율에 비례함
제3명제	새로운 투자 안에 대한 절사율(cut-off rate; 할인율)은 자금조달방법과 무관하게 결정함
	첫 번째 명제를 투자 안에 적용한 것으로 할인율은 곧 자본비용이므로 그 투자 안이 채택되기 위한 최저수익률로 절사율은 이 할인율과 같음

3. MM자본구조이론(1963)

(1) 가정

수정MM자본구조이론은 자본시장이 불완전하다면 자본구조의 변경이 기업 가치에 영향을 줄 수 있다는 것 때문에 법인세가 존재하는 완전자본시장을 가정하게 되었다.

(2) 명제(3가지)

제1명제	법인세가 존재할 때 부채기업의 가치는 무부채기업의 가치보다 부채감세 효과의 현재가치만큼 큼
	기업의 가치가 부채가치와 자기자본가치의 합으로 구성되듯이 기업의 현금흐름도 채권자에게 귀속되는 현금흐름과 주주에게 귀속되는 현금흐름의 합으로 구성이 됨. 따라서 부채를 사용한 기업일수록 현금유입이 더 많게 되는데 이것은 바로 부채의 감세효과가 존재하기 때문임
제2명제	법인세가 존재할 때에도 레버리지의 증가에 따라 가중평균자본비용은 상승하지만 부채의 감소효과로 인해서 법인세가 없을 때보다 완만하게 상승함
	부채비율이 증가할 때 자기자본비용은 상대적으로 저렴한 타인자본의 이점을 완전히 상쇄할 정도로 증가하지는 않는다는 것임
제3명제	새로운 투자 안을 수행하기 위한 자금은 모두 타인자본으로 조달하는 것이 유리함
	새로운 투자 안에 대한 절사율(할인율)이 작을수록 보다 많은 투자 안이 투자가치를 갖게 된다는 것임. 절사율은 부채를 사용할수록 점점 더 작아지고 최종적으로 투자자금을 모두 타인자본으로 조달하게 되면 절사율은 가장 작아지게 되는 것임. 하지만 모두 타인자본으로 한다는 것은 불가능하며 타인자본을 얼마나 써야 하는지에 대한 절대적 비율은 존재하지 않음

TIP+

1. 자본구조와 기업 가치
- 법인세가 없는 경우: 기업 가치는 자본구조와 무관하다.

- 법인세 고려: 부채를 사용하면 기업 가치는 증가하고, 이자의 법인세는 절감효과를 가진다.

2. 완전시장에서의 자본구조
- MM의 명제 1: 모딜리아니와 밀러는 완전시장에서 어떤 자본구조를 선택하더라도 기업 가치에는 영향을 주지 않음을 보였다. 기업이 부채를 지는 대신 투자자가 자기책임으로 창출한 부채를 홈메이드 레버리지라고 한다. 이 논리의 암묵적인 가정은 개인이 자기계좌로 차입할 경우에도 기업과 동일한 조건으로 차입을 할 수 있다는 것이다.
- MM의 명제 2: MM의 명제 1이 성립하는 세계에서 주식의 기대수익률과 자산의 기대수익률, 부채의 기대수익률 사이에 어떤 관계가 있는지를 말해 준다.

$$\text{기대수익률의 계산식: } r_E = r_A + \frac{D}{E}(r_A - r_p)$$

완전시장에서 투자의사결정이 이미 주어졌다면 자기자본의 기대수익률은 부채비율에 비례하여 증가하며, 그 증가율은 자산의 기대수익률과 부채의 기대수익률의 차이에 의해 결정된다.

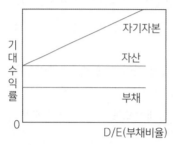

자산, 자기자본, 부채의 기대수익률
부채에 위험이 없는 경우

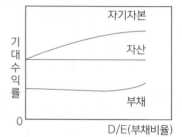

자산, 자기자본, 부채의 기대수익률
부채에 위험이 있는 경우

✅핵심체크

자본조달순위(순서)이론(pecking order theory)

마이어스와 마즐르프(Myers & Majluf; 1984)에 의해 제시된 자본조달순위이론은 기업이 자본을 조달함에 있어서 일정한 순서가 있는데, 우선 외부자본보다는 내부자본이 선호되며, 내부자본이 고갈된 경우에만 외부자본을 이용하게 된다.

외부자본 중에서도 증자에 의한 조달보다 부채가 선호되며 부채를 더 이상 이용할 수 없는 경우에만 자기자본으로 조달한다는 것이 자본조달순위이론의 내용이다.

자본조달에 이러한 순서가 존재한다는 결과는 경영자와 외부이해관계자 사이의 정보비대칭이 존재하기 때문이다.

자금조달에 있어서 위험과 비용이 적은 내부자금을 선호한다는 것이다. 채권이나 주식발행을 통한 외부자금조달은 시장에 부정적인 신호를 주기 때문에 내부자금이 부족할 경우에만 사용한다. 경영자가 외부의 잠재적 투자자들보다 기업경영상태에 대하여 우월한 정보를 가지고 있는 경우, 주식발행에 의한 자기자본 증자는 주가가 과대평가되었다는 신호로 작용을 할 가능성이 높기 때문에 가능한 꺼려한다는 것이다. 따라서 가장 선호하는 자본조달은 내부유보자금(유보이익)이다.

∴ 자본조달이론에 근거한 자본조달결정 순서
  타인자본 > 우선주 > 사내유보 > 보통주
  (이자비용/세액감소효과 > 자본비용이 가장 낮음 > 무비용 > 보통주 발생비용발생)

3 파산비용이론(bankruptcy)

파산(bankruptcy)이란, 부채를 과다하게 사용하는 기업이 부채의 원리금을 상환하지 못하는 상태나 기업의 자산가치가 부채가치보다 작아 부채의 상환능력을 상실한 상태를 말한다. 이때 부담하게 되는 제반비용을 파산비용(bankruptcy cost)이라 한다.

직접파산비용	변호사비용, 회계사비용, 소송비용 등
간접파산비용	자금조달상의 불리, 종업원의 이직, 제품공급자의 상실, 매출액의 감소, 자산가치의 하락, 자산처분손실 등

4 대리비용(agency cost)

1. 대리비용의 개념

대리비용(agency cost)이란, 대리문제로부터 발생하는 금전적 또는 비금전적 비용을 의미하며, 대표적인 3가지가 있다.

감시비용	대리인의 의사결정이 위임자의 이익으로부터 이탈하는 것을 감시하기 위해 위임자가 부담하는 비용 예 외부감시비용, 감사조직, 감사기구 도입의 비용 등
확증비용	대리인이 위임자의 이익을 위한 경영을 하고 있다는 확신을 주기 위해 대리인이 부담하는 비용
잔여손실	감시비용과 확증비용에도 불구하고 제거되지 않는 비용

2. 대리인문제(agency problem)

대리인문제(agency problem)란, 기업의 소유자와 경영이 분리되어 있을 경우(또는 경영진의 기업 소유 지분비율이 낮은 경우) 주주의 목표와 경영자의 목표가 상충됨으로써 발생하는 문제이다.

주주의 목표	주가 또는 기업가치 극대화
경영자의 목표 (주주의 대리인)	대부분 성장과 매출액 극대화

(1) 대리인문제

대리인문제는 기업의 조직체계와 시장메커니즘에 의해 효과적으로 통제될 수 있다.

젠센(Jensen; 1983)은 기업의 소유와 지배가 분리된 경우 의사결정 대리인들이 주주의 이익을 침탈하는 것을 제한하기 위해 의사결정관리(제안 및 실행)와 의사결정통제(인준 및 감시)가 분리된 의사결정체계를 기업이 채택하게 된다고 보았다.

즉, 통제기능은 주주들에 의해서 이사회에 이전되고 주주들은 이사의 선임, 합병, 주식발행 등 주요 사항에 대한 승인권만 보유한다.

> **TIP+** **대리인문제 완화방안**
>
> 1. 여러 가지의 경영자 보수지급방법 및 경영자들의 노동시장이 대리인문제를 완화할 수 있다. 경영자 보수는 보너스나 경영자 주식옵션과 같은 방법으로 경영성과에 연계될 수 있다.
> 2. 주식시장은 외부적인 감시장치 기능을 한다. 왜냐하면 주가는 경영자들의 의사결정내용을 반영하며 낮은 주가는 경영자들에게 그들의 형태를 바꾸고 주주의 이익에 부합되는 행동을 하도록 압력을 가하는 역할을 하기 때문이다.
> 3. 기업의 조직체계와 시장의 메커니즘이 대리인문제를 해결하지 못할 때에는 마지막으로 기업인수시장이 외부적 통제장치로서 작용하게 된다. 공개인수나 위임장경쟁 등을 통해 외부의 경영자들이 현 경영자들과 이사회를 우회하여 대상기업의 의사결정권을 획득할 수 있다.

(2) 대리관계

대리관계란, 위임자가 자신을 대신하여 의사결정권한을 대리인에게 위임하는 계약관계를 말한다. 기업경영자는 외부주주에게서 자본을 제공받아 기업을 경영하므로 외부주주는 위임자가 되고 기업경영자는 대리인이 된다.

또한 기업경영자는 채권자로부터 자본을 제공받아 기업의 의사결정을 하므로 채권자는 위임자가 되고, 기업경영자는 대리인이 되는 것이다. 이때 대리인이 위임자의 효용을 극대화하도록 의사결정을 한다면 위임자와 대리인 간에는 이해상충의 문제가 발생하지 않을 것이다. 그러나 모두 자신들의 효용을 극대화하려고 한다면 이들 간에는 이해상충의 문제, 갈등의 문제가 발생한다.

> **TIP+**
>
> **1. 피셔의 분리정리**
>   자본시장과 생산기회가 모두 존재하는 경우 투자결정과 소비결정이 서로 분리되는 것을 피셔의 분리정리라 한다. 투자결정은 소비자들의 주관적인 선호 또는 효용과 무관하게 객관적·독립적인 시장이자율 수준에 따라 결정되는 것을 말한다.
>   - 투자결정: 최적투자점은 생산기회선의 기울기와 시장기회선의 기울기가 일치하는 점에서 이루어진다.
>   - 소비결정: 최적소비점은 무차별곡선의 기울기와 시장기회선의 기울기가 일치하는 점에서 이루어진다.
>   ※ 투자의 한계수익률이 시장이자율과 일치할 때까지 투자를 확대함으로써 최적투자결정을 하고, 주관적인 시차선호율과 시장이자율이 동일하도록 시장선을 따라 대여하거나 차입함으로써 최적소비패턴을 결정한다. 이렇게 투자결정과 소비결정이 상호분리되어 있다는 것이 피셔의 분리정리이다.

2. 소유와 경영의 분리

피셔의 분리정리가 성립하면 경영자는 주주들의 주관적인 시차선호에 관계없이 객관적인 순현가 극대화 기준에 의한 투자결정을 할 수 있다. 왜냐하면 순현가를 극대화하여 기업가치를 최대한 증가시킨 후 주주들은 자본시장을 통하여 차입과 대출을 함으로써 자신들의 효용을 극대화할 수 있기 때문이다. 따라서 주주들은 투자결정을 경영자에게 위임할 수 있으며, 이에 따라 소유와 경영의 분리가 가능하게 된다.

3. 국제피셔효과(international Fisher effect)

두 나라 사이의 금리 차이와 환율 변동의 균형관계를 나타낸 것으로 표시통화만 다르고 위험과 만기가 동일한 금융상품 간의 금리 차이는 두 통화 간 환율의 기대변동률과 같다는 것이다.

5 자본비용

자본비용(cost of capital)이란, 기업이 자본을 사용한 대가로 자본제공자에게 지불해야 하는 비용을 말한다. 자본비용은 자본에 대한 대가로 지불하는 절대금액이 아닌 대가의 비율(수익률 또는 이자율)로 측정한다.

1. 자본비용 종류

원천별 자본비용	조달된 부채, 우선주, 보통주 등의 원천별로 구분하여 기업이 부담하는 자본비용
가중평균 자본비용	원천별 자본비용을 각각의 구성비율대로 가중 평균한 값
평균 자본비용	조달된 자본총액으로부터 얻어야 하는 최소한의 필수수익률
한계 자본비용	추가적으로 조달하려고 하는 자본으로부터 얻어야 하는 최소한의 필수수익률

기업 입장	• 부채: 현재 기업실체가 부담하고, 자원의 유출이 예상되는 의무(약정된 이자) • 우선주: 부채와 보통주의 중간적인 성격으로, 우선주주의 청구권은 채권자보다는 순위가 늦으나, 보통주주보다는 순위가 앞섬(약정된 배당) • 보통주: 주식회사가 출자에 대한 증표로 보통 주주에게 발행한 주권(현금배당·자본이득)
투자자 입장	요구수익률 또는 투자수익률

2. 자본비용 역할

① 기업의 투자결정의 지표가 된다.

자본비용은 성과평가의 기준이 된다는 의미로서, 투자 안의 기대수익률이 자본제공자의 요구수익률보다 높아야 한다는 의미이다.

② 투자자본을 조달하는 방법을 결정하는 기준이 된다.

기업가치 극대화의 목표를 달성하기 위해서 자본비용이 최소화되도록 자본을 조달해야 하기 때문이다.

③ 배당결정이나 리스금융의 의사결정 또는 사채차환 등의 재무적 의사결정에 중요한 기준이 된다.

④ 전반적인 경제관점에서 자본비용은 산업 또는 기업의 투자수준을 결정하며 자원을 배분하는 역할을 한다.

6 자본예산(capital budget)

1. 자본예산 개념

자본예산(capital budget)이란, 기업이 투자효과가 장기적(1년 이상)으로 나타나는 투자의 총괄적인 계획과 평가의 과정을 의미하는 것으로, 기업의 투자결정을 수행하는 데 필요한 토지, 건물 및 설비 등의 비유동자산에 대한 지출인 자본지출(capital expenditure)에 대한 계획을 의미한다.

TIP+ **자본예산 편성**

자본예산 편성(capital budgeting)은 투자 안을 분석하고 어떤 투자 안을 자본예산에 포함시킬 것인가를 결정하는 전체 과정이다.

투자에는 실물투자와 금융투자가 있는데, 자본예산은 실물투자 중에서도 비유동자산에 대한 투자와 관련이 있다.

투자의 경제성을 위해서는 투자 안으로부터 기대되는 미래현금흐름을 추정하여 그 투자안의 수행여부를 판단해야 한다. 투자안의 경제성을 평가하는 방법은 여러 가지가 있으나, 이론적으로는 순현재가치법(NPV)이 가장 우월한 방법이다.

현금흐름의 추정과 투자안의 경제성을 평가하는 단계가 재무관리에서 가장 중요한 과제이다.

2. 자본예산 중요성

① 자본적 지출의 결과에 의해 기업의 장기적 수익성과 위험이 영향받아 그 미래가치가 좌우된다.
② 기업의 자금사정이나 유동성 등은 보통 대규모의 현금유출을 수반하는 자본적 지출에 큰 영향을 받는다.
③ 자본적 지출은 기업외부와의 경쟁에서 우위를 확보하는 데 근간이 되고 있다.

3. 자본예산 과정

① 투자 목적을 설정한다.
② 여러 투자대안들을 선정한다.
③ 각 투자 안들로부터 예상되는 현금흐름을 추정한다.
④ 각 투자안의 경제성을 평가한다.
⑤ 투자를 결정 및 실행한다.

02 투자안의 현금흐름

1 현금흐름

1. 현금흐름(cash flow) 개념

기업이 새로운 투자 안을 선택했을 때 발생하는 현금의 움직임을 의미하는 것으로, 현금흐름은 투자로 인하여 기업 내부로 유입되는 현금유입과 기업 외부로 유출되는 현금유출로 구분되며, 현금유입에서 현금유출을 차감한 금액을 현금흐름(순현금흐름)이라고 한다.

2. 현금흐름 추정의 기본원칙

(1) 모든 현금흐름은 납세 후 기준으로 추정한다.

세금은 기업이 실제로 지출하는 현금지출이므로, 현금흐름의 추정은 반드시 납세 후 기준으로 이루어져 한다.

(2) 증분기준을 적용하여 추정해야 한다.

투자 안과 관련된 현금흐름은 투자 안을 선택함으로써 발생하는 전체 현금흐름의 변동분으로, 증분현금흐름이라 한다. 현금흐름의 순증감분만을 측정해야 한다.

> **TIP+** **증분기준(incremental basis)**
>
> 특정 투자 안을 선택한 결과 나타나는 현금흐름의 변화분만을 분석대상으로 하는 것(특정 안 채택 후 현금흐름과 채택하지 않은 경우 현금흐름을 비교)이다.
> 이미 지출된 매몰비용은 고려하지 않지만, 투자 안 선택으로 포기하게 되는 기회비용과 파생적으로 나타나는 부수효과가 있으면 이는 현금흐름에 반영해야 한다는 것이다.

증분기준을 적용한 현금흐름 추정 시 고려할 사항은 다음과 같다.

매몰비용	이미 지출되었으나 미래의 현금흐름을 창출하는 데 기여할 수 없다고 판정된 비용으로, 매몰원가는 현금흐름 추정 시 고려하지 않음
법인세	실제 세금을 납부한 시점에서 현금유출로 처리함
기회비용	기회비용은 추가적인 현금유출이 수반되지는 않지만 현금유출에 포함함. 즉, 자산을 투자 안에 사용함으로써 얻을 수 없게 될 현금흐름 중에서 가장 큰 값임
잠식비용	신 모델이 개발되었을 경우 구 모델의 제품의 매출이 감소하는 것으로, 기존사업의 현금흐름을 감소시키므로 현금유출로 처리함
간접비용	경영자의 봉급, 임차료, 전기수도료, 광열비 등의 항목을 포함함. 간접비용은 어떤 특정 투자안과 관련을 지을 수 없지만, 그 대가를 지불하지 않으면 안 됨. 투자분석에 있어서는 특정 투자안의 채택으로부터 발생하는 추가적인 간접비용만을 현금유출로 처리함
부수효과	부수효과란, 한 투자안이 다른 투자안에 미치는 영향을 의미하며, 현금유입으로 처리함. 사회간접자본에 대한 투자의 경우 주변 개발효과나 다른 부분의 파급효과 등의 부수효과가 있으므로 중요함

투자세액공제	투자세액공제만큼 법인세가 감소하므로 투자시점의 현금유입으로 처리함
잔존가치	처분시점의 현금유입
순운전자본	발생시점에서 현금유출로 인식하고, 투자가 끝나는 시점에서 회수하여 현금유입으로 처리함
고정자산처분손에 따른 세금효과	투자기간이 끝나는 시점에 잔존가치가 있는 고정자산을 처분하는 경우 그 금액은 현금유입으로 처리함
감가상각비	취득시점에 현금유출로 처리하였기 때문에 현금지출이 발생하지 않으므로 현금유출로 처리해서는 안 됨
금융비용 (이자비용 · 배당금)	부채는 앞으로 지급될 이자흐름의 현재가치이고, 자본은 앞으로 지급될 배당흐름의 현재가치임. 따라서 기업가치 극대화를 위해서 지급이자와 배당금의 합계인 현금흐름을 극대화해야 함. 특히 이것은 투자자금의 사용대가로 할인율이 이미 반영되었으므로 현금유출로 처리하면 안 됨
인플레이션	• 인플레이션은 현금흐름과 할인율에 일관성 있게 고려하므로, 현금흐름의 추정시에 고려하여야 함 • 투자대상으로부터 기대되는 현금흐름이 장기간에 걸쳐 발생하게 될 경우 인플레이션이 현금흐름에 미치는 영향은 크다고 볼 수 있으므로, 인플레이션의 영향은 할인율에도 반영되어야 함

TIP+

1. 운전자본

운전자본(working capital)이란, 유동자산을 의미하며, 기업의 효율성을 높이려면 적정수준의 유동성을 확보하면서 수익성을 극대화하는 것이다.

∴ 유동자산↑ → 기업의 유동성↑ → 기업의 수익성↑

∴ 순운전자본 = 유동자산 − 유동부채

2. 독립평가의 원칙

독립평가의 원칙(stand-alone principle)이란, 투자 안과 관련된 현금흐름만을 고려한다는 것이다. 일반적으로 기업은 한 종류의 투자 안만을 실행하는 것이 아니라 여러 종류의 투자를 동시에 실행하므로 이는 혼동을 초래할 수 있다.

03 투자 안 경제성 평가

1 순현재가치(NPV; net present value)

1. NPV 개념

어떤 투자 안으로부터 발생하는 현금유입의 현재가치에서 현금유출의 현재가치를 차감한 값이며, 이를 순현가(NPV)라고도 한다.

화폐의 시간가치 개념만 잘 파악하고 있다면 간단하다.

순현재가치(NPV)는 모든 예상되는 현금 유입에서 모든 현금 유출을 빼서 이를 현재가치로 할인한다.

> NPV = 현금유입의 현가 - 현금유출의 현가
>
> $$NPV = \sum_{t=0}^{\infty} \left\{ \frac{CI_t}{(1+r)^t} - \frac{CO_t}{(1+r)^t} \right\}$$
>
> (CI: 현금유입, CO: 현금유출, r: 할인율)

이때 판단기준은 NPV가 0보다 크면 투자 안 채택, 0보다 작으면 투자 안을 기각한다. NPV = 0인 경우도 투자 안을 채택한다. 할인율만큼은 보상되면서 기업활동을 통한 다른 가치 창조가 일어나기 때문이다. 또한 NPV는 투자로 얻은 화폐흐름의 현재가치와 초기 투자금액을 비교해서 투자의 적정성을 평가하기도 한다.

2. NPV 장점

장점	• 내용연수 동안의 모든 현금흐름을 고려 • 화폐의 시간가치개념을 고려하고, 투자위험에 대한 보상을 반영 • 투자 안에 대한 가치가산의 원칙이 적용됨 　순현재가치법은 절대금액(절대적 수준의 수익률평가)으로 투자 안을 평가하기 때문에 NPV는 가치가산의 원칙이 성립함 • 현금흐름과 자본비용만으로 투자 안을 평가하므로 자의적 요인을 배제 • 채택된 모든 투자안의 NPV의 합계는 그 기업의 가치를 반영함(투자 안이 기업가치의 증가에 실제로 공헌한 금액으로 평가될 수 있기 때문)

2 내부수익률(IRR; internal rate of return)

1. IRR 개념

투자 안으로부터 발생하는 현금유입의 현재가치와 현금유출의 현재가치를 일치시키는 할인율이다. 이는 NPV가 '0'이 됨을 의미한다.

내부수익률법은 어떤 투자안의 NPV가 0이 되게 하는 할인율(내부수익률)을 구해서 시장에서 평가된 회사의 자본비용 또는 기회비용보다 크면 투자 안 채택, 그렇지 않으면 기각한다.

투자 안 자체에 내포된 수익률이 자본 조달에 소요되는 금융비용보다 조금이라도 크면 투자한다는 의미이다. 그러므로 내부수익률법에서 투자 안 채택과 기각의 판단기준으로 사용하는 할인율을 '자본비용' 또는 '기준수익률'이라고 한다(채권의 만기수익률과 동일한 개념).

IRR은 NPV = 0인 할인율이므로 계산은 다음과 같다.

$$\sum_{t=1}^{N} \frac{C_t}{(1+r)^t} = 0$$

(N: 기간, C_t: t시점에서의 현금흐름)

현금유입(Cash Inflow)의 현재가치 합과 현금유출(Cash Outflow)의 현재가치의 합이 같게 되는 할인율, 즉 NPV = 0이 되게 하는 할인율이 내부수익율(IRR)이다.

2. IRR 장 · 단점

장점	• 내용연수 동안의 모든 현금흐름을 고려함 • 화폐의 시간가치를 고려함
단점	• 내용연수가 3년 이상인 경우에는 내부수익률의 계산이 복잡함 • 재투자수익률의 가정이 비합리적임 • 내부수익률이 존재하지 않거나 복수의 내부수익률이 존재할 가능성이 있음 • 가치가산의 원리가 적용되지 않음 • 상대적 수준에서의 수익률 평가

TIP+

1. 투자 안이 독립적일 경우
  NPV와 IRR의 의사결정이 일치한다.

2. 투자 안이 상호배타안일 경우
  • 자본비용 > 피셔의 수익률 – 의사결정이 일치한다.
  • 자본비용 < 피셔의 수익률 – 의사결정이 불일치한다.

투자타당성이 있는 다수의 투자 안 중 투자의 우선순위를 정하는 경우나 상호배타적인 투자안인 경우 순현가법과 내부수익률법에 의한 결과가 달라질 수 있는데, 일반적으로 다음과 같은 이유로 순현가법이 더 우수한 방법으로 평가된다.

1. **재투자수익률**

   순현가법은 투자자의 요구수익률, 내부수익률법은 대상 투자 안의 내부수익률로 재투자한다고 가정하는데 순현가법의 가정이 더 합리적이다.

2. **가치가산성의 원리**

   NPV (A) + NPV (B) = NPV (A + B)가 성립하지만 IRR (A) + IRR (B) = IRR (A + B)는 성립하지 않는다. 즉, 순현가법은 가치가산성의 원리가 성립하지만, 내부수익률법에서는 가치가산성의 원리가 성립하지 않는다.

3. **복수해 또는 무해의 존재**

   내부수익률법은 비전통적 사업일 경우 복수해나 무해가 나올 수 있다. 이 경우 어느 것을 요구수익률과 비교해야 하는지 판단할 수가 없다.

4. **부의 극대화**

   부의 극대화는 돈(순현가법)으로 따지는 것이지 수익률(내부수익률법)로 따지는 것이 아니다. 즉, 수익률이 100%이고 100원 수익의 투자 안보다는, 수익률이 10%이고 1,000원 수익의 투자 안이 부의 극대화를 달성하는 투자 안이다. 이런 부의 극대화는 순현가법으로 판단할 수 있다.

※ **NPV**
- 기업의 가치극대화라는 재무관리 목표에 부합한다.
- 재투자수익률의 가정이 현실적이다.
- 가치가산의 원리가 성립한다.
- 평가기준의 일관성을 가진다.
- 복수의 해나 해의 무존재가 없다.

※ 투자 대안이 오직 하나일 때는 순현가법이나 내부수익률법의 타당성분석의 결과가 동일하다.

3 수익성지수법(PI; profitability index)

1. PI 개념

미래현금유입의 현가를 현금유출의 현가로 나눈 비율로서, 일명 현재가치지수법이라 한다. NPV법과 똑같이 구한 미래의 현금흐름을 투자액으로 나눈다.

$$PI = \frac{\text{미래현금유입의 NPV}}{\text{현금유출의 NPV}} = \frac{\text{현금유입의 현재가치}}{\text{현금유출의 현재가치}} = \frac{\text{투자안의 NPV}}{\text{현금유출의 현재가치}}$$

회계적 이익율법과 비슷한데, 분자에 NPV를 사용하므로 화폐의 시간가치가 고려되며, 판단기준은 PI가 1보다 크면, 즉 미래 현금 흐름의 현재가치 합이 투자액보다 크면 투자 안을 채택하고, 그렇지 않으면 포기한다. PI도 위의 IRR법처럼 투자규모를 고려하지 못한다는 단점이 있다.

2. PI 단점

단점	• 투자 안의 규모를 고려할 수 없으므로 투자규모가 서로 다른 투자 안 경제성 평가 시 순현재가 치법과 상반된 결과가 가능함 • 순현재가치법이 절대금액으로 경제성을 평가하는 반면에, 수익성지수법은 상대비율로 투자 안 의 경제성을 평가함 • 이러한 문제점은 증분분석을 통해 다소 극복할 수 있음 • 수익성지수법은 투자액의 효율성을 고려하지 않았음

4 회계적 이익률법(ARR; accounting rate of return method)

1. ARR 개념

평균 이익률법이라고도 하며, 투자 안의 평균 이익률을 산출하여 이를 투자 안의 평가기준으로 삼는 방법이다. 즉, 1년 단위로 평균 투자액 대비 회계적 이익이 얼마가 났느냐를 보는 것으로, 과 거 성과를 평가하는 방법으로 화폐의 시간가치가 고려되지 않았다.

$$ARR = \frac{연평균순이익}{연평균투자액} = \frac{장부상연평균순이익}{연평균순투자액}$$
$$= 1원의 \ 투자로 \ 벌어들일 \ 수 \ 있는 \ 장부상 \ 이익$$

회계적 이익률법에 속하는 판단 지표에는 자기자본수익률(ROE; Return On Equity), ROA(Return On Asset) 등이 있으며, ROE는 한 기간의 당기순이익을 자기자본으로 나눠준 것이고, ROA는 당 기순이익을 자산총액으로 나눈 값이다.

한편, 투자수익률(ROI; Return On Investment)은 (자기자본 + 부채) 전체에 대한 수익율이다. ROE가 자기자본 대비 수익율을 파악하는 것과 달리 ROI는 레버리지 효과까지 감안한 수익율이 다. 그러므로 ROI는 기업 경영자의 관점에서 투자 안을 판단하는 것이고, ROE는 주주의 관점에 서 투자 안을 평가하는 것이라 할 수 있다.

> 예 자기자본 1,000만 원인 비즈니스가 500만 원을 차입해서 투자를 했을 때 1년 동안 150만 원의 수익을 기록했다면 그 해의 ROI는 (150/1000 + 500) = 10%이다.
> 이때, ROE를 계산해 보면 자기자본은 1,000만 원이므로 (150/1000) = 15%이다. 이처럼 차입을 통한 지렛대 효과를 이용해서 훨씬 더 높은 ROE를 기록할 수 있다. 물론, 차입금 500만 원에 대한 금융비 용을 고려해야 한다. 금융비용을 제하고도 더 높은 ROI를 기록할 수 있다면 레버리지 효과에 의해 ROE는 증폭되지만, ROI가 마이너스인 경우 손실 역시 증폭되므로 위험(risk)은 그만큼 더 커진다.

5 자본회수기간법(PPM; Payback Period Method)

1. PPM 개념

특정 투자 안의 회수기간이 투자 주체가 설정한 기준치보다 짧으면 투자안을 채택하고, 기준치가보다 길면 기각하는 방식이다.

즉, 투자 후 '얼마 만에 투자액을 되찾게 되는가?'를 생각하는 방법으로 투자 금액을 되찾는 데 걸리는 기간으로 투자안의 가치를 평가하는 것이다.

2. PPM의 장·단점

장점	• 이해하기 쉽고 간편하여 기업 현장에서 자주 쓰임 • 경영자에게 투자위험에 대한 정보를 제공함
단점	• 화폐의 시간가치를 고려하지 않았음 • 회수기간 이후의 현금흐름 무시

TIP+ 회수기간의 역수

내부수익률의 근사치를 구하기 위해 사용되는 계산법으로, 실제 내부수익률보다 항상 큰 값을 가진다.

$$공식 = \frac{연평균\ 현금유입액}{투자액}$$

<표 4-1> 투자안 평가기법의 장·단점

구분		장점	단점
할인 모형	NPV법	• 화폐시간가치 고려 • 현금흐름 고려(내용연수 동안) • 수익성 고려(자의적 배제) • 재투자 가정보다 현실적 • IRR에 비해 계산이 비교적 간단	–
	IRR법	• 화폐의 시간가치 고려 • 현금흐름 고려(내용연수 동안) • 수익성 고려	• 내용연수가 3년 이상 → 계산이 복잡, IRR이 존재하지 않거나 복수 존재 가능 • 재투자수익률 가정이 불합리
비할인 모형	회계적 이익율법 (발생주의)	• 이해가 쉽고 계산이 간단 • 수익성 고려 • 투자의사결정과 성과평가 일관성	• 화폐의 시간가치 무시 • 목표이익률 선정이 자의적 • 현금흐름 아닌 회계적 이익에 근거 → 발생주의 회계상 조작가능성

자본회수 기간법	• 이해가 쉽고 계산이 간단 • 유동성(안정성) 증대 • 회수기간 자체가 위험지표 역할	• 화폐의 시간가치 무시 • 수익성 미고려(회수기간 후 현금흐름 무시) • 목표회수기간 선정이 자의적 • 투자안 수익성 무시

04 배당이론

1 배당

1. 배당 개념

(1) 영업활동에 필요한 자금을 제공한 주주에게 자금사용의 대가로 기업이익의 일부 또는 전부를 환원하는 보상의 일종을 의미한다.

세후순이익	배당	주주이득 ↑, 회사성장기회 ↓	기업가치극대화를 위해 조정
	내부유보	주주이득 ↓, 회사성장기회 ↑	

(2) 채권자에 대한 이자지급이 채무 계약 시 미리 결정되는 것에 반해서 주주에 대한 배당률은 미리 결정할 수 없고 경영자의 의사결정이 필요하다.

① 배당정책

기업의 순이익을 배당금과 내부유보금으로 배분하는 의사결정이 필요하고, 기업 가치를 극대화하는 배당수준의 결정이 요구된다.

② 배당제한

주식회사의 경우 배당의 지급은 배당 가능한 이익의 범위(상법상의 배당가능이익)를 초과할 수 없다.

채권자들은 기업과의 계약을 통해 주주에게 지급할 수 있는 배당금의 크기에 제약을 가할 수 있다.

> **TIP+** 배당정책에 영향을 미치는 요인
>
> 기업의 유동성, 투자기회, 기업의 지배권, 부채상환의 의무, 당기순이익 등이 있다.

2. 배당 유형

(1) 현금배당

현금배당이란, 주주들에게 현금으로 이익을 배분하는 가장 일반적인 형태의 배당이다.

배당은 액면배당률과 시가배당률을 표시할 수 있다. 예를 들면, 액면가는 5,000원이고 시가는 50,000원인 기업에서 액면배당률 10%로 현금배당을 지급한다면 이는 주당배당금으로 500원을 지급하는 것을 의미하며, 시가배당률은 1%가 된다.

시가배당률은 바로 배당수익률이며 투자자가 배당수익률은 쉽게 파악할 수 있도록 시가배당률을 의무적으로 공시해야 한다.

> **✓ 핵심체크**
>
> **배당수익률**
>
> 배당수익률이란, 기업의 최근 배당금이 현재 주가에 차지하는 비율로서 배당수익률이 높은 기업이면 최근 배당금이 높다는 것을 의미한다.
>
> $$배당수익률 = \frac{연간배당금}{현재주가} \times 100 = \frac{주당배당액}{주가} \times 100$$

정규현금배당	특별한 사정이 없는 한 미래에도 계속하여 기업이 지급할 것을 의미하는 배당금
추가배당 · 특별배당	기업이 만약 일시적인 이익증가분을 투자자에게 현금으로 지급하기를 원하는 경우 계속성을 전제하지 않고 지급하는 배당금

(2) 주식배당

주식배당(stock dividend)이란, 현금 대신 주식을 발행하여 주식소유비율에 따라 무상으로 교부하는 것으로, 자본이 납입되지 않고 재무상태표상의 이익잉여금이 자본금 계정으로 이전되는 것일 뿐 기업가치에는 아무런 변동이 없다.

즉, 주식배당은 기업의 이익이 주식배당액만큼 자본금으로 편입되기 때문에 이론적으로는 발행주식수만 늘어날 뿐 기존 주주의 지분율은 그대로 유지되어 주주들의 부의 증가를 가져오지는 않는다.

단, 주당순이익(EPS)이 낮아지면서 기업사정을 잘 모르는 투자자들로부터 기업의 신뢰도가 하락하여 주가가 하락할 우려도 있다(주가와 주당순이익은 주식수와 반비례).

특징	• 기업가치에는 불변 • 주식으로 지급되는 배당(주식발행 수만 증가) • 현금배당과는 달리 현금이 기업외부로 유출되는 것이 아니라, 주주가 보유하는 주식 수에 비례하여 추가로 주식을 발행하는 것으로서 주주의 부에는 아무런 영향을 미치지 않음(기존 주주의 지분율을 그대로 유지)

<표 4-2> 주식배당의 효과

기업 입장	주주 입장
• 신주발행에 부대비용 발생 • 자본의 영구화를 위한 수단 • 사내유보를 통해 자금수요에 대처 • 투자자의 기업신뢰 하락(EPS↓) • 비정상적 고주가를 하락시키는 효과	• 배당수익이 증가(주당 배당액 일정 유지) • 미래 수익에 대한 긍정적인 효과 • 시장의 기업 평가가 높아짐

(3) 주식분할

주식분할(stock split)이란, 기존의 1주를 분할하여 2주 이상으로 만드는 것을 말한다. 즉, 2:1 주식분할은 1주를 2주로 분할하는 것을 말한다.

기업이 주식분할을 실시하는 이유는 주식배당의 경우처럼 주가를 하락시켜 주식거래를 원활하게 하면 실질적인 주가상승효과가 있기 때문이다.

특징	• 발행주식 수를 증가시키고 현금유출을 수반하지 않으므로 기업의 가치는 변동이 없는 점에서 주식배당과 동일함 • 주식소유의 분산을 통해 경영지배권의 안정화를 도모할 수 있음 • 주가가 너무 높아 자유롭고 원활한 거래에 어렵다고 판단될 경우 의도적으로 주가를 하락시키기 위한 수단으로 사용

☑ 핵심체크

주식배당과 주식분할의 차이점

주식배당	주식분할
• 액면가치 불변 • 주당순이익 감소 • 이익잉여금이 감소하여 자본과 자본준비금으로 전입시키는 회계상의 이전 • 주주의 지분율 유지(주주부 불변)	• 액면가치 감소 • 주당순이익 감소 • 이익잉여금이 불변이므로, 회계상의 처리가 없음 • 주주의 지분권의 변동이 없음

(4) 주식병합

주식병합이란, 주식분할과 반대되는 개념이다. 2:1 주식병합은 2주의 주식을 병합하여 1주로 만드는 것을 말한다.

주식병합은 주가가 상대적으로 아주 낮은 기업이나 주가가 액면가를 밑도는 기업에서 시행하는 것이 보통이므로 투자자들로부터 부정적으로 인식되는 경우가 많다.

(5) 자사주 재매입

자사주 재매입(stock repurchase)이란, 기업이 주가관리와 경영권 안정을 목적으로 자사 주식을 매입하여 금고주 형태로 보관하는 것으로 주식재매입이라고도 한다. 즉, 이미 발행된 주식을 주주로부터 현재의 시장가격보다 높은 일정 가격에 재매입하는 것이다.

자사주매입은 자본소득(임대료, 이윤, 배당 등)의 형태로 배당을 지급하는 효과가 있다. 배당소득보다 자본소득에 낮은 세율이 적용되므로 주주들에게는 현금배당보다 자사주매입이 유리하다. 그러나 세금절약을 위한 자사주매입은 원칙적으로 금지되어 있다.

자사주소각은 기업이 매입하여 보관 중인 자사주를 소각하는 것을 말한다. 주주총회의 결의로 정관에 주식소각에 대한 근거가 마련된 기업은 취득목적과 관계없이 매입한 지 6개월이 지난 자사주를 이사회의 결의만으로 임의 소각할 수 있다.

특징	• 효과는 현금배당을 한 것과 동일. 발행주식을 줄이고 유통주식의 시장가격을 높이는 효과를 가져 오며, 현금배당과는 달리 주주는 자사주 재매입을 통해 자본소득을 실현함 • 재매입된 주식의 처리는 소각하거나 금고주로 분류하여 자금을 필요로 하는 미래시점에서 재판매가 가능
장점	• 배당소득에 부과되는 세율이 자본소득에 부과되는 세율보다 높을 경우, 자사주 재매입은 주주의 세금부담을 경감 • 배당지급효과 이외에도 자본구조의 변화를 통한 정보의 전달효과와 발행주식수의 감소를 통한 경영권 보호 등 다른 목적을 위해 사용이 가능

<표 4-3> 자사주매입의 효과

기업 입장	주주 입장
• 순이익이 일시적으로 증가했을 때 사용 • 기존 주주의 사업독점을 위한 수단 • 자본구조의 악화(부채비율 증가) • 신주발행비용 절감 • EPS 증가	• 기존 주주의 개인소득세 절감 • 주주들의 지분과 미래 배당 증가 • 발행주식 수 감소

(6) 실물배당

실물배당이란, 자사제품을 주주에게 배당형태로 지급하는 것을 말한다.

(7) 배당성형

배당성형이란, 기업의 당기순이익 가운데 주주에게 돌아가는 배당금의 비율을 의미한다.

3. 현행 상법상의 배당절차

배당기준일	주주명부 폐쇄일을 의미하며, 매사업연도의 말일
배당결의일	배당지급에 관한 사항을 매사업연도 종료일로부터 3개월 내에 열리는 주주총회에서 의결하는 것
배당지급일	주주총회에서 재무제표의 승인이 있는 날로부터 1개월 이내

2 배당이론 유형

배당무관련이론, 고배당선호이론, 저배당선호이론으로 분류할 수 있다.

1. 배당무관련이론

완전자본시장 가정하에서 밀러와 모딜리아니(MM; Miller & Modigliani; 1963)의 배당무관련이론의 특징은 다음과 같다.

① 기업의 최종적 가치는 기업이 수익력에 의해 결정되며, 기업이 이익을 사후적으로 배당과 유보이익으로 나누는 배당정책과는 무관하다.

② 배당으로 인한 자본손실은 배당금에 의해 정확히 상쇄된다.

③ 주주는 자기배당을 통해 원하는 만큼의 배당액을 주식매각과 매입을 통해 스스로 달성할 수 있다.

TIP+ MM이론의 가정

1. 초기에는 세금이 존재하지 않는 완전자본시장을 가정한다.
2. 후기에는 법인세를 고려한 수정이론을 가정한다.
3. 개인이나 기업은 동일한 무위험이자율로 얼마든지 차입과 대출이 자유롭고, 모든 기업은 영업위험이 동일한 동질적 위험집단으로 분류할 수 있다는 것이다.

---

2. 고배당선호이론

(1) 손안의 새(Bird in Hand)

주주들은 사내유보로 기대되는 미래의 불확실한 배당 또는 불확실한 자본소득보다는 확실한 소득인 현재의 배당을 선호한다.

(2) 시장의 불완전성

투자자들은 자본소득보다는 거래비용이 소요되지 않는 배당을 선호한다.

(3) 신호효과(정보효과)

예상치 못한 배당의 증가(감소)는 기업의 수익에 대한 경영자의 전망이 낙관적(비관적)이라는 것을 나타내므로 이로 인해 주가가 상승(하락)되는 현상으로, 기업이 배당을 안정적으로 유지해오고 있는 상황에서 배당을 증가시키면 이러한 수준의 배당을 앞으로도 지속적으로 지급할 수 있을 만큼 기업의 미래 현금흐름에 대한 전망이 낙관적이라는 신호로 해석되어 주가가 상승하게 되는 것을 말한다.

(4) 대리인 문제의 감소

고배당을 실시하는 경우, 경영자의 특권적 소비감소 및 자본시장에 의한 감시 증대로 대리인 문제가 감소한다.

3. 저배당선호이론

(1) 세율차이가설

일반적으로 배당소득세율이 자본소득세율보다 높으므로, 고배당 주식의 가격은 저배당 주식의 가격보다 더 낮게 형성된다.

(2) 자본조달비용의 절감

주식발행에는 높은 자본비용이 소요되므로, 저배당을 통해 내부유보금으로 자금을 조달하는 것이 자본조달비용 측면에서 기업에게 유리하다.

(3) 기업경영의 탄력성과 재무구조의 개선

4. 배당의 결정요인

① 배당의 안정성
② 기업의 유동성
③ 차입능력
④ 부채상황의 계획
⑤ 소유권의 변화
⑥ 기업의 성장률
⑦ 사채약관서의 제약

TIP+ 배당락

배당받을 권리가 없는 주가의 상태로 사업연도가 끝난 다음 날 이후 주식을 매수한 경우이다.

CHAPTER 05 특수한 형태

01 자본구조

1 기업지배구조

1. 기업지배구조 개념

기업지배구조(corporate governance)란, 기업 경영의 통제에 관한 시스템으로, 기업경영에 직접적·간접적으로 참여하는 주주, 경영진, 근로자 등 이해집단 간의 이해관계를 조정하고 규율하는 제도적 장치와 운영메커니즘을 말한다.

즉, 주주, 이사회, 경영자 그리고 이해관계자들 간의 상호작용을 규정하는 것으로, 기업의 주주가 경영자를 감시하고 규율하여 기업의 가치를 극대화하고 거래비용을 최소화하는 것을 의미한다. 기업의 지배구조가 대리인 문제를 얼마나 잘 통제할 수 있는가가 중요하다.

기업지배구조는 기업소유 구조보다 광의의 개념으로, 기업의 소유구조뿐만 아니라 주주의 권리, 주주의 동등대우, 기업지배구조에서 이해관계자의 역할, 공시 및 투명성, 이사회의 책임 등을 포괄하고 있다.

2. 기업지배구조 비교

구분	개방형(shareholder capitalism) 기업지배구조	폐쇄형(stakeholder capitalism) 기업지배구조
개념	철저한 정보공개, 공정한 감시기능 확립을 통해 다수의 소액주주 이익이 철저히 보장(전문경영인)	기업과 직접적인 이해관계를 맺고 있는 대주주, 주요 채권자 및 거래처, 기관투자가 등 소수의 이익보장
특징	• 자유로운 기업경영권 거래시장의 형성 • 주주자본주의 모델	• 기업의 신규진입 및 퇴출관련 규제가 많고 기업경영권 거래시장이 부재 • 이해관계자 자본주의 모델
목표	주주의 주권을 최대한 보장	기업은 관계된 투자자를 공동체로 인식
수단	M&A, 외부적 통제, 시장규율 중심	조직에 의한 통제
예	미국, 영국 등	독일, 일본 등

주주 자본주의	이해관계자 자본주의
기업은 주주의 개인적 재산이므로 기업경영은 당연히 주주가치의 극대화를 위한 것이어야 한다. 그럼에도 불구하고 소유와 경영의 분리로 인하여 경영자가 주주의 이익보다는 자신의 이익을 위하여 행동할 수 있는 여지가 많으므로 이사회의 경영감시와 자본시장 등의 규율을 통하여 주주의 이익을 최대한 보장한다.	기업을 주주, 채권자, 종업원, 경영자, 거래기업, 소비자, 지역주민 등 다양한 이해관계자로 구성되는 공동연합체로 인식한다. 따라서 경영은 다양한 이해관계자의 이익을 극대화하고 기업은 사회적 책임을 수행할 목적을 갖기 때문에 다양한 이해관계자들이 경영에 참여한다.

3. 기업지배구조 유형

(1) 내부지배구조

기업의 내부제도를 통하여 경영자의 대리인 문제를 감소하려는 것을 말한다.

(2) 외부지배구조

기업의 외부제도를 통하여 경영자의 대리인 문제를 감소하려는 것을 말한다.

내부 지배구조	• 의사결정관리와 의사결정 통제기능의 분리: 관리기능은 전문경영자에게 귀속시키고, 통제기능은 이사회(사내이사, 사외이사)가 보유하는 것 • 주식소유분포: 대주주, 경영자, 기관투자자 지분 등 • 소유구조: 경영자의 소유지분이 증가할수록 기업 가치는 증가하지만, 일정지분한도를 초과하면 오히려 기업 가치는 감소할 수도 있음 • 경영자보상체계: 성과급제도의 도입(스톡옵션)으로 경영진이 기업가적 동기에 입각하여 최선의 자원배분과 최상의 경영효율을 달성하도록 유도하는 인센티브를 제공하어야 함 • 기타: 감사위원회, 주주협의회 및 주주총회의 기능 활성화, 소수주주의 권리 강화, 노동조합 등
외부 지배구조	• 경영자노동시장, 자본시장, 정부, 감독기관, 주민, 하청관계, 채권단의 기업의 감시, 기업지배시장(위임장경쟁, 기업합병) 등 • 적절성에 따라 효율성이 결정

02 | 인수·합병(M&A)

1 인수·합병(M&A)

1. M&A 개념

M&A(mergers & acquisitions)란, 신규 투자 안이 아니고 기존의 기업 자체나 기존의 기업이 영위하는 사업의 일부를 선택하는 것을 말한다.

인수 (mergers)	다른 기업의 경영권을 인수하되 그 기업의 법적 독립성을 유지하는 경우로서 충분한 주식을 매수하여 제1대 주주(50% 이상 지분)가 되는 것
합병 (acquisitions)	대상기업의 법적 독립성을 상실하는 경우

2. M&A 유형

M&A는 어떤 기업의 주식을 매입함으로써 소유권을 획득하는 경영전략이다. 일반적으로 우호적 M&A와 적대적 M&A로 구분한다.

우호적 M&A	인수기업의 독단이 아닌 피인수 기업과의 합의와 협약에 의해 이루어지며 주로 기업 성장을 목적으로 함(시너지 효과)
적대적 M&A	피인수 기업의 의사와 관계없이 인수 기업이 독단적으로 행하는 것으로, 공개매수방식이나 주식매집을 통해 이루어 지는 것, 즉 경영진의 의사에 상관없이 그 기업의 경영권을 빼앗는 것(1998년부터 적대적 M&A 전면허용)

3. M&A 기능과 기업가치

순기능	• 기업조직과 주식소유구조에 중요한 변화를 초래하고 기업 가치에 직접적인 영향 • 제한된 경제자원의 재분배
역기능	시장지배력을 집중시켜 공정한 시장경쟁을 저해하고 막대한 거래비용이 소요
기업가치	• 세금효과(절세) • 피인수기업의 저평가설 • 재무시너지효과 • 자기자만가설 • 위험분산

4. 합병 종류

합병(merger)이란, 2개 이상의 기업이 청산절차를 거치지 않고 한 개 이상의 회사가 소멸되거나, 소멸된 회사의 권리, 의무, 부채 등이 존속회사에 모두 이전되는 회사 간의 거래를 말한다[(1), (2)는 법률적 구분의 분류이고, (3), (4), (5)는 경제적 구분의 분류].

(1) 흡수합병

인수기업이 피인수기업의 모든 자산과 부채를 승계하며, 피인수기업은 합병 후 소멸하게 되는 것이다.

(2) 신설합병

흡수합병과 모든 면에서 동일하지만 인수기업과 피인수기업 모두가 소멸하고 새로운 기업이 설립된다는 점에서 다르다. 이 경우 신설기업은 합병에 참여하는 모든 기업의 자산과 부채를 승계하게 된다.

(3) 수평적 합병

동종 간에 이루어지는 합병을 말한다.

(4) 수직적 합병

한 기업에서 생산이나 판매경로 상에서 이전이나 이후 단계에 있는 기업을 합병하는 것을 말한다.

(5) 다각적 합병

상호관련성이 없는 업종이나 기업 간의 합병을 말한다.

TIP+ 인수(acquisition)

한 기업이 다른 기업의 경영지배권을 확보하기 위해서 주식이나 자산을 취득하는 것을 말한다. 합병과 차이는 취득기업은 취득 후에도 개별기업으로 존재한다는 것이다.

---

2 M&A전략 유형

방어전략	• 종업원지주제 • 황금낙하산, 은낙하산 • 조직구조개편 • 역매수 제안 • 차등의결권제도	• 정관개정 • 극약처방(poison pill; 독소조항) • 백기사(white knight) • 왕관의 보석(crown jewel; 황금알 매각) • 여론호소전략
공격전략	• 그린메일(green mail) • 기업사냥꾼(raiders; 기업 약탈자) • 주식공개매수(TOB) • 백지위임장 경쟁	• 곰의 포옹(bear's hug) • 새벽의 기습(dawn raid) • 차입매수(LBO; Leveraged buy-out)

1. 방어전략

(1) 황금낙하산(golden parachute)

황금낙하산이란, 적대적 방법으로 기업이 매수되어 경영자 또는 임직원이 해임될 경우 거액의 퇴직금 또는 보너스, 일정기간의 보수, 스톡옵션 등을 지급해야 한다는 등의 인수기업에 불리한 내용을 고용계약에 규정하는 것을 의미하며 경영진(임직원)의 신분보장이 목적이다.

(2) 백기사(white knight)

백기사란, 적대적 M&A 대상기업의 경영자에게 경영권 방어에 우호적인 기업인수자를 뜻한다. M&A 대상이 된 기업이 적당한 방어수단이 없을 경우 적대 세력을 피해 현 경영진에 우호적인 제3의 매수희망자(인수자)를 찾아 매수 결정에 필요한 각종 정보와 편의를 제공해 주고 경영권을 넘기게 되는 것을 말한다.

(3) 왕관의 보석(crown jewel)

왕관의 보석이란, 황금알 매각이라고도 하며, 매수 대상회사의 가장 핵심적인 기술이나 자산(수익성 또는 성장성이 높은 사업)을 의미한다. 이러한 자산을 처분할 경우 매수 대상기업의 가치는 떨어지고, M&A 대상으로서의 매력도 크게 감소한다.

2. 공격전략

(1) 그린메일(green mail)

그린메일이란, 대부분 기업사냥꾼(Raiders)들이며, 이들은 자산가치가 높거나 첨단기술을 보유하고 있으면서 대주주의 지분이 낮은 기업을 대상으로 활동을 한다. 이런 기업들의 주식을 매집한 후 기회가 오면 대주주에게 편지(편지를 보낼 때 초록색인 달러화를 요구한다는 의미에서)를 보내 주식을 매수하도록 유도한다. 경영권이 취약한 대주주에게 보유주식을 높은 가격에 팔아 프리미엄을 챙기는 투자자들로 이들을 그린메일러(Green Mailer)라고 한다.

(2) 곰의 포옹(bear's hug)

곰의 포옹이란, 사전경고 없이 매수자가 목표기업의 이사들에게 편지를 보내어 매수 제의를 하고 신속한 의사결정을 요구하는 것이다. 매수자 측에서 곰이 포옹하는 것처럼 목표기업의 경영자를 포옹하겠다는 공포분위기 속에 인수의사를 대상기업 경영자에게 전달하거나 혹은 매수자 측에서 목표기업 경영자에게 시간적 여유가 없는 주말(무방비상태)에 인수의사를 전달하여 목표기업 경영자가 수용 여부를 빨리 결정하도록 요구하는 것이다.

(3) 차입매수(LBO; Leveraged buy-out)

차입매수란, 자금이 부족한 매수기업이 매수대상의 자산과 수익 및 향후 현금흐름을 담보로 금융기관으로 자금을 차입하여 매수합병을 하는 것으로, 적은 자기자본으로 큰 기업매수가 가능한 방법이다.

TIP+

1. 파킹(parking)
- 우호적인 제3자를 통해 지분을 확보한 뒤 주주총회에서 제3자로 하여 투표권을 행사해서 기습적으로 경영권을 탈취하는 것이다.
- 주식매입자가 주가 상승을 우려하여 제3자(브로커, 증권회사 등)에게 맡겨 놓은 것이다(증권거래위원회에 통보하는 것을 피하기 위해).
- 주식이나 채권 등을 위험한 투자대상을 결정하기 전에 잠시 안전한 대상에 투자자산을 맡겨 놓은 것이다.

2. 팩맨(pac man)
기업의 방어전략에 해당되며, 목표대상기업은 인수희망기업에 대한 인수계획을 공표하고 인수희망기업의 주식에 대한 공개매수를 시도하는 것이다.

---

03 파생금융상품

파생상품(derivatives)이란, 환율이나 금리, 주가 등의 시세변동에 따른 손실 위험을 줄이기 위해 일정 시점에 일정한 가격으로 주식과 채권 같은 전통적인 금융상품을 기초자산(금융상품이나 일반상품 등)으로 하여, 새로운 현금흐름을 가져다주는 증권을 말한다.

파생상품의 주요 목적은 위험을 감소시키는 헤지(hedge)기능, 레버리지기능, 파생상품을 합성하여 새로운 금융상품을 만들어내는 신금융상품을 창조하는 기능들이 있다.

대표적인 파생상품에는 선물, 옵션, 스왑, 선물환 등이 있다.

> **TIP+** 헤지(hedge)
>
> 헤지란, 투자자가 보유하고 있거나 앞으로 보유하려는 자산의 가격이 변함에 따라 발생하는 위험(가격변동)을 없애려는 것이다. 즉, 가격 하락 시의 손실과 가격 상승 시의 이익도 포함하는 개념이다. 헤지의 목적은 이익을 극대화하려는 것이 아니라 가격 변화에 따른 손실을 막거나 최소화하는 데 있다.

1 선물거래

1. 선물거래 개념

선물거래(futures trading; 先物去來)란, 거래소에서 장래의 일정한 시기(3개월 또는 6개월 정도)에 물건을 넘겨줄 조건으로 매매 계약을 하는 거래 종목으로, 상품의 시장가격의 변동과는 상관없이 현재 시점에서 상품에 대한 미래가치를 확정한 것이다.

선물은 파생상품의 한 종류로서 품질, 수량, 규격 등이 표준화되어 있는 상품 또는 금융자산을 미리 결정된 가격으로 미래 일정시점에 인도·인수할 것을 약정하고 정해진 시장을 통해서만 거래하는 것이다.

선물거래와 동일하게 미래의 상품이나 자산을 현재에 거래하는 선도거래와의 차이는 거래되는 상품 또는 자산 등이 표준화가 되어 있는지와 그것을 거래하는 특정 시장이 존재하는지의 여부에 따라 구분된다.

<표 5-1> 선물거래와 선도거래 비교

선물거래	• 상품의 종류, 호가단위, 매매단위, 가격제한폭, 매매시간, 결제월, 최종거래일 등이 표준화된 공식거래 • 거래소의 일정(공식)장소에서 거래소 회원(전산매매방식, 경쟁매매시장) • 결재이행보증(청산소, 일일정산제도, 증거금제도) • 거래소를 통한 간접거래로서 상대방의 확인 불가능(누구나 참여 가능) • 중도청산이 가능 • 거래의 안정성을 확보하기 위해 개별상품의 가격변동의 상·하한선을 정함
선도거래	• 매매당사자 간의 필요에 따라 임의결정(비표준화) • 일정한 장소 없이 은행과 은행 간 통신망, 은행과 브로커 간의 거래 • 매매당사자의 신용에 의지(계약불이행의 위험↑) • 거래당사자 간의 직접거래이므로 상대방을 알 수 있음 • 중도청산이 불가능 • 규제 또는 감독기관이 없음

TIP+ 선도거래(forward trading)

미래의 일정 시점에 정해진 가격으로 특정 자산을 매입 또는 매도할 것을 현재 시점에서 약정하는 거래로서 선물거래와 유사하다. 단, 선도거래는 두 당사자 간의 직접계약이고 협의에 의한 거래이다.

2. 선물거래 유형

선물거래는 선물매입(long position)과 선물매도(short position)로 구분한다.

선물매입	만기일에 약정된 가격으로 기초자산을 매입하기로 하는 계약
선물매도	만기일에 선물가격으로 기초자산을 매도하기로 하는 계약

✅ 핵심체크

1. 만기일
  선물계약이 이행되는 미래의 일정 시점이다.

2. 선물가격
  만기일에 기초자산을 거래하는 경우 적용되는 가격이다.

3. 기초자산
  선물거래의 대상이 되는 자산으로, 품질과 수량 등이 표준화되어 있다(곡물, 원유, 금속, 가축, 채권, 외화 등).
  ※ 선물거래는 상품 인도를 하지 않은 상태에서는 되팔거나 되사들여 매매차액을 정산하는 것이 가능하다.

3. 선물거래의 경제적 기능

① 가격예시기능(미래시장의 정보 제공)
② 현물거래의 활성화
③ 금융시장의 효율적 자원배분
④ 가격변동위험의 회피기능(균형가격 발견기능)
⑤ 새로운 금융서비스의 제공(다양한 투자기회 제공)

2 옵션

1. 옵션 개념

옵션(option)이란, 미리 정해진 기간 내에 정해진 가격으로 특정자산(기초자산; 주식)을 매입하거나 매도할 수 있는 권리를 갖는 증권이다. 즉, 옵션(option)은 파생 상품의 일종이며, 미리 결정된 기간 안에 특정상품을 정해진 가격으로 사거나(매입), 팔 수(매도) 있는 권리를 말한다.

매입 옵션 (call option)	특정 금융상품을 정해진 가격에 매입할 수 있는 권리
매도 옵션 (put option)	특정 금융상품을 정해진 가격에 매도할 수 있는 권리
option	기초자산의 투자에 비해 적은 금액을 투자하여 큰 손익확대를 얻는 것 [손실: 옵션프리미엄에 한정, 이익: 무한정(작은 위험으로 레버리지 효과 극대화)]

2. 옵션 특징

① 옵션(option)을 매입하는 자는 매도하는 자에게 권리에 대한 일정한 대가인 옵션가격이나 옵션프리미엄을 지불해야 한다.
② 옵션(option)의 만기일과 행사가격은 미리 정해져 있으므로 옵션은 기초자산의 가격에 따라 가치가 변한다(조건부 청구권).
③ 옵션(option)의 소유자는 자신에게 유리하면 권리를 행사하고, 불리하면 권리행사를 포기할 수 있다. 단, 옵션매도자는 옵션프리미엄을 지급받는 대신 옵션매입자가 권리를 행사할 경우 반드시 응해야 한다.
④ 옵션(option)은 투자자 간의 거래이므로 발행기업과는 무관하며, 기업 가치에 직접적으로 영향을 미치지 않는다.

특징	• 매입자는 행사 여부의 권리가 있으나, 매도자는 계약이행의 의무가 있음 • 매입자는 매도자에게 옵션가격을 지불하고, 매도자는 증거금을 납부해야 함 • 매입자는 자신이 불리하면 권리행사를 포기할 수 있어 위험을 한정할 수 있음

옵션 용어

1. 만기일

권리를 행사할 수 있는 마지막 날이다.

2. 가격(행사가격)

매입이나 매도 가격이 미리 정해져 있는 가격이다.

3. 기초자산

옵션의 행사로 매입하거나 매도하는 특정 자산이다(상품: 금, 은, 곡물 등 / 금융자산: 주식, 채권, 통화, 선물, 주가지수 등).

4. 델타(Δ; δ)

기초자산 1\$ 변화에 대한 옵션가격의 변화율(옵션 가격의 민감도 지표)

3. 옵션 기능

① 레버리지기능
② 위험제한 및 헤지(hedge)기능
③ 다양한 투자기회 제공
④ 유동성제고 및 균형가격 발견기능
⑤ 미래시장에 대한 정보 제공

4. 옵션 유형

(1) 콜옵션(call option)

콜옵션은 기초자산을 살 수 있는 권리(주가가 상승할 것을 대비해 미리 정해진 가격에 살 수 있는 권리)로서, 주가가 행사가격보다 높은 경우에만 옵션을 행사하고 주가가 행사가격보다 낮을 경우에는 옵션을 행사하지 않는다.

콜옵션(call option)

1. 기초자산의 현재가격이 높을수록 기초자산가격이 행사가격보다 높아질 수 있으므로 콜옵션가격은 상승한다.
2. 행사가격이 높을수록 기초자산가격이 행사가격보다 높아질 가능성이 감소하므로 콜옵션가격은 감소한다.
3. 무위험 이자율이 높을수록 행사가격의 현재가치를 감소시켜 콜옵션의 가격은 상승한다.
4. 만기가 길수록 콜옵션가격은 상승한다(만기가 길수록 행사가격의 현재가치는 감소).
5. 만기일 이전에 지급되는 배당이 많을수록 콜옵션가격은 감소한다.

(2) 풋옵션(put option)

풋옵션은 기초자산을 팔 수 있는 권리(주가가 하락할 것을 대비해 미리 정해진 가격에 팔 수 있는 권리)로서, 만기일에 주가가 행사가격보다 낮을 경우에는 옵션을 행사하고 주가가 행사가격보다 높을 때는 옵션을 행사하지 않는다.

> **☑ 핵심체크**
>
> **풋옵션(put option)**
>
> 1. 기초자산의 현재가격이 높을수록 기초자산가격이 행사가격보다 낮아질 가능성이 감소하므로 풋옵션가격은 하락한다.
> 2. 행사가격이 높을수록 기초자산가격이 행사가격보다 낮아질 가능성이 증가하므로 풋옵션가격은 상승한다.
> 3. 무위험 이자율이 높을수록 행사가격의 현재가치를 감소시켜 풋옵션가격은 하락한다.
> 4. 기초자산에 대한 배당이 많을수록 풋옵션가격은 상승한다.

> **TIP+**
>
> 1. Call option은 매입할 수 있는 권리에 대한 거래계약으로 call option의 매입자는 일정한 수수료를 지불하고 약정기간 내에 언제든지 권리행사를 통해 옵션행사가격으로 기초자산을 매입할 수 있는 권리를 갖게 된다. 즉, 권리행사 시 행사가격에 기초자산을 매입한 상태가 된다. call option 매도자는 일정한 수수료를 받고 call option 매입자가 권리행사 시 이에 응해야 할 의무를 갖게 된다.
> 2. Put option은 매도할 수 있는 권리에 대한 거래계약으로 put option의 매입자는 일정한 수수료를 지불하고 약정기간 내에 언제든지 권리행사를 통해 옵션행사가격으로 기초자산을 매도할 수 있는 권리를 갖게 된다. 즉, 권리행사 시 행사가격에 기초자산을 매도한 상태가 된다. put option 매도자는 일정한 수수료를 받고 put option 매입자가 권리행사 시 이에 응해야 할 의무를 갖게 된다.

> **TIP+**
>
> 1. **콜옵션(매도 / 매입)**
>   기초자산이 미래에 상승할 것으로 예상되면 콜옵션을 매입하고, 하락할 것으로 예상되면 콜옵션을 매도한다.
> 2. **풋옵션(매도 / 매입)**
>   기초자산이 미래에 상승할 것으로 예상되면 풋옵션을 매도하고, 하락할 것으로 예상되면 풋옵션을 매입한다.

미국형 옵션과 유럽형 옵션

1. 미국형 옵션
옵션 만기 이전에도 얼마든지 행사가 가능하다.

2. 유럽형 옵션
옵션 만기에만 행사가 가능하다. 이전에는 불가능하다.

5. 콜옵션 손익구조

	콜옵션 매입자는 매입 당시 매도자에게 옵션프리미엄을 지급함
콜옵션을 매입한 경우	• 대상자산 가격 > 행사가격: In-The-Money 상태 콜옵션 매입자는 옵션행사시 대상자산 가격이 행사가격보다 높은 경우, 콜옵션을 행사하여 시장가격보다 낮은 가격에 대상 자산을 매입할 수 있다. 따라서 두 가격의 차이만큼의 이익이 발생하게 된다. • 대상자산 가격 < 행사가격: Out-Of-The-Money 상태 콜옵션 매입자는 행사가격으로 살 수 있는 권리를 가지므로 만약 행사가격이 옵션행사 시 대상자산의 가격보다 높게 되면 굳이 콜옵션을 행사할 필요가 없게 된다. 따라서 지불한 프리미엄만큼의 손해를 보게 된다.
	콜옵션 매도자는 매도 당시 매입자로부터 옵션프리미엄을 지급받음
콜옵션을 매도한 경우	• 대상자산 가격 > 행사가격 콜옵션 매입자가 옵션을 행사하므로 매도자는 행사에 따른 의무가 발생하게 된다. 매입자의 콜옵션 행사에 따라 대상자산을 행사가격에 매입자에게 인도하여야 하므로 손실이 발생하게 된다. • 대상자산 가격 < 행사가격 콜옵션 매입자가 옵션을 행사하지 않을 것이므로 아무 의무도 발생하지 않는다. 따라서 프리미엄만큼의 이익이 발생한다.

6. 풋옵션의 손익구조

	풋옵션 매입자는 매입 당시 매도자에게 옵션프리미엄을 지급함
풋옵션을 매입한 경우	• 대상자산 가격 < 행사가격: In-The-Money 상태 풋옵션 매입자는 행사가격이 옵션행사시의 대상자산 가격보다 높은 경우, 풋옵션을 행사하여 시장가격보다 높은 가격에 대상자산을 매도할 수 있다. 따라서 두 가격의 차이만큼의 이익이 발생하게 된다. • 풋옵션 매입 시: 대상자산 가격 > 행사가격: Out-Of-the-Money 상태 풋옵션 매입자는 행사가격으로 팔 수 있는 권리를 가지므로 만약 행사가격이 옵션행사시 대상자산의 가격이 보다 낮게 되면 굳이 풋옵션을 행사할 필요가 없게 된다. 따라서 지불한 프리미엄만큼의 손해를 보게 된다.
풋옵션을 매도한 경우	풋옵션 매도자는 매도 당시 매입자로부터 옵션프리미엄을 지급받음
	• 풋옵션 매도 시: 대상자산 가격 < 행사가격 풋옵션 매입자가 옵션을 행사하므로 매도자는 행사에 따른 의무가 발생하게 된다. 매도자는 매입자의 풋옵션 행사에 따라 대상자산을 행사가격으로 인수하여야 하므로 손실이 발생하게 된다. • 대상자산 가격 > 행사가격 풋옵션 매입자가 옵션을 행사하지 않을 것이므로 아무 의무도 발생하지 않는다. 따라서, 프리미엄만큼의 이익이 발생한다.

7. 금융옵션과 실물옵션

(1) 금융옵션(financial option)

옵션을 행사하는 기초자산이 특정금융상품인 경우로서 상품옵션(commodity option)과 대칭되는 개념이다.

금융옵션은 다시 주식옵션(stock option)과 최근 들어 상품화된 지수옵션, 통화옵션, 금리옵션, 선물옵션 등의 비주식옵션(nonstock option)으로 나눌 수 있다.

(2) 실물옵션(real option)

기업이 실물투자 결정과정에서 후속투자기회를 이용할 가능성이나 연기할 수 있는 가능성이 있을 때, 선택 여하에 따라서 실물투자사업의 투자가치가 증가될 수 있는 경우처럼 선택권이 있는 실물 투자결정의 문제를 의미한다.

즉, 불확실성하에서 투자의사결정을 내려야 하는 상황에서 실물옵션 접근법에 의하면 불확실성은 투자안의 가치를 향상시키고 불확실한 상황에 대한 노출을 변경시킴으로써 부정적인 결과에 대한 노출은 줄이고 긍정적인 결과에 대한 노출은 확대시킬 수 있게 된다.

결국, 불확실성을 관리하기 위해서 실물옵션을 고려한다.

<표 5-2> 금융옵션과 실물옵션의 비교

구분	금융옵션	실물옵션
기초자산	주식의 현재가격	투자로부터의 예상수입 현재가치
변동성	주식가격의 불확실성	예상 수입과 비용의 불확실성
배당	주식소유자에 대한 배당	투자하기까지 기회비용
행사가격	주어진 주식가격	투자비용의 현재가치
이자율	무위험 이자율	무위험 이자율
만기율	주어진 날짜	새로운 정보가 나타나는 시점

3 스왑

1. 스왑 개념

스왑(swap)이란, 교환을 뜻하며, 두 거래 당사자가 미래의 현금흐름을 교환하기로 하는 계약을 의미한다. 계약조건에 따라 일정시점에 자금 교환을 통해서 이루어지는 금융기법으로, 스왑거래는 거래 전에 가격과 기간을 미리 정해 둘 이상의 당사자가 보다 유리하게 자금을 조달하기 위해 서로 금융자산(부채)을 교환하여 거래의 위험을 피하려는 금융기법이다. 또한 스왑은 표준화 되어 있지 않기 때문에 주로 장외시장에서 개별적인 형태로 거래가 체결된다.
스왑거래는 금융위험의 관리기능으로, 이자율 변동이나 환율변동에 따른 위험을 적절하게 관리할 수 있다.

2. 스왑 유형

스왑의 대표적인 유형은 금리스왑(interest rate swap)과 통화스왑(currency swap)으로 구분할 수 있다.

금리스왑	• 같은 통화로 표시된 채무에 대해 이자지급 의무만을 교환하는 거래 • 금리상품의 가격변동으로 인한 손실을 보전하기 위하여 금융기관끼리 고정금리 또는 변동금리를 일정기간동안 상호교환하기로 약정하는 거래 • 원금은 바꾸지 않고 서로 이자지급의무만을 바꿈 • 보통 금리상승에 따른 위험을 줄이기 위해 활용
통화스왑	• 양 국가가 자국통화를 상대국 통화와 맞교환하는 방식 • 서로 다른 통화로 표시된 채무에 대해 이자지급과 원금상환까지 교환하는 거래 • 외환위기가 발생하면 자국통화를 상대국에 맡기고 외국통화를 단기차입하는 국가의 중앙은행끼리의 신용계약

3. 스왑 유용성

(1) 금융비용의 절감

자본시장의 불완전성에 따라 균형금리가 형성되어 있지 않은 경우 스왑거래를 통해서 차익을 도모할 수 있다. 이때의 차익은 금융비용의 절감으로 나타나는 것이다.

(2) 가격변동위험의 헤지(hedge)

선물계약과 같이 스왑은 이자율위험, 환율위험을 헤지(hedge; 가격변동에 따른 위험회피)하는 효과가 있다. 다만, 선물계약은 헤지 대상기간이 비교적 짧은 반면에 스왑은 통상 1년 이상 10년까지의 장기간에 걸친 헤지에 적합하다.

(3) 규모의 경제

스왑거래를 통해서 헤지하는 경우에도 비용은 소요되지만 그 비용은 헤지한 기업이 관리할 수 있는 규모의 증가에 따른 이익에 비해 훨씬 적기 때문에 규모의 경제효과를 얻을 수 있다.

(4) 완전시장으로 접근

각종 규제가 있는 자본시장에서는 얻을 수 없었던 이익의 기회가 스왑을 통해서 가능하게 되기 때문에 보다 더 완전한 시장으로 접근하게 된다. 이에 따라서 투자자의 효용은 더 높아질 수 있다.

TIP+ 스왑 효과

1. 금리변동, 환율변동에 따른 위험을 피하거나 최소화할 수 있다.
2. 장기간의 헤지(hedge)에도 이용할 수 있다.
3. 차입조건이 다르기 때문에 서로의 비교우위를 고려하여 현금흐름을 교환하면 서로 차입비용을 절감할 수 있다.
4. 각국의 조세제도, 외환상의 규제를 피할 수 있다.

---

4 선물환

선물환(forward exchange; 先物換)이란, 외환거래에서 거래 쌍방이 미래에 특정 외화의 가격을 현재 시점에서 미리 계약하고 이 계획을 약속한 미래시점에 이행하는 금융거래의 일종이다. 이를 선물환거래라고 하며 이를 줄여서 선물환이라 한다. 주로 기업들이 환위험을 회피(hedge)하기 위해 선물환계약을 맺는다. 계약기간은 일반적으로 6개월 이내이지만 6개월 이상의 장기계약도 있다. 만기일이 되면 약정에 따라 실제 매매가 이루어진다.

5 환위험

환위험이란, 환율의 변동으로 기업의 현금흐름이 변동할 가능성을 말한다.

1. 스퀘어포지션(square position)

외환매입액과 매도액이 일치해 외화자산과 외화부채가 균형을 이룬 상태를 스퀘어포지션이라고 한다. 외화자산(외화매입액) = 외화부채(외환매도액)

2. 롱포지션(long position)

외화자산(외화매입액) > 외화부채(외환매도액)

3. 숏포지션(short position)

외화자산(외화매입액) < 외화부채(외환매도액)

<표 5 - 3> 외화포지션과 손익관계

구분	스퀘어포지션	롱포지션 (매입초과포지션)	숏포지션 (매도초과포지션)
환율 상승 (외화통화가치 상승)	불변	이익	손실
환율 하락 (외화통화가치 하락)	불변	손실	이익

TIP+

1. 선물의 경우 매도를 한 투자자는 숏포지션, 선물매입을 해둔 투자자는 롱포지션을 취하고 있다고 한다.
2. 롱포지션은 회사의 성장성을 보아 장기적으로 주식을 매수하는 투자라는 의미로서, 주가가 상승하는 데 투자하는 것은 우리 일반 개인투자자들이 주식을 매수할 때의 포지션이다.
3. 숏포지션은 회사의 성장성이 둔화하거나 쇠퇴할 것으로 판단하여, 단기적으로 주식을 공매도하는 투자라는 의미이다. 공매도의 포지션이 숏포지션으로 본다.

---

1. 환위험 관리(대내적 관리기법)

① 넷팅(Netting)

본·지사 또는 자회사 상호 간 동종 또는 이종통화표시채권·채무를 차감한 후 차감잔액만을 정기적으로 결재하는 방법이다(차감상당액의 외화매매비용과 자금이체비용을 절감).

② 매칭(Matching)

동일기업, 계열사 간 뿐만 아니라 제3기업과의 거래도 포함하여 통화별로 수입과 지출에 대한 금액 및 시기를 일치시켜서 환위험을 회피한다.

③ 리딩과 래깅(Leading & Lagging)

환거래의 당사자가 지급의 시기를 조정함으로써 환노출을 감소시키는 방법이다(지급시기를 당기면 리딩, 지급시기를 늦추면 래깅).

2. 환위험 관리(대외적 관리기법)

선도거래, 선물거래, 통화옵션거래, 통화스왑, 단기차입, 환변동보험 등이 있다.

TIP+ 환율 종류

1. 기준환율

어떤 나라와 각국의 환율산정 시 기준이 되는 특정 국가와의 환율이다.

2. 재정환율

기준 환율을 통해 간접적으로 산정한 환율이다.

3. 은행 간 시장 환율

은행 간 외환시장에서 형성되는 환율이다.

4. 대고객 환율

은행이 고객 간의 거래에 적용하는 환율이다.

5. 크로스 환율

자국통화가 개입되지 않은 외국통화 간의 환율을 의미하는데, 국제외환시장에서는 미 달러화가 개입되지 않는 3국 간의 환율이다.

6. 매입환율

은행이나 외환딜러가 외환을 고객으로부터 매입하는 가격, 즉 고객이 은행에게 외환을 매도할 때 적용받는 환율이다.

7. 매도환율

은행이나 외환딜러가 외환을 고객에게 매도하는 가격, 즉 고객의 입장에서 외환을 매입할 때 적용받는 환율이다.

1. 리스(lease)

리스제공자가 특정 자산의 사용권을 리스이용자에게 일정기간 이전하고 그 대가로 리스이용자는 사용료를 리스제공자에게 지급하는 계약이다.

2. 금융리스

자본리스라고도 하며, 리스자산의 소유권에 따른 대부분의 위험과 효익이 리스이용자에게 이전되는 것으로, 법적 소유권은 이전될 수도 있고 이전되지 않을 수도 있다. 재무제표에 자산·부채로 반영되어 있다.

3. 운용리스

금융리스 이외의 리스(소유권에 따른 위험과 효익이 리스이용자에게 이전되지 않음)로, 운용리스는 계약이 끝난 설비를 중고시장에 매각할 때 제값을 받지 못할 위험이 존재한다.

4. 금융리스에서 설비는 이용자의 자산으로 처리해 감가상각처리를 하는 반면, 운용리스는 이용자의 재무제표에 미반영된다.

5. 메인터넌스리스

운용리스의 단점을 보완하기 위한 것으로, 일반적으로 운용리스에 설비관리의 서비스를 부가한 것이다.

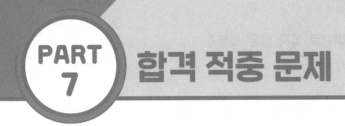

01 현대 재무관리의 궁극적인 장기목표로 옳은 것은?

① 종업원만족 극대화　　　　② 기업가치 극대화
③ 고객만족 극대화　　　　　④ 조세납부 최소화

해설　　　　　　　　　　　　　　　　　　　　　　　답 ②

재무관리의 궁극적인 목표는 기업(주식)가치 극대화이다.

02 주주에 대한 설명으로 옳지 않은 것은?

① 주주는 채권자보다 앞서서 이자비용을 받는다.
② 주주는 주식을 양도하여 주주의 지위에서 벗어날 수 있다.
③ 주주는 출자한도 내에서 유한책임을 진다.
④ 주주는 회사의 궁극적인 주인이다.

해설　　　　　　　　　　　　　　　　　　　　　　　답 ①

기업은 주주에 대해 원금이나 이자와 관련된 비용에 대해 상환 의무가 없다.

03 주주와 채권자에 대한 설명으로 옳은 것은?

① 주주와 채권자는 기업의 청산 시 자기가 투자한 금액 이상의 부담을 지지 않는 유한책임을 가진다.
② 주주와 채권자가 조달한 금액은 기업의 재무상태표 차변을 구성하는 항목이다.
③ 주주와 채권자는 기업의 청산 시 자기가 투자한 금액을 모두 회수할 수 있다.
④ 위 ①, ②, ③ 모두 옳지 않다.

해설　　　　　　　　　　　　　　　　　　　　　　　답 ④

① 유한책임은 주주이며, 채권자가 기업의 청산 시 부담하는 의무는 없다.
② 부채는 재무상태의 대변을 구성하는 항목이다.
③ 주주는 잔여청구권자로서 남은 금액만을 가질 수 있다.

04 재무의사결정의 기초적 원리에 대한 설명으로 옳지 않은 것은?

① 오늘의 1원은 내일의 1원보다 가치가 크다.

② 위험이 높아지면 기대수익률은 낮아진다.

③ 투자안의 평가는 회계 상의 이익이 아닌 현금흐름을 기초로 한다.

④ 자본시장에서 모든 정보는 신속히 반영되며, 주가는 기업의 진정한 가치를 반영한 적정가격이다.

해설 ──────────────────────────────── 답 ②

위험이 높아질수록 기대수익률(고위험·고수익)은 커진다.

---

05 (주)A의 기말 현재 당기순이익 100억 원, 발행 주식 수 200만주, 주가수익비율(PER)이 10인 경우 주가로 옳은 것은? (단, 발행주식수는 가중평균 유통보통주 수를 말하며, 우선주 및 우선주 배당금은 없는 것으로 한다)

① 30,000원   ② 40,000원

③ 50,000원   ④ 60,000원

해설 ──────────────────────────────── 답 ③

$$PER = \frac{주가}{주당순이익} , \ 10 = \frac{x}{EPS}$$

$$x = 10 \times EPS = 10 \times \frac{100억}{200만} = 50,000(원)$$

---

06 유동자산 20억 원, 유동부채 10억 원, 재고자산 5억 원인 경우 당좌비율로 옳은 것은?

① 50%   ② 80%

③ 100%   ④ 150%

해설 ──────────────────────────────── 답 ④

$$당좌비율 = \frac{유동자산 - 재고자산}{유동부채} \times 100 = \frac{20 - 5}{10} \times 100 = 150(\%)$$

07 자본예산의 현금흐름 추정에 대한 설명으로 옳지 않은 것은?

① 현금흐름은 증분기준(incremental basis)으로 추정한다.
② 매몰비용은 현금유출에 포함하지 않는다.
③ 기회비용은 현금유출에 포함한다.
④ 감가상각비와 같은 비현금성 지출은 현금유출에 포함하지 않는다.
⑤ 이자비용은 현금유출에 포함하지만 배당금은 현금유출에 포함하지 않는다.

> **해설**   답 ⑤
>
> 금융비용인 이자비용과 배당금은 현금유출에 포함하지 않는다.

08 재무비율에 대한 설명으로 옳지 않은 것은?

① 자기자본이익률은 당기순이익을 높이면 향상된다.
② 매출채권회전율은 매출채권이 현금으로 회수되는 기간을 나타낸다.
③ 기업의 위험이 동일할 경우, 성장성이 높은 기업일수록 주가수익률이 높게 나타나는 경향이 있다.
④ 부채비율은 재무적 안정성을 평가하는 비율 중 하나이며, 유동비율은 유동자산을 유동부채로 나누어 측정한다.

> **해설**   답 ②
>
> 매출채권회전율은 영업의 효율성과 활동성을 나타내는 지표로서, 외상매출액을 얼마나 빨리 현금으로 회수할 수 있는가를 나타낸다.

09 상호 배타적 포트폴리오인 A, B, C, D, E의 기대수익률과 수익률의 표준편차는 다음과 같다. 평균-분산 기준의 포트폴리오 이론이 성립하며 투자자는 위험 회피형(risk averse)이라고 가정할 경우 효율적 포트폴리오로 옳은 것만을 모두 고른 것은?

구분	A	B	C	D	E
기대수익률	9%	15%	19%	12%	19%
수익률의 표준편차	3%	5%	8%	5%	10%

① A, B
② A, D
③ C, E
④ A, B, C
⑤ B, C, E

해설　　　　　　　　　　　　　　　　　　　　　　　　　　　　　　　답 ①

효율적 포트폴리오는 A, B이다.

효율적 포트폴리오란, 동일한 위험(표준편차)일 때 기대수익률이 높은 투자 안을 선택하거나 위험이 낮은 투자 안을 선택·투자하는 것으로 위험회피형 투자자는 더욱 위험이 낮은 투자 안을 선택할 것이다.

10 기업의 재무제표분석과 관련된 내용으로 옳지 않은 것은?

① 주당순이익(EPS)을 통해 기업이 주주에게 배당할 수 있는 역량을 파악할 수 있으며 주당순이익이 높을수록 주주들은 높은 배당금을 받게 된다.
② 유동비율은 유동부채 대비 유동자산의 비율을 의미한다.
③ 재고자산회전율이 높다는 것은 재고자산관리가 효율적임을 의미한다.
④ 부채비율은 타인자본과 자기자본사이의 관계를 측정하는 것으로 낮을수록 재무상태가 건전하다고 볼 수 있다.

해설　　　　　　　　　　　　　　　　　　　　　　　　　　　　　　　답 ①

EPS는 1주가 1년 동안 벌어들인 순이익으로 주식투자의 지표(높을수록 주식투자 가치↑)이지 기업이 주주들에게 배당하는 역량과는 무관하다.

11 일정 금액을 투자했을 때 2년 후 6,050만 원을 만들기 위하여 투자해야 할 원금으로 가장 옳은 것은? (단, 연이자율을 10%이며, 천 원 단위에서 반올림한다)

① 4,800만 원

② 4,850만 원

③ 5,000만 원

④ 5,050만 원

> **해설** 답③
>
> $$PV = \frac{FV}{(1 + r)^n} = \frac{6,050}{(1 + 0.1)^2} = 5,000(만 원)$$

12 주식투자 시 분산투자를 통하여 회피할 수 있는 위험에 해당하는 것은?

① 시장위험

② 마케팅위험

③ 체계적 위험

④ 비체계적 위험

> **해설** 답④
>
> 주식투자 시 분산투자를 통해 회피할 수 있는 위험은 비체계적 위험으로 고유위험이라고도 한다.

13 포트폴리오의 위험분산효과에 대한 설명으로 옳지 않은 것은?

① 자산을 결합하여 포트폴리오를 구성함으로써 위험이 감소하는 현상이다.

② 위험분산효과가 나타나는 이유는 포트폴리오를 구성하는 자산들의 변동성이 상쇄되기 때문이다.

③ 포트폴리오의 위험 중에서 분산투자로 줄일 수 없는 위험을 체계적 위험이라고 한다.

④ 포트폴리오의 위험은 일반적으로 포트폴리오를 구성하는 투자 종목 수가 많을수록 증가한다.

> **해설** 답④
>
> 일반적으로 포트폴리오를 구성하는 투자 종목 수가 많을수록 위험은 감소한다.

14 듀레이션에 대한 설명으로 옳은 것은?

① 이자지급횟수가 적을수록 듀레이션은 짧다.

② 쿠폰이자율이 높을수록 듀레이션은 길다.

③ 채권의 만기가 짧을수록 듀레이션은 길다.

④ 이표채의 듀레이션은 채권의 잔존기간보다 짧다.

> **해설**   답 ④
>
> 이자지급횟수가 적을수록 듀레이션은 길고, 쿠폰이자율이 높을수록, 채권의 만기가 짧을수록 듀레이션은 짧다.

15 증권시장선(SML)에 대한 설명으로 옳지 않은 것은?

① 균형시장에서 자산의 체계적 위험(β)과 기대수익률은 선형관계를 갖는다.

② 어떠한 경우에도 과소 또는 과대평가된 증권은 존재할 수 없다.

③ 증권시장선상의 개별증권가격은 증권의 수요와 공급을 일치시키는 균형가격이다.

④ 개별 위험자산의 위험프리미엄은 시장위험프리미엄에 개별 위험자산의 베타(β)를 곱한 것이다.

> **해설**   답 ②
>
> 어떤 자산의 기대수익률과 체계적 위험과의 관계가 SML상에 있지 않다면 균형가격이 아니며, SML 위쪽에 존재하면 과소평가, 아래에 존재하면 과대평가된 것이다.

16 투자안의 경제성 평가에 대한 설명으로 옳은 것은?

① 수익성지수법에서 수익성지수는 투자비를 현금유출액으로 나눈 것이다.

② 순현가법은 투자를 하여 얻은 현금흐름의 현재가치와 초기 투자금액을 비교하여 투자의 적정성을 평가한다.

③ 내부수익률은 미래의 현금흐름의 순현가를 1로 만드는 할인율이다.

④ 회계적 이익률법에서 회계적 이익률은 연평균투자액을 연평균순이익으로 나눈 것이다.

> **해설**   답 ②
>
> ① 현금유입의 NPV를 현금유출의 NPV로 나눈 값이다.
>
> ③ 투자안의 NPV를 0이 되게 하는 할인율이다.
>
> ④ 연평균순이익을 연평균투자액으로 나눈 값이다.

17 다음 중 설명이 옳지 않은 것은?

① 순현재가치법은 가치가산성의 원리가 적용되는 장점이 있다.

② 수익성지수법은 투자안의 규모를 고려할 수 없다는 단점이 있다.

③ 투자안의 내부수익률은 여러 개의 값을 갖거나, 존재하지 않을 수도 있다.

④ 상호배타적인 투자 안을 평가하는 경우 순현재가치법(NPV)과 내부수익률(IRR)의 결과는 항상 일치한다.

해설   답 ④

상호배타적인 투자안일 경우에는 일치할 때도 있고 불일치할 때도 있다.

18 주식배당과 주식분할에 대한 설명으로 옳지 않은 것은?

① 주식분할의 경우 주당순이익이 감소한다.

② 주식배당 후 주식의 액면가는 변화가 없지만, 주식분할 후 주식의 액면가는 감소한다.

③ 주식배당 후 주당순이익은 변화가 없다.

④ 주식배당 후 이익잉여금은 감소하지만, 주식분할 후 이익잉여금은 변화가 없다.

해설   답 ③

일반적으로 주식 수가 많아지면 주당순이익은 감소한다. 주식배당은 기업의 이익이 주식배당액만큼 자본금으로 편입되기 때문에 이론적으로는 발행주식 수만 늘어나기 때문에 주당순이익은 감소한다.

19 다음 <보기>에서 자본예산을 수행하기 위한 현금흐름 추정에 대한 설명으로 옳은 것을 모두 고른 것은?

<보기>

ㄱ. 감가상각비는 현금유출에 포함한다.

ㄴ. 감가상각비로 인한 법인세 절감효과는 현금유입에 포함한다.

ㄷ. 주주에게 지급하는 배당금은 현금유출에 포함한다.

ㄹ. 매몰비용은 현금유출에 포함하지 않는다.

---

① ㄱ, ㄴ   ② ㄱ, ㄷ

③ ㄴ, ㄷ   ④ ㄴ, ㄹ

해설   답 ④

감가상각비와 배당금(금융비용)은 현금유출로 처리해서는 안 된다.

20 선물거래에 대한 설명으로 옳지 않은 것은?

① 계약이 이행을 보증하려는 제도적 장치로서 일일정산, 증거금 등이 있는 조직화된 공식시장에서 거래가 이루어진다.

② 다수의 불특정 참가자가 자유롭게 시장에 참여한다.

③ 거래대상, 거래단위 등의 거래조건이 표준화되어 있다.

④ 반대매매를 통한 중도청산이 어려워 만기일에 실물의 인수·인도가 이루어진다.

해설   답 ④

선물거래는 중도청산이 가능하다.

21 황금낙하산에 대한 설명으로 옳은 것은?

① 기업의 여러 사업부문 중에서 핵심적인 사업부를 매각한다.

② 적대적 합병과 매수를 어렵게 만드는 조치를 정관에 규정한다.

③ 적대적 M&A에 대비하여 최고경영자가 자신의 받을 권리를 고용계약에 기재한다.

④ 일시에 피인수기업의 상당한 지분을 매입 후 매수기업의 경영자에게 기업매수의 의사를 전달하는 방법이다.

해설   답 ③

① 황금알매각(왕관의 보석)에 대한 설명이다.

② 정관개정에 대한 설명이다.

④ 새벽의 기습에 대한 설명이다.

22 다음 중 성격이 다른 것은?

① 녹색편지   ② 황금낙하산

③ 황금알 매각   ④ 백기사

해설   답 ①

녹색편지, 곰의 포옹, 기업약탈자, 새벽의 기습 등은 인수의 방법의 공격전략이고, 황금낙하산, 황금알 매각, 백기사 등은 인수합병의 방어전략이다.

23 적대적 인수합병의 방어수단으로 옳지 않은 것은?

① 주식공개매수   ② 왕관의 보석

③ 독약제공   ④ 황금낙하산

해설 .... 답 ①

주식공개매수는 공격적인 전략에 해당된다.

24 M&A에 대한 설명으로 옳지 않은 것은?

① 이종 업종 간에는 기업인수를 통해 새로운 시장에 진입할 수 있다.

② 기존 기업의 저평가는 M&A의 중요한 동기가 된다.

③ M&A를 통해 기존 기업의 진입장벽을 쉽게 넘을 수 있다.

④ 토빈의 q비율이 1보다 높은 기업은 M&A 대상이다.

해설 .... 답 ④

토빈의 q비율이 1보다 크다는 것은 자본을 잘 운영하고 기업의 가치가 증가하고 있다는 의미이다. 그러므로 토빈의 q비율이 1보다 작은 기업이 인수합병의 대상이 된다(토빈의 q비율이란, 기업의 부채 및 자기자본의 시장가치를 보유재산의 대체비용으로 나눈 것).

25 선물과 옵션에 대한 설명으로 옳지 않은 것은?

① 옵션과 선물은 모두 새로운 금융상품을 창조할 수 있는 기능이 있다.

② 옵션의 매입자는 위험을 회피할 수 있지만, 선물의 매입자는 그렇지 않다.

③ 옵션과 선물의 매입자는 모두 당해 계약의 이행에 대한 의무가 존재한다.

④ 선물은 미래의 특정시점에 정해진 선물가격으로 특정자산을 사거나 팔기로 현재시점에서 약정한 계약이고, 옵션은 미리 정해진 기간 동안 행사가격으로 특정 자산을 사거나 팔 수 있는 권리가 부여된 계약을 의미한다.

해설 .... 답 ③

옵션 소유자(매입자)는 유·불리에 따라 계약이행(권리행사)을 할 수도 있고 포기할 수도 있다.

PART 8

회계원리

01 회계 개념

1 회계 개념

1. 회계 개념

회계(accounting)란, 재무적 성격의 거래나 사상(matter; 사건)을 화폐단위에 따라 의미 있는 방법으로 기록·분류·요약·해석하는 것이다. 또한 회계는 정보이용자가 정보에 입각한 합리적인 판단이나 의사결정을 할 수 있도록 경제적 정보를 식별·측정·전달하는 과정이라고 정의한다. 기업 실체의 경제활동에 관한 정보를 측정하여 그 실체의 이해관계자가 합리적으로 경제적 의사결정을 할 수 있도록 유용한 정보를 전달하는 과정 또는 기능이라고 할 수 있다.

TIP+

1. 기업 활동
   기업은 자본, 노동, 기술 등의 생산요소를 투입하여 재화와 서비스를 생산·판매하는 순환과정 ⇨ 다양한 실물자산이 필요하다(유동자산/비유동자산).

2. 기업 실체
   회계범위를 정해주는 개념으로, 해당 기업을 회계의 범위(단위)로 한다.

3. 유용한 정보제공
   회계정보가 의사결정자(이해관계자)들의 의사결정에 유용해야 한다는 것으로, 미래 현금창출능력에 따른 투자 유·무의 결정에 도움을 주는 정보를 의미한다(재무제표의 주 목적).

4. 회계 정의
   • 회계는 재무적 성격의 거래를 화폐단위에 따라 의미 있는 방법으로 기록·분류·요약·해석하는 기술을 의미한다.
   • 회계는 정보이용자가 정보에 입각한 판단이나 의사결정을 할 수 있게 재무적·경제적 정보를 식별·측정·전달하는 과정이다.

---

2. 회계 목적

회계의 목적은 경영자, 투자자, 채권자 등 기업과 이해관계가 있는 정보이용자가 다양한 방안들 가운데 합리적인 선택을 할 때, 그들의 경제적 의사결정에 유용하도록 기업에 관한 재무적 정보를 제공하는 것이다.

2 회계정보이용자(이해관계자)

1. 이해관계자 유형

내부이해관계자 (관리회계)	기업 활동을 통해 계획 · 조정 · 통제하는 역할 ⇨ 경영자의 의사결정
외부이해관계자 (재무회계)	투자자, 소유주, 채권자(금융기업), 종업원, 세무서, 거래처, 노동조합, 소비자, 정부정책당국(국세청, 공정거래위원회, 조달청, 금융감독원, 증권거래소 등) ⇨ 투자 및 신용결정 등

2. 회계양식

외부이해관계자가 기업과 관련하여 행하는 의사결정과정으로, '한정된 자원의 최적배분 결정' 또는 '합리적 의사결정'을 말한다. 따라서 회계란, 기업이 자신을 표현하고자 하는 내용들을 기록한 것으로서, 회계 또는 회계양식이라고 한다.

기업의 회계양식에는 그 목적과 용도에 따라 기업내부에서만 사용하는 것과 기업외부에 알리는 사항들을 기록한 것으로 나눌 수 있다.

내부양식	주로 경영자나 종업원들을 관리하는 목적으로 사용
외부양식	주로 회사와 관련된 이해관계자들을 위해 만들어진 것 예 투자자, 정부, 환경단체, 고객 등

3 회계 분류

1. 재무회계

외부정보이용자(주주, 채권자, 투자자, 정부 등)에게 재무적인 정보를 제공하는 것으로서, 일반목적의 재무보고서를 작성하는 것을 말한다. 일반적으로 인정된 회계원칙을 이용하여 재무제표에 의해 보고한다. 즉, 과거의 정보를 활용하여 특정기준에 의해 일반적인 목적을 달성하기 위한 것이다.

목적	• 투자와 신용의사결정에 유용한 정보를 제공 • 기업 실체의 미래 현금흐름 예측에 유용한 정보를 제공 • 재무상태, 경영성과, 현금흐름, 자본변동에 대한 유용한 정보를 제공 • 경영자의 수탁책임 평가에 유용한 정보를 제공

2. 관리회계

내부정보이용자(경영자)들의 의사결정(기업의 일상적인 운영, 미래의 중·장기 전략구축 등)에 도움을 줄 수 있도록 재무정보를 제공하는 회계를 말한다.
관리회계는 최고경영자뿐만 아니라 일반 종업원의 당면문제를 포함하여 기업의 전반적인 부분에 대한 것을 포함한다. 따라서 일반적인 기준이 없으며 미래지향적이고 기업관리 차원의 특수목적을 위한 회계보고서이다.

3. 원가회계

제품원가를 계산·결정·관리하는 회계분야로서, 내·외부정보이용자 모두에게 필요한 정보를 제공하므로 제조과정에서 발생하는 원가와 최종제품의 원가를 산출하여 기업의 현행 업무파악, 통제, 미래의 계획 등에 활용한다.

4. 세무회계

기업의 공평한 세금부과를 위한 것으로서, 이익에 대한 납수세액을 산출하거나 세무효과를 검토하는 회계분야를 말한다. 예 법인세결산, 부동산매매, 투자자산의 거래, 장기시설투자계획 등

> **☑핵심체크**
> **재무회계와 관리회계의 차이(영리회계)**
>
> | 재무회계 | 외부정보이용자, 과거자료 활용, 일반목적, 정형화(재무제표), 신뢰성↑, 회계기간(월 말, 분기 말, 연도 말 등), 기업 전체, 화폐적 정보, 회계기준 준수, 재무제표, 외부공시 |
> |---|---|
> | 관리회계 | 내부정보이용자, 미래정보, 특정목적(경영자 보고), 비정형화, 목적적합성↑, 필요에 따라 수시보고, 기업 전체와 개별 제품이나 부서, 비화폐적 정보, 회계기준 준수 불필요, 특정보고서, 내부통제 |

1. 회계의 일반적 특성
   ① 회계의 질적 특성: 이해가능성, 비교가능성, 신뢰성, 중요성, 유용성, 목적적합성
   ② 회계의 과정: 식별 → 측정 → 기록 → (분류) → 전달
   ③ 회계과정 중에서 부기: 기록, 분류, 요약
   ④ 회계의 기능: 측정 및 전달과정
2. 회계 종류
   ① 영리회계: 기업회계로서 재무회계와 관리회계가 있다.
   ② 비영리회계: 가계회계와 정부회계(예산회계, 기금회계)가 있다.
3. 회계 관습
   중요성, 안정성(보수주의 원칙), 업종별 관행

02 회계정보

1 회계정보 질적 특성

재무정보의 질적 특성이라고도 하며, 회계정보가 정보이용자의 의사결정에 유용하게 활용되려면 질적 특성을 갖춘 정보가 이해가능성을 갖추어야 한다는 전제가 필요하다.

회계정보 질적 특성은 여러 가지가 있으나, 크게 근본적인 질적 특성과 보강적인 질적 특성으로 구분할 수 있다.

근본적인 질적 특성	목적적합성, 충실한 표현
보강적인 질적 특성	적시성, 검증가능성, 이해가능성, 비교가능성

1. 근본적인 질적 특성

(1) 목적적합성

목적적합성이란, 회계정보를 이용할 경우 의사결정에 차이를 발생시킬 수 있는 능력으로, 정보이용자가 과거·현재·미래의 사건을 평가하거나 확인 또는 수정하도록 경제적 의사결정에 영향을 미치는 것이다. 즉, 정보가 쓸 만한 가치가 있는가를 의미한다. 이것은 중요성, 예측가치, 확인가치로 구성된다.

중요성	회계정보가 의사결정에 영향을 미칠 수 있는 정보가치
예측가치	회계정보를 이용하여 미래를 예측할 수 있는 정보가치
확인가치	회계정보를 이용하여 과거의 의사결정을 수정할 수 있는 가치(피드백가치)

(2) 충실한 표현

충실한 표현이란, 재무보고서의 정보가 유용하기 위해서는 목적적합성뿐만 아니라 표현하고 자 하는 현상을 충실하게 표현해야 한다.

즉, 서술은 완전하고 중립적이며 오류가 없어야 한다. 회계정보는 믿을 수 있고 객관적이어야 한다는 것을 말한다.

완전한 서술	회계정보가 정보이용자가 이용·이해하는 데 필요한 모든 정보를 제공
중립적 서술	회계정보가 정보이용자 어느 한편에게만 유리해서는 안 된다는 것
오류 없는 서술	정보의 표현, 절차상의 누락이나 오류가 없는 정보를 제공

<표 1-1> 목적적합성과 신뢰성의 상충관계

구분	목적적합성	신뢰성
자산 및 부채의 취득원가	시가로 평가(현행가치)	역사적 원가로 평가
재무보고	반기별보고(중간보고)	연차보고
순이익개념	발생주의	현금주의
투자주식의 평가	지분법	원가법
대손회계	충당금설정법	직접차감법
정보공시	예측정보	과거정보

2. 보강적인 질적 특성

(1) 적시성

적시성(timeliness)이란, 정보이용자가 의사결정을 하기 적절한 시기에 제공되는 것으로 일반 적으로 회계정보는 최근의 것일수록 적시성이 높다.

예 연차보고서보다 반기별보고서가 적시성 높음

(2) 검증가능성

검증가능성(verifiability)이란, 회계정보가 경제적인 현상을 충실히 표현되었는지를 정보이용 자가 확인할 수 있는지를 말한다. 검증은 다시 직접검증과 간접검증으로 구분된다.

직접검증	직접적인 경험·관찰을 통한 검증
간접검증	모형이나 공식 등을 이용하여 그 결과를 재계산하는 것

(3) 이해가능성

이해가능성(understand ability)이란, 회계정보는 이해할 수 있어야 한다는 것이다. 정보를 명확하고 간결하게 표현(표시)하여 해당 정보이용자들이 쉽게 이해할 수 있어야 하며, 정보이용자도 회계에 대한 어느 정도의 합리적인 지식(능력)을 가지고 있어야 한다.

(4) 비교가능성

비교가능성(compara ability)이란, 회계정보이용자가 항목 간 차이점과 유사점 등을 식별하고 이해할 수 있어야 하며, 기간별 또는 기업 간 비교를 할 수 있다는 것이다.

기간별 비교가능성	회계기간별로 서로 비교할 수 있어야 하고, 그러기 위해서는 선택한 회계처리 방법을 계속적으로 사용하여야 함(계속성)
기업 간 비교가능성	기업 간에도 동일한 회계처리 방법을 사용하여 서로 비교 가능하도록 해야 함(통일성)

☑ 핵심체크

보수주의(안전성)

1. 개념

여러 가지 선택 가능한 방법이 있을 경우, 기업의 재무상태를 견고히 하는 방법을 선택하는 것을 말한다. 즉, 자산과 수익은 작게, 부채와 비용은 많게 보고하는 방법을 선택해야 함을 의미한다.

2. 보수주의 사례(case)

① 물가 상승 시 재고자산의 평가방법으로 후입선출법을 선택한다.

② 재고자산을 저가평가한다.

③ 취득 후 지출 시 자본적 지출보다는 수익적 지출로 처리한다.

④ 감가상각 초기에 정액법보다는 가속상각법(정률법, 이중체감법, 연수합계법)을 적용한다.

TIP+ 기업회계 일반원칙

1. 신뢰성 원칙

회계처리 및 보고는 신뢰할 수 있도록 객관적인 자료와 증거에 의해서 공정하게 처리하여야 한다는 원칙이다.

2. 명료성 원칙

재무제표의 양식 및 과목과 회계용어는 이해하기 쉽도록 간단·명료하게 표시하여야 한다는 원칙이다.

3. 충분성 원칙

중요한 회계방침과 회계처리기준, 과목 및 금액에 관하여는 그 내용을 재무제표상에 충분히 표시하여야 한다는 원칙이다.

4. 계속성 원칙

회계처리에 관한 기준 및 추정은 기간별 비교가 가능하도록 매기 계속하여 적용하여야 하고 정당한 사유 없이 이를 변경하여서는 안 된다는 원칙이다.

5. 중요성 원칙

회계처리와 재무제표 작성에 있어서 과목과 금액은 그 중요성에 따라 실용적인 방법에 의해 결정되어야 한다는 원칙이다.

6. 안전성 원칙

회계처리 과정에서 2 이상의 선택 가능한 방법이 있는 경우에는 재무적 기초를 견고히 하는 관점에 따라 처리하여야 한다는 원칙이다(보수주의 원칙이라고도 함).

7. 실질우선 원칙

회계처리는 거래의 실질과 경제적 사실을 반영할 수 있어야 한다는 원칙이다.

03 거래와 부기

1 거래

1. 거래(transaction) 개념

부기상의 거래는 회계상의 거래(accounting transaction)라고도 하며, 기업의 자산·부채·자본의 증감에 영향을 미치는 변화(사건; event)를 화폐액으로 측정·계산할 수 있는 모든 사항을 의미한다. 따라서 자산·부채·자본의 증감변화를 일으키지 않는 것은 거래라 하지 않는다.

일반적 또는 일상적인 거래란, 구매, 판매, 대여, 차입, 지급, 수입 등을 의미한다.

2. 거래 구분

화재로 인한 피해, 사용에 의한 가치 하락(감가), 받을 금액의 회수 불능, 도난 등은 일상적인 거래가 아니지만, 자산·부채·자본의 증감변화를 일으키므로 회계상의 거래로 분류한다.

상품의 주문, 종업원 고용계약, 임대차계약, 부동산 매매계약 등은 일상적인 거래지만, 자산·부채·자본의 증감변화를 일으키지 않으므로 회계상(부기상)의 거래라 하지 않는다.

일반(일상)적인 거래		
	회계상의 거래	
① 상품의 주문·계약	① 현금의 증가·감소	① 상품의 파손·부패·도난
② 부동산 매매 및 임대차 계약	② 상품의 매매	② 건물 등의 가치 감소
③ 점원채용	③ 유가증권의 구입과 처분	③ 대손의 예상
④ 고지서 수취	④ 유형자산의 매매	④ 자산의 평가
⑤ 수탁품의 수취	⑤ 채권·채무의 발생이나 소멸	
⑥ 추심의뢰	⑥ 계약금의 수취 및 지급	
⑦ 약속, 의뢰	⑦ 수익과 비용의 발생	
⑧ 당좌차월 계약		

✓ 핵심체크

일상적 거래이나 회계상의 거래가 아닌 것	일상적 거래가 아니나 회계상의 거래인 것
• 부동산의 매매 계약 또는 임대차 계약	• 채권·채무의 발생이나 소멸
• 상품의 주문 계약	• 건물 등의 자산사용에 의한 가치 감소
• 종업원 고용 계약	• 도난, 분실, 화재, 변질 등
• 고지서 수취	• 상품의 매매(소모품 구입)
• 약속, 보관 등	• 비용·수익의 발생(용역 제공, 운반비 지급)

3. 거래 이중성과 대차평균 원리

(1) 거래 이중성

모든 거래는 차변과 대변의 결합요소로 이루어지며, 차변금액 합과 대변금액 합은 항상 일치한다는 것이다.

(2) 대차평균 원리

회계상의 거래가 발생하면 차변과 대변에 똑같은 영향을 미치므로 항상 차변금액의 합과 대변금액의 합은 같다는 것이다.

4. 거래 유형

발생원천에 따른 분류	외부거래	기업 외부에서 발생하는 경제적 사건 예 매매계약, 자재구입, 종업원채용과 훈련, 자연재해, 화재, 환율, 이자율, 소비자기호변화 등
	내부거래	기업 내부에서 발생하는 것 예 재고자산, 유형자산, 무형자산을 사용하는 것
거래발생시기에 따른 분류	개시거래	• 기업이 신설되는 경우 • 전기에 이월되는 자산부채자본항목을 당해 회계연도 초일자로 장부에 기장하는 경우
	영업거래	회계연도 중에 발생하는 기업 외부와의 경제적 사건
	결산거래	기말결산에서 자본·부채·수익·비용 등을 확정하고 장부를 마감하는 경우, 이때 외부와의 관계는 없음
손익발생여부에 따른 분류	교환거래	자산·부채·자본이 증감하는 직접적인 변화는 있지만, 수익비용이 발생하지 않는 거래 예 기계설비의 현금구입, 외상구입, 토지를 현금매입, 유가증권 현금구입 등
	손익거래	자산·부채·자본이 증감하는 직접적인 변화는 있지만, 수익비용이 발생하는 거래 예 급여지급, 이자수입, 사채이자지급, 감가상각비 인식
	혼합거래	한 거래에서 교환거래와 손익거래가 동시에 발생하는 거래 예 상품판매, 차입금의 원금과 이자상환 등
현금수지여부에 따른 분류	현금거래	현금수수가 발생하는 것으로 입금거래와 출금거래
	대체거래	현금수수가 수반되지 않은 거래로 전부대체는 상품을 외상으로 매입하는 것이고, 일부대체는 외상으로 매입하면서 대금의 일부를 현금으로 지급하는 경우

2 부기

1. 부기 개념

부기(book keeping)란, 장부에 기입·기록하는 것으로, 재무제표 작성을 목적으로 특정 기업실체에서 발생하는 모든 회계사건이나 거래를 일정한 기입원리에 의해 장부에 기록하여 재무제표를 작성하는 기술로 정의할 수 있다.

2. 부기 유형

(1) 단식부기

단식부기(single entry book keeping)란, 자본, 수익, 비용 등의 증감을 정해진 규칙이나 규정이 없이 발생순서에 따라서 어느 한 측면만을 파악하여 기록·계산하는 것이다. 예 현금출납부

장점	• 소규모 비영리단체에서 주로 사용 • 발생순서에 따라 간략히 기록(단순성, 간편성)
단점	• 기장의 오류를 발견하기 곤란 • 거래의 발생시점에 나타나는 자산과 부채를 인식하는 것이 곤란 • 특정 시점의 재무상태를 신속하게 파악하기 곤란

(2) 복식부기

복식부기란, 자본, 수익, 비용 등의 증감을 정보작성자와 정보이용자가 약속한 일정한 원리와 원칙(거래의 이중성)에 따라 기록·계산하는 것이다.

거래의 이중성	거래는 하나 이상의 차변요소와 하나 이상의 대변요소로 구성
대차평균의 원리	차변요소의 합계와 대변요소의 합계는 항상 일치(자기검정기능)

04 분개·계정·결산

1 분개

1. 분개 개념

분개(journalizing; journal entry)란, 기업에 거래가 발생하면 거래발생순서별로 각 계정과목과 거래금액을 확정하고 차변항목과 대변항목으로 나누어 구분하여 기입하는 절차이다. 분개되는 거래는 먼저 분개장에 기록한다.

2. 거래 8요소에 따른 분개의 법칙

차변(자산)	대변(부채 + 자본)
자산의 증가(+)	자산의 감소(-)
부채의 감소(-)	부채의 증가(+)
자본의 감소(-)	자본의 증가(+)
비용의 발생	수익의 발생

자산

유·무형의 경제적 가치가 있는 재산, 경영자의 통제 가능, 미래에 경제적 효익을 창출할 자원이다.

자본

자산 – 부채, 순자산(출자기금 전액)이다.

부채

타 실체에게 자산, 용역 등을 제공해야 하는 의무(의무적 상환)이다.

예제

1) 자산의 증가(상품) – 자산의 감소(현금)
   상품 50,000원을 매입하고 대금은 현금으로 지급하다.
   (차) 상품 50,000   (대) 현금 50,000

2) 자산의 증가(상품) – 부채의 증가(매입채무)
   상품 80,000원을 외상으로 매입하다.
   (차) 상품 80,000   (대) 매입채무 80,000

3) 자산의 증가(현금) – 자본의 증가(자본금)
   현금 500,000원을 출자하여 개업하다.
   (차) 현금 500,000   (대) 자본금 500,000

4) 자산의 증가(현금) – 수익발생(이자수익)
   대여금이자 10,000원을 현금으로 받다.
   (차) 현금 10,000   (대) 이자수익 10,000

5) 부채의 감소(사채) – 자산의 감소(현금)
   사채 50,000원을 현금으로 상환하다.
   (차) 사채 50,000   (대) 현금 50,000

6) 부채의 감소(매입채무) – 부채의 증가(지급어음)
   약속어음 50,000원을 발행하여 외상매입금을 지급하다.
   (차) 외상매입금 50,000   (대) 약속어음 50,000

7) 부채의 감소 – 자본의 증가
   주식자본금 500,000원을 발행하여 교환으로 사채를 상환하다.
   (차) 사채 500,000   (대) 자본금 500,000

8) 부채의 감소 – 수익발생
   차입금 30,000원의 지급을 면제받다.
   (차) 차입금 30,000   (대) 잡수익 30,000

9) 자본의 감소 – 자산의 감소(현금)
   출자자가 출자금 80,000원을 현금으로 회수해가다.
   (차) 자본금 80,000   (대) 현금 80,000

10) 자본의 감소 – 부채의 증가

   출자자가 차입금 50,000원을 영업상의 차입금으로 옮기다.

   (차) 자본금 50,000   (대) 차입금 50,000

11) 자본의 감소 – 자본의 증가

   A의 출자금 50,000원을 B의 출자금으로 옮긴다.

   (차) 자본금 50,000   (대) 자본금 50,000

12) 자본의 감소 – 수익발생

   출자자가 출자금 500,000원을 기업주에게 기증하다.

   (차) 자본금 500,000   (대) 잡수익 500,000

13) 비용의 발생(급료) – 자산의 감소(현금)

   종업원급료 500,000원을 현금으로 지급하다.

   (차) 급료 500,000   (대) 현금 500,000

14) 비용의 발생 – 부채의 증가

   사채이자 30,000원을 지급기일에 지급하지 못하다.

   (차) 지급이자 30,000   (대) 사채 30,000

15) 비용의 발생 – 자본의 증가

   점원의 급료 50,000원을 출자금에 옮기다.

   (차) 급료 50,000   (대) 자본금 50,000

16) 비용의 발생 – 수익발생

   사채이자 20,000원을 대여금이자와 상계하다.

   (차) 이자수익 20,000   (대) 사채이자 20,000

2 계정

1. 계정 개념

계정이란, 원장에 기록하고 계산하기 위한 것으로서, 기업활동에서 거래가 발생하면 기업의 자산, 부채, 자본 항목이 증가하거나 감소하는 내부변동이 일어난다. 이때 자산, 부채, 자본의 증감, 수익과 비용의 발생 또는 소멸 등의 내용을 종류별 또는 항목별로 기록하기 위해 설정된 계산단위를 필요로 하게 되었고 이 문제를 해결하기 위한 수단으로 실무에서 사용하는 형식을 말한다.

2. 계정 방법

(1) 계단식 방법

거래가 발생할 때마다 잔액을 확인할 수 있으나 수입합계액과 지출합계액을 비교하기 어려우며 수익, 비용, 이익 등을 파악하기 어렵다.

> ∴ **기초공식**: 기초잔액 + 당기증가액 − 당기감소액 = 기말잔액

(2) 계정식 방법

복식부기의 방식으로, 수입합계액과 지출합계액을 비교할 수 있어 수익, 비용, 이익 등을 파악하기 용이하다. 계정식은 음(-)의 수치를 기록하지 않는다(차변계정에 음의 수치를 기입할 때는 대변에 기입하고, 대변계정에 음의 수치를 기입할 때는 차변에 기입).

> ∴ **기초공식**: 기초잔액 + 당기증가액 = 당기감소액 + 기말잔액

T계정	가로는 계정과목을, 세로는 좌우로 차변과 대변으로 구분
표준식 계정	• 계정과목 차변과 대변 외에 계정번호가 추가 • 차변과 대변에는 일자, 설명, 분면, 금액 등을 기록하는 란

✅ 핵심체크

재무상태표 항목

1. 차변

자산으로 현금자금이나 상품의 재고상태를 표시한다.

예 받을 어음, 외상매출금, 수취어음, 예금 및 현금 등

2. 대변

자본과 부채로서 차변과 비교하며 자금의 출처를 파악할 수 있다.

TIP+

1. 전기(posting)

거래가 발생하면 분개장에 기록되고 나서 해당 내용을 관련 계정에 옮겨 적는 작업이다.

2. 원장(ledger)

기업이 사용하는 모든 계정을 한 곳에 모아 놓은 것(별도 장부로 관리하면 비효율적)으로 총계정원장(ledger)이라고도 한다.

3. 분개장

거래를 발생순서에 따라 기록하는 회계장부이다.

✅ 핵심체크

장부

1. 구성

장부	주요장부	분개장, 원장
	보조장부	• 보조원장: 매출처원장, 매입처원장, 상품재고장 등 • 보조기입장: 현금출납장, 매입장, 매출장 등

> **2. 종류**
> ① 주요장부: 원장(총계정원장; 거래를 계정별로 기입), 분개장
> ② 보조장부: 보조원장, 보조기입장, 기타 보조장부

3. 계정 분류

(1) 재무상태표 계정

자산, 부채, 자본계정을 말한다. 이들 계정은 영구계정 또는 실제계정이다.

(2) 포괄손익계산서 계정

수익과 비용계정을 말한다. 이들 계정은 임시계정 또는 명목계정이다.

재무상태표 계정	자산계정	현금 및 현금등가물, 매출채권, 대여금, 상품, 비품, 건물, 단기투자자산, 선급금, 원재료, 받을어음 등
	자본계정	자본금, 자본잉여금, 이익준비금, 주식발행초과금 등
	부채계정	매입채무, 사채, 선수수익, 단기차입금, 미지급금, 미지급비용, 지급어음 등
포괄손익계산서 계정	비용계정	급여, 보험료, 광고 선전비, 이자비용, 임차료, 감가상각비, 대손 상각비, 재해손실 등
	수익계정	상품매출이익, 유가증권처분이익, 임대료, 이자수익, 외환차익 등

3 결산

1. 결산 개념

결산(closing)이란, 회계정보이용자는 의사결정 때 적시성 있는 정보를 필요로 하므로 기업은 장부기록을 근거로 일정한 기간을 단위로 결산하며, 이 결과물로 재무제표를 작성해서 공시한다. 이러한 절차(수정 시산표 작성부터, 마감 후 시산표 작성까지의 절차)를 결산이라고 한다.

결산	보고기간 동안 발생한 자산·부채·자본의 변동내용과 결과물을 종합해서 재무상태표와 손익계산서를 만드는 과정

기업의 재무상태와 경영성과를 명확하게 하기 위해 매 회계연도 말에 일정기간 동안의 기업에서 발생한 모든 거래를 분개장과 원장, 각 보조장부의 기록들을 정리하고 마감하고 발생주의 원칙에 따른 재무제표를 작성한다.

2. 결산 절차

(1) 시산표

시산표(TB; trial balance)란, 자산과 비용에 속하는 계정잔액은 차변에 나열하고 부채와 자본, 수익에 속하는 계정잔액은 대변에 나열하는 표를 말한다.

기업에서는 발생하는 모든 거래를 분개장에 발생시점에 따라 순서대로 분개하고 이것을 원장에 전기한다. 즉, 분개장에서 총계정원장에 전기가 정확하게 되었는가를 확인(검증)하기 위하여 작성하는 계정집계표를 시산표라 한다.

① 시산표의 종류

합계시산표, 잔액시산표, 합계잔액시산표가 있다.

> 등식: 기말자산 + 총비용 = 기말부채 + 기초자본 + 총수익

② 시산표 오류

시산표의 차변 합계액과 대변 합계액은 대차 평균의 원리에 의하여 반드시 일치하여야 하는데, 일치하지 않으면 그 원인을 조사하여 오류를 정정하여야 한다.

예 계정잔액 계산할 때 계산상의 오류, 금액을 읽거나 기록하는 과정에서의 오류, 시산표 작성 시 합계과정에서의 계산상의 오류, 대변과 차변에 바꾸어서 전기하는 오류 등

✔ 핵심체크

시산표 오류

1. 시산표에서 발견할 수 없는 오류
  ① 대변과 차변을 반대로 전기하는 경우
  ② 한 거래를 대변과 차변 모두 이중으로 전기한 경우
  ③ 대변과 차변 금액을 똑같은 금액으로 잘못 기입한 경우
  ④ 대변과 차변을 해당 계정이 아닌 다른 계정에 전기한 경우
  ⑤ 거래 전체의 분개가 누락된 경우

2. 시산표에서 발견할 수 있는 오류(차변과 대변의 금액의 불일치)
  ① 대변이나 차변 중 어느 한쪽의 전기를 누락한 경우
  ② 총계정원장에 대변이나 차변 중 어느 한쪽의 금액을 잘못 전기한 경우
  ③ 대변이나 차변 중 어느 한쪽에 이중으로 기장한 경우
  ④ 대변이나 차변 중 어느 한쪽만 누락된 경우

※ 시산표는 회계장부나 재무제표가 아니므로 반드시 작성해야 할 의무는 없다.

---

(2) 수정분개

기업활동에서 수익, 비용 등을 짧은 회계기간에 정확하게 보고하기는 어렵고, 특정 회계기간에 할당되지 않는다. 특히 건물이나 기계 등과 같은 자산취득은 수년간의 영업활동에 영향을 미친다. 따라서 기중의 회계기록을 기말시점에 수정하는 것을 말한다.

(3) 수정 후 시산표

모든 수정분개를 완료하여 해당 사항을 전기한 후, 원장계정들로부터 또 다른 수정사항을 반영한 시산표가 작성된다. 이것을 수정 후 시산표라고 하고 이것은 회계기말에 수정된 계정들을 포함해서 모든 계정들의 잔액을 보여준다. 따라서 재무제표 작성의 주된 기초자료가 된다. 즉, 수정 후 시산표에 근거하여 재무제표를 작성한다.

(4) 재무제표작성

재무보고의 핵심수단으로, 재무제표에는 재무상태표, 포괄손익계산서, 현금흐름표, 자본변동표가 있다.

✓ 핵심체크

회계순환 과정

1. 거래발생(식별, 분석) → 분개(거래기록) → 전기(총계정원장에 전기) → 수정 전 시산표 작성 → 수정분개와 전기 → 수정 후 시산표 작성 → 장부마감 → 재무제표작성
2. 거래의 분석 → 수정 전 시산표 작성 → 수정 후 시산표 작성 → 마감 후 시산표 작성 → 회계장부마감
3. 거래의 발생 → 거래의 분석(분개) → 분개장 기입 → 원장기입 → 기말결산(장부마감, 재무제표작성)

결산 예비절차와 결산 본절차

1. **결산 예비절차** - 시산표 작성, 제고조사표 작성, 정산표 작성
2. **결산 본절차** - 손익계정 마감, 순손익 자본대체, 잔액계정 마감(이월시산표), 장부마감
3. **결산보고서 작성** - 재무상태표, 포괄손익계산서

1 회계기준

회계기준이란, 회계행위를 하는 데 있어서 준거해야 할 지침을 말하며 회계원칙이라고도 한다. 회계기준은 본질적으로 재무회계기준을 가리킨다.

1. 회계기준 성격

(1) 일반성

모든 기업에 적용할 수 있어야 한다.

(2) 변화성

회계기준은 환경변화에 따라 부단히 변화하여야 한다.

(3) 규범성

회계실무의 방향을 제시하여야 한다(지도원리).

2. 회계공준 기본 가정

재무회계의 목적을 달성하기 위해 재무회계기준을 정립하는 데 여러 가지 제약이 있다. 이때 몇 가지의 전제나 가정을 필요로 하는데 이러한 전제나 가정을 회계공준이라고 한다.

기업실체의 공준	• 기업을 소유주와는 독립적으로 존재하는 회계단위로 간주 • 기업이 소유하는 자산이나 부채는 기업사체에 속하며, 경영자나 주주의 것이 아님
계속기업의 공준	• 기업의 실체는 그 목적과 의무를 이행하기에 충분할 정도로 장기간 존속해야 함 • 기업의 자산을 역사적 원가의 근거 제공, 유형자산의 감가상각의 회계절차 근거 제공, 유동자산, 비유동자산, 유동부채, 비유동부채의 분류기준을 제공함
기간별 보고의 공준	• 기업실체의 존속기간을 일정한 기간 단위로 분류하고 • 재무제표(재무상태와 경영성과)를 작성하여 회계정보이용자에게 보고

2 일반적으로 인정된 회계원칙

1. 역사적 원가주의 원칙(historical cost principle)

취득원가주의라고도 하며, 재화나 용역을 취득한 당시 또는 발생시점의 교환가격, 즉 과거의 교환가격을 평가기준으로 삼는다(신뢰성). 교환이 일어난 당시의 원가를 기준으로 하며, 재무회계를 목적으로 하는 경우 원가는 취득원가기준이다.

기업에 자산이나 부채가 최초로 유입될 당시의 유출된 현금 또는 현금 등가액에 의해 재무제표요소의 가치를 측정하는 것이다.

장점	회계정보의 검증가능성과 신뢰성을 높일 수 있음
단점	취득시점 이후의 물가 변동이나 기술변화 등의 변화요인이 발생하면 의사결정에 부적합

2. 수익 · 비용 대응의 원칙(matching principle)

일정기간 발생한 수익과 이에 대응하는 비용을 대응시켜 당기순이익을 산출하는 것을 원칙으로 하는 것이다. 즉, 수익창출을 위해 발생한 비용을 관련수익이 인식되는 기간에 인식하는 것으로서 비용을 언제 인식할 것인가 하는 비용의 귀속시기 결정기준을 제공하며 비용인식의 원칙이라고도 한다.

3. 발생주의 원칙

비용은 현금의 수수가 아닌 발생시점에 인식되고, 수익은 실현시점에서 인식되며, 실현시점은 주로 판매시점을 말한다. 즉, 현금의 유 · 출입 시점에서 수익과 비용을 인식하는 것이 아니라 그 유 · 출입을 가능하게 한 중요한 경제적 사건이 발생한 시점에서 관련된 수익과 비용의 인식을 말한다.

4. 수익실현(인식)의 원칙(revenue principle)

수익이 실현된 시점에서 인식되어야 한다는 것으로 수익발생의 시점 또는 기간귀속의 문제에 관한 것으로 실현주의(realization basis)라고도 한다.

> **TIP+ 현금주의 회계(cash basis account)**
>
> 현금자원의 흐름에 초점을 두고 현금의 유 · 출입 여부에 따라 수익과 비용을 인식하는 방식이다. 현금유입은 수입이나 수익이 되고, 현금유출은 지출 또는 비용으로 인식한다. 이때는 현금이 수반되지 않는 자산, 부채, 자본, 비용, 수익의 증감은 고려하지 않으며 감가상각비 또한 고려하지 않는다. 주로 소규모 비영리조직에서 사용한다.
>
> | 장점 | 단순하고 예산과 지출액의 비교가 용이, 예산통제에 좋음 |
> |------|------|
> | 단점 | 재정상태나 정부활동의 성과평가를 위한 비용이나 원가정보를 제공하기 곤란 |

5. 완전공시의 원칙(full disclosure principle)

정보이용자의 의사결정에 영향을 미칠 수 있는 중요한 정보는 모두 공시해야 한다.

3 회계감사의견

1. 회계감사 개념

회계감사(audit; 會計監査)는 타인이 작성한 회계기록(회계기록의 절차나 원칙에 어긋남)에 대하여 독립된 제3자가 분석·검토하여 그의 적정 여부에 관한 의견을 표명하는 절차를 말한다. 여기서 회계기록이라 함은 회계 장표만을 의미하는 것이 아니고, 회계장표의 객관적 사실을 뒷받침해 주는 각종 증빙서류와 회계기록의 내용을 명백히 하는 모두를 포괄하는 개념이다.

2. 회계감사 유형

(1) 감사 시기 기준

① 정기감사(매년 일정한 시기에 시행)와 수시감사(필요에 따라 수시로 시행)로 나누어진다.
② 계속감사(기중감사; 회계연도 중 계속 실시)와 기말감사(결산감사; 회계연도 결산 후 시행)로 나누어진다.

(2) 감사자의 내부 구성원 유무

내부감사(내부에서 임명된 감사인)와 외부감사(외부인)로 나누어진다.

(3) 감사의 법적 구속성 여부

임의감사(피감사인의 자유의사 경영 자체 또는 특정인의 옹호)와 법정감사(강제적 시행; 공공이익 보호, 재무정보 신뢰성 제고, 경제정책상의 목적)로 나누어진다.

(4) 감사 범위 표준

전부감사(장부기입의 거래정보 전부를 대조)의 일부감사(일정 기간의 회계기록 중에서 적당한 부분에 대해 실시)로 나누어진다.

3. 회계감사의견 유형

회계감사의견이란, 재무제표가 회계처리 기준에 따라 적정하게 처리되었는지에 대한 감사인의 의견이다. 이의 종류에는 감사범위의 제한 정도, 경영자와 의견불일치(회계기준 위배 정도)에 따라 결정되며, 적정의견, 한정의견, 부적정의견, 의견거절의 4가지가 있다.

(1) 적정의견

재무제표가 회계감사 기준을 준수하여 적정하게 작성(결과 적정하게 표시; 합리적인 근거에 기초 작성)되었기 때문에 전혀 예외사항을 포함하고 있지 않을 때 표명한다.

(2) 한정의견

일정한 사항을 제외하고는 재무제표가 전체적으로 적정하게 표시되어 있다고 판단(기업회계 기준에 따르지 않은 것이 몇 가지 존재하나 영향이 미비할 때)될 때 표명한다. 이는 부실이 늘어날 가능성이 크다는 의미이다.

(3) 부적정의견

재무제표가 기업회계기준에 위반(위배)하고, 그 사실이 매우 중요하여 이를 수정하지 않는 한 재무제표 자체의 의미가 상실되거나 혹은 재무제표 전체를 왜곡할 가능성이 있다고 판단될 때 표명한다.

(4) 의견거절(무의견)

감사범위가 제한되어 감사인이 의견을 표현할 만큼 충분한 근거를 가지지 못하였을 때(필요한 증거를 얻지 못함) 또는 독립성이 결여되었을 때 표명한다.

적정의견	큰 문제없이 적절하게 되어 있다는 것
한정의견	일부분에 대하여 장부내용이 잘못되어 있지만 나머지는 큰 문제가 없다는 것
부적정의견	회계기준에 위배되어 이 내용을 믿고 투자하면 안 된다는 것
의견거절	감사를 하려고 했으나 내용을 확인 할 수도 없고, 증거제시도 안 되는 경우

> **TIP+** 적정의견(감사인의 의견)
>
> 회계 감사인의 의견은 재무제표가 회계기준에 따라 적정하게 표시되었다는 의미일 뿐이다. 즉, 기업의 경영성과, 재무건정성, 존속가능성, 장래 전망을 보장하는 것은 아니다.

01 재무제표

1 재무제표 개념

재무제표(financial statements; financial reports; 財務諸表)는 기업의 재무상태 및 변동이나 경영 (재무)성과 등을 체계적으로 보여주는 문서이다. 기업의 성과 등을 파악하기 위해 내부적인 목적 으로 사용되며, 상장기업의 경우 이러한 재무제표들을 매년 결산기에 정기적으로 작성하는 회계 보고서로 일반대중에게 공개해야 한다.

기본적인 재무제표로는 재무상태표, 포괄손익계산서, 자본변동표, 현금흐름표이다(단, 이익잉여금 처분계산서와 주석을 포함시키기도 함).

재무회계정보를 전달하는 핵심적인 수단은 재무제표이며, 이것은 재무보고목적을 달성하기 위해 경영자에 의해 작성되는 재무보고서이다.

> **✓ 핵심체크**
>
> **재무제표**
> 1. 재무상태표, 포괄손익계산서, 자본변동표, 현금흐름표이다.
> 2. 재무상태표는 특정시점을 기준으로 작성되며, 포괄손익계산서, 자본변동표, 현금흐름표는 일정기간을 기준 으로 작성된다.
> 3. 포괄손익계산서는 발생주의에 따라, 현금흐름표는 현금주의에 따라 작성된다.
>
> **주석(foot note)**
> 재무상태표, 포괄손익계산서, 자본변동표, 현금흐름표에 추가적으로 표시하는 정보로서, 재무제표에 표시된 항 목을 구체적으로 설명하거나 세분화하는 것이다. 주석이 포함되면 완벽한 재무제표라고 할 수 있다.

2 재무제표 특성

1. 기업의 양적(계량적; 객관적) 분석

① 기업의 영업실적이나 재무상태를 기업의 외부관계자에게 전달하는 재무보고의 한 형태이다.
② 주식시장에서는 일반적으로 기업의 내재적 가치를 추정하기 위해 사용한다.

2. 재무제표 작성원칙

(1) 원가주의 원칙

재무제표 작성 시 자산과 부채는 거래가 발생된 시점에서 현금 또는 현금등가액으로 평가해야 한다.

(2) 수익인식(실현)의 원칙

일반적으로 수익획득 과정이 실질적으로 완료되는 교환거래가 나타났을 경우에 인식된다.

(3) 대응의 원칙

일정기간에 실현된 수익과 이 수익을 획득하기 위하여 발생한 비용을 결정하여 이를 서로 대응시켜 당기순이익을 산출해야 한다.

(4) 완전공시의 원칙

재무제표는 정보이용자에게 중요한 의사결정에 영향을 미칠 수 있는 모든 정보로서, 재무제표의 본문, 주석, 부속명세서 등을 통하여 모두 공시해야 한다.

3. 재무제표 기본 가정

(1) 기업실체의 가정

경제실체의 가정이라고도 하며, 재무제표에 포함될 정보의 범위를 정해주는 것이다. 즉, 소유주는 각각 별개의 대상이 아니다. 재무상태표상에는 소유주의 재무상태가 아닌 기업의 재무상태를 나타낸다.

(2) 계속기업의 가정

기업은 특별한 사유가 없는 한 계속적으로 영업활동을 유지한다는 것이다. 즉, 기업실체는 영업활동을 청산하거나 중대하게 축소시킬 의도가 없다는 것을 가정한다. 이것은 회계원칙 중 역사적 원가주의의 근거가 된다.

> **TIP+**
>
> 계속기업의 가정은 기간 개념을 유도하며, 발생주의 회계를 가능하게 한다. 즉, 발생주의 회계를 정당화하는 회계의 개념이나 가정이라 할 수 있다.

(3) 기간별 보고의 가정

기업 실체의 존속기간을 일정기간 단위(1년)로 분할하여 각 기간에 대한 회계정보를 보고하는 것을 말한다. 이것은 회계원칙 중 발생주의의 근거가 된다.

(4) 발생기준

기업은 현금흐름 정보를 제외하고 발생기준 회계를 사용하여 재무제표를 작성한다.

(5) 중요성과 통합표시

유사한 항목은 중요성의 분류에 따라 구분하여 표시한다. 단, 중요하지 않은 항목은 성격이나 기능이 유사한 항목과 통합하여 표시할 수 있다.

4. 재무제표 기본요소

재무제표의 각각의 기본요소를 간략히 나타내면 다음 표와 같다.

<표 2-1> 재무제표 요소

재무제표	개념	구성요소
재무상태표	일정시점, 기업의 재무상태	자산, 자본, 부채
포괄손익계산서	일정기간, 기업의 경영성과	비용, 수익
자본변동표	일정기간, 기업의 자본변동	자본금, 자본잉여금, 자본조정, 이익잉여금, 기타포괄손익누계액
현금흐름표	일정기간, 기업의 현금흐름	영업활동, 투자활동, 재무활동

TIP+

1. 재무제표 원칙(4대 원칙)
- 기업관점: 현금이 유입되거나 유출되는 기준은 기업 중심의 원칙이다.
- 발생주의: 현금이 유·출입되지 않더라도 비용과 수익에 해당하는 거래가 발생하면 기록한다.
- 화폐 측정성: 반드시 화폐로 측정할 수 있는 것만 기록한다.
- 소유 가능성: 기업이 소유하고 있는 것만 기록한다.

2. 재무제표(F/S) 작성형식

계정식	좌(자산항목)·우(부채와 자본항목)배열식으로 재무상태표 형식에 적합
보고식	상·하배열식으로 포괄손익계산서형식에 적합(자산항목을 먼저 배열)

단, 재무제표 양식은 보고식을 원칙으로 하고, 재무상태표의 경우에만 계정식을 허용한다.

---

3 재무제표 종류(작성 대상범위에 따른 분류)

1. 개별재무제표

개별기업에 대해서만 작성된 재무제표이다.

2. 연결재무제표

지배회사가 종속회사의 의결권이 있는 주식의 과반수를 소유하고 있거나 실질적으로 지배력을 가지고 있는 경우에 작성되는 재무제표로서, 계열사끼리 통합(지배·종속관계의 회사를 하나로 인식)해 단일 재무상태표와 손익계산서로만 작성하는 방식을 말한다.

장점	• 경제적 실체를 구성하는 기업집단 전체의 재무상태와 경영성과, 현금흐름 등의 정보를 제공 • 연결회사 간에 이루어지는 부당한 내부거래, 상호출자, 내부이익 등이 모두 제거되므로 개별회계에서 나타날 수 있는 재무정보의 왜곡 방지 • 기업결합과 경제력 집중에 따른 독과점 규제, 공정거래 확보 및 여신 자원의 효율적 배분 등의 관련정책 수립에 유용하게 활용 • 국제자본시장에서 자본조달을 용이하게 하고 회계정보의 국제적 비교가능성 향상
단점	• 연결재무제표만으로는 연결 실체를 구성하는 개별회사의 고유정보를 얻을 수 없음 • 연결대상범위를 올바르게 결정하지 못할 경우 기업집단 재무정보로서의 유용성이 없음 • 연결재무제표상 이익잉여금, 유동비율 등을 정보이용자가 잘못 해석할 수 있음 • 연결회사 간 업종의 현저한 차이, 회계처리방법상의 차이 등으로 인하여 재무보고의 통일성과 비교가능성이 낮음 • 연결절차가 복잡하고 정보생산의 높은 비용에 반해 관련정보는 이해가능성이 있는 소수의 정보이용자만이 제한적으로 이용

3. 결합재무제표

사실상 경영권을 행사하는 모든 계열사를 연결하여 계열사 간의 내부거래를 상계한 뒤 작성된 재무제표로서, 기업회계정보의 투명성을 제고하는 효과가 있다. 모든 계열사를 하나의 기업으로 인식한다.

모든 국내 계열사들의 매출액과 손익, 자본금과 자산, 부채 및 내부거래 사정 등을 일목요연하게 작성해야 한다.

장점	• 기업집단의 재무상태와 경영성과에 대한 보다 정확한 정보를 전달 • 기업의 부실화에 대한 예고자료 제시 • 결합재무제표는 기업집단 내에서 행해지는 회계조작이나 분식결산 방지 또는 억제효과 • 기업집단을 대상으로 결합재무제표를 작성하면 기업집단이 하나의 경제적 실체로서 명확히 인식 • 결합재무제표로부터 산출되는 기업집단에 대한 정보는 정부의 각종 경제정책 수립에 유용하게 활용
단점	• 결합재무제표 작성과정에서 여러 가지의 애매모호한 문제 존재 • 기업집단 내의 계열회사 간에 업종, 결산일, 회계방법 등에 있어서 큰 차이가 나는 경우 이들 기업을 포함하는 결합재무제표의 유용성에 한계 • 결합재무제표가 반드시 신뢰성을 보장하지는 않음

1. 분식결산(분식회계)

경영이 악화된 기업이 이익을 부풀리는 것을 말한다. 불황기에 분식결산을 하는 경우가 많고 주주나 채권자에게 손해와 탈세를 유발함으로 법으로 강력히 금지하고 있다.

2. 역분식결산(역분식회계)

분식결산 중 이익이 너무 적게 표시하는 것을 말한다. 자기자본충실을 위해 반드시 나쁘다고만 할 수 없다.

☑️ 핵심체크

1. IFRS 기본가정

① 재무제표 작성: 발생기준, 계속기업

② 원칙과 경제적 실질성(자율성부여)

③ 공시요구의 확대ㆍ강화(공정가치, 위험관련정보공시)

2. 재무제표

① 구성요소: 자산, 부채, 소유주 지분, 수익, 비용, 이득, 손실

② 측정 원칙: 원가주의, 발생주의, 수익ㆍ비용대응의 원칙, 일관성

TIP+ 중간재무제표

재무제표를 연차재무제표 이외 중간기간에 보고하는 재무제표를 말한다.

1. 유형

반기재무제표와 분기재무제표가 있다.

2. 특징

연차재무제표에 비해 적시성 측면은 유용하나 신뢰성 측면은 유용하지 않다.

TIP+ 회계 등식

1. 자산 = 부채 + 자본 → 기본적 회계등식(재무상태표 등식)
2. 자산 = 지분 → 자산등식(지분등식)
3. 자산 = 채권자 지분 + 소유주 지분 = 부채 + 소유주 지분
4. 자산 - 부채 = 자본 → 자본등식
5. 자산 = 부채 + (자본 + 수익 - 비용)
6. 자산 + 비용 = 부채 + 자본 + 수익 → 시산표 등식

1 재무상태표

1. 재무상태표 개념

재무상태표(statement of financial position)란, 일정시점에서 기업실체가 보유하고 있는 경제적 자원인 자산, 경제적 의무인 부채, 자본에 대한 정보를 제공하는 보고서(유동성 배열법)이다. 재무상태표는 유동성, 재무건전성, 재무구조, 기업 환경변화에 적응할 수 있는 능력 등을 나타낸 것으로, 보고식과 계정식 모두 인정하며 정태적 보고서라고도 한다.

2. 재무상태표 구성요소

재무상태표는 자산·부채·자본으로 구성된다. '자산 = 부채 + 자본'의 형식이며, 우측은 재무구조(자원의 조달원천)를 나타내고, 좌측은 자원구조(자원의 운용상태)를 나타낸다.

자산	유동자산, 비유동자산
부채	유동부채, 비유동부채
자본	자본금, 자본잉여금, 이익잉여금, 자본조정 등

2 자산

자산(assets)이란, 경영자가 통제 가능한 것(유·무형의 경제적 가치가 있는 것)으로, 과거의 거래나 사건의 결과로 현재 기업실체에 의해 지배되고, 미래에 경제적 효익을 창출할 것으로 기대되는 자원을 의미한다. 미래의 경제적 효익이란, 미래의 현금흐름의 유입과 자산의 증가 또는 부채의 감소를 의미한다.

자산의 분류는 유동자산과 비유동자산으로 구분한다.

<표 2-2> 자산 분류

대분류	중분류	소분류
유동자산	당좌자산	판매과정을 거치지 않고 직접 현금화가 가능하며 그 운용이 비교적 자유로운 자산 예 현금 및 현금등가물, 단기금융상품, 유가증권, 받을 어음, 단기매매증권, 매출채권, 단기대여금, 미수금, 미수수익 등
	재고자산	기업의 정상적인 영업활동과정에서 판매를 목적으로 보유하는 자산 예 상품, 제품, 반제품, 재공품, 원재료, 저장품 등
	기타	선급금, 선급비용

비유동 자산	투자 자산	기업의 정상적인 영업활동과는 무관하게 타 회사를 지배·통제하기 위해 장기적으로 투자이윤을 얻을 목적으로 투자된 자산 예 장기금융상품, 매도가능증권, 만기보유증권, 지분법적용투자주식, 장기대여금, 장기 　성매출채권, 투자부동산, 보증금, 이연법인세자산 등
	유형 자산	재화의 생산, 용역의 제공, 임대, 자체사용의 목적으로 보유하는 물리적 실체가 있는 자산 예 토지, 건물, 구축물, 선박, 기계장치, 차량운반구, 비품, 건설 중인 자산 등
	무형 자산	물리적인 실체는 없지만, 기업의 영업활동에 장기간 사용할 목적으로 취득하여 보유하 는 비화폐성 자산 예 영업권, 라이센스, 프랜차이즈, 저작권, 임차권리금, 산업재산권, 광업권, 어업권, 개 　발비 등

TIP+

기업에 속해 있는 식별불가능 무형자산을 영업권(goodwill)이라 한다. 나머지 무형자산은 식별가능한 것으로 판단한다.

✅핵심체크

현금 및 현금등가물

큰 거래비용 없이 현금으로 전환이 용이하고, 이자율변동에 따른 가치변동의 위험이 작은 단기매매증권과 단기금융상품으로서 취득 당시 만기가 3개월 이내에 도래하는 것을 말한다(통화 및 통화대용증권, 당좌예금, 보통예금 등).

1. 현금등가물

취득 당시 만기(또는 상환일)가 3개월 이내에 도래하는 것이다.

2. 단기금융상품

만기가 1년 이내에 도래하는 것이다.

3. 장기금융상품

만기가 1년 이상인 것이다.

1. 유동자산

유동자산(liquid assets)이란, 1년 이내에 현금으로 전환되거나 소비될 것으로 예상되는 현금이나 예금, 일시소유의 유가증권, 상품, 제품, 원재료, 저장품 등을 말한다.

유동자산은 재무상태표로부터 1년 내에 현금으로 실현되거나 판매될 자원을 나타내는 것이 보통이다. 당기의 영업활동에 사용되지 않을 자산은 유동자산에 포함되어서는 안 된다.

유동자산은 당좌자산과 재고자산, 기타유동자산으로 구분한다.

(1) 당좌자산

유동자산 중 현금으로 쉽고 빠르게 전환할 수 있는 자산이며, 지불수단 또는 구매력으로 즉시 이용될 수 있는 자산을 말한다. 신속자산, 지불자산이라고도 한다.

예 현금, 예금, 유가증권, 매출채권, 받을 어음, 미수금, 미수수익, 선급금 등

> **TIP+**
>
> **1. 유가증권**
> 경제적 가치가 표시된 증서로서, 주식이나 채권 등이 해당한다.
>
> **2. 매출채권**
> 상품을 외상으로 판매하고 대금을 받을 권리이다.
>
> **3. 단기대여금**
> 1년 이내에 회수하기로 하고 빌려 준 돈을 말한다.
>
> **4. 미수금**
> 상품 이외의 자산을 외상으로 처분한 경우 대금을 받을 권리이다.
>
> **5. 미수수익**
> 수익이 발생했지만 아직 현금으로 받지 못했다는 것을 의미한다.
>
> **6. 선급금**
> 상품 등을 매입하기로 하고 미리 지급한 돈(계약금)을 말한다.
>
> ※ 신용분석 5C
> 상환능력(Capacity), 자본(Capital), 담보(Collateral), 성격(Character), 경제상황(Condition)

(2) 재고자산

기업의 정상적인 영업활동과정에서 판매를 목적으로 보유하고 있거나, 판매를 위해 현재 제조과정에 있거나, 판매할 자산을 제조하는 데 사용되거나 소모될 자산을 말한다.

예 상품, 제품, 반제품, 재공품, 원재료, 저장품 등

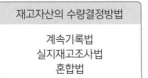 × 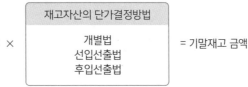 = 기말재고 금액

① 재고자산의 수량결정방법

　㉠ **계속기록법**: 실제 매출 시 판매수량을 지속적으로 기록하여 기말 수량은 실제 창고에 가지 않고, 기초상품수량과 당기매입수량에서 판매수량을 차감하여 수량을 평가하는 기법이다.

ⓒ **실지재고조사법:** 실제 매출 시 판매수량을 기록하지 않고 기말 수량은 창고에 가서 조사하여 기초상품수량과 당기매입수량에서 기말상품수량을 차감하여 판매수량을 평가하는 기법이다.

ⓒ **혼합법:** 개별법과 실지재고조사법의 혼합으로, 실제 매출 시 판매수량을 기록하여 기말재고수량도 실제 창고에 가서 조사하여 재고자산의 수량을 파악하는 기법이다.

② 재고자산의 단가결정유형

동일한 종목의 재고자산이라도 구입시점마다 구입단가가 다르면 어떤 단가를 적용하는가에 따라 매출원가와 기말재고금액이 달라진다. 따라서 단가를 결정하는 과정은 기말재고수량이나 판매수량에 적용하는 단가를 선택하는 것이다.

㉠ **개별법:** 개별법(specific identification method)이란, 모든 제품의 개별원가를 표시한 것으로, 원가가 고가(상품 간 가격 차이가 클 때 사용)인 거래가 빈번하지 않은 경우 및 소량인 재고자산에 적용한다. 재고자산이 판매되는 시점마다 일일이 계산·확인하여 재고자산의 단가를 정확히 파악하여 기록하는 방법(기말재고단가는 기말재고에 붙어 있는 가격표)이다.

㉠ 자동차, 보석 등(개별성이 강할 때 사용)

장점	• 원가의 흐름과 실제 제품량 흐름과 일치 • 실제수익에 실제원가가 대응되어 수익·비용대응이 정확
단점	• 재고자산의 종류와 수량이 많을 경우 적용이 곤란하고 비용이 많이 듦 • 거래가 빈번한 고가품, 귀금속 등과 같은 것은 사용이 곤란 • 동일한 상품을 다른 가격으로 구입할 경우나 판매할 경우 이익을 조작 가능(주관적이기 때문에 이익조작의 가능성이 높음)

ⓒ **선입선출법(FIFO; first-in first-out):** 재고자산 평가 시 먼저 들어온 것이 먼저 팔린다는 가정하에, 인플레이션이 발생할 경우, 과거에 매입한 상품이 매출된다고 가정하므로, 상품의 원가를 낮게 하여 이익을 과대계상하는 경향이 있다. 실제 가장 많이 쓰는 방법이다.

먼저 매입한 상품을 먼저 인도한 것으로 하여 인도단가와 재고단가를 결정하는 방법으로서, 매입순법이라고도 하며, 재고자산은 높은 금액으로 평가되는 것을 말한다.

장점	• 일반적인 원가흐름과 실제 물량의 흐름과 유사 • 기말재고자산은 최근 구입한 단가로 구성되므로 현행원가의 근사치를 반영 • 객관적·체계적인 방법으로 이익조작의 가능성이 낮음
단점	• 과거원가와 현행수익이 대응되어 수익·비용대응의 원칙에 위배 • 물가 상승 시 당기순이익이 과대계상되므로 법인세 부담이 증가

ⓒ 후입선출법(LIFO; last-in first-out): 재고자산 평가 시 나중에 들어온 것이 먼저 팔린다는 가정하에, 인플레이션이 발생할 경우, 재고자산은 낮은 금액으로 평가되고 상품의 매출원가는 적정하게 계상되므로 이익이 과소계상되는 경향이 있다.

이 방법은 세무상의 혜택과 함께 인플레이션으로 인한 영향을 배제하기 위한 방법으로 권고되고 있다. 즉, 나중에 매입한 상품을 먼저 인도하는 것으로 하여 인도단가와 재고단가를 결정하는 방법으로 매입역법이라고도 한다. 이는 보수적인 방법이다.

장점	• 현행수익이 최근에 구입단가로 구성되어 매출원가가 대응되어 수익·비용대응 원칙에 적절 • 물가상승 시 재고가 증가하는 경우 이익을 과소계상되어 법인세 이연효과(절감; 보수주의)
단점	• 기말재고자산이 과거의 원가를 나타내므로 기말재고자산이 과소표시 • 대부분 원가흐름과 실제물량의 흐름이 불일치(역행) • 비자발적 청산효과가 발생할 수 있음 • IFRS(한국채택 국제회계기준)에서 인정하지 않음

TIP+ 평균법

실제 물량의 흐름과는 상관없이 일정기간 동안 발생한 판매가능 재고원가를 평균하여 그 평균단가를 기준으로 배분하는 방법(기말재고단가는 일정기간 동안 평균한 원가)이다. 평균법에 계속단가기록법을 적용하면 이동평균법이라고 하고, 평균법에 기말단가기록법을 적용하면 총평균법이 된다.

1. 이동평균법(MAM)

단가가 다른 상품을 매입할 때마다 이동평균단가를 산출하여 이를 인도 단가로 결정하는 방법이다.

$$이동평균단가 = \frac{직전재고액 + 신규매입액}{직전재고수량 + 신규매입수량}$$

$$= \frac{매입직전의\ 상품재고액 + 당일의\ 상품매입액}{매입직전의\ 상품재고수량 + 당일의\ 상품매입수량}$$

2. 총평균법(TAM)

일정 기간의 매입금액을 매입수량으로 나누어 총평균 단가를 계산한 후, 이를 상품의 인도단가와 재고단가로 기장하는 방법이다.

$$총평균단가 = \frac{기초재고액 + 당기매입액}{기초재고수량 + 당기매입수량} = \frac{판매가능총원가}{판매가능총수량}$$

$$= \frac{전기이월금액 + 일정\ 기간의\ 상품순매입\ 금액}{전기기월수량 + 일정\ 기간의\ 상품순매입\ 수량}$$

3. 평균법의 특징
- 선입선출법과 후입선출법의 평균치로 계산한다.
- 객관적 · 중립적으로 이익조작 가능성이 낮다.
- 일발적인 물량흐름과 일치하지 않는다.
- 수익 · 비용의 대응이 성립하지 않는다.

TIP+

1. 상품매매에 관한 공시
- 순매출액 = 총매출액 − 환입 및 매출에누리와 매출할인액
- 순매입액 = 총매입액 − 환출 및 매입에누리와 매입할인액 + 매입운임
- 매출원가 = 기초상품재고액 + 순매입액 − 기말상품재고액
- 매출총이익 = 순매출액 − 매출원가

2. 추정에 의한 재고자산 평가: 매출총이익률법
- 매출원가 = 매출액 × (1 − 매출총이익률)
- 매출원가 = $\dfrac{\text{매출액}}{1 + \text{원가에 대한 이익률}}$ (매출원가에 대한 이익가산률이 주어진 경우)
- 기말재고액 = 판매가능 금액 − 매출원가

3. 재고자산 평가방법의 비교(재고수량이 증가하고 물가상승인 경우)
- 기말재고자산: 선입선출법 > 이동평균법 > 총평균법 > 후입선출법
- 법인세비용: 선입선출법 > 이동평균법 > 총평균법 > 후입선출법
- 당기순이익: 선입선출법 > 이동평균법 > 총평균법 > 후입선출법
- 매출원가: 선입선출법 < 이동평균법 < 총평균법 < 후입선출법
- 현금흐름: 선입선출법 < 이동평균법 < 총평균법 < 후입선출법

---

2. 비유동자산

비유동자산이란, 1년 이후에 현금으로 전환되거나 소비될 것으로 예상되는 자산으로, 투자자산, 유형자산, 무형자산으로 구분한다.

(1) 투자자산

투자자산(investment assets)이란, 기업의 본래의 영업활동과는 관계없이 다른 기업을 지배 또는 통제하거나 여유자금을 활용하여 장기간(1년 이상) 이득을 도모할 목적으로 투자하는 자산을 투자자산이라 한다.

통상	투자유가증권, 관계회사에 대한 출자금 등
광의	• 시설투자에 의하여 생기는 자산인 공장건물 · 기계설비 · 토지 등의 유형고정자산 • 재고투자에 의해서 생기는 자산인 원자재 · 미완성품 · 제품재고 등의 재고자산 • 1년 이상의 정기예금이나 금전신탁 등

(2) 유형자산

유형자산(tangible assets)이란, 물리적 형체를 가지고 있는 영업용 자산으로 토지, 재산, 공장, 설비 등으로 자본자산이라고도 한다. 1년 이후에 현금으로 전환되거나 소비될 것으로 예상하는 자산으로 업무용자산, 장기자산, 실물자산, 상각자산 등이다.

예 토지, 건물, 구축물, 기계장치, 선박, 공구·가구, 비품, 차량운반구, 건설 중인 자산 등

TIP+

1. 유형자산은 토지와 건설 중인 자산(비상각)을 제외하고는 대부분이 상각자산이다.
2. 유형자산을 취득하기 위하여 소요된 제비용(취득세, 등록세, 운반비, 설치비, 시운전비 등)은 취득원가에 가산한다.
3. **유형자산 처분 시**
   - **손익**: 처분가액 > 장부가액
   - **손실**: 처분가액 < 장부가액

① 유형자산의 감가상각

감가상각이란, 자산의 사용이나 기간의 경과, 진부화, 부적응 등으로 인해 가치가 감소하는 것을 말한다.

즉, 유형자산의 취득원가 중에서 당기에 가치가 소멸되어 비용화된 부분과 아직 가치가 남아 있어 미래에 효익을 제공할 수 있는 부분을 구분하는 절차가 필요한데 이 회계절차를 감가상각이라 한다.

목적	• 정확한 당기순손익 계산 • 원가 배분 • 유형 자산의 정확한 평가 • 기업 자본의 회수 및 유지

핵심체크

감가상각 기본요소

1. **취득원가**
   매입(취득) 당시의 가격으로 매입 제비용이나 수수료를 포함한다.
2. **내용연수**
   사용 가능 기간을 말한다.

3. 잔존가액

(잔존가치)감가상각을 완전히 마쳤을 때의 자산의 가치이다.

※ ① 미상각액: 취득원가 - 감가상각누계액
  ② 감가상각누계액: 감가상각비의 합계액
  ③ 정률: 비율

② 감가상각 계산식

  ㉠ **정액법**: 유형자산의 취득원가를 내용연수로 나누어 감가상각비를 계산하는 방법으로 매기의 감가상각비는 일정하다.

단점	• 수익·비용대응원칙에 부적합 • 유형자산의 경제적 효익이 매기간 일정함 • 수선유지 활동이 매기간 일정함

  ㉡ **정률법**: 유형자산의 미상각 잔액에 매기 동일한 상각률(정률)을 곱하여 감가상각비를 계산하는 방법으로 매기 감가상각비가 줄어들게 된다.

  ㉢ **연수합계법**: 연수합계법은 단순하면서도 감가상각의 체감효과를 가져다주는 감가상각 방법으로, 내용연수 n년인 자산의 내용연수를 합계를 분모로 하고, 각 회계연도에 그 회계연도를 포함한 잔여 내용연수를 분자로 하여 상각률을 구한 다음, 이 상각률에 감가상각대상금액을 곱하여 감가상각비를 계산하는 방법이다.

<표 2-3> 감가상각 계산방법

구분		상각률
균등액 상각법	정액법	$\dfrac{\text{취득원가} - \text{잔존가액}}{\text{내용연수}}$
체감 상각법	정률법	연상각액 = 미상각잔액 × 정률 미상각잔액 = 취득원가 - 감가상각누계액
	연수합계법	$\dfrac{(\text{취득원가} - \text{잔존가액}) \times \text{기초현재잔존연수}}{\text{내용연수의 합계}}$ 내용연수의 합계 = $\dfrac{n(n+1)}{2}$
	이중체감법	(취득원가 - 감가상각누계액) × 상각률 상각률 = $\dfrac{2}{\text{내용연수}}$
생산량 비례법		생산량 감가상각비 = $\dfrac{\text{취득원가} - \text{잔존가액}}{\text{총예정생산량}}$
사용시간 비례법		사용시간당 감가상각비 = $\dfrac{\text{취득원가} - \text{잔존가액}}{\text{총예정사용시간}}$

예제 1 정액법: (취득원가 − 잔존가액) ÷ 내용연수 <매기마다 감가상각비가 일정하다>

> 취득원가 10,000,000원의 차량운반구를 정액법으로 감가상각시 감가상각비를 계산하시오(잔존가액 1,000,000원, 내용연수 10년)

풀이

(10,000,000 − 1,000,000) ÷ 10 = 900,000

예제 2 정률법: 미상각액 × 정률 <매기마다 정률이 일정하다>

취득원가 10,000,000원 차량운반구를 정률법으로 감가상각시 2기말의 감가상각비를 계산하시오. (정률 20%, 내용연수 5년, 잔존가액 1,000,000원)

※ 정률법일 때 내용연수와 잔존가액을 무시한다.

풀이

10,000,000 × 0.2 = 2,000,000 ······ 1기 감가상각비(1기 때 미상각액은 취득원가)

(10,000,000 − 2,000,000) × 0.2 = 1,600,000 ······ 2기 감가상각비

예제 3 연수합계법: (취득원가 − 잔존가액) × $\dfrac{x}{연수합계}$

취득원가 10,000,000의 차량운반구를 연수합계법으로 감가상각 시 2기말의 감가상각비는 얼마인가? (잔존가액 1,000,000원, 내용연수 5년)

풀이

연수합계(내용연수의 합) 5년 ······ 1 + 2 + 3 + 4 + 5 = 15

5기/4기/3기/2기/1기

∴ 1기 = $\dfrac{5}{15}$, 2기 = $\dfrac{4}{15}$

식: (10,000,000 − 1,000,000) × $\dfrac{4}{15}$ = 2,400,000

• 기장 방법

　(직접법) 감가상각비/차량운반구

　(간접법) 감가상각비/감가상각누계액

• 감가상각 도중에 매각하는 경우

　취득원가 10,000,000원, 감가상각누계액 3,000,000원의 차량운반구를 8,000,000원에 현금 매각하다.

　감가상각누계액 3,000,000　차량운반구 10,000,000

　현금 8,000,000　유형자산처분이익 1,000,000

③ 유형자산의 취득 후 지출의 회계처리

유형자산을 취득한 후 사용도중에 지출된 비용은 자본적 지출과 수익적 지출로 구분하여 회계처리 한다.

㉠ 자본적 지출: 내용 연수를 연장시키거나 가치를 실질적으로 증가시키는 지출을 자본적 지출이라 하며, 해당 유형 자산의 취득 원가에 가산한다.

㉡ 수익적 지출: 원상을 회복시키거나 현상 유지를 위한 지출을 수익적 지출이라 하며, 수선비 계정 차변에 기입하여 지출한 연도의 비용으로 처리한다.

자본적 지출의 예	수익적 지출의 예
• 개량, 증설, 확장 등과 사용 용도를 변경하기 위한 지출 • 건물의 엘리베이터, 냉난방 장치 • 기타 내용 연수의 연장을 위한 지출	• 건물 외벽의 도색 비용 • 파손된 유리의 교체 비용 • 기계 장치의 소모품 교체 비용 • 기타 현상 유지, 원상회복을 위한 지출

(3) 무형자산(intangible assets)

무형자산이란, 1년 이상의 장기에 걸쳐 보유하는 자산으로 물리적 형태가 없는 업무용 자산이다. 무형자산은 직접법으로 기장한다.

무형자산의 인식조건은 물리적 형체는 없으나 개별적 식별이 가능(매각·이전·교환·임대할 수 있는 경우와 법적 권리)하고 기업이 통제(해당 자산을 소유한 기업 이외의 제3자의 접근이나 사용을 제한; 특허권, 저작권 등)하고 있으며 미래 경제적 효익(현금 유·출입)이 있는 비화폐성 자산을 말한다.

예 특허권, 실용신안권, 디자인권, 의장권, 상표권, 광업권, 어업권, 개발비 등

> **TIP+**
>
> **1. 무형자산**
> • 무형자산의 잔존가액 = 0
> • 무형자산의 상각기간은 독점적 배타적 권리, 계약이나 법령을 제외하고는 20년을 초과할 수 없다.
> • 합리적인 상각방법을 정할 수 없는 경우에 정액법을 사용한다.
> • 무형자산의 취득원가 = 매입가액 또는 제작원가 + 부대비용
>
> **2. 무형자산상각의 회계처리방식**
> • 직접법: 무형자산의 상각을 회계처리하는 방법에는 상각액을 자산가액에서 직접 차감한다.
> • 간접법: 무형자산 상각누계액을 별도로 사용하여 당해 자산에서 차감한다.
> ※ 현행기업회계기준은 직접법을 인정하며 무형자산의 증감내역을 주석으로 기재하도록 하고 있다(IFRS는 간접법을 인정).

3 부채

부채(liabilities)란, 특정 실체의 과거 거래의 결과로 장래에 타 실체나 개인에게 자산이나 용역을 제공하여야 할 의무로서, 채권자에게 의무적으로 상환해야 하는 것을 의미한다. 과거의 거래나 사건의 결과로 기업실체가 부담하고 있고, 미래에 자원의 유출 또는 사용이 예상되는 미래의 경제적 효익의 희생이다.

부채의 분류는 영업순환주기(1년 기준)에 따라 유동부채와 비유동부채로 구분한다.

<표 2-4> 부채 분류

대분류	소분류
유동부채	매입채무, 단기차입금, 미지급금, 선수금, 예수금, 미지급비용, 미지급법인세, 유동성장기부채, 선수수익, 충당부채 등
비유동부채	사채(bonds), 장기차입금, 장기충당부채, 장기성매입채무, 이연법인세부채 등

1. 유동부채(current liabilities)

1년 기준에 따라 재무상태표일로부터 1년 이내에 만기(지급기한)가 도래하는 부채 또는 정상적인 영업주기 이내에 상환 등을 통해서 소멸되는 것으로서 단기부채라고 한다.

예 매입채무, 단기차입금, 미지급금, 선수금, 예수금, 미지급비용, 미지급법인세, 미지급배당금, 유동성장기부채, 선수수익, 충당부채 등

TIP+

1. 매입채무
상품을 외상으로 매입하고 지급할 의무이다.

2. 단기차입금
결산일로부터 1년 이내의 기간을 만기로 빌린 돈을 말한다.

3. 미지급금
상품 외의 물품을 외상으로 구입한 경우 지급할 의무이다.

4. 선수금
상품 등을 판매하기로 하고 미리 받은 돈(계약금)을 말한다.

---

2. 비유동부채(non-current liabilities)

재무상태표일로부터 기산하여 1년 이내에 지급기한이 도래되지 않는 부채를 말한다.
지급기한이 1년 이내로 다가오게 되면 다시 유동부채로 분류하게 된다.

예 사채, 장기차입금, 장기성매입채무, 장기충당부채, 이연법인세부채 등

3. 부채성 충당금(충당부채)

당기 수익에 대응하는 비용으로서 장래에 지출될 것이 확실한 것과 당기의 수익에서 차감되는 것이 합리적인 것에 대해 그 금액을 추산하여 계상한 것으로 재무상태표상에 부채항목으로 표시된다.
예 퇴직급여충당부채, 수선충당부채, 판매보증충당부채 등

유동부채에 속하는 충당부채	납세충당부채, 수선충당부채, 상여충당부채, 공사보증충당부채
비유동부채에 속하는 충당부채	퇴직급여충당부채, 특별수선충당부채

4 자본

자본(equity; capital)이란, 기업이 소유하고 있는 자산총액에서 부채총액을 차감한 잔액 또는 순자산(net asset)으로서, 총자산에 대한 소유주의 잔여청구권(소유주지분이며 순자산)을 말한다. 또한 자산을 지분과 동일시하기도 하며 자본의 조달원천에 따라 타인자본과 자기자본으로 구성되어 있는 것으로 본다.

자본의 분류는 자본금, 자본잉여금, 이익잉여금, 자본조정 등이 있다.

<표 2-5> 자본 분류

대분류	소분류
자본금	법정자본금으로 발행주식의 액면가액 (보통주자본금, 우선주자본금)
자본잉여금	자본거래에서 발생한 이익 (주식발행초과금, 감자차익, 자기주식처분이익, 기타자본잉여금 등)
이익잉여금	손익거래에서 발생한 당기순이익 (이익준비금, 기타법정적립금, 임의적립금, 처분전이익잉여금 등)
자본조정	자본에 차감하거나 가산하여야 하는 임시적 계정 (주식할인발행차금, 배당건설이자, 자기주식, 매도가능증권평가손익 등)
기타포괄 손익누계액	당기손익에 포함되지 않고 자본항목에 포함되는 평가손익 (파생상품평가손익, 해외사업환산손익, 매도가능증권평가손익 등)

1. 자본 유형

(1) 자본금

주주들이 출자하는 금액을 기준으로 하여 계산한 일정한 액수 또는 어떤 사업 등을 행하는 경우에 필요한 재원이다.
예 보통주자본금, 우선주자본금

우선권 여부	보통주 (common stock)	• 의결권이 있는 주식 • 이익 배당이나 잔여 재산 배분에 대하여 특별한 권리 내용이 없는 보통의 주식
	우선주 (preferred stock)	• 의결권이 없는 주식 • 보통주보다 우선순위로 이익배당 또는 잔여 재산의 분배받을 수 있는 주식
액면 여부	액면주 (par value stock)	액면가액이 정관과 주권에 명시된 주식
	무액면주	• 주권에 액면가액이 기재되지 않고 다만 주식 수만을 기재한 주식 • 현재 우리나라는 법적으로 인정하고 있지만 활용기업은 거의 없다.
의결권 여부	의결권주 (voting stock)	• 주주총회에서 의결권이 부여되는 주식 • 1주 1의결권
	무의결권주	주주총회에서 의결권이 부여되지 않은 주식

※ 후배주: 보통주에 비해 이익배당과 잔여재산 분배참가순위가 보통주의 후위에 있는 주식

(2) 자본잉여금

영업거래가 아닌 자본거래에서 발생한 잉여금이다.

예 주식발행초과금, 감자차익, 자기주식처분이익, 기타자본잉여금

① 잉여금의 개념

회사의 순자산액(자산 – 부채)이 자본금을 초과하는 부분을 잉여금이라 한다. 또한 잉여금은 발생 원인에 따라 자본잉여금과 이익잉여금으로 구분한다.

> **순자산(자본)** = 자산 – 부채, **잉여금** = 순자산 – 자본금

② 자본잉여금

주주가 납입한 납입자본을 초과한 부분 또는 자본거래에 의하여 나타난 잉여금으로, 회사의 영업활동과는 관계없는 자본거래로서, 주식의 발행, 증자, 감자 등과 같이 자본 자체의 증감에 관한 거래에서 발생한 잉여금을 자본잉여금이다. 자본잉여금은 자본전입과 결손보전 이외에는 처분할 수 없다.

주식발행초과금	액면금액을 초과하여 주식을 발행하는 경우 액면을 초과하는 금액
감자차익	자본금을 감소시키는 것을 감자라고 하며, 감자 시 결손금을 보전하고 남은 잔액
자기주식처분이익	자기 주식을 처분(자기주식을 재발행)한 경우 자기주식 매각대금이 자기주식의 장부금액을 초과한 때의 초과금액

(3) 자본조정

자본금 및 잉여금으로 구분되지 않은 항목들을 임시로 모아 놓은 계정으로, 자본에 대해 가산하거나 차감하는 방식으로 이를 조정하는 항목(자본조정 항목이란, 자본에 속하기는 하지만, 재무상태표일 현재 자본금, 자본잉여금, 이익잉여금으로 분류하기 곤란한 것들을 임시적으로 기록하는 항목)이다.

> 예 주식할인발행차금, 배당건설이자, 자기주식, 감자차손, 미교부주식배당금, 투자유가증권평가이익(투자유가증권평가손실) 등

(4) 이익잉여금

이익을 원천으로 생기는 잉여금으로, 거액의 손실이나 비용의 지출에 대비하는 적립금으로 순이익의 합계(손익거래로 나타나는 것으로 영업활동으로 인한 순이익이 축적된 것)로, 회사 내에 유보되어 있는 잉여금이다(유보이익).

> 예 이익준비금, 기타법정적립금, 임의적립금, 미처분이익잉여금 등

(5) 기타포괄 손익누계액

재평가잉여금, 해외사업 환산손익, 파생상품평가손익 등이다.

TIP+

1. (1), (2), (3): 자본거래 / (4), (5): 손익거래
2. 자산 = 지분 = 부채 + 자본 = 타인자본 + 자기자본
3. 자본 = 자본금 + 자본잉여금 + 이익잉여금 ± 자본조정

TIP+

1. **주식할인발행차금**
   주식발행가액이 액면가액에 미달하는 경우의 미달금액이다.

2. **감자차손**
   주식 소각 시 소각된 주식의 발행가액보다 주주에게 환급되는 금액이 더 큰 경우에 감자차익과 상계한 후 이익잉여금 처분에 의해 상각된다.

3. **자기주식처분손실**
   자기 주식 매각 시 처분가액이 장부금액보다 적은 경우의 차액이다.

4. **자기주식**
   회사가 소각 목적 또는 재발행 목적으로 회사의 발행주식을 취득한 경우를 말한다.

<표 2-6> 재무상태표 예시-1(보고식)

재무상태표

과목	금액	
자산		
Ⅰ. 유동자산		×××
(1) 당좌자산		
(2) 재고자산		
Ⅱ. 고정자산		×××
(1) 투자자산		
(2) 유형자산		
(3) 무형자산		
자산 총계		×××
부채		
Ⅰ. 유동부채		×××
Ⅱ. 고정부채		×××
부채 총계		×××
자본		
Ⅰ. 자본금		×××
Ⅱ. 자본잉여금		×××
Ⅲ. 이익잉여금		×××
Ⅳ. 자본조정		×××
자본 총계		×××
부채와 자본 총계		×××

PART 8

해커스군무원 권우주 경영학 기본서

재무상태표

과목	금액	과목	금액
자산		부채	
Ⅰ. 유동자산	×××	Ⅰ. 유동부채	×××
(1) 당좌자산	×××	Ⅱ. 고정부채	×××
(2) 재고자산	×××	부채 총계	×××
Ⅱ. 고정자산	×××	자본	
(1) 투자자산	×××	Ⅰ. 자본금	×××
(2) 유형자산	×××	Ⅱ. 자본잉여금	×××
(3) 무형자산	×××	Ⅲ. 이익잉여금	×××
		(당기순이익 ×××)	
		Ⅳ. 자본조정	×××
		자본 총계	×××
자산 총계		부채와 자본 총계	×××

TIP+ **재무상태표(일정시점의 재무상태, 정태적 보고서)**

1. 자산(기업의 경제적 가치, 효익 유입)
2. 부채(채권단의 청구권, 효익 유출, 의무)
3. 자본(주주의 청구권, 순자산)

---

03 포괄손익계산서

1 포괄손익계산서 개념

포괄손익계산서(statement of comprehensive income)란, 일정기간 동안의 손익을 성격별로 표시한 것으로, 소유주와의 자본거래를 제외한 모든 원천에서 순자산의 증감의 정도와 그 내역에 대한 정보를 제공하는 보고서이다[경영성과(일정기간, 동태적인 보고서)].

즉, 기업이 일정한 기간 고객에게 재화를 생산하여 공급하거나 서비스를 제공하는 등의 경영활동의 결과로서 이익이나 손실의 발생 정도를 낸 회계보고서이다.

기타포괄손익이나 총포괄손익이 포함된 손익계산서로 재평가 잉여금변동, 외화환산손익변동 등을 포함한다. 포괄손익계산서는 보고식이 원칙이다.

2 포괄손익계산서 구성요소

포괄손익계산서는 비용과 수익으로 구성된다.

비용	• 수익을 획득하는 과정에서 소모된 자산이나 사용된 용역의 원가 • 지출은 현금의 실제적 유출을 의미하지만 비용은 반드시 현금유출을 수반하지는 않음 예 매출원가, 판매비와 관리비, 영업외비용, 특별손실, 법인세비용 등
수익	• 일정 기간 동안 기업의 계속적인 영업활동의 결과로서 발생된 현금이나 기타 자산의 유입 • 고객에게 재화나 용역을 제공함으로써 실현된 금액 예 영업수익, 영업외수익, 특별이익

1. 비용

비용(expense)이란, 보고기간 동안 자산의 유출이나 소멸 또는 부채의 증가의 형태로 나타나는 경제적 효익의 감소로서 미래 현금흐름의 유출이 증가하는 것을 말한다.

<표 2-8> 비용 분류

대분류	소분류
매출원가	기초상품재고액 + 당기매입액 - 기말상품재고액
판매비와 관리비	급료, 임차료, 접대비, 광고선전비, 연구비, 무형자산상각비, 대손상각비 등
영업외비용	이자비용, 기타의 대손상각비, 단기매매증권처분손실, 단기매매증권평가손실, 재고자산감모손실 등
특별손실	비경상적 · 비반복적으로 발생한 영업외비용, 재해손실 등
법인세비용	법인세비용

2. 수익

수익(revenue)이란, 보고기간 동안 자산의 유입이나 부채의 감소의 형태로 나타나는 경제적 효익의 증가로, 미래 현금흐름의 유입이 증가되거나 미래 현금흐름의 유출이 감소되는 것을 말한다.

대분류	소분류
영업수익	매출
영업외수익	이자수익, 배당금수익, 임대료, 유형자산처분이익, 단기매매증권처분이익, 단기매매증권평가이익, 와환차익, 외화환산이익, 지분법평가이익 등
특별이익	비경상적 · 비반복적으로 발생한 영업외수익, 자산수증이익, 보험차익, 채무면제이익 등

<표 2-10> 포괄손익계산서 예시-1

포괄손익계산서(성격별)

제×기 20××년 ×월 ×일부터 20××년 ×월 ×일까지

제×기 20××년 ×월 ×일부터 20××년 ×월 ×일까지

회사명 ○○상사   (단위: 원)

과목	당기	전기
수익(매출액)	×××	×××
기타 수익	×××	×××
제품과 재공품(상품)의 변동	(×××)	×××
원재료와 소모품의 사용액(매입액)	(×××)	×××
종업원 급여	(×××)	×××
감가 상각비와 기타 상각비	(×××)	×××
이자 비용	(×××)	×××
기타 비용	(×××)	×××
법인세 비용 차감 전 순손익	×××	×××
법인세 비용	(×××)	(×××)
당기 손순익	×××	×××
기타 포괄 손익	×××	×××
기타 포괄 손익과 관련된 법인세	(×××)	(×××)
세후 기타 포괄 손익	×××	×××
총 포괄 손익	×××	×××
주당 손익	×××	×××

K-IFRS 손익계산서		기업회계기준 손익계산서(K-GAAP)
포괄손익계산서	별개의 손익계산서	
매출액(수익)	매출액(수익)	1. 매출액
매출원가	매출원가	2. 매출원가
매출총이익	매출총이익	3. 매출이익
기타수익	기타수익	4. 판매 및 일반관리비
물류원가	물류원가	5. 영업이익
관리비	관리비	6. 기타수익
기타비용	기타비용	7. 기타비용
금융원가	금융원가	8. 경상이익
관계기업 이익지분	관계기업 이익지분	9. 특별이익
법인세비용 차감전 이익	법인세비용 차감전 이익	10. 특별손실
법인세비용	법인세비용	11. 법인세차감전순이익
계속영업이익	계속영업이익	12. 법인세
중단영업이익	중단영업이익	13. 당기순이익
당기순이익	당기순이익	
기타포괄이익		
총포괄이익		

TIP+

당기순이익 공식 = 영업이익 + 영업외 이익 − 영업외 비용

TIP+

1. 포괄주의

경상적이고 반복적인 수익·비용항목뿐만 아니라 비경상적이고 비반복적인 수익·비용항목(특별이익, 특별손실)을 손익계산서에 포함한다.

2. 포괄손익계산서

일반적으로 인정된 회계원칙에서는 손익계산서상의 당기순이익과 별도로 기타 포괄손익을 포함한 포괄손익계산서를 주석사항으로 보고하도록 한다.

포괄이익이란, 기업실체가 일정기간 소유주와의 자본거래를 제외한 모든 거래나 사건에서 인식한 자본의 변동을 의미한다. 손익계산서로 명확히 보고 가능한 이익은 이익잉여금으로 분류하고, 손익계산서로 설명이 불가능한 미실현이익과 같은 항목은 기타포괄손익으로 분류·보고한다.

3. 손익계산서의 작성원칙

발생주의 기준, 수익·비용대응의 기준, 총액기재의 기준, 손익구분계산의 기준이 있다.

4. 작성기준

이익 = 수익 − 비용, 수익 = 비용 + 이익, 비용 = 수익 + 손실

04 자본변동표

1. 자본변동표 개념

자본변동표(SCE; statement of change in equity)란, 일정시점에서 기업실체의 자본의 크기와 일정기간 동안 기업실체의 자본의 변동에 관한 정보를 제공하는 보고서로서 여러 가지 형태로 표시가 가능하다. 즉, 기업이 회계적 관점에서 일정기간 동안 자본의 변동내역을 기록한 것이다.

2. 자본변동표 구성요소

자본변동표를 가로축에 회사의 자본을 구성하고 있는 자본금, 자본잉여금, 자본조정, 이익잉여금, 기타포괄손익누계액에 대해 구성하고 세로축에 시간적인 순서로 구성하여 포괄적인 정보를 제공한다.

<표 2-12> 자본변동표 예시

회사명   제×기 20××부터 20××까지   (단위: 원)

구분	납입자본	자본유지조정	기타포괄 손익누계액	일반적립금	이익잉여금	총계
20××.×.× (보고금액)	×××	×××	×××	×××	×××	×××
변동내역	×××	×××	×××	×××	×××	×××
20××.×.×	×××	×××	×××	×××	×××	×××
↓						

> **TIP+** 기업의 유형별 자본계정
>
> **1. 개인기업:** 자본금
> **2. 조합기업:** 출자금
> **3. 합명·합자·유한회사:** 출자금
> **4. 주식회사:** 자본금, 자본잉여금, 이익잉여금, 자본조정

1. 현금흐름표 개념

현금흐름표(CFS; cash flow statement)란, 일정기간 동안 기업실체의 현금의 유입이나 유출에 대한 정보를 제공하는 보고서로서 현금주의로 작성한다(동태적 보고서).

즉, 기업이 일정 기간 동안 기업이 영업활동에 필요한 자금을 어떻게 조달했으며, 조달한 자금을 어디에 사용하였는지를 명확하게 보여주기 위하여 작성하는 재무제표이다.

2. 현금흐름표 특징

① 재무상태표가 제공하지 못하는 정보, 즉 현금변동의 동태적 정보를 제공한다.

② 손익계산서가 제공하지 못하는 정보, 즉 자금의 유입과 유출을 명백히 제공한다.

③ 다른 재무보고서의 부속명세서가 아니고, 독자적인 기능을 갖고 있는 보고서이며, 재무상태표와 포괄손익계산서에서 쉽게 얻을 수 없는 정보를 제공해 준다.

3. 현금흐름 구성요소

(1) 영업활동으로 인한 현금흐름(cash flow from operating activities)

영업활동으로 인한 현금흐름이란, 기업의 정상적인 영업활동에 의한 현금흐름으로, 제품의 생산과 판매활동, 상품과 서비스의 구매와 판매활동 및 관리활동 등 자체적인 영업활동과 관련된 현금흐름을 말한다.

예 원재료구입, 기타 상품 구입 및 용역의 공급자와 종업원의 급여, 로열티, 수수료, 중개료, 이자비용 등

> **영업현금흐름** = 영업이익 × (1 - 법인세율) + 감가상각비

(2) 투자활동으로 인한 현금흐름(cash flow from investing activities)

투자활동으로 인한 현금흐름이란, 새로운 투자, 투자부동산, 비유동자산에 속하는 지분증권, 유형자산 및 무형자산의 취득과 처분활동 및 미래 영업현금흐름을 창출할 자원의 확보(취득)와 처분에 관련된 현금흐름을 말한다.

예 유가증권, 토지매입, 매각, 예금, 대여금 회수와 대여, 기타 장기성 자산의 취득과 처분 등

(3) 재무활동으로 인한 현금흐름(cash flow from financing activities)

재무활동으로 인한 현금흐름이란, 현금의 차입과 상환, 신주발행과 배당금의 지급, 재무자산의 취득과 처분, 재무자산의 보유수익에 따른 현금유입 등과 관련한 현금흐름을 말한다.

예 단기자금, 회사채, 차입금과 사채의 상환, 미지급금결제, 증자의 현금흐름, 금융리스부채의 상환 등

<표 2-13> 현금흐름표 예시

회사명   제×기 20××부터 20××까지   (단위: 원)

과목	당기	전기
영업활동 현금흐름	×××	×××
투자활동 현금흐름	×××	×××
재무활동 현금흐름	×××	×××
외화표시 현금 및 현금자산성의 환율변동효과	×××	×××
현금 및 현금성자산의 증가(감소)	×××	×××
기초의 현금 및 현금성자산	×××	×××
가말의 현금 및 현금성자산	×××	×××

TIP+

1. 영업활동 현금흐름(직접법과 간접법으로 작성)
- 직접법: 영업활동 현금흐름을 증가시키는 개별 수익항목에서 영업활동으로 인한 현금을 감소시키는 개별 비용항목을 차감하여 구하는 방법이다.
- 간접법: 영업활동 현금흐름을 손익계산서상의 당기순이익에서 영업현금흐름과 관련이 없는 손익을 제거하고 영업활동과 관련된 자산과 부채의 순증감액을 가감하여 구하는 방법이다.

2. 투자활동과 재무활동의 현금흐름(직접법으로 작성)

TIP+ **이익잉여금처분계산서와 주기·주석**

독립적인 재무제표가 아니고 재무제표의 필수적인 부분으로, 기업의 이익처분에 관한 내용을 나타내는 보고서[잉여금의 처분(일정기간, 동태적인 보고서)]이다.

1. 이익잉여금처분계산서
기업의 이익잉여금의 처분사항을 명확히 보고하기 위해서 이월이익잉여금의 총 변동사항을 표시한 보고서이다.

2. 주석
재무제표상에서 해당 과목이나 금액에 기호나 번호를 붙이고 별지에 동일한 기호나 번호를 표시하여 그 내용을 간결하게 설명하는 것을 말한다. 필수적 주석사항과 보충적 주석사항으로 규정하고 있다.

1 증자와 감자

1. 증자

증자(increase of capital)란, 기업이 이사회의 결의에 따라 주식을 발행하여 자본금을 증가시키는 것을 말한다. 즉, 사업 확장과 운전 자금의 보충을 위해 주식회사나 유한 회사가 자본금을 확대하는 것으로서 회사가 납입금을 받아 신주를 발행하는 실질적 증자(유상증자)와 잉여금을 전입하여 무상으로 신주를 발행하는 형식적 증자(무상증자)로 나뉜다.

실질적 증자 (유상증자)	신주를 발행하고 주식대금을 납입받아 실질적으로 자산의 증가와 함께 자본금을 증가시키는 것을 말하며, 실제로 주식을 발행하여 현금유입
형식적 증자 (무상증자)	잉여금을 자본금에 전입하는 것으로 총자본이나 자산의 증가는 없고, 형식적으로 자본금만 증가하는 것

2. 감자

감자란, 주주총회의 특별 결의를 거쳐 사업규모를 축소하거나 결손금을 보전하기 위하여 자본금을 감소시키거나 주식 수를 감소시키는 것을 감자라 하며, 실질적 감자와 형식적 감자가 있다.

실질적 감자 (유상감자)	사업규모를 축소시킬 목적으로 주식을 매입 소각하거나, 주식 금액을 감소시키고 대금을 지급함으로 실질적으로 자본금을 감소시키는 것을 말하며, 실제로 주주들에게서 주식을 받고, 돈을 실제로 주주들에게 주는 것
형식적 감자 (무상감자)	회사의 결손금을 보전하기 위하여 무상으로 주식의 액면금액을 줄이거나, 주식 수를 감소시키는 것

2 사채

사채(bonds)란, 기업이 거액의 장기자금을 조달하기 위해 기업의 채무임을 표시하는 사채권을 발행하여 일반대중으로부터 차입하는 채무로 일정 기간 후에 원금을 상환하고 정기적으로 이자를 지급하기로 약정한 것을 말한다.

사채의 발행한도는 순자산액을 기준으로 4배를 초과하지 못하도록 규정하고 있다.

1. 사채발행 형태

액면발행, 할증발행, 할인발행의 형태로 구분할 수 있다.

2. 사채와 주식의 비교

사채	주식
• 회사의 채무 • 사채를 소유한 사람은 회사의 채권자로서 회사의 외부인 • 사채권자는 회사의 경영에 참여할 수 없음 • 일정한 이자를 지급 • 만기에 원금상환과 회사해산의 경우에 주식에 우선하여 변제	• 회사의 채무가 아님 • 주식을 소유한 사람은 주주로 회사의 구성원 • 주주총회에서 의결권을 행사함으로써 경영에 참여 • 불확정적인 이익을 배당 • 회사해산 시 잔여청구권

3. 전환사채

(1) 전환사채의 개념

전환사채란, 사채권자의 일방적 청구로서 일정기간 중에 다른 증권으로 전환할 수 있는 권리를 가지는 사채를 말한다.

(2) 전환사채의 회계처리방법

① 발행가액주의

전환사채의 발행가액으로 신주식의 발행가액을 결정하는 방법이다. 우리나라 상법은 발행가액주의를 따르고 있다.

② 장부가액주의

발행가액주의가 회계학적으로는 많은 비판을 받고 있다. 이유는 사채의 순가액은 과거의 발행가액이 아니고, 액면총액과 사채할인발행 차금미상각잔액과의 차액인 장부가액이라는 것으로, 이 장부가액은 신주의 발행가액으로 한다.

③ 시가주의

전환되는 사채의 시가를 뜻하나, 경우에 따라서는 전환에 의해 발행하는 주식의 시가로 사용되는 경우도 있다.

TIP+ 회계 등식

구분	등식관계
자본등식	• 자산 - 부채 = 자본 • 기말자산 - 기말부채 = 기말자본 • 기초자본 + 당기순이익 = 기말자본

재무상태표등식	자산 = 부채 + 자본
	       = 타인자본 + 자기자본
	       = 채권자의 청구권 + 주주의 청구권
	       = 채권자의 지분 + 주주지분
	       = 지분

재산법	• 기말자본 - 기초자본 = 순이익 • 기초자본 - 기말자본 = 순손실
손익법	• 총수익 - 총비용 = 순이익 • 총비용 - 총수익 = 순손실
손익계산서등식	• 총비용 + 순이익 = 총수익 • 총비용 = 총수익 + 순손실
기말재무상태표등식	• 기말자산 = 기말부채 + 기초자본 + 순이익 • 기말자산 + 순손실 = 기말부채 + 기초자본
시산표등식	기말자산 + 총비용 = 기말부채 + 기초자본 + 총수익
정산표등식	기말자산 + 총비용 + 순이익 = 기말부채 + 기초자본 + 총수익 + 순이익
기타	• (기말자산 - 기말부채) - 기초자본 = 순이익 • 기말자본 - (기초자본 + 증자 - 감자) = 순이익 • (기초자본 + 증자 - 감자) - 기말자본 = 순손실

TIP+ 국제회계기준(IFRS)과 기존의 회계기준과의 차이점(International Financial Reporting System)

1. 공시체계의 차이(개별재무제표와 연결재무제표)
- 우리나라는 현재 대부분의 공시를 개별회사 중심의 개별재무제표를 원칙으로 하고 연결재무제표는 부수적으로 기말 보고서에서만 차후에 공시한다.
- 국제회계기준은 연결재무제표를 기본으로 하고 사업보고서, 분·반기 보고서 등 모든 공시서류가 연결회사 전체에 대한 연결재무제표 기준으로 작성·공시한다.

2. 자산·부채의 평가방법 차이(역사적 원가와 공정가치)
- 국내기준은 정보의 신뢰성을 중시하여 객관적인 평가가 어려운 항목들에 대하여 역사적 원가로 평가한다.
- 국제회계기준은 정보이용자들이 필요 시 적절한 정보를 제공하기 위해 원칙적으로 자산·부채를 공정가치로 평가한다.

3. 법률 및 정책적 목적에 따른 기준의 차이

- 우리나라는 법률 및 정책적 목적에 따라 현실을 고려하여 일부 항목에 대해 특정한 회계처리를 규제 또는 허용한다.
- 국제회계기준은 거래의 실질에 맞는 회계처리방법을 규정한다.

K-IFRS	K-GAAP
• 원칙적 회계처리(대분류 수준) • 연결재무제표 • 공정가치 • 거래의 실적에 따른 회계처리 • 의무공시(공정가치, 위험관련 공시) • 투자자에게 정확한 정보제공 중시	• 항목의 순서와 형식을 정형화 • 법적 형식에 따른 회계처리 • 감독당국에 보고 중점

> * 연결재무제표: 순이익은 그대로인데 매출과 영업이익규모가 상상 이상으로 커짐

TIP+ IFRS(International Financial Reporting Standards; 국제회계기준)

2009년부터 2011년까지 순차적으로 국내 상장사에 적용하기로 하면서 현재는 대부분이 IFRS 기준에 의해 기업 재무보고 및 회계 감사가 이루어진다. 새로운 제도에서는 포괄손익계산서라는 개념이 적용되면서 원칙중심의 회계 공시가 의무화가 증가되었다.

기존 손익계산서에는 출처가 분명하지 않은 알 수 없는 내용의 이익과 손실이 기타손익에 반영되었으나, 포괄손익계산서에서는 자산평가(토지 및 부동산, 주식 포함) 내용을 손익으로 반영하도록 하며, 연결재무제표에 그 내용을 표기하면서 포괄손익계산서의 당기순이익 아래에 기타포괄이익이란 추가 계정에 이익을 표기하도록 하고 있다.

포괄손익계산서와 과거의 손익계산서가 많이 달라 보이는 것 같지만, 다음의 몇 가지에서만 차이가 있다.

1. 수익(회계에서는 이익을 포함한 수입의 개념을 수익이라고 부른다) 유형을 구분하지 않고 비용보다 중시하는 면이 있다. 따라서 기타수익과 기타비용을 구분해서 수익이 위쪽으로 이동했다.
2. 영업활동만이 아니라 재무활동의 비중이 커지면서 재무활동에 관계되는 원가와 이익 항목을 기업의 영업활동에 포함시켰고 이를 바탕으로 법인세를 계산한다.
3. 특별이익과 특별손실의 항목은 삭제되었으며 구체적으로 표기하도록 변경되었다. 모든 항목을 찾아서 기재하도록 하고 있으며 최소한 계속영업이익(결손), 중단영업이익(결손)에라도 포함시키도록 하였다.
4. 기타포괄이익이란 항목을 추가하였다. 이 항목의 유무에 따라 별개의 손익계산서와 포괄손익계산서로 구분되며, 별개의 손익계산서를 작성하는 경우에 포괄손익계산서의 작성항목은 당기순이익과 기타포괄손익, 총포괄손익으로 간단하게 작성한다.

PART 8 합격 적중 문제

01 관리회계와 재무회계에 대한 설명으로 옳지 않은 것은?

① 재무회계: 법적 강제성 있음
　　관리회계: 법적 강제성 없음
② 재무회계: 보고대상은 외부정보이용자
　　관리회계: 보고대상은 내부정보이용자
③ 재무회계: 회계기간 규정 없음
　　관리회계: 회계기간은 보통 1년
④ 재무회계: 외부보고가 목적
　　관리회계: 내부보고가 목적

> **해설** ──────────────────────────────── 답③
>
> 재무회계는 회계기간이 1년이고 관리회계는 회계기간의 규정이 없다. 또한 재무회계는 과거자료 지향적이고 화폐적 정보로, 재무제표로써 보고를 한다.

02 재무상태표의 재고자산에 대한 설명으로 옳지 않은 것은?

① 원재료는 제품의 생산 시에 투입되는 원자재를 말한다.
② 제품은 기업이 자체적으로 또는 일부 외주로 가공하여 생산한 재화를 말한다.
③ 반제품은 기업이 자체적으로 생산한 중간제품과 부분품을 말한다.
④ 소모품은 내용연수가 1년 미만인 예비부품과 수선용구를 말한다.
⑤ 재공품은 제품의 생산에 보조적으로 사용하는 소모성 재료를 말한다.

> **해설** ──────────────────────────────── 답④
>
> 소모품(사무용품이나 일상품 등)은 사용하여 없어지는 것으로 재고자산(재판매를 목적으로 보관하는 물품)과는 무관하다.

03 재무보고의 근본적인 질적 특성에 해당하지 않는 것은?

① 검증가능성   ② 중립적 서술

③ 예측가치   ④ 완전한 서술

> **해설**   답 ①
>
> 검증가능성은 비교가능성, 적시성, 이해가능성과 함께 보강적인 질적 특성에 해당된다.

04 회계정보가 정보로서 가치를 가지기 위해 갖추어야 할 질적 특성에 대한 설명으로 옳은 것은?

① 신뢰성 있는 정보란 주관적으로 검증 가능하여야 한다.

② 회계정보가 중립적이려면 편의(bias)가 있어야 한다.

③ 중립적이라 함은 회계정보가 의도된 결과를 유도할 목적으로 정보이용자의 의사결정이나 판단에 영향을 미쳐야 함을 뜻한다.

④ 분기재무제표는 연차재무제표에 비해 적시성있는 정보를 제공하기 때문에 목적적합성을 높일 수 있다.

> **해설**   답 ④
>
> 재무제표의 작성기간이 짧을수록 적시성과 신뢰성 등이 높다고 할 수 있다.

05 회계상의 거래에 해당하는 것은?

① 종업원을 월임금 2,000,000원에 채용하였다.

② 상품을 500,000원의 주문을 하였다.

③ 재고자산을 화재로 모두 소실하였다.

④ 월 3,000,000원에 건물 임대차계약을 체결하였다.

> **해설**   답 ③
>
> 화재, 도난 등은 회계상의 거래(자본, 자산, 부채의 증감)에 해당되고, 주문계약, 고용계약, 매매계약 등은 회계상의 거래가 아니다.

06 회계감사의 감사의견에 포함되지 않는 것은?

① 적정의견　　　　　　　　　② 의견거절
③ 한정의견　　　　　　　　　④ 불한정의견

> **해설**　　　　　　　　　　　　　　　　　　　　　　　　답④
>
> 불한정의견 자체가 감사의견에 해당되지 않는다.

07 시산표에서 발견할 수 있는 오류는?

① 차변과목과 대변과목을 반대로 전기한 때
② 상품계정의 차변에 전기할 것을 그 대변에 전기한 때
③ 두 개의 오류가 우연히 상쇄된 때
④ 하나의 분개를 두 번 전기한 때

> **해설**　　　　　　　　　　　　　　　　　　　　　　　　답②
>
> 차변과 대변의 합계가 다를 때 오류를 발견할 수 있다. 차변에 전기할 것을 대변에 기입하면 합계가 다르게 된다.
> 만약 차변과 대변을 똑같이 틀리면 오류를 발견할 수 없다.

08 거래 8요소의 차변과 대변의 결합관계로 옳은 것은?

① (차변)부채감소, (대변)자본감소
② (차변)자산증가, (대변)자본증가
③ (차변)자본증가, (대변)수익발생
④ (차변)비용발생, (대변)자산증가

> **해설**　　　　　　　　　　　　　　　　　　　　　　　　답②
>
> 차변에 자산증가, 자본감소, 부채감소, 비용발생이고, 대변에 자본증가, 부채증가, 자산감소, 수익발생이다.

09 회계처리요소 중 차변요소로 옳지 않은 것은?

① 비용이 발생
② 부채의 감소
③ 자본의 감소
④ 수익의 발생

해설 ··· 답④

복식부기의 계정에서 수익의 발생은 대변요소에 해당된다.

10 다음 <보기>에서 회계의 순환과정을 순서대로 나열한 것으로 옳은 것은?

<보기>	
ㄱ. 수정분개	ㄴ. 거래발생
ㄷ. 분개	ㄹ. 수정전시산표 작성
ㅁ. 원장 전기	ㅂ. 재무제표 작성

① ㄴ, ㄷ, ㄱ, ㅁ, ㄹ, ㅂ
② ㅁ, ㄴ, ㄷ, ㄱ, ㄹ, ㅂ
③ ㅁ, ㄴ, ㄷ, ㄹ, ㅂ, ㄱ
④ ㄴ, ㄷ, ㅁ, ㄹ, ㄱ, ㅂ

해설 ··· 답④

'ㄴ. 거래발생 – ㄷ. 분개 – ㅁ. 원장 전기 – ㄹ. 수정전시산표 작성 – ㄱ. 수정분개 – ㅂ. 재무제표 작성' 순이다.

11 회계 계정의 유형자산에 대한 설명으로 옳은 것은?

① 유형자산은 판매 목적의 보유자산으로 물리적 형태가 있는 자산이다.
② 유형자산은 취득원가에는 구입 가격만 포함되고 유형자산의 운송비, 설치비 등의 부대비용은 제외된다.
③ 모든 유형자산은 감가상각 대상 자산이므로 감가상각누계액이 표시된다.
④ 유형자산의 내용연수에 걸쳐 매 회계기간마다 일정한 감가상각비를 인식하는 상각방법은 정률법이다.
⑤ 유형자산의 처분으로 인한 손익은 처분시점의 장부가액과 순매각 금액의 차액으로 결정된다.

해설 ··· 답⑤

① 판매 목적의 보유자산은 재고자산이다.
② 취득원가에는 현재까지의 모든 비용이 포함(운송비, 부가세, 설치비, 등록세 등)된다.
③ 감가상각 대상에 토지와 건설 중인 자산은 제외된다.
④ 매 회계기간 감가상각비가 일정한 것은 정액법이다.

12 다음 거래로 인한 자산과 부채의 증감을 옳게 분석한 것은?

> (주)환희여행이 설립되었다. 이 기업은 주당 액면 5천 원인 보통주 1,000주를 발행하고, 현금 8백만 원을 납입받았다.

① (차) 자산의 증가 (대) 부채의 증가
② (차) 자산의 증가 (대) 자본의 증가
③ (차) 자본의 감소 (대) 자산의 감소
④ (차) 부채의 감소 (대) 자산의 감소

해설   답 ②

주식을 발행하면 자본금이 증가하므로 대변에 자본의 증가이다. 또 현금을 받으면 차변에 현금이라는 자산이 증가된다.

13 재무상태표의 항목에 해당하지 않는 것은?

① 차입금   ② 이익잉여금
③ 매출채권   ④ 판매비

해설   답 ④

재무상태표는 일정시점에서의 기업의 재무상태를 보고하며, 자산·자본·부채의 항목이 해당된다. ④ 판매비는 포괄손익계산서 항목에 해당된다.

14 자본잉여금에 해당하는 것은?

① 이익준비금   ② 결손보전적립금
③ 사업확장적립금   ④ 주식발행초과금

해설   답 ④

자본잉여금은 자본거래에서 발생하는 이익으로 주식발행초과금(④), 감자차익, 기타자본잉여금 등이 해당된다.

15 **자본항목에 해당하는 것은?**

① 이익잉여금
② 사채
③ 영업권
④ 미수수익

답①

자본항목에는 자본금, 자본잉여금, 자본조정, 이익잉여금(①), 기타포괄 손익누계액이 해당된다.

16 **유동자산에 해당하는 것은?**

① 투자자산
② 유형자산
③ 무형자산
④ 매출채권

답④

매출채권은 유동자산 중 당좌자산에 해당된다.

17 **계정과목 중 재무상태표의 구성항목에 해당하지 않는 것은?**

① 유형자산
② 유동부채
③ 자본금
④ 매출원가

답④

매출원가는 포괄손익계산의 비용항목에 해당된다.

18 **총자산이 2,800만 원, 자본금이 1,000만 원, 이익잉여금이 300만 원일 때, 부채의 금액으로 가장 옳은 것은?**

① 1.000만 원
② 1,300만 원
③ 1,500만 원
④ 1,800만 원

답③

재무상태표의 회계등식은 자산 = 자본 + 부채이다. 이에 부채 = 자산 − 자본이다. 이익잉여금은 자본계정항목에 해당되므로, 부채 = 2,800 − (1,000 + 300) = 1,500(만 원)이다.

19 재무활동으로 인한 현금흐름에 해당하는 것은?

① 차입금상환에 따른 현금유출
② 무형자산의 처분에 따른 현금유입
③ 재화의 판매와 용역제공에 따른 현금유입
④ 재화와 용역의 구입에 따른 현금유출

해설 ────────────────────────────────── 답 ①

재무활동에 따른 현금흐름은 차입금과 사채의 상환, 단기자금, 회사채, 증가 등이다.
② 투자활동에 의한 현금흐름이다.
③, ④ 영업활동에 의한 현금흐름이다.

20 현금흐름표에서 재무활동 현금흐름으로 분류되지 않는 것은?

① 단기차입금의 상환에 따른 현금유출
② 단기차입금의 차입에 따른 현금유입
③ 유상감자로 인한 현금유출
④ 유형자산의 처분에 따른 현금유입

해설 ────────────────────────────────── 답 ④

투자활동에 의한 현금흐름에 해당된다.

21 내용연수를 기준으로 초기에 비용을 많이 계상하는 감가상각법으로 옳은 것은?

① 정액법   ② 정률법
③ 선입선출법   ④ 후입선출법

해설 ────────────────────────────────── 답 ②

정률법은 매년 일정비율의 금액을 상각하므로 초기보다 후기로 갈수록 비용액은 감소한다.

22 재무상태표상의 유동자산에 포함되지 않는 것은?

① 특허권 등의 산업재산권
② 건설회사가 판매목적으로 건설하였거나 아직 판매되지 않은 아파트
③ 생산에 사용할 목적으로 보유하고 있는 원재료
④ 만기가 6개월 이내에 도래하는 받을 어음
⑤ 3개월 이내에 받기로 약정되어 있는 외상매출금

> **해설** 답 ①
>
> 산업재산권은 비유동자산의 무형자산에 해당된다.

23 다음 <보기> 중에서 당좌자산에 해당하는 것을 모두 고른 것은?

<보기>	
ㄱ. 현금	ㄴ. 보통예금
ㄷ. 투자부동산	ㄹ. 단기금융상품

① ㄱ, ㄴ   ② ㄷ, ㄹ
③ ㄱ, ㄴ, ㄹ   ④ ㄴ, ㄷ, ㄹ

> **해설** 답 ③
>
> 당좌자산은 유동자산에 해당되며, 판매과정을 거치지 않고 현금화가 가능한 자산으로 ③이다. 투자부동산(ㄷ)은 비유동자산으로 투자자산에 해당된다.

24 포괄손익계산서의 계정에 해당하지 않는 것은?

① 감가상각비   ② 광고비
③ 매출원가   ④ 자기주식처분이익

> **해설** 답 ④
>
> 재무상태표 계정에서 자본잉여금에 해당된다.

25 다음 <보기>에서 재무상태표와 관련있는 것을 모두 고른 것은?

<보기>
ㄱ. 수익·비용대응의 원칙   ㄴ. 일정시점의 재무상태
ㄷ. 유동성배열법   ㄹ. 일정기간의 경영성과
ㅁ. 자산, 부채, 자본

① ㄱ, ㄴ   ② ㄱ, ㄹ

③ ㄴ, ㄷ, ㄹ   ④ ㄴ, ㄷ, ㅁ

해설   답④

ㄱ. 일반회계원칙, ㄹ. 포괄손익계산서, 자본변동표, 현금흐름표에 해당된다.

26 다음 <보기>의 자료를 이용하여 계산한 자본의 합계로 옳은 것은?

<보기>
• 외상매출금 150,000   • 비품 450,000
• 현금 600,000   • 차입금 750,000
• 건물 570,000   • 대여금 300,000
• 외상매입금 360,000   • 받을 어음 240,000
• 지급어음 150,000   • 당좌예금 600,000

① 1,550,000   ② 1,650,000

③ 2,150,000   ④ 2,950,000

해설   답②

자본 = 자산 − 부채이다.

자산(= 외상매출금 + 비품 + 현금 + 건물 + 대여금 + 받을 어음 + 당좌예금) − 부채(= 차입금 + 외상매입금 + 지급어음) = 1,650,000

해커스군무원

권우주
경영학

기본서

개정 2판 1쇄 발행 2022년 9월 1일

지은이	권우주 편저
펴낸곳	해커스패스
펴낸이	해커스군무원 출판팀

주소	서울특별시 강남구 강남대로 428 해커스군무원
고객센터	1588-4055
교재 관련 문의	gosi@hackerspass.com
	해커스군무원 사이트(army.Hackers.com) 교재 Q&A 게시판
	카카오톡 플러스 친구 [해커스공무원강남역], [해커스공무원노량진]
학원 강의 및 동영상강의	army.Hackers.com

ISBN	979-11-6880-605-4 (13320)
Serial Number	02-01-01

군무원 1위,
해커스군무원 army.Hackers.com

 해커스군무원

· 해커스군무원 학원 및 인강(교재 내 인강 할인쿠폰 수록)
· 해커스 스타강사의 **군무원 경영학 무료 동영상강의**
· '회독'의 방법과 공부 습관을 제시하는 **해커스 회독증강 콘텐츠**(교재 내 할인쿠폰 수록)
· 정확한 성적 분석으로 약점 극복이 가능한 **합격예측 모의고사**(교재 내 응시권 및 해설강의 수강권 수록)